교정복지론

남 미 애

YANGSEOWON
양서원

머리말

사람은 누구나 실수하고 언제든 잘못할 수 있다. 여러 가지 이유로 사회에서 만들어진 규범이나 법률을 어기기도 한다. 범죄 발생에는 개인의 책임도 있지만 사회환경적 원인도 복합적으로 작용한다. 범죄인이 자신의 잘못된 행동에 대해 책임을 지는 것은 너무나 당연하지만 단지 강력한 처벌만으로는 범죄 발생을 예방하거나 재범을 막기 어렵다. 이는 지금까지 끊임없이 발생하고 진화하는 비행이나 범죄를 통해 알 수 있다. 따라서 개인의 노력과 더불어 국가·사회적 차원에서 다각적인 제도와 지원이 필요하다. 그중 교정복지는 잘못을 저질러 형사사법체계에 영향을 받고 있는 비행청소년 및 범죄인을 사회의 배려와 지원이 필요한 사회적 약자로 간주하고, 이들이 자신의 행동에 책임을 질 뿐 아니라 사회복귀와 재적응을 도와 재범을 막고 건강한 사회인으로 살아갈 수 있도록 사회복지적 관점과 방법을 적용하는 것이라고 할 수 있다.

비행청소년 및 범죄인을 어떻게 처우하는지는 그 사회의 복지 및 인권 수준의 바로미터이다. 일반적으로 아동, 노인, 장애인을 사회적 약자로 인식하고 지원하는 것에 대해서는 대부분의 사람들이 당연하게 받아들인다. 그러나 비행청소년이나 범죄인을 사회적 약자나 소수자로 받아들이거나 이들의 인권을 생각하는 것에는 심리적 저항이 크다. 이는 사회복지사들 중에서도 마찬가지이다. 그래서인지 사회복지 분야 중에서도 비행청소년과 범죄인의 사회복귀 및 재적응을 지원하는 교정복지는 가장 오랜 역사를 가지고 있으면서도 가장 더디고 힘들게 발전하고 있다. 교정복지의 발전과 확대는 사회복지를 더 깊고 견고하게 하며 공동체의 삶의 질 향상과 통합에 기여할 수 있다. 이 책에는 사회복지사가 교정복지를 행하기 위해 갖추어야 할 주요 이론과 지식, 실제적 기술과 개입방법을 중심으로 다루고자 하였다.

이 책은 크게 3부 14장으로 구성되었다. 1부에서는 교정복지의 적용을 위해 교정사회복지사가 필수적으로 알아야 할 교정복지의 기초에 대해 다루었으며 1장에서 3장까지 구성하였다. 1장 '교정복지의 등장 배경 및 의의'에서는 교정복지가 등장한 배경과 의의를 살펴보았으며 2장 '교정복지의 이해'에서는 교정복지의 개념, 목적과 목표, 구성 요소, 특성을 알아보았다. 3장 '교정복지의 역사'에서는 범죄인 처우가 시대적으로 어떻게 변화해 왔고 교정복지가 어떻게 발달해 왔는지를 미국, 영국, 우리나라를 중심으로 살펴보았다.

2부에서는 범죄원인론 및 사법제도에 대해 알아보고자 하였으며 4장에서 8장까지 구성하였다. 4장 '범죄원인론'에서는 범죄 원인을 이해하기 위해 고전주의 및 신고전주의 이론에서부터 최근 범죄 이론까지 주요 범죄 이론을 살펴보았다. 5장 '형사사법제도의 이해'에서는 범죄를 저지른 사람들이 어떤 형사사법처리과정을 거치는지 알아보기 위해 형사절차의 원칙, 절차, 범죄인 처우에 대해 정리하였다. 6장 '소년사법제도의 이해'에서는 비행청소년에 대한 사법제도를 이해하기 위해 소년사법제도의 의의와 이념, 소년보호처분의 처리 절차, 소년범죄인의 처리 및 처우를 알아보고자 하였다. 7장 '교정처우방법'에서는 대표적인 처우방법인 시설 내 처우와 사회 내 처우의 특징을 살펴보고, 교정사회복지사가 인권 중심의 처우를 행할 수 있도록 사법처리과정에서의 권리와 권리구제를 살펴보았다. 8장 '교정복지 현장의 이해'에서는 교정사회복지사와 관련이 깊은 주요 교정복지 현장인 교도소, 소년원, 보호관찰소, 한국법무복지보호공단 등에 대해 알아보았다.

3부에서는 교정사회복지사의 실천 및 활동을 보다 구체적으로 이해하기 위해 교정복지실천 과정 및 기술을 알아보고자 하였으며 9장에서 14장까지 구성하였다. 9장 '교정복지실천의 이론적 토대'에서는 교정복지실천의 개념과 목표, 관점, 기술, 과정에 대해 알아보고자 하였다. 10장 '취약계층 범죄인 유형별 교정복지실천'에서는 비행청소년, 여성범죄인, 고령범죄인, 장애인범죄인, 외국인범죄인을 살펴보았다. 11장 '범죄유형별 교정복지실천'에서는 교정사회복지사의 실천이 필요하다고 판단되는 학교폭력, 아동학대, 성범죄, 약물범죄, 사이버범죄에 대해 알아보고자 하였다. 12장 '범죄피해인에 대한 교정복지실천'에서는 범죄피해인에 대한 이해, 범죄피해인 보호 및 지원제도, 범죄피해인을 위한 교정복지실천을 살펴보았다. 13장 '교정자원봉사활동'에서는 교정사회복지사의 주요한 협력자이자 범죄인 사회복귀 및 적응을 위한 지지자인 자원봉사자의 역할 및 활동 등을 살펴보았다. 14장 '회복적 정의에 대한 이해'에서는 최근 교정복지에서 새롭게 강조되고 있는 회복적 정의의 개념 및 원칙, 발전과정, 유형, 적용 사례 등에 대해 알아보고자 하였다.

머리말

지금은 고인이 되신 아버지께서 자식들 앞에서 어린 시절을 회상할 때 아주 낮은 목소리로 희미하게 넘어간 부분이 있었다. 함경도에서 어린 나이에 혼자 피난 와서 낯선 곳에 정착하면서 너무 배가 고파 청소년기에 아버지가 한 일은, 으슥한 부둣가 골목에서 형님들과 함께 지나가던 사람들에게 연필을 사라고 강매하거나 삥을 뜯는 것이었다. 91세가 넘은 고령에도 아버지는 그 시절을 부끄럽게 생각하고 후회하셨다. 저자가 사회복지를 배우면서 가장 먼저 접한 교정현장은 소년원과 보호관찰소였다. 그것은 사회복지영역에서 선도적으로 비행청소년 보호 및 보호관찰 도입에 앞장서 온 문선화 교수님과 대학생갱생보호회를 이끈 학과 선배님, 친구들 덕분이었다. 이후 첫 직장인 청소년상담실에서 만난 청소년도 형사사법처리과정에 있는 비행청소년들과 부모들이었다. 이들과의 경험은 늘 마음속에 묵직하고 긴 울림을 주었다.

본 책은 형사사법체계로부터 영향을 받고 있는 사람들의 입장과 목소리에 좀 더 집중하고자 하였다. 이들을 위해 교정사회복지사가 어떻게 실천을 할 수 있는지 찾고자 하였다. 집필하는 과정 내내 부족함을 많이 느끼고 고민도 많았지만 새롭게 배우고 정리하는 즐거움도 컸다. 독자 여러분의 애정 어린 조언을 부탁드리며 부족한 부분은 앞으로 계속해서 보완할 것을 약속드린다. 끝으로 어려운 여건 속에서도 선도적으로 교정복지 이론을 연구해 온 선배 교수님 및 연구자들, 교정복지실천을 행하고 있는 사회복지사들, 자원봉사자들에게 깊이 감사드린다. 또한 이 책이 나오기까지 많은 도움을 주신 양서원 출판그룹 박철용 회장님과 박세원 대표님 및 편집부 관계자 여러분께도 감사드린다.

2024년 8월

저자 드림

CONTENTS

PART 01 교정복지의 기초

PART 02 범죄원인론 및 사법제도에 대한 이해

목차

PART 03 교정복지실천 과정 및 기술

목차

PART

01

교정복지의 기초

CHAPTER 01

교정복지의 등장 배경 및 의의

1. 교정복지의 등장 배경

교정복지는 사회복지의 독립된 한 분야로 형사사법체계의 영향을 받고 있는 개인 및 가족, 집단, 지역사회들을 위해 사회복지의 가치, 지식, 기술을 적용한 것이다. 역사적으로 보면 사회복지사들이 지역이나 사회복지실천현장에서 비행청소년이나 범죄인 또는 범죄로부터 영향받은 사람들을 만나는 것은 매우 자연스럽고 일상적인 일이었다. 이처럼 사회복지사들이 비행청소년이나 범죄인들의 사회복귀나 재적응을 지원하거나 사법체계(형사사법 및 소년사법)의 영향을 받고 있는 사람들을 지원한 것은 아주 오래전이다. 그러다 교정복지라는 독립된 사회복지 영역으로 등장하게 된 데에는 다음과 같은 배경이 있었다.

1) 범죄 문제의 심각성 및 사회성

어느 시대, 어느 사회나 많은 어려움과 위험이 존재해 왔고 사회복지사들은 이런 사회문제를 해결하기 위해 노력해 왔다. 범죄 문제는 대표적인 사회문제이다. 범죄는 개인 및 공동체의 생명 및 재산을 위협하고 평화를 파괴하는 위법행위이다. 급속한 산업화·도시화·핵가족화가 진행되면서 빈곤, 실업, 질병, 공동체 해체, 주거 문제, 사회양극화 등 복잡한 사회문제가 야기되었다. 이러한 영향으로 인해 범죄 발생률의 증가는 물론 범죄의 원인, 종류도 다양해지고 피해 정도도 더 커졌다. 살인, 강도, 강간 등 강력범죄가 증가하고 재범률도 급격히 증가하였다. 그 결과, 범죄로 인해 피해인 및 가족, 관련된 사람들 및 공동체의 고통과 피해가 늘어나고 사회적 비용도 증가하였다.

사회복지사들은 범죄 문제의 사회성에 주목하였다. 범죄 문제의 사회성이란 첫째, 범죄는 개인 요인보다는 사회 요인에 의해 발생되며(범죄의 사회성) 둘째, 범죄는 사회 및 사회

구성원에게 부정적 영향을 미치며(파급효과의 사회성) 셋째, 범죄는 당사자의 노력만으로는 해결하기 어렵고 사회적 차원의 개입이 필요하다(문제 해결의 사회성)는 것이다. 이와 같은 문제의식을 가지고 지역사회의 범죄 문제 해결 및 공동체의 회복을 위한 노력으로 교정복지의 필요성이 대두되었다.

2) 기존 형벌 및 사법제도의 한계

급속한 산업화 · 도시화의 폐해로 비행이나 범죄 발생이 급증하고 신형 범죄들이 나타났다. 그러나 기존 형벌 및 사법제도가 이러한 변화에 적절하게 대응하기에는 많은 한계가 있었다. 구체적으로 살펴보면 다음과 같다.

(1) 과도한 구금 위주의 형벌제도

구금은 대표적인 형벌제도 중 하나로서 법을 위반한 대가로 일정 기간 사회로부터 격리하여 자유를 제한하는 것이다. 기존 형사사법 시스템은 구금이나 처벌에만 치중하고 사회복귀나 재적응에 대해서는 소극적이다. 구금이라는 형벌은 범죄인을 사회와 분리시키기 때문에 범죄를 억제하는 데 효과적인 부분도 있지만, 이로 인한 폐단도 크다. 선행연구에 따르면, 구금 위주의 접근은 비용이 많이 들고 재범률을 줄이는 효과가 제한적이라는 비판이 일반적이다. 미국의 범죄인 수용시설에 있는 재소자의 70% 이상이 재범자이며, 범죄인들은 대부분 자신의 가치를 낮게 평가하고 자율성이 낮다. 이들이 교정시설에 수용되면 대부분은 자율성과 자존감이 한층 더 낮아지게 마련이다. 이러한 상황은 그들이 사회복귀 후 재적응을 하는 데 결정적인 실패요인으로 작용하기도 한다(배임호, 2020: 29-30).

(2) 높은 재범률

형사사법체계의 주된 목적은 재범을 낮추고 범죄를 예방하는 데 있다. 그러나 처벌 및 억제 중심의 형사사법체계에서는 오히려 재범률이 높다. 이는 단지 자유를 박탈하고 처벌 중심의 접근만으로는 다양한 범죄에 대응하는 데 한계가 있음을 반증하는 것이라고 하겠다. 우리나라의 경우 2022년에 검거된 전체 범죄인 중 전과가 없는 사람은 25.0%에 불과하였고, 전과 여부를 알 수 없는 경우를 제외한 범죄인의 전과자 비율은 64.2%를 차지하였다(법무연수원, 2024: 504-505). 이런 수치는 지난 10년간 큰 차이 없이 비슷한 경향을 유지하고 있다. 또한 소년의 전과 비율도 27.9%를 차지해 결코 성인에 비해 적지 않았다(법무연수원, 2024: 512).

(3) 경제적 비용의 증가

미국을 비롯한 선진국들은 현행 형벌체계를 고수하기 위해 많은 국가 재정 및 노력을 투입하고 있다. 그러나 범죄 문제는 더욱 심각해졌다. 우리나라의 경우도 크게 다르지 않다. 최근 우리나라 범죄 문제의 경향성을 보면 첫째, 교정시설의 최대 수용인원을 이미 초과하여 과밀수용 문제가 심각하며 둘째, 여성 범죄가 증가하고 있으며 셋째, 10대와 20대의 범죄인 수가 증가하고 있으며 넷째, 외국인의 범죄가 증가하고 있다(배임호, 2020: 21-22). 범죄 문제의 증가는 사람들 및 공동체의 안전을 해치는 중요한 사회문제이다. 따라서 우리나라를 비롯한 대부분의 나라에서는 범죄 문제 해결을 위해 막대한 재정을 지출하고 있다. 특히, 교정시설 설립 및 운영, 인력 배치 등에 경제적 비용이 증가하면서 사회적 부담도 커져가는 실정이다.

(4) 다양한 범죄 예방 정책 부족

현행 형사사법체계의 주된 초점은 범죄 발생 후 처벌 및 대응에 있다. 범죄 예방은 우선순위에서 밀리고 있다. 범죄를 야기하는 근본적인 사회·경제적 문제 해결보다는 범죄가 발생된 이후 사후접근에 급급하기 때문에 범죄가 재발될 위험이 크고, 비용이 많이 들어 비효율적일 수 있다.

(5) 피해인 및 지역사회 회복을 위한 지원 미흡

현행 형벌체계는 구금을 통해 범죄인의 자유를 박탈함으로써 고통을 줄 수는 있지만 그들의 잘못된 행동을 바로잡는 데는 효과적이지는 않다. 또한 범죄로 인해 발생된 피해인 및 가족, 지역사회의 엄청난 피해나 회복에도 제대로 대응하지 못하는 실정이다.

(6) 빈약한 사회서비스

형사사법제도 내에는 사회 · 경제적 격차가 존재한다. 그중 소외계층은 여러 가지 이유로 다른 계층보다 더 가혹한 처벌을 받거나 차별을 당하기도 한다. 설사 교정시설에서 출소했다고 해도 사회에 복귀하고 재적응하는 동안 많은 낙인과 차별을 경험한다. 고용, 주택, 의료 및 기타 자원에의 접근성이 낮을 뿐 아니라 적절한 사회서비스 및 지지를 제공할 자원이 부족하다. 특히 사법체계에 연루된 많은 사람들이 정신건강, 약물남용 등의 문제를 경험하지만 적절한 치료 및 지원을 받지 못하는 실정이다.

3) 비행청소년 및 범죄인의 사회복귀 및 인권에 대한 관심 증가

형사사법체계의 주된 목적은 범죄로부터 사회를 보호하며 범죄인이 재범을 저지르지 않도록 하는 것이다. 이것은 처벌이나 통제만으로 달성되는 것이 아니라 교정시설에서부터 출소 이후 지역사회로의 복귀까지 재적응을 잘 할 수 있도록 하는 것과 관련이 깊다. 산업혁명 이후 경제적 발전 이면에 야기된 여러 가지 인권문제들과 함께 비행청소년 및 범죄인의 인권침해 문제들이 부각되면서 이들에 대한 인권 보장에 대한 관심도 증가되었다. 특히 범죄인의 인권과 관련한 법률이 국내 · 외에서 제정 · 시행되면서 범죄인의 인권 보장을 위한 제도적 기반들이 구축되고 있다. 국제적으로는 「세계인권선언」(1948), 「피구금자 처우에 관한 최저기준규칙」(1955), 「피구금자 처우에 관한 기본원칙」(1990), 「미결구금에 관한 기본원칙」(1990) 등이 있고 국내에는 「형의 집행 및 수용자의 처우에 관한 법률」이 있다.[1)]

1) 「세계인권선언」은 UN이 채택한 선언문으로, 제2차 세계대전으로 인해 많은 사람들이 참혹하게 사망하자 이런 비극이 반복되지 않도록 하기 위해 세계인이 함께 지켜야 할 윤리적 기준을 제시한 것이다. 즉 모든 인간에게는 인간으로서 누려야 할 인권을 보장해야 한다는 것이다. 「피구금자 처우에 관한 최저기준규칙」은 일명 '넬슨 만델라 규칙'이라고도 불리는데, 이것은 수용자 처우 및 교정시설의 관리에 대한 최저기준을 1955년에 UN에서 채택한 것이다. 「피구금자 처우에 관한 기본원칙」은 1955년의 「피구금자 처우에 관한 최저기준규칙」의 핵심내용을 시대에 맞게 재정리한 것이다. 여기에는 수용자의 문화적 활동, 교육권 등을 강조하였다. 「미결구금에 관한 기본원칙」은 1990년에 UN에서 채택된 것으로 미결수용자의 신속한 재판, 구금의 최소화, 변호인 조력, 가족 접견 등을 담고 있다. 「형의 집행 및 수용자의 처우에 관한 법률」은 수용자의 처우와 권리 및 교정시설의 운영에 관한 기본 사항을 규정하고 있다. 이 법에는 수용자의 인권 존중, 차별금지, 수용자에 대한 절차적 · 실질적 권리보장에 관한 내용을 포함하고 있다.

2. 교정복지의 의의

사회복지가 발달된 나라에서는 많은 사회복지사들이 범죄 문제 예방 및 해결을 위해 사법체계 내 또는 지역사회에서 다양한 활동을 하고 있다. 범죄의 원인을 개인의 문제라기보다는 빈곤이나 사회해체 등 사회환경에 더 비중을 두고 있는 스웨덴, 덴마크와 같은 북유럽의 사회민주주의 국가들은 형벌을 강조하는 억압적 접근보다는 복지지향적 접근을 상대적으로 강조한다. 이들 나라에서는 비행청소년이나 범죄인에 대해 형벌이나 형사정책보다는 아동, 노인, 장애인, 빈곤계층처럼 일반적인 사회정책의 틀 내에서의 교정을 다룬다(조흥식 · 이형섭, 2014: 29). 미국의 경우 경찰사회복지사, 보호관찰관, 가해자 · 피해자 중재나 폭력범죄피해인 분야 등에서 사회복지사들이 활동하고 있다(조흥식 · 이형섭, 2014: 475). 이와 같이 사회복지사들은 범죄에 영향을 미쳤을 수 있는 근본적인 문제를 해결하고, 사법체계의 영향을 받고 있는 사람들을 지원하며 이들의 사회복귀를 돕는 데 중요한 역할을 하고 있다. 사법체계(형사사법 및 소년사법)와 관련한 사회복지사의 개입이나 실천은 다음과 같은 의의를 갖는다.

1) 범죄인 및 범죄피해인의 복지 증진

일반적으로 범죄인은 사회에 피해를 입힌 사람이므로 처벌의 대상자라고만 생각한다. 그러나 사회복지에서는 범죄인도 보호 및 지원이 필요한 서비스 대상자로 인식한다. 그 이유를 구체적으로 살펴보면 다음과 같다.

첫째, 사람이 일생을 살면서 크고 작은 죄를 저지르지만 모든 사람들이 공식적인 사법처리에 의해 처벌을 받는 것은 아니다. 반면 사법기관에 발견되어 실제 사법처리과정을 거치는 사람은 사회 · 경제적으로 취약계층인 경우가 많다. 경제적으로 여유가 있거나 이용할 자원이 많은 사람들은 변호사 등 사법처리과정에 적극적으로 활용하여 형사사법 초기 단계에서부터 벗어나는 경우가 많다. 반면 취약계층은 법적 지식이나 이용 가능한 자원의 부족으로 인해 사법처리과정 끝까지 남겨질 가능성이 높다.

둘째, 설사 범죄를 저질렀다고 해도 범죄에 대한 책임을 지고 죄에 상응하는 형벌을 마치고 나면 다시 사회구성원으로 살아갈 수 있는 자격과 권리가 있다. 그러나 범죄인이 된 이후에는 가족갈등이 심화되거나 가족이 해체되기도 하고 학교나 직장도 잃고 친구나 주변 사람들과도 단절되기 쉽다. 또한 힘든 사법처리과정을 마치고 사회에 복귀한다고 해도 범죄인이라는 이유로 예상할 수 없는 많은 어려움이 생긴다. 다시 사회에 적응하고 살아갈 토대를 갖추는 것은 혼자만의 노력으로는 쉽지 않다. 그러므로 사회적 도움이 필요하다.

셋째, 범죄에 노출된 사람은 종종 가해자가 되기도 하고 피해자가 되기도 하는 중복경험을 갖는 경우가 있다. 피해자와 가해자가 완전히 다른 사람이 아니라 생의 어떤 순간에는 가해자가 되기도 하고 피해자가 되기도 한다. 그만큼 범죄에 노출된 사람들은 취약할 수 있다.

넷째, 범죄인은 범죄 이전에도 지역주민들과 함께 생활한 사람이고 사법처리 종료 이후에도 함께 살아가야 할 사람이다. 누군가의 가족이며 친구이며 지역주민이다. 건강한 사회구성원으로 함께 살아갈 수 있도록 기회를 주고 재범을 저지르지 않도록 돕고 응원해야 한다. 각기 다른 개성을 가진 사람들이 각자가 바라는 행복한 삶을 살고 안전한 사회를 만들기 위해서는 비록 변화에 시간과 비용, 노력이 들더라도 사회가 함께하지 않으면 안 된다.

다섯째, 사회복지는 인간의 욕구(need) 충족에 관심을 갖는다. 욕구는 인간의 기본적 생존과 관련된 결핍을 충족하는 것(의식주 등)에서부터 안전(위험, 고용, 자원, 건강 등), 소속감(가족, 중요한 사람과의 관계), 자아존중감(자기 존중, 신뢰, 성취, 타인으로부터의 존중), 자아실현(영성, 창의성, 문제해결, 사실의 수용, 편견 없음 등) 등이 해당된다. 인간의 욕구 충족에 있어서는 범죄인도 예외일 수 없다. 상당수의 범죄인 및 가족은 사회서비스와 지원이 필요한 복잡한 욕구와 어려움을 가지는 경우가 많다. 그들은 트라우마, 학대, 빈곤, 또는 범죄로 연결되는 여러 가지 사회적 · 경제적 불이익을 경험하기도 한다. 사회복지는 범죄인의 이러한 문제를 해결할 수 있도록 다양한 지지 및 지원을 제공할 수 있다.

2) 범죄로 인해 영향받은 사람 및 공동체 회복을 위한 통합적 접근

기존 형사사법체계에서는 범죄가 발생하면 범죄인은 피해인과 분리되어 처벌을 받고 피해인은 사법체계와 분리되어 범죄 처리사항에 대해 안내받지도 못하고 피해 회복도 쉽지 않다. 지역사회도 마찬가지이다. 범죄로 인해 지역사회는 여러 가지 영향을 받지만 기존 사법체계 내에서 소외되기 쉽다. 사회복지사는 범죄인뿐만 아니라 피해인, 가족, 지역주민 등과도 만나고 함께 일한다. 범죄로 인해 영향받은 사람들이 당면한 어려움과 욕구를 해결하고 피해를 회복하고 긍정적 변화를 촉진하기 위해 상담, 지지서비스 및 자원을 제공할 수 있다. 주거, 일자리, 직업훈련, 의료, 교육 등 이들이 이용할 수 있는 자원 접근성을 높이고 지역사회 자원을 연계하여 협력을 강화할 수 있다. 이를 통해 사회복지사는 현행 형사사법체계의 한계인 처벌 위주의 접근에서 탈피하여 예방, 재활 및 재통합, 회복에 초점을 맞추는 보다 포괄적이고 통합적인 접근을 할 수 있다.

3) 형사사법 개혁을 위한 대안 프로그램

형사사법 개혁이 추구하는 목표는 형사사법제도를 보다 공정하고 효과적이며 인간적으로 만드는 다양한 정책과 실천을 행하는 것이다. 앞서 언급한 현 형사사법체계의 문제점을 개선하기 위해 형사사법 개혁이 요구되고 있고 이를 위한 다양한 대안 프로그램(alternative programs)이 강조되고 있다. 대표적으로 다이버전(diversion), 회복적 정의(restorative justice), 지역사회 토대의 프로그램(community-based programs) 등이 있다.[2)] 선행연구에 따르면, 이러한 대안 프로그램은 재범률을 낮추고 비용을 절감하고 범죄인의 긍정적 변화를 일으키는 데 효과적인 것으로 나타났다. 지역사회 참여와 자인을 강조하는 대안 프로그램은 사회복지사들이 가장 잘 할 수 있는 영역일 뿐 아니라 실제 다양한 방식으로 참여하면서 중요한 역할을 수행하고 있다.

2) 다이버전 프로그램은 기존 사법절차 및 과정을 거치지 않고 지역사회 토대의 프로그램으로 전환하는 것이다. 이를 통해 사법체계에 덜 노출되고, 낙인을 덜 받으며, 지역사회의 다양한 기관 및 자원과 활용하여 사회복귀 및 재활이 용이하도록 돕는다. 회복적 정의 프로그램은 범죄에 의해 영향을 받은 사람 즉 가해자와 피해자, 지역사회가 범죄피해에 대해 서로 이야기하고 피해를 회복하고 각자의 책임을 지고 깨어진 관계를 바로잡고자 하는 것이다. 여기에는 피해자·가해자 중재, 서클 등의 형태가 있다. 지역사회 토대의 프로그램은 근본적인 범죄의 원인을 해결하기 위해 범죄인에게 다양한 지역사회 자원과 지지를 제공하는 것이다. 즉 직업훈련 및 취업, 주거, 의료, 교육, 알코올 및 약물남용 치료, 정신건강 서비스 등이 제공될 수 있다. 구체적인 내용은 7장과 14장을 참고하기 바란다.

4) 사회복지실천현장으로서의 형사사법체계

형사사법체계와 사회복지는 밀접한 관계에 있다. 형사사법체계에서 사회복지사는 범죄피해인, 범죄인 및 그 가족을 포함하여 형사사법체계의 영향을 받는 사람들의 복잡한 요구를 해결하고 형사사법체계가 보다 공정하고 공평할 수 있도록 촉진한다. 구체적으로 사회복지사들은 형사사법체계에서 다음과 같은 다양한 실천을 행하고 있다.

첫째, 보호관찰과 관련된 일을 한다. 사회복지사는 보호관찰관으로서 또는 보호관찰관련 업무를 담당하면서 보호관찰대상자와 협력하여 이들이 보호관찰 조건을 충족할 수 있도록 심리사회적 지원 및 모니터링을 제공한다.

둘째, 비행청소년 및 소년사법체계와 관련된 일을 한다. 사회복지사는 청소년사법체계에 연루된 청소년 및 가족과 협력하여 이들에게 청소년사법체계를 안내하고 상담, 사례관리 및 지원서비스를 제공하여 재비행 예방 및 사회복귀를 돕는다.

셋째, 교도소 등 교정시설에서 일한다. 사회복지사는 교도소, 구치소 등 교정시설에서 범죄성을 교정하고 범죄인의 정신건강 및 약물남용 등의 문제 해결을 돕고 사회복귀를 준비할 수 있도록 상담, 지원 및 프로그램을 제공한다.

넷째, 피해인을 위한 지원서비스를 제공한다. 사회복지사는 범죄피해인과 협력하여 그들이 범죄피해나 트라우마로부터 회복하고 형사사법체계에서 필요한 도움을 받고 건강한 삶을 살아갈 수 있도록 상담, 옹호, 지지서비스 등을 제공한다.

다섯째, 옹호이다. 사회복지사는 형사사법체계가 보다 공정하고 공평하고 인권에 기반할 수 있도록 문제를 제기하고 대상자의 입장을 대변하고 옹호한다. 또한 구금에 대한 대안 프로그램을 촉진하고 형사사법체계 내에서 인권 및 사회정의 문제가 개선될 수 있도록 노력한다.

5) 협력기관이자 주요한 환경인 형사사법체계 지원

형사사법체계는 경찰, 검찰, 법원 및 교정기관 등 법과 질서 유지를 목적으로 하는 여러 기관들이 함께 일하는 곳이다. 경찰과 검찰은 수사, 용의자 체포 및 공공 안전 유지를 담당한다. 법원 및 대법원은 범죄의 유 · 무죄를 결정하고 법을 집행한다. 교도소와 같은 교정기관은 유죄 판결을 받은 범죄인을 교정 · 교화하고 사회복귀를 시킨다. 이들

기관들은 각기 독립적으로 운영되지만 상호 연결되고 상호 의존적이다. 즉 형사사법체계는 사회정의를 위해 관련된 모든 기관 간의 협력이 필요한 복잡한 제도이자 환경이다. 사회복지사는 재범 방지 및 범죄예방을 위해 이런 복잡한 형사사법체계와 협력해야 한다.

또한 형사사법체계는 범죄인 및 피해자에게 영향을 미치는 주요한 환경이기도 하다. 사회복지사는 이들이 형사사법체계와 적절한 상호작용을 할 수 있도록 돕는 역할을 할 수 있다. 특히 형사사법체계는 법을 수호하고 사람들의 권리를 보호할 책임이 있기 때문에 인권과 밀접히 관련이 있다. 그러나 종종 형사사법체계는 인권 침해의 장소가 되기도 한다. 사회복지사는 클라이언트, 특히 소외되거나 권리를 박탈당한 클라이언트의 권리를 옹호하는 데 중요한 역할을 하므로, 형사사법체계에 연루된 사람들이 적절한 자원과 지원에 접근할 수 있도록 보장하고, 차별적이거나 부당한 법률이나 정책을 개선하도록 요구할 수 있다. 또한 사법체계와 범죄인 및 피해인들이 서로에 대한 정보를 갖고 더 깊이 이해하고 적절하게 상호작용할 수 있도록 지원할 수 있다.

CHAPTER 02 교정복지의 이해

1. 교정복지의 개념

사회복지사들이 비행청소년 및 범죄인의 재범 방지나 사회복귀, 형사사법체계에 연루된 사람들의 복지 및 인권을 위해 일해 온 것은 오래전부터이다. 그러나 독립된 학문으로서 체계적으로 연구된 것은 그리 오래되지 않았다. 교정복지학은 현재도 진행 중이며 시대와 사회, 학자들에 따라 교정복지의 개념은 변화하고 있다.

최옥채(2006: 61)는 교정복지(correctional social work)를 사회복지학에 바탕으로 한 비행청소년과 범죄인의 재활 및 비행과 범죄의 예방에 중점을 둔 사회복지실천이라고 정의하였다. 조흥식 · 이형섭(2014: 17)은 교정복지란 형사재판의 집행단계인 교정이라는 특수한 사회복지실천 영역에서 범죄인 및 비행청소년의 원활한 사회복귀와 사회적 기능수행 회복, 범죄 원인과 관련된 문제 해결 및 범죄피해의 원상회복 등을 위하여 사회복지철학과 가치를 기초로 전문적 사회복지실천방법론을 활용하는 복지실천이라고 정의하였다. 홍봉선 외(2019: 16)에 따르면 교정복지는 사회복지의 한 분야론으로서 그 대상이 성인이든 청소년이든 혹은 재소자이든 출소자이든 그리고 내국인이든 외국인이든 간에 범법행위를 한 사람과 그 가족을 대상으로 하여 사회복지의 철학과 가치관을 근간으로 사회복지의 정책과 실천기술을 활용하여 그들의 삶의 질을 높이는 활동이라고 정의하였다. 배임호(2020: 50)는 교정복지를 가해자들이 긍정적으로 변화하고 정상 생활로 재활할 수 있도록 원조할 뿐 아니라 범죄가 피해자와 가해자, 그들의 가족과 지역사회 등 관련 클라이언트층에게 미친 복합적인 악영향을 해결함으로써 범죄 이전의 건강한 사회관계를 회복하고자 하는 전문적 사회복지의 한 분야라고 정의하였다. 특히 그는 새로운 패러다임의 교정복지를 주장하면서 범죄사건과 관련된 피해자와 가해자, 그들의 가족, 그리고 지역사회 공동체 등을 포함하고 있다. 천정환 · 김주연(2010)은 교정복지 대상에 피해자도 포함하여야 하며 교정 영역뿐만 아니라 형사사법체계 전 절차를 포함해야 한다고 주장하였다.

신연희(2023)는 교정복지를 협의와 광의의 개념으로 구분하였는데, 광의의 교정복지에는 형사사법 모든 단계와 지역사회까지 확장하고 실천대상자에 범죄인, 비행청소년, 범죄로 인해 영향을 받는 사람들(피해자, 수용자 가족 및 자녀, 지역사회)을 포함한다. 또한 용어상으로는 사법복지로 정의되는 것이 적절하다고 하였다.

이처럼 학자들이 정의한 교정복지의 개념은 서비스 대상의 범위나 형사사법체계 중 어느 부분에 초점을 두는지에 따라 의견이 상이하다. 이를 재정리하면 크게 협의와 광의로 대별해 볼 수 있다(〈표 2-1〉 참고).

첫째, 협의의 교정복지는 형사사법절차의 마지막 단계인 교정단계에 적용되는 사회복지실천을 뜻한다. 주요 서비스 대상은 교정시설에 수감되어 있는 수용자뿐 아니라 보호관찰, 가석방 중인 범죄인, 비행청소년 및 가족, 출소자를 포함한다. 개입 목표는 사회복귀, 재사회화, 재범 방지이다. 용어상으로는 교정사회사업(Correctional Social Work)에 해당한다고 할 수 있다.

둘째, 광의의 교정복지는 수사, 기소, 판결, 교정 등 형사사법절차의 전 단계에 적용되는 사회복지실천을 의미한다. 주요 서비스 대상은 형사사법체계에 의해 영향을 받은 모든 클라이언트체계, 즉 교정시설에 수감되어 있는 수용자뿐 아니라 보호관찰, 가석방 중인 범죄인, 비행청소년 및 가족, 출소자, 수사나 기소 과정에 있는 범죄인이나 비행청소년, 피해자, 지역사회 등을 포함한다. 주된 목표는 사회복귀, 재사회화, 재범 방지, 피해 회복 등 복시 증신과 범죄 예방 및 해결 등 사법정의 실현에 초점을 둔다. 미국이나 영국의 스코틀랜드에서는 forensic social work, criminal justice social work, judicial welfare라는 용어로 사용하고 있다.[1] 최근 우리나라도 이를 사법복지라는 명칭으로 구분해서 사용하는 학자들이 등장하고 있다.

1) Forensic social work은 주로 미국에서 사용되는 용어로, 자격을 갖춘 사회복지사가 형사사법과정에 있는 사람들을 위해 공정하고 인도적인 형사사법이 행해지도록 조사, 사정 및 평가, 전문가 증언, 법률 정보, 심리 · 사회적 지원 등을 행한다. Judicial welfare는 주로 영국에서 사용되는 용어로, 법적 절차와 결정 과정에서 아동 및 가족의 복지나 인권을 보장하기 위한 지원을 행한다.

〈표 2-1〉 교정복지의 개념

구분	협의	광의
용어	교정사회사업 (correctional social work)	사법복지(criminal justice social work, forensic social work, judicial welfare)
목적	• 비행청소년 및 범죄인의 복지 및 인권 증진 • 사법정의 실현	• 사법체계에 의해 영향받은 사람 및 지역사회의 복지 및 인권 증진 • 사법정의 실현
목표	• 교정시설에서의 적응 • 사회적 기능 회복 • 사회복귀 및 재사회화 • 범죄 방지	• 협의의 개념의 목표 • 사회 정의 증진 • 범죄 예방 및 재활 • 사법체계 관련 불평등 해소 • 공평하고 인도적인 형사사법 시스템 구축
대상자	• 교정시설의 수용자 및 가족 • 지역사회 내 복역 중인 범죄인, 비행청소년(교정시설 수용자, 보호관찰대상자, 가석방대상자 등) 및 가족 • 출소자	• 협의 개념의 대상 • 형사사법 제도에 관련되거나 영향을 받는 사람 • 피해인 및 가족 • 지역사회
실천현장 및 범위	형사사법절차 중 마지막 집행단계(시설 내 처우, 사회 내 처우)에 적용되는 사회복지실천	형사사법절차의 전 단계에 적용되는 사회복지실천
사회복지사의 역할 및 책임	• 수용자에 대한 사정, 상담 및 지원 제공 • 사회복귀 지원 • 약물 남용 및 정신건강과 같은 문제 해결	• 피해인, 범죄인(피고인 포함) 및 그 가족들의 사회, 정서적 욕구 해결 • 법적 문제 지원 • 사법 관련 조사 및 평가, 전문가 증언 • 재활 및 사회복귀를 위한 지원 • 다이버전 프로그램 또는 지역사회 기반 활동 등

본서에서는 교정복지를 기본적으로 광의의 개념, 즉 사법복지에 근거하고자 하되 명칭은 현재 국내에서 통용되고 있는 교정복지로 하고자 한다. 따라서 교정복지의 개념을 정의하면 첫째, 사회복지의 독립된 한 분야로서 둘째, 형사사법체계(소년사법 포함)와 관련되어 사람(즉 교정시설에 수감되어 있는 수용자, 비행청소년 및 범죄인, 가족, 출소자, 피해자) 및 지역사회를 대상으로 셋째, 사회복귀, 재사회화, 재범 방지, 피해 회복, 비행 및 범죄 예방 등 사회복지 증진과 사법정의 실현을 목적으로 넷째, 사회복지철학과 가치, 지식, 기술을 적용하는 것이라고 하겠다. 다만 피해인에 대해서는 '피해인복지'라는 별도의 교과목에서 다루고

있기 때문에 본서에서는 피해인지원이나 범죄인 처우에 관련된 부분에서 부분적으로 다루고자 한다.

2. 교정복지의 목적과 목표

1) 교정복지의 목적

교정복지는 전문적 사회복지의 한 분야로 형사사법체계(소년사법 포함)와 관련된 클라이언트체계(비행청소년, 범죄인과 그들의 가족, 관련된 사람들, 지역사회 등)에 대해 효과적인 서비스 및 지원을 제공하기 위해 사회복지의 고유한 가치와 철학을 바탕으로 하면서 사회복지학의 이론 및 기술을 적용하는 것이다. 교정사회복지사는 형사사법체계에 영향받는 사람들을 위해 사회복지를 실천하는 사회복지사를 뜻한다. 이들이 주로 일하는 현장은 전통적인 사회복지현장이 아닌 이차 현장(secondary setting)이다. 즉 군사회복지, 학교사회복지, 의료복지와 같이 고유의 기관 목적과 기능이 별도로 있고 부차적 기능으로 사회복지를 수행하는 곳이다. 교정사회복지사는 형사사법체계의 목적(사법정의의 실현)과 사회복지의 목적(국민의 복지 증진), 즉 이중의 목적을 위해 일한다. 한마디로 교정복지의 궁극적 목적은 형사사법체계에 의해 영향을 받은 사람(비행청소년, 범죄인, 피해인 및 가족, 지역사회 등)의 복지 증진과 사법정의의 실현이라고 하겠다.

2) 교정복지의 목표

전통적으로 교정복지는 비행청소년 및 범죄인의 사회적 기능 회복, 원활한 사회복귀 및 재통합을 목표로 하였다. 최근에는 회복적 사법의 영향으로 형사사법체계에 관련된 범죄인, 피해인, 가족, 지역사회를 대상으로 범죄로 인한 피해를 바로잡고 다시 피해 이전으로 회복시킴으로써 사법정의를 실현하고자 하는 것도 강조되고 있다. 이를 토대로 교정복지의 목표는 크게 네 가지로 정리해 볼 수 있다.

(1) 비행청소년과 범죄인의 사회복귀 및 재사회화

교정복지는 형사사법체계와 관련된 비행청소년이나 범죄인이 원활하게 사회에 복귀해서 사회에 잘 적응하는 것을 목표로 한다. 이들이 사회적으로 인정된 방법으로 자신이 원하는 삶을 살아갈 수 있도록 안내하고 지원하고 협력하는 데 초점을 둔다.

(2) 비행청소년과 범죄인의 책임 및 인권 보장

교정복지는 비행청소년과 범죄인이 잘못을 바로잡고 비행이나 범죄로 인해 영향받은 사람들의 피해 회복을 위해 책임을 지도록 하는 것을 목표로 한다. 범죄인이 더 이상 법에 의해 처벌받는 수동적 존재가 아니라 자신의 범죄로 인해 부정적 영향을 받은 피해자와 지역사회에 책임을 지는 존재가 되도록 돕는다. 뿐만 아니라 범죄인도 인간으로서의 존엄성이 유지되는 것을 강조한다. 비록 비행이나 범죄를 저질렀다고 해도 경찰, 검찰, 법원 등 사법처리과정을 거치는 동안, 보호 및 교정기관에서 지내는 동안, 퇴원 및 출소 후 사회복귀해서 생활하는 동안에도 이들의 인권은 보장되어야 한다.

(3) 피해인 및 지역사회의 피해 회복 및 범죄 예방

교정복지는 비행과 범죄로 인해 부정적인 영향을 받은 피해인 및 가족, 공동체의 피해가 회복되고 더 나아가 범죄를 예방하는 것을 목표로 한다. 비행이나 범죄로 인해 야기된 문제나 피해를 공동체에 알리고 피해 회복 및 당면 문제 해결을 위해 당사자는 물론 정부, 형사사법체계, 민간 및 지역사회 등 관련 주체들과 협력하고 비행 및 범죄를 예방할 수 있는 건강한 환경을 조성하도록 돕는다.

(4) 비행청소년과 범죄인의 사회복귀 및 재사회화를 돕는 지역사회의 임파워먼트 향상

교정복지는 비행청소년과 범죄인의 사회복귀 및 재사회화를 돕고 범죄를 예방하는 지역사회의 역량을 강화하는 것을 목표로 한다. 이를 위해서는 비행청소년과 범죄인의 노력은 물론 사회적 차원의 관심과 지원이 병행되어야 한다. 지역사회나 공동체 구성원들이 비행청소년 및 범죄인을 함께 살아야 할 공동체 구성원으로 인식하고, 비행이나 범죄를 야기시킬 수 있는 사회적 환경을 개선해야 한다. 또한 차별 없이 서로의 권리를 존중하며 공동체의 법과 질서를 지키며 살아갈 수 있도록 적합한 환경을 제공하는 역량이 강화되어야 한다. 교정사회복지사는 비행청소년 및 범죄인의 사회복귀나 재적응에 장벽이 되는 사회적 차별, 사회제도나 정책, 문화 등의 문제를 제기, 개선하고 범죄예방을 위한 지역사회 역량을 강화하기 위해 지역사회조직, 사회행동이나 사회개혁활동에 참여한다.

3. 교정복지의 구성 요소

교정복지의 개념을 보다 명확히 이해하기 위해 교정복지의 구성요소를 좀 더 구체적으로 알아볼 필요가 있다. 이를 위해 교정복지의 가치, 지식체계, 문제, 대상, 실천현장, 과정, 프로그램 및 서비스, 교정사회복지사의 역할, 승인에 대해 살펴보겠다.

1) 가치

인간을 돕는 전문직(helping profession)인 사회복지는 사람의 신체적·심리적·지적·정서적·정신적 안녕을 촉진하거나 회복하는 데 초점을 둔다. 교정복지는 사회복지의 한 분야이며 사회복지의 철학과 가치를 근간으로 한다. 그중에서도 교정복지에서 상대적으로 더 강조되는 가치를 제시하면 다음과 같다.

(1) 인간의 존엄성과 기회균등

교정복지는 비행청소년 및 범죄인이라고 하더라도 개인의 고유한 가치가 존중되고 인간존엄성이 보장되는 것을 강조한다. 행복하고 건강하게 살 수 있도록 기회와 선택을 넓혀주고 필요한 자원을 이용할 수 있게 하고 당면한 문제를 적절하게 해결할 수 있도록 돕는다. 또한 공동체의 일원으로서 건강한 생활 및 당면 문제 해결을 위해 필요한 자원, 기회, 서비스가 공정하고 균등하게 보장되는 것을 강조한다.

(2) 정의와 공정성

교정복지는 법률 시스템 내에서 정의와 공정성의 증진을 강조한다. 범죄인이 자신의 행동에 대해 책임을 질 수 있도록 하고 범죄인 및 피해자 모두의 권리를 옹호하며, 개인이 차별 없이 평등하게 대우받도록 보장하고자 한다.

(3) 사회적 책임

비행 및 범죄의 발생에는 사회나 국가의 책임도 무시할 수 없다. 교정복지는 단지 범죄인을 응보적 관점에서 처벌하는 것이 아니라 이들의 사회복귀 및 재사회화를 지원함으로써 범죄인의 복지뿐만 아니라 사회 전체의 안녕을 증진하는 데 있어 사회적 책임을 강조한다. 범죄피해와 관련된 문제를 사회에 알리고 형사사법체계와 관련된 사람들이 피해를 회복하고 각자의 책임을 하도록 도우며, 차별적이거나 부당할 수 있는 형사사법 관련 법률, 제도, 정책을 개선할 수 있도록 사회적 책임을 강조한다.

(4) 범죄인의 변화 가능성에 대한 믿음과 책임성

인간의 변화 가능성을 믿는 사회복지와 마찬가지로 교정복지는 범죄를 저지른 사람이라도 변화하고 성장할 수 있다고 전제한다. 교정복지에서 변화란 교정복지 대상자가 자신의 잘못된 행동에 대해 책임을 지는 것에서 출발한다. 교정복지는 비행이나 범죄를 저지른 사람들이 자신의 행동에 책임을 지고 다시 건강한 사회인으로 살아갈 수 있도록 개인 및 환경의 변화에 초점을 둔다.

2) 문제

교정복지에서 주목하는 문제는 범죄로 인해 사법체계와 관련된 사람들(비행청소년 및 범죄인 등)과 그들을 둘러싼 환경 즉 가정, 지역사회, 사법체계 간의 역기능적 상호작용이다. 구체적으로 교정사회복지사가 개입하는 주요 문제들은 다음과 같다.

- 수사, 재판 등 형사사법 절차 및 과정에서 법률 이해 부족, 정보 부족, 인권침해, 심리 · 사회적 문제(빈곤, 정신건강, 약물문제 등)와 같은 어려움이 생기는 경우
- 교정시설에서 적응을 하지 못하거나 인권침해 문제가 발생되는 경우
- 교정시설에서 지역사회로의 복귀에 어려움이 예상되거나 준비가 필요한 경우
- 출소자가 가족갈등, 의료, 주거, 취업, 정신건강 문제 등 사회 재적응 및 재통합에 어려움이 생기는 경우
- 형사사법처리과정 중 필요한 사회적 지원, 서비스에의 접근이 어려운 경우
- 형사사법체계가 사법체계에 연루되어 있는 사람에 대한 정확한 정보나 이해가 부족한 경우

3) 대상

교정복지 개념에서 설명하였듯이 교정복지 대상은 좁게는 비행청소년과 범죄인 및 가족에서 넓게는 피해인, 지역사회까지 포함한다.

(1) 비행청소년과 범죄인

교정복지의 1차 대상은 형사사법체계와 관련된 비행청소년과 범죄인이다. 사회복지는 사회적 약자나 소외계층의 복지 증진을 우선적으로 한다. 비행청소년이나 범죄인 중에는 빈곤, 저임금 및 무직, 불안정한 직업, 장애 등의 어려움에 처해 있기도 하다. 또한 처벌을 받고 난 이후에는 범죄인이었다는 이유로 더 열악한 환경으로 전락되기도 하고 반복해서 범죄를 저지르는 악순환으로 이어지기도 한다.

(2) 비행청소년과 범죄인의 가족

가족은 교정복지에서 1차적으로 고려되어야 할 주요한 대상이다. 가족은 비행청소년 및 범죄인의 삶에 가장 영향을 미치는 사람들인 동시에 가족구성원의 비행이나 범죄로 인해 가장 큰 영향을 받은 사람들이기도 하다. 교정사회복지사와 가족이 협력한다면 비행청소년 및 범죄인의 사회복귀 및 재적응은 더 효과적일 수 있고 재비행이나 재범을 예방할 수 있다.

(3) 범죄피해인

범죄피해인은 범죄로 인해 가장 직접적인 피해를 받은 사람이다. 범죄로 인한 피해를

복구하고 재범을 막아 사법정의를 구현하기 위한 교정복지의 목적을 달성하기 위해서는 피해자도 중요하게 고려해야 한다. 최근 회복적 정의가 대두되면서 범죄피해인에 대한 관심이 증가되고 있다. 또한 교정복지의 대상에 피해인도 포함되어야 한다는 주장도 제기되고 있다(천정환 · 김주연, 2010; 배임호, 2020; 신연희, 2023).

(4) 비행과 범죄로 영향을 받은 지역사회

지역사회는 비행이나 범죄가 발생하는 곳인 동시에 비행이나 범죄로 인해 영향을 받는 곳이기도 하다. 또한 비행청소년 및 범죄인이 사회복귀와 재적응을 시도하며 향후 건강한 시민으로 살아가야 할 곳이기도 하다. 지역사회에는 비행청소년과 범죄인의 재적응을 돕는 다양한 자원들이 있다. 지역주민들의 관심과 지지로 비행과 범죄를 예방하고 책임을 나누고 연대함으로써 지역사회를 보다 건강하게 만들 수 있다.

4) 지식체계

교정복지는 기본적으로 사회복지의 지식과 기술에 근거한다. 사회복지학의 주요 지식체계인 생태학 이론, 일반체계 이론, 강점관점, 임파워먼트 모델 등은 비행청소년이나 범죄인을 다각적으로 이해하고 지원하는 데 매우 유용하다. 동기가 약한 비자발적 클라이언트와 관계 형성, 면접, 사정 및 실행, 사례관리, 평가 및 종결 등에 있어 사회복지실천기술은 비행청소년 및 범죄인이 당면한 심리 · 사회적 어려움과 욕구를 해결할 수 있도록 돕고 사회적 기능 및 재적응을 용이하게 할 수 있다.

비행이나 범죄의 원인을 어디에 두느냐에 따라 비행청소년 및 범죄인에 대한 접근이 달라질 수 있다. 비행이나 범죄는 개인적 특성은 물론 빈곤, 사회해체, 지역사회환경, 사회구조적 문제 등 다차원적 요인들이 상호작용해서 일어난다. 따라서 이들의 교정을 위해서는 비행청소년이나 범죄인의 심리 · 사회적 특성, 행동양식은 물론 이들을 둘러싼 지역사회환경 및 제도, 인간과 환경과의 상호작용에 대한 지식 등 광범위하고 다양한 전문적 지식이 필요하다.

교정사회복지사는 개인이 공동체 안에서 자신이 원하는 삶을 위해 적절하게 기능하며 살 수 있도록 하는 것과 공동체가 개인에 적합한 환경을 제공해서 건강한 시민으로 잘 살 수 있도록 하는 두 가지 역할을 동시에 한다. 따라서 교정사회복지사는 비행청소년 및 범죄인의 심리, 행동, 욕구, 비행 및 범죄관련법과 형사사법체계, 교정시설 및 현장, 지역사회환경, 비행 및 범죄 관련 타 전문직과의 팀 접근 및 협력 등 다양한 전문지식을 가져야 한다.

5) 실천현장

교정사회복지사는 경찰, 검찰, 법원, 교정 시설, 보호관찰소, 범죄피해자지원기관 및 지역사회기관 등 다양한 현장에서 일할 수 있다. 이 기관들은 사회복지 차원에서는 이차현장(secondary setting)이다. 교정사회복지사는 변호사, 판사, 보호관찰관 및 정신건강 전문가 등 다른 전문가와 협력해서 일한다. 미국의 경우 교정시설, 보호관찰소, 가석방 사무소, 한국법무복지공단과 같은 사회복귀(reentry) 기관, 소년사법 프로그램 및 피해자 서비스기관 등 형사사법체계와 관련된 기관이나 조직에서 사회복지사가 일할 수 있는 환경이 구축되어 있다.

우리나라의 경우 교정사회복지사가 일할 수 있는 실천현장은 크게 세 가지로 대별해 볼 수 있다(〈표 2-2〉 참고).

첫째, 법무부 소속의 보호 및 교정기관이다. 법무부 소속의 보호기관으로는 보호관찰소, 소년원, 소년분류심사원, 치료감호소가 있다. 법무부 소속의 교정기관으로는 구치소, 교도소, 여자교도소, 소년교도소, 개방교도소가 있다. 이 중 보호관찰소를 제외한 대부분의 기관들은 수용자들을 24시간 수용하며 보호하는 기능을 한다. 반면 보호관찰소는 보호기관이긴 하지만 지역사회 내에서 비행청소년 및 범죄인을 감독하는 기관이므로 오히려 시설 중심이 아닌 지역사회 중심의 처우가 이루어지는 곳이다. 우리나라의 경우 사회복지사가 이들 보호 및 교정기관에서 일하기 위해서는 교정직, 소년보호직, 보호관찰직과 같은 국가시험에 합격해야 한다.

둘째, 지역사회 중심의 실천현장이다. 이것은 지역사회에서 비행청소년이나 범죄인 및 가족을 지원하는 민간기관 및 단체이다. 대표적으로 한국법무보호복지공단, 법원위탁시설(6호 처분), 청소년회복지원센터, 한국소년보호협회 등이 해당된다. 이곳에서 사회복지사들은 지역사회 내 사회복지기관에 고용되어 일하면서 사법처리과정에 있는 비행청소년 및 범죄인을 지원하거나 퇴원 또는 출소해 지역사회에 복귀한 비행청소년 및 범죄인의 사회복귀 및 재적응을 돕는다.

셋째, 경찰, 검찰, 법원이다. 경찰과 검찰은 비행청소년 및 범죄인이 최초로 접하는 사법처리과정으로 수사 및 기소가 행해지는 곳이다. 법원은 재판이 행해지며 죄의 유무 및 행형이 결정되고 구체적인 처분과 처벌이 행해지는 곳이다. 사법처리과정의 초기 단계라고 할 수 있는 이들 기관에서 어떤 결정과 경험을 했느냐는 이후 과정에 매우 중요한 영향을 미친다고 하겠다. 우리나라의 경우 아직까지 사회복지사가 공식적으로 경찰, 검찰, 법원에 채용되어 일하는 경우는 매우 희박하지만 향후 무한한 가능성이 있는 영역이라고 할 수 있다.

이상과 같은 교정사회복지의 실천현장에 대한 보다 구체적인 내용은 8장에서 살펴보겠다.

〈표 2-2〉 교정복지의 주요 실천현장

구분		주요 기관	주요 내용
정부 영역	교정기관	교도소	징역 및 금고, 사형 등의 형을 확정받은 사람을 수용 · 성별, 연령별, 죄의 경중, 기능별로 분류 수용 *민영교도소(1개): 소망교도소
		구치소	형이 확정되기 전의 피고인 또는 피의자를 수용
	보호관찰 기관	보호관찰소 (준법지원센터)	교정시설 및 소년원에 수용하지 않고 일상 사회생활을 영위하면서 재범에 빠지지 않도록 대상자를 지도, 감독하고 원호하는 사회 내 처우(상담, 취업알선, 학교 복귀, 환경 개선 등)
	소년보호 기관	소년원	가정법원이나 지방법원 소년부에서 송치된 비행소년들을 보호, 수용하여 교정교육을 하는 특수교육기관(학교교육, 직업훈련, 심성순화, 심신의 보호, 지도 등)
		소년분류심사원	가정법원이나 지방법원 소년부에서 위탁하거나 보호관찰소에서 유치한 소년을 수용하고 분류심사를 실시하여 법원에 자료 제공, 교정 처우지침 제시, 사후지도 권고
		청소년비행예방센터 (청소년꿈키움센터)	가정법원이나 지방법원 소년부에서 의뢰한 비행청소년에 대한 상담조사 및 학교, 교육청으로부터 위탁받은 위기청소년에 대한 대안교육 및 인성교육
	치료감호 기관	치료감호소 (국립법무병원)	범죄를 저지른 정신장애인 및 약물중독자의 재활을 위한 보호수용과 치료 서비스
	사법기관	경찰	수사
		검찰	기소
		법원	재판 및 판결, 처분

구분	주요 기관	주요 내용
민간영역	한국법무보호복지공단	범죄를 저지른 사람의 재범방지를 위하여 정신적, 물질적 원조 제공, 건전한 사회복귀와 재적응 도모
	소년보호시설	가정법원이나 지방법원 소년부에서 소년보호처분6호를 받은 소년들을 위탁받아 숙식을 제공하며 감호, 학업 및 직업교육 실시
	종교, 사회기관 및 관련교정시설	법원, 검찰 및 교정기관 등으로부터 대상자를 위탁받아 다양한 서비스를 제공
	지역사회복지관 및 기타 사회복지시설	

출처: 배임호(2020: 64)에서 일부 내용을 수정 · 보완하였음.

6) 과정

교정복지는 일련의 과정으로 이루어진다. 즉 인테이크, 사정, 개입 및 실행, 종결과 같은 과정을 거친다. 그러나 사회복지사가 속해 있는 기관이나 역할에 따라 자료 수집 및 정보 공유, 사정, 실행, 평가 등 세부적인 과정에서 차이가 있거나 특정 과정이 상대적으로 강조될 수 있다.

7) 프로그램 및 서비스

교정복지는 사회 안정과 클라이언트의 복지 증진이라는 이중적 초점을 강조하기 때문에 통제와 보호라는 상반된 성격을 동시에 추구한다. 따라서 범죄를 저지른 범죄인의 자기 책임을 강조하는 측면에서의 통제(control)와 사회복귀와 재사회화를 돕는 처우(treatment) 간의 균형 있는 접근이 필요하다. 이런 목표를 달성하기 위해 형사사법체계와 관련된 범죄인, 피해자, 가족, 지역사회 등 교정복지 대상자에 대한 직접적 서비스 및 지원뿐만 아니라 클라이언트를 둘러싼 환경의 개선, 교정정책 및 실천을 개선하고 법률 시스템 내에서 클라이언트의 권리와 필요를 옹호하는 것까지도 포함한다. 구체적으로 살펴보면 다음과 같다.

(1) 교정복지 대상자에 대한 직접적인 서비스

교정사회복지사는 형사사법체계와 관련된 비행청소년 범죄인 및 가족 등 교정복지 대상자의 욕구 및 당면 문제 해결을 위해 직접 대면해서 상담, 교육, 사례관리, 정보 제공, 물질적 지원, 전문가 증언, 옹호활동, 동행서비스 등을 행한다.

(2) 교정복지 대상자를 둘러싼 환경에 대한 지원

교정사회복지사는 형사사법체계와 관련된 비행청소년과 범죄인을 둘러싼 주요환경, 즉 교사 및 학교, 경찰, 검사, 판사 등 관련 전문가 등을 위해 자문, 교육, 심리나 판결을 위한 조사 및 정보 제공, 조정 등을 한다.

(3) 관련 기관과의 연계 및 협력활동

교정사회복지사는 범죄인의 재활 및 재적응, 피해자 및 지역사회의 피해회복, 범죄인 및 피해자의 옹호, 사례관리, 공동사업을 위해 교정시설, 보호관찰소, 법원, 법집행기관(경찰, 검찰 등), 피해자 서비스기관, 법률사무소, 정신보건센터, 지역사회복지기관 등 다양한 기관 및 단체와 연계, 협력한다.

(4) 다양한 자원 및 프로그램 개발

교정사회복지사는 형사사법제도의 영향을 받는 개인과 지역사회의 욕구(needs)를 해결하기 위해 자원을 발굴하고 프로그램을 개발하고 실행한다. 빈곤, 낮은 학력, 정신건강 및 약물남용 문제 등과 같이 비행이나 범죄의 근본적인 원인을 해결하여 재범을 막을 수 있는 다양한 프로그램을 실행한다. 특히 기존 구금 중심의 형사사법체계의 대안적 프로그램인 회복적 정의 프로그램, 다이버전 프로그램(diversion programs), 지역사회 기반의 프로그램 및 사업을 개발, 실행한다.

(5) 형사사법체계 변화를 위한 정책 및 제도 개선

교정사회복지사는 형사사법체계가 본연의 목적을 달성하도록 돕고자 형사사법 관련 법률 개선, 정책 및 실천 개발에 참여할 수 있다. 형사사법체계과정 중 차별이나 편견, 불합리한 측면에 대한 문제 제기를 하고 청소년, 고령자, 여성, 장애인, 외국인 등 형사사법과정에 있는 취약계층 범죄인의 권리가 보호되고 사회정의가 실현될 수 있도록 정책 및 제도 개선에 참여한다.

8) 교정사회복지사의 역할

교정사회복지사는 사회정의를 증진하고 재범을 줄이며 범죄의 영향을 받는 개인과 가족을 지원하기 위해 다양한 역할을 수행한다. 미국의 경우 사회복지사는 교정사회복지사(correctional social worker), 집행유예 또는 재진입전문가(probation, reentry specialist), 청소년사법사회복지사(juvenile justice social worker), 피해자 옹호자(victim advocate) 등 다양한 명칭과 직책으로 형사사법현장에서 일하고 있다. 우리나라의 경우 정신보건사회복지사, 학교사회복지사, 의료사회복지사 자격이 법제화되었지만 아직 교정사회복지사 자격은 포함되지 않았다. 교정사회복지사는 형사사법 분야에서 상담 및 임상사회복지사, 사례관리자, 위기개입가, 교육가, 안내자, 옹호자, 연계자, 지역사회조직가, 중재자, 정책 및 프로그램개발자, 개혁자 등 다양한 역할을 수행할 수 있다.

9) 승인

교정사회복지사가 형사사법체계와 관련된 일을 전문적으로 하기 위해서는 활동에 대한 승인이 있어야 한다. 이는 중앙 및 지방정부, 교정기관 및 시설, 전문가 등의 승인을 통해 이루어질 수 있다. 중앙 및 지방정부는 관련법이나 규정 등에 교정복지 및 사회복지 서비스의 제공, 자격 발행 등의 명시를 통해서 승인할 수 있다. 교정기관 및 시설은 기관규정, 직원 채용정책, 기관장과의 협상 등을 통해 승인할 수 있다. 전문가 승인은 사회복지사협회 등 전문가단체가 인정하는 것을 말한다. UN은 1955년에 '국제연합수용자처우에 관한 최저기준규칙(United Nations Standard Minimum Rules for the Treatment of Prisoners)'을 채택하여 교정시설에서 사회복지사의 활동을 권고하였다(최옥채, 2006: 66). 그러므로 우리나라 교정복지의 발전을 위해서는 무엇보다 교정사회복지사의 제도화가 우선적으로 행해지는 것이 필요하다.

4. 교정복지의 특성

교정복지는 형사사법체계와 관련된 사람들의 인간다운 삶의 보장, 인간존엄의 구현,

사회정의 실현을 위한 사회적 노력이다. 교정사회복지사가 비행청소년 및 범죄인과 관련된 일을 하기 위해서는 다양한 인접 학문 전문가들과 상호 협력해야 한다. 교정사회복지사가 정체성을 갖고 고유의 역할을 수행하기 위해서는 인접 학문과 구별되는 교정복지의 정체성과 차별성에 대한 이해가 우선되어야 한다. 따라서 형법학, 형사정책학, 범죄학, 교정학 등 인접 학문과의 관계를 살펴볼 필요가 있다.

1) 인접 학문과의 관계

(1) 형법학과의 관계

형법학은 실정형법의 해석과 체계화, 그리고 형법학설적인 논의를 연구대상으로 하는 규범학이다. 즉 무엇이 범죄행위인가(구성요건 해당성), 어떠한 경우에 처벌을 받는가(위법성 및 책임조각 사유), 범죄에 대하여 국가는 구체적으로 어떠한 처벌을 부과하는가(형벌론 및 양형문제) 등의 질문을 토대로 형벌체계의 운용과 해석을 한다. 반면 교정복지학은 실정법에 대한 연구보다는 정책에 대한 연구에 초점을 둔다(조흥식 · 이형섭, 2014: 35). 형법학은 기존 형벌체계의 운용과 해석에서 결정적인 지침이 되므로 교정복지에서도 일정한 규준이 된다.

(2) 형사정책학과의 관계

형사정책학은 범죄의 원인을 탐구하고 범죄 방지를 위한 대책을 연구하는 종합과학이다. 형사정책이 범죄 대책과 관련된 정책과 제도에 초점을 둔다면, 교정복지는 미시적 · 실천적 부분도 포함하고 있다는 점에서 차이가 있다. 교정복지의 지식체계는 범죄대책론과 형사입법론에서 형사정책의 지식체계와 상당 부분 중복된다. 따라서 교정복지현장에서 활동하고자 하는 사회복지사에게는 형사정책에 대한 기초적인 소양이 요구된다(조흥식 · 이형섭, 2014: 35-36).

(3) 범죄학과의 관계

범죄학은 범죄의 현실적 원인과 그에 대한 대책으로서 형벌의 효과를 경험적으로 연구하는 분야를 말한다. 범죄학은 범죄의 원인과 범죄인 이해에 대한 기본적 이론을 제공함으로써 교정복지학의 기본 이론체계 구축에 기여하고 있다(조흥식 · 이형섭, 2014: 35-36). 범죄학이 범죄 발생의 원인에 집중을 한다면, 교정복지론은 범죄에 대한 정책적 · 실천적 접근도 모두 포함한다는 점에서 차이가 있다.

(4) 교정학과의 관계

교정학은 형사정책 중에서도 주로 범죄 진압과 사회보호를 위한 범죄대책 즉 형벌 및 교정제도를 중심으로 그 집행효과와 발전 가능성을 연구한다. 특히 시설 내 처우를 중심으로 교정시설에 수용되어 있는 재소자를 대상으로 한 교정처우기법이나 교화 프로그램 등을 연구하는 학문이다. 반면 교정복지학은 대상자가 수용자뿐만 아니라 가족, 피해자, 지역사회까지 확대되고, 실천현장은 교정시설 이외에도 사법체계와 관련된 다양한 현장에서 적용 가능하다.

2) 교정복지 관련 용어

(1) 교정

교정(矯正, correction)은 의학적 관점에서 유래된 말로, 사전적 의미로는 잘못된 품성이나 행동을 바로잡는 일을 의미한다. 이를 범죄인과 관련해 보면 범죄인의 잘못된 품성이나 행동을 바로잡아 범인성을 없애고 사회 적응을 할 수 있게 함으로써 궁극적으로는 사회복귀 및 재사회화를 하도록 하는 것이다.

(2) 보호

교정 영역에서 사용하는 보호란 비행청소년의 재활과 관련한 교정기관, 즉 소년원, 소년분류심사원, 보호관찰소 등에서 사용하는 개념이다. 보호는 비행청소년이 바르게 성장할 수 있도록 제반 생활을 돌보면서 비행으로부터 빠져나올 수 있도록 돕는 일이다(최옥채, 2006: 60).

(3) 교정상담

교정상담(correctional counseling)이란 일반적으로 교정기관에서 범죄인이나 재소자를 대상으로 상담의 원리와 기법을 활용하여 상담하는 것을 뜻한다. 교정상담은 세 가지 측면에서 일반상담과 차이가 있다.

첫째, 교정상담가는 일반적인 상담과정과 비교하여 훨씬 많은 클라이언트의 저항과 회피에 직면하게 된다. 왜냐하면 범죄인은 상담에 자발적으로 응하는 것이 아니라 법적 권위에 따른 의무를 이행하는 것이 일반적이기 때문이다.

둘째, 범죄인은 대체로 자신의 문제에 대처하여 가용할 수 있는 자원이 일반 클라이언트에 비하여 부족하다.

셋째, 범죄인은 종종 자신의 현재 생활방식을 제한하는 정신적 · 경제적 질곡에 빠져 있기도 하다.

반면 다른 분야의 상담보다 유리한 측면도 있다. 교정상담가는 범죄인의 배경과 과거 행동에 대한 풍부하고 확인된 정보를 활용할 수 있다. 예를 들어 범죄경력조회 문건이나 보호관찰관의 판결 전 조사서, 교도소의 수용기록 등이 그것이다(조흥식 · 이형섭, 2014: 18).

(4) 피해인복지

피해인복지(victim welfare)는 피해자 즉 범죄로부터 피해를 당한 사람들에 대한 심리적 · 의료적 · 경제적 문제 해결과 피해 회복을 위한 지원활동을 말한다. 우리나라에서는 1987년 「범죄피해자구조법」이 제정되어 주로 경제적 측면에서 피해인복지를 위한 지원이 처음으로 제도화되었다. 이후 2005년 「범죄피해자보호법」이 제정되어 범죄피해인 보호 · 지원의 기본시책을 정하게 되었으며, 2010년에는 종래의 「범죄피해자구조법」을 통합하는 방식으로 전면 개정되었다. 범죄피해인은 범죄사건으로 인해 갑작스럽게 심리적 · 의료적 · 경제적 문제 등 다양한 문제들과 중층적으로 직면하게 된다. 갑작스럽게 찾아온 범죄라는 불행은 피해자에게 공포, 좌절, 분노, 불안 등 정신적 문제나 건강 악화 등 여러 가지 어려움을 야기하게 때문에 이에 대한 적극적인 위기개입이 필요하다.

(5) 사법복지

사법복지(forensic social work)는 우리나라의 경우 최근에 주목받고 있지만, 미국에서는 사법사회복지사자격증(Diplomate in Forensic Social Work)이라는 자격취득제도가 전미사법사회복지사회(National Organization Forensic Social Workers, NOFSW)에 의해 창설되었고 활발히 활동 중이다(조흥식 · 이형섭, 2014: 472). 전미사법사회복지사회에 따르면 사법복지란 법률과 법적 체계와 관련된 문제와 이슈에 사회복지실천을 적용하는 것이라고 정의하고 있다. 기존의 교정복지가 법원의 판단에 근거한 처분의 집행이나 처우 영역(형사사법단계 중 마지막 단계)에서의 복지활동에 주된 초점을 두는 것이라고 한다면, 사법복지는 기존 교정복지 범위를 넘어서 경찰, 검찰, 재판(가사재판 포함), 교정, 보호관찰, 소년 및 범죄예방의 형사사법 및 가사재판 전 영역에서 복지적 기능을 강조한다. 구체적인 실천영역으로 첫째, 비행소년에 대한 보호적 조치 둘째, 환경조정 셋째, 갱생보호(보호관찰) 넷째, 부부관계 조정 다섯째, 피해자 보호 여섯째, 법률상담 일곱째, 가사상담 등이 포함될 수 있다. 이와 관련된 이슈들은 아동복지, 아동의 시설보호, 이혼, 청소년비행, 방임, 친 · 인척의 책임, 복지권, 유권적 처우 그리고 법적 능력 등에 관한 것이다(조흥식 · 이형섭, 2014: 472).

CHAPTER 03 교정복지의 역사

1. 범죄인 처우의 시대적 변화

교정복지의 역사는 개인이 범죄인에게 형벌권을 행사하던 시대에서 국가가 범죄인에게 형벌권을 집행하는 시대로 변해 가는 과정과 함께한다. 교정복지의 발전과정을 이해하기 위해서는 먼저 역사적으로 국가와 사회가 범죄인을 어떻게 생각해 왔고 어떻게 접근해 왔는지를 아는 것이 필요하다. 따라서 본 장에서는 범죄인 처우가 역사적으로 어떻게 변화해 왔는지를 살펴본 뒤 교정복지의 발전과정을 살펴보고자 한다.

1) 범죄인 처우의 변천

범죄인에 대한 처우는 단지 처벌방식의 변화뿐 아니라 시대나 사회의 가치, 형사정책 및 사법체계의 발전 정도, 인간의 존엄성 및 인권의식 등에 따라 달라진다. 대부분의 인류 역사에서는 범죄인에 대한 처벌이 가혹했으며 심지어 생명을 빼앗기도 하였다. 그러나 19세기 이후 근대 형법의 출현에 따라 범죄인에 대해 복수나 응보가 아닌 '처우'를 해야 한다는 주장들이 제기되었다. 대표적으로 롬브로소, 페리, 가로팔로와 같은 이탈리아의 실증주의 범죄학자들에 의해서이다. 이들은 범죄 예방이나 방지를 위해서는 범죄가 아니라 범죄인을 고려해야 한다고 강조하면서 범죄인의 인격을 고려해야 한다는 의미가 내포되어 있는 '처우(treatment)'라는 용어를 사용하였다.

범죄인 처우(treatment of criminals)라는 용어가 대중에게 널리 알려지게 된 것은 1955년 제네바에서 개최된 제1회 'UN 범죄 방지 및 범죄인 처우에 관한 회의'에서였다. 여기서 범죄인 처우란 범죄인의 개선·갱생 및 사회복귀에 필요한 조치, 즉 범죄인 및 비행청소년의 재범 방지와 사회복귀를 용이하게 하기 위한 사회학·교육학·의학·심리학적 조치를 의미하였다(조흥식·이형섭, 2014: 81-82).[1]

이후 점차 사회가 발전하면서 처벌만으로는 범죄를 예방하고 재범을 방지하거나 범죄인을 재활시키는 데 효과적이지 않다는 인식이 커졌다. 그러나 전체적인 역사 흐름을 보면 범죄인에 대한 처우는 처벌이 강해지거나 약해지는 두 극단을 서로 이동하면서 변화해 왔다고 할 수 있다. 보다 구체적으로 범죄인 처우의 시대적 변화를 구분해 보면 크게 다섯 시기로 구분할 수 있다(최옥채, 2006; 조흥식 · 이형섭, 2014; 홍봉선 외, 2019; 배임호, 2020; 신연희, 2023).

(1) 복수주의 시기

복수주의 시기는 범죄피해에 대해 개인의 복수 또는 응징을 허용하였다. 이것은 원시시대부터 고대국가 형성기까지 지배적이던 생각이었다. 대표적인 것으로 '눈에는 눈, 이에는 이'를 강조한 탈리오(talio)의 원칙이 있다. 이 시기는 조직적이고 체계적인 공적 기구나 제도가 형성되기 전이기 때문에 사람들 간 갈등이나 범죄가 발생하면 자신이 당한 만큼 각자 알아서 복수하거나 응징하는 것이 일반적이었다.

(2) 위하주의 시기

위하주의 시기는 국가가 개인을 대신해서 범죄인을 복수하거나 응징했다. 고대국가부터 18세기까지의 시기에 해당된다. 이 시기는 국가가 형벌을 주도하였으나 그 형태가 잔인하고 가혹한 공개적 처벌이 중심이었다. 범죄인에 대한 강한 처벌을 통해 일반 시민들로 하여금 범죄에 대한 경각심과 처벌에 대한 두려움 즉 '위하'를 불러일으켜 범죄를 일으키지 않도록 하는 데 초점을 두었다.

(3) 교육적 개선주의 시기

교육적 개선주의 시기는 18세기 말부터 19세기 중반까지에 지배적이었다. 이 시기에는 계몽주의 사상, 프랑스 대혁명 등으로 자유, 평등, 박애주의 사상이 파급되면서 이전까지 지나치게 가혹했던 국가 형벌에 대한 반성과 더불어 인도주의(박애주의)에 입각해서 형벌이 완화되었다. 군주나 재판관이 마음대로 형벌을 가하던 시기에서 탈피하여 범죄의

1) 조흥식 · 이형섭(2014: 82)은 범죄인 처우를 범죄 방지와 범죄인의 개선 및 사회복귀를 위하여 범죄인의 인격을 고려하고 관련 학문의 지식을 활용한 전문적 취급과 치료, 조치의 총체로 정의하였다.

개념과 유형, 형벌의 방법, 내용, 기준 등을 법률로 정하기 시작했고, 교도소 제도(penitentiary system)라는 새로운 범죄인 처우 방식이 등장했다. 이러한 변화를 이끈 고전학파들은 인간은 합리적 존재이지만 범죄인은 아담과 이브처럼 인간에게 주어진 자유의지를 잘못 사용한 사람이라고 생각하였다. 따라서 범죄인은 형벌을 통해 고통을 받아야 하기는 하지만 잔인한 형벌이 아니어야 하며 교육을 통해 개선되어야 한다고 주장하였다. 특히 범죄인을 사회로부터 분리시켜 스스로 반성하고 변화될 수 있는 환경(교도소)을 제공하는 것이 필요하며, 이 안에서 질서 유지, 근로 강조 등 교육을 통해 수형자의 개선이 이루어져야 한다고 생각하였다.

더불어 이 시기에는 자유형 시설의 개선과 확충도 있었다. 영국의 존 하워드는 많은 교도소를 방문하면서 범죄인이 성별과 연령 구분 없이 혼거 수용되고 무위도식하며 범죄적 가치관과 기술을 전수받는 것을 목격하고는 범죄인의 개선에 적합하도록 교도소의 상태를 개선할 것을 강력히 주장하였다(조흥식 · 이형섭, 2014: 43-44).

(4) 과학적 처우 시기

과학적 처우 시기는 범죄인 처우에 있어 개별화 및 재활에 초점을 두었다. 이 시기는 19세기 말부터 20세기 초에 해당한다. 당시 유럽에서는 만연했던 자연과학 사상과 산업혁명 이후의 각종 사회문제 및 범죄 증가 등으로 인해 범죄인 및 범죄 원인을 실증적 · 과학적으로 연구하여 대처하려는 경향이 있었다. 특히 리스트 등 독일의 사회학적 형법학자들은 형벌의 인격화 · 개별화를 주장하였다. 이들에 따르면 형벌은 범죄 사실에 대하여 과하는 것이 아니라 범죄인의 인격에 과하는 것이며, 범죄인의 개별적 특성을 고려해야 한다고 하였다.

또한 이 시기의 범죄인 처우는 재활에 초점을 두었다. 범죄의 원인이 범죄인의 심리적 또는 사회적 요인 때문이라고 가정하였고, 범죄인을 교정 · 교화시켜 정상인으로 사회에 복귀시키는 것이 중요하다고 인식하였다. 따라서 범죄인이 스스로 변화할 수 있도록 돕는 프로그램과 치료법을 개발하고, 훈련된 교도관이 수용자를 분류하고 수용자의 특성에 맞는 개별적 처우를 통하여 재사회화를 도모하도록 하였다. 수형자의 교육과 사회복귀를 위한 직업훈련 시설 구축, 수형자의 건강을 위한 의료적 조치 등이 행해졌다.

(5) 사회적 권리보장 시기

사회적 권리보장 시기에는 사회 내 처우 및 수형자의 인권이 강조되었다. 이는 제2차 세계대전 이후에 해당된다. 1960년대 후반 세계 각국에서 전개된 소수민족 차별철폐운동, 여성인권운동, 학생들의 시위 등 다양한 인권운동들은 범죄인 정책에도 영향을 미쳤다. 특히 미국에서는 수형자들이 자신들의 권리를 주장하고 나서면서 그들의 권리구제를 위한 소송권 보장 등 다각적 측면에서 교정제도의 개선이 이루어졌다(조흥식 · 이형섭, 2014: 46).

또한 기존 형벌제도의 문제점, 낙인 이론의 영향으로 형사정책에서도 다이버전 프로그램, 보호관찰, 중간처우 등 사회 내 처우 프로그램이 주목받기 시작했다. 범죄로 인한 피해를 회복하고 범죄인과 피해자 간의 관계를 회복하는 데 초점을 맞추는 회복적 정의 접근(restorative justice approaches)이 세계적으로 알려지기 시작하였다. 그러나 이 시기를 전체적으로 살펴보면 사회 내 처우 및 인권 강조, 형벌을 대신하는 대안 프로그램 도입 필요성 등이 제기되고 주목을 받기도 하였으나, 범죄가 증가하거나 공공의 안전에 대한 우려가 생길 때는 다시 형사사법의 초점이 처벌과 억제(deterrence)로 전환되는 과정이 되풀이 되었다.

2) 범죄인 처우에 대한 관점 및 모델

공공의 안전을 유지하고 범죄인의 재범을 줄이기 위해 범죄인을 어떻게 처우할 것인지에 대해서는 여러 가지 관점 및 모델이 있는데 그중 대표적인 다섯 가지를 제시하면 다음과 같다.

(1) 응보적 정의 모델

응보적 정의(retributive justice) 모델은 범죄인에 대한 처벌과 보복을 강조한다. 이 모델을 주장하는 사람들에 따르면, 형사사법의 목적은 정의를 실현하는 것이며 정의는 각자에게 맞게 하는 것이기 때문에 피해자에게 고통을 준 범죄인은 그만큼 고통을 받는 것이 정의롭다고 가정한다. 따라서 범죄인이 잘못한 만큼 처벌을 해서 책임을 묻고 더 이상 피해가 일어나지 않도록 사회를 보호해야 한다는 것을 강조한다. 이 모델은 역사적으로 가장 오래된 생각인 동시에 현대 형사사법 제도의 토대가 되었고 지금 시대에도 여전히 영향을 주고 있다. 그러나 응보적 정의모델의 효과에 대해서는 논쟁이 계속되고 있다. 비판가들은 이 모델이 지나치게 엄벌적이며 범죄 행동의 근본적인 원인을 무시하기 때문에 재범을 줄이거나 긍정적인 결과를 촉진하는 데 덜 효과적이라고 한다.

(2) 재활 모델

재활(rehabilitation) 모델은 사회복귀 모델, 개선 모델, 의료 모델(medical model) 등과 유사한 개념으로 혼용된다. 이 모델은 범죄의 원인이 범죄인의 심리적 또는 사회적 요인 때문이라고 가정하여 범죄인의 행동을 교정하고 건강한 사회구성원이 되도록 돕는 데 중점을 둔다. 환자에 따라 치료방법이 다르듯이 범죄인의 처우도 범죄인의 인격과 특성에 따라 다르게 접근해야 한다는 처우의 개별화(individualization of treatment)를 강조한다. 또한 범죄인에게 범죄의 근본 원인을 해결하도록 돕기 위해 약물남용, 정신건강 및 사회화에 대한 교육 및 상담, 직업훈련, 기타 지원 등을 제공한다. 일반적으로 재활 모델은 범죄인이 교정기관에 복역하는 동안 기존 처벌 모델과 함께 병행해서 사용되는 경우가 많다.

(3) 억제 모델

억제(deterrence) 모델은 일반인들이 범죄를 저지르지 않도록 예방하기 위해서는 범죄인에 대해 강력하게 처벌을 해야 한다고 주장한다. 불법을 저지르면 반드시 체포되어 처벌받고 엄청난 대가를 치른다는 것을 사람들이 안다면 죄를 저지르지 않을 것이라고 가정한다. 이 모델은 범죄인의 재범 방지보다는 일반인들의 범죄를 예방하는 데 초점을 둔다. 넓게 보면 응보적 정의 모델에 포함된다고 할 수 있다.

(4) 회복적 정의 모델

회복적 정의(restorative justice) 모델은 범죄로 인한 피해를 복구하고 피해자와 가해자 간의 관계를 회복하는 데 중점을 둔다. 이것은 처벌보다는 치유와 화해를 촉진하는 것을 강조한다. 피해자, 범죄인 및 지역사회 구성원 등이 모여 범죄로 인한 피해에 대해 논의하고, 피해를 복구하며 미래의 피해를 예방하기 위한 계획을 개발하는 것을 포함한다. 이 모델에 대한 구체적인 내용은 14장을 참고하기 바란다.

(5) 균형적 접근 모델

균형적 접근(balanced approach) 모델은 처벌, 재활, 회복적 정의, 기타 조치 등을 결합한 방식으로, 최근 많은 형사사법전문가들의 지지를 받는 모델이다. 이 모델은 범죄인에게 자신의 행동에 대한 책임을 묻고 범죄로부터 사회를 보호하기 위해 처벌이 필요하지만 그것만으로는 범죄 행위에 기여하는 복잡한 사회적 · 경제적 · 심리적 요인을 해결하기에는 충분치 않다고 본다. 따라서 처벌(구금, 벌금, 사회봉사 등), 재활(약물남용, 성신선상 분제관련 교육, 직업 훈련, 상담), 회복적 정의(restorative justice), 예방정책(빈곤, 고용 등)과 같은 다양한 전략이 결합되어야 한다고 주장한다.

3) 우리나라 범죄인 처우의 역사

(1) 조선시대 이전

① 고대사회

고대사회의 형벌 및 범죄인 처우에 대해서는 고조선, 부여의 기록에서 부분적으로 알 수 있다. 먼저 고조선의 형벌 및 범죄인 처우는 「한서지리지」에 있는 8조의 금법 중 오늘까지 전해 오는 3개 조문에서 파악할 수 있다. 첫째, 사람을 죽인 자는 즉시 사형에 처한다. 둘째, 남에게 상해를 입힌 자는 곡물로 배상한다. 셋째, 남의 물건을 훔친 자는 노예로 삼는다. 단 스스로 속죄하려는 자는 50만 전으로 배상하여야 한다. 이상의 내용을 토대로 보면 고조선 사회는 가부장제와 사유재산제도가 확립되어 있었고 형벌 면에서는 복수법을 원칙으로 형벌노예제와 속전제도가 시행되고 있었음을 알 수 있다(김용준 · 이순길, 1995: 125). 부여에서는 살인죄에 대하여 죄인을 사형에 처할 뿐 아니라 그 가족을 노비로 삼았고, 절도죄에 대하여 도둑질한 물건의 12배를 보상하게 한 '일책십이법(一責十二法)'을 채택하였다(조흥식 · 이형섭, 2014: 47).

② 삼국시대

고구려, 백제, 신라 모두 엄벌주의를 채택하였다. 고구려의 경우 모반범죄 즉 내란 및 외한의 죄에 대해서는 사형에 처하고 그 가족은 노비로 삼았다. 말과 소를 도살한 자는 노비로 삼았고, 절도죄의 경우에는 훔친 물건의 12배를 보상하도록 하였으며 배상하지 못하는 경우 그 자녀를 노비로 제공하였다. 범죄인은 제가평의회(諸家評議會)의 결의로 즉결처분하였다.

일찍부터 중국과 교류한 백제는 법치를 중시하고 국가공권력에 의한 형벌을 시행하였다(김용준 · 이순길, 1995: 129). 고이왕 때에는 중앙의 6좌평 가운데 형사 문제와 감옥을 담당하는 조정좌평을 두어 사법기관의 역할을 맡겼다는 기록이 있다. 모반, 퇴군, 살인 등의 죄에 대하여 사형에 처하였고, 절도죄에 대해서는 유배형이나 3배의 배상형에 처하였다(조흥식 · 이형섭, 2014: 48). 삼국 중 가장 늦게 중국의 영향을 받은 신라는 가장 늦게 형벌제도를 정비하였으나, 마찬가지로 살인자는 사형에 처하였으며 모반자, 퇴각자 등은 엄단하고 절도자는 배상을 하게 하였다(이윤호, 2011: 49).

③ 고려시대

불교와 중국의 영향을 받은 고려는 고대사회의 엄벌주의적 접근에서 상당히 탈피하고 일종의 죄형법정주의인 정형주의(定型主義)가 확립되었다(이윤호, 2011: 49). 형벌을 주관하는 중앙부서로서 형부(형조)가 있었고 그 직속기관인 전옥서에서 수인을 관장하였다. 고려시대의 형벌의 종류로는 신체형인 태형과 장형, 자유형인 도형과 유형, 그리고 생명형인 사형 등 5종이 근간을 이루었다.

(2) 조선시대

조선시대의 형벌제도는 고려시대의 제도를 근간으로 하면서 이를 정비 · 강화하였다. 성종 때 기본 통치규범인 『경국대전』이 완성되었고 형벌의 남용을 방지하기 위해 사형의 경우에는 삼복제를 채택하고 수인을 보호하는 휼인제도를 두었다. 조선시대의 형정(形政) 기관으로는 중앙조직으로 형조, 사헌부, 의금부, 한성부가 있었고 지방조직으로는 관찰사와 수령이 있었다(〈표 3-1〉 참고).

〈표 3-1〉 조선의 형정기관

<table>
<tr><td rowspan="3">중앙조직</td><td rowspan="3">형조</td><td colspan="2">조선 초기에 설치된 육조의 하나로 사법업무와 노예에 관한 사무를 총괄</td></tr>
<tr><td>4사</td><td>중죄를 주관하는 상이사, 율령을 관장하는 고율사, 감옥과 범죄수사를 담당하는 장금사, 노예의 호적과 소송 업무를 관장하는 장예사로 구성</td></tr>
<tr><td>율학청</td><td>율령의 관리와 율관의 양성</td></tr>
</table>

		전옥서	죄인의 구금
		좌 · 우 포도청	범죄인의 수사, 체포
	사헌부	재정의 시비를 논하고 관리를 규찰하는 감찰기관	
	의금부	왕의 명령에 의한 특수범죄(국사범, 반역죄, 강상도덕에 관한 죄 등) 관장	
	한성부	수도의 일반행정 및 전국의 토지 · 가옥 · 묘지에 관한 소송 처리	
지방 조직	관찰사	• 전국 팔도에 배치되어 도내의 행정, 사법, 군사 업무를 총괄 • 부, 목, 군, 현의 사법 및 행형 업무 감독 • 유형 이하의 범죄를 관장 • 관찰사의 소속 관원인 검율은 형조에서 추천, 임용되어 법률의 해석과 적용, 행형에 관한 전국적 통일사무 담당	
	수령	• 부윤(종2품), 목사(정3품), 군수(종4품), 현령(종5품), 현감(종6품) 등은 관내의 행정 총괄 • 태형 이하의 범죄를 관장	

출처: 조흥식 · 이형섭(2014: 50).

조선시대 형벌제도는 기본적으로 고려와 같이 태형, 장형, 도형, 유형, 사형으로 구성된다(〈표 3-2〉 참고). 크게 정형(법에 공식적으로 정해진 형벌), 부가형(정형에 부가되는 형벌), 법외형(법에 공식적으로 정해지지 않은 형벌)으로 구성된다(조흥식 · 이형섭, 2014: 51-54 재인용).

〈표 3-2〉 조선의 형벌제도

법정형	정형	태형	• 가장 가벼운 형벌 • 작은 가시나무 회초리인 형장으로 볼기를 치는 형벌 • 10대에서 50대까지 5등급으로 나눔 • 70세 이상이거나 15세 미만인 자, 폐질환자, 임산부 등은 집행하지 않고 대신 속전을 받음
		장형	• 태형보다 무거운 형벌 • 큰 가시나무 회초리로 볼기를 치는 형벌 • 60대에서 100대까지 5등급으로 나눔 • 일반적으로 도형과 유형에 대하여 병과함
		도형	• 약간 중한 죄를 저질렀을 때 1~3년간 복역시키며 염전 일을 하거나 쇠를 달구게 하는 등 강제 노역을 시키는 형벌 • 장형을 함께 부과함
		유형	• 중한 죄를 저질렀을 때 죄인을 먼 곳으로 보내 그곳에서 살게 하는 형벌 • 무기형으로서 기간이 정해지지 않고 임금의 명령 등 특별한 상황에서만 석방될 수 있음

		사형	• 생명을 빼앗는 형 • 교형(목을 매다는 것), 참형(칼로 목을 베는 것), 능지처참(칼이나 수레를 이용해서 신체를 절단해서 죽이는 것) 등의 방법이 있음
	부가형 (정형에 부과되는 형벌)	자자	• 신체의 특정 부위(얼굴이나 오른팔 등)에 먹물로 글씨를 새겨 넣은 형벌 • 주로 강도, 절도범에게 행해짐
		노비 몰수	• 노비를 빼앗는 것
		재산 몰수	• 재산을 빼앗는 것
		효수	• 참수 후에 그 머리를 장대 끝에 매달아 백성에게 보이는 형벌
		기시	• 참형의 집행 장소를 사람이 많이 다니는 시장으로 한 다음 그 시체를 길거리에 버리는 형
법외형	관행이나 관습형벌	주뢰	• 주리를 트는 것
		압슬	• 무릎 위에 무거운 물건을 놓아 압력을 가하는 것
		난장	• 여러 명이 장을 가지고 죄인의 몸을 가리지 않고 마구 때리는 것
		낙형	• 불에 달군 쇠로 몸을 지지는 것
		의비	• 코를 베는 것
		월형	• 발뒤꿈치의 힘줄을 빼는 것
		비공입회수	• 잿물을 코에 붓는 것
		고족	• 죄인의 발을 쪼개는 것
		팽형	• 물에 삶아 죽이는 것

조선시대 감옥은 형조에 소속된 전록서가 담당하였는데, 『육전조례』에 따르면 남자와 여자를 분리수용하고 부모가 아니면 면회를 허락하지 않았다. 또한 질병이나 상사가 발생했을 때 수형자를 일정 기간 보석하는 보방제도가 있었다. 감옥에서 사용되던 형구로는 태, 장, 신장, 곤장, 가, 유, 철삭, 요 등이 있다(〈표 3-3〉 참고). 이상의 내용을 정리하면 조선시대는 형벌제도나 사업체계를 보다 체계적으로 갖추면서 범죄에 대한 엄정성과 공정성을 유지하면서도 형벌의 남용을 막고 인권을 변호할 수 있도록 형벌을 다양화하고 사법절차의 공정성과 투명성을 보장하고자 노력하였음을 알 수 있다.

〈표 3-3〉 조선시대의 형구의 종류

형구의 종류	내용
신장	고문에 합법적으로 인정되었던 가시나무 회초리
곤장	죄수의 볼기를 치는 데 사용하는 것으로 장보다 더 길고 굵음
가	죄인의 목에 씌우는 나무칼

형구의 종류	내용
유	죄인의 손에 채우는 나무수갑
철삭	가벼운 죄를 범한 사람의 목이나 발목에 사용하는 쇠줄
요	도형을 선고받은 죄인이 강제 노역을 할 때 도주하지 못하도록 발목에 채우는 쇠뭉치

(3) 갑오개혁 이후와 일제강점기

갑오개혁으로 성립된 「홍범」 제14조 제13항에 따라 형조가 폐지되고 연좌제 및 고문이 폐지되었으며 경무청 관제개편 등이 이루어졌다. 1895년에 제정된 「재판소구성법」에 따라 사법권이 행정권에서 독립하여 근대적 사법제도가 탄생하였다. 형벌 면에서도 조선의 기본적인 어형제도에서 장형은 폐지되고 도형은 징역으로 바뀌었으며 유형은 정치범에 한해서 적용하였다. 또한 미결수와 기결수를 구분하여 수용하였고 징역형을 받은 사람은 감옥서에서 노역에 종사하도록 하였다. 1894년에는 판사, 검사의 감옥순시를 명시하였고 재감자 준수사항을 규정하였으며 징역수형자의 누진처우를 규정한 징역표를 도입하여 단계적 처우를 실시하였다(조흥식 · 이형섭, 2014: 54-55 재인용).

일제강점기에는 기유각서에 의하여 사법 및 감옥 사무를 일본에서 행사하게 되었고 통감부에 사법청이 신설되었다. 1908년에는 경성, 평양, 대구, 광주 등 전국 8개의 감옥이 정해졌고 1909년에는 인천, 부산, 전주, 의주 등 8개 분감이 설치되었다. 1918년에는 '간수교습소'가 설치되어 간수(교도관)들이 양성되었고, 1923년에는 감옥을 형무소로 개칭하였다. 일제강점기의 범죄인 처우 제도는 외형상 근대적인 모습을 띠었지만, 총독부는 사법 및 형무 제도를 식민통치의 탄압수단으로 이용하였기 때문에 수감자에 대한 처우는 권위적이고 엄격하였다. 특히 사상범에 대해서는 고문과 사벌(私罰)의 자행, 장기간의 독거구금 등 강압적이며 비인도적인 처우로 일관하였다(조흥식 · 이형섭, 2014: 55 재인용).

(4) 광복 이후 현재까지

정부수립 이전의 미군정 시대에는 민주적인 범죄인 처우를 이념으로 하여 우량수형자 석방령, 재소자 석방 청원제, 형구 사용의 제한, 징벌 제도의 개선 등 개혁조치가 이루어졌다. 그러나 외형적인 것과 달리 일제강점기의 감옥법령과 행형 기구를 그대로 인수하고 일제하의 한국인 관리도 고용을 유지하는 등 일제의 잔재들이 그대로 존재하였다(조흥식 · 이형섭, 2014: 56 재인용).

정부수립 후 1950년에는 민주적 교육형주의에 입각한 「행형법」이 제정되었다. 이에 따라 수형자 처우의 개별화, 보호의 사회화, 격리의 과학화 등을 목표로 우리나라의 현대적 행형제도의 기초가 마련되었다. 1961~1963년 사이에는 무려 30여 건에 달하는 행형관계법령이 제정 · 개정되었다. 이에 따라 형무소 · 형무관이라는 용어도 교육형주의를 반영하여 교도소 · 교도관으로 변경되었고, 수형자 이송제도, 귀휴제도, 종교교회제도 등이 신설되었다. 1964년에는 합리적 개별처우를 위하여 「수형자분류심사방안」이 제정되었고, 1969년에는 분류심사와 행장심사를 이원화한 「교정누진처우규정」이 제정되어 누진계급에 따른 처우의 효율화를 도모하였다. 1989년에는 범죄인의 원활한 사회복귀를 도모하고 격리 위주의 응보적 구금처우를 대체하기 위하여 사회 내 처우의 일환인 보호관찰제도가 도입되었다. 도입 당시에는 소년범을 중심으로 운영되다가 1997년부터 성인에게도 확대 실시되었다(조흥식 · 이형섭, 2014: 56 재인용).

2. 교정복지의 발달

교정복지의 역사는 사회복지 역사와 맥을 같이 한다. 그러나 교정복지의 발전과정은 시대, 사회, 국가에 따라 상이할 수밖에 없다. 본 절에서는 교정복지가 상대적으로 일찍 발전되고 제도화된 영국과 미국을 중심으로 살펴보고 우리나라 역사도 함께 알아보겠다. 이를 위해 교정복지의 역사를 소개한 기존 연구들(최옥채, 2006; 조형석 · 이형섭, 2014; 홍봉선 외, 2019; 배임호, 2020; 신연희, 2023)의 내용을 인용 또는 재정리하였다.

1) 영국

영국의 사회복지는 감옥 개량 운동과 관련이 깊다. 현대적 교도소가 세워지기 전 18세기까지 영국의 수형자들은 비인간적이고 과밀한 지역 감옥에 수감되었다. 범죄인들은 감옥에서 강제 노동, 체벌은 물론 사형을 당하기도 하였고 빈약한 식사, 심한 질병과 고통 속에서 지냈다. 당시 감옥은 단지 범죄인을 처벌하는 곳일 뿐이었다. 그러던 중

감옥 내부의 비참한 환경을 본 재판관 존 하워드(John Howard)가 감옥 생활에 대한 보고서를 작성하여 영국 정부에 개혁을 촉구했다. 그는 수형자도 인간으로서의 존엄성을 유지할 수 있도록 인권을 보장하고 적절한 사회복지 즉 감옥에서의 식사, 잠자리, 위생 등의 개선, 질병과 전염병 예방을 위한 물품 구입, 정기적인 청소, 교육 및 직업 교육 제공 등을 주장했다. 그는 18세기 말과 19세기 초반에 영국에서 죄수들의 인권과 복지 문제에 대한 개혁 운동을 이끌었다. 사회복지사들은 이러한 감옥 개량 운동에 동참하기 시작하였고 교도소 개량 운동 및 형벌 개혁을 옹호하였다.

19세기에는 교도소 안에서 재활과 교육에 초점을 둔 새로운 접근방식이 등장했다. 이를 위해 교도소 내 복지담당관(welfare officer)을 채용하였다. 영국 교도소의 첫 복지담당관은 1878년 런던의 원즈워스 교도소에서 임명되었다. 복지담당관의 역할은 수감자에게 상담, 교육, 석방 후 구직 지원 등의 지원을 제공하는 것이었다.

19세기 후반부터는 범죄 예방 및 재범 방지를 위해 보다 인간적인 방식으로 범죄인들을 다루려는 노력들이 시작되었다. 교도소 내 수형자를 치료 및 재활 대상자로 인식하면서 범죄 예방 및 재교육을 위한 프로그램들이 늘어났고 일부 사회복지사들이 교도소 안에서 수형자의 훈련 및 교육, 취업, 재활을 위한 프로그램을 운영하였다. 이들의 활동은 수형자의 사회복귀와 재통합에 긍정적인 영향을 미쳤다.

이 밖에도 청소년 범죄인을 위한 Borstal 기관이 설립되었고 구금의 대안으로 집행유예 및 보호관찰(probation)이 도입되었다. 당시 영국은 늘어나는 범죄율과 재범률, 교도소의 과밀수용 문제 등으로 인해 한계에 도달한 상황이었고, 이에 대응방안으로 뉴욕의 집행유예제도를 본떠 1876년에 보호관찰제도를 도입하였다. 1907년 「범죄인보호관찰법(Probation of Offender Act)」에 의해 보호관찰이 법제화되었고, 법원에서 첫 보호관찰관이 지정되었다. 이 법안을 통해 보호관찰관을 임명하여 구금 대신 지역사회의 범죄인과 협력할 수 있게 되었다. 이때 보호관찰관으로 일하기 시작한 메리 스튜어트(Mary Stewart)는 초기 교정복지를 개척한 선구자 중 한 사람이다. 그녀는 감옥에서 석방된 사람들에게 보호관찰 감독과 지원을 행하는 초기 보호관찰 서비스 개발에 중요한 역할을 하였다. 20세기 초에는 잉글랜드와 웨일스에서 보호관찰 서비스가 확대되었다. 보호관찰관은 성인과 청소년을 포함한 다양한 범죄인과 협력하도록 훈련을 받았다.

제2차 세계대전 중에는 사회복지사들이 전쟁 포로와 함께 일하게 되면서 교정 영역에서의 참여와 역할이 더욱 확대되었다. 사회복지사들의 활동은 교도소 밖을 넘어 지역사회까지 확대되었고, 교정기관에 다양한 프로그램과 서비스를 제공하는 사회복지기관들도 등장했다. 이들 기관들은 취업, 주거, 건강, 여가 및 스포츠 활동 등을 지원하면서 수형자의 사회복귀 및 재통합을 도왔다. 이러한 노력들이 범죄인의 사회재통합 능력 향상 및 재범 방지에도 효과적이라는 것이 알려지면서 교정복지의 중요성이 부각되었다.

영국 교정복지 영역에서 획기적인 변화가 생긴 것은 1948년 보호관찰관의 역할과 책임이 확대되면서부터이다. 보호관찰관은 처벌과 감독뿐만 아니라 법률, 사회서비스, 사회재활 프로그램 등을 제공하는 사회복지사의 역할을 수행하게 되었다. 그 후 수십 년 동안 교정 영역에서 사회복지사의 역할은 계속 발전되었다. 1960년대에는 보호관찰 서비스가 보다 전문화되면서 각 지역마다 보호관찰소(probation office)가 설립되었다. 1962년 사회사업(스코틀랜드)법에 의해 보호관찰에서 사회복지사의 법적 역할이 명시되었고 1974년에는 교도소에서 사회복지사의 역할이 공식화되었다.

영국에서는 보호관찰을 전통적 개별사회복지실천(casework)의 일환으로 보는 견해가 일반적이었다. 사회복지사 자격을 갖춘 보호관찰관은 보호관찰소는 물론 법원이나 교정시설에서 근무하면서 주로 개별사회복지실천을 활용하여 보호관찰대상자, 피의자, 출소 예정자에게 서비스를 제공하였다. 그러나 이후 아동성폭력 범죄 등 흉악범 문제 등이 발생하면서 보호관찰소와 경찰의 협력 강화, 치료 모델에 입각한 전통적 보호관찰 모델의 효과성 문제, 범죄피해인에 대한 새로운 관심, 범죄인에 대한 공공대중의 분노 등에 의해 보호관찰에서 치료와 사회복귀보다는 통제와 감시의 역할을 보다 강조하게 되었다(조흥식 · 이형섭, 2014: 62-63). 이후 1995년 영국의 내무성은 보호관찰관을 선발하는 기준을 사회복지학에서 탈피하여 사회학 · 심리학 · 아동학과 같은 다양한 영역으로 확대하였다(최옥채, 2006: 66).

20세기에는 수용자의 복지와 재활에 더 중점을 두면서 교도소에서 복지담당관의 역할도 확대되었다. 복지담당관은 수감자들이 안전하고 건강하게 생활할 수 있도록 필요한 의료, 상담, 교육, 취업, 가족 문제 등에 대한 지원을 제공하였다. 또한 수감자들의 신체적 · 정신적 건강과 재활을 위해 문제를 예방하고 대처하기 위한 프로그램을 설계하고 관리하며 수감자들이 출소 후 사회재통합을 잘 할 수 있도록 사회복귀 지원을 행하였다. 또한 형사사법제도 내에서도 재활이 크게 강조되면서 사회복지사와 보호관찰관은 범죄인과 긴밀히 협력하여 그들의 욕구를 충족시키고 개별화된 재활 계획을 개발하였다. 1991년 「범죄법(Criminal Justice Act)」 개혁 이후, 보호관찰관들은 범죄 예방과 재범 방지 프로그램에 더욱 집중하게 되었고, 그 결과 단순히 처벌과 감독을 하는 역할에서 벗어나 범죄인의 재사회화와 사회복귀를 위한 다양한 사회서비스를 제공하는 사회복지사의 역할이 강조되었다. 예를 들어, 집행유예 중인 범죄인들을 대상으로 교육, 심리치료, 일자리, 주거 지원 등 다양한 프로그램을 운영하여 재범률을 낮추는 데 힘쓴 것이다.

21세기에는 교정 시스템의 개혁이 이루어졌다. 수감자들의 강제 노동을 줄이고 교도소 내에서의 교육, 직업교육, 상담, 사회복귀 지원, 범죄 예방 프로그램이 보다 강화되었다. 또한 재활과 회복적 사법 접근법에 대한 관심이 다시 높아졌다. 이에 경찰, 보호관찰 기관, 지방 당국 등 지역사회에 있는 여러 기관과 협업을 하고, 재범을 줄이고 긍정적인 변화를 가져올 수 있도록 지원하기 위해 지역사회 기반 접근 방식에 주목하게 되었다.

이상의 내용을 정리하면 영국의 교정복지와 형사사법은 서로 밀접한 영향을 주고받으며 영국 사회의 복잡한 범죄, 빈곤 및 사회적 불평등 문제를 해결하는 데 중요한 역할을 해 왔음을 알 수 있다.

2) 미국

미국 교정복지의 역사는 출소자나 재소자를 돕고자 하는 소수 사람들의 의미 있는 활동에서부터 시작된다. 자선사업가 리처드 휘스터(Richard Whister)가 1776년 필라델피아에서 '석방자보호회'를 설립하여 출소자의 사회 정착을 위한 사회복지지원을 행하였다. 그는 필라델피아 감옥 인근에 거주하면서 매일 감옥에서 석방된 사람들의 용모와 태도를 보고 비참한 그들을 구원하고자 이 단체를 만들었다(조흥식 · 이형섭, 2014: 57). 교정복지의 대표적인 선구자 중 한 사람인 제브론 브룩웨이(Zebulon Brockway)는 1800년대 후반 뉴욕의 Elmira Reformatory의 감독관이었다. 그는 교도소의 재활 가능성을 믿었고 수형자들이 교도소 내에서 선행을 하고 교육 및 직업 프로그램에 잘 참여하면 조기에 석방될 수 있도록 하는 무기한 선고 시스템(system of indeterminate sentencing)을 실행했다. 사회복지사들은 수형자들에 대해 처벌보다는 인도적인 처우와 재활을 부르짖었던 당시 사회개혁가들의 주장에 뜻을 같이 하였고, 자유롭게 이와 관련된 활동을 실천현장에서 행했다.

보호관찰의 시작은 범죄인에 대한 사회복지실천이 미국에서 제도화되도록 하는 역사적 시발점이 되었다. 현대적 개념의 보호관찰이 시작된 것은 보호관찰의 아버지로 널리 알려진 존 아우구스투스(John Augustus)에 의해서이다. 1841년 보스턴에서 구두 수선공을 하던 그는 공공장소에서 술 취한 혐의로 체포된 남자의 재판에서 보석금을 대신 지불하고, 그의 보증인 역할을 하면서 지역사회에서 감독하겠다고 제안했다. 법원은 이를 받아들였고 범죄인은 성공적으로 감독 기간을 마쳤다. 이후 아우구스투스는 계속해서 다른 범죄인들의 보증인 역할을 했다. 그는 자신이 다룬 사례의 개입방법 및 감독과정에 대해 자세하게 기록하였고, 이를 토대로 공식적인 보호관찰제도의 확립을 주장하였다. 그의 노력 덕분에 많은 사람들이 뜻을 같이하며 지지하였다. 그 결과 미국 최초로 1878년 매사추세츠주는 판사의 감독하에 집행유예를 하고 범죄인을 석방할 수 있는 법을 제정하였다. 뒤이어 다른 주들도 같은 법을 제정하기 시작하였고, 20세기 초에는 미국 형사사법제도의 하나로 보호관찰이 확고하게 자리 잡게 되었다.

사회복지의 역사와 마찬가지로 인보관운동은 교정복지의 출발에도 중요하게 기여하였다. 인보관을 중심으로 활동하는 사회복지사들은 인구 밀도가 높은 도시 빈민지역을 둘러싼 범죄 및 비행과 관련된 문제에 직면하였고 범죄문제의 해결을 위해 범죄의 근본적 원인이 되는 사회적·경제적 요인을 해결하는 데 관심을 가졌다. 그 활동의 일환으로 비행이나 범죄에 노출된 청소년 및 가족을 위한 활동을 하였다. 그들은 소년 법원에서 일하면서 소년사법체계에 관련된 아동 및 가족에게 서비스를 제공했다. 특히 19세기 말 '아동구제운동'에 깊이 관여하였다. 이 운동의 목적은 열악한 감옥에서 아동 및 청소년을 보호하고 소년을 위한 인도주의적인 사법제도와 교정처우제도를 발전시키며 경제적·정치적 착취에 대해 빈민층을 옹호하고자 하는 것이었다. 이러한 아동구제운동의 결과로 1899년 미국 일리노이주는 「소년법원법(Illinois Juvenile Court Act)」을 제정함으로써 현대적인 의미의 소년법원을 창설하였다(조흥식·이형섭, 2014: 58).

1900년대에 들어서면서 사회복지사들은 형사사법제도에서 점점 더 큰 역할을 수행하였다. 사회복지사는 교도소나 소년원에서 일하면서 수형자들이 사회복귀 이후의 삶을 준비할 수 있도록 상담, 교육 및 직업 훈련을 제공했다. 1920년에서 1930년대에는 교정복지가 더욱 공식화되었다. 교정기관에서 사회복지사를 위한 전문 직책이 만들어지고 교정현장에서 일하는 사회복지사를 위한 훈련 프로그램이 개발되었다. 1930년대 이후에는 수감자 중 정신질환이나 약물남용 문제를 가진 사람들이 증가하면서 정신질환 및 약물남용의 치료에 교정복지가 강조되었다.

제2차 세계대전 이후에는 보호관찰 및 가석방서비스의 개발을 포함하여 형사사법제도가 크게 확장되었다. 전쟁 후 사회문제의 증가, 교정제도의 발전 등의 영향으로 사회복지사가 수감자와 가족에게 서비스를 제공할 필요성과 사회적 요구가 커졌다. 교정사회복지사는 범죄인의 치료와 재활은 물론 출소자의 사회복귀 및 적응에도 지원을 확대하기 시작하였다. 또한 증거 기반 실천을 통해 범죄의 근본적인 원인을 해결하고 성공적인 사회복귀를 촉진하는 데 초점을 두었다. 이후 사회복지사의 활동은 성인 형사사법체계로까지 확대되었다.

1950년대에는 시민권 운동과 교도소 개혁 추진으로 교도소의 재활 가능성에 대한 관심이 새롭게 생겼다. 교정사회복지사는 수형자를 위해 빈곤, 약물중독, 정신질환과 같이 범죄의 근본 원인을 해결하는 데 유용한 프로그램 및 활동을 시도하였다.

1960년대와 1970년대의 시민권과 사회정의 운동은 교정복지에 지대한 영향을 미쳤다. 사회복지사는 사법시스템 내에서 소외된 소수자들의 권리옹호에 더 많이 집중하였다. 특히 1960년대에 들어와서는 기존 교정체계의 문제점 및 한계가 제기되면서 지역사회 토대의 보호 및 재활로 전환하자는 주장들이 나오기 시작하였다. 이 운동의 최전선에는 교정사회복지사들이 있었다. 1960년대 중반부터 교정현장을 포함한 형사제도 분야에서 사회복지사의 필요성을 인식하고 이들의 훈련과 채용의 확대를 위해 노력하였다(최옥채, 2006: 67). 이 시기 교정사회복지의 역할은 보호관찰과 같은 지역사회 기반 교정까지 점차 확대되었다. 또한 범죄인의 책임, 피해자 및 지역사회의 피해 복구에 초점을 두는 회복적 정의 접근의 도입을 주장하였다. 이후 미국은 1970년대 중반까지 보호관찰에서 사회복지적 지향이 주류적인 입장이었다.

그러나 1970년 중반부터 사회복귀적 이상에 입각한 프로그램의 효과성에 대한 의문이 제기되면서, 보호관찰실천의 두드러진 특징은 보호(care)와 통제(control) 또는 멘토링(mentoring)과 모니터링(monitoring), 이 양자의 지속적인 긴장상태였다(조흥식 · 이형섭, 2014: 61 재인용).

1980년대부터는 처벌과 억제가 다시 강조되면서 형사사법제도의 초점이 재활 및 지역사회 토대의 대안 프로그램에서 다시 구금으로 옮겨 갔다. 그 결과 재활 및 사회복귀를 목표로 하는 프로그램 및 서비스들이 축소, 중단되었고 형사사법체계에서의 사회복지실천도 상당한 영향을 받았다. 이후 교정사회복지의 초점은 여성, 청소년, 정신건강 또는 약물남용에 어려움이 있는 사람 등 특별한 계층의 욕구에 집중하였고, 사회복지사들은 트라우마 치유(trauma-informed care), 인지행동치료 및 중독치료 등을 활용한 전문 프로그램 및 개입을 개발했다.

최근 몇 년 동안 재활 및 회복적 정의가 다시 주목을 받으면서 교정사회복지사는 범죄인에게 서비스와 지원을 제공하고 재활을 촉진하고 재범을 줄이며 공공 안전을 강화하는 정책과 프로그램을 옹호하는 등 형사사법 제도에서 계속해서 중요한 역할을 하고 있다. 특히 경찰, 교정시설, 보호관찰소, 중간처우시설, 지역사회 토대의 프로그램(community-based programs) 등 형사사법체계와 관련된 다양한 현장에서 형사사법 전문가, 사회복지기관 및 지역사회조직과 협력하면서 전문적 활동을 하고 있다.

3) 우리나라

우리나라에서 범죄인의 사회복귀나 재사회화를 돕기 위한 제도나 정책들에 대한 기록은 삼국시대부터 찾을 수 있다. 삼국시대에는 큰 가뭄이 났을 때 수인의 고통을 염려하여 국왕이 특사령을 내렸다고 기록되어 있다(조흥식 · 이형섭, 2014: 65 재인용). 고려시대에는 죄인을 보호하는 휼수의 규정 즉 휼형(恤刑)제도를 두어서 구금된 사람이라고 할지라도 법적 보호를 받도록 하였다. 휼형이란 범죄인에 대한 수사 · 재판 · 형 집행의 과정에서 엄정하게 처리하되 죄인을 진실로 불쌍히 여겨 성심껏 보살피고 용서하는 방향으로 고려해 주는 행위를 말한다. 대표적인 것으로 귀휴(歸休)제도가 있다.[2)]

그 외에도 『고려사』에 기재된 대표적인 휼형의 사례로는 죄를 지어 시골로 유배 가는 자에게 노부모가 있을 경우 일단 그대로 머물며 봉양하게 하며 부모가 죽으면 도로 유배지로 가게 하고, 도적과 살인범을 제외한 나머지 죄수들은 공정하게 재판한 후 오래 수감하지 말고 방면하게 했다는 기록이 있다(조흥식 · 이형섭, 2014: 66 재인용). 이러한 휼형제도는 조선시대에도 이어져 내려왔다.

조선시대에는 형벌의 남용을 방지하고 인권을 보장하기 위해 인신을 구속할 수 있는

2) 범죄인 처우와 관련된 인도주의적 정책으로 사형에 해당하는 범죄를 저지른 자가 (조)부모상 등을 당하면 7일, 유형과 도형에 해당하는 자는 30일의 귀휴가 허락되었다. 옥중에서 부인이 자녀를 출생한 달이 되면 사형에 해당하는 자는 20일, 유형 이하는 30일의 귀휴를 허용하였다. 이 경우 출옥하는 때에는 모두 책보(責保)라 불리는 보증인을 세우게 했다.

기관을 직수아문(直囚衙門)이라고 하여 「경국대전」 등에 특별히 규정하였다. 그리고 형사소송절차에서도 상피(相避)·결옥일한(決獄日限)·검험(檢驗)·소원(訴寃) 등 범죄인의 인권옹호와 재판의 공정을 기하기 위한 많은 제도를 두었다. 결옥일한은 죄인을 판결할 때 그 죄의 경중에 따라 대사(大事)인 사죄(死罪)는 30일, 중사(中事)인 도(徒)·유(流)의 죄는 20일, 소사(小事)인 태(笞)·장(杖)의 죄는 10일을 기한으로 처결하게 하여 신속한 재판을 도모한 것이다. 검험은 살인·치사(致死) 사건과 변사자가 발생하거나 옥에 갇힌 죄수가 죽었을 때 죽은 원인을 밝히기 위해 담당 관원이 시체를 검증하고 검안서를 작성하던 것으로 오늘날의 검시제도와 같다(조흥식·이형섭, 2014: 66-67 재인용).

조선시대의 형벌이 교정복지에 주는 시사점은 크게 네 가지로 정리할 수 있다(조흥식·이형섭, 2014: 67 재인용).

첫째, 인간 중심의 형벌 집행이다. 유교적 민본사상을 근간으로 하고 있어 형벌은 범죄인을 죽이고자 하는 것이 아니고 살리는 것이며 그래서 형벌을 시행함에 있어서도 제정·공포한 후 백성을 충분히 계도한 후에 비로소 위반자를 처벌하였다.

둘째, 예를 형벌의 정당성으로 삼아 가정 내의 질서와 균형의 유지를 중시하였다. 유교문화의 근본 규범은 국가가 아닌 가족에서 출발한다. 범죄는 왕권을 침해한 일이기 이전에 가정 내 윤리를 깨뜨린 행위이다. 따라서 형벌 집행에서도 비록 정당한 국가형벌권 행사라고 할지라도 그 집행으로 가정의 균형이 깨질 경우에는 형을 감경하거나 형의 집행을 보류하는 규정을 두었다.

셋째, 시설 내 처우가 아닌 사회 내 처우를 강조하였다. 기본적으로 태형과 장형은 형벌 집행과 동시에 끝이 나서 사회복귀가 되며 도형은 공노비로 3년까지 복역하는 것이다. 유형의 경우에도 주거이전의 자유만 없었지 가족과 같이 살 수 있도록 되어 있었다.

넷째, 민본주의적 형벌 집행이다. 국가의 근본이 백성이라는 민본주의적 사고는 모든 사람들이 알 수 있도록 법을 만들게 하였고, 이는 형벌의 흔적이 남아 사회복귀에 장애가 되는 신체절단형을 오래전에 공식적으로 중지하는 결과를 가져왔다. 또한 형벌 집행을 통해 수치심을 느끼게 하는 것 또한 유교적 형벌 집행의 특색이라고 할 수 있다.

현대에 들어와 우리나라에서 비행청소년과 범죄인을 위해 사회복지기관이나 사회복지사들이 활동한 초기 기록들은 발견되지 않아 정확히 파악하는 것이 쉽지 않다. 다만 미국에서 사회복지를 공부한 교수들이 한국에 와서 활동한 기록이 있다. 숭실대 박종삼 교수는 보호자가 없는 비행청소년을 위해 보이스타운이라는 미인가시설을 설립하였다. 부산대 문선화 교수는 1977년부터 법무부와 협력하여 보호관찰제도 도입에 크게 기여하였다(최옥채, 2006: 69). 1984년에는 가정에 적응하지 못하는 청소년과 법원으로부터 보호처분을 받은 비행청소년을 위해 대전에 효광교호직업보도원이 설립되었고, 이후 전국에 5개 시설이 추가로 세워졌다. 이들 시설은 보건복지부 산하 아동보호치료시설로서 사회복지사들이 이들 청소년의 재활을 위해 개입하였다. 1986년에는 정우식 교수의 주도하에 한국교정교화사업연구소(현 한국교정교화연구원)가 설립되어 우리나라 교정복지의 실제와 연구에 크게 기여하였다. 이는 1987년부터 5년간 정부에서 사회복지학과 전공자를 특별히 채용해서 교정시설에 근무하도록 하다 중단되었다(최옥채, 2006: 69).

1990년대 초부터는 지역사회복지관을 중심으로 비행청소년에 대한 지원이나 프로그램이 행해졌다(최옥채, 2006: 70). 이들 기관들은 주로 사회복지공동모금회, 기업 복지재단의 후원을 받아 소년원, 보호관찰소 등과 협력하였다. 이후 보호관찰제도가 확대되면서 지역사회복지관 이외에도 사회복지시설 및 기관들이 법원이나 보호관찰소에서 의뢰된 수강명령, 봉사명령을 수행하거나 보호관찰관과 협력해서 프로그램을 진행하는 경우가 활발해졌다. 1994년에는 최옥채 교수가 교도소와 보호관찰소의 실무자 및 사회복지관의 사회복지사들과 교정사회사업연구회를 조직하여 광주 지역의 교정현장을 중심으로 연구와 활동을 했다. 이 연구회는 보호 및 교정시설과 지역사회의 교류를 꾀하였고 나아가 소년원이나 교도소 및 민간시설에 사회복지실천 기술을 바탕으로 한 프로그램을 제공하는 데 주력하였다(최옥채, 2006: 70).

교정분야에서의 사회복지적 개입은 시설 내 처우에서 사회 내 처우로 전환된 이후 본격적으로 시작되었다. 과거 구금형이 중심이 되었던 교정(행형)분야는 규율과 보안을 강조하면서 전통적인 법 집행의 영역으로 간주되어 왔다. 그러다가 1989년에 지역사회 기반의 형사정책인 보호관찰제도가 도입되면서 전문적인 사회자원의 참여와 민관협력이 강조되기 시작하였다. 이후 보호관찰정책은 외국과 유사하게 점차 강경화 경향을 보이게 된다. 2006년 보호관찰 중인 가출소자에 의한 한나라당 국회의원 피습사건, 아동성폭력사건의 영향 등으로 인한 위치추적제도 도입, 집중보호관찰제도 강화, 비상대기조 구성 등 보호관찰관의 근무형태에 커다란 변화를 가져오게 된 것이다. 이후 사회복지사 자격증을 소지한 사람들을 보호직 공무원으로 특채하는 제도가 활성화되기 시작하였다.

2012년의 경우 사회복지사 가운데 9급 총 146명을 선발하였고, 경력직 사회복지사 및 정신보건사회복지사 1급 가운데 8급 20명, 7급 6명을 선발하였다(조홍식 · 이형섭, 2014: 69). 또한 2000년대에 들어와서는 교정복지에 대한 연구 및 교육이 활발해졌다. 교정복지학회, 보호관찰학회가 설립되면서 교정복지 학회지, 보호관찰 학회지가 발간되었다. 또한 교정복지론 교과목이 한국사회복지교육협의회에서 인정하는 사회복지학과 교과목으로 포함되었으며 교정복지론을 개설하는 학과들이 점차 늘어났다.

4) 교정복지의 최근 동향

이상에서처럼 사회복지사들은 형사사법제도에 관련된 범죄인, 범죄피해인 및 가족들의 사회적 및 심리적 욕구와 당면문제를 해결하는 데 중요한 역할을 해 왔다. 초기에는 감옥 개량 운동, 출소자 보호, 지역사회 내 비행청소년 및 가족 지원 등과 관련한 일을 하다가 교정시설까지 확대되면서 범죄인의 재활 및 사회복귀를 위해 활동해 왔다. 사회복지사들이 형사사법체계와 관련해 보다 적극적인 활동을 할 수 있었던 분기점이 된 것은 대표적인 사회 내 처우인 보호관찰제도의 도입과 정착이라고 할 수 있다. 이 밖에도 사회복지사들은 형사사법체계와 관련해 교도소 환경 개선, 구금을 대체하는 대안적 프로그램의 옹호, 범죄인의 인권옹호 등 사법제도 개혁에도 앞장서 왔다.

이러한 교정복지의 발전과정 중 직면해 온 주요 이슈는 크게 두 가지였다.

첫째, 비행청소년 및 범죄인의 높은 재범률이다. 교정사회복지사는 교정시설 내 적응은 물론 석방 후 지역사회에 성공적인 사회복귀 및 통합, 재범 방지를 위해 다양한 지원 및 서비스를 제공한다. 그러나 비행청소년이나 범죄인이 당면한 문제와 욕구는 매우 복잡하고 다양한 데 비해 이들에게 제공될 자원과 지원은 턱없이 빈약한 상태라서 가시적인 성과를 달성하기에 한계가 있다. 예를 들어 출소자 중에는 빈곤, 취업, 주거, 건강, 가족과의 단절, 사회적 낙인과 차별 등 복잡하고 어려운 다양한 문제에 직면하는 경우가 많아 성공적인 사회복귀나 재통합이 쉽지 않다.

둘째, 처벌과 재활 사이의 균형 잡기이다. 교정복지의 역사에서도 확인하였듯이 형사사법의 초점은 처벌 및 통제, 재활 및 지원이라는 양극단 사이를 이동하고 있다. 사회방위와 재활이라는 이중 초점을 수행해야 하는 교정사회복지사는 형사사법체계와 관련해서 처벌과 재활 사이의 줄 위에서 균형을 유지하면서 일을 해야 한다. 경우에 따라 범죄인과 피해자 간의 경계가 모호하기도 하고, 범죄인이 피해자가 되기도 하고 형사사법체계 환경이 장애물이 되기도 한다. 교정복지와 관련된 복잡한 문제를 해결하기 위해서는 형사사법 관련 전문가, 정책입안자, 사회복지기관, 시민단체 및 지역사회주민 등 다양한 이해 관계자를 포함하는 다각적 접근 방식이 필요하다. 따라서 형사사법제도에 있는 범죄인의 재범률을 줄이고 성공적인 재진입을 지원하기 위해서는 재활과 지역사회 지원, 제도적 불평등 해소를 우선시하는 전략이 더 강조된다.

최근 교정복지의 경향을 정리하면 다음과 같다.

첫째, 지역사회복귀 지원(reentry support) 및 재통합을 강조한다. 교정사회복지사는 비행청소년이나 범죄인들이 교정시설에서 출소한 후 지역사회에 성공적으로 복귀하고 재통합하도록 돕기 위해 취업, 주거, 의료, 가족관계 개선 등 다각적 · 통합적 지원에 집중한다.

둘째, 구금에 대한 대안으로 지역사회 토대의 처우, 회복적 정의 등을 강조한다. 교정사회복지사는 범죄를 예방하고 범죄로 인한 피해를 회복하고 범죄자의 재사회화를 위해 기존 형사사법체계의 대안적 프로그램인 지역사회 토대 프로그램, 회복적 사법, 다이버전 프로그램 등에 집중한다.

셋째, 형사사법체계와 관련해서 트라우마에 대한 인식이 높아지면서 교정사회복지사들은 트라우마가 행동에 미치는 영향을 이해하고 범죄와 관련된 사람들의 트라우마 치유를 위해 노력한다.

넷째, 교정사회복지사는 형사사법제도의 개혁을 옹호(advocacy)하는 데 중요한 역할을 하고 있다. 처벌 중심이 아닌 재활 및 사회복귀를 강조하고, 인종 및 민족적 격차를 해소하며, 증거 기반 실천을 하고자 노력한다.

다섯째, 교정사회복지사는 COVID-19 팬데믹을 거치면서 지역사회현장뿐만 아니라 인터넷 공간에서의 아웃리치(outreach)를 강화하였다. 디지털 기술을 활용하여 원격서비스 제공 등 의사소통을 개선하고 자원에 대한 접근성을 높이고자 한다.

여섯째, 교정사회복지사는 변호사, 법 집행관, 정신건강 전문가, 임상심리사 등과 같은 다학제 간 협력(interdisciplinary)을 강화하며 교정복지 대상자에게 만족스러운 지원을 제공하고자 노력한다.

PART 02

범죄원인론 및 사법제도에 대한 이해

CHAPTER 04 범죄원인론

교정사회복지사는 사회복지 이론과 지식 이외에도 비행 및 범죄 관련 이론을 잘 이해하는 것이 필요하다. 범죄 이론은 교정복지실천에서 다음과 같은 유용성을 갖는다.

첫째, 범죄이론은 교정사회복지사의 전문적 실천을 위한 지식체계의 기본틀을 제공하며 올바른 방향으로 이끄는 나침반 역할을 한다. 비행 및 범죄가 발생하는 다양한 원인을 앎으로 인해 클라이언트의 비행 및 범죄 원인을 과학적으로 분석할 수 있다. 또한 비행청소년 및 범죄인에 대한 이해를 더 깊이 할 수 있고 이들의 사회복귀 및 재적응을 위한 보다 효과적인 방안을 모색할 수 있다.

둘째, 범죄 이론을 근거로 교정사회복지사의 개입이나 활동에 대한 논리적 토대를 마련한다. 교정사회복지사는 범죄 이론을 토대로 자신의 개입방법을 정당화하고, 관련 이해 당사자들을 설득할 수 있다. 예를 들어 교정사회복지사가 보호관찰소의 수강명령 집행을 위탁받고자 프로그램을 제안할 때, 제안서에 어떠한 범죄 이론에 입각하여 프로그램을 기획·구성했는지를 밝힐 수 있다.

셋째, 범죄 이론은 교정사회복지사가 교정 분야의 정책과 제도의 도입 및 변화를 이해하고 대응하는 데 주요한 지식 기반이 된다. 예를 들어 최근에 이슈가 되고 있는 위치추적전자감독제도(소위 '전자발찌제도')에 대하여 정부기관은 합리적 선택 이론과 억제 이론에 기대여 그 타당성을 설명할 수 있다. 그러나 이러한 이론적 설명은 전자발찌를 부착한 채 자신의 범행 위치를 노출시키면서까지 충동적인 범죄를 저지르는 비합리적 범죄현상을 이해시키는 데는 한계가 있다. 결국 교정사회복지사는 다른 이론, 예컨대 생물사회학적 이론을 활용해 범죄현상을 설명하고 그에 대한 전문적 치료와 개입의 필요성을 주장할 수 있다(조흥식·이형섭, 2014: 91).

넷째, 법학·형사정책학·교정학·경찰학 등 다학문적 팀접근이나 협력이 필요한 교정복지현장에서 원활한 의사소통을 할 수 있도록 돕는다.

범죄 이론은 크게 비결정론과 결정론이라는 두 가지 패러다임으로 대별된다. 먼저 비결정론 관점은 범죄가 인간의 합리적 · 이성적 선택과 의지에 의한 것이므로 범죄에 대한 책임은 전적으로 개인에게 있다고 가정한다. 이것은 고전주의 및 신고전주의 범죄학에서 강조되었던 관점이다. 반면 결정론 관점은 범죄가 개인의 자유의지가 아닌 외부적 요인(즉, 생물학적 · 심리학적 · 사회학적 요인 등)에 의해 행해진다고 가정한다. 이는 범죄행위보다는 범죄인 자체에 주목하는 것으로, 대표적으로 사회갈등 이론, 사회구조 이론, 사회과정 이론, 심리학적 특성 이론, 생물학적 원인론 등이 해당된다.

1. 고전주의 및 신고전주의 이론

고전주의 이론(classical theory)은 이탈리아 범죄학자 베카리아(Beccaria), 영국 철학자 벤담(Bentham) 등과 같은 공리주의자들에 의해 주장된 것이다. 이들은 인간의 범죄행위를 다음과 같은 가정에 근거하여 설명하고 있다(조흥식 · 이형섭, 2014: 93-101).

첫째, 범죄행위는 인간들의 합리적인 자유의지에 의한 선택이다. 따라서 행동에 대한 책임도 개인이 져야 할 부분이다. 둘째, 인간은 누구나 범죄성을 가지고 있으며 폭력이나 거짓말을 하는 것은 인간의 일반적인 행동이다. 셋째, 인간은 쾌락을 극대화하고 고통을 최소화하는 방향으로 행동한다. 이런 공리주의적 입장은 범죄행위에서도 마찬가지이다. 인간은 범죄를 저지르기 전에 그로 인한 득과 실을 생각하고 계산한 뒤 자신에게 이득이 되는 것을 선택한다는 것이다. 또한 설사 범죄라고 해도 잃는 것보다 얻는 것이 많다고 생각하면 범죄행위를 선택할 수 있다고 가정한다. 따라서 고전주의 이론에서는 범죄를 예방하기 위해 사람들이 법을 준수할 수 있도록 강력한 형벌을 마련하고 이를 준수할 수 있도록 해야 한다고 주장한다.

신고전주의 이론(neoclassical theory)은 고전 범죄학의 한계에 대한 대응으로 20세기 후반에 등장한 범죄학적 관점이다. 현대에 등장한 이론이지만 타 이론에 비해 범죄인의 합리적 의사결정을 강조하고 있기 때문에 신고전주의 이론이라고 불린다. 이들 이론가들에 따르면 범죄는 개인과 사회적 맥락 사이의 복잡한 상호작용의 결과이며, 범죄인의 합리적 의사결정 과정은 더 넓은 틀 내에서 이해되어야 한다고 주장한다. 즉 그들은 범죄의 원인으로 빈곤, 불평등, 사회적 배제 등을 중시한다. 그러나 비슷한 환경 및 구조적 문제가 있음에도 불구하고 왜 일부 사람들만 범죄를 행하는지에 주목하였고, 그 질문의 답으로 범죄행위를 형성하는 상황적 요인에 주목하였다. 즉 범죄가 저질러지는 특정 상황을 잘 이해해서 범죄 활동의 가능성을 낮추는 요인을 파악하고 이를 범죄 예방에 활용하면 효과적일 수 있다는 것이다. 이 이론은 범죄행위에 대해 보다 총체적인 이해(holistic understanding)를 돕고 범죄를 예방하고 공공 안전을 증진하기 위한 새로운 전략을 구체시하였다는 점에 의의가 있다. 대표적으로는 억제 이론, 범죄경제학, 합리적 선택 이론, 일상생활 이론 등이 있다.

1) 억제 이론

억제 이론(deterrence theory)은 잘못을 한 사람들에게 강한 처벌을 하면 일반 사람들이 이와 같은 범죄를 저지르지 않을 것이라고 가정한다. 이 이론에 따르면 사람들은 합리적이기 때문에 중요한 결정을 내리기 전에 득과 실을 미리 따져보고 선택한다는 것이다. 따라서 범죄에 대한 처벌이 가혹(severity)하고 확실(certainty)하며 신속(swiftness)할 것이라고 인식하면 사람들이 범죄를 저지를 가능성이 낮아질 것이라고 가정한다. 반대로 처벌이 경미하거나 불확실하거나 지연될 것이라고 생각되면 범죄행위에 가담할 위험을 감수할 가능성이 크다는 것이다.

억제 이론은 현대적 형사사법체계의 토대가 된 이론이다. 그러나 다음과 같은 비판이 제기된다. 첫째, 개인의 의사결정 과정을 지나치게 단순화하고 범죄 행동에 영향을 미칠 수 있는 사회적 및 경제적 요인을 고려하지 못한다. 둘째, 처벌의 위협이 빈곤이나 중독과 같은 절박한 상황에 직면한 사람에게는 그다지 강력한 억세력이 되지 않을 수도 있다. 셋째, 강력한 억제정책이 범죄율 감소나 재범 감소에 직접적 영향을 미치는지는 명확하지 않다. 선행연구들에 따르면, 처벌의 확실성과 범죄율 간의 부적 관계는 있지만 그 상관관계는 약한 것으로 나타났다. 즉 처벌의 확실성이 범죄를 억제하기는 하지만 충분하지 않다는 것이다(조흥식 · 이형섭, 2014: 96-97). 캘리포니아에서 특정 범죄의 재범에 대한 형량을 높인 이후 일부 연구에서는 억제효과를 발견했지만 후속연구를 통해 그 범죄율은 이미 전부터 감소하기 시작하였고 정책이 시행된 몇 년 동안에는 오히려 범죄율이 증가했음을 발견하였다. 또한 낮은 범죄율은 강력한 억제정책의 효과가 아닌 다른 프로그램,

정책, 또는 사회변화를 반영한 것일 수 있다. 예를 들어 보호관찰, 가석방, 사회 내 처우 등 다른 프로그램이나 정책의 영향, 특정 연령층의 감소, 실업률 감소, 경찰의 단속 정도 등 다양한 환경적 요인이 작용할 수도 있다(민수홍 외, 2011: 65-70).

2) 범죄경제학

범죄경제학(criminal economics)은 범죄인의 행동, 형사사법 제도 및 범죄의 사회적 영향을 이해하기 위해 경제 원리와 도구를 적용하는 연구분야이다. 이것은 경제학자들에 의해 발전된 이론으로, 경제학에서의 인간관이 범죄에도 동일하게 적용된다고 본다. 즉 사람들이 물건을 살 때 비용과 이익을 계산하고 구입하듯이 범죄인도 마찬가지로 범죄로 인한 손익을 계산해서 행동한다는 것이다. 구체적으로는 범죄의 원인, 범죄가 경제와 사회에 미치는 영향, 법 집행의 경제학, 범죄의 비용 편익 분석 등이 주된 연구내용이다. 이 이론은 범죄학 · 범죄학 · 사회학 · 심리학 및 기타 분야 등으로 구성된 다학제 간 분야이다. 증거 기반의 정책 제안(policy recommendations)을 개발하여 범죄를 줄이고 형사사법체계의 효율성을 향상시키며 억제 이론 및 신고전주의를 뒷받침하는 데 기여하였다. 그러나 지나치게 경제학적 측면만 강조하고 생물학적 · 사회학적 · 문화적 측면을 간과하기 쉽다는 비판을 받는다.

3) 합리적 선택 이론

코니시(Cornish)와 클라크(Clarke)로 대표되는 합리적 선택 이론(rational choice theory)은 경제학의 기대효용(expected utility) 원리에 기초한다. 기대효용 원리는 사람들이 이윤을 극대화하고 손실을 최소화하기 위하여 합리적 결정을 한다는 것이다(민수홍 외, 2011: 59). 이 이론에 따르면 범죄의 원인은 단지 범죄인의 동기나 성향에 의해서가 아니라 범죄인들의 제한적인 합리적 결정에 의한 것이라고 본다. 즉 범죄인들은 제한된 정보에 기초하고 자신의 행동이 가져올 부정적 결과(예: 피해자의 사망, 건물 파손 등)는 회피하고 즉각적인 욕구 충족(예: 돈, 지위, 복수), 즉각적인 검거의 위험만을 고려해 결정한다는 것이다. 따라서 범죄를 예방하기 위해서는 범죄인을 개선하기보다는 범죄를 저지르기 힘들게 만들거나(예: 집에 침입절도 경보기를 설치하거나 개를 키우는 것 등) 이익을 줄여 매력적이지 않도록 만들어야 한다고 주장한다.

즉 이는 가혹한 형사정책으로 연결될 수 있다(이순래 외, 2017: 484-494).

이 이론은 범죄인을 목적을 갖고 행동하는 의식 있는 결정자로 본다는 점에서 범죄학의 연구에 기여하였다(이순래 외, 2017: 484-494). 그러나 인간 행동을 지나치게 단순화하고 사회적 규범, 감정 및 문화적 가치와 같이 의사결정에 영향을 미치는 다른 요인을 설명하지 못한다는 비판을 받았다. 또한 이 이론에 대한 경험적 연구 결과들은 일치되지 않았다(민수홍 외, 2011: 63-64).

4) 일상생활 이론

일상생활 이론(routine activities theory)은 개인 및 환경의 일상적인 관계와 범죄를 설명하는 범죄학 이론이다. 코헨(Cohen)과 펠슨(Felson)이 창시한 이 이론은 범죄가 일상 활동과 라이프스타일 패턴(lifestyle patterns)의 산물이라고 가정한다. 즉 사람들이 타고난 범죄인은 아니지만 기회가 생기면 범죄에 가담할 수 있다는 것이다. 따라서 범죄 예방 노력은 개인의 특성 변화보다는 범죄의 기회를 줄이는 데 중점을 두어야 한다고 주장한다.

이 이론은 직접적 접촉에 의한 약탈범죄의 경우 다음 세 가지 요소가 동시에 같은 시간과 공간에서 이루어졌을 때 범죄피해율이 증가한다고 주장한다. 즉 첫째, 범행동기를 가진 사람이 존재해야 하고 둘째, 적절한 범죄대상이나 잠재적 피해자가 있어야 하고 셋째, 잠재적 범죄인을 억제할 수 있는 공식적 또는 비공식적 감시가 없을 때 범죄 가능성이 증가한다는 것이다(민수홍 외, 2011: 71). 예를 들어, 장기간 비어 있는 집, 혼잡한 공공장소 등은 범죄 동기를 가진 사람에게 범죄 대상이 되기 쉽기 때문에 절도나 소매치기가 발생할 가능성이 높다. 따라서 잠재적 범죄 대상이 되지 않기 위해서는 경찰관 등 감시자의 증원, CCTV 설치, 범죄 예방을 위한 건물 및 공공장소의 디자인 개선, 사람들의 일상생활 패턴 변화 등이 필요하다고 제안하였다.

이 이론은 나쁜 환경과 범죄와의 관련성을 주장하는 일반 이론들과 달리 범죄가 사람들의 일상생활 속에서 나타난다는 점을 강조한다(이순래 외, 2017: 469-474). 또한 범죄를 저지를 기회를 차단하면 범죄가 감소된다는 입장이다. 따라서 보수냐 진보냐 하는 특정 이데올로기나 정치적 스펙트럼에 얽매이지 않고도, 사회적 혁명이나 엄청난 사회구조적 불평등의 해결 없이도 몇 개의 잠금장치나 알람 등을 설치해서 범죄 기회를 차단한다면 범죄를 예방할 수 있다는 입장이다(이순래 외, 2017: 469-474). 또한 경찰과 같은 공식적 감시자 이외에도 일반 시민, 자기 자신, 친구, 가족, 낯선 사람 등의 비공식적 감시자의 역할을 강조한다(민수홍 외, 2011: 72). 그러나 범죄행위를 직접 설명하기보다는 범죄피해 이론에 가까우며 아직 경험적 타당성이 잘 정립되지 못했다는 비판이 있다(조흥식 · 이형섭, 2014: 101-102).

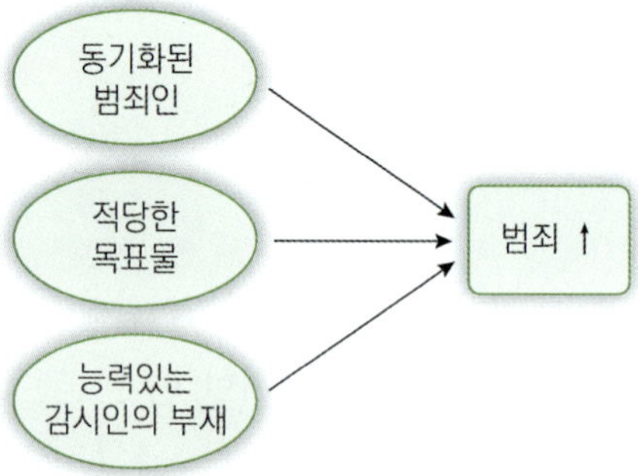

[그림 4-1] 일상생활 이론

2. 생물학적 이론

범죄에 대한 생물학적 이론(biological theory)은 유전학, 뇌 구조, 호르몬과 같은 특정 생물학적 요인이 범죄 행위에 기여할 수 있다고 주장한다. 범죄학의 아버지라고 불리는 이탈리아 의사 롬브로소(Lombroso)는 재소자들의 신체적 특징을 관찰 · 비교한 뒤 준법시민들과 다른 점이 있으며 이런 생물학적 특성이 범죄의 원인이라고 결론지었다. 즉 얼굴이나 머리의 비대칭, 원숭이 같은 큰 귀, 두꺼운 입술, 튀어나온 광대뼈, 긴 팔 등의 특성을 가진 생래적 범죄인(born criminal)은 타고난 신체적 특성으로 인하여 사회의 법규를 위반하게 된다는 것이다(민수홍 외, 2011: 87). 이런 초기 범죄생물학자들은 범죄인이 태어날 때부터 이미 정해져 있기 때문에 재활이나 재사회화는 소용이 없다고 본다. 초기 생물학적 이론은 초기 범죄 이론이라는 점에서는 의의가 있지만 방법론적 결함, 빈약한 경험적 지지, 인종적 또는 민족적 열등성 암시 등으로 인하여 비판을 받았다(조흥식 · 이형섭, 2014: 111 재인용).

반면 현대 생물학적 이론들은 정상범위 내의 생물학적 차이를 강조하면서 범죄와 비행에 대한 생물학적 · 사회학적 · 심리학적 변수 간의 상호작용을 강조한다(민수홍 외, 2011:

86). 즉 생물학적 요소나 조건이 직접적으로 비행을 야기할 수도 있으나 한편으로는 이러한 생물학적 특성이 그 사람의 생물학적 조건이나 행위에 대한 영향력을 변경시킬 수 있는 환경적 요소에 영향을 미쳐서 범죄를 초래할 수도 있고 아니면 환경적 요소가 생물학적 조건에 영향을 미쳐서 범죄를 유발시킬 수도 있다는 것이다(이윤호, 2021: 204). 구체적으로 보면 유전학, 뇌연구, 신경생리학, 생화학의 발전으로 이들과 범죄 원인을 연결시키는 다양한 시도를 하고 있다.

1) 유전과 범죄와의 관련성

이것은 범죄 행위가 유전된다는 주장에 근거한다. 유전과 범죄와의 관계를 규명하고자 하는 노력은 오래전부터 계속되어 왔으나 현대에 와서는 범죄인가계연구, 쌍생아연구, 입양아연구에서 행해지고 있다(이윤호, 2021: 211; 조흥식 · 이형섭, 2014: 111-116). 유전과 범죄와의 관련성을 주장하는 사람들은 범죄력이 높은 가정, 범죄기록이 있는 쌍둥이나 생모나 생부가 있는 경우는 그렇지 않은 경우에 비해 범죄 관련성이 높을 것이라고 가정한다. 그러나 이들의 주장에 대해 유전적인 요인은 과대평가하는 반면 환경적 요인은 과소평가한다는 비판이 있다. 또한 경험적 연구에서도 이들 관계는 아직 명확치 않다(이윤호, 2021: 211; 조흥식 · 이형섭, 2014: 111-116 재인용). 정리해 보면 범죄 발생에 있어 유전적 요인들이 완벽하게 관련이 있다고 하지는 못하더라도 다른 요인들과 상호작용하면서 간접적으로 영향을 미칠 수 있음을 추정할 수 있다.

2) 신경생리학과 범죄와의 관련성

이것은 뇌 구조나 뇌 기능의 이상이 범죄와 관련된다고 가정한다. 즉 뇌손상, 뇌기능장애, 간질, 신경전달물질과 범죄와의 관계를 파악한다(이윤호, 2021: 216). 뇌의 영역 중 충동제어 및 의사결정과 관련된 부분은 범죄인과 비범죄인의 뇌에서 차이가 있음이 나타났다. 두뇌의 전자파를 측정하는 EEG(Electro Encephalo Graph)를 측정한 결과, 비정상적인 두뇌파형은 비정상적 행동과 관련이 있었다. 간질과 범죄와의 관련성에 대해서는 이를 지지하는 연구결과도 있고 그렇지 않은 연구결과도 있다. 그 밖에도 신경전달물질인 도파민, 세로토닌, 모노아민산화효소와 범죄와도 관련이 있음이 보고되었다. 세로토닌의 부족은 충동적 폭력행위, 우울증, 자살 등의 가능성과 관련이 있고 모노아민산화효소의 공급 부족을 겪는 사람은 처벌의 무시, 충동성, 과잉행동, 낮은 학업성적, 마약 사용과 연관된 행동을 한다는 설도 있다(조흥식 · 이형섭, 2014: 111-116 재인용).

3) 생화학적 요인과 범죄와의 관련성

생화학적 요인과 범죄와의 관계를 연구하는 학자들은 범죄가 인체 내의 생화학물의 결핍이나 불균형으로 인한 감정적 장애에 기인된다고 가정한다(이윤호, 2021: 216). 생화학물이란 인간의 내분비선에서 생성되는 호르몬 등의 각종 분비물을 일컫는다. 이와 관련된 연구로는 월경 전 · 후 여성들과 범죄, 남성호르몬과 범죄, 음식물 섭취와 범죄, 납중독과 범죄 등이 있다(조흥식 · 이형섭, 2014: 111-116 재인용). 월경 전 여성들이 범죄와 관련된다는 일부 연구들이 있으나 생리 전이나 생리 중에 불안 반응을 겪고 있는 여성의 압도적 다수가 실제 폭력범죄를 하지 않는다는 점에서 월경과 범죄 사이의 연관성은 불확실하다. 남성의 2차 성징을 만들어 내는 주된 호르몬인 테스토스테론이 범죄와 관련성이 있다는 일부 연구들이 있으나 다른 연구에서는 그것이 범죄의 결정요인이라고 주장할 만큼 강하지 않다는 주장들도 있다. 이 밖에도 해로운 식품색소나 감미료, 당과 탄수화물이 많은 음식, 저혈당, 비타민 결핍, 미네랄 결핍, 납중독이나 흡연 등 환경오염물질이 범죄와 관련성이 있다는 주장도 있다.

현대의 생물학적 이론은 범죄에 있어 생물학적 결정적 요인에 의한 입장에서 탈피하여 사회 · 환경적 요인과의 상호작용을 강조한다. 즉 생물학적 요인이 직접 범죄에 영향을 미치지는 않지만 다른 요인들에 의해 매개되는 간접적인 것으로 보고 있다(민수홍 외, 2011: 117). 따라서 교정복지에서는 유전적 요인, 신경생리학적 요인, 생화학적 요인들이 범죄에 미치는 영향을 최소화하거나 약화시키기 위해서는 빈곤, 교육, 가족 관계와 같은 사회적 및 환경적 요인도 포괄적으로 이해하며 가정, 학교, 지역사회 차원의 예방적 프로그램을 검토할 필요가 있겠다.

3. 심리학적 이론

범죄에 대한 심리학적 이론(psychological theories)은 성격, 인지 및 행동 등의 개인 요인들이 범죄 행위에 영향을 미친다고 가정한다. 이 이론은 개인의 심리적 요인이 사회적 및 환경적 요인과 어떻게 상호작용하여 범죄에 영향을 미칠 수 있는지에 초점을 맞춘다. 범죄와 심리학과의 관련성을 주장한 초기 이론가들은 범죄인의 정신착란에 집중하였으나 현재는 정신분석 이론, 성격 이론, 행동주의 이론, 인지 이론 등 다양한 심리학 이론을 통해 범죄의 원인을 설명하고 있다.

1) 정신분석 이론

범죄에 대한 심리학 이론 중 대표적인 것은 프로이트의 정신분석 이론이다. 이 이론에서는 개인의 무의식적 성적 및 공격적 충동, 이드와 초자아와의 갈등, 과거 경험 등이 범죄와 관련된다고 가정한다. 구체적으로 살펴보면 인간의 정신세계는 크게 이드, 자아, 초자아로 구성되는데, 이들 간에 불균형이 생기면 건강하지 못하고 부적응적 행동을 한다. 즉 초자아가 과도하게 발달되면 죄책감과 불안감으로 인해 범죄를 저지르게 되는 반면, 초자아가 발달하지 못하면 이드가 과도하게 표출되어 일탈이나 범죄를 저지르기 쉽다는 것이다.

또한 인간은 무의식적 성적 공격적 충동에 의해 지대한 영향을 받는다고 본다. 어린 시절 구강기, 항문기, 남근기 등 성심리적 발달단계에서 어떤 경험을 했느냐에 따라 특정 시기에 고착되어 유아기의 행동특성이 나타난다고 하였다. 즉 구강기 때 충분히 입으로 만족을 하지 못한 사람들은 성인이 되어서 흡연, 음주, 약물남용 등의 행동, 대인관계상의 문제 등을 일으키기 쉽다는 것이다. 한마디로 범죄에 대한 정신분석학적 접근의 기본 전제는 비행이나 범죄 자체가 중요한 것이 아니라 그것은 이드, 자아, 초자아 간 심리적 갈등의 결과라는 것이다. 이러한 갈등은 비정상적 성숙이나 본능의 통제, 어려서 경험한 부모와의 잘못된 관계, 정서적 발단단계에서의 고착, 억압된 성 혹은 죄의식에서 유발된다고 본다(민수홍 외, 2011: 121).

그러나 정신분석 이론에서 주장하는 가설이나 가정은 검증하기가 쉽지 않고 방법론상에도 어려움이 있다고 비판받는다. 예를 들어 정신분석학적 이론에서는 모든 범죄행위가 정신병, 정서장애, 정신장애의 표출이나 증후에 의해 기인한다고 설명하는데, 이런 사례는 소수 사례에 집중되고 있어 일반 모집단이나 다른 범죄인들과 비교하는 것이 어렵다. 또한 정신분석학적 설명에서 강조하는 범죄인의 동기는 무의식 속에 숨어 있어서 범죄인 자신도 모르기 때문에 이론을 직접적으로 검증할 수 있는 방법이 없다(민수홍 외, 2011: 123). 이런 한계점에도 불구하고 정신분석 이론은 범죄 원인을 설명하는 중요한 이론으로 자리잡고 있다.

2) 성격 이론

성격 이론(personality theory)은 개인의 성격이 범죄를 유발한다고 가정한다. 즉 비행청소년이나 범죄인은 법을 준수하는 사람들과는 다른 성격적 특성을 지니고 있다고 본다(민수홍 외, 2011: 124). 성격 이론과 범죄와의 관련성에 대한 연구는 주로 파괴적·비정상적 인성 특징을 평가하기 위해 투사법(로샤검사, 주제통각검사), 인성검사표(MMPI), I-Level 검사 등을 주로 사용한다. 로샤검사를 이용해 비행청소년과 일반청소년을 연구한 글릭(Glueck) 부부에 따르면, 비행청소년은 보다 도전적·반항적이고 외향적이며, 양면가치적 성격을 가지며 좌절과 불안을 많이 느끼고 후회, 주저, 의심, 방어적 태도를 보인다고 하였다(이윤호, 2021: 227). MMPI를 이용한 연구에 따르면 정신병적 편향 하위척도는 비행청소년과 일반청소년을 구별하는 중요한 요인이라고 보고하였다.

성격 이론은 범죄에 영향을 미치는 요인으로 사람들의 성격에 대한 중요성 및 통찰을 제공하였다는 점에 의의가 있다. 그러나 방법론상의 문제, 인과관계 문제, 타당성 문제 등으로 비판이 제기되고 있다. 예를 들어 인성이 범죄 경험의 결과인지 아니면 범죄행위가 특정 인성의 결과인지 아직 정확하지 않다. 또한 자기보고식의 측정도구는 이해력이 부족한 청소년의 경우 정확하게 답할 수 없다는 문제점도 있다(이윤호, 2021: 229). 교정복지 차원에서는 성격만이 범죄에 결정적 요인이라고 보기는 어려우며 사회·경제적 지위, 가족 관계, 환경적 요인과 같은 기타 요인도 중요하게 고려할 필요가 있다.

3) 인지 이론

범죄에 대한 인지 이론은 사람들이 상황을 인식하고 해석하는 방식이 범죄 행위에 영향을 미친다고 가정한다. 즉 범죄는 왜곡된 사고 패턴이나 비합리적 생각 체계의 결과라고 본다. 예를 들어 자신의 목적을 달성하기 위한 유일한 방법이 범죄 행위를 하는 것이라고 생각하거나 부자는 돈이 많기 때문에 자신이 조금 가지고 간다고 해도 큰 손해가 없을 것이라고 자신의 행동을 합리화하는 경우이다. 비행이나 범죄와 관련된 인지 이론은 크게 도덕성 상대주의 이론[1], 사회정보처리 이론[2] 등이 있다. 교정복지 차원에서 보면 범죄 예방 및 재범 방지를 위한 효과적인 개입이나 전략방안 모색에 있어 비행청소년이나 범죄인의 사고패턴이나 인지과정을 이해하는 것이 필요하겠다.

4) 행동주의 이론

행동주의 이론은 인간의 행동에 있어 환경의 역할을 강조한다. 그중에서도 학습이나 관찰, 모방 등에 의한 경험을 중요시한다. 범죄의 맥락에서 행동주의 이론은 주변에서 비행이나 범죄를 관찰, 모방하거나 모델이 될 사람이 있는 경우, 범죄로 인해 보상받을

1) 콜버그의 도덕성 상대주의 이론에 따르면 인간은 성장, 발달하면서 도덕성도 일정 단계까지 발전하게 된다고 본다. 그는 크게 전인습적 · 인습적 · 후인습적 수준으로 구분하였다. 첫 번째 전인습적 수준은 부모님의 칭찬, 벌 등 훈육과 제재에 대한 두려움 때문에 도덕이나 규칙을 지키는 것이다. 두 번째 인습적 수준은 학교나 사회가 정한 법이나 규칙을 지키고 사회적 질서를 유지하는 것이다. 세 번째 후인습적 수준은 법을 보다 유동적으로 파악하는 것이다. 즉 법이란 사람들이 화목하게 살아가기 위해 공동체가 동의한 장치이며 상호 동의와 민주적인 절차를 통해 변경시킬 수 있다고 생각한다. 즉 도덕적 가치와 원리에 초점을 맞추면서도 개인의 권리를 존중한다(홍봉선 · 남미애, 2018: 39). 이 중 대부분의 사람들은 두 번째 단계까지 발전하게 되지만 이런 수준까지 이르지 못한 사람들은 범죄를 저지를 가능성이 높다고 본다. 특히 청소년기에는 모든 사람들이 준수해야 할 객관적이며 보편타당한 도덕률을 부정하고 개인적이며 주관적인 관점에서 도덕성을 판단하거나 사회적 구속을 벗어나기 위해 규범을 배척하는 단계로 후퇴하기도 한다. 이처럼 도덕성의 발달이 비행이나 범죄에 영향을 미친다고 가정한다.

2) 사회정보처리 이론은 비행청소년이나 범죄인의 정보처리과정이 일반인과 다르다고 가정한다. 일반적으로 사람들은 의사결정을 할 때 첫째, 정보를 해석할 수 있도록 부호화하고 둘째, 이에 대한 적절한 반응을 검색하여 가장 적합한 행위를 결정하고 셋째, 그러한 결정에 따라 행동을 한다는 것이다. 반면 범죄인들은 인지적 결함으로 인해 이러한 정보처리단계를 적절히 사용하지 못한다는 것이다. 예를 들어 타인의 사소한 행동에도 폭력적 행동을 하는 청소년이나 상대 이성이 싫다고 의사를 표명하는데도 튕기는 것으로 해석하는 데이트 강간범의 경우이다(조흥식 · 이형섭, 2014: 131-132 재인용).

가능성은 많지만 처벌받을 가능성이 낮은 경우 등에는 범죄를 저지를 가능성이 높다고 본다. 비행이나 범죄에 자주 노출되거나 학습하게 되면 재비행이나 재범죄를 저지를 가능성이 높다는 것이다.[3)]

행동주의 이론은 범죄 행위가 강화와 처벌의 과정을 통해 학습되며 환경 요인이 행동을 형성하는 데 중요한 역할을 한다는 통찰을 준다는 점에서 의의가 있다. 이미 교정시설이나 보호관찰소에서는 행동수정 프로그램, 인지행동 모델 등을 응용한 프로그램들을 활발히 사용하고 있다. 교정복지 차원에서 보면, 범죄에 영향을 미치는 환경요인을 잘 파악한다면 범죄를 줄이기 위한 효과적인 개입 및 예방 전략을 개발하는 데 도움이 될 수 있다. 특히 비행청소년이나 범죄인의 긍정적인 행동에 대해서는 보상을 하고 부적합한 행동에 대해 제재를 가함으로써 보다 친사회적인 방향으로 강화할 수 있다.

5) 정신장애

범죄와 정신장애(mental disorders) 사이에는 복잡한 관계가 있다. 선행연구들에 따르면 정신장애가 있다는 것만으로 범죄 가능성이 증가하는 것은 아니지만 제한된 특정 정신장애는 범죄 행위의 위험 증가와 관련이 있을 수 있다고 한다.

첫째, 정신분열증(schizophrenia)과 범죄와의 관련성이다. 정신분열증은 비합리적이고 괴이한 사고과정, 심한 언어장애, 인식과 주의 장애, 심한 감정불안, 극단적인 사회적 움츠림, 예측 불가성, 부적절한 감정적 반응 등의 특징을 보인다. 이런 정신분열증 환자에게는 일관적인 행동유형이 발견되지 않았는데, 그 이유는 각자가 현실의 고통스럽고 긴장된 영향으로부터 탈피하기 위한 노력으로 자신의 독특한 행동유형을 선택하기 때문이다. 정신분열증 환자 중 범죄와 관련성에서 가장 중시되는 것은 망상적 정신분열증이다. 이들은 피해망상이나 과대망상을 증상으로 갖는데, 이러한 망상 속에서 특정인에 대한 공격행위를 할 수 있다(이윤호, 2021: 234-235). 정신분열증 및 양극성장애와 같은 정신장애도

3) 범죄를 학습하는 출처는 크게 세 가지로 대별된다(조흥식 · 이형섭, 2014: 129-130 재인용). 첫째, 가족의 상호작용이다. 공격적인 아이는 부모의 행동과 비슷한 방식으로 타인을 상대한다는 것이다. 둘째, 환경적 경험이다. 폭력이 일상적으로 일어나는 지역에 사는 사람은 범죄율이 낮은 지역에 사는 사람보다 폭력적으로 행동할 가능성이 높다. 셋째, 대중매체이다. 영화와 텔레비전은 일상적으로 폭력을 적나라하게 보여주고 종종 그 당위성을 인정하는 경우도 있다.

범죄 행위의 위험 증가와 관련이 있지만 이러한 연관성은 더 복잡하고 다양한 개인 및 사회적 요인에 따라 달라진다.

둘째, 망상증(paranoia)과 범죄와의 관련성이다. 망상은 다른 사람들의 동기에 대한 부당한 의심과 의혹을 갖는 것이다. 망상증 환자는 피해망상이나 과대망상에 빠져서 가끔 공격적 행위를 행하기도 한다. 예를 들어 다른 사람이 자신의 생존을 위협하려고 음모하고 있다고 의심하게 되어(피해망상증) 남이 나를 해치기 전에 남을 먼저 해치울 수밖에 없다고 판단하는 것이다(이윤호, 2021: 236).

셋째, 정신신경증(neuroses)과 범죄와의 관련성이다. 정신신경증이란 뇌나 기타 신체기관에 문제가 생겨 발생되는 것이 아니라 심리적 장애 때문에 정신생활이나 신체활동에 장애를 초래하는 것을 말한다. 정신병과 달리 환상, 망상, 환각 등을 겪지 않고 정상적인 지각작용과 사고가 가능하다. 정신신경증 중 범죄와 관련해 가장 많이 논의되고 있는 것은 강박신경증(obessive-compusive neuroses)과 불안신경증(anxiety neuroses)이다(이윤호, 2021: 236-237).

넷째, 성격장애(personality disorder)와 범죄와의 관련성이다. 대표적인 성격장애로는 사이코패스(psychopath)[4]와 반사회적 인격장애가 있다. 사이코패스 범죄인은 반사회적 · 자기중심적 · 공격적인 사람으로 흥분을 갈망하고 죄의식을 느끼지 못하며 타인과 의미 있는 정서적 애착을 형성하지 못하는, 위험스러울 정도로 부적응적 성격의 소유자로 정의된다(민수홍 외, 2011: 127). 반사회적 인격장애는 다른 사람의 권리를 무시하고 침해하는 패턴을 특징으로 하는 성격장애이다. 이들은 공감과 양심의 가책 부족, 충동성과 위험을 감수하는 경향, 사회적 규범과 규칙을 무시하는 경향이 있어 범죄 행위로 이어질 수 있다. 그러나 사이코패스 등의 개념은 매우 추상적이고 측정도구의 타당성 등으로 인해 검증하기 어렵다는 비판을 받는다(조흥식 · 이형섭, 2014: 133 재인용).

이상의 내용을 정리하면 정신장애가 있는 대다수의 사람들은 범죄를 저지르지 않으며 정신장애와 범죄 행위 사이의 관계는 복잡하고 다면적이라는 점에 유의할 필요가 있다. 오히려 정신장애가 있는 사람은 범죄의 피해자가 될 가능성이 높다는 점도 주목해야 한다. 이들은 판단력 저하, 혼란, 의사소통 어려움과 같은 증상으로 인해 취약할 수 있다. 다만 조현병 및 양극성 장애와 같은 중증정신 질환이 있는 사람의 경우 약물 및 기타

4) psychopath는 반사회적 성격, 정신병질적 성격, 사이코패스 등으로 혼용되고 있다.

형태의 치료로 질병을 적절하게 관리하지 않으면 범죄를 저지를 가능성이 높아질 수 있다. 또한 빈곤, 사회적 불평등, 정신건강 치료의 접근성 부족 등과 같은 요인도 정신장애인의 범죄에 영향을 미칠 수 있다. 따라서 교정복지 차원에서 보면 정신장애가 있는 사람들을 모두 범죄인이라고 낙인찍지 말고 돌봄의 대상으로 접근하면서 적절한 치료와 지원을 제공하는 것이 필요하다.

이처럼 범죄의 원인을 인간의 내면에서 찾는 심리학적 이론들은 이미 다양한 교정현장에 많은 영향을 미쳤다. 교정복지 차원에서 보면 비행청소년 및 범죄인 및 가족에 대한 상담 및 교육, 인지 이론이나 행동주의 이론에 근거한 프로그램(예: 사회적 기술훈련, 문제 해결 기술, 의사소통 기술, 자기주장훈련 등) 등을 활용할 수 있다.

4. 사회학적 이론

범죄에 대한 사회학적 이론(sociological theory)은 사회구조, 제도, 문화적 가치와 같은 사회적 요인이 범죄 행위에 어떻게 기여하는지에 초점을 맞춘다. 이 이론은 범죄가 단지 개인의 문제가 아니라 불평등과 범죄 기회를 창출하는 사회적 · 경제적 · 정치적 구조의 결과라고 주장한다. 사회학적 이론이 등장하기 전 대부분의 사람들은 범죄는 개인의 원인에 의해 생긴다고 생각했다. 그러나 1920년대에 접어들어 미국의 시카고학파의 사회생태학적 연구를 시작으로 범죄인의 사회적 환경에 주목하기 시작하였다. 이들 연구자들은 기존 심리학자들이 주장하듯이 범죄가 개인의 염색체 이상에 의해 발생한다면 왜 지역마다 범죄율이 다를까 하는 의문점에서 출발하였다. 여러 가지 연구 끝에 범죄에는 사회적 요인 즉 사람들 간, 집단 간 교류와 상호작용, 사회구조, 사회환경 등이 중요하게 작용한다는 것을 새롭게 주장하였다(이윤호, 2021: 244). 이 이론은 크게 사회과정 이론, 사회구조 이론, 사회갈등 이론으로 대별된다.

1) 사회과정 이론

사회과정 이론은 범죄의 원인이 사회환경과 관련이 깊다고 보고, 특히 그 사회구성원이 어떻게 범죄인이 되는지에 대한 과정에 주목하였다. 이 이론은 모든 사람들이 잠재적 범죄인이라는 전제에서 출발한다. 그러나 모든 인간이 범죄를 저지르는 것은 아니며 가난한 사람 모두가 범죄를 저지르지도 않고 부유한 사람도 범죄를 저지른다는 점에 주목한다. 그 결과 사회과정 이론에서는 개인이 범죄를 저지르는 이유는 개인이 경험한 사회과정에 의해 영향을 받는다고 주장한다. 이처럼 사회과정과 범죄와의 관련성을 강조하는 이론에는 크게 사회학습 이론, 사회통제 이론, 사회반응 이론 등이 있다(이윤호, 2021: 268-270; 조흥식 · 이형섭, 2014: 145).

(1) 사회학습 이론

사회학습 이론은 범죄의 원인을 사람들이 법 위반에 대한 가치, 동기, 범죄기술 등을 학습하기 때문이라고 본다. 대표적인 이론으로는 차별접촉 이론과 차별강화 이론이 있다.

① 차별접촉 이론

차별접촉 이론(differential association theory)을 제시한 서덜랜드(Sutherland)는 자신이 수행한 화이트칼라범죄, 전문절도나 횡령범 등의 연구를 통해 범죄가 하류계층의 부적절한 기능에 의해 기인되는 것이 아니라 어떤 문화에서도 일어날 수 있으며 범죄는 일탈적 가치를 학습한 결과라고 주장하였다(이윤호, 2021: 270). 즉 범죄 행위는 가족, 동료 및 지역사회와 같은 친밀한 집단 내에서 사회적 상호작용을 통해 범죄의 가치와 기술을 모두 학습한 결과라고 가정한다.

이 이론의 기본 전제는 다음과 같다(민수홍 외, 2011: 144). 첫째, 범죄 행위는 학습된다. 범죄는 타고나는 것이 아니라 주변 환경에 의해 배우게 된 것이다.

둘째, 범죄행위는 주로 일차적이고 친밀한 집단에서 다른 구성원과의 상징적 상호작용 과정을 통하여 학습된다. 즉 어린 시절 가족, 친구, 이웃 사람 등으로부터 불법적 행동에 대한 관용적 태도, 허용적 가치, 범죄기술을 많이 접한 사람은 그렇지 않은 사람보다 범죄인이 될 가능성이 크다는 것이다.

셋째, 범죄행동은 단순히 범죄적 또는 비범죄적 교제 여부에 따라 결정되는 것이 아니라 교제의 양상, 즉 법 위반 정의에 먼저(우선성), 자주(빈도), 오랫동안(지속성), 강하게(중요성) 노출된다면 법을 위반할 가능성이 높다.

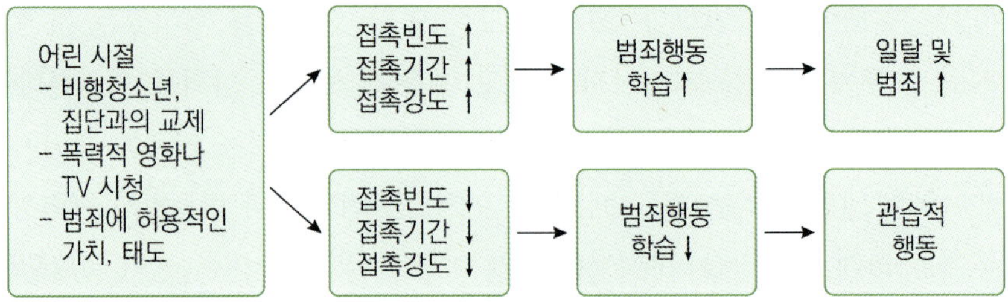

[그림 4-2] 차별접촉 이론

② 차별적 교제-강화 이론

차별적 교제-강화 이론(differential association-reinforcement theory)은 에이커스(Akers)와 버지스(Burgess)에 의해 제시된 이론으로서, 서덜랜드의 차별접촉 이론에 근거하면서도 행동주의의 강화과정을 접목한 이론이다. 즉 범죄를 저지르는 데에는 첫째, 중요한 사람과의 차별적 접촉 이외에도 둘째, 정의(옳고 그름에 대한 평가 또는 의미부여) 셋째, 차별적 강화(범죄 행위에 대한 보상과 처벌 여부) 넷째, 모방(관찰한 범죄 행위를 실제 직접 해 봄) 등의 과정을 통해 학습한다고 본다(조흥식 · 이형섭, 2014: 145 재인용). 한마디로 사람은 타인과의 상호작용을 통해 범죄 행위를 학습하는데, 그 과정에 범죄 행위에 가담해서 금전, 지위 또는 기타 혜택의 형태로 긍정적 강화를 받으면 그 행동을 반복할 가능성이 더 크다는 것이다. 반면에 개인이 범죄 행위에 가담해서 처벌과 같은 부정적인 강화를 받으면 그 행동을 반복할 가능성이 적어진다는 것이다. 결과적으로 이 이론에 따르면 범죄 행동을 줄이기 위해서는 사회적 환경과 범죄와 관련된 언제 일어날지 모를 강화(reinforcement contingencies)를 바꾸는 데 초점을 맞춰야 한다고 제안한다.

사회학습 이론에 대한 대부분의 경험적 연구에서는 차별적 교제, 모방, 차별적 강화 등의 사회학습 변수들과 범죄, 비행, 일탈행동 간의 강한 상관관계를 발견하였다. 또한 이미 많은 비행 및 범죄 관련 치료 및 예방 프로그램들에서는 사회학습 이론을 적용해 왔다. 그러나 비행을 먼저 저지르고 난 뒤 비행청소년과 접촉하게 되는지 비행청소년들과 접촉한 뒤에 비행을 저지르게 되는지에 대해서는 불명확하다(민수홍 외, 2011: 159).

(2) 사회통제 이론

사회통제 이론은 왜 범죄가 일어나는지에 주목하는 기존 이론들과는 달리, 열악한 환경에 있음에도 불구하고 범죄를 저지르지 않는 이유에 대해 주목하였다. 그 결과 사람들은 누구나 잠재적 범죄인이지만 대부분의 사람들이 범죄를 저지르지 않는 이유는 중요한 사람들과의 유대, 관계 등으로 인해 통제되기 때문이라고 가정한다. 사회통제 이론에는 자아개념 이론, 중화 이론, 사회유대 이론, 자기통제 이론 등이 있다.

① 자아개념 이론

사회적 정체성 이론(social identity theory)으로도 불리는 자아개념 이론(self-concept theory)은 개인의 자아개념이 사회구성원에 의해 영향을 받는다고 제안하는 심리학 이론이다. 이 이론은 레클리스(Reckless)와 디니츠(Dinitz)에 의해 제시되었다. 이들은 비록 범죄적 전통이 전승되는 범죄다발지역에 살면서 범죄집단과 접촉하더라도 범죄에 가담하는 집단과 그렇지 않은 집단으로 나눠진다는 점에 주목하고, 어떤 이유로 대도시의 비행다발지역에 사는 청소년 중 일부 청소년들은 비행을 저지르지 않는지를 연구하였다(이윤호, 2021: 278-279). 그 결과 설사 비행다발지역 청소년들이 범죄인들과 접촉을 하더라도 긍정적인 자아개념을 가진 청소년들은 비행청소년이나 비행문화를 멀리하는 데 반해 부정적 자아개념을 가진 청소년들은 비행이나 범죄로의 외적 압력(예: 빈곤, 열악한 환경)이나 유인요인(예: 비행청소년과의 접촉 기회, 하위문화 등)들을 차단시키지 못하고 일탈이나 비행을 저지르게 된다고 주장하였다.

이 이론은 개인의 자아개념이 고정된 것이 아니라 사회적 맥락과 그들이 속한 사회집단에 따라 변할 수 있음을 시사한다. 특히 개인의 행동이 자아개념과 사회 집단과의 동일시에 의해 영향을 받는다고 본다. 즉 개인이 범죄집단을 강하게 동일시하면 스스로 범죄 행위에 가담할 가능성이 높다는 것이다. 반대로 개인이 법을 준수하는 집단과 강하게 동일시하면 범죄 행위에 가담할 가능성이 낮아진다는 것이다. 따라서 범죄를 줄이기 위해서는 사람들의 자아개념을 변화시키고 법 준수를 중시하는 집단과의 동일시를 높이도록 해야 한다고 주장한다.

② 중화 이론

중화 이론(neutralization theory)은 마차(Matza)와 사이크스(Sykes)가 주장한 이론이다. 이 이론은 범죄에 연루된 개인이 종종 자신의 행동을 정당화하기 위한 다양한 기술을 사용하여 죄책감이나 도덕적 비난을 중화한다고 한다. 즉 범죄 행위에 가담하는 사람은 종종 다섯 가지 일반적인 중화기술을 사용한다(홍봉선 · 남미애, 2018: 215-216).

- 책임 부정: 자신의 범죄 행위에 대해 사실상 책임이 없다고 주장한다. 즉 자신의 범죄 행위가 빈곤과 같은 외부 요인에 의해 발생했거나 강제로 범죄를 저질렀다고 주장하는 경우이다.
- 가해 부정: 자신의 행위로 말미암아 손상을 입었거나 재산상의 피해를 본 사람이 없다고 한다.
- 피해인 부정: 자기 행위로 말미암아 피해를 입은 사람이 있을지도 모른다는 사실을 인정하면서도 그런 사람은 피해를 입어 마땅한 사람으로 간주한다.
- 비난자에 대한 비난: 자신의 범죄 행위를 비난하는 사람이 위선자이거나 유사한 행위를 저질렀다고 비난할 수 있다.
- 고도의 충성심 호소: 사회의 지배적인 가치나 규범의 합법성은 인정하면서도 자신이 속한 집단의 요구에 부응하기 위해서는 위법적인 행위가 불가피하다고 주장한다.

③ 사회유대 이론

사회유대 이론(social bond theory)은 허시(Hirschi)에 의해 제안된 것으로, 사회통제 이론(social control theory)으로도 불린다. 그는 일탈이나 범죄는 인간의 보편적인 성향이라고 전제하고, 사람들이 범죄를 저지르는 것은 범죄를 억제하는 요인이 약화되거나 없어지기 때문이라고 가정하였다. 이런 억제 요인 중 대표적인 것이 사회유대라고 보았다. 사회유대를 구성하는 네 가지 주요한 요인에는 애착(attachment), 전념(committment), 참여(involvement) 및 신념(belief)이 있다(민수홍 외, 2011: 202).[5)]

이 이론에 따르면 사회적 유대가 강한 사람은 사회적 규범과 가치의 준수를 중시하기 때문에 범죄를 저지를 가능성이 적지만 사회적 유대감이 약한 사람은 사회적 규범을 지킬 필요를 덜 느끼기 때문에 범죄를 저지를 가능성이 높다는 것이다. 이 이론은 범죄

5) 애착(attachment)은 가족, 친구 및 기타 사회 집단과 같은 지역사회의 다른 사람들과 애착을 갖는 정도를 뜻한다. 헌신(commitment)은 교육, 고용, 가정과 같은 전통적인 목표와 가치에 전념하는 정도를 뜻한다. 참여(involvement)는 학교, 직장, 지역사회 조직과 같은 전통적인 활동과 사회제도에 관여하는 정도를 의미한다. 신념(belief)은 사회적 규범과 가치, 형사사법제도의 정당성을 믿는 정도를 말한다.

행위를 예방하는 데 있어 사회적 유대감의 중요성에 대한 통찰력을 제공한다는 점에서 의의가 있다. 교정복지 차원에서 보면 범죄의 예방 및 재범 방지를 위해 교육, 고용 및 지역사회 참여 등을 통해 사회적 유대를 강화하는 것이 필요하다.

④ 자기통제 이론

자기통제 이론은 갓프레드슨(Gottfredson)과 허시(Hirschi)에 의해 제안된 것이다. 이 이론에 따르면 자기통제력이 높은 사람은 범죄를 저지를 가능성이 작은 데 비해 자기통제력이 낮은 사람은 상대적으로 범죄에 유리한 상황이나 기회를 만났을 때 범죄를 저지를 가능성이 크다는 것이다(조흥식 · 이형섭, 2014: 149-150 재인용). 물론 자기통제력이 낮은 모든 사람이 범죄를 저지르는 것은 아니다. 자기통제력이 낮은 사람이 적절한 환경에 처하게 될 때 범죄가 발생될 가능성이 크다는 것이다. 사람들이 낮은 자기통제력을 갖게 되는 근본 원인에는 비효과적이고 불완전한 사회화, 특히 잘못된 자녀양육과 관련이 깊다. 즉 부모가 자녀에 대해 애착을 갖고 적절하게 훈육, 감독하고 일관성 있게 양육하면 자녀가 자기통제력을 갖도록 사회화시키지만 그렇지 못하면 비행이나 범죄로 연결된다는 것이다. 반면 자기통제력이 어린 시절에 형성되고 나면 한 개인이 갖게 된 자기통제력의 양은 일생 동안 안정적 상태를 유지하기 때문에 또래집단은 자기통제력 형성에 상대적으로 중요성이 낮다(민수홍 외, 2011: 211-212).

사회유대 이론이나 자기통제 이론은 경험적 연구에서 지지를 받고 있다. 그러나 다른 결과도 보고되고 있다. 예를 들어, 사회유대 이론에서 애착의 경우 어떤 사람과의 애착인지에 따라 다를 수 있다는 것이다. 비행친구와의 애착은 오히려 비행을 증가시키는 결과를 초래하기도 하였다(이윤호, 2021: 289). 반면 자기통제 이론은 범죄 원인에 대한 일반 이론이 되기에는 한계가 있다는 비판도 있다. 예를 들어 화이트범죄의 경우에는 범죄의 원인을 낮은 자기통제력 때문이라고 하기 어렵다는 것이다(조흥식 · 이형섭, 2014: 151 재인용). 교정복지 차원에서 보면 사회통제 이론은 비행과 범죄 예방 및 치료를 위한 프로그램의 근거로서 유용할 수 있다. 비행청소년에게 가족 및 친구와의 관계, 건강한 여가활동, 멘토링이나 자원봉사활동 참여 등을 통해 긍정적 강화, 모델링, 사회적 지지를 제공할 수 있다.

(3) 사회반응 이론

사회반응 이론은 상징적 상호작용 이론의 영향을 받아 사람들과의 상호작용에 주목하는 이론이다. 대표적으로 낙인 이론(labeling theory)이 있다. 상징적 상호작용 이론에서는 개인의 정체성은 그에 대한 타인의 정의를 반영하여 형성된다고 가정한다(민수홍 외, 2011: 216). 이를 비행이나 범죄에 적용한 낙인이론가들은 범죄가 범죄인의 특성이 아니라 타인의 반응에 따라 좌우된다고 본다. 즉 인간은 누구나 법을 위반할 수 있는 잠재력을 가지고 있으며 어떤 행위가 원천적으로 일탈적이라기보다는 사람들이 그 행위를 일탈적인 것으로 낙인찍을 때 일탈행위가 된다고 가정한다(이윤호, 2021: 293). 일탈자로 낙인찍힌 개인은 일탈자라는 자기정체성을 취하고, 낙인찍히지 않았을 때보다 일탈로 나아갈 가능성이 높아진다는 것이다.[6] 더욱이 낙인을 찍는 주체가 사회의 공식적 기관, 즉 사회규범이나 법규범을 집행할 권한을 부여받은 경찰, 검찰, 법원, 교도소, 정부기관일 때 일탈에 대한 유인이 특별히 증가한다고 주장한다(민수홍 외, 2011: 236-237).

즉, 개인이 범죄인이나 일탈자로 낙인찍히면 차별을 받아 사회로부터 소외되거나 배제되기 쉽고, 빈곤, 실직 등 여러 가지 어려움에 직면하게 된다. 그 결과 생존 수단의 목적이나 반항심으로 범죄를 저지르게 되고 이로 인해 자신에 대해 부정적인 자아개념을 갖게 하고 이는 다시 재비행이나 범죄로 연결된다는 것이다.

낙인 이론에 대한 경험적 연구 결과는 다소 상이하다. 일부 연구에서는 직접적인 낙인효과는 미약하거나 없다는 결과도 있고 반대로 낙인이 매개효과를 통해 범죄와 연결된다는 주장도 있다(조흥식 · 이형섭, 2014: 155 재인용; 이윤호, 2021: 299). 그러나 형사정책분야에서 낙인 이론의 공헌은 지대하다. 경미한 범죄에 대해서는 낙인의 방지와 제한을 통한 이차적 일탈의 예방을 위해 비범죄화시키거나 공식 개입에 의한 공식 낙인보다는 다이버전을 도입하였다. 또한 교정시설의 수용보다는 탈시설화를 위한 다각적인 방법을 강구하였다(이윤호, 2021: 299).

6) 낙인 이론에서는 일탈행동을 일차적 일탈과 이차적 일탈로 구분한다. 낙인 이론에서는 모든 사람은 잠재적으로 범죄를 저지를 가능성이 있기 때문에 일차적 일탈의 원인을 파악하는 것은 그다지 중요하지 않고 이차적 일탈이 중요하다고 생각한다. 이차적 일탈행위는 일차적 일탈행위를 한 것에 대한 사회적 반응의 순간과 동시에 시작된다고 본다. 즉 사람들은 자신의 잘못된 행동에 대해 주변사람들이 어떻게 반응하고 낙인찍는지에 따라 그에 부합하게 행동을 하게 된다는 것이다(홍봉선 · 남미애, 2018: 217-218). 즉 청소년의 비행은 일탈 그 자체보다는 일탈에 대한 주변 사람들의 반응과 낙인찍는 과정에 의해 만들어진다고 가정한다.

교정복지 차원에서 보면 낙인 이론은 비행청소년 및 범죄인의 재범 방지, 재사회화를 위한 정책이나 프로그램에 유용한 이론적 틀이 된다. 특히 탈시설화 및 다이버전 프로그램의 확대 및 활용을 위한 근거를 제공한다. 예를 들어, 비행청소년 및 가벼운 범죄인들의 경우 공식적 사법기관이 아닌 복지관, 상담실, 지역사회기관 등이 상담, 교육, 봉사, 다양한 지역사회참여 등을 통해 재사회화 및 사회복귀를 도울 수 있다.

2) 사회구조 이론

사회구조 이론은 범죄를 사회의 산물로 보고 특히 빈곤, 실직, 낮은 학력, 공동체, 사회 내 결속, 통합 등 사회 환경에 주목한다. 즉 무질서와 해체가 범죄와 비행을 야기하는 반면 사회질서, 안정성, 통합은 법 준수를 유도한다고 가정한다(민수홍 외, 2011: 314). 이러한 이론으로는 사회해체 이론, 긴장 이론, 하위문화 이론 등이 있다.

(1) 사회해체 이론

사회해체 이론(social disorganization)은 이웃이나 공동체의 사회적·물리적 특성이 범죄에 영향을 미칠 수 있다고 가정한다. 즉 빈곤, 실업 및 주거 이동성(residential mobility)이 높은 지역사회는 사회해체를 경험할 가능성이 높고 이는 범죄 및 비행으로 이어질 가능성이 높다는 것이다. 이 이론은 1920~1930년대 시카고대학교와 시카고 청소년연구원들이 도시범죄와 비행을 연구하면서 시작되었다. 이들은 각 지역 소년법원재판에 회부된 청소년들의 거주지역을 도식화하는 과정에서 하위계층 거주자들의 비행률이 도심지역에서 가장 높았고 부유한 지역일수록 비행률이 낮았으며, 특히 주거지역에서 상업지역으로 변해 가는 전이지역이 비행률이 가장 높다는 것을 발견하였다. 이러한 전이지역은 경제적 쇠퇴, 열악한 주거, 가족해체, 낮은 사회·경제적 수준, 높은 범죄율 등의 특징을 보였다. 이들 연구자들은 이와 같은 일탈과 범죄를 도시화에 따른 사회해체의 결과로 이해하였다(민수홍 외, 2011: 270-271).

이후 쇼우(Shaw)와 맥케이(Mckay)의 도시범죄 연구, 사회생태학에 영향을 받은 연구자에 의해 더욱 발전하게 되었다. 사회생태학을 연구한 학자들에 따르면 공동체의 쇠락으로 인해 무질서, 가난, 소외, 관계의 단절 등이 생기며, 특히 버려진 건물 즉 지역의 노후화는 범죄를 끌어당기는 자석의 역할을 한다고 주장하였다. 지역이 낙후되면 부유한 사람들은 더 안전한 곳으로 이사하게 되고 결과적으로 공동체의 기본 조직이 침식된다는 것이다. 특히 만성적 실업은 가족의 안정성을 위협하고 불안정한 가족은 아동에게 제한된 기회에 대처하는 수단으로 폭력이나 공격적 행동을 장려하게 된다는 것이다(조흥식 · 이형섭, 2014: 159 재인용). 이들이 주장하는 핵심은 범죄가 사람들의 생물학적 또는 정신적 문제 때문이 아니라 도시화에 따른 사회해체, 도시생태, 빈민지역 등에 의해 영향을 받는다는 것이다. 따라서 범죄를 막기 위해서는 지역사회의 사회적 및 물리적 특성에 초점을 두고 빈곤, 실업 및 주거 이동성 문제를 해결하고 사회적 결속력과 비공식적인 사회통제 메커니즘을 강화해야 한다고 주장한다.

이 이론은 범죄 행위를 이해함에 있어 지역사회 요인의 중요성에 대한 통찰을 제공한다는 점에 의의가 있다. 특히 범죄를 줄이기 위해서는 범죄와 비행에 기여하는 근본적인 사회적 · 경제적 조건을 해결하는 데 초점을 맞추는 것을 강조한다. 교정복지 차원에서는 범죄 발생률이 높은 지역사회의 경우, 가족, 친구, 이웃 등 비공식적 사회통제의 강화, 건강한 지역주민과의 만남이나 활동, 학교 등 공식적 조직에의 참여 등을 적극적으로 확대시켜야 하겠다.

(2) 긴장 이론

긴장 이론(strain theory)은 사회 · 경제적 불평등과 같은 사회구조가 개인에게 긴장이나 압력을 증가시키고 이로 인해 범죄를 저지른다고 가정한다. 즉 사람들은 경제적 어려움, 교육 및 취업 기회 부족, 차별 등을 경험할 때 심한 긴장을 느끼며, 이는 다시 좌절감, 분노, 분개심으로 이어지고 결국에는 긴장을 완화하기 위한 수단으로 범죄를 일으킬 수 있다는 것이다. 대표적으로 아노미 이론, 일반 긴장 이론 등이 있다.

머튼(Merton)의 아노미 이론에 따르면, 개인이 바라는 목표와 이를 달성할 수 있는 합법적 수단 간의 괴리가 클 때 비행이나 범죄를 저지를 가능성이 높다고 주장한다. 특히 하위계층들은 상위계층에 비해 적법한 기회가 차단되어 있기 때문에 하위계층이나 가난한 소수민족 집단의 높은 아노미와 사회해체 수준은 이들 집단의 높은 범죄율과 비행률의 원인이 된다(민수홍 외, 2011: 314-315).

애그뉴(Agnew)의 일반 긴장 이론(general strain theory)에서는 사람마다 스트레스의 유형은 다르지만 범죄와 비행은 어쨌든 스트레스의 결과라고 본다. 그는 비행을 유발하는 긴장에는 크게 세 가지 유형(목표성취의 실패, 긍정적이고 바람직한 자극의 소멸, 부정적 자극에의 직면)을 제시하였다(민수홍 외, 2011: 301).

이와 같은 긴장 이론을 교정복지 차원에서 보면 범죄를 줄이기 위해서는 사람들에게 긴장을 유발하는 여러 가지 사회적 · 경제적 조건의 개선, 즉 빈곤 감소, 교육 및 취업 기회 증대, 사회적 · 경제적 평등 증진을 위한 노력이 중요함을 알 수 있다.

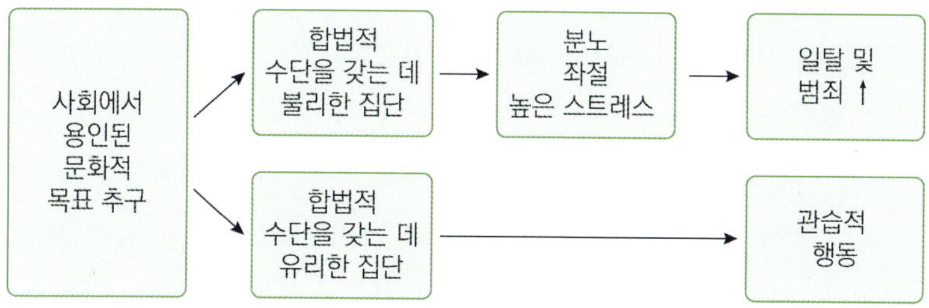

[그림 4-3] 긴장 이론

(3) 하위문화 이론

하위문화 이론(subcultural theory)에서는 사회가 주류 문화와 여러 가지 하위문화로 구성되는데, 그중 범죄나 일탈 행위를 우선시하는 하위문화에 속한 사람은 범죄를 저지를 가능성이 더 높다고 가정한다. 왜냐하면 이들 하위문화 구성원들이 비행이나 범죄에 대해 긍정적이며 허용적이기 때문이다. 대표적인 학자로는 밀러(Miller), 코헨(Cohen), 클로워드(Cloward)와 올린(Ohlin)이 있다.

밀러는 비행이란 특정 하위계층 문화에 속한 젊은이가 그 문화에 순응한 선택이라고 주장한다(민수홍 외, 2011: 285-286). 그에 따르면 하류계층의 갱(gang)은 남성지향적, 거리지향적인데, 이런 특성은 하류계층 청소년들이 하위계층 성인의 중요 관심사(focal concerns)를 학습하면서 갖게 되고 이는 자연스럽게 범죄와 연결된다는 것이다(이윤호, 2021: 263-264). 중요 관심사란 경찰에 연루되는 것을 오히려 영웅시하거나 자랑스럽게 생각하는 것, 싸움 능력을 과시하는 것, 싸움이나 사기 등 스릴을 참고 위험을 감수하는 것 등이다.

코헨에 따르면 미국 하류층 청소년들은 중류계층의 성공목표를 합법적으로 달성할 수 없기 때문에 신분 좌절이라고 하는 문화적 갈등을 경험하며 이런 좌절에 대한 반동으로 가족, 학교 등 권위적인 것에 저항하며 비행을 저지른다는 것이다(민수홍 외, 2011: 281). 그는 하류층 청소년을 길거리소년(corner boy), 대학생(college boy), 비행청소년(delinquent boy)으로 구분하였다.[7)]

클로워드와 올린은 아노미 이론, 하위문화 이론, 차별접촉 이론 등을 통합한 차별적 기회 이론(differential opportunity theory)을 주장하였다. 이들에 따르면 적법한 기회가 막혀 있다고 모든 하류계층 사람들이 범죄를 저지르는 것은 아니며 합법적 행동을 할 기회도 차별적이고 불법적인 기회도 차별적으로 주어진다고 가정한다(민수홍 외, 2011: 283). 청소년에게 합법적 수단이 제한되면 긴장이 형성되고 일탈이나 비행을 저지르는 것은 분명하지만 비행청소년이 어떤 종류의 비행을 하는지는 불법적 기회에 따라 상이할 수 있다는 것이다.[8)]

하위문화 이론은 범죄 원인에 있어 사회적 · 문화적 요인에 대한 통찰력을 제공하였다는 점에서 의의가 있다. 또한 1960년대 초 케네디 행정부의 빈곤과의 전쟁이라는 정책에 큰 영향을 끼쳤다. 특히 이 이론에 영향을 받은 헤드스타트(head start), 지역사회행동(community action) 프로그램 등은 빈곤지역 사람들이 연대의식과 공동체의식을 갖도록 하고 교육 및 취업 기회 등 합법적인 기회를 제공해 비행 예방 및 사회복귀를 할 수 있도록 기여했다. 그러나 하위문화 이론에 대한 경험적 연구들의 결과는 일치하지 않는다. 실제 하위문화의 존재 확인 문제, 하위문화의 지속 및 세대 간 전승에 대한 부분, 하위문화에 속하지 않는 사람들의 비행에 대한 설명 등에서 한계가 있다는 비판을 받는다.

---

7) 길거리소년은 불법행동을 하는 비행청소년은 아니지만 거리에서 친구들과 어울려 일탈하는 경우이다. 대학생은 학업이나 사회적 조건에서 열악하면서도 중류계층에 저항하기보다는 중류계층의 잣대에 맞춰 성공하고자 희망 없는 노력을 하는 사람을 말한다. 비행청소년은 중류계층과 상반되는 규범을 받아들이고 또래집단을 형성하며 부정적 · 악의적 · 폭력적으로 행동한다는 것이다.

8) 이런 하류층 청소년은 세 가지 유형의 갱단 중 하나에 참여하게 된다. 첫 번째 유형은 범죄적(criminal) 갱단이다. 절도, 공갈, 사기와 같은 재산범죄를 저지르는 이러한 갱단은 범죄를 사업의 일환으로 생각하는 성공한 성인범죄인을 자신의 역할모델로 생각한다. 갱단의 구성원이 된 청소년은 범죄경력을 쌓기 위해 필요한 지식과 기술을 계속해서 배우며 범죄집단 사람들과 협력하는 법을 배운다. 두 번째 유형은 갈등적(conflict) 갱단이다. 이들은 비합법적인 기회마저 거의 주어지지 않는 해체된 지역에서 출현한다. 이 지역의 범죄는 개인적이며 비조직화되어 있고 경범죄 위주로 범죄로 얻는 대가가 크지 않다. 세 번째 유형은 도피적(retreatist) 갱단이다. 이들은 합법적 수단을 통해 만족을 얻을 수 없지만 너무 나약하고 소심해서 불법적 수단을 동원할 수 없는 이중 실패자다. 학교생활에도 거의 적응하지 못하고 직접적 성공 가능성도 없어 약물이나 알코올중독에 빠지는 경향이 있다(조흥식 · 이형섭, 2014: 167 재인용).

3) 사회갈등 이론

사회갈등 이론(social conflict theory)은 기본적으로 사회가 지속되는 한 갈등은 언제나 존재하며 이는 자연스러운 사회과정이라고 전제한다. 일탈과 범죄는 사회자원, 권력, 지위 등의 경쟁에서 생기는 갈등의 결과라고 가정한다. 이 이론에 따르면 소외되거나 불리한 집단의 사람들은 자원과 기회에 대한 접근 부족으로 인해 소외, 분노, 좌절을 느끼며 자신을 억압하는 사회적 · 경제적 · 정치적 구조에 도전하는 하나의 방법으로 범죄를 저지른다고 가정한다. 사회갈등 이론은 크게 보수적 갈등 이론과 급진적(또는 비판적) 갈등 이론으로 대별된다.

(1) 보수적 갈등 이론

보수적 갈등 이론은 사회를 구성하는 다양한 집단들이 그들의 이익을 추구하기 위해 경쟁하고 있다고 가정한다. 이런 갈등론적 시각을 범죄학과 접촉시킨 사람은 집단갈등 이론(group conflict theory)을 제시한 볼드(Vold)와 터크(Turk)이다.

볼드에 따르면, 인간은 사회적 동물로서 자신들의 집단이익을 극대화하기 위해 끊임없이 투쟁하며 이들 간의 집단갈등은 집단구성원의 충성심을 발전, 강화시킨다고 가정한다. 최고 권력을 가진 집단은 자신의 이익과 권한은 보호하되 상대 집단의 이익은 제거, 방해하도록 법과 제도를 만든다. 반면, 소수집단은 권력투쟁에서 패했기 때문에 입법과정에서 자신들의 이익을 보장받기 어렵고 그 결과 범죄행위는 대개 소수권력집난의 행위일 가능성이 높다는 것이다(이윤호, 2021: 314). 한마디로 볼드는 범죄는 집단갈등의 산물이며 소수집단의 행위임을 강조한다. 그의 이론은 정치적 시위범죄, 노동쟁의 관련 범죄, 민족적 · 인종적 충돌 관련 범죄를 설명하는 데 적합하다(조흥식 · 이형섭, 2014: 171 재인용).

터크는 타고난 범죄인은 없으며 범죄적 지위나 신분은 권력자집단들이 피지배자들 중 범죄인에게 적용한 규정이라고 주장하였다. 이를 범죄성(criminality)이라고 설명하였다. 이 과정에 지배자는 지배의 규범을, 종속자는 복종의 규범을 학습하기 때문에 지배-복종관계가 유지된다고 본다(이윤호, 2021: 316). 또한 문화 · 사회적 규범이 불일치할수록, 피지배자의 조직화 수준이 높을수록, 집행자와 위반자의 권력 차이가 클수록 지배집단과 피지배집단 간의 갈등은 커지며 그 결과 범죄가 일어난다고 가정한다(조흥식 · 이형섭, 2014: 171 재인용).

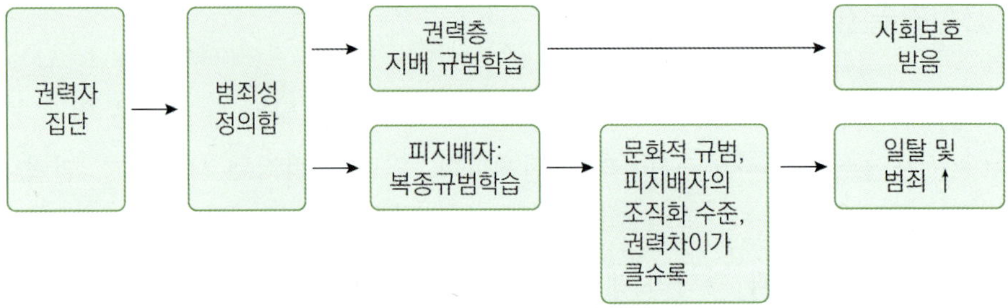

[그림 4-4] 터크의 범죄화 요소

(2) 급진적(또는 비판적) 갈등 이론

급진적 갈등 이론은 보수적 갈등 이론처럼 사회가 갈등관계에 있다고 전제하지만 마르크스의 계급 이론을 바탕으로 자본가계급과 무산계급이 서로 사회를 지배하고자 경쟁하고 있음을 강조한다는 점에서 차이가 있다. 대표적인 학자로는 봉거(Vonger)와 퀴니(Quinney)가 있다.

봉거는 자본주의 사회의 특징이 범죄와 관련 있다고 주장한다. 자본주의에서 생산수단의 사유화와 이윤 추구는 인간의 탐욕과 경쟁을 부추기고 소수 지배계층의 생산수단 및 이윤의 독점으로 인해 불공평하게 부의 분배가 이루어진다고 본다. 그 결과 경쟁, 갈등, 불만족 등이 심화되지만 지배계층의 부르주아는 그들의 욕망을 합법적으로 만족시킬 합법적 기회가 있는 반면 생산수단이 박탈된 하류계층에서는 범죄를 저지를 가능성이 강화된다는 것이다(이윤호, 2021: 308). 그 결과 모든 계급에서의 범죄 원인은 생산수단과의 관계에 의해 사회 내 개인의 계급위치가 규정되는 자본주의적 경제조직 때문이라고 가정한다. 대표적으로 성인범죄와 소년범죄, 여성범죄, 성매매, 알코올 중독 등이 여기에 해당된다(민수홍 외, 2011: 364).

마르크스주의적 관점에 근거한 퀴니는 범죄란 기본적으로 물질적 문제이기 때문에 범죄는 자본주의국가의 사회·경제·정치적 구조에 의해 영향을 받는다고 보았다. 그는 사회·경제적 지배계층의 범죄 인식에 따라 범죄가 규정되고 적용되고 범죄 규정이 발전된다고 본다. 즉 권력층이 범죄에 관하여 염려할수록 범죄 규정이 만들어질 확률이 더 높다는 것이다. 결과적으로 범죄의 사회적 현실을 결정하는 것은 지배계층의 인식에 따라 크게 영향받는다는 것이다(이윤호, 2021: 309-310). 퀴니는 이후 자신의 이론을 수정,

보완하면서 프롤레타리아범죄를 넘어 지배계급에 의해 저질러지는 범죄(예: 기업범죄, 공무원 비리 등)도 자본주의체제의 결과로 보았다(민수홍 외, 2011: 366).

사회갈등 이론은 형사사법체계 내에서 서로 이해나 가치가 다른 집단에 대한 통찰, 인종, 성, 그리고 계급과 관련된 비차별정책의 중요성을 보여준다(민수홍 외, 2011: 347). 특히 정치적 혹은 이데올로기적 동기로 인한 범죄는 갈등 모델에서 잘 설명될 수 있다(민수홍 외, 2011: 351). 그러나 범죄 행위에 관한 갈등 이론의 가설을 조사한 경험적 연구는 드물다(민수홍 외, 2011: 347). 또한 갈등이란 개념이 명확치 않다는 점, 청소년비행이나 살인, 절도, 주거침입절도, 화이트칼라 범죄, 조직범죄와 같은 대다수의 범죄를 집단갈등의 소산으로 설명하기 어려운 점, 법 집행에 차별이 있다는 가설도 검증하기가 쉽지 않다는 점 등의 비판이 제기된다(이윤호, 2021: 322-323; 민수홍 외, 2011: 351). 이 이론을 교정복지에 적용한다면 범죄를 줄이기 위해서는 사회적 불평등(social inequality)과 주변화(marginalization)에 기여하는 근본적인 사회적 · 경제적 · 정치적 조건 즉 빈곤 감소, 교육 및 고용 기회 증대, 사회 · 경제적 평등 증진을 위한 노력이 강구되어야 하겠다.

5. 최근 범죄 이론

최근 새롭게 강조되는 범죄 이론으로는 크게 통합이론 모델, 생애범죄학, 환경범죄학, 문화범죄학, 평화주의 범죄학 등이 있다

1) 통합이론 모델

범죄학의 통합이론 모델(integrated theoretical models)은 범죄에 대한 보다 포괄적인 이해를 만들기 위해 특정 개별 이론에만 집중하는 것이 아니라 서로 다른 이론적 관점과 개념을 결합하려는 접근 방식이다. 이것은 여러 이론들의 장점을 결합해서 개별 이론의 한계와 약점을 해결하는 동시에 범죄 행위에 기여하는 복잡한 요인에 대한 보다 완전한 이해를 제공하는 것을 목표로 한다. 대표적으로 엘리엇(Elliott)의 긴장, 통제, 사회학습의 통합이론 모델, 티틀(Tittle)의 통제균형(control balance) 이론, 콜빈(Colvin)의 구조적 마르크스주의 통합이론, 크론(Krohn)의 네트워크 분석, 손베리(Thornberry)의 비행의 상호작용 이론 등이 있다.

(1) 긴장, 통제, 사회학습의 통합이론 모델

엘리엇(Elliott)의 긴장, 통제, 사회학습의 통합이론 모델은 긴장 이론, 통제 이론, 사회학습 이론을 통합해서 비행을 설명하였다. 그에 따르면 가정과 학교에서의 긴장이 통상적 사회에 대한 사회유대를 약화시키고 이것이 비행친구와의 강한 유대(사회학습 이론에서 말하는 비행의 정의, 강화, 모델링과 교제)를 증진시킨다. 따라서 비행친구와의 강한 유대가 비행에 주요한 요인이 된다고 한다(민수홍 외, 2011: 448). 그의 이론은 기존 이론들에 비해 범죄에 있어 초기 사회화의 영향, 즉 아동기에 강한 사회유대를 형성했는지 여부, 다양한 비행경로를 제시하였다는 점에서 의의가 있다(이순래 외, 2017: 552).

〈표 4-1〉 긴장, 통제 사회학습의 통합이론 모델

①	②	③	④
긴장 →	약한 통상적 유대 →	비행친구와의 강한 유대 →	비행
가정과 학교에서의 열망과 성취상의 괴리와 기타 긴장	가정과 학교에서의 참여, 관여, 애착	비일탈적 친구와 비교할 때 일탈적 친구에의 노출, 비행에 대한 사회적 강화, 친구들과 자신의 비행에 호의적인 태도	자기보고식 비행

(2) 통제균형 이론

티틀(Tittle)의 통제균형(control balance) 이론은 통제 이론과 일상생활 이론을 결합해서 통제균형 이론을 제안하였다. 이 이론에 따르면, 사람에게는 개인 통제와 사회 통제라는 두 가지 유형의 통제가 있는데, 이 둘 간의 불균형이 생기면 범죄를 저지를 가능성이 높다고 주장한다. 즉 개인 통제는 사람이 자신의 삶에 대해 스스로 결정을 내리는 것을 의미한다면 사회 통제는 부모, 교사 및 법 집행 공무원 등 개인을 둘러싼 환경이 통제하는 것을 뜻한다. 예를 들어, 청소년이 자신의 통제력은 낮은 반면 부모나 학교 등 제도적 통제가 강하다고 느낀다면 자기 삶의 통제력을 되찾기 위한 방법으로 비행이나 범죄 행위에 가담할 가능성이 크다는 것이다. 이 이론은 기존 이론들이 통제의 부족이나 붕괴에 초점을 둔 것에 비해 지나치게 통제가 행해질 경우도 범죄의 원인이 될 수 있다는 것을 강조하였다는 점에서 의의가 있다(이순래 외, 2017: 188). 특히 사무직 범죄, 마약 사용 및 폭력 범죄를 포함한 다양한 범죄 행동을 설명하는 데 사용된다. 교정복지 차원에서 보면 통제

불균형에 기여하는 요인을 이해함으로써 균형을 회복하는 프로그램이나 전략을 적용할 수 있다.

(3) 구조적 마르크스주의 통합 이론

콜빈(Colvin)의 구조적 마르크스주의 통합 이론은 기존의 청소년비행 이론이 사회 · 심리적 측면만 치중한다는 비판에서 출발하였다. 그는 사람들이 태어날 때부터 다양한 수준의 강제(coercion)에 노출되며(차별적 강제) 사회적 통제가 강제적이고 비일관적으로 지속될 때 만성적 범죄인이 된다고 본다. 또한 만성적 범죄성의 원인이 세대 간에 발전한다는 점에 주목한다. 즉 강제적인 부모들은 강제적이고 비일관적인 자녀양육기술을 사용하고 이런 행동은 그대로 자녀들에게 전수된다. 이들 자녀들은 가혹한 통제를 경험하고 강제적 사고방식을 강화하게 되고 더 나아가 노동환경, 사법기관에서도 강제적인 처우를 경험하면서 강화된다는 것이다(이순래 외, 2017: 189-191). 한마디로 노동자계급이 갖는 직장에서의 경험은 가정 내에서 재생산되고 결국 아동의 사회화에 영향을 미친다는 것이다(조흥식 · 이형섭, 2014: 180-181 재인용).

(4) 네트워크 분석

크론(Krohn)의 네트워크 분석은 개인의 사회적 네트워크가 범죄에 미치는 영향에 초점을 맞춘 범죄학 이론이다. 그에 따르면 범죄 행위는 사회학습, 사회 유대 이외에도 사회적 네트워크의 구조(다중성과 밀도)에도 영향을 받는다고 가정한다. 다중성은 둘 이상의 사람이 공통적으로 갖고 있는 다른 관계 혹은 전후관계의 수를 말한다. 예를 들면 두 소년이 친구로 같은 동네에 살고 같은 교회에 출석하고 같은 스카우트에 속해 있고 같은 학교에 같은 학년인 경우이다. 네트워크 밀도는 네트워크에서 최대 가능한 전체 관계 수에 대해서 실재하는 사회적 관계의 비율을 말한다. 모든 사람이 서로 알고 상호작용하는 작은 지역사회에서는 네트워크 밀도가 높아질 것이며 따라서 비행률이 낮아진다는 것이다(민수홍 외, 2011: 453).

이 이론에서는 개인이 어떤 사람들과 강한 유대감을 갖는지에 따라 범죄인이 될 수도 있고 건강한 사회인이 될 수도 있다고 본다. 즉, 범죄에 가담한 타인과 강하고 촘촘한 유대 관계를 가지고 있는 경우 범죄에 가담할 가능성이 더 높다는 것이다. 이러한 관계는 개인에게 범죄 활동의 기회를 제공할 뿐만 아니라 범죄 행위에 대한 사회적 지지 및 검증을 제공할 수 있다. 반대로, 법을 준수하는 개인과 강한 유대 관계를 가진 개인은 범죄 행위에 가담할 가능성이 적다. 이러한 유대가 균형 감각과 사회적 통제를 제공할 수 있기 때문이다. 이 이론은 범죄 조직 연루, 마약 사용, 재산 범죄 등 다양한 범죄 행위를 설명하는 데 사용되었다. 교정복지 측면에서 보면 범죄에 기여하는 사회적 관계와 네트워크는 약화시키고 법을 준수하는 사람들과의 유대를 강화하는 프로그램 개발 및 적용을 강구할 수 있다.

(5) 상호작용 이론

비행의 상호작용 이론(interactional theory of delinquency)으로도 알려진 손베리(Thornberry)의 상호작용 이론(interaction theory)은 개인과 그들의 사회 환경 사이의 상호작용과 이러한 상호작용이 범죄 행위에 어떻게 영향을 미칠 수 있는지에 초점을 맞춘 범죄학 이론이다. 이 이론은 사회구조, 사회유대, 사회학습 이론을 통합한 것이다(민수홍 외, 2011: 454). 그는 비행 행동에 기여하는 세 가지 핵심 요소(사회적 유대감, 사회학습, 생활사건)를 강조하였다.[9] 즉 비행의 근원적 원인은 사회유대의 약화이지만 이런 약화는 비행의 잠재성을 높일 뿐이고 접촉(교제), 강화, 정의 등을 통한 학습을 하고 나서야 비행 행위가 일어난다고 본다(조흥식 · 이형섭, 2014: 181 재인용).

그러나 이러한 영향은 고정적인 것이 아니라 연령과 비행의 시작, 지속, 중단 등의 단계에 따라 변할 수 있다고 본다. 더욱이 유대, 학습, 비행 사이의 관계가 모두 단일한 방향으로 작용하는 것도 아니라는 것이다. 예를 들어 부모와의 애착이 낮으면 학교생활에도 어려움이 있을 수 있고 이것은 다시 부모에 대한 애착을 감소시킬 수 있다. 마찬가지로 부모와의 낮은 애착이나 학교생활에의 불만족은 비행으로 이어질 수 있고 이로 인해 부모와의 관계나 학교생활에의 부적응이 더 심화될 수 있다. 또한 각 연령단계에 따라 이론적 설명

9) 사회적 유대감은 가족, 학교, 지역사회와 같은 전통적인 사회제도에 대한 개인의 애착의 강도를 말한다. 강한 사회적 유대감은 비행의 가능성을 줄이는 반면 약한 사회적 유대감은 비행의 위험을 증가시킨다. 사회적 학습은 개인이 사회적 환경에서 다른 사람의 태도, 신념 및 행동을 배우는 것을 말한다. 비행 친화적 행동이나 태도에 자주 노출되면 비슷하게 비행을 저지를 가능성이 높다는 것이다. 생활사건은 가정불화, 학업 중단, 또래 거부(peer rejection) 등과 같이 인생에서 중요한 사건이나 변화를 뜻한다. 이런 사건은 사회적 유대를 방해하고 비행친구들과의 접촉을 증가시켜 비행을 저지를 위험을 높일 수 있다.

요인들의 중요도는 상이하게 작용한다. 예를 들어 유년기에는 가족이 중요한 역할을 하지만 청소년기에는 가족이나 부모보다는 친구, 학교 그리고 청소년문화가 중요한 역할을 하게 되고 성인기에는 전통적 활동과 가족에 대한 헌신이 보다 중요한 역할을 한다. 즉 이러한 과정은 개인의 생애를 따라서 발전하는 동태적 과정이라고 본다(이윤호, 2021: 340).

손베리의 상호작용 이론은 마약 사용, 폭력 및 재산 범죄, 청소년비행을 설명하는 데 유용하다. 교정복지 차원에서 보면 개인과 사회적 환경 간의 복잡한 상호작용을 심층적으로 이해하고 비행 예방을 위한 정책 및 실천방안으로 건강한 사회적 유대를 강화하고 비행친구들과의 접촉을 줄이며 긍정적인 생활경험을 갖도록 지원하는 방안을 활용할 필요가 있다.

2) 발달범죄학 또는 생애범죄학

발달생애범죄학(developmental life-course criminology)은 범죄가 단순히 개인의 특성이나 환경 요인의 결과로 생긴 것이 아니라 개인의 생애과정에서 이들 요인들이 서로 영향을 미치고 변화하는 복잡하고 역동적인 과정임을 강조한다.

대표적인 이론으로 글릭 부부의 연구, 인생항로 이론, 잠재적 속성 이론이 있다. 글릭 부부는 발달 이론의 토대를 만든 학자이다. 하버드대학교 재직 시절, 비행청소년과 일반 청소년의 종단적 조사연구 결과 31세를 기준으로 정상집단의 14%만이 범죄기록을 보인 반면, 비행집단의 81%가 성인기에도 범죄를 저지른다는 점에 주목하였다. 그 결과 이들은 어린 시절 범죄에 연결되면 성인기에도 계속 이어질 가능성이 높다는 것을 주장하였다(조흥식 · 이형섭, 2014: 183 재인용).

샘슨(Sampson)과 라웁(Laub)의 인생항로(life course) 이론은 범죄와 범죄 중단에 이르는 개인의 경로가 개인적 특성, 사회적 유대 및 삶의 전환점의 상호작용에 의해 형성된다고 가정한다. 구체적으로 살펴보면 첫째, 가족, 학교, 직장 및 지역사회를 포함한 사회적 유대는 범죄를 막는 보호요인으로 작용한다. 이러한 결속감은 범죄 활동에 가담하지 않도록 도와주는 사회적 자본, 지원 및 기회를 제공한다. 둘째, 성인 범죄인들은 결혼, 군 복무, 취업과 같은 전환점을 통해 범죄에서 벗어나 삶의 방향을 바꿀 수 있다. 즉 사회유대 혹은 사회자본의 형성이 인생의 전환점이 된다는 것이다(이윤호, 2021: 341-342).

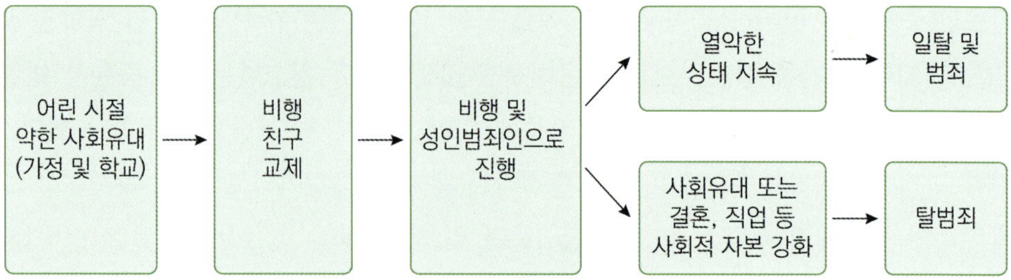

[그림 4-5] 샘슨과 라웁의 이론

잠재적 속성 이론(latent trait theory)은 사람에게는 드러나지는 않지만 범죄를 저지르거나 통제하는 잠재적 속성을 가지고 있다고 본다. 인생항로 이론은 사람이 항상 변화한다는 점을 강조하는 데 반해 이 이론에서는 사람의 성향은 안정적이고 지속적이어서 쉽게 변화하지 않는다고 가정한다(조흥식 · 이형섭, 2014: 186 재인용). 이 이론에서는 지능, 성격, 동기와 같은 이러한 잠재적 특성을 강조한다. 대표적인 학자로는 윌슨(Wilson)과 헌스타인(Herrnstein), 로우(Rowe)가 있다.

심리학자인 윌슨과 헌스타인은 왜 어떤 사람들은 다른 사람에 비해 더 많이 범죄를 저지르는지, 왜 어떤 범죄인은 다른 사람에 비해 중형범죄를 많이 저지르는지를 설명하고자 하였다. 이를 위해 행동에 대한 생물사회적 설명에 기초하면서 인간의 본성에 초점을 맞추었다(이순래 외, 2017: 435-437). 이들에 따르면 사람들이 잠재적 이익과 손실을 계산한 후 보상 비율이 높을수록 범죄를 저지르게 된다고 가정한다. 이외에도 낮은 지능, 중배엽의 신체형, 유전적 영향, 자율신경계의 문제 등 사회생물학적 속성과 충동성, 외향성, 일반화된 적개심 등 심리학적 속성이 범죄를 저지르는 데 영향을 준다고 가정한다(조흥식 · 이형섭, 2014: 186 재인용). 이들은 범죄에 있어 개인의 책임을 강조하였다. 그 결과 범죄를 해결하기 위해서는 부모들이 자녀들을 보다 효과적으로 처벌하고 통제해야 하고 정부는 범죄인들을 보다 확실히, 신속하게, 엄하게 처벌해야 한다고 주장하였다(이순래 외, 2017: 440).

로우는 인생주기에 걸쳐 지속되는 이러한 범죄성을 설명하기 위해 잠재적 속성이라는 개념을 제안하였다. 이것은 생애 초기 단계에 형성되어 오랜 기간 안정적으로 유지될 수 있고 청소년기에 반사회적 행동을 하던 사람은 지속적으로 범죄를 저지르기 쉽다고 가정한다. 이런 잠재적 속성에는 지능장애, 뇌손상에 의한 충동적 성격, 뇌의 물리적 · 화학적 기능 등 뇌기능과 관련된 속성을 포함한다(조흥식 · 이형섭, 2014: 186 재인용).

이를 교정복지 차원에서 보면, 성인기의 범죄를 감소시키기 위해서는 위기아동 및 청소년에 대한 조기 발견 및 예방, 신속한 개입이 효과적임을 알 수 있다. 또한 가족상담 및 부모 참여, 학교와의 협력, 방과후 지역사회의 돌봄, 가족서비스, 교육, 사회적 지원 등 다차원적인 접근이 필요함을 시사한다.

3) 환경범죄학

환경범죄학(environmental criminology)은 물리적 · 사회적 환경이 범죄에 영향을 미칠 수 있는 방식에 초점을 맞춘다. 이 이론은 전통적 범죄학이 간과한 가해자, 피해자, 특정 시공간상에 설계된 법체계, 범죄의 지리적 · 환경적 속성 등 범죄 환경에 관심을 가진다. 환경범죄학은 왜 범죄가 지역적으로 균일하게 일어나지 않고 특정 지역과 특정 시간에 집중되는가에 의문을 가지면서 출발하였다. 예를 들어 시카고 지역의 범죄 패턴을 연구한 쇼우(Shaw)와 맥케이(McKay)는 사회문제가 도심 지역에 집중된다는 것을 밝혔다(이윤호, 2021: 346-347). 환경범죄학의 학문적 정책에 기여한 브랜팅햄(Brantingham) 부부는 범죄 패턴 이론을 주장하였다. 이들에 따르면 범죄에는 여가활동 장소, 이동경로 및 수단 등 일정한 장소적 · 시간적 규칙성이 있다고 가정한다. 따라서 일정 시간대의 집중 순찰이 필요하다고 주장한다.

환경범죄학의 핵심 개념 중 하나는 범죄 활동이 집중되는 지역을 가리키는 '범죄 핫스팟'이다. 이들은 범죄 핫스팟이 단순히 개인의 선택이나 행동의 결과가 아니라 해당 지역의 물리적 배치, 대상의 가용성, 범죄 기회의 존재와 같은 환경적 요인의 산물이라고 주장한다. 따라서 범죄가 일어날 가능성을 줄이기 위해서는 골목의 가로등 조명을 개선하거나 빈집이나 폐허 등 범죄인들이 숨을 수 있는 장소를 없애는 등 환경 설계를 통해 범죄 기회를 차단하거나 범죄가 일어나기 어려운 환경을 만들어야 한다고 주장한다. 또한 지역사회 치안을 강화하거나 지역주민들의 감시를 강화하는 프로그램도 활용할 수 있다. 이들 학자들은 범죄 사건들이 시간과 공간에서 범죄인과 목표물 간의 상호작용을 수반하기 때문에 잠재적인 피해자의 일상 활동뿐 아니라 잠재적인 범죄인의 일상 활동도 연구할 필요가 있다고 주장한다(이순래 외, 2017: 477). 이후 환경범죄학은 건축 환경 설계와 범죄 예방 및 억제 측면, 지리정보시스템을 활용한 범죄 지도 제작, 범죄의 시공간적 분포, 범죄 예방 전략방법 제시 등 다양하게 적용되고 있다(이윤호, 2021: 351).

4) 문화범죄학

문화범죄학(cultural criminology)은 범죄 행위는 개인과 문화적 맥락 사이의 복잡한 상호작용의 결과라고 가정한다. 사람들이 범죄를 인식하고 대응하는 방식을 형성하는 문화적 의미, 가치 및 상징들이 범죄에 영향을 미친다는 것이다. 따라서 문화적 관행, 미디어 표현 및 대중 담론과 범죄와의 관련성에 주목한다.

문화범죄학은 전통적 범죄학이 미디어, 유행, 상징주의, 문화 등 대중적 요소들을 간과하기 때문에 범죄를 입체적으로 설명하지 못한다고 비판한다. 반면 범죄 하위문화를 강조한다. 이들에 따르면 범죄 하위문화는 단순히 범죄인의 선택 문제가 아니라 더 광범위한 문화적 요소, 관행, 가치를 반영한다고 본다. 또한 불안, 분노, 공격성 등과 같이 범죄를 유발하는 감정들이 문화적으로 어떻게 받아들여지고 통제되느냐에 주목한다. 예를 들어 벽이나 건물 외벽에 낙서처럼 그리는 그래피티나 야간에 굉음을 울리며 오토바이 질주를 하는 비행청소년을 막기 위해 경찰이 강력하게 법 집행을 하는 것은 문제행동을 더 부추기거나 오히려 경찰을 따돌리기 위해 수법이 더 교묘해질 위험이 크다는 것이다. 성추행, 성폭력, 음주운전, 자동차 질주, 약물중독 등은 만화, TV, 영화의 소재로 다루어지면서 남성다움이나 용감한 행동으로 잘못 미화되거나 합법적인 것으로 인식되기도 한다. 따라서 이와 같은 문화적 측면을 고려하지 않으면 제대로 범죄를 막기 어렵다는 것이다.

교정복지 차원에서 보면, 범죄의 문화적 차원을 이해함으로써 범죄를 유발하는 문화적 요인에 대해 주목하고 친사회적 행동을 이끄는 건강한 문화를 만들기 위해 어떤 노력과 접근이 필요한지 고려할 필요가 있다.

5) 평화주의 범죄학

평화주의 범죄학(peacemaking criminology)은 범죄를 이해함에 있어 사회정의, 비폭력 및 연민의 중요성을 강조한다. 이 이론은 구금 등 전통적인 처벌 중심의 접근이 오히려 폭력과 피해의 악순환을 초래할 수 있다고 가정하고, 피해의 회복과 피해자와 가해자 간의 화해를 돕는 대안적 접근에 주목한다. 즉 중재, 갈등해결, 화해, 고통을 완화하고 범죄를 감소시키는 노력을 통해 법위반자의 공동체 재통합을 제안한다(이윤호, 2021: 357). 대표적으로는 회복적 정의(restorative justice)가 있다. 이것은 가해자보다는 피해자의 요구를 우선시하고 범죄로 인한 피해를 복구하는 데 중점을 둔다. 이를 위해 피해자, 범죄인 및 지역사회 구성원이 함께 모여 범죄로 인한 피해를 논의하고 피해를 복구하며 향후 범죄 예방을 위한 책임을 나누고 계획을 수립해야 한다는 것이다.

평화주의 범죄학은 이론이라기보다는 철학에 가깝다. 전쟁, 범죄, 폭력을 영원히 없애기 위한 개혁과 재구성, 나아가 비폭력, 갈등에 대한 평화적 해결, 그리고 범죄인에 대한 재사회화를 지향하는 사법체계를 추구하는 이상주의적 사회관을 지니고 있다. 그러나 왜 형사사법체계가 현재와 같이 작동하고 범죄인이 왜 죄를 범하는가를 설명하지 못한다는 비판이 제기된다(민수홍 외, 2011: 390). 교정복지 차원에서 보면, 피해자의 욕구에 주목하고 가해자 및 지역사회의 책임을 강조함으로써 공동체의 회복과 통합을 추구할 수 있다는 점에서 보다 활발한 활용 및 실천이 필요하다고 하겠다.

6) 페미니스트 범죄학

페미니스트 범죄학(critical criminology)은 범죄에 있어 젠더의 중요성과 형사사법제도에서 젠더 불평등과 젠더 기반의 폭력에 집중한다. 이들 학자들은 전통적인 범죄학 이론이 피해자 또는 가해자로서의 여성의 경험을 무시해 왔으며, 형사사법제도에 성 편견과 성 차별이 존재한다고 주장한다(민수홍 외, 2011: 395-397). 이로 인해 범죄 연구 및 정책 개발에서 여성이 과소 대표되고 젠더 기반의 폭력 및 피해에 대한 관심이 부족하다는 것이다. 가부장적 사회에서 여성에게 강요되는 주변성과 무력감이 여성으로 하여금 범죄피해인이 되도록 할 가능성을 높인다고 한다. 또한 남성성에 대한 강조로 인해 여성을 피해자로 한 범죄는 남성의 성역할을 충족시킬 수 있는 통로가 되고 있다고 주장한다(조흥식 · 이형섭, 2014: 174-175 재인용).

여성범죄인에 대해 페미니스트적 이론을 적용한 이론으로는 크게 네 가지가 있다.

첫째, 남성다움 가설이다. 이것은 여성이 남성과 동등해지면서 점차 남성적 특징을 가지게 되며 이러한 특징의 일부는 범죄를 범하는 경향을 강하게 만드는 등 부정적 결과를 초래한다고 본다(민수홍 외, 2011: 408).

둘째, 기회 가설이다. 이 이론은 여성들 사이에 발생하는 범죄유형과 여성해방운동과의 관련성을 설명한 것이다. 여성들의 경우 재산범죄는 증가하지만 폭력범죄는 증가하지 않는다는 것에 주목한다. 이 이론에서는 여성이 노동현장에 더 참여하게 됨에 따라 화이트칼라, 직업 관련 범죄를 범할 기회가 많아지게 되어 이런 범죄가 증가할 것이라고 주장한다. 반면 학력이 높고 독립적인 여성들이 늘어날수록 범죄피해에 연루되지 않으려고 하기 때문에 여성에 의한 폭력범죄는 증가하지 않을 것이라고 한다.

셋째, 경제적 소외 가설이다. 이 이론은 여성들의 취업 및 교육 기회가 증가할수록 범죄에 연루될 가능성이 높다는 주장과 정반대되는 이론이다. 이 이론가들은 여성범죄인들이 대체적으로 가난하고 자신의 능력보다 좋지 않은 일을 하거나 실업에 시달리며 자신과 부양가족을 위해서는 범죄 이외에는 다른 대안이 없는 등 경제적 어려움으로 인해 범죄와 연루된다는 것을 주장한다(민수홍 외, 2011: 411).

넷째, 권력통제 이론(power-control theory)이다. 이것은 가족구조의 형태와 남아에 대한 부모의 통제 정도에 따라 비행에서의 남녀 차이가 어떻게 변하는지를 설명하고자 하였다. 이 이론의 핵심은 자본주의 경제체제의 계급관계가 가족 내 성적 관계를 재생산한다는 것이다. 초기 권력통제 이론은 가부장적 가정에서 소년들이 소녀보다 비행을 더 저지를 것이라고 예측한다. 왜냐하면 가부장적 가정에서는 남자가 지배적이고 여자는 복종하는 성도식 속에서 자라기 때문에 아들들이 딸들에 비해 통제를 덜 받고 위험추구를 즐거운 것으로 여기며 위험한 행위의 부정적 결과를 보다 적게 인식하게 된다고 보았기 때문이다. 이후 레이건은 권력통제 이론을 수정하였다. 그는 일터에서 여자들의 권한이 증가함에 따라 어머니들은 가부장적 성 역할에 관한 신념 혹은 부모의 통제에 관한 성도식을 완화시켜 왔다고 이론화하였다(민수홍 외, 2011: 412-413).

페미니스트 범죄학은 범죄와 정의에 대한 전통적인 개념에 도전하고 범죄를 이해하고 다루는 데 보다 포괄적이고 성 인지적 접근 방식을 촉진하였다는 점에 기여하였다. 그러나 페미니스트 이론은 아직 구성 중에 있고 가설에 대한 직접적인 검증과 정책 함의의 이행이 부족해서 경험적 타당성이나 정책적 유용성을 명확하게 평가하기 힘들다(민수홍 외, 2011: 431-432). 교정복지 차원에서는 범죄와 관련해 여성의 욕구와 경험을 우선시하고 젠더 기반 폭력과 불평등 문제가 없는지 파악하며 형사사법체계에서나 교정복지실천에서 사회 정의와 젠더 형평성을 증진하는 개입을 모색할 필요가 있다.

CHAPTER 05 형사사법제도의 이해

사법제도는 크게 형사사법제도와 소년사법제도로 대별된다. 그중 형사사법제도에는 일반적으로 법집행 기관(파출소, 경찰서, 검찰), 법원(지방법원, 대법원) 및 교정 기관(교도소, 소년원, 보호관찰소 등)이 포함된다. 이들 기관은 모두 범죄를 예방하고 대응하는 역할을 하며 형사사법체계 내에서 독립적으로 운영되지만 상호 연결되고 상호 의존적이다. 따라서 형사사법제도는 법과 질서 유지라는 목표를 달성하기 위해 관련된 모든 기관 간의 협력이 필요한 복잡하고 다면적인 제도라고 할 수 있다.

1. 형사절차의 원칙

법에 저촉되는 행위를 한 사람이 경찰에 발견, 입건되면 누구나 법이 정한 일정한 절차를 거쳐야 한다. 이를 형사절차라고 하는데 여기에는 중요한 몇 가지 원칙이 있다(조흥식 · 이형섭, 2014: 194).

첫째, 적법절차의 원칙이다. 우리나라 「헌법」 제12조에는 누구든지 법률에 의하지 아니하고는 체포, 구속, 압수, 수색 또는 심문을 받지 아니하며 법률과 적법절차에 의하지 아니하고는 처벌, 보완처분 또는 강제처분을 받지 아니한다고 명시하였다. 이는 의심할 의지가 없이 범죄를 저지른 사람이라고 해도 바로 처벌할 수 없고 경찰, 검찰, 법원 등으로 구성된 형사사법체계 속에서 일정한 절차를 거쳐야 한다는 것이다. 이는 다르게 말하면 절차의 정의라고 할 수 있다.

둘째, 무죄추정의 원칙이다. 우리나라 「헌법」 제27조 제4항에 따르면 형사피고인은 유죄의 판결이 확정될 때까지는 무죄로 추정된다고 명시하고 있다. 즉 범죄를 저질렀다고 해도 적법한 절차에 의하여 법원에서 유죄의 확정판결을 받기 전까지는 무죄로 본다.

셋째, 공개재판의 원칙이다. 검사가 법원에 공소를 제기하면 법정의 공판심리는 공개되어야 한다. 이는 재판의 공정성을 확보하기 위해 재판과정 및 판결을 일반인에게 공개하도록 하는 것이다. 단 청소년을 다루는 가정법원이나 소년부재판은 예외적으로 비공개로 한다.

넷째, 일사부재리의 원칙이다. 「형사소송법」에 의해 일단 판결이 확정되면 같은 사건에 대해 다시 공소를 제기하지 않도록 한다. 즉 같은 사건으로 다시 처벌할 수 없다.

다섯째, 증거재판이다. 범죄 사실을 유죄로 인정하기 위해서는 적법하게 수집, 조사된 증거를 근거로 해야 한다는 것이다.

여섯째, 심급(3심제도)과 상소제도이다. 3심제도는 한 사건에 대하여 서로 달리 구성된 다른 종류의 법원에서 세 번까지 재판을 받을 수 있는 것이다. 단 선거재판은 1심 혹은 2심제이고 특허소송은 2심제이다. 예를 들어 민 · 형사 단독사건의 경우에는 지방법원(지원)단독판사 → 지방법원 본원 합의부(항소부) → 대법원과 같이 재판이 세 번 이루어진다. 상소제도는 하급 법원의 판결에 불복하여 상급 법원에 다시 재판을 청구하는 절차를 말한다. 구체적으로 항소 · 상고 · 항고 등이 있다.[1)]

〈표 5-1〉 형사절차와 민사절차의 차이

구분	형사절차(소송)	민사절차(소송)
재판 목적	• 국가가 범죄인을 처벌	• 개인이 자신의 권리를 구제
재판 당사자	• 검사 vs 피고인 (오직 검사만이 기소할 수 있고 피해자는 수사기관을 통해 처벌 의사만 밝힐 수 있을 뿐임)	• 원고(소를 제기한 사람) vs 피고 (원고의 자격에는 제한이 없고, 권리를 찾겠다고 생각하는 사람은 누구나 소송을 제기할 수 있음)
재판 비용	• 국가 부담이 원칙	• 개인 부담이 원칙
재판 대상	• 국가가 만든 형벌과 관계되는 것 예) 폭행, 강도, 공무집행방해, 살인, 사기, 횡령 등	• 개인의 권리와 관계되는 것 예) 대여금, 공사대금, 손해배상, 계약금 등
재판 과정	• 검사와 피고인이 법정에서 공방 • 피고인이 나오지 않으면 재판 진행이 되지 않는 것이 원칙 • 피고인의 죄가 무겁다고 인정되는 경우 구속 상태에서 재판을 진행할 수 있음	• 원고와 피고가 서류와 법정 진술로 공방 • 피고가 법정에 나오지 않거나 다투지 않으면 원고의 청구를 인정하는 것으로 간주 • 원고는 언제든지 소를 취하할 수도 있음

1) 항소는 제1심 판결에 불복하여 고등법원 또는 지방법원 합의부에 다시 재판을 청구하는 절차이다. 상고는 제2심 판결에 불복하여 대법원에 재판을 청구하는 절차이다. 항고는 판결 이외의 결정이나 명령에 불복하여 상급법원에 다시 상소하는 것이다.

구분	형사절차(소송)	민사절차(소송)
판결 내용	• 피고인의 유무죄를 판단 예) 피고인을 징역 1년(벌금 100만원)에 처한다.	• 원고의 청구가 정당한지 판단 예) 피고는 원고에게 1,000만 원을 지급하라
판결 효과	• 판결대로 국가가 형벌권을 행사(교도소에 가두거나 벌금을 징수)하며, 피고인은 전과자가 됨	• 판결대로 이행하지 않으면 원고는 강제집행할 수 있으며, 패소해도 사회활동에 불이익은 없음

2. 형사사법의 절차

우리나라 형사사법절차는 크게 수사, 기소, 공판 및 형 집행의 네 과정으로 나뉜다. 이 중 본 절에서는 수사, 기소, 공판에 대해 설명하고 형 집행에 대한 구체적인 내용은 8장에서 설명하겠다.

1) 수사

(1) 수사에 대한 기본 이해

수사는 신고, 고소, 고발, 진정, 현행범 체포 등을 통해 경찰 또는 검사에 의해 행해진다. 「형사소송법」에 따라 경찰과 검사 간에는 수사에 대한 지휘 복종관계가 형성된다. 수사는 크게 피의자 신문과 참고인 조사로 이루어진다. 수사 방법에는 임의수사와 강제수사가 있다. 전자는 상대방의 동의나 승낙을 받아 하는 수사로서 원칙적인 수사방법이다. 반면 후자는 강제적으로 행하는 수사로, 법관이 발부한 사전영장을 제시하고 체포, 구속, 압수, 수색 등 강제처분에 의한 강제수사를 할 경우에는 「형사소송법」에 규정된 절차를 엄격히 준수해야 한다(조흥식 · 이형섭, 2014: 195-196).

(2) 경찰의 역할 및 주요 내용

경찰은 정부 행정조직상 행정안전부의 외청에 있으며 형사정책의 최전방에 위치하고 있다. 경찰은 독립된 기관인 경찰청을 정점으로 시 · 도 지방경찰청, 경찰서, 파출소를 둔다. 경찰은 지역주민들의 안전, 치안과 밀접히 관련이 있으며 범죄 예방 활동을 한다.

이는 크게 일반 방범 활동과 특별 방범 활동으로 대별된다. 일반 방범 활동으로는 지역을 순찰하거나 불심검문하거나 담당 구역 내의 가정, 상점 등을 방문하여 범죄 예방과 관련된 지도와 계몽 활동, 정보 수집 및 조사와 단속 등을 행한다. 특별 방범 활동으로는 우범지역이나 우범자에 대한 파악, 순화교육, 취업알선, 대책수립 등을 행한다.

또한 경찰은 범인의 발견, 확보, 증거 수집 및 보전 등의 수사 기능을 한다. 경찰의 일반형사사건 수사절차에 대해 알아보면 [그림 5-1]과 같다. 형사사건 발생사고를 인지하면 피의자의 신병을 확보하고(현행범인 체포, 긴급체포 등) 수사과에 인계한다. 다음으로 피해자 조사(진술조서 작성, 진단서 첨부 등), 가해자 조사(진술조서 작성, 피의자 신문조서 첨부 등), 증거관계 조사(증거물, 현장목격자 조사 등)를 거쳐 구속과 불구속을 결정한다. 구속 대상인 경우 구속영장을 신청하고 검찰과 법원의 심사를 거쳐 검찰에 송치시킨다(배임호, 2020: 118).

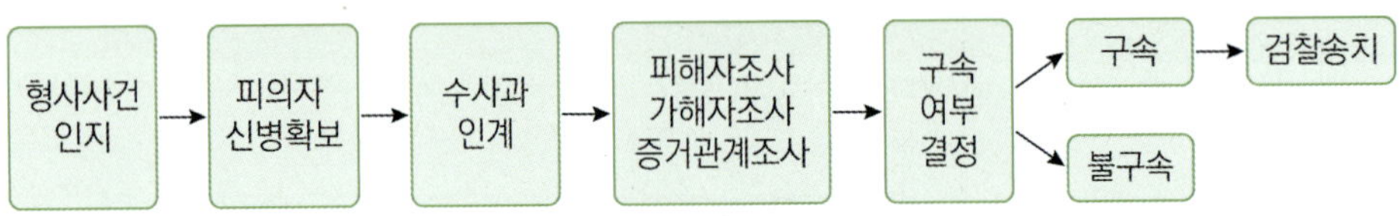

[그림 5-1] 수사절차

이 밖에도 사회복지사와 관련이 있는 것으로는 성폭력특별수사대 운영, 가정폭력 문제 개입, 인권침해 방지 등이 있다.

첫째, 성폭력특별수사대 운영이다. 경찰은 전국 17개 지방경찰청에 성폭력특별수사대를 발대하여 아동, 장애인에 대한 사건을 전담하게 하고 성범죄 치안수요가 많은 경찰서에는 성폭력 전담수사팀을 신설하고 있다(배임호, 2020: 119). 또한 성폭력 · 가정폭력 · 성매매피해자 등에 대하여 365일 24시간 원스톱으로 보호 및 지원을 행하는 '해바라기센터'를 위탁, 지원하고 있다.

둘째, 가정폭력 문제 개입이다. 가정폭력피해자 상담소, 보호시설 등이 경찰에 신고하면 응급조치 및 임시조치(퇴거 등 격리, 주거 및 직장 접근금지) 후 검찰 단계로 넘어간다. 경찰은 가정폭력 발생 현장에서 가해자의 재범 가능성을 판단하여 긴급임시조치를 취할 수 있다(배임호, 2020: 120).

셋째, 인권침해 방지를 위한 대응이다. 경찰은 범죄 수사 과정 중에서 발생할 수 있는 인권침해를 예방하기 위해 피의자 심문 시 적법절차 준수강화, 유치장 시설 및 처우개선,

피해자 서포터 제도, 피해자권리고지제도, 인권보호담당관제도, 지방경찰청 인권상담전화 등을 운영한다(배임호, 2020: 119).

(3) 교정사회복지사의 개입

교정사회복지사는 수사 단계에서 법 집행기관, 지역사회기관 및 단체들과 협력하거나 다학제적 접근을 통해 지역사회 문제를 해결하고 공공 안전과 복지를 증진하도록 할 수 있다. 우리나라의 경우 사회복지사가 수사 단계에서 개입하는 것은 아직 제도화되어 있지 않지만 이미 다수의 지역사회에서는 사회복지사들이 수사 단계에서 경찰과 협력하거나 활동하는 사례들을 쉽게 찾을 수 있다. 보다 구체적으로 수사 단계에서 사회복지사의 개입방안을 살펴보면 다음과 같다.

① 위기개입

교정사회복지사는 수사 단계에서 경찰과 협력하여 위기개입(crisis intervention)을 할 수 있다. 이미 사회복지사는 가정폭력, 성폭력, 정신건강과 같은 위기 상황에 있는 사람들을 위한 보호 및 지원을 해 왔다. 교정사회복지사는 경찰의 가정폭력 및 성폭력범죄 수사와 관련해서도 피해자 및 가족을 위한 보호 및 지원에 협력할 수 있다.

② 수사기관에의 동행서비스 및 환경조사 지원

교정사회복지사는 경찰의 피의자 환경조사, 출석요구와 참고인 조사 시 수사기관에의 동행서비스를 제공할 수 있다. 환경조사 작성 시 피의자의 상황 및 전문가 의견을 수사기관에게 제시할 수 있고 피의자에게 필요한 지원을 행할 수 있다.

③ 지역사회 아웃리치

교정사회복지사는 대상자의 발굴 및 보호를 위해 다양한 형태의 지역사회 아웃리치(community outreach)를 행할 수 있다. 명예경찰관으로 활동하거나 경찰과 합동으로 우범지역 순찰 등 지역사회 방범활동을 할 수 있다. 또한 경찰과 협력해 위기에 노출되거나 재범의 우려가 있는 사람들을 발굴, 지원하는 활동을 행하거나 범죄 예방을 위해 경찰과 지역사회 간의 신뢰와 협력을 촉진하고 지원하는 다각적인 활동을 할 수 있다.

④ 경찰의 훈방조치 시 사회복지서비스 연계 및 자문 제공을 통한 조기개입

경찰은 경미한 범죄를 저지른 사람에게 재량으로 훈방조치를 할 수 있는데, 이때 아무런 조치 없는 훈방조치를 하는 경우가 대부분이다. 따라서 이때 교정사회복지사가 대상자의 심리 · 사회적 특성, 가정환경 등을 객관적으로 파악하고 대상자에게 지역사회의 보호 및 치료가 필요한 경우에는 전문상담기관, 사회복지기관, 병원 등을 적극적으로 알선, 또는 연계하여 대상자로 하여금 지역사회에서 원만하게 생활할 수 있도록 지원할 수 있다(배임호, 2020: 123).

⑤ 주민과 경찰의 가교 역할

사회복지사는 지역 내 비행이나 범죄위험에 대한 정보, 지역주민의 불만사항을 경찰에게 전달할 수 있다. 경찰의 '방범심방제도'에도 협력할 수 있다. 이것은 경찰이 지역사회 내의 각 가정과 시설을 방문하여 범죄 예방 · 청소년선도 등의 계몽과 민원사항을 청취해 주민의 협력을 얻어 예방경찰상의 기초자료를 수집하는 활동이다.

⑥ 범죄 위험에 노출된 사람의 사례관리

교정사회복지사는 범죄의 예방이나 재범 방지를 위해 범죄의 위험에 크게 노출된 노숙인, 비행청소년, 가정폭력가족, 아동학대가족, 장애인 등에 대해 사례관리(case management)를 실시할 수 있다. 이들은 만성적, 다중의 어려움을 겪고 있어 쉽게 범죄에 노출되어 피해자가 되거나 범죄에 이용될 우려가 있다. 따라서 이들 클라이언트, 가족, 지역사회와 협력하여 자원과 서비스를 연결하고 지속적으로 모니터링하고 조정하는 사례관리가 필요하다.

⑦ 다이버전 및 회복적 정의에 근거한 프로그램의 적용

초범 및 경미한 비행을 저지른 청소년들이 장기간의 사법처리과정을 거치는 것은 그에 따른 부정적 영향도 상당하다. 사법처리과정을 거치는 동안 청소년들은 좋지 않은 환경에 노출되면서 국가나 형사사법기관에 적개심을 갖기도 하고 절망감으로 자포자기하기도 하며 심지어는 범죄를 학습하기도 한다. 이에 대한 대안으로 경찰 단계에서의 다이버전 도입이 꾸준히 제기되고 있다. 다이버전이란 공식적 사법처리 절차와는 다른 형태의

절차로 전환하는 것을 의미한다. 즉 체포, 기소, 판결, 구금과 같은 통상적 범죄인 처리과정에서 벗어나 일단 사회에 먼저 복귀시켜 사회 속에서 개선, 교화시키는 것을 목적으로 하는 것이다(배임호, 2020: 124). 경미한 비행을 저지른 청소년에게는 사법과정의 초기 단계인 경찰에서부터 사회복지기관이나 지역사회단체들과 협력하여 조기에 신속하게 개입하여 다양한 지원과 보호를 행하는 것이 필요하다. 현재 경찰 단계에서는 학교폭력 자진신고 기간 중 선도조건부 훈방, 피해자가해자대화모임 등 다이버전 및 회복적 정의와 연관된 정책들을 하고 있는데, 여기에 사회복지사의 적극적 개입이 필요하다.

⑧ 옹호 및 정책 개발

경찰은 범죄인이 처음으로 형사사법체계에 진입하게 되는 진입문이다. 국가인권위원회의 인권상담센터에서 조사한 결과에 따르면 사법기관 중 경찰에서의 인권침해가 가장 많은 것으로 보고하였다. 내용으로는 폭행, 가혹행위 및 과도한 장구 사용이 1순위, 불리한 진술 강요와 심야 및 장시간 조사와 편파 부당수사가 2순위, 폭설 및 욕설 등 인격권 침해가 3위로 나타났다(배임호, 2020: 119). 교정사회복지사는 경찰의 체포나 구속, 진술, 조서 작성 등에 범죄인 및 피해자의 인권이 침해되지 않고 2차 피해자화가 되지 않도록 감시, 옹호자의 역할을 할 수 있다. 특히 성범죄의 경우 피해자에 대한 심리적 안정과 지지가 필요하며 여성경찰의 배치, 녹화가 가능한 조사실 배치가 이루어지도록 요청해야 한다. 이 밖에도 사회복지사는 수사 단계에서 사회 정의와 형평성을 증진하는 정책과 제도를 옹호하고 사회적 불평등과 피해를 야기시키는 문제를 개선하는 정책이나 실천을 개발할 수 있다.

2) 공소

(1) 공소에 대한 기본 이해

검찰은 국가 최고의 법 집행기관이다. 검사는 범죄 수사를 지휘·감독하며, 공소 제기 여부를 결정하고 재판 집행의 지휘·감독, 수사과정의 인권옹호의 책임을 갖는다(오영근 외, 2013: 140-143). 수사 결과 범죄의 객관적 혐의가 인정되고 유죄의 판결을 받을 수 있다고 판단되면 검사는 법원에 공소를 제기한다. 공소란 법원에 대해 특정한 형사사건의 심판을 요구하는 검사의 법률행위적 소송행위를 말한다. 즉 법원에 해당 피의자가 죄가 있는지 없는지를 심판해 달라고 요구하는 것이다.

(2) 검사의 역할 및 주요 내용

우리나라는 공소 제기와 관련해 검사의 기소독점주의와 기소편의주의를 채택하고 있다. 기소독점주의는 검사가 기소권을 독점하는 것을 말한다. 즉 사법경찰이 범죄인을 입건하여 수사한 후에는 즉결심판사건을 제외한 모든 사건을 검사에게 송치해야 한다. 이렇게 송치된 사건에 대해 검사는 범죄의 성립 여부를 판단한 다음 범죄가 성립되는 경우에는 법원에 기소를 하고 범죄가 성립되지 않는다고 판단하면 기소를 하지 않을 수 있다(불기소). 즉 법원에 죄의 유무를 심판해 달라고 요구하는 권한, 즉 기소할 것인지 말 것인지를 결정하는 권한을 검사만 독점하고 있다는 것이다. 불기소처분은 검사가 공소 제기를 하지 않기로 하는 처분이다. 〈표 5-2〉와 같이 불기소의 종류에는 기소유예, 혐의 없음, 죄가 안 됨, 공소권 없음, 기소 중지, 참고인 중지, 각하 등이 있다(조흥식 · 이형섭, 2014: 197).

〈표 5-2〉 불기소처분의 종류

구분	내용
기소유예	피의 사실이 인정되지만 연령, 성행, 지능, 환경, 피해자와의 관계 등을 고려하여 검사가 공소를 제기하지 않는 것(기소편의주의)
혐의 없음	피의 사실이 범죄를 구성하지 않거나 범죄로 인정되지 않는 경우 혹은 피의 사실을 인정할 만한 충분한 증거가 없는 경우
죄가 안 됨	범죄의 구성요건에는 해당하지만 위법성 또는 책임 조각 사유가 있는 경우(예: 만취 상태에서 범죄를 저지른 경우)
공소권 없음	공소시효가 완성된 경우, 형이 폐지 또는 면제된 경우, 피의자 사망, 피해자가 처벌을 원치 않는 경우
기소 중지	피의자가 소재 불명 등의 이유로 인해 수사를 종결할 수 없는 경우에 그 사유가 해소될 때까지 기소 중지
참고인 중지	주요 참고인의 소재 불명으로 인하여 수사를 종결할 수 없는 경우
각하	친고죄에 있어 고소인이 고소를 취하한 후 고소하는 경우 등

(3) 교정사회복지사의 개입

우리나라의 경우 공소 단계에서 교정사회복지사가 개입하는 것은 아직 제도적으로 마련되어 있지 않지만 검찰과의 협력은 매우 중요한 부분이다. 그중에서도 교정사회복지사가 주목해야 할 부분은 다음과 같다.

① 미결수용자에 대한 심리 · 사회적 지원

미결수용(미결구금)제도는 유죄가 아직 확정되지 않은 사람에게 일정한 국가시설에 수용(구금)하는 강제처분을 말한다. 미결수용 대상자는 구치소 또는 교도소의 일부 구역에 수용된다. 이는 수사 · 공판심리의 원활한 진행, 신병 확보, 증거 인멸 방지에는 도움이 될 수 있지만 피의자에 대한 수사는 원칙적으로 불구속 상태에서 하도록 하는 「형사소송법」에 상반된다는 점에서 비판도 크다. 미결수용자들은 형이 확정되지 않은 상태에서 수개월 이상 구금되어야 하는 데 반해, 본격적인 교정교화 프로그램이 적용되지 않는 처우의 사각지대에 놓여 있다. 미결구금 상태에서는 자신의 행동에 대한 죄책감과 재판결과나 미래에 대한 불안감으로 인해 심리적으로 매우 불안정한 상태에 있을 수 있고 특히 자살위험이 높으므로 적극적인 위기개입이 필요하다(조흥식 · 이형섭, 2014: 204). 교정사회복지사는 고위험에 놓여 있는 미결수용자를 위해 심리사회적 지원 및 위기개입을 할 수 있는 방안도 강구할 필요가 있다.

② 조건부 기소유예에 전문가 의견 제출 및 지원

조건부 기소유예는 검사가 기소유예 처분을 내림에 있어 일정한 조건을 제시하는 것이다. 즉 교육이수조건부 기소유예(주로 성범죄에서 처분됨), 치료이수조건부 기소유예(주로 마약범죄에서 처분됨), 상담조건부 기소유예(주로 가정폭력 사건에 처분됨) 등이 있다. 검사가 조건부 기소유예를 내리기 전에 사회복지사 등 전문가의 의견 조회를 요청하면 범죄인, 피해인 또는 가정구성원의 정신 · 심리상태에 대한 진단 소견 및 해당 범죄의 원인에 관한 의견을 제출할 수 있다. 교육, 치료, 상담 등을 조건부로 기소유예를 할 경우 가정폭력상담소, 피해자지원센터, 사회복지관, 상담실 등과 협력이 필요하다. 이럴 경우 교정사회복지사가 상담, 임시조치에 필요한 지원 등을 행할 수 있다.

③ 범죄피해인 지원

검찰은 대검찰청에 피해자인권과를 설치해 피해자의 형사절차 참여 기회 확대, 형사절차에 대한 정보 제공, 피해자·증인 신변 보장, 범죄피해인 구조금의 신속 지급, 민간 자원봉사활동 지원, 범죄피해인에 대한 의료·법률·고용 서비스 제공과 교육훈련 등 범죄피해인의 실질적 권익 향상을 돕는다. 또한 대한법률구조공단을 통해 법률구조를 지원하고 있다. 이것은 경제적으로 어렵거나 법을 모르기 때문에 법의 보호를 충분히 받지 못하는 국민들에게 법률 상담, 변호사 또는 공익법무관에 의한 소송대리 및 형사변호 등의 법률적 지원을 함으로써 정당한 권리를 적법한 절차에 의하여 보호하고 국민의 기본적 인권을 옹호하는 법률분야의 사회복지제도이다(배임호, 2020: 129). 교정사회복지사는 검찰 단계에서 피해인 지원을 위해 다양한 역할을 할 수 있다. 범죄피해자지원센터에서 근무하면서 지원 업무를 할 수도 있고 범죄피해자지원센터와 협력해 피해자지원사업을 행할 수도 있다.

검찰의 범죄피해자 보호 및 지원에 관한 지침

첫째, 각 검찰청의 피해자전담검사를 지정하여 관내 범죄피해자 보호 및 지원에 관한 업무를 통할하게 하였다.

둘째, 각 검찰청에 수사 또는 검찰 행정 업무에 경험이 풍부한 직원을 피해자 지원담당관으로 지정하고 피해자 지원실을 마련, 피해자 상담 전용 전화를 운영하도록 하였다.

셋째, 수사 단계에서 범죄피해자를 보호하고 그 불편을 해소하도록 하기 위하여 피해자 조사 시 가족 등 신뢰관계인 동석 제도를 운영하고, 범죄피해자 조사 대기실 및 피해자 전용 조사실을 마련하였다.

넷째, 범죄피해자가 수사 단계에서 불필요하게 수 회 출석하여 조사를 받거나 장시간 대기하는 일이 없도록 녹음·녹화 조사제와 시차 소환 제도를 적극 시행하고 있다.

다섯째, 수사나 재판 단계에서 신변위험을 느끼는 피해자·증인에 대해서는 피해자 지원담당관 등이 수사기관·법정에 동행, 피해자의 재판절차 진술권에 대해 안내하도록 하였다.

여섯째, 범죄피해자에게 사건처분 결과, 공판 개시 및 재판 결과, 출소 사실 등 관련 정보를 통지하고 범죄피해자구조제도, 배상명령제도를 안내함으로써 범죄피해자의 실질적 피해 회복을 도모하도록 하였다.

출처: 대검찰청(https://www.spo.go.kr)

④ 범죄예방위원 활동

법무부에서는 지역사회에 관심 있는 사람들을 범죄예방위원으로 위촉하여 협력하고 있다. 교정사회복지사는 범죄예방위원으로 활동하면서 검사와 협력할 수 있다.

⑤ 피의자 및 가족을 위한 심리 · 사회적 지원

교정사회복지사는 피의자[2] 및 가족을 위한 심리 · 사회적 지원을 행한다. 피의자는 범죄혐의는 있으나 아직 정식으로 법원에 기소가 되지 않은 사람이다. 검사의 조사 및 신문단계에서 법률지식 이외에도 정서적으로 불안한 위치에 있는 형사피의자를 심리 · 사회적 측면에서 원조하는 것이 필요하다. 천정환 · 김주연(2010: 96)은 형사소송법령을 개정하여 국선변호사와 같이 비법률적 측면에서 형사피의자를 도와줄 '국선교정사회복지사제도'의 도입을 주장하였다.

3) 재판

(1) 재판에 대한 기본 이해

검사가 법원에 공소장을 제출하면 재판 절차가 이루어진다. 법원은 피고인에게 형벌을 가할지 여부와 형벌의 종류와 양을 결정하고 최종 처분을 하는 기관이다(오형근 외, 2013: 144-145). 법관이 범죄인에게 언도하여야 할 형의 종류와 양을 결정하는 것을 양형이라고 한다.

법원에서의 공판심리는 우선적으로 공개재판의 원칙이 적용된다. 다만 약식 사건의 경우에는 간이, 신속한 서면 심리에 의하여 벌금, 과료 등의 형이 과해진다. 공판절차에 의하여 유죄가 인정되는 경우에는 사형, 무기징역, 무기금고, 유기징역, 유기금고, 구로(이상은 자격형), 자격상실, 자격정지(이상은 자격형), 벌금, 과료(이상은 재산형)의 형이 선고된다. 1년 이하의 징역이나 금고, 자격정지 또는 벌금의 형을 선고할 때에는 그 선고를 유예할 수 있고 3년 이하의 징역이나 금고의 형을 선고할 때에는 1년 이상 5년 이하의 기간 동안 형을 집행유예 할 수 있다. 유죄의 재판이 확정되어도 집행유예가 선고된 경우에는 집행유예가 실효되거나 취소됨이 없이 유예기간을 경과하면 형의 선고는 효력을 잃고, 선고유예의 경우는 선고유예를 받은 날부터 2년을 경과하면 면소된 것으로 간주된다. 이러한 유 · 무죄의 판결과 면소판결이 확정되면 심판절차는 종료된다.

2) 피의자란 범죄 사실이 인정되어 수사기관이 수사를 개시하였으나 아직 검사가 기소하여 법원에 재판을 청구하지는 않은 사람을 뜻한다. 용의자는 범죄혐의가 뚜렷하지 않아 정식으로 입건되지는 않았지만 수사기관 내부적으로 조사되고 있는 사람을 뜻한다.

심신장애자, 마약중독자, 알코올중독자 등 정신질환 범죄인에 대하여는 「치료감호법」에 의하여 피치료감호자를 치료감호시설 내에 수용하여 치료를 위해 필요한 조치를 취하는 치료감호 보안처분을 부과하고 있다. 그리고 2008년 9월 1일부터 「특정 성폭력범죄인에 대한 위치추적 전자장치 부착에 관한 법률」이 시행됨에 따라 성폭력범죄인이 2회 이상 징역형의 실형을 선고받아 그 형기의 합계가 3년 이상인 자가 집행종료 후 5년 내 성폭력범죄를 저지른 경우 등과 같이 일정한 요건을 충족한 성폭력범죄인에 대해서는 새로 도입된 위치추적전자장치(속칭 전자발찌) 부착제도가 시행되고 있다(조흥식 · 이형섭, 2014: 197-198).

(2) 법원의 역할 및 주요 내용

우리나라 법원은 최고 법원인 대법원과 고등법원, 지방법원 및 지원으로 조직되어 있다. 대법원 아래에는 고등법원이, 고등법원 아래에는 지방법원과 그 지원이 설치되어 있으며 이들은 일반적인 민사 및 형사 사건을 주로 다룬다. 그 외에도 가정법원, 특허법원, 행정법원, 군사법원, 헌법재판소가 있다. 법원의 주된 역할은 재판을 하는 것이다. 소송사건에 대해 법원에서 원고와 피고의 주장을 듣고 옳고 그름을 따져서 그에 대한 올바른 판단을 내리고 양형을 정하는 것이 재판이다. 재판에는 민사재판, 형사재판, 가사재판, 소년재판, 가정보호재판, 행정재판, 선거재판, 특허재판, 군사재판이 있다. 이 밖에도 법원은 조정과 화해를 하기도 한다. 이 중 사회복지와 밀접히 관련 있는 내용을 정리하면 다음과 같다.

① 가정보호재판

가정보호재판은 일정한 가정구성원 사이의 가정폭력사건 등에 대하여 형사처벌을 하는 대신 환경의 조정과 성행의 교정을 위하여 「가정폭력범죄의 처벌 등에 관한 특례법」이 정한 다양한 보호처분을 행함으로써 가정폭력범죄로 파괴된 가정의 평화와 안정을 회복하고 건강한 가정을 가꾸며 피해자와 가족구성원의 인권을 보호하고자 하는 재판상 절차를 말한다.

배우자, 직계존비속 등 일정한 가정구성원 사이에 신체적 · 정신적 또는 재산상 피해를 수반하는 가정폭력행위가 발생한 경우, 검사 또는 법원 등은 이를 가정법원에 송치할 수 있다. 가정법원은 가정보호사건의 원활한 조사, 심리 또는 피해자의 보호를 위하여 필요하다고 인정하는 때에는 결정으로 행위자에 대하여 피해자 또는 가정구성원의 주거 또는 방실로부터 퇴거 등 격리를 명하거나 피해자의 주거 등에서 100미터 이내의 접근 금지를 명하는 등의 임시조치를 할 수 있다. 또한 가정보호사건에 대하여 가정보호조사관으로 하여금 사건에 대하여 조사하도록 한 다음 그 조사보고 등에 기초하여 심리한 후에 종국결정을 하는 것을 원칙으로 한다. 종국결정에는 행위자가 피해자에게 접근하는 행위를 제한하는 처분, 친권자인 행위자의 피해자에 대한 친권행사의 제한하는 처분, 사회봉사명령 · 수강명령 · 보호관찰처분 · 감호위탁 · 치료위탁 및 상담위탁처분 등이 있고 위 각 처분은 병과될 수 있다(서울가정법원 업무안내). 이때 가정보호조사관은 가해자와 피해자 또는 가족구성원을 소환하여 범죄의 동기, 원인 및 실태, 정신, 심리상태 등을 조사하고 상담 및 교육을 병행한다. 특히 알코올 남용이나 의존증, 정신질환 등이 의심되는 경우는 알코올사용 장애 선별 검사와 심층적 심리조사를 행한다(배임호, 2020: 132).

② 국선변호인 선정제도

국선변호인 선정제도는 사선변호인이 선임되지 않은 경우에 피고인을 위하여 법원이 국가의 비용으로 변호인을 선정해 주는 제도이다. 크게 필요적 국선변호인, 임의적 국선변호인 선정으로 나뉜다. 필요적 국선변호인 선정이란 구속영장이 청구되고 영장실질심문절차에 회부된 피의자에게 변호인이 없는 때, 피고인이 구속된 때, 미성년자인 때, 70세 이상인 때, 농아자인 때, 심신장애의 의심이 있는 자인 때, 사형, 무기 또는 단기 3년 이상의 징역이나 금고에 해당하는 사건으로 기소될 때, 피고인의 연령, 지능, 교육 정도 등을 참작하여 권리보호를 위하여 필요하다고 인정되고, 피고인이 국선변호인의 선정을 희망하지 아니한다는 명시적인 의사를 표시하지 않는 때, 치료감호법상 치료감호 청구사건의 경우, 군사법원법이 적용되는 사건의 경우에 해당하는 피고인의 경우, 법원에서 직권으로 국선변호인을 선임하는 것이다. 임의적 국선변호인 선정이란 피고인이 빈곤 기타의 사유로 변호인을 선임할 수 없을 때 법원에 국선변호인 선정을 청구할 수 있다. 빈곤과 기타의 사유는 법안이 정한 사유에 따르나 법원은 그 사유를 점점 넓혀가고 있다(배임호, 2020: 136).

③ 피해자보호명령제도

피해자보호명령제도는 가정폭력행위자(배우자, 동거친족, 직계존비속 등)로부터 피해인을 보호하기 위해 법원의 결정으로 행위자를 퇴거, 접근금지 등을 명하는 제도이다. 이 경우 피해인은 수사기관을 거치지 않고 직접 가정법원에 보호조치를 청구할 수 있다. 피해자보호명령에는 네 가지가 있는데, 가정폭력 행위자를 피해자 또는 가정구성원의 주거 또는 점유하는 방실로부터 퇴거 등 거리, 피해자 또는 가정구성원의 주거, 직장 등에서 100m 이내 접근금지, 피해자 또는 가정구성원에 대한 전기통신을 이용한 접근금지, 친권자인 가정폭력행위자의 피해자에 대한 친권행사 제한이 있다.

④ 장애인 사법지원

장애가 있는 사람이 소송절차에 원고, 피고와 같이 당사자로 참여하는 경우 외에 증인 등으로 참여하는 데 지원이 필요한 경우(「장애인복지법」에 따라 등록 여부와 무관함) 소송이 진행 중인 담당재판부에게 사법지원을 신청하면 수화통역, 문자통역, 보청기, 확대경, 문서를 변화하여 읽을 수 있는 파일, 이동을 위한 휠체어, 기타 이동을 위한 조치, 활동(이동)과 의사소통 등을 보조하기 위한 보조인력, 휴식시간의 보장 등 장애의 유형과 내용에 따라 다양한 서비스를 제공한다(배임호, 2020: 136).

(3) 교정사회복지사의 개입

우리나라의 경우 교정사회복지사가 법원에서 일하는 아직 제도화되어 있지 않지만 직 · 간접적으로 다양한 개입들을 시도하고 있다.

① 판결 전 조사제도에의 참여

판결 전 조사제도(presentence investigation)는 형사소송절차에서 유죄가 인정된 자에게 적합한 형벌의 종류와 정도를 결정하기 위하여 판결을 선고하기 전 피고인의 인격과 환경에 관한 상황을 과학적으로 조사하여 이를 양형의 기초자료로 이용하는 제도이다. 즉 이것은 피고인의 인격 · 소질 · 환경에 대한 과학적 조사를 하여 합리적인 양형을 정하도록 돕는 기초자료로도 활용할 뿐 아니라 범죄인의 여러 가지 특성과 환경을 고려한 처우 프로그램의 실시를 하는 데도 유용하다.

원래 이 제도는 미국의 프로베이션(probation) 제도의 발전과 함께 보호관찰관에게 피고인에 대한 과학적 조사를 의뢰하여 이를 기초로 법관의 판결을 선고한 데에서 유래한 것이다. 오늘날 대륙법계국가에서도 이를 적극적으로 채택하고 있다. 우리나라의 경우 1989년 보호관찰제도의 도입 당시부터 소년 형사범에 대해 판결 전 조사제도를 시행한 뒤 2008년에는 성인 피고인에 대해서도 판결 전 조사가 가능하도록 법 개정이 되었다(조흥식 · 이형섭, 2014: 206-207). 미국의 많은 법정에서는 보호관찰관이 판결 전 보고서를 작성하여 판사로 하여금 적절한 처분을 내릴 수 있도록 돕고 있다. 이때 보호관찰과 가석방지도, 감독과정을 도와주는 사회복지사를 고용하여 판결 전 조사보고서를 작성하는 보호관찰관 업무를 지원하도록 하고 있다. 우리나라에서도 이를 참조하여 교정사회복지사가 보호관찰업무에 개입하여 판결 전 조사업무를 위한 조사자로서 역할을 할 수도 있으며 교정사회복지사가 보호관찰과와 팀이 되어 공판과정에서 전문기술을 가지고 개입할 수도 있을 것이다(천정환 · 김주연, 2010: 102-103).

② 국선교정사회복지사 제도 도입

「소송법」의 무기평등의 원칙에 따르면, 재판에 나서는 양 당사자는 대등한 지위에서 법적 다툼을 해야 한다고 본다. 그러나 개인과 개인이 다투는 민사와 달리 국가기관의 힘을 위임받은 검사와 형사피의자가 다투는 형사소송에서는 당사자가 대등한 위치에 있다고 보기 힘들다. 검사는 막강한 수사권과 전문적 지식을 갖춘 반면 형사피의자는 법률지식의 부족은 물론 여러 가지 어려움으로 인해 대등하기 어렵다. 이에 대한 보완책으로 변호인을 선임할 권리, 불리한 진술을 하지 않을 권리들을 보장하고 있다. 그러나 피의자들은 법률적 측면 말고도 다양한 심리 · 사회적 어려움에 직면할 수 있다. 이에 현행 변호사제도처럼 비법률적 측면에서 피고인을 면접하여 원조해 줄 교정사회복지사제도를 도입하여 모든 피고인은 교정사회복지사를 선임할 수 있고, 자력이 없는 형사피고인은 '국선교정사회복지사제도'를 이용할 수 있는 제도 도입이 필요하다(천정환 · 김주연, 2010: 101).

③ 전문가 의견 제출 및 지원

「가정폭력범죄의 처벌 등에 관한 특례법」 제22조(전문가의 의견 조회)에 따르면 법원은 정신건강의학과의사, 심리학자, 사회학자, 사회복지학자, 그 밖의 관련 전문가에게 가정폭력

행위자, 피해자 또는 가정구성원의 정신 · 심리상태에 대한 진단소견 및 가정폭력범죄의 원인에 관한 의견을 조회할 수 있다고 명시하고 있다. 그러므로 지역사회에서 가정폭력과 관련된 정신병리 진단 및 상담, 가정폭력상담 및 가족치료, 피해자지원 등을 전문으로 제공하는 기관과 전문가는 법원으로부터 의뢰된 가정폭력사건의 행위자 및 피해자에 대해 일반적인 상담 및 프로그램을 적용하기보다 당사자들의 특성에 적합한 상담 및 프로그램을 개발, 적용할 필요가 있다(배임호, 2020: 137).

④ 법원의 전문자문위원

범죄와 관련된 사실 이외에도 피고인의 인격과 환경을 객관적으로 조사해서 피고인에게 적합한 교정 및 보호 처우 방향의 수립이 중요하다. 이를 위해 법원에는 조사관이 별도로 배치되어 있으나 이 제도의 성공적인 운영을 위해서는 조사관의 전문성과 역할이 매우 중요하다. 교정사회복지사는 범죄인의 인격과 더불어 이들을 둘러싼 다양한 환경을 객관적으로 조사해서 판사가 범죄인에게 적합한 교정 및 보호 처우를 수립하도록 도울 수 있다. 이 밖에도 교정사회복지사는 사법처리과정에 연루된 사람을 위해 법률구조공단에 법률서비스의 연계, 비행청소년의 후견인 또는 증인으로 재판과정에의 참여, 아동학대나 성폭력 피해자를 위한 활동 등으로 활동할 수 있다(조흥식 · 이형섭, 2014: 207-208).

3. 형사제재와 범죄인 처우

범죄인에게 부과되는 형사제재는 성인과 소년에 따라 상이하다. 성인의 경우 형사제재는 형벌, 보안처분, 보호처분으로 구분된다. 소년에 대한 형사제재는 「소년법」에 의하여 성인과 다르게 적용되므로 6장 소년사법제도의 이해에서 별도로 다루고자 한다.

1) 형벌

(1) 형벌의 의의와 목적

형벌은 가장 대표적인 범죄 대책으로서 범죄 행위에 대한 형사제재로서의 해악을 내용으로 하는 국가적 강제수단이다. 형벌은 다음과 같은 특징을 갖는다. 첫째, 이미 발생한 범죄행위에 대한 사후적 대응이다. 둘째, 범죄행위에 대한 공동체의 비난 또는 불승인을 내포한다. 셋째, 범죄인으로부터 자유와 권리를 박탈 또는 제한하는 기능을 한다. 넷째, 국가의 공적 제재수단이라는 점에서 언제나 공형벌(公形罰)만을 뜻한다. 다섯째, 국가권력에 의한 예정된 강제로서 범죄인에게 선택이나 회피의 기회를 줄 수 없다(조흥식 · 이형섭, 2014: 209).

형벌의 목적에 따라 응보형주의와 목적형주의로 나뉘고 목적형주의는 다시 일반예방주의와 특별예방주의로 구분된다(〈표 5-3〉 참고). 응보형주의는 형벌이 응보를 위한 수단이라고 본다. 범죄인이 저지른 범죄에 상응하는 해악을 가함으로써 정의가 실현된다는 것이다. 목적형주의는 형벌이 범죄로부터 사회를 방위하는 수단이라고 본다. 즉 형벌은 이미 저지른 범죄 행위에 대한 응보가 아니라 장래의 범죄를 예방하는 데 있다고 본다. 이는 대상이 누구냐에 따라 일반예방주의와 특별예방주의로 구분된다. 일반예방주의는 일반인의 범죄예방에 초점을 둔다. 일반인들을 대상으로 형벌집행 대상인 범죄 행위와 형벌을 예고함으로써 범죄를 저지르지 않도록 하는 데 초점을 둔다. 반면 특별예방주의는 범죄인의 재범 방지에 초점을 둔다. 범죄인을 대상으로 형벌을 통하여 교육, 개선함으로써 범죄인의 사회복귀를 돕고 결과적으로 재범 방지를 하도록 하는 것이다.

〈표 5-3〉 형벌의 목적 및 내용

형벌의 목적		내용
응보형주의		• 형벌은 응보를 위한 수단 • 범죄인이 저지른 범죄에 상응하는 해악을 가함으로써 정의가 실현된다고 봄
목적형주의	일반예방주의	• 일반인의 범죄 예방에 초점을 둠 • 일반인을 대상으로 형벌집행 대상인 범죄 행위와 그에 따른 형벌을 예고함으로써 범죄 예방의 효과를 거두려고 함
	특별예방주의	• 범죄인의 재범 방지, 사회복귀에 초점을 둠 • 범죄인을 대상으로 형벌을 통하여 교육, 개선함으로써 재범을 방지하고자 함

(2) 형벌의 종류

「형법」에 규정된 형벌의 종류는 사형, 징역, 금고, 구류, 자격상실, 자격정지, 벌금, 과료, 몰수 등 아홉 가지다. 이를 다시 재분류하면 크게 생명형(사형), 자유형(징역, 금고, 구류), 재산형(벌금, 과료, 몰수), 명예형(자격상실, 자격정지)으로 구분된다(〈표 5-4〉 참고).

〈표 5-4〉 형벌의 종류

구분	내용	종류
생명형	수형자의 생명을 빼앗는 형벌	[사형] • 생명을 박탈하는 것 • 「형법」에서는 교수(絞首)하여 집행 • 「군형법」에서는 총살형 • 단, 범죄 행위 당시 18세 미만인 소년에 대한 사형은 인정되지 않음
자유형	수형자의 신체적 자유를 박탈하는 형벌	[징역] • 수형자를 교도소 내에 구금하면서 일정한 노역(정역)을 하게 하는 형 • 유기징역: 1년 이상 15년 이하, 가중인 경우 25년까지 가능 • 무기징역: 종신형이지만 10년이 지나면 가석방 가능
		[금고] • 수형자를 교소도 내에 구금하되 정역에 복무하지 않는 형
		[구류] • 1일 이상 30일 미만의 기간 동안 수형자를 교도소 내에 구금하는 것
재산형	범죄인의 일정한 재산을 박탈하는 형벌	[벌금] • 일정 금액의 벌금을 국고에 납부하는 것 • 5만원 이상이며 상한에는 제한 없음
		[과료] • 경미범죄의 경우 벌금을 국고에 납부하는 것
		[몰수] • 범죄행위와 관련된 재산을 박탈하는 것 • 자유형과 벌금형만으로는 달성할 수 없는 형벌의 기능을 보완하는 제도로서 부가형임
명예형	범죄인의 명예 또는 자격을 박탈하는 형벌	[자격상실] • 일정한 형의 선고가 있으면 그 형의 효력으로써 당연히 일정한 자격이 상실이 됨 • 공무원이나 법인 이사가 되는 자격, 공법상의 선거권과 피선거권 등의 자격이 상실됨
		[자격정지] • 법률에 의하여 일정기간 동안 일정한 자격의 전부 또는 일부를 정지시킴 • 공무원이나 법인 이사가 되는 자격, 공법상의 선거권과 피선거권 등의 자격이 정지됨

생명형은 수형자의 생명을 빼앗는 형벌로 대표적으로 사형이 해당된다. 자유형은 수형자의 신체적 자유를 박탈하는 형벌로 크게 징역, 금고, 구류가 있다. 징역은 수형자를 교도소 내에 구금하면서 일정한 노역 즉 정역에 복무하게 하는 형벌이다. 금고형은 징역

형과는 다르게 강제노동을 과하지 않고 수형자를 교도소에 구금하는 것을 의미한다. 금고형 이상의 판결을 받은 사람은 공무원이 되려고 하는 자격이나 공법상의 선거권, 공법상의 업무에 관한 자격, 법인의 이사, 감사 등이 되는 자격이 상실되며 일반 회사원이라 하더라도 금고형을 받게 된다면 사내규정에 따라서 회사에서 해고 사유가 될 수도 있다. 또한 의사, 세무사, 한의사, 간호사, 공인중개사 등의 전문직이나 자격을 요구하는 직군에서도 등록취소와 면허취소가 된다. 구류는 1일 이상 30일 미만의 기간 동안 수형자를 교도소 내에 구금하는 것이다. 재산형은 범죄인으로부터 일정한 재산을 박탈하는 것으로 현행 「형법」상 재산형은 벌금, 과료, 몰수가 있다. 벌금과 과료는 벌금을 국고에 납부하는 것은 같지만 금액에 차이가 있다. 과료는 경미범죄의 법정형에만 규정되어 있다. 몰수는 범죄 행위와 관련된 재산을 박탈하는 것이다. 몰수는 자유형과 벌금형만으로는 달성할 수 없는 형벌의 기능을 보완하는 제도로서 부가형이다. 몰수의 대표적인 대상은 뇌물죄에 사용된 금전이나 물품, 외환관리법 위반의 외환, 범죄 행위에 사용된 범죄도구 등이다(조흥식 · 이형섭, 2014: 214).

2) 보안처분

보안처분이란 사회적 위험을 방지하기 위하여 형벌을 보충하거나 이에 대신하는 보호, 양육, 교정, 치료 및 그 밖의 처분을 의미한다. 예를 들어 재범위험성이 높은 특정 성폭력 범죄인들은 형벌만으로는 사회적 위험을 방어하기가 어렵고 심신장애인, 마약류 및 알코올중독자인 범죄인에 대해서는 처벌 이외에도 치료를 통해 향후 일어날 범죄를 예방하는 것이 필요하다. 결과적으로 보안처분은 형벌과 구분되는 대안적인 제재수단이며 특별예방을 목적으로 한 형사제재이다. 형벌이 범죄인이 저지른 범죄에 대한 대가를 부과한다면 보안처분은 범죄인의 사회복귀와 사회질서 보호를 달성하기 위한 예방적 성격을 갖는다.

보안처분의 기본 원칙은 첫째, 보안처분 법정주의이다. 보안처분은 형벌은 아니지만 신체 · 재산의 자유를 제한하는 성질을 갖고 있기 때문에 법률과 적법한 절차에 의해서 행해져야 한다. 둘째, 비례성의 원칙이다. 특별예방의 목적으로 행해진다고 해도 그 목적 달성에 적합하고(적합성) 필요 최소한 침해수단으로(필요성) 균형을 이루어야 한다(균형성)는 것이다(조흥식 · 이형섭, 2014: 216 재인용).

〈표 5-5〉 형벌과 보안처분의 차이

구분	형벌	보안처분
기능	응보 · 속죄 · 일반예방	개선 · 보안 · 특별예방
초점	과거의 위법 행위에 대하여 진압	미래의 위험성에 대한 예방
부과근거	과거의 범죄 행위에 대한 책임에 근거	범죄행위 속에 표현된 행위자의 장래위험성에 근거
석방	형기가 종료되면 재범 위험성이 있더라도 무조건 석방	책임의 대소와 관계없이 해당 범죄인의 위험성에 따른 합목적적 집행

우리나라의 대표적인 보안처분으로는 보호관찰, 치료감호, 수강명령, 사회봉사명령, 위치추적전자감독이 있다. 치료감호는 심신장애 상태, 마약류 · 알코올이나 그 밖의 약물중독 상태, 정신성적 장애가 있는 상태 등에서 범죄행위를 한 자를 치료감호시설에 수용하여 치료하는 처분이다. 이는 검사가 청구하고 법원이 심리하여 치료감호를 선고함으로써 행해지는데, 치료감호 기간은 심신장애 및 정신성적 장애의 경우에 15년, 마약, 알코올 등 물질중독에 의한 경우는 2년을 초과할 수 없다. 위치추적전자감독은 2007년 4월 「특정 성폭력범죄인 위치추적 전자장치 부착 등에 관한 법률」이 제정됨으로써 2008년 9월부터 위치추적전자감독제도가 시행되기 시작하였다. 이 법은 재범 위험성이 높은 특정 성폭력범죄인의 재범 방지와 성행 교정을 위하여 그의 행적을 추적하여 위치를 확인할 수 있는 전자장치를 신체에 부착하는 부가 조치를 취함으로써 성폭력범죄로부터 국민을 보호함을 목적으로 제정되었다. 이후 미성년자 유괴범과 살인범, 강도범에게도 확대되었다. 이 밖에 보호관찰, 사회봉사명령과 수강명령은 9장 보호관찰소에서 자세히 다루고자 한다.

3) 보호처분

보호처분은 사회방위 및 특별예방적 목적으로 소년범이나 누범자 또는 심신장애자 · 약물중독 · 가정폭력행위자 등에 대해 가하는 보안처분이다. 이전에는 「사회보호법」이 있었으나 폐지되고 현행법상에는 「소년법」, 가정폭력범죄의 처벌 등에 의한 보호처분제도가 있다. 이 중 「소년법」상 보호처분의 내용은 7장에서 자세히 다루고자 하며, 여기서는 「가정폭력범죄의 처벌 등에 관한 특례법」을 살펴보고자 한다. 이것은 판사가 가정보호사건에 대하여 심리한 결과 필요하다고 인정한 경우에는 가정폭력행위자에 대하여 결정으로 보호처분을 한다. 보호처분의 내용은 첫째, 행위자가 피해인 또는 가정구성원에게 접근하는 행위의 제한 둘째, 피해인 또는 가정구성원에게 「전기통신기본법」의 전기통신을 이용하여 접근하는 행위의 제한 셋째, 친권자인 행위자의 피해인에 대한 친권행사의 제한 넷째, 「보호관찰 등에 관한 법률」에 의한 사회봉사, 수강명령 및 보호관찰 다섯째, 「가정폭력방지 및 피해자보호 등에 관한 법률」이 정하는 보호시설에의 감호위탁 여섯째, 의료기관에의 치료위탁 일곱째, 상담소 등에의 상담위탁 등이며 각 처분을 병과할 수 있다. 한편 친권자인 행위자의 피해인에 대한 친권행사의 제한이 있는 경우에는 피해자를 다른 친권자나 친족 또는 적당한 시설로 인도할 수 있다.

CHAPTER

06 소년사법제도의 이해

1. 소년사법제도의 의의와 이념[1)]

19세 미만의 청소년이 범죄를 저지르게 되면 일반 성인과는 다른 별도의 사법처리과정을 거친다. 이를 소년사법제도라고 한다. 역사적으로 소년사법체계(justice system)가 등장하기 시작한 것은 국가가 비행청소년에 대한 후견인으로서의 책임을 다해야 한다는 철학이 아동개혁자들에 의해 제기되면서부터이다. 이로 인해 소년사법재판소에서는 비행청소년을 범죄인이 아닌 보호를 필요로 하는 사람으로 간주하기 시작했으며 소년사법 개입의 초점도 비행에 대한 처벌이나 보복보다는 비행행동을 야기하는 원인을 제거하는 데 맞추어졌다(Kadish & Glaser et al., 1999: 88). 즉 비행청소년의 부모를 대신하는 보호자(defender)의 역할과 교정자(corrector)의 역할을 동시에 수행하며 성인 범죄인에게 적용되었던 적법절차나 기준의 적용 등을 초월하였다(Ichikawa, 1997: 202).

소년사법체계는 소년보호주의 이념에 근거한다. 일반적으로 소년보호주의의 근저에는 두 가지의 큰 흐름이 있다(최인섭, 1992: 227-228). 하나는 교육을 통해 비행청소년의 비행성을 교정시킨 것을 강조한다. 이것은 근대 형사학의 발달과 그에 따른 형사사조에서 유래한 것으로 실증적 교육형주의를 강조한다. 즉 인격 책임을 중심으로 하는 입장 또는 인도주의적 입장으로서 적절한 처우를 통해 범죄인을 교정해야 한다는 것이다. 특히 아동 및 청소년이 법에 저촉되는 행동을 하는 경우, 정신적 · 신체적 미성숙으로 인하여 교육 가능성이 풍부하기 때문에 교육적 방법을 가미한 개별적 처우를 행하는 것이 합목적적이라는 것이다.

다른 하나는 소년보호를 복지적 · 후견적인 것으로 보는 입장이다. 이것은 형평법 사상에서 유래하는 것으로 '국친사상(parens patriae)'에 근거한다. 국친사상은 청소년보호를 위

1) 이 부분은 홍봉선 · 남미애(2000: 195-203)의 내용을 부분 수정, 재인용한 것이다.

해 국가는 부모의 친권을 감시함과 함께 친권을 행하는 자가 없는 청소년이나 친권을 행하는 것이 부적당한 경우의 아동 및 청소년은 국가가 보호해야 한다는 것이다(이상현, 1997: 16). 그러나 소년의 인권을 보호하기 위한 국친사상이 오히려 적법절차를 무시함으로써 소년의 인권을 저해하는 결과를 초래하고 더 나아가 성인 범죄보다 더 심한 처벌을 받게 되는 문제가 생기거나 소년보호주의 이념에 기초한 법들이 사법처리의 실제에 있어서는 「소년법」을 비롯한 관련법의 취지에 부합되지 않는 실무 관행이 유지되고 있기도 하여 비행소년의 사회복귀와 소년범죄 예방에 별다른 효과를 내지 못한다는 비판도 있다(Mears, 1998: 443; Ichikawa, 1997: 202; Federle, 1999: 28). 그럼에도 불구하고 국친사상은 소년보호주의 이념과 더불어 소년사건에 있어 중요한 사상적 토대가 되었다.

우리나라 소년사법은 교육형주의와 사회복지의 양대 사상을 중심축으로 하고 있다. 우리나라 개정 「소년법」 제1조에서도 "반사회성 있는 소년에 대하여 그 환경의 조정과 품행 교정을 위한 보호처분 등의 필요한 조치를 하고, 형사처분에 관한 특별조치를 함으로써 소년이 건전하게 성장하도록 돕는 것을 목적으로 한다"고 명시하고 있다.[2] 이는 소년범에 대한 처우 및 절차의 개별화와 사회화를 통해 이른바 '개별화된 사법'을 수단으로 하고 소년과 공동사회를 모두 범죄와 형벌로부터 방위함으로써 사회복지와 실질적 사회정의를 실현하는 데 목표를 두고 있다(최인섭, 1992: 228).

2. 소년보호처분의 처리 절차

최초의 소년법원은 아동으로 하여금 반사회적 행동을 유발하게 하는 바람직하지 못한 사회적 영향을 제거하는 것이 소년법원의 권리이자 의무라는 전제에서 설립되었기 때문에 결과적으로 비행청소년의 법적 권리보다는 법원에 부여된 권위와 강제력을 행사하는 데 치중하게 되었다. 그러나 1960년대로 접어들면서 시민권의 급성장과 함께 소년사법 처리과정에 대한 의문이 제기되어 오다가, 최근에 와서는 사법처리과정에서 청소년 인권

2) 이 밖에도 소년사법과 관련된 법으로는 「소년원법」, 「보호관찰 등에 관한 법률」 등이 있다. 「소년원법」은 소년원과 소년분류심사원의 조직과 기능, 기타 소년의 교정교육 등에 관한 사항을 규정한 법이다. 「보호관찰 등에 관한 법률」은 사회 내 처우에 의한 건전한 사회복귀를 촉진하고 개인 및 공공복지를 증진함과 아울러 사회를 보호함을 목적으로 하는 법률이다.

보장문제가 활발히 논의되고 있다(Kratcoski & Kratcoski, 1986: 78; Ichikawa, 1997: 202; Bazemore, 1999: 81-90).

소년사법체계에서의 이러한 변화는 다음과 같은 관점에 기인한다. 첫째, 청소년은 성인과 구별되는 독특한 발달단계에 있으므로 특별한 보호가 필요하지만 기본적으로는 성인과 질적으로 다르지 않다는 것이다.

둘째, 청소년의 자기결정권은 최대한 보장되어야 하며 위법적인 행위를 한 경우를 제외하고는 법적 간섭으로 그들의 생활이 침해되어서는 안 된다는 것이다.

셋째, 청소년은 부모, 학교, 법적 체계에 대해 자신의 권리를 보호받는 것을 포함해서 성인에게 인정되는 모든 권리가 청소년에게도 제도적으로 보호되어야 한다는 것이다(Empey, 1978: 573). 결과적으로 이러한 변화는 「소년법」사상 청소년권리 보장의 일대 계기를 마련한 Kent판결, Gault판결, Winship판결 등으로 이어지게 되었다(홍봉선 · 남미애, 2000: 199 재인용).

소년의 범죄사건은 일반 성인과 상이한 사법처리 절차를 거친다. 소년사건은 「소년법」의 적용을 받으며 소년보호절차에 따라 처리해야 할 보호사건과 소년형사절차에 따라 처리해야 할 형사사건으로 구분된다. 소년형사사건의 사법적 처리는 일반 형사사법기관인 경찰, 검찰, 법원 등이 담당하고 있다. 소년범에 대해서는 형사처분보다는 보호처분을 더 우선시한다. 그 이유는 앞서 언급한 국친사상의 영향과 더불어 소년의 미성숙에 대한 인식, 청소년의 범죄 원인에 대한 환경결정론의 입장, 청소년에 대한 교육 개선의 가능성과 장래성, 청소년 범죄인의 범죄 습성의 허약함 등과 같은 청소년의 여러 가지 특성에 대한 이해가 그 근저에 있다. 그리고 이를 바탕으로 비행소년을 처벌의 대상이 아닌 보호의 대상으로 이해하고 교육적 · 인도적 · 복지적 관점에서 형벌보다는 교육을 통한 사회복귀를 지향해야 한다는 소년보호주의 이념이 적용된 것이다(홍봉선 외, 2019: 85).

우리나라의 경우 소년보호사건의 관할은 현재 미국 등에서 존재하는 독립적인 소년법원(juvenile court)이 없기 때문에 당해 소년의 행위지, 거주지 또는 현재지의 가정법원 혹은 지방법원 소년부지원에 속하며 소년보호사건의 심리와 결정은 소년부지원의 판사가 행한다. 이 밖에도 소년분류심사원, 보호관찰소, 소년원, 소년교도소 등이 소년사건 처리에 긴밀히 관여하고 있다(홍봉선 외, 2019: 82-83).

비행소년을 건전하게 육성하려는 소년사법은 비행 방지, 복지, 인권보장의 세 가지 목표를 추구하여야 한다(한영선, 1998: 3). 따라서 소년사법 처리과정은 도덕성과 법의식을 강화할 수 있도록 교육적이어야 하며 청소년의 인격을 존중받고 기본적인 권리가 보장될 수 있어야 하며 법 집행 절차가 민주적이며 공정성이 있어야 한다. 이미 선진국에서는 교정 효과의 극대화, 청소년 인권의 극대화를 위해 조기 개입의 중요성, 탈사법절차 등 다양한 방법을 통해 수사 단계에서 교정 단계까지의 기간을 최소화할 뿐 아니라 사법 처리과정에서의 환경개선에 관심을 돌리고 있다.[3] 특히 교정시설에서의 새로운 처우이념으로 각광받고 있는 재통합(reintegration) 이념에 따르면 이전에 잘못된 습관은 구태여 교정하지 않아도 합법적인 행동을 소년이 배울 수 있는 환경이 구성되면 이전의 나쁜 습관은 저절로 없어진다면서, 현재 소년에 내재하는 문제보다 앞으로의 경험이 소년의 사회복귀에 더욱 중요하다는 입장을 취하고 있다(문선화, 1988: 241-266; 홍봉선 · 남미애, 2000: 201 재인용).

1) 수사

(1) 주요 내용[4]

경찰은 소년사건처리 절차상 소년이 가장 최초로 접촉하게 되는 기관이다. 경찰이 범죄나 비행의 혐의가 있는 소년을 체포함으로써 사법처리가 개시된다. 범죄소년은 검사에게 송치하고 촉법소년과 우범소년은 소년보호사건으로 소년부지원에 송치해야 해야 한다. 불량행위소년은 소년풍기사범(흡연, 음주, 남녀 혼숙, 싸움, 환각물 소지 등)으로 훈방하거나 즉결심판청구를 하고 있다. 결과적으로 경찰의 활동과 판단 여부에 따라 사법처리과정에서 초기에 종결될 수도 있을 뿐 아니라 검찰이나 법원의 결정 등 그 이후 사법처리과정에도 막대한 영향을 미치게 되므로 이 단계는 청소년 개개인의 장래를 좌우하는 중요한 과정이다(남미애 외, 2002a: 138).

---

3) 독일의 경우 형식적인 수사체계 혹은 심판체계들이 사법절차를 거친 청소년의 비행에 증가요인으로 작용한다고 보고 소년사건이 처리되는 공간의 실내장식의 변화, 좌석 배열의 변화, 사용 언어의 변화 등을 통하여 소년들에게 심문이나 심판당하지 않도록 하고 동등한 입장에서 서로에게 접근할 수 있도록 소년심판체계에 대한 형식적인 측면의 개선을 강조하는 원탁제도(Runden Tisch)가 시도되고 있다(원혜욱, 1999: 370).

4) 이 부분은 홍봉선 · 남미애(2000: 200-201)의 내용을 부분 수정, 재인용한 것이다.

비행청소년이 인식하는 사법처리단계별 인권침해 문제를 조사한 남미애(2005b: 173)에 따르면 비행청소년들 중 일부는 경·검찰단계의 수사과정에서 폭언이나 폭행, 자백의 강요 등 강압적인 태도나 불충분하거나 정확하지 않은 조사, 불공평한 처우 등을 경험한 것으로 나타났다. 사법처리과정에 있는 비행청소년을 조사한 홍봉선·남미애(2000: 213)에 따르면 검·경찰과 같은 초기 사법단계에서의 부정적인 처우가 부정적인 정서를 야기할 뿐 아니라 청소년의 사회적 낙인, 사회적 박탈감을 높이고 자기반성과 준법성을 악화시키는 등 교정성에 어느 정도 영향을 미치고 있는 것으로 보고하였다. 즉 검·경찰의 폭력성이 높을수록, 비민주적일수록, 비전문적일수록, 공정한 처우를 하지 않을수록, 분노, 억울함, 불안이 높을수록 청소년들이 느끼는 사회적 낙인, 사회적 박탈감이 더 크며 이들이 비민주적일수록, 비전문적일수록 자기반성과 준법성이 낮은 것으로 나타났다.

일반적으로는 경찰은 비행청소년을 다룸에 있어 비행의 발견, 비행의 조사, 처분(case disposition), 청소년보호, 비행 예방의 역할을 수행한다(Kratcoski & Kratcoski, 1986: 230). 경찰의 수사는 기본적으로 성인과 유사하지만 경찰단계에서 소년범을 위한 개입은 경찰청훈령 「범죄수사규칙」과 경찰청예규 「소년업무처리규칙」에 근거한 수사와 조사를 실시한다(배임호, 2020: 121). 경찰은 수사와 함께 범죄소년의 인격과 환경에 대한 상세한 조사를 행해야 한다. 이렇게 조사된 내용은 일반적인 사건기록과 더불어 소년범 환경조사서와 비행성 예측자료표 작성에 포함된다. 경찰이 소년사건을 처리할 때는 범죄의 심각성, 청소년의 나이, 외모, 태도, 사건이 발생된 지역, 청소년의 가족 상황 등 비행청소년의 인격과 환경에 대한 전반적인 사항을 종합적으로 고려하여야 한다(Kratcoski & Kratcoski, 1986: 222; Griffin & Griffin, 1981: 277). 비록 범죄소년일지라도 부득이한 경우를 제외하고는 체포, 구금, 기타 강제조치를 하여서는 아니 되며(「소년경찰직무규칙」 제35조) 부득이 체포, 구금, 기타 강제조치를 결정하려고 할 때 또는 강제조치를 집행하려고 할 때에는 첫째, 범죄소년의 연령, 성격, 비행경력, 범죄의 내용, 구금 장소의 상황, 구금시간, 강제조치로부터 당해 소년에게 미치는 정신적 영향 등을 신중히 고려하여야 하며 둘째, 구금할 때에는 원칙적으로 성인과 분리하여 수용하여야 하며 셋째, 강제조치를 하였을 때에는 지체 없이 그 보호자 또는 대리자에게 연락해야 한다(이상현, 1997: 69).

경찰관이 비행청소년을 면접할 때에는 면접시간은 최소한도로 하고 소년의 수업 중 또는 취업 중의 시간 및 야간을 피하여야 하며 부득이한 경우를 제외하고는 그 소년의 보호자 또는 적당하다고 인정되는 자의 입회하에 실시하여야 한다. 또한 면접 중에는 소년 또는 그 보호자가 허위 진술 또는 반항을 한다고 하여 흥분하거나 멸시하여서는 안 되며 부드럽고 조용한 분위기를 유지하여 스스로 자제와 반성을 하도록 하여야 한다(소년경찰업무편람, 1997).

(2) 교정사회복지사의 개입

① 경찰의 환경조사 시 참여

경찰은 소년범의 환경조사서와 비행성 예측자료를 작성하는데, 이를 경찰에서만 담당하기에는 한계가 있다. 환경조사서 및 비행성 예측자료는 소년의 인성과 그 소년이 처한 환경을 종합적으로 판단하여야 하는 고도의 사회과학적 학문의 영역이기 때문이다. 여러 사회과학 학문 중에서 인간의 내면과 환경을 동시에 고려하면서 그들의 사회적 적응 제고와 복지를 증진시키는 데에 학문적 역점을 두는 사회복지학의 적극적 개입이 요청되는 영역이다(홍봉선 외, 2019: 83).

② 선도심사위원회의 참여

경찰은 소년범 특성에 따라 선도 중심의 맞춤형 처리를 함으로써 낙인효과를 제거하고 실질적인 선도, 지원을 강화하고자 외부 전문가가 참여하는 '선도심사위원회'를 운영하고 있다. 이 위원회는 지방자치단체 공무원, 교육청 장학사, 청소년상담사, 심리사, 청소년NGO 등 지역사회 전문가와 같은 외부위원을 2명 이상 참여하도록 하고 있다. 이 위원회의 역할은 죄질이 경미한 범죄소년(만 14세 이상 19세 미만) 사건 중 즉결심판 사건을 대상으로 처분(훈방, 즉결심판 청구 또는 입건, 검찰 송치 여부) 및 지원(생활지원, 상담지원, 법률지원, 의료지원)을 결정한다. 교정사회복지사는 선도심사위원회의 위원으로 참여해서 경찰과 협력할 수 있다. 특히 선도심사위원회의 목적이 선도 중심의 지원에 초점을 두기 때문에 청소년을 위한 생활지원, 상담지원, 법률지원, 의료지원 등을 위한 자원 연결, 서비스 및 프로그램 실시, 사례관리, 자원봉사자 연결 등 다각적인 지원을 행할 수 있다.

③ 선도 프로그램의 운영 및 참여

경찰에서는 비행청소년을 선도하기 위한 여러 가지 프로그램을 운영하고 있다. '사랑의 교실'은 비행, 불량소년과 타 기관 선도대상에서 제외된 청소년(중 · 고등학교의 문제학생) 등을 대상으로 소년범의 비행 예방 활동을 하고 있다. 그 내용은 상담, 정서검사, 분노 또는 충동 조절 프로그램으로 구성되어 있으며 폭력범죄를 저지른 소년범을 대상으로 분노조절 프로그램을, 절도범죄를 저지른 소년범을 대상으로 충동조절 프로그램을 구분하여 운영하고 있다(배임호, 2020: 122). 교정사회복지사는 경찰에서 운영하는 선도프로그램에 강사로 참여하거나 사회복지기관 차원에서 선도 프로그램을 개발해서 제안하거나 위탁받아 운영할 수 있다. 사회복지기관이나 사회복지사는 청소년 관련 상담, 돌봄활동, 자원봉사, 멘토링, 각종 지원서비스 등을 해오고 있기 때문에 비행청소년을 위한 선도 프로그램 운영 및 참여가 가능하다.

④ 성폭력, 가정폭력에 노출된 청소년에 대한 위기개입

교정사회복지사는 성폭력 전담수사팀이나 '원스톱지원센터' 등과 협력하여 성폭력, 가정폭력과 관련된 청소년에 대한 위기개입 및 사회적 지원을 행할 수 있다.

⑤ 범죄 예방을 위한 활동

교정사회복지사는 범죄 예방을 위해 경찰과 협력해 위기에 노출되거나 재범의 우려가 있는 청소년, 경찰에서 훈방조치되는 촉법소년이나 우범소년들에 대한 지원과 활동을 행하거나 청소년지도위원이나 명예경찰로 활동할 수 있다.

⑥ 비행청소년을 위한 다이버전 및 회복적 정의에 참여

현재 경찰 단계에서는 학교폭력 자진신고 기간 중 '선도조건부 훈방', '피해자가해자대화모임' 등 다이버전 및 회복적 정의와 연관된 정책들을 하고 있는데, 여기에 교정사회복지사의 적극적 개입이 필요하다. 특히 경미한 비행문제를 가지고 있는 청소년의 경우 처벌보다는 공식적인 사법처리 절차를 이용하지 않고 보호와 선도를 받을 수 있도록 지역사회 자원을 활용한 다이버전을 적극 개발하는 것이 필요하다(홍봉선 · 남미애, 2000: 213-214).

⑦ 검 · 경찰 단계에서 청소년 및 가족을 위한 상담 및 자문, 정보 제공

소년사법의 궁극적 이념을 달성하기 위해서는 공정한 법 집행과 더불어 초기 사법처리 단계에서 비행청소년과 가족의 문제를 정확히 파악하고 문제와 어려움을 극복할 수 있는 가장 적합한 방법을 찾는 것이 필요하다. 경찰단계에서 전문상담 및 지원을 받을 수 있도록 상담실을 운영하거나 지역사회 내 전문상담실이나 복지관 등과 연계하는 것이 필요하다(홍봉선 · 남미애, 2000: 213-214).

2) 공소

(1) 주요 내용

공소는 검사가 법원에 특정 형사 사건의 재판을 청구하는 것을 뜻한다. 검사는 경찰에서 송치되어 오거나 직접 인지한 소년사건을 수사한 결과 벌금 이하의 형에 해당하는 범죄이거나 보호처분에 해당하는 사유가 있다고 인정한 때에는 소년부지원에 송치하여 보호사건을 처리하고 그렇지 않으면 불기소하거나 또한 소년형사사건인 경우 형사법원에 기소할 수 있다. 이처럼 검사는 문제에 따라 소년형사사건 또는 소년보호사건 중 어떤 사건으로 처리할 것인가를 결정할 수 있는 선의권을 가지고 있을 뿐 아니라 공소제기 및 소년심판청구를 유예하는 재량권을 가지고 있으며 또한 소년사건 사법절차를 종료시킬 수 있는 등 광범위한 권한을 가지고 있다(기소편의주의).

특히 우리나라의 경우 검사가 모든 소년사건을 소년법원에 송치하도록 하는 전건송치주의(全件送致主義)를 채택하고 있기 때문에 사소한 실수로 인해 비행을 저지른 청소년의 경우 경찰조사에서 자신이 잘못을 뉘우치고 반성하였음에도 불구하고 검찰청, 법원 등에 재호출되면서 열등감과 낙인으로 인해 사법처리과정에 대한 분노와 적개심을 갖게 되고 오히려 비행의 재범을 촉진할 우려가 있다. 또한 검사가 선의권을 행사함에 있어 비행청소년의 인격과 환경에 대한 충분한 조사가 제대로 이루어지지 않는 실정이며 소년사건의 처리에 있어서 소년의 인격이나 환경보다는 범죄 사실의 경중을 중시하고 선도가 아닌 처벌을 우선시하는 경향이 있다(오영근 · 최병각, 1995: 84; 원혜욱, 1999: 357).

그리고 수사 단계에서 구속의 남용 문제, 소년에게 고문 혹은 가혹행위 등을 수단으로 비행 사실의 자백을 강요하는 사례 등 소년의 인권이 침해될 우려가 제기되고 있으며 이에 대한 대안으로 수사 단계에서부터 변호인, 보조인의 조력을 받을 권리를 보장해야 한다는 주장이 높다(원혜욱, 1999: 358). 미국의 경우 소년사건 처리 절차의 모든 단계에서 변호인이 소년을 대리할 수 있고 변호인이 없는 청소년에게는 국선변호인을 선정할 수 있다. 특히 부모가 없는 청소년과 부모가 있더라도 경제적 곤란으로 변호인 비용을 부담할 수 없는 청소년에 대해서는 반드시 국선변호인을 선정해야 한다(원혜욱, 1999: 361). 이러한 국선변호인 제도는 보다 전문적이고 적법한 법절차의 보장 및 인권보장에 기여할 것이다(홍봉선 · 남미애, 2000: 200-201 재인용).

현재 우리나라에서는 소년전담 검사제를 실시하고 있다. 소년전담 검사제는 소년사건이라는 특수성에 따른 합리적 처리를 위하여 채택된 제도로서 소년 전담 검사를 통해 영장청구, 수사지휘 및 수사 종결까지 일괄적 처리가 가능하며 선도조건부 기소유예 역시 효율적으로 운영될 수 있다는 취지에서 도입되었다. 그러나 소년 전담 검사제도는 형식적으로 될 위험성이 있고 소년 전담 검사의 순환보직의 경우 짧게는 몇 개월, 길게는 1~2년 정도 근무하는 형태이므로 전문성을 높이기 어렵다는 아쉬움이 있다(배임호, 2020: 126). 소년사법 절차상의 처우와 비행교정성과의 관련성을 연구한 홍봉선 · 남미애(2000: 213)에 따르면 검 · 경찰의 폭력성, 비민주성, 비전문성, 불공정성 등 부정적인 처우가 분노, 억울함, 불안 등 부정적인 정서를 야기할 뿐 아니라 청소년의 사회적 낙인, 사회적 박탈감을 높이고 자기반성과 준법성을 악화시키는 데 어느 정도 영향을 미친다고 보고하였다.

(2) 교정사회복지사의 개입

공소 단계에서 교정사회복지사가 개입하는 것은 아직 제도적으로 마련되어 있지 않지만 검찰과의 협력은 매우 중요하다.

① 전문가참여제도에의 참여

개정 「소년법」 제49조의4에 의하면 검사의 소년사건 처분 시 전문가 의견 조회를 규정하였다. 이는 수사기관이 소년사건을 수사하는 경우 전문가의 의견을 고려할 수 있도록 근거 규정을 신설한 것이다. 소년범의 조사과정에 범죄심리사, 사회복지사, 청소년상담사 등 청소년 관련 전문가가 참여하여 다양한 항목에 대해 심층분석 후 소년범의 선도 및 재범 가능성을 과학적으로 판단하여 소년에게 적합한 선도 프로그램을 연계함으로써 재비행 방지효과를 제고하고 있다(배임호, 2020: 121). 이에 교정사회복지사가 소년범의 조사과정에 청소년 관련 전문가로 참여하여 소년범의 선도 및 재범 가능성에 대한 전문적 의견을 제시할 수 있다.

② 선도조건부 기소유예에서 범죄예방위원으로 활동

검사는 비행청소년에 대해 선도조건부 기소유예제도(善導條件附起訴猶豫制度)를 할 수 있다. 이것은 통상의 기소유예 결정을 함에 있어 계속 선도할 필요가 있다고 판단되는 범법소년에 대하여는 법무부장관(지방검찰청 검사장)의 위촉을 받은 범죄예방위원의 선도를 조건으로 기소유예의 결정을 하는 제도이다. 이는 범죄의 혐의가 인정되고 다소 죄질이 중하다고 하더라도 개선 가능성이 있다고 판단되는 소년을 대상으로 사회 내에서 덕망과 학식 있는 범죄예방위원의 선도 · 보호를 받게 해서 재범을 방지하고 청소년을 건전하게 육성하고자 하는 목적에 의한 것이다.

검사는 청소년을 선도유예하기로 결정한 경우 지역협의회 및 지구협의회에 대상 소년과 범죄사실 등 필요한 자료를 통보하여 선도 책임을 맡을 범죄예방위원의 선정을 의뢰한다. 해당 지구협의회에서는 대상 소년의 선도에 적절하다고 인정되는 범죄예방위원을 선정하고 동인의 의사를 확인한 뒤 주임검사에게 추천한다. 소속 지역협의회로부터 선도 권고를 받은 범죄예방위원은 선도보호 책임을 인수하기 전에 선도책임을 인수할 것인지, 인수한다면 어떻게 선도할 것인시 여부를 결정하기 위하여 검사에게 필요한 자료를 요청, 제공받고 대상자의 가족, 친구, 이웃 등 관련자를 만나거나 학교, 직장 등에 당사자에게 불이익이 없도록 조심스럽게 예비조사를 할 수 있다(범죄예방위원의 예비조사). 범죄예방위원은 대상 소년에 대해 일정 주거 여부, 접촉 지속 여부, 불량교우 여부, 피해보상 여부 등을 점검 확인하여 지정된 양식에 따라 대상 소년에 대한 점검 확인 결과를 기재한 선도경과를 소년전담검사에게 통보하여야 한다. 선도기간은 6개월 또는 1년이며 소년은 소년선도보호지침에 따른 준수사항을 지켜야 한다. 소년선도보호 방법은 크게 접촉선도와 원호선도로 구분된다.[5] 교정사회복지사는 범죄예방위원으로 위촉되어 선도조건부 기소유예 청소년을 대상으로 접촉선도와 원호선도를 행할 수 있다.

5) 전자는 귀주처가 있는 유예소년과 접촉을 갖고 상담, 지도 등을 통해 소년의 반사회성을 교정하고 지식과 기술을 습득시키며 정서를 순화하여 건전한 사회인으로 복귀시키는 선도방법이다. 후자는 귀주처가 없거나 있더라도 귀주시키는 것이 부적당한 유예소년에 대해 선도보호위원의 주거나 복지시설에서 기거하게 하고 의식주를 제공하면서 접촉선도하는 방법이다(「소년선도보호지침」 제3조 제3항).

③ 다양한 조건부 기소유예제도의 프로그램 운영

검찰은 소년범의 특성에 따라 다양한 조건부 기소유예제도를 적용하고 있다. 그중 법무부 범죄예방정책국 소속 '청소년꿈키움센터'에서 대안교육, 상담조사, 심리상담, 보호자교육 등 다양한 교육을 받도록 함으로써 재범 방지, 인성 개발 등의 측면에서 실효성을 거두고 있다. 또한 대학생과 기소유예 소년을 1대 1로 결연하여 상담, 스포츠, 문화활동, 봉사활동 등의 일정한 프로그램을 거치면서 대상 청소년을 선도하는 '멘토 프로그램'을 시행하고 있다(배임호, 2020: 128). 교정사회복지사나 사회복지기관은 검찰과 협력하여 조건부 기소유예제도에서 활용할 수 있는 다양한 프로그램을 개발, 운영할 수 있다. 예를 들어 비행청소년을 위한 교육, 사례관리, 자원봉사활동, 보호자교육, 멘토링 등을 행할 수 있다.

④ 비행청소년에 대한 심리 · 사회적 지원 및 인권옹호

사법처리과정에 있는 청소년 및 가족들은 고위험에 노출되어 있다. 교정사회복지사는 사회적 지원이 필요한 청소년피해자는 물론 가해자, 가족에 대해 법률, 의료, 고용, 주거 등 자원에의 접근을 용이하게 하고 상담, 정보제공, 자원봉사자 연결, 지역사회 자원 연결 등 위기개입이나 다양한 심리 · 사회적 지원을 제공할 수 있다.

또한 사법처리과정에 인권침해가 일어나지 않고 인권옹호는 물론 권익향상을 위해 노력한다. 청소년 및 가족들이 변호인/보조인의 조력을 받을 권리가 보장될 수 있도록 해야 한다. 아동권리협약에 따르면 자유를 박탈당한 모든 아동은 법률적 및 기타 적절한 구조에 신속하게 접근할 권리를 가짐은 물론 법원이나 기타 권한 있고 독립적이며 공정한 당국 앞에서 자신에 대한 자유 박탈의 합법성에 이의를 제기하고 이러한 소송에 대하여 신속한 결정을 받을 권리를 가진다. 법률적으로 지식이 미비하고 자기방어력이 떨어지는 청소년에게 위법적인 방법으로 얻어진 피의자의 진술이나 증거는 피고인에 대한 유 · 무죄를 판단함에 있어 중요한 자료가 될 수 있다. 특히 전체 범죄사건의 절반에 해당하는 사건이 공소가 제기되지 않고 수사시관에서 종결되는 현재 우리나라 상황을 고려해 본다면, 이는 수사절차에서의 수사결과가 피의자에게 결정적인 영향을 미치고 있음을 보여주는 것이다(홍봉선 · 남미애, 2000: 214 재인용).

⑤ 검사의 결정 전 조사에의 참여

검사의 결정 전 조사는 「소년법」 제49조의2에 의거한 것으로, 검사가 소년 피의사건에 대하여 소년부 송치, 공소제기, 기소유예 등의 처분을 결정하기 위해 필요하다고 인정되는 경우 피의자의 주거지 또는 검찰청 소재지를 관할하는 보호관찰소의 장, 소년분류심사원장, 소년원장, 청소년비행예방센터장 등에게 피의자의 품행, 경력, 생활환경, 요보호성 등 필요한 사항에 관한 조사를 요구하면 보호관찰관이 이를 조사하여 회보하고 그 결과를 토대로 소년의 교화·개선에 가장 적합한 처분을 결정하는 제도이다. 조사의 내용은 소년의 인적사항, 신체 및 정신상태, 범죄 관련 사항, 생활환경, 보호자 상담, 소년 상담, 기타 상담 등이며 이를 조사하기 위해 조사관은 심리학, 교육학, 사회학, 사회복지학, 범죄학 등의 전문적 지식과 면접조사, 심리검사, 정신의학적 진단, 행동관찰, 자료조회, 현지조사 등의 방법을 활용하여 조사한다(배임호, 2020: 126). 따라서 교정사회복지사는 검사가 비행청소년에게 적합한 결정을 내릴 수 있도록 전문적 조사 및 의견을 제출할 수 있다.

⑥ 사법처리과정에 있는 청소년 및 가족을 위한 공식적·비공식적 지지체계 개발

소년사법처리과정 청소년의 스트레스 반응 및 교정성을 연구한 남미애 외(2002a)에 따르면 청소년을 둘러싼 환경에서의 긍정적 지지가 청소년의 스트레스 감소, 자기반성 및 법의식에 긍정적 영향을 미친다고 보고하였다. 특히 부모, 친구, 친척, 교사, 지역사회 기관, 검·경찰의 지지는 등은 현재 사법처리과정에 있는 청소년의 적응에 유용할 뿐 아니라 사법처리과정의 종료 뒤에도 청소년으로 하여금 진정한 사회복귀 및 적응을 돕는 지지체계로 가동할 수 있도록 이들에 대한 특별한 관심이 필요하다(남미애 외, 2002a: 138). 또한 교정사회복지사는 다양한 지지제공자의 발굴 및 유형별 지지 프로그램의 개발을 할 수 있다. 홍봉선 외(2002b: 204)에 따르면 사회적 지지유형과 지지제공자에 따라 비행청소년의 교정성에 미치는 영향이 다소 차이가 있음을 보고하였다. 그리고 비행청소년들로 구성된 집단상담이나 비슷한 또래로 구성된 또래상담, 자원봉사자를 활용한 멘토링 프로그램 등을 제안하였다. 정보적 지지를 위해서는 청소년비행과 관련된 법적 절차와 법률서비스 등을 행하는 지역사회자원의 제공이 필요하고 정서적 지지와 자존감 지지를 위해서는 자아존중감 향상 프로그램, 분노조절 프로그램, 사회기술향상 프로그램 등의 개발이 필요하다고 주장하였다.

⑦ 부모교육의 강화

비행청소년들이 다양한 지원과 프로그램을 통해 새롭게 성장하듯이 부모도 변화하지 않으면 안 된다. 자녀를 맞이할 준비를 해야 한다. 부모교육의 의무화와 더불어 가족에 대한 정기적 상담과 가족 참여형 프로그램을 실시하여 청소년부모를 교정의 파트너로 변화시키는 것이 필요하다.

3) 재판

(1) 주요 내용

대부분의 범법소년은 형사처분을 위한 형사법원에 송치되는 소수를 제외하고는 보호처분을 위한 소년부지원에 송치된다. 소년보호재판은 비행소년을 성인범죄인과 구별하여 범죄 사실에 대한 처벌보다는 반사회적 인격과 환경을 찾아 이에 대한 교육적 · 보호적 · 복지적 관점에서 대책을 세운다. 소년보호재판의 대상은 범죄소년, 촉법소년, 우범소년이다. 소년보호재판은 송치나 통고에 의해 시작되는데, 통고는 보호자 등이 경찰서,

[그림 6-1] 법원 소년부로의 송치

경찰청 등의 수사기관을 거치지 않고 직접 사건을 법원에 접수시키는 절차로 소년문제의 초기 단계에서 간편하게 법원에 소년문제 해결을 의뢰할 수 있는 제도이다. 소년사건을 법원 소년부로 송치할 수 있는 기관은 경찰, 검사, 법원이다.

① 조사와 심리

소년사법처리과정에서 '조사'와 '심리'는 중요한 용어이므로 정확히 이해할 필요가 있다. '조사'란 사회복지학, 의학, 심리학, 교육학, 사회학, 기타 전문적인 지식을 활용하여 소년과 보호자 또는 참고인의 성행, 경력, 가정상황, 기타 환경 등을 정확히 파악하는 것을 의미한다. '심리'는 일반적으로 판사가 소송기록, 당사자의 발언, 질문 등을 통해서 사건의 내용을 살펴봄으로써 사실관계를 찾아내고 사건의 진상을 재구성해서 판결문에 작성할 결론을 찾아가는 일련의 과정이라고 할 수 있다.

소년부 판사는 조사 및 심리 시 사회복지사, 정신과의사, 심리학자, 교육가 등 전문가의 의견 및 소년분류심사원의 조사 결과와 의견을 참작하여야 한다. 필요한 경우 본인, 보호자 또는 참고인을 소환하거나 보호자를 동행할 수 있다. 소년부 판사는 조사 내용을 검토한 뒤 사건의 심리 개시 및 불개시를 결정한다. 심리가 필요하다고 판단할 경우 심리 개시를 결정하고 심리가 불필요하다고 판단할 경우 심리 불개시를 결정한다. 설사 심리불개시를 결정하더라도 소년을 훈계하거나 보호자에게 소년에 대한 적절한 지도 및 교육을 하도록 요청할 수 있다. 소년보호사건의 심리는 비공개로 진행된다. 검사를 제외한 소년, 조사관, 보호자 및 보조인들이 출석, 의견을 진술할 수 있다.

② 이송 및 송검

조사 또는 심리한 결과 소년이 19세 이상인 경우, 금고 이상의 형에 해당된 범죄를 행한 경우, 범죄 동기와 죄질이 형사처분의 필요가 있다고 인정될 경우 사건을 다시 검사에게 송치하거나 역송할 수 있다. 이처럼 이송 및 송검이 결정되면 소년 및 보호자에게 신속하게 그 사유를 통고해야 한다.

③ 처분의 결정

소년부 판사는 심리 결과 이송이나 송검을 결정하지 않는다면 보호사건에 대해 최종 처분을 내릴 수 있다. 처분에는 크게 불처분 결정과 보호처분으로 나눌 수 있다. 불처분

결정은 심리결과 보호처분을 할 수 없거나 할 필요가 없다고 인정한 때 한다. 반면 보호처분이 필요하다고 인정될 때에는 「소년법」 제32조에 따라 열 가지의 처분을 내릴 수 있다(〈표 6-1〉 참고).

〈표 6-1〉 소년사법체계상 보호처분

종류	내용	기간	적응연령	비고
1호	보호자 등 위탁(보호자 또는 보호자를 대신하여 소년을 보호할 수 있는 자에게 감호위탁)	6개월(6개월 한도로 1회 연장)	10세 이상	
2호	수강명령	100시간	12세 이상	독립된 보호처분으로 확대
3호	사회봉사명령	200시간	14세 이상	독립된 보호처분으로 확대
4호	보호관찰관의 단기 보호관찰	1년	10세 이상	
5호	보호관찰관의 장기 보호관찰	2년(1년 한도로 연장)	10세 이상	
6호	복지시설 등 위탁(「아동복지법」상 아동복지시설 기타 소년보호시설에 감호위탁)	6개월(6개월 한도로 1회 연장)	10세 이상	
7호	병원 등 위탁(병원, 요양원 또는 「보호소년등의 처우에 관한 법률」에 따른 소년의료보호시설 위탁)	6개월(6개월 한도로 1회 연장)	10세 이상	
8호	1개월 이내 소년원 송치	1개월 이내	10세 이상	
9호	단기 소년원 송치	6개월 이내	10세 이상	
10호	장기 소년원 송치	2년 이내	12세 이상	

출처: 홍봉선 외(2019: 91).

(2) 교정사회복지사의 개입

재판 단계에서 교정사회복지사가 개입하는 것은 아직 제도적으로 마련되어 있지 않지만 직·간접적으로 다양한 개입들을 시도할 수 있다.

① 조사 및 심리 시 전문가로서의 참여

판결 전 조사제도와 마찬가지로 소년보호사건에도 판결을 선고하기 전에 전문가 참여는 매우 중요하다. 소년보호사건의 심판절차는 크게 조사 단계와 심리 단계로 나누어진다. 그중 소년사건 재판 단계의 조사는 법원 소속 소년조사관에 의한 조사, 전문가 진단, 소년분류심사원의 분류심사, 보호관찰소의 조사 등으로 나뉜다. 법원조사관은 판사를 보좌하며 소년의 인격이나 환경에 대한 광범위한 자료를 수집하는 역할을 하는데 심리학, 사회복지학, 사회학, 교육학 등의 지식과 경험이 있는 자들로 구성한다. 조사 대상은 소년, 보호자 또는 참고인이며 이들의 품행, 경력, 가정상황, 그 밖의 환경 등을 조사한다. 보다 자세히 말하자면 이들의 비행 사실, 동기, 비행 후 정황, 비행전력, 교육 정도, 직업, 관계, 가정환경 등이다(배임호, 2020: 133).

현재 소년법원에서 공식화된 소년조사관은 법원의 일반 공무원으로서 사전조사에 관한 전문가가 아니어서 전문성과 효율성이 극히 저조하여 하나의 형식적 제도로 전락했기 때문에 바로 소년조사관을 보좌하여 전문조사를 할 수 있는 자원으로 교정사회복지사를 활용할 필요가 있다(천정환 · 김주연, 2010: 100). 교정사회복지사는 청소년의 비행행동뿐 아니라 가정환경, 학교생활, 친구관계, 공식적 · 비공식적 지지체계 등 청소년을 둘러싼 다양한 환경에 대해 전문적으로 조사하고 판사가 청소년의 교정, 교화를 위한 적합한 판결을 내릴 수 있도록 도울 수 있다.

② 국선보조인의 역할

국선보조인은 '국선변호인'과 유사한 것으로, 소년보호사건의 소년, 아동보호사건(아동학대)의 행위자와 피해자, 가정보호사건(가정폭력)의 행위자에 대한 법률적 조력을 하기 위한 제도이다. 소년보호사건에서 국선보조인이란 소년의 비행 사실이 다투어지는 경우, 보호환경의 조정이 필요한 경우 등 소년의 정당한 이익을 옹호하고 적정한 심리, 처우결정을 위해 활동하는 자를 말한다(「소년법」 제17조의2). 일종의 국선변호인이라고 할 수 있으나 반드시 변호사일 필요는 없다. 국선보조인의 권한은 분류심사원에 위탁된 소년을 찾아가서 면담하고(소년에 대한 접견권) 가정을 방문하여 가정환경과 성장과정 등에 대해 조사하며 심리기일에 출석하여(심리기일 출석권) 의견을 제시하는 역할(의견진술권)을 한다(배임호, 2020: 134). 이 밖에도 기록 및 증거물의 열람 및 등사권, 항고 및 재항고권을 갖는다.

비행청소년이 인식하는 사법처리 단계별 인권침해 문제를 조사한 남미애(2005b: 173)에 따르면 비행청소년들의 일부는 재판 단계에서 자신의 앞날에 중요한 사항이 결정되는 순간인 데 반하여 자신의 입장을 충분히 밝힐 수 있는 진술시간이나 대변인이 보장되지 못해 재판결과에 대해 억울함이 높았다. 교정사회복지사는 소년보호사건의 소년, 아동보호사건(아동학대)의 행위자와 피해자, 가정보호사건(가정폭력)의 행위자에 대한 법률적 조력을 하기 위해 국선보조인으로서 활동할 수 있다. 분류심사원에 위탁된 소년을 면담하고 가정방문, 부모와의 면담 등을 통해 가정환경과 성장과정 등에 대해 조사하며 심리기일에 출석하여 청소년의 이익을 대변하는 의견을 제시할 수 있다.

③ 위탁보호위원으로 참여

「소년심판규칙」 제33조에 따르면 '위탁보호위원'은 법원장이 보호자를 대신하여 소년의 감호를 위탁받을 사람을 위촉한 사람이다. 즉 부모가 없거나 부모가 있더라도 부모의 기능을 하지 못하는 경우 소년을 보호하는 역할을 한다. 위탁보호위원의 선정 자격은 정신과 의사, 심리학자, 사회사업가, 「청소년복지 지원법」 제31조 제4호에 정한 청소년회복지원시설의 종사자 중 시설장의 자격기준을 충족하는 사람 또는 학식과 덕망이 있는 사람 중에서 위촉한다고 명시하였다. 위탁보호위원은 매월 4회 이상 보호소년을 만나 상담하고 그 결과를 법원에 제출한다.

④ 화해권고위원

소년보호재판에서는 「소년법」 제25조의3에 따라 보호소년의 품행을 교정하고 피해자를 보호하기 위하여 필요하다고 인정되는 사건의 경우 보호처분에 앞서 화해권고절차에 회부하여 법원이 위촉한 '화해권고위원'으로 하여금 피해자와 가해자에게 적극적으로 화해권고를 하도록 한다. 이것은 회복적 정의에 기반한 것으로, 피해자, 가해자 및 보호자들이 화해권고위원의 도움을 받으면서 서로 만나 피해와 책임에 대해 이야기하고 합의를 도출하는 것이다.

「소년심판규칙」 제26조의4(화해권고위원의 위촉과 지정 등)는 가정법원장 또는 소년부가 설치되어 있는 지방법원장은 「소년법」 제25조의3 제1항에 따라 피해자와의 화해를 권고하기 위하여 갈등 해결에 전문적인 소양과 능력이 있거나 법학, 사회복지학, 심리학, 교육학, 정신의학, 보건간호학, 가족치료학, 상담학, 가족관계학, 그 밖에 소년보호사건과 연관된 분야에서 전문적인 지식과 경험이 있는 사람 중에서 화해권고위원으로 위촉할 수 있다고 규정했다. 이처럼 교정사회복지사는 화해권고위원으로 참여하면서 피해자, 가해자, 가족들이 서로 만나 서로의 경험과 책임을 확인하고 피해회복을 위한 노력을 강구하도록 도울 수 있다.

이 밖에도 범죄피해인을 위한 사회복지실천 프로그램 개발, 가해자의 재범 방지와 재통합을 위한 프로그램 개발, 소년사법제도에 회복적 사법정의 프로그램의 다양한 적용, 사회복지사들이 갈등 중재자로서의 역할을 실천현장에서 실현할 수 있도록 전문적인 갈등 중재자 양성 과정 개설 및 훈련, 학교 교육과정에 갈등 해결 교육 포함 등이 필요하다(배임호, 2020: 138).

화해권고 진행 절차

- 첫 번째 단계: 화해권고를 위한 조사명령 및 피해자 동의 확보 단계

  사건담당 소년부판사가 화해권고절차에 회부함이 상당하다고 판단되는 경우 필요에 따라 조사관의 조사를 바탕으로 피해자 가해자의 참가 동의를 받아 당사자들의 참여 가능 시간을 고려하여 화해권고 기일을 정한다.
- 두 번째 단계: 화해권고위원 배정 및 자료 송부 단계

  해당 사건 담당 재판부는 3명의 화해권고위원을 선정하여 관련 피해자와 가해자의 인적 사항, 범죄사실 등의 자료를 우편이나 팩스 등의 적절한 방법으로 송부한다. 화해권고위원은 변호사 1인을 포함하여 3인이 한 팀이 되어 사건 관련 논의와 세부 역할분담을 결정한다.
- 세 번째 단계: 예비조정 단계

  화해권고기일 전에 각각 당사자와 보호자를 따로 만나 사건 관련한 입장과 감정, 해결방법 등에 대하여 정보를 얻고 화해권고기일을 준비할 수 있도록 예비조정을 한다.
- 네 번째 단계: 화해권고기일 단계

  가해자와 피해자 및 보호자들이 한 자리에 모여 소개하고 규칙을 정하고 사건 관련 각각의 입장을 나누면서 핵심 쟁점 및 책임 범위를 찾는다. 해결을 위한 대안 탐색을 통해 합의사항을 도출한다. 합의안을 작성하고 최종 진술을 한 후 화해권고기일을 종료한다.
- 다섯 번째 단계: 결과보고 및 사후관리 단계

  화해위원들은 화해권고기일이 종료된 후 합의여부와 상관없이 결과보고서를 작성하여 담당재판부에 송부한다. 담당조사관은 합의사항의 이행이 완료될 때까지 그 이행 여부를 점검하고 그 결과를 토대로 가해자에 대한 적절한 처분의견을 개진하게 된다. 합의가 이루어지지 않은 경우 즉시 심리기일을 지정하여 나머지 절차를 진행하고 보호처분을 하게 된다.

출처: 배임호(2020: 135).

⑤ 사법처리과정에 있는 청소년의 임파워먼트 및 사회지지 향상을 위한 개입

홍봉선 외(2002b: 205)에 따르면 사회적 지지와 비행청소년의 교정성은 부분적으로 관련이 있다. 따라서 사회적 지지에 대해 부정적이거나 사회적 지지를 얻을 능력이나 기회가

부족한 청소년에 대한 개입이 필요하다. 이를 위해 심리교육적 방법과 사회기술적 방법이 적용되어야 한다. 심리교육적 방법에서는 사회지지의 중요성과 잠재적인 사회자원을 발견할 수 있도록 도울 수 있다. 사회기술적 방법으로는 청소년으로 하여금 사회적 지지 획득에 대한 동기를 고양시키고 더 나아가 의도적인 집단활동을 통해 사회적 지지 획득 기술을 배우고 개발하도록 지도한다.

3. 소년범죄인의 처리 및 처우

1) 소년범죄인의 처리 실태

소년범죄인에 대한 검찰의 처리는 크게 기소, 불기소, 소년보호소치 등으로 구분할 수 있다. 〈표 6-2〉에서 보듯이 2022년의 경우 소년보호송치가 47.8%로 가장 높았고 그다음이 불기소(35.2%), 기소(13.5%), 가정보호송치(0.6%) 순이었다. 불기소 중에서는 기소유예가 31.3%를 차지하였다(법무연수원, 2024: 573). 이처럼 기소유예 등 불기소 비율이 기소율보다 월등히 높은 것은 성인과 구별되는 특징이라고 할 수 있다.

〈표 6-2〉 소년범죄인에 대한 검찰의 처리 현황(2022년)

(단위: 명(%))

계	기소			소년보호송치	가정보호송치	불기소			기타
	소계	구공판	구약식			소계	기소유예	기타	
49,856 (100)	6,740 (13.5)	4,372 (8.8)	2,368 (4.7)	23,831 (47.8)	308 (0.6)	17,562 (35.2)	15,591 (31.3)	1,971 (4.0)	1,415 (2.8)

출처: 법무연수원(2024: 574).

주요 죄명별 소년범죄인에 대한 검찰처리 현황을 살펴보면 다음과 같다. 전체 소년범죄인에 대한 기소율은 13.5%인 반면에, 강도와 상해의 기소율이 각각 66.7%와 17.4%로 상대적으로 높았다. 반대로 폭행과 폭력행위 등 처벌에 관한 법률(손괴등)의 기소율은 12.8%와 5.0%로 낮게 나타났다. 전체 소년범죄인에 대한 소년보호사건 송치율은 47.8%인 반면에, 상해는 54.5%, 절도는 52.3%, 도로교통법위반은 51.0%로 평균보다 높았다. 그러나 강도, 성폭력, 폭행, 폭처법(손괴등), 교통사고처리특례법위반, 저작권법위반의 소년보호사건 송치율은 각각 30.2%, 42.7%, 46.3, 38.0%, 38.9%, 0.0%로 평균보다 낮았다

(법무연수원, 2024: 575).

검사로부터 선도조건부 기소유예처분을 받은 소년의 현황을 보면 2022년의 경우 기타가 42.6%로 가장 높았고 그다음은 절도(27.9%), 폭처법(18.2%) 순이었다(법무연수원, 2024: 579).

선도조건부 기소유예처분을 받은 소년의 연령을 알아보면 15세가 24.4%로 가장 높았고 그다음은 16세(23.3%), 17세(20.1%), 18세(14.7%), 14세(11.7%), 19세(5.8%) 순이었다(법무연수원, 2024: 580).

〈표 6-3〉 선도조건부 기소유예처분 대상소년의 연령별 현황(2022년)

(단위: 명(%))

계	14세	15세	16세	17세	18세	19세
1,824 (100)	213 (11.7)	445 (24.4)	426 (23.3)	366 (20.1)	268 (14.7)	106 (5.8)

출처: 법무연수원(2024: 580).

선도조건부 기소유예처분을 받은 소년의 직업을 살펴보면 2022년의 경우 학생이 66.2%로 가장 높았고 그다음이 무직(10.9%), 직업소년(0.2%) 순이었다(법무연수원, 2024: 581).

2) 소년보호사건 실태

소년사건을 법원 소년부로 송치할 수 있는 기관은 경찰, 검사, 법원이다. 경찰송치는 경찰서장이 촉법소년 및 우범소년이 있을 때에 직접 관할 소년부에 송치하도록 되어 있으며 검사의 송치는 검사가 소년에 대한 피의사건을 수사한 결과 보호처분에 해당하는 사유가 있다고 인정한 경우에 사건을 관할 소년부에 송치하도록 되어 있다. 마지막으로 법원의 송치는 검사가 소년에 대한 피의사건을 수사한 결과 형사처분절차가 필요하다고 인정하여 기소한 사건에 대해 법원이 심리한 결과 보호처분에 해당할 사유가 있다고 인정하면 결정으로서 사건을 관할 소년부에 송치하도록 되어 있다. 이외에 통고를 통해서도 소년보호사건 절차가 개시될 수 있는데 통고란 보호자 또는 학교·사회복리시설·보호관찰소의 장이 비행소년을 관할 소년부에 알려 보호 사건으로 심리하도록 촉구하는 행위를 말한다.

소년법원에 접수된 소년보호사건 인원 및 접수구분별 현황을 살펴보면 2022년 총 접수인원은 43,042명이다. 이 중 검사가 소년법원에 송치한 것이 54.4%로 가장 높았고 그다음이 경찰송치(39.7%), 법원송치(2.0%) 순이었다(법무연수원, 2024: 582).

〈표 6-4〉 소년보호사건 접수인원 및 접수구분별 현황(2022년)

(단위: 명(%))

계	법원송치	검사송치	경찰송치	통고	이송
43,042(100)	863(2.0)	23,408(54.4)	17,076(39.7)	502(1.2)	1,193(2.8)

출처: 법무연수원(2024: 583).

주요 죄명별로 소년보호사건 접수인원 현황을 살펴보면 절도가 34.1%로 가장 높았고 그다음이 기타(24.5%), 사기(9.1%), 폭처법(8.7%), 폭행(7.3%), 도로교통법(5.8%), 상해(3.5%) 순이었다(법무연수원, 2024: 584).

〈표 6-5〉 소년보호사건 주요 죄명별 접수인원 현황(2022년)

(단위: 명(%))

총계	상해	폭행	절도	강도	사기	교특법	도교법	성폭력	화학물질 관리법	폭처법	기타
43,042 (100)	1,511 (3.5)	3,159 (7.3)	14,671 (34.1)	119 (0.3)	3,933 (9.1)	727 (1.7)	2,506 (5.8)	2,154 (5.0)	2 (0.0)	3,737 (8.7)	10,523 (24.5)

출처: 법무연수원(2024: 584).

「소년법」상 보호처분의 유형은 10가지이나 여러 가지 조합의 병과처분이 이루어져 24가지 유형이 나타났다. 2022년 보호처분 유형별 현황을 살펴보면 〈표 6-6〉과 같다.

1, 2, 4호 처분이 15.6%가 가장 높았고 그다음이 1, 2호(14.6%), 1호(14.5%), 1, 2, 5호(6.9%), 5, 6호(5.9%), 1, 4호(5.7%), 1, 2, 3, 5호(4.7%), 9호(3.4%) 순이었다(법무연수원, 2024: 587).

〈표 6-6〉 보호처분 유형별 현황(2022년)

(단위: 명(%))

보호처분	합계	보호처분	합계
전체	24,933(100)	2호	516(2.1)
1호	3,618(14.5)	3호	143(0.6)
1, 2호	3,640(14.6)	4호	189(0.8)
1, 2, 3호	522(2.1)	4, 6호	49(0.2)
1, 2, 4호	3,888(15.6)	5호	76(0.3)
1, 2, 5호	1,731(6.9)	5, 6호	1,467(5.9)
1, 2, 3, 4호	709(2.8)	5, 8호	746(3.0)
1, 2, 3, 5호	1,171(4.7)	6호	3(0.0)
1, 3호	426(1.7)	7호	170(0.7)

보호처분	합계	보호처분	합계
1, 3, 4호	493(2.0)	8호	3(0.0)
1, 3, 5호	656(2.6)	9호	853(3.4)
1, 4호	1,430(5.7)	10호	596(2.4)
1, 5호	513(2.1)	병과처분 기타	1,325(5.3)

출처: 법무연수원(2021: 587).

2022년 보호처분 대상 소년의 연령층별 현황을 살펴보면 16~17세가 32.6%로 가장 높았고 그다음이 14~15세(32.8%), 16~17세(32.6%), 14세 미만(21.0%), 18세(13.6%) 순이었다(법무연수원, 2024: 588).

〈표 6-7〉 보호처분 대상 소년의 연령층별 현황(2022년)

(단위: 명(%))

계	10~13세	14~15세	16~17세	18세
24,933(100)	5,245(21.0)	8,176(32.8)	8,124(32.6)	3,388(13.6)

출처: 법무연수원(2024: 588).

14세 이상 19세 미만의 청소년이라고 하더라도 금고형 이상의 죄가 있는 경우 소년보호사건이 아니라 소년형사사건으로 다루어진다. 만약 형사사건으로 다루어진다고 하더라도 재판을 통해 보호사건으로 결정되면 다시 보호사건으로도 다루어질 수 있다. 2022년의 경우 제1심 형사공판사건 중 소년인원은 2,540명으로 소년비율은 1.1%를 차지하였다. 제1심 소년형사공판사건 재판결과를 보면 소년부송치가 42.9%로 가장 높았고 그다음이 부정기형(24.4%), 집행유예(17.7%), 기타(11.8%) 순이었다. 이처럼 형사공판에서 판사가 소년범을 소년법원으로 송치하여 다시 소년보호처분 절차를 거치게 하는 비율이 상당히 높음을 알 수 있다(법무연수원, 2024: 590).

3) 소년범죄인에 대한 처우

소년범죄인은 크게 소년보호처분대상자와 소년형사처분대상로 구분될 수 있다. 소년보호처분대상자는 주로 소년보호관찰, 소년원, 분류심사원에서 담당한다. 소년형사처분대상자는 소년교도소에서 수용된다. 각 대상자의 처우에 대해서는 8장을 참고하기 바란다.

CHAPTER 07 교정처우방법

범죄인 처우의 유형은 크게 사법 처우, 시설 내 처우(교정처우) 및 사회 내 처우(보호처우)로 대별할 수 있다. 사법 처우는 경찰, 검찰 및 법원의 각 단계에서 행해지는 처우를 의미한다. 시설 내 처우(교정처우)는 교도소 등의 교정시설에서 행해지는 처우를 의미한다. 사회 내 처우(보호처우)는 범죄인에게 사회생활을 허용하면서 지역사회 내에서 이루어지는 처우를 의미한다(조흥식 · 이형섭, 2014: 82).

1. 시설 내 처우

1) 의의

시설 내 처우는 범죄인을 지역사회와 격리된 특정 장소나 시설에서 수용하는 처우(처분)를 말한다. 이는 대상에 따라 소년과 성인에 대한 처분으로, 그 목적과 형사정책적 기능에 따라 보안 · 보호적 처분과 형사적 처분으로 구분된다. 시설 내 처우 중 보안처분의 대표적인 제도로는 치료감호가 있고 소년에 대한 보호처분으로는 소년원 보호수용과 이를 위한 분류심사제도가 있다(〈표 7-1〉 참고).

〈표 7-1〉 교정처우 방법

<table>
<tr><th colspan="2" rowspan="2">구분</th><th colspan="2">대상</th><th colspan="2">목적 및 기능</th></tr>
<tr><th>성인 대상 처분</th><th>청소년대상 처분</th><th>보안 · 보호처분</th><th>형사적 처분</th></tr>
<tr><td rowspan="2">교정 처우 방법</td><td>시설 내 처우</td><td>교도소</td><td>소년원
소년교도소</td><td>치료감호
소년원
분류심사원</td><td>교도소
소년교도소</td></tr>
<tr><td>사회 내 처우</td><td>집행유예, 가석방, 가출소 및 가종료, 보호관찰, 위치추적전자장치 부착명령</td><td>보호처분 및
소년가석방
보호관찰</td><td>보호관찰소</td><td></td></tr>
</table>

시설 내 처우는 다음과 같은 다섯 가지 기본원리에 근거한다(홍봉선 외, 2019: 126-129 재인용).

(1) 인도주의

인도주의는 인간의 존엄성을 최고의 가치로 생각하는 것이다. 비록 범죄를 저질러 교정시설에 수용되어 있더라도 일반인과 마찬가지로 인간으로서 존중되어야 한다.

(2) 법률주의

법률주의는 교도소에 구금된 수형자의 법률상의 지위가 적법한 법률에 의해서만 상실될 수 있으며 그 외는 일반 국민과 동일하다고 보는 것이다. 즉 법에 의하지 않고는 수형자의 권리나 의무를 강제하거나 박탈할 수 없고 법률에 의해 그 지위가 보장되도록 함을 뜻한다.

(3) 과학주의

수형자 처우에 있어서 과학주의란 수형자 처우의 능률을 향상시키기 위하여 과학의 성과를 도입함으로써 합리화를 기하는 것을 말한다. 그러므로 수형자의 교정기법 개발과 과학적 관리를 위해서는 여러 분야의 과학적인 기법과 기능이 적극적으로 요청된다 하겠다.

(4) 개별주의

개별주의란 사람들이 각자 다른 사람들과 구별되는 독특한 특성을 가지듯이 비록 범죄를 저질렀다고 해도 수형자마다 고유한 성질과 특성을 가졌다고 본다. 따라서 효과적인 수형자의 처우를 위해서는 수형자의 특성을 고려한 개별적 처우를 해야 한다.

(5) 사회복귀주의

교정분야에서 사용되는 재활 혹은 사회복귀(rehabilitation)라는 개념은 계획적인 프로그램을 통하여 수형자의 재범 위험성을 의도적으로 감소 내지 제거하는 것을 뜻한다. 달리 표현하면 사회복귀란 수형자가 교정처우를 통하여 법을 준수하는 생활태도를 갖는 것을 의미하며 구체적으로는 계획적인 교정처우 프로그램을 통하여 성격, 태도, 가치관, 행동의 변화를 가져오고 재범 위험성이 감소되는 결과를 초래하게 되는 것을 의미한다.

2) 범죄인 처리 절차

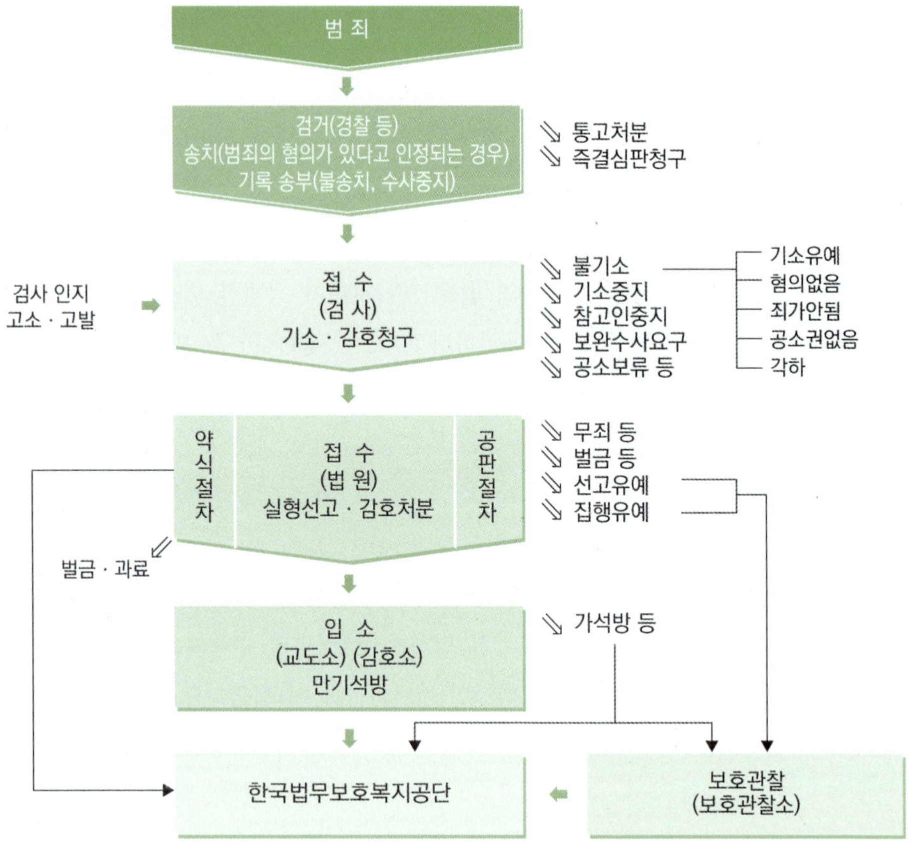

[그림 7-1] 성인범죄인의 처리과정

* 불송치 및 수사중지기록 관련 절차 개요 생략
출처: 법무연수원(2024: 231).

성인범죄인이 형사사법체계에서 어떤 과정을 거쳐 교정시설에서 지내게 되는지를 구체적으로 살펴보면 다음과 같다.[1)]

첫째, 범죄 이후 범죄인이 경찰 등에 의해 검거되면 검찰에 송치된다. 이때 형사피의자 또는 형사피고인으로서 체포되거나 구속영장의 집행을 받게 되면 미결수용자의 신분으

1) 청소년은 소년보호주의 이념에 입각해서 성인과 다른 사법처리 절차를 거친다. 이와 관련해서는 6장과 8장을 참고하길 바란다.

로 구치소 또는 교도소의 미결사동에 입소한다.

둘째, 법원에 의해 정식으로 형이 확정되지 않은 상태이지만 도주 등의 위험으로 인해 미결수용자의 신분으로 검찰 조사, 법원 재판 등 소송을 진행한다. 이때 미결수용자는 작업을 제외한 접견, 운동 등에 참여할 수 있고 수용생활 상담을 받을 수 있다. 만약 이 단계에서 무혐의, 기소·선고유예, 집행유예, 공소기각 등이 결정되면 출소하게 된다.

셋째, 법원의 재판에서 실형선고가 행해지면 미결수형자는 분류심사를 통해 수형자의 특성을 고려한 교도소로 이송되고 기결수형자가 된다. 이때 수용은 경비처우급, 남자와 여자, 소년과 성년, 외국인과 내국인, 환자·장애인, 치료·보호감호로 구분된다.

넷째, 이송된 교도소에서 수형생활이 시작되면 분류처우, 교도작업, 교화활동, 학과교육, 직업훈련, 가족만남의 집, 특기활동, 귀휴 등 다양한 활동 등이 행해진다.

다섯째, 출소는 기본적으로 형기가 종료될 때 행해진다. 그러나 가석방, 사면, 형집행정지가 행해질 때도 출소가 가능하다. 가석방 등 일부 출소자의 경우 지역사회로 복귀한 이후에도 정해진 기간 동안 보호관찰대상자가 되기도 한다.

3) 교정 조직 및 시설

(1) 중앙조직

교정시설을 담당하는 주무부처는 법무부이다. 법무부 밑에는 여러 개의 하부조직이 있는데 그중 교정본부는 성인 및 소년의 형사처분 중 자유형의 집행 즉 시설 내 처우를 담당하는 전국의 성인 및 소년 교도소를 관장한다. 교정본부 산하에는 서울, 대전, 대구, 광주의 4개 지방교정청이 있다. 지방교정청장은 수행자·미결수용자 등의 수용관리·교정·교화, 기타 행형사무에 관하여 관할 교도소 등을 지휘·감독한다(조흥식·이형섭, 2014: 280).

(2) 교정시설

교정본부 산하의 교정시설에는 크게 교도소와 구치소가 있다. 교도소는 징역형·금고형·구류형 확정자와 벌금 또는 과료를 완납하지 아니하여 노역장 유치명령을 받은 수형자의 교정교화를 위한 곳이다. 구치소는 형사피의자 또는 형사피고인으로 체포되거나 구속영장의 집행을 받은 미결수용자를 위한 곳이다. 교도소 및 구치소는 수형자를 격리하여 교정·교화하고 건전한 국민사상과 근로정신을 함양하며 기술교육을 실시하고 감호·교화 및 직업훈련과 근로를 실시하여 사회복귀하게 하고 미결수용자의 수용 그 밖의 행형에 관한 사무를 관장한다. 교도소는 다시 여성수형자의 처우를 위한 여자교도소와 소년수형자를 위한 소년교도소가 있다. 더불어 민영교도소의 설립근거가 된 「민영교도소 등의 설치·운영에 관한 법률」에 의거하여 재단법인 아가페를 중심으로 설립된 '소망교도소'가 2010년 12월 1일 개소하여 우리나라 최초의 민영교도소로 운영되고 있다(조흥식·이형섭, 2014: 281).

소년보호처분의 집행기관 중에서 시설 내 처우를 담당하는 것이 바로 소년원이다. 소년원은 보호처분 중 소년원 송치결정을 받은 비행소년을 수용하여 보호하고 교육과 개선활동을 펼치는 교정복지 실천현장이다. 한편 교정시설 중에서 구치소에 해당하는 역할을 수행하는 곳이 소년분류심사원이다. 소년분류심사원은 법원에서 소년심판을 위하여 위탁한 소년을 수용하고 비행원인 등을 진단하여 법원에 조사·심리자료를 제공하는 역할을 한다. 구체적인 내용은 8장을 참고하기 바란다.

(3) 인력

교정시설에서 근무하는 주요 인력은 교정공무원이다. 이들은 흔히 교도관으로 불리는데 주로 교도소, 구치소 등에서 재소자 관리, 교정교화와 관련된 업무를 수행하는 국가공무원이다. 채용은 공개채용 또는 특별채용 방식이 있다. 사회복지사가 교정시설에서 사회복지실천을 행하고자 한다면 국가공무원 시험을 통과하거나 특채를 통해 일할 수 있다. 이 밖에도 민간 전문가들이 교정위원의 자격으로 일할 수 있다. 이들은 그들의 전문성을 살려 교화, 종교, 직업훈련, 의료 등 다양한 전문분야에서 서비스를 제공할 수 있다. 이에 대한 자세한 설명은 13장을 참고하길 바란다.

4) 시설 내 처우의 긍정적 및 부정적 측면

(1) 긍정적 측면

시설 내 처우가 효과적이고 윤리적으로 시행될 때 다음과 같은 몇 가지 긍정적인 측면이다.

① 구조화된 환경

교정시설은 조직적이고 구조화된 환경을 제공하기 때문에 자기 규율이나 자기 관리가 어려운 수형자에게 자기관리 및 자제력을 배울 수 있도록 돕는다. 이런 구조는 수형자가 일과를 개발하고 처우목표에 집중하는 데 도움이 될 수 있다.

② 전문적 지원

교정시설에는 심리학자, 치료사, 의사 및 사회복지사를 포함하여 포괄적인 관리 및 지원을 제공할 수 있는 훈련된 전문가 팀이 있다. 이런 다학문적 접근 방식을 통해 개별화되고 전문화된 치료를 받을 수 있다.

③ 안전 및 보안

교정시설에는 여러 사람들이 공동으로 지내는 곳이므로 기본적인 의식주를 보장하고 사회적 위험에서 안전하게 지낼 수 있도록 안전 및 보안을 위한 인력 및 장치를 마련하고 있다. 따라서 회복 과정에서 자신이나 다른 사람에게 해를 끼칠 위험이 줄어들 수 있다.

④ 자원에 대한 접근성 용이

교정시설은 범죄인들이 지역사회에서는 쉽게 이용할 수 없었던 여러 가지 자원 및 지원에 접근하는 것이 용이하다. 이러한 자원에는 교육, 취업기술, 미술치료, 개별 및 집단상담 등이 포함된다.

⑤ 수용자 간 정서적 지지

교정시설에는 유사한 문제를 가진 사람들과 함께 생활하기 때문에 수용자들은 공동체 의식과 소속감을 제공할 수 있다. 이러한 동료수용자의 지지는 거주자 간의 공감, 이해 및 동지애를 촉진하여 치유 과정을 향상시킬 수 있다.

⑥ 집중처우

교정시설은 지역사회에서는 힘든 집중적이고 강도 깊은 처우를 제공할 수 있다. 예를 들어 심각한 정신건강 문제나 복잡한 심리적 장애가 있는 사람들이 해당될 수 있다.

⑦ 처우의 연속성

시설 내 처우는 수용자의 재활이 진행됨에 따라 집중적인 처우에서 덜 제한적인 환경으로 전환할 수 있는 보다 광범위한 치료 연속체의 일부가 될 수 있다. 이를 통해 지역사회로의 점진적으로 재통합이 용이할 수 있다.

(2) 부정적 측면

시설 내 처우에서 윤리적이고 책임 있는 처우를 보장하기 위해 해결해야 하는 부정적 측면을 제시하면 다음과 같다.

① 높은 비용

시설 내 처우는 별도의 시설환경과 인력을 갖추고 운영해야 하기 때문에 비용이 많이 들고 국가 및 사회에 재정적 부담을 줄 수 있다.

② 낙인

지역사회와 격리된 시설에서 생활하고 있다는 것 자체가 수용자에게 낙인을 줄 수 있다. 이것은 그들의 자존감에 부정적인 영향을 미치고 사회로의 재통합을 방해할 수 있다.

③ 사회적 단절 및 고립

시설에서의 생활은 사회적 고립으로 이어질 수도 있다. 지역사회 안에서 일상적으로 유지해 오던 사회관계나 사회적 지지체계에서 단절되기 때문에 외로움, 소외감, 분노 등 정서적 어려움을 경험할 수 있다.

④ 자율성의 상실 및 학습된 무기력의 강화

교정시설에서의 생활은 개인의 자유와 자율성이 상실된다. 수용자들은 일상 활동, 프로그램 참여, 치료 계획 등에서 제한된 선택권을 가질 수밖에 없고 그 결과로 무력하고 의욕이 꺾일 수 있다. 이처럼 장기간 지역사회에 격리되어 구금되어 있는 경우 자신의 문제 해결에 적극적으로 참여하기보다는 수동적이며 타인에게 의존하는 학습된 무기력이 강화될 수 있다.

⑤ 의존성 및 일상생활 기술 저하

장기간 구금시설에서의 생활은 의존성을 만들어 개인이지역사회에서 독립적으로 살아가는 것을 어렵게 만들 수 있다. 또한 일상생활 기술, 사회관계기술, 스트레스 대처능력 등이 저하될 수 있다.

⑥ 학대 및 인권침해 문제

경우에 따라 시설에서 부적절한 직원 배치, 감독 부족 또는 직원 교육 부족으로 인해 수용자를 학대하거나 인권침해 문제가 생길 수 있다. 무엇보다 교정복지 대상자의 인권의식이 낮다면 문제 제기나 도움 요청을 하기 어렵다. 6호 처분 아동보호치료시설 청소년의 인권의식을 연구한 남미애(2017: 49-53)에 따르면 6호 처분 시설에서 지내는 청소년의 인권의식에는 자아존중감, 차별당한 경험, 주양육자 양육태도, 학교폭력 피해경험, 교정시설에서의 의사소통 등 개인 및 가족, 학교, 교정시설 등 생태체계적 요인들이 영향을 미치는 것으로 나타났다. 따라서 비행청소년의 인권보호 및 인권의식을 증진하기 위해서는 청소년 및 실무자 대상 인권교육, 교정시설 차원에서 인권보장을 위한 윤리강령 및 행동규범 마련, 권리기반의 실천 등 친인권적 교정시설 문화 조성이 필요하다.

⑦ 가족 및 사회적 지지체계의 참여 저하

시설 내 처우는 외부와 차단되어 있기 때문에 처우과정에 가족이나 주요한 지지체계들이 참여하는 것이 어렵다. 그 결과 중요한 회복기간 동안 주변사람들의 지지나 관심을 받기 어렵고 심지어는 오히려 관계가 악화될 수도 있다.

5) 시설 내 처우의 구체적 내용

시설 내 처우의 기본 내용은 「UN 피구금자 처우에 관한 최저기준규칙(일명 넬슨만델라규칙)」, 「형의 집행 및 수용자의 처우에 관한 법률」 등에서 구체적으로 제시하고 있다. 시설 내 처우의 구체적 내용은 8장 교도소에서 다루고자 한다.

유엔「피구금자 처우에 관한 최저기준규칙」

이것은 UN이 피구금자에 대한 처우와 교도소 운영에서 올바른 원칙과 실무에 대한 최소한의 기준을 제시한 것이다. 1955년 8월 30일, 제1회 국제연합 범죄방지 및 범죄인처우회의에서 처음으로 채택된 이후 UN에서 몇 차례 수정 이후 2015년 UN 총회 결의로 전면 개정되었다. 구성은 크게 서칙, 제1부, 제2부로 구성된다. 제1부 통칙에는 기본 원칙, 피구금자 파일 관리, 피구금자의 분리, 거주설비, 개인위생, 의류 및 침구, 급식, 운동 및 스포츠, 보건의료 서비스, 제한 · 규율 및 징벌, 보호장비, 피구금자 및 거실에 대한 검사, 정보 및 불복신청, 외부와의 소통, 도서, 종교, 피구금자의 소유물 보관, 통지, 조사, 피구금자의 이송, 교도소 직원, 내 · 외부 감독에 대해 제시하였다. 제2부에는 특별한 범주에 적용되는 규칙을 제시하였는데 크게 수형자(지도 원리, 처우, 분류 및 개별화, 특전, 작업, 교육 및 오락, 사회관계 및 갱생보호), 정신장애 또는 정신질환 수형자, 미결수용자, 민사상의 피구금자, 혐의 없이 체포 또는 구금된 자와 같이 5개 하위집단에 대해 제시하였다.

이 규칙은 다음과 같은 기본 원칙에 근거한다. 첫째, 모든 피구금자의 처우는 인간의 존엄성과 가치에 입각한 존중에 기반을 두어야 한다. 어떠한 피구금자도 고문, 기타 잔인하거나 비인간적이거나 모욕적인 처우 또는 처벌을 받지 않도록 보호되어야 한다. 둘째, 이 규칙은 공평하게 적용되어야 한다. 피구금자의 인종, 피부색, 성별, 언어, 종교, 정치적 견해 또는 그 밖의 견해, 국적, 사회적 신분, 재산, 출생 또는 그 밖의 지위에 의하여 차별도 있어서는 안 된다. 피구금자의 종교적 신념과 도덕률은 존중되어야 한다. 셋째, 차별금지의 원칙을 적용하기 위하여 교정당국은 개별 피구금자의 필요, 특히 교도소 시설 환경 중 가장 취약한 부분에 대한 필요를 고려하여야 한다. 특수한 필요를 가진 피구금자의 권리를 보호하고 지원하기 위한 조치가 필요하며, 이는 차별로 간주되지 않는다. 넷째, 구금행위 및 범죄인을 외부와 격리시키는 그 밖의 처분은 자유를 박탈하여 자기 결정의 권리를 빼앗는다는 사실 자체로서 고통을 주는 것이다. 따라서 형집행 제도는 정당한 격리나 규율유지에 수반되는 경우를 제외하고는 그 상황에서의 고유한 고통을 가중시켜서는 안 된다. 다섯째, 구금형 또는 이와 유사하게 자유를 박탈하는 처분의 주된 목적은 사회를 범죄로부터 보호하고 재범을 줄이는 것이다. 이 목적은 가능한 한 피구금자가 사회복귀 이후 반드시 재통합하게 되도록 하여 그들이 법을 준수하고 자활하는 삶을 영위할 수 있도록 구금기간이 이용됨으로써만 달성될 수 있다. 이 목적을 위하여 교정당국 및 기타 담당 관청은 교육, 직업훈련, 작업, 기타 다른 형태의 보조수단으로서 적합하고 가능한 수단을 피구금자들에게 제공해야 한다. 이에는 교화적 · 도덕적 · 정신적 · 사회적 활동 등과 보건 기반 활동 및 스포츠 기반 활동들이 포함된다. 이러한 프로그램, 활동, 서비스는 피구금자의 개별적 처우상의 필요에 따라 제공되어야 한다. 여섯째, 구금제도는 구금시설 내에서의 생활과 자유로운 외부생활 간의 차이를 최소화하여, 이 격차로 인하여 피구금자의 책임감이 저하되고 인간으로서의 존엄성이 침해되지 않도록 하는 방향성을 지녀야 한다. 교정당국은 형평성에 입각하여 신체적 · 정신적 · 기타 장애가 있는 피구금자들이 구금시설 내에서 원만한 생활을 할 수 있도록 합당한 배려와 조치를 취해야 한다.

출처: 천주교인권위원회(2019).

2. 사회 내 처우

1) 의의

사회 내 처우는 달리 지역사회 기반 교정, 비시설 처우, 사회 내 교정이라고 불리기도 한다. 지역사회 기반 교정(community-based corrections)은 범죄를 저질렀으나 구금이 아니라 지역사회 감독(community supervision) 및 재활에 적합하다고 판단되는 개인에게 부과되는 다양한 비구금형(non-custodial sentences) 또는 형벌(punishments)을 뜻한다(Morgan, 2016).

사회 내 처우는 시설 내 처우의 문제점이나 한계에 대한 대안책으로 제안된 것이다. 등장배경을 구체적으로 살펴보면 첫째, 징역형이 보편화된 20세기에 들어와서도 범죄율은 줄지 않고 재범과 상습범이 증가하자 교소도가 범죄인의 교정, 교화에 실패하고 오히려 범죄를 배양하는 범죄학교의 역할을 한다는 감옥의 실패론이 확대되었다. 둘째, 구금되어 지역사회와 단절된 상태에서는 사회적응에 필요한 다양한 기술 및 태도를 습득하는 데 한계가 있으며 오히려 새로운 일탈을 조장할 가능성이 크다고 본다. 셋째, 구금된 범죄인의 상당수가 재범을 저지르는 이유에는 교도소 생활을 통해 오히려 범죄를 새롭게 학습하거나 오염되기 쉽기 때문이라고 본다. 따라서 이런 위험요소를 차단하고 건강한 사람들과의 접촉을 증진시키는 것이 교정, 교화에 도움이 될 것으로 인식이 확대되었다.

사회 내 처우의 목표는 공공의 안전 보장과 범죄인의 재활 및 사회 재통합을 촉진하는 것이다. 이 접근은 범죄인들이 범죄의 근본적인 원인을 해결하는 데 필요한 지원과 자원을 받는다면 건강한 사회구성원이 될 가능성이 더 높다고 가정한다. 범죄인에게 시설 내 구금이나 통제가 아닌 지역사회를 기반으로 지역사회의 자원을 활용한 서비스를 제공함으로써 사회복귀와 재적응을 돕고자 하는 것이다. 이것은 범죄인으로 하여금 가정이나 직장 생활을 그대로 영위하도록 함으로써 사회적 낙인을 줄이고 개인의 자율권을 보장하는 데 유용하다. 범죄인에 대한 인도주의적 처우가 행해지며 사회복귀에도 효과적이다. 범죄인은 물론 범죄에 영향을 미치는 지역사회 환경 변화에도 초점을 둔다는 측면에서 의의가 있다. 구금보다는 상대적으로 적은 자원이 소요되면서도 재범률이 상대적으로 낮아 더 비용 효율적이다.

2) 범죄인 처리 절차

범죄인이 형사사법체계에서 어떤 과정을 거쳐 사회 내 처우 대상자로 지내게 되는지를 구체적으로 살펴보면 다음과 같다. 첫째, 범죄 이후 범죄인이 수사, 공소, 재판을 거치는 과정은 앞서 시설처우와 거의 같다.

둘째, 사회 내 처우 대상자 및 처리과정은 「보호관찰 등에 관한 법률」에 의거한다. 구체적으로 살펴보면 재판 결과 법원으로부터 선고유예, 집행유예, 보호관찰처분, 수강명령, 사회봉사를 받는 경우, 교도소나 감호소 등 교정시설에서 지내다 가석방, 가출소, 가종료, 형기종료 등을 받는 경우, 형사처분이나 보호처분을 받은 사람이 본인 또는 교정기관이나 보호관찰소를 통해 보호신청을 해서 심사에 통과된 경우(갱생보호 대상자) 사회 내 처우 대상자가 된다. 이처럼 사회 내 처우 대상자는 크게 구금대체형인 보호관찰대상자와 출소 이후 재범방지 및 사회정착을 돕는 갱생보호 대상자로 구분된다.

3) 사회 내 처우 관련 조직 및 시설

(1) 중앙조직 및 시설

사회 내 처우를 담당하는 주무부처는 법무부이다. 법무부 하위조직 중 범죄예방정책국이 감독기관이다. 사회 내 처우를 담당하는 주된 시설은 보호관찰소와 한국법무보호복지공단이다. 보호관찰소는 보호관찰 업무를 담당하는 곳이고 한국법무보호복지공단은 갱생보호업무를 담당하는 기관이다. 이에 대한 구체적인 설명은 8장을 참고하길 바란다.

(2) 인력

사회 내 처우를 담당하는 기관의 특성에 따라 인력은 다르다. 보호관찰소에서 사회 내 처우를 담당하는 인력은 국가공무원인 보호직 공무원이다. 사회복지사가 보호관찰소에서 일하고자 한다면 공무원 시험이나 특별채용에서 합격해야 한다. 갱생보호를 담당하는 한국법무보호복지공단에서 일하는 인력은 공개채용을 통해야 한다. 구체적인 내용은 8장을 참고하기 바란다.

4) 사회 내 처우의 긍정적 및 부정적 측면

(1) 긍정적 측면

사회 내 처우는 다음과 같은 긍정적 측면을 갖는다(오영근 외, 2013: 227-228).

첫째, 「헌법」에서 보장되는 기본적 인권 보장의 틀에서 범죄인 개인의 자유를 최대한 보장하고 교도소 수용 시 예상되는 사회와의 단절 및 고립, 폐단을 최소화할 수 있다는 점에서 인도적이라고 할 수 있다.

둘째, 범죄인이 지역주민들과 일상생활을 함께 하기 때문에 낙인효과를 줄일 수 있고 지역사회 내에서 자유와 책임을 학습함으로써 점진적으로 사회적응력을 향상시킬 수 있어 재사회화에 효과적이다.

셋째, 다양한 지역기관 및 자원, 자원봉사자, 지역주민들이 범죄인 처우에 참여하고 협력을 촉진함으로써 화합과 사회통합에 이바지할 수 있다.

넷째, 교정시설에 구금하지 않기 때문에 교정시설 운영에 소요되는 많은 경비를 절감할 수 있다.

다섯째, 형벌이 다양화됨에 따라 구금이 적절하지 않은 알코올중독자나 경범죄인 등에게 법관이 적용할 수 있는 선택의 폭이 넓어지고 사법기관의 부담을 경감시킬 수 있다.

(2) 부정적 측면

사회 내 처우가 갖는 한계와 비판점을 살펴보면 다음과 같다(오영근 외, 2013: 227-228).

첫째, 사회 내 처우는 구금형태만 바뀌었을 뿐 본질적으로는 형벌적 요소를 내포하고 있어 그 대상자는 처우의 비인격성과 강압성을 여전히 느낄 수밖에 없다. 따라서 인도적 처우라는 평가는 허구에 불과하다.

둘째, 사회 내 처우의 대상자가 되지 못하고 구금상태에 있는 자에 대하여 더욱 낙인의 의미가 강화되는 모순이 발생할 수 있다.

셋째, 사회 내 처우는 범죄인에 대한 교화·개선을 위한 것이라기보다는 과잉구금문제를 해소하기 위해 등장한 새로운 사회통제전략에 지나지 않는다는 비판들이 있다.

최근 교도소 구금 등은 심각하게 사회적 안전을 위협하는 범죄인들에 대해서만 최소한의 범위 내에서 최후의 수단으로 적용하고 그 외 범죄인에 대해서는 사회 내 처우를 적극적으로 활용하여야 한다는 주장이 확대되고 있다. 사회 내 처우는 구금에 대한 효과적인 대안이 될 수 있지만 이것이 추구하는 성공적인 재활 촉진, 재범 감소 및 공공안전 개선이라는 목표를 달성하려면 향후 개선되어야 할 점도 상당히 있다. 먼저 사회 내 처우를 하면서 범죄인이 직면하게 되는 낙인과 사회적 배제는 성공적인 지역사회에 재진입에 있어 중요한 장애물이 될 수 있다. 범죄인은 취업, 주거, 사회적 관계 등에서 차별을 당할 수도 있는데 이로 인해 사회 재통합에 필요한 지원과 자원을 얻기 어려울 수 있다. 이런 문제들을 극복하기 위해서는 형사사법체계는 물론 사회, 경제 전반에 걸친 불평등을 해소하고 사회 내 처우에 지역주민 및 기관의 참여를 촉진하고 지역자원을 적극적으로 활용하고 성공적인 사회복귀에 유용한 증거 기반 프로그램 및 정책을 구현하는 등 다면적인 접근 방식이 필요하다.

5) 사회 내 처우의 형태와 종류

사회 내 처우는 구금(incarceration)에 대한 대안으로 여기에는 보호관찰(probation), 가석방(parole), 가택연금(house arrest), 전자 모니터링(electronic monitoring), 사회봉사(community service) 및 약물치료 프로그램 등이 해당된다. 우리나라의 경우 사회 내 처우는 「소년법」상 보호관찰 · 사회봉사 및 수강명령(보호처분), 「형법」상 보호관찰 · 사회봉사 및 수강명령, 가출소 · 가출소 보호관찰, 형 집행 종료 이후 보호관찰 및 위치추적 전자장치 부착명령 등이 있다. 이러한 다양한 제도들은 모두 법무부의 소속기관인 보호관찰소의 관장업무이다. 이러한 이유로 인해 보호관찰제도는 사회 내 처우와 동의어로 사용되어 왔다(조흥식 · 이형섭, 2014: 227).

(1) 보호관찰제도

① 보호관찰제도의 개념 및 발전과정

보호관찰제도는 범죄인에 대한 사회 내 처우의 하나이다. 유죄가 인정된 범죄인에 대하여 교정시설 또는 소년원 등에 수용 · 처벌하는 대신 일정한 기간 사회 내에서 정상적인 자유 활동을 허용하면서 전문지식과 소양을 갖춘 보호관찰관의 지도 · 감독과 원호를 받게 하여 건전한 사회복귀를 도와줌으로써 재범을 방지함과 아울러 범죄로부터 사회를 보호하고자 하는 형사정책수단이다(〈표 7-2〉 참고). 보호관찰은 구금 즉, 자유형의 폐해에 대한 인식의 확산에 따라 구금의 대체처분으로서 활발하게 사용되는 형사제재수단이라 할 수 있다(법무연수원, 2024: 407).

〈표 7-2〉 보호관찰제도의 특징

처우방법	사회 내 처우 중 하나
대상	유죄가 인정된 범죄인
장소	교정시설에서 구금되는 대신 지역사회에서 자유로운 생활 허용
제재수단	전문지식과 소양을 갖춘 보호관찰관의 지도 · 감독과 원호 강도 높은 준수사항 이행의무 부과

근대 이후 형벌체계는 중세시대의 잔혹하고 비인도적 형벌을 대신하여 인신구속과 자유박탈을 내용으로 하는 자유형 즉 시설 내 처우 중심이었다. 그러나 사회와 분리된 억압된 환경에서의 시설 내 처우는 범죄성의 습득, 지역사회와의 단절, 사회 적응 및 사회복귀의 어려움 등의 문제가 여전히 존재하였다. 그러던 중 구두수선공인 존 아우구스투스(John Augustus)가 재판과정에 있는 알코올중독자 범죄인을 판결 전에 인수하여 개선시킨 것이 시작이 된 것이다. 이후 1878년에 미국 매사추세츠주에서 처음 입법화되었고 영미법계 국가에서는 형의 집행 또는 선고를 유예하면서 일정 기간 선행유지의 조건으로 부과하는 Probation을 중심으로 발달하였다. 반면 대륙법계 국가에서는 교도소, 소년원 등 수용시설 내에서 교정처우를 받고 있는 자에 대하여 가석방, 가퇴원을 허가하고 잔형기 또는 가퇴원 기간 동안 선행유지의 조건을 부과하는 Parole을 중심으로 발전하였다(오영근 외, 2013: 229-230).

② 보호관찰제도의 의의와 기능

보호관찰제도는 유죄가 인정된 범죄인에게 사회 내에서 기본적인 자유, 예컨대 직업의 자유, 교육을 받을 권리, 정상적인 가정생활, 사회적 교제, 종교 활동 등의 자유를 허용하면서도 단순한 형의 유예나 석방이 아니고 선량한 일반 시민에게 요구되는 준법의무 이상의 강도 높은 준수사항 이행의무를 부과한다(법무연수원, 2024: 407). 이것은 개혁적이고 전향적인 형사정책수단으로써 범죄인의 성공적인 사회재통합(reintegration)은 물론이고 사회 안전의 확보 면에서도 적극적인 형사제도로 평가받고 있다(법무연수원, 2024: 407).

보호관찰이 갖는 의의를 구체적으로 살펴보면 다음과 같다(이성칠, 2003: 44-45). 첫째, 보호관찰은 사소한 범죄로 유죄판결을 받은 사람들을 교정시설이라고 하는 범죄유발적 환경으로부터 보호한다.

둘째, 보호관찰은 죄를 범한 자들이 범죄인이라는 낙인의 오명을 피할 수 있도록 도와준다. 보호관찰은 범죄인을 지역사회로 통합시키고 준법적 생활을 유지하는 것을 촉진하는 기능을 수행한다.

셋째, 보호관찰은 범죄인이 비범죄인과 보다 쉽게 통합되도록 해준다. 범죄인은 직업을 가질 수도 있고 자신의 가족과 자신을 위하여 생계를 꾸려 갈 수 있으며 긍정적인 자아관념을 비롯하여 만약에 구금되었더라면 얻지 못할 수 있는 행위들을 발달시킨다.

넷째, 보호관찰은 교정시설의 과밀수용이라는 문제를 해결하는 실용적인 수단이다.

다섯째, 보호관찰은 범죄인이 알코올 또는 마약의존·중독을 위한 개별 또는 집단상담, 요법, 처우 등과 같은 필수적 사회적 심리적 서비스에 보다 잘 접근할 수 있도록 해준다.

보호관찰 제도의 주요 기능을 살펴보면 다음과 같다. 첫째, 범죄통제이다. 보호관찰은 대상자의 행동을 감시, 감독하여 재범이나 새로운 범죄를 저지르지 않도록 예방한다.

둘째, 사회재통합이다. 범죄인을 교도소가 아닌 지역사회에서의 삶을 영위하면서 돈을 벌고 가족을 부양하고 시민으로서의 역할과 책임을 이행하도록 함으로써 사회재통합을 돕는다.

셋째, 사회복귀이다. 보호관찰은 보호관찰대상자가 범죄성을 교정하고 사회로 복귀하여 자신이 원하는 삶을 살고 사회구성원으로 적절하게 기능할 수 있도록 심리적 안정을 돕고 고용을 촉진하고 필요한 지원을 제공할 수 있다.

넷째, 처벌이다. 보호관찰은 단지 구금이 되지 않았을 뿐이지 보호관찰관의 감독을 받음으로써 보호관찰 시 부과된 조건이나 규칙을 지키지 않으면 언제든 취소될 수 있다.

다섯째, 억제이다. 보호관찰관은 대상자가 보호관찰 시 제시된 준수사항을 잘 지키고 있는지 위법한 행동을 하지 않는지 늘 감시와 감독을 한다. 이런 점검과 통제가 대상자로 하여금 불법행동을 하지 않도록 억제하는 기능을 갖는다. 이와 관련한 자세한 내용은 8장 보호관찰소를 참고하기 바란다.

(2) 갱생보호제도

갱생보호(after-care)란 갱생보호 대상자에 대하여 정신적 · 물질적 원조를 제공함은 물론, 건전한 사회인으로 복귀할 수 있는 기반을 조성시켜 재범을 방지하고 사회 재적응을 돕는 범죄 예방 활동을 말한다(법무연수원, 2024: 470). 갱생보호는 교정시설을 출소한 사람들의 사후지도를 통해 사회복귀 및 재적응을 돕고자 하는 것이다. 우리나라에서 갱생보호가 처음 시작되어 단순히 출소자에 대한 자선구호 차원으로 운영되다가 1961년에 갱생보호로 명칭이 변경되었고, 현재는 한국법무보호복지공단으로 명칭을 변경하여 운영되고 있다. 주요 갱생보호의 내용으로는 보호대상자에 대한 숙식제공, 직업훈련, 취업지원, 가족지원사업, 주거지원 등 사회복귀 지원 사업을 행한다. 그 외 자세한 내용은 8장 한국법무보호복지공단 부분에서 다루고자 한다.

(3) 가석방제도

가석방제도는 행형성적이 우수한 수형자를 형기만료 전에 석방하는 제도이다. 이것은 형 집행기간을 단축시켜 사회복귀를 용이하도록 돕고 수형자의 적극적 노력을 이끌어낼 수 있다는 점에서 의의가 있다. 가석방이 되기 위한 자격과 절차는 수형자가 무기에서 10년, 유기에서는 형기의 1/3이 경과하고 행형성적이 우수하고 재범의 위험이 없다고 인정되는 때에 가석방 예비회의를 거쳐 법무부차관을 위원장으로 하는 '가석방심사위원회'에 가석방신청을 해서 심사에서 통과되어야 한다. 다만 소년수형자의 경우 그 절차를 달리하여 보호관찰심사위원회의 결정에 의거하여 장관의 허가를 요한다(조흥식 · 이형섭, 2014: 289).

(4) 사회봉사와 수강명령

사회봉사(community service) 명령은 범죄인이나 비행소년에 대하여 형의 유예조건이나 보호처분의 조건으로서 일정 기간 내에 특정 시간 동안 무보수로 일정한 근로, 즉 사회봉사에 종사하게 하는 제도이다. 이는 구금을 수반하지 않고 있어 범죄인의 개인적 · 사회적 기능을 저해할 가능성이 적고 운용이 경제적인 것으로서 처벌, 배상 및 사회재통합 등과 같은 여러 가지 상이한 요소가 합체된 자유형에 대한 대체수단으로 창안된 것이다

(조흥식 · 이형섭, 2014: 242). 사회봉사명령을 받은 범죄인들이 주로 하는 봉사활동은 공원의 청소, 공공도서관의 도서 정리, 사법기관에서의 사무보조, 각종 사회복지시설에서의 노력봉사 등이 있다(오영근 외, 2013: 238).

이 제도는 첫째, 낙인을 방지할 수 있고 둘째, 기존 제도와 기관으로도 운영이 가능하며 셋째, 근로의식 고취, 봉사정신의 함양 등의 효과가 예상되며 넷째, 새로운 사회기술이나 집단생활을 학습할 수 있는 기회를 제공하며 다섯째, 범죄인에게 지역사회에의 소속감과 관계 개선을 도모할 수 있다는 면에서 긍정적 평가를 받는다.

수강명령(attendance order)은 범죄인이나 비행소년에 대하여 형의 유예조건이나 보호처분의 조건으로 일정 기간 내에 특정 시간 동안 강의나 교육을 받거나 치료 프로그램 등에 참석하도록 하는 제도이다. 주로 청소년범죄인, 마약범죄인, 알코올중독범죄인, 피해자 없는 범죄의 피해자 등의 특수범죄인에게 적용되는 구금의 대안이다. 이들 유형의 범죄인들은 전통적 의미의 범인성, 즉 형사정책의 대상으로서 처벌받아야 할 문제라기보다는 다른 문제로 전통적 · 통상적 범죄인들과는 구별되며 이들을 전통적인 방법으로 교정시설에 구금할 경우 범죄를 유발하였던 근원적인 문제가 더 악화되며 범죄학습의 부작용도 따르기 때문에 구금 대신에 문제의 해결에 필요한 교육훈련을 받도록 하는 제도이다(오영근 외, 2013: 240). 「형법」상 수강명령부 집행유예를 선고받은 사람에게는 200시간 이내의 수강명령이 부과된다. 「소년법」상 보호처분 중에서 보호관찰을 받은 소년에게 병과되는 경우에는 100시간 이내에서 부과된다.

(5) 전자감독

전자감독(electronic monitoring)은 시설수용을 대신하여 전자장비를 이용하여 범죄인을 감시하는 일종의 중간처벌이다. 이것은 수사 · 재판 · 집행 등 형사사법 절차에서 전자장치를 효율적으로 활용하여 불구속재판을 확대하고 범죄인의 사회복귀를 촉진함과 동시에 범죄인의 재범을 방지하여 범죄로부터 국민을 보호하는 제도이다. 1980년대 초반에 교도소 과밀수용에 따른 인권침해 문제 해소, 국가 예산 절감, 재범 억제를 통한 범죄인 관리의 실효성 확보 등을 위하여 미국을 시작으로 캐나다, 영국, 호주, 뉴질랜드 등 세계 30여 국가에 도입 · 운영하고 있는 특화된 형사정책이다(법무연수원, 2024: 433).

우리나라의 경우 전자감독제도는 2008년부터 성폭력범죄인에 한정되어 시행되다가 이후 살인범죄, 강도범죄, 가석방 시 모든 범죄에까지 적용범위가 확대되었다. 2021년 6월 9일에는 전자감독을 담당하는 공무원에게 특별사법경찰관의 권한이 부여되었고, 같은 해 10월 12일에는 보호관찰소에 신속수사팀이 설치되어 전자감독 대상자의 준수사항 위반에 보호관찰관이 직접 신속·엄정하게 대응할 수 있게 되었다. 위치추적전자장치는 부착장치(일명 '전자발찌'), 휴대용 추적장치, 재택감독장치 등 세 가지 장비로 구성되어 있다. 부착장치는 피부착자의 동일성을 인증하기 위해 휴대용 추적장치와 재택감독장치에 전파를 발신하는 장치로서 대상자의 발목에 착용하는 것을 원칙으로 하고 있다. 휴대용 추적장치는 GPS 및 이동 통신망을 통해 피부착자의 위치를 확인하는 장치로서 외출 시 대상자가 항상 휴대하여야 한다. 그리고 재택감독장치는 피부착자의 주거지에 설치하여 재택 여부를 확인하는 장치이다. 하지만 대상자가 휴대용 추적장치를 항상 소지해야 하는 불편과 장치를 유기한 후 잠적할 수 있는 문제점 등이 있어 2018년 9월부터 휴대용 추적장치 기능을 부착장치에 탑재한 일체형 전자발찌를 보급하기 시작했고, 2019년 7월 전국에 보급을 완료하였다. 2019년 11월에는 '피해자 접근금지' 준수사항이 부과된 전자감독 대상자가 피해자에게 접근하는 것을 언제 어디서나 차단할 수 있는 '피해자 보호장치'를 개발하였고, 2020년에 본격적으로 보급하였다(법무연수원, 2021: 439).

3. 사법처리과정에서의 권리와 권리구제

1) 형사사법과정에서의 권리

사법체계는 정의와 공정성 증진을 주된 목적으로 한다. 그러므로 사법체계와 관련된 사람들의 인권 보장은 매우 중요한 부분이다. 우리나라 헌법에 따르면 모든 국민은 인간으로서의 존엄과 가치를 지니며 행복을 추구할 권리를 가진다. 국가는 개인이 가지는 불가침의 기본적 인권을 확인하고 이를 보장할 의무를 진다고 인간의 존엄과 가치, 행복추구권을 국민의 권리로 규정하고 있다. 범죄인도 예외일 수는 없다. 따라서 법 집행기관, 법원 및 교정기관은 모든 개인의 권리를 보호하고 시스템 내에서 발생하는 인권 침해를 방지하기 위해 노력해야 한다.

그러나 범죄인은 공무원, 군인, 학생 등과 같이 국가와 특별권력관계에 있다. 특별권력

관계라 함은 특별한 법률원인에 의하여 성립되어 특별한 공법상의 목적을 달성하기 위하여 필요한 범위 안에서 포괄적으로 일방이 타방을 지배하고 타방이 이 포괄적인 지배권에 복종함을 내용으로 하는 법률관계이다. 이로 인해 비록 범죄인으로서의 수형자나 보호관찰대상자들이 국가와 사회가 그에게 요구하는 독특한 생활 질서를 피할 수 없다고 하더라도 이는 법치주의와 법률에 의해 기본권 제한의 원칙이 적용되어야 한다(오영근 외, 2013: 401-402).

형사사법제도는 법을 수호하고 모든 개인의 권리를 보호할 책임이 있기 때문에 인권과 밀접하게 연결되어 있다. 특히 범죄로 기소된 개인의 권리가 존중되지 않을 때 인권 침해의 장소가 될 수도 있다. 사회복지사는 클라이언트, 특히 소외되거나 권리를 박탈당한 클라이언트의 권리를 옹호하는 데 중요한 역할을 한다. 마찬가지로 교정사회복지사도 클라이언트가 필요한 자원과 서비스에 접근할 수 있도록 보장하고 차별적이거나 부당할 수 있는 법률 및 정책의 변경을 옹호한다. 그러기 위해서는 사법체계와 관련된 권리 부분에 대해 정확히 이해하는 것이 필요하다.

형사사법과정의 범죄인의 권리는 구체적으로 다음과 같다.

(1) 공정한 재판을 받을 권리

범죄로 기소된 모든 개인은 공정한 재판을 받을 권리가 있다. 여기에는 법적 대리를 받을 권리, 증거를 제시할 권리, 공정한 판사나 배심원에 의한 재판을 받을 권리가 포함된다.

(2) 적법 절차에 대한 권리

범죄로 기소된 모든 개인은 적법 절차에 대한 권리가 있다. 즉, 적법 절차에 대한 정보를 제공받고, 법적 대리를 받을 수 있으며, 제시된 증거에 이의를 제기할 기회가 있다.

(3) 자의적 구금으로부터 자유로울 권리

개인은 정당한 이유 없이 또는 과도한 기간 동안 구금되어서는 안 된다. 이 권리를 보장하기 위한 것이 구속적부심사제도이다. 구속적부심사제도는 피구속자 또는 관계인의 청구가 있을 경우 법관이 즉시 본인과 변호인이 출석하여 공개법정에서 구속의 이유(주거부정, 도주염려, 증거인멸)를 밝히도록 하고 구속의 이유가 부당하거나 적법한 것이 아닐 때에는 법관이 직원으로 피구속자를 석방하게 하는 제도를 말한다.

보호관찰대상자의 경우에도 구인, 유치 시 대상자의 가족 등에게 구인, 유치 사실의 통지 시 구속적부심의 청구가 가능함과 청구할 법원을 명시하여 통지하여야 한다(오영근 외, 2013: 401-402).

(4) 체포, 구속의 이유 등 고지를 받을 권리

구속 이유 등 고지제도는 체포 또는 구속을 당한 자가 체포 또는 구속의 이유를 알지 못하거나 변호인의 조력을 받을 권리가 있음을 알지 못한 상태에서 변명의 기회와 적절한 방어수단을 강구할 기회를 놓치게 되어 불이익을 보지 않도록 마련된 제도이다. 체포 또는 구속을 당한 자가 장기간의 불법구금과 고문 등 가혹행위를 당할 가능성을 배제할 수 없는 상황이므로 체포 또는 구속을 당한 자의 가족입장에서도 구속 이유와 구속 일시, 장소 등을 아는 것은 가족의 불안감 해소, 생활대책의 강구, 방어권의 행사를 위해서 절대적으로 필요하다.

범죄인이나 보호관찰대상자가 준수사항의 위반으로 인하여 구속되었을 때에도 「형사소송법」 제72조 구속과 이유의 고지제도는 준용되므로 보호관찰관이 구인하거나 유치할 때에는 대상자의 보호자 등에게 반드시 고지하여야 한다. 만약 구속 이유 등을 고지받지 못하면 이후 수사 증거는 위법수사로 증거능력이 없을 뿐만 아니라 오히려 직권남용에 의한 불법행위를 구성하게 된다(오영근 외, 2013: 403).

(5) 고문 및 기타 형태의 잔인하고 비인도적이거나 굴욕적인 대우를 받지 않을 권리

구금된 개인은 존중과 존엄성을 가지고 대우받아야 하며 고문이나 기타 형태의 학대를 받아서는 안 된다.

(6) 사생활 보호 권리

개인은 사생활에 대한 사생활 보호 권리가 있으며 법 집행기관은 조사를 수행할 때 이 권리를 존중해야 한다.

(7) 표현 및 결사의 자유에 대한 권리

개인은 표현 및 결사의 자유에 대한 권리가 있으며 이 권리는 법 집행기관에 의해 존중되어야 한다. 이중 대표적인 것이 진술거부권이다. 진술거부권이란 피고인 또는 피의자가 공판절차 또는 수사절차에서 법원 또는 수사기관의 심문에 진술을 거부할 수 있는 권리를 말한다. 묵비권으로 불리기도 하는 것으로 자기에게 불리한 진술을 강요당하지 않도록 함으로써 국민의 기본권으로 보장하고자 하는 것이다. 이는 형사절차뿐 아니라 행정절차, 국회에서의 질문에서도 동일하게 보장된다. 이는 보호관찰대상자에게도 마찬가지로 적용된다(오영근 외, 2013: 404).

(8) 비차별에 대한 권리

모든 개인은 인종, 성별, 민족 또는 기타 개인적 특성에 관계없이 법에 따라 동등하게 대우받아야 한다.

(9) 변호인의 조력을 받을 권리

누구든지 체포 또는 구속을 당한 때에는 즉시 변호인의 조력을 받을 권리를 가진다. 다만 형사피고인이 스스로 변호인을 구할 수 없을 때에는 법률이 정하는 바에 의하여 국가가 변호인을 붙인다(「헌법」 제12조 제4항). 「형사소송법」상 법원이 직권으로 변호인을 선정하여야 할 경우는 다음과 같다. 첫째, 구속적부심사에 의해 구속된 피의자에게 변호인이 없는 때 둘째, 피고인이 미성년자, 70세 이상, 농아자, 심신장애의 의심이 가는 자, 빈곤 기타의 사유로 변호사를 선임할 수 없는 때, 사형 · 무기 또는 단기 3년 이상의 징역이나 금고에 해당하는 사건에서 변호인이 없을 때 셋째, 군사법원에서도 피고인에게 변호인이 없는 때에는 직권으로 국선변호인을 선임하여야 한다. 보호관찰대상자가 재범을 하였거나 준수사항 위반으로 구인되었을 경우 경제적인 이유와 무관심으로 변호사의 조력을 받을 수 없는 경우가 많으므로 국선변호인제도의 확대 실시가 요구된다(오영근 외, 2013: 403-404).

2) 교정시설 수용자의 권리구제

교정시설 수용자 역시 기본권이 보장되어야 한다. 구체적으로 의료적 치료를 받을 권리, 법적 서비스에의 접근, 종교의 자유, 권리구제가 보장되어야 한다. 그중 권리구제에 대해 살펴보면 다음과 같다.

(1) 권리구제의 의의

행형시설 안에서 발생하는 인권침해나 비인도적 처우는 주로 교도행정의 은밀성과 폐쇄성 때문에 생기는 경우가 많다. 따라서 수형자 자신의 고충이나 불복의사를 외부에 알리는 것도 쉽지 않는 것이 사실이다. 교도행정의 공정성과 수형자의 권리보장을 담보하기 위해서는 행형시설을 개방하고 교도행정을 공개할 것이 요구된다. 그리고 수형자가 권리구제를 요청하면 전문화된 독립기관으로 하여금 그 실상을 파악하고 시정하도록 하는 것이 필요하다(오영근 외, 2013: 405-407).

(2) 권리구제의 방법

현행법이 규정하고 있는 수용자의 권리구제 방법을 살펴보면 다음과 같다(오영근 외, 2013: 405-407).

① 순회점검

법무부장관은 교도소, 소년교도소 및 구치소를 순회점검하거나 소속 공무원으로 하여금 순회점검하게 할 수 있다(「행형법」 제5조 제1항). 판사와 검사는 교도소, 소년교도소 또는 구치소를 수시로 시찰할 수 있다(같은 조 제2항). 수용자 또는 미결수용자가 그 처우에 대해 불복이 있을 때에는 법무부장관 또는 순회점검공무원에게 청원할 수 있다(같은 법 제6조 제1항). 청원의 형식은 서면 또는 구두이다. 다만 순회점검공무원이 구술에 의한 청원을 청취하는 때에는 교도관을 참여시키지 못한다.

② 청원

수용자가 순회점검공무원 이외에 법무부장관에게 청원하고자 할 때에는 그 취지를 기재한 서면을 당해 소장에게 제출하여야 한다. 교도관은 청원서를 개봉하지 못한다(「행형법」 제6조 제2항). 소장이 청원서를 접수한 때에는 지체 없이 이를 법무부장관에게 송부하여야 한다. 소장은 수용자가 청원을 하였다는 이유로 수용 중 부당한 처우를 하여서는 안 된다(같은 법 시행령 제8조).

③ 진정

우리나라 「국가인권위원회법」 제3장 위원회의 업무와 권한에서는 구금 · 보호시설의 방문 및 조사, 정책과 관행의 개선 또는 시정권고, 인권교육과 홍보, 인권자료실, 법원 및 헌법재판소에 대한 의견 제출, 보고서 작성 등에 대하여 규정하고 있다(제19조 내지 제29조). 또한 제4장 인권침해의 조사와 구제에서는 인권침해와 관련한 조사대상, 시설수용자의 진정권 보장, 수사기관과 위원회의 협조, 조사의 목적과 방법 등 국가인권위원회의 인권침해행위에 대한 조사와 구제 등에 대하여 규정하고 있다. 이에 따라 국가인권위원회는 인권침해행위에 대하여 진정이 있는 경우 직권으로 조사절차를 개시할 수 있다.

④ 소장 면담

소장은 매주 1회 이상의 면접일을 정하고 수용자의 처우 또는 일신상의 사정에 관하여 면담을 원하는 수용자를 면접하여야 한다(「행형법 시행령」 제9조 제1항). 소장은 면담을 원하는 자가 있는 때에는 그 성명을 면접부에 기재한 후 순서에 따라 면접을 하여야 하며 면접인에게 표시한 의견의 요지를 면접부에 기재하여야 한다(같은 조 제2항).

⑤ 소송 제기

수용자는 교도소장 또는 그 휘하 공무원의 위법한 처우 행위로 말미암아 부당하게 인권을 침해당한 경우에는 행정소송을 제기할 수 있다. 또한 일반적으로 수용자의 신체에 대한 직접강제, 특히 계구(포승, 수갑, 사슬, 안면보호구)의 사용과 관련하여 교정직원에 대한 형사처분을 구하는 고소도 가능하다.

⑥ 헌법소원

공권력의 행사 또는 불행사로 인하여 「헌법」상 보장된 기본권을 침해받은 자는 법원의 재판을 제외하고는 헌법재판소에 헌법소원심판을 청구할 수 있다. 다만 다른 법률에 구제절차가 있는 경우에는 그 절차를 모두 거친 후가 아니면 청구할 수 없다(「헌법재판소법」 제68조 제1항). 따라서 수용자는 행형기관의 적극적인 작위행위와 소극적인 부작위행위로 말미암아 기본권이 침해된 때에는 헌법소원을 통해 권리를 구제받을 수 있는 길도 있다.

CHAPTER 08 교정복지현장의 이해

1. 교도소

1) 목적 및 의의

교도소는 대표적인 교정시설이다. 교정시설은 수용자를 수용하는 시설로 크게 교도소와 구치소로 나뉜다. 교도소는 19세 이상의 형이 확정된 자인 수형자를 수용하는 곳이다. 반면 구치소는 형이 확정되지 않은 미결수용자를 수용하는 곳이다. 교도소는 수용자의 교정·교화와 건전한 사회복귀를 도모하는 데 목적이 있고, 이를 위해 수용자에게 교정교육을 제공한다.

우리나라에서 교도소가 설치, 운영된 것은 1961년 12월 이후이다. 그 전에는 전옥서, 감옥, 형무소 등의 이름으로 불렸다.[1] 1961년 12월 23일 「행형법」이 전부 개정됨에 따라 형무소가 교도소로 명칭이 변경되었다. 교도소는 형을 집행하는 곳이라기보다는 수용자의 교정·교화에 목적을 두었다(유주영, 2021: 140-166). 이후 「민영교도소 등의 설치·운영에 관한 법률」에 의거, 재단법인 아가페를 중심으로 설립된 '소망교도소'가 2010년 12월 1일 개소하여 우리나라 최초의 민영교도소로 운영되었다. 이상의 내용을 보면 우리나라는 조선시대까지만 해도 전옥서를 두고 범죄인의 교정과 재사회화를 중시해 오다가 감옥, 형무소로 전환하면서 주된 기능이 범죄인의 처벌에 맞추어지게 되었고, 다시 교도소로 바뀌면서 교정,교화가 강조되고 있음을 알 수 있다.

1) 우리나라에서 감옥이 체제로서 자리가 잡힌 것은 전옥서부터라고 할 수 있는데, 이것은 고려시대에 설치되어 조선까지 유지되었다. 조선시대를 비롯하여 한국 역사에서는 애민(愛民)사상과 휼형(恤刑)사상이 있어 죄인을 단순히 사회와 격리시키고 형벌을 가하는 것이 아니라 이들의 교화와 재사회화를 중시했다(법무부, 2013b). 그러나 일제강점기에 들어서면서 형무소로 이름이 바뀌며 형에 대한 업무만이 강조되었다. 죄인은 감시와 관리받아야 하는 존재이고, 처벌받아야 하는 존재로 여겨진 것이다.

2) 조직 및 인력

교도소는 남성수형자를 위한 교도소, 여성수형자의 처우를 위한 여자교도소, 소년수형자를 위한 소년교도소가 있다. 상위 조직으로는 법무부 교정본부와 서울, 대구, 대전, 광주 등 4개의 지방교정청이 있다(민영교도소 포함). 교도소에는 교정직 공무원인 교도관 이외에도 의사, 간호사 등 의료직 공무원, 운전직, 기계직, 시설직, 일반직 공무원 등이 근무한다.

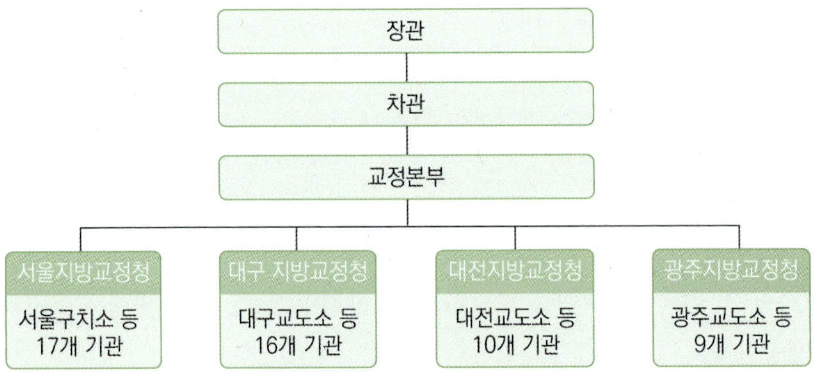

[그림 8-1] 교정행정 조직도

3) 수용 현황

(1) 수용인원

교도소 1일 평균 수용인원은 2014년에 5만 명 대에 진입한 뒤 계속 증가하여 2017년 57,298명으로 지난 10년 내 최고치를 기록하였으나, 2018년부터 감소하여 2022년에는 51,104명을 기록하였다(법무연수원, 2024: 343). 교도관 1인당 1일 평균 수용인원을 비교해

〈표 8-1〉 교정시설 수용인원

(단위: 명(%))

구분 연도	1일 평균 수용인원	수용내용			인구 대비 1일 평균 수용인원(%)	교도관 정원	교도관 1인당 1일 평균 수용인원
		수형자	미결 수용자	노역장 유치			
2022	51,104 (100)	32,597 (63.7)	17,736 (34.7/100)	771 (1.6)	0.09	16,808	3.0

출처: 법무연수원(2024: 343-346)의 표를 재수정하였음.

보면 1988년까지는 교도관 1명이 부담하는 1일 평균 수용인원이 6명 정도였으나 점점 감소하여 2022년에는 3.0명이었다(〈표 8-1〉 참고). 인구 대비 1일 평균 수용인원은 지난 10년간 0.1% 전후를 유지하고 있다(법무연수원, 2024: 345-346).

수형자: 징역형 · 금고형 또는 구류형의 선고를 받아 그 형이 확정된 사람과 벌금 또는 과료를 완납하지 아니하여 노역장 유치명령을 받은 사람을 말한다.
미결수용자: 형사피의자 또는 형사피고인으로서 체포되거나 구속영장의 집행을 받은 사람을 말한다.
수용자: 수형자 · 미결수용자 · 사형확정자, 그 밖에 법률과 적법한 절차에 따라 교도소 · 구치소 및 그 지소(이하 교정시설)에 수용된 사람을 말한다.

출처: 「형의 집행 및 수용자의 처우에 관한 법률」

(2) 수용자의 특성

수용자의 성별을 살펴보면 수형자와 미결수용자 모두 남자가 90%를 차지하고 여자는 10% 정도이다. 그러나 여자수용자는 계속 증가 추세이다(법무연수원, 2024: 347). 2022년 수형자의 연령별 인원을 살펴보면 30세 이상 60세 미만이 전체의 약 65.1%를 차지하였다. 세부적으로 보면 50대 수형자가 전체 수형자의 24.4%를 차지하였고 60대 이상 수형자는 전체 수형자의 16.7%를 차지하고 있는데 매년 꾸준히 증가하고 있다. 수형자의 죄명을 살펴보면 2022년의 경우 사기 · 횡령 24.0%, 성폭력법 16.6%, 살인 8.8%, 절도 7.7%, 과실범 7.1%, 폭처법 6.9%, 마약류관리법 6.3%, 강도 4.4% 순이었다(법무연수원, 2024: 348-350).

2022년 수형자의 학력별 분포를 살펴보면 고졸 이상이 48.6%를 차지하였고 그다음이 중졸 이상(20.7%), 대졸 이상(16.8%), 초졸 이상(10.5%) 순이었다. 전반적으로 대졸자 이상의 비율이 점진적으로 높아지는 추세이다(법무연수원, 2024: 367). 2022년 수형자의 형기를 보면 형기 1년 이상~3년 미만이 전체 수형자의 38.8%에 이르고 5년 이상 10년 미만의 수형자는 14.6%, 20년 이상 장기형은 2.4%, 무기징역은 3.8%를 차지하였다(법무연수원, 2024: 351). 2022년 수형자의 입소경력별 인원을 보면 무경력자가 56.5%를 차지하였고, 1회(17.3%), 4회 이상(13.1%)이었다(법무연수원, 2024: 354).

(3) 출소자 재복역률

출소자 재복역률이란 금고 이상의 형을 선고받고 교정시설에 수용된 자가 형기종료,

가석방, 사면, 가출소, 감호기간종료 등으로 출소한 후, 범죄 행위로 금고 이상의 형을 선고받고 그 집행을 위해 3년 이내 다시 교정시설에 수용되는 비율을 의미한다(법무연수원, 2024: 513). 〈표 8-2〉에서 보듯이 2018년(2022년 조사) 재복역률은 23.8%이며 이들의 2018년 출소사유는 사면이 50.0%로 재복역률이 가장 높고, 그다음은 형기종료(30.7%), 보호감호 가출소(26.9%), 가석방(7.2%) 순으로 나타났다(법무연수원, 2024: 513-514).

〈표 8-2〉 출소사유별 재복역 인원 현황(2018년)

(단위: 명(%))

출소연도 (조사년도)		계	형기종료	가석방	감호종료	보호감호 가출소	사면
2018 (2022)	출소인원	29,469	20,740	8,693	-	26	10
	재복역인원	7,004 (23.8)	6,362 (30.7)	630 (7.2)	-	7 (26.9)	5 (50.0)

출처: 법무연수원(2024: 514).

성별 출소 후 재복역률을 살펴보면, 2018년 출소자의 경우 남성 24.8%, 여성 10.3%로 나타나 남성의 재복역률이 여성에 비해 2배 이상 높았다. 범수별로 보면 5범 이상이 61.1%로 가장 높았고 그다음이 4범(49.1%), 3범(40.6%), 2범(25.2%), 초범(11.3%) 순이다(법무연수원, 2024: 518).

4) 처우 및 주요 프로그램[2)]

수용자의 처우는 「형의 집행 및 수용자의 처우에 관한 법률」에 의거한다. 이 법은 수형자의 교정 · 교화와 건전한 사회복귀를 도모하고 수용자의 처우와 권리 및 교정시설의 운영에 관하여 필요한 사항을 규정함을 목적으로 한다. 구체적으로 기본계획 수립, 교정시설의 규모 및 설비, 교정시설 설치 · 운영의 민간위탁에 대한 사항, 수용자의 처우, 수용의 종료 등에 관한 내용이 있다.

(1) 신입 수용자의 수용

교도소의 주요 기능은 수용자를 지역사회가 아닌 별도의 구금시설에서 수용하는 것이

2) 이 부분은 법무연수원(2021~2024)에서 요약, 부분 발췌한 것이다.

다. 따라서 법에 명시된 수용 방법 및 내용에 입각해 수용하는데 구체적인 내용은 다음과 같다(오영근 외, 2013: 207-210).

① 구분 및 분리 수용

남성과 여성은 분리하여 수용하며 수형자와 미결수용자, 19세 이상의 수형자와 19세 미만의 수형자를 같은 교정시설에 수용하는 경우에는 서로 분리하여 수용한다. 수용자는 독거 수용한다. 그러나 독거실 부족 등 시설 여건이 충분하지 아니할 때, 수용자의 생명 또는 신체의 보호, 정서적 인정을 위하여 필요한 때, 수형자의 교화 또는 건전한 사회복귀를 위하여 필요한 때 혼거수용을 할 수 있다(오영근 외, 2013: 171).

② 신입자의 인수 및 고지

가. 신입자의 인수

소장은 법원 · 검찰청 · 경찰관서 등으로부터 처음으로 교정시설에 수용되는 사람에 대하여는 집행지휘서, 재판서 그 밖에 수용에 필요한 서류를 조사한 후 수용한다. 신입자는 3일 동안 신입자거실에 수용하고 작업을 부과해서는 아니 된다.

나. 수용거실 지정

소장은 수용자의 거실을 지정하는 경우에는 죄명, 형기, 죄질, 성격, 범죄전력, 나이, 경력 및 수용생활태도 그 밖의 수용자의 개인적 특성을 고려하여야 한다.

다. 신입자의 건강진단

소장은 신입자에 대하여는 지체 없이 건강진단을 하여야 한다.

라. 신입자에 대한 고지

형기의 기산일 및 종료일, 접견 및 서신 그 밖의 수용자의 권리에 관한 사항, 청원, 「국가인권위원회법」에 따른 진정, 그 밖의 권리구제에 관한 사항, 징벌 · 규율 그 밖의 수용자의 의무에 관한 사항, 일과 그 밖의 수용생활에 필요한 기본적인 사항을 고지해야 한다.

(2) 분류처우제도

분류처우란 수형자의 관리 및 재사회화를 목적으로 수형자를 일정한 기준에 따라 과학적으로 구분하고 각 집단에 적합한 처우계획을 수립하여 이를 기초로 처우와 지도를 행하는 일련의 절차를 말한다. 즉 수형자의 인성, 행동특성, 자질 등을 과학적으로 조사, 측정, 평가하여 그 진단 취지에 적합한 개별 처우계획을 수립하고 그 모든 처우계획이 실질적으로 각 수형자의 개별처우에 부합되도록 조정하는 절차이다(법무연수원, 2024: 358).

① 분류심사

분류심사는 수형자 처우의 기본적인 지침을 확보하기 위하여 개인의 성장과정, 학력 및 직업경력, 생활환경, 개인적 특성, 정신상태, 보호관계, 범죄경력, 범죄 내용, 상담관찰사항, 자력개선의지, 석방 후의 생활계획, 기타 처우 및 관찰에 필요한 사항에 대한 분류조사와 인성, 지능, 적성검사 등의 분류심사 결과 및 수형자와의 개별면담을 통하여 나타난 객관적인 사항들의 결과인 각종 분류지표를 통하여 처우등급을 결정하고 있다(법무연수원, 2024: 358).

② 처우등급

처우등급은 분류심사 시 개별 특성에 따라 일정한 유형으로 나누어 처우할 수 있도록 개별 수형자에 대하여 부여하는 것으로 기본수용급 · 경비처우급 · 개별처우급으로 나누어진다(법무연수원, 2024: 359).

기본수용급은 성별 · 국적 · 나이 · 형기 등에 따라 수용할 시설 및 구획 등을 구별하는 기준으로 ① 여성수형자(W급) ② 외국인수형자(F급) ③ 금고형수형자(I급) ④ 19세 미만의 소년수형자(J급) ⑤ 23세 미만의 청년수형자(Y급) ⑥ 65세 이상의 노인수형자(A급) ⑦ 형기가 10년 이상인 장기수형자(L급) ⑧ 정신질환 또는 장애가 있는 수형자(M급) ⑨ 신체질환 또는 장애가 있는 수형자(P급) 등으로 구분한다.

경비처우급은 도주 등의 위험성에 따라 수용할 시설과 계호의 정도를 구별하고 범죄성향의 진전과 개선 정도, 교정성적에 따라 처우수준을 구별하는 기준으로 개방처우급(S1), 완화경비처우급(S2), 일반경비처우급(S3), 그리고 중경비처우급(S4)으로 구분한다.[3]

3) 교정시설은 도주방지 등을 위한 수용설비 및 계호의 정도(이하 "경비등급")에 따라 다음 각 호를 구분한다. 다만 동일한 교정시설이라도 구획을 정하여 경비등급을 달리할 수 있다.
- 개방시설: 도주방지를 위한 통상적인 설비의 전부 또는 일부를 갖추지 아니하고 수형자의 자율적 활동이 가능하도록 통상적인 관리 · 감시의 전부 또는 일부를 하지 아니하는 교정시설
- 완화경비시설: 도주방지를 위한 통상적인 설비 및 수형자에 대한 관리 · 감시를 일반경비시설보다 완화한 교정시설

개별처우급은 수형자의 개별적인 특성에 따라 중점처우의 내용을 구별하는 기준으로 ① 직업훈련(V급) ② 학과교육(E급) ③ 생활지도(G급) ④ 작업지도(R급) ⑤ 관용작업(N급) ⑥ 의료처우(T급) ⑦ 자치처우(H급) ⑧ 개방처우(O급) ⑨ 집중처우(C급) 등으로 구분한다. 그리고 폐결핵 및 정신질환 수형자는 전주교도소에, 한센병 수형자는 순천교도소에, 소년수형자는 김천소년교도소 및 서울남부교도소에 그리고 보호감호병과 수형자는 천안교도소, 청주여자교도소에 각각 분류수용하고 있다(법무연수원, 2024: 359).

〈표 8-3〉 경비처우급 분류지표

분류영역	항목	범주				점수
본범 관련 사항 (43)	흉기사용	미사용 ①	미소지 사용 ③	소지 사용 ⑤		
	범죄동기	과실 ①	우발·격정 ②	고의 ③		
	범죄 심각성	경범죄 ②	보통범죄 ⑤	중범죄 ⑧	초중범죄 ⑩	
	전체형기	1년 미만 ①	1~3년 미만 ②	3~5년 미만 ④		
		5~10년 미만 ⑥	10년~20년 미만 ⑧	20년 이상(무기포함) ⑩		
	미결시 태도(형 확정 후 분류심사 전까지, 직입소자 포함)	양호 ① (신청작업 등)	보통 ③	불량 ⑤ (훈계, 경고, 금치외 처분)	매우 불량 ⑩ (금치 1회 이상)	
	재범기간	이전범죄 없음 ①	5년 이상 ②	1~5년 미만 ③		
		6월~1년미만 ④	-	6월 미만 ⑤		
과거 범죄 관련 사항 (35)	범법행위건수	이전범죄 없음 ①	1~2회 ②	3~4회 ③		
		5~6회 ⑤	7~9회 ⑧	10회 이상 ⑩		
	최초 경찰 입건 연령	[남자]				
		25세 이상 ①	19세 이상~ 25세 미만 ②	15세 이상~ 19세 미만 ③	15세 미만 ⑤	
		[여자]				
		36세 이상 ①	26세 이상~ 36세 미만 ②	19세 이상~ 26세 미만 ③	19세 미만 ⑤	
	교정 시설 총 수용기간	수용경력 없음 ①	1년미만 ③	1~4년 미만 ⑤		
		4~7년미만 ⑦	-	7년 이상 ⑩		
	과거수용 중 징벌관련 (교정행정전산조회 가능 범위)	징벌없음 ①	경 고 ②	경고·금치외처분 ③		
		금치 1회 ④	-	금치 2회 이상 ⑤		
	초중범죄·중범죄 유무 (범죄심각성 분류기준에 의함)	없음 ①	1회 ③	2회 이상 ⑤		

- 일반경비시설: 도주방지를 위한 통상적인 설비를 갖추고 수형자에 대하여 통상적인 관리 · 감시를 하는 교정시설
- 중경비시설: 도주방지 및 수형자 상호 간의 접촉을 차단하는 설비를 강화하고 수형자에 대한 관리 · 감시를 엄중히 하는 교정시설

분류영역	항목	범주			점수
위험성 및 개선도 평가 (12)	CO-REPI 동적평가점수	평균 3.6점 이상 ①	평균 2.6~3.5점 ②	평균 2.5점 이하 ④	
	문제행동가능성 (교정심리검사 등 참고)	낮음 ①	보통 ②	높음 ④	
	개 선 가 능 성	높음 ①	보통 ②	낮음 ④	
도주 또는 위반 (10)	도주 또는 자살시도 (본건 또는 전과 포함)	없음 ①	관찰 요망 ③	있음 ⑤	
	보호관찰위반, 집행유예 실효, 가석방취소·실효 등 (본건 또는 전과 포함)	없음 ①	1회 ③	2회 이상 ⑤	
판정 기준	경비처우급	점수	판정 결과	총점	경비처우급
	개방처우급	23점 이하			
	완화경비처우급	24~37점			
	일반경비처우급	38~63점			
	중(重)경비처우급	64점 이상			

출처: 법무부 교정본부 자료.

(3) 급양 및 의료

① 급양

2022년 말 현재 수용자 1인당 1일 급식비는 4,802원으로 한국인 권장열량 2,500kcal을 기준으로 급식을 하고 있으며, 1일 3식 4찬을 원칙으로 운영되고 있다. 급식 이외에 의류, 침구 등 일상생활용품이 수용자에게 지급 또는 대여되며 필요한 경우에는 자비구매도 허용하고 있다(법무연수원, 2024: 363).

② 의료

각 교정시설에는 수용자에게 효과적인 의료처우를 제공하기 위해서 의사, 약사, 간호사 등으로 구성된 의료진이 배치되어, 수용자의 진료나 건강검진 및 방역과 보건관리를 하고 있다. 특히 2022년 현재 53개 교정시설에 원격진료시스템을 구축하였다(법무연수원, 2024: 363). 소장은 수용자에 대한 적절한 치료를 위하여 필요하다고 인정하면 교정시설 밖에 있는 의료시설에서 진료를 받게 할 수 있다. 또한 수용자의 정신질환치료를 위하여 필요하다고 인정하면 법무부장관의 승인을 받아 치료감호시설로 이송할 수 있다.

(4) 교정 · 교화 프로그램

① 석방 예정자 교육

장기수형자의 경우에는 사회변화 및 경제동향, 취업 및 창업 정보를 제공하는 것에 중점을 두는 한편, 기초생활보장제도, 법무보호복지공단 시행 갱생보호 사업, 출소 예정자의 경제적 자립 지원을 위한 신용 회복 등에 대한 안내를 한다. 단기수형자에게는 자신감 회복을 돕는 출소자 성공 사례 강연 등을 중점으로 교육을 편성하여 실시하고 있다(법무연수원, 2024: 364).

② 인성교육

인성교육은 감수성 훈련, 인간관계 회복, 도덕성 회복, 시민의식 및 준법정신 함양 등에 대해 교육한다. 2015년부터는 형이 확정된 모든 수형자를 대상으로 형기 등에 따라 교육과정을 구분하여 70~120시간의 체계적인 교육 프로그램으로 구성된 '집중인성교육'을 실시하고 있다(법무연수원, 2024: 364).

그 밖에도 매년 초 · 중 · 고 졸업학력 검정고시를 준비하는 수형자를 대상으로 검정고시반을 설치 · 운영하고 있다(법무연수원, 2024: 364). 수형자에게 독학에 의한 학위취득 기회를 부여하기 위하여 전국 교정기관 중 29개 기관에서 '학사고시반 교육'을 실시하고 있다. 그리고 여주교도소 등 4개 교정시설에서는 방송통신대학 과정을, 순천교도소에서는 교정시설 내에 전문대학 위탁교육과정을 설치하여 운영하고 있다(법무연수원, 2024: 368).

(5) 교도작업과 직업훈련

① 교도작업

교도작업은 교정시설에서 작업을 통하여 수형자에게 근로정신을 함양시키고 기술을 습득시켜 사회에 안정적으로 적응할 수 있는 건전한 시민으로 복귀시키는 데 그 목적이 있다. 교도작업 수익금은 교도작업특별회계 수입금으로 하여 국가재정에 귀속된다. 교도작업은 직영작업, 위탁작업, 개방작업의 형태로 이루어진다. 교정기관의 장은 취업수용자에게 작업장려금을 지급할 수 있다. 「교도작업특별회계운영 지침」에 작업장려금의 1일 지급기준을 정하고 있는데, 2022년 1일 평균 작업장려금은 6,045원이다(법무연수원,

2024: 369-370). 이 밖에도 작업 중 신체상해를 입은 수형자에게는 위로금을, 사망한 수형자의 유족에게는 조위금을 지급하고 있다.

② 직업훈련

직업훈련은 수형자의 출소 후 생활을 안정시켜 재범 방지 및 기능 인력을 양성하는 데 그 목적이 있다. 교도소에서의 직업훈련은 크게 공공직업훈련과 일반직업훈련으로 대별된다. 공공직업훈련은 「근로자직업능력개발법」 등 관계규정에 따라 고용노동부장관이 정한 훈련기준 및 권고사항 등을 참고하여 실시하는 훈련이다. 일반직업훈련은 교정시설의 장이 교화상 필요한 경우 그 밖의 사정을 고려하여 「근로자직업능력개발법」의 기준 외의 방법으로 실시하는 훈련이다. 전국 35개의 교정시설(소망교도소 포함)에 일반 및 공공직업 훈련소를 설치하고 있다. 2022년에는 14개 분야, 90개 직종에 걸쳐 216개 과정 5,635명의 직업훈련을 실시하였다(법무연수원, 2024: 371).

(6) 사회적 처우

사회적 처우는 구금시설의 단점을 보완하기 위한 제도로서 1955년 제네바에서 열린 제1회 '유엔 범죄방지 및 범죄인처우회의'에서 채택된 「개방시설에 관한 권고결의안」과 「UN 피구금자 처우 최저기준규칙」에 의해서 그 필요성 및 유용성이 강조되어 세계 각국에서 광범위하게 실시되고 있다(조흥식 · 이형섭, 2014: 288). 우리나라 교도소에서 활용하고 있는 방법으로는 개방시설에서 처우하거나 귀휴, 가족만남의 날 행사, 가족만남의 집 이용 등이 있다(법무연수원, 2024: 374).

① 귀휴제도

귀휴제도는 교정성적이 양호하고 도주의 위험성이 적은 수형자에게 일정한 요건하에 기간과 행선지를 제한하여 외출 · 외박을 허용하는 제도이다. 이것은 수형자의 석방 후 생활준비, 가족과의 유대관계 유지 등 사회적응 능력을 유지, 향상시키는 데 그 목적이 있다. 크게 일반귀휴와 특별귀휴가 있다(〈표 8-4〉 참고). 2022년의 경우 1,097명이 참여하였다(법무연수원, 2024: 374).

〈표 8-4〉 귀휴제도의 종류

구분	대상	사유	기간
일반귀휴	6개월 이상 복역한 수형자로서 그 형기의 1/3이 지나 교정 성적이 우수한 사람	1. 가족 또는 배우자의 직계직손이 위독한 때 2. 질병이나 사고로 외부의료시설에의 입원이 필요한 때 3. 천재지변이나 그 밖의 재해로 가족, 배우자의 직계존속 또는 수형자 본인에게 회복할 수 없는 중대한 재산상의 손해가 발생하였거나 발생할 우려가 있는 때	20일 이내
특별귀휴		1. 가족 또는 배우자의 직계존속이 사망한 때 2. 직계비속의 혼례가 있는 때	5일 이내

② 사회견학 및 봉사활동

사회견학 및 봉사활동은 수용생활로 인한 일반 사회와의 단절현상을 완화시키기 위하여 수형자로 하여금 사회현장을 직접 체험하게 하는 현장교육의 일환으로 실시되고 있다. 주로 수형자가 직접 외부의 문화 유적지, 사회복지시설, 산업시설 등을 견학하거나 봉사활동에 참가한다(법무연수원, 2024: 375).

③ 가족만남의 집 및 가족만남의 날

가족만남의 집은 수용생활로 인해 소원해지거나 단절될 우려가 있는 가족관계를 회복하고 심리적 안정을 찾기 위해 교정시설 내 별도의 공간을 마련한 것이다. 1박 2일간 가족들과 숙식을 함께하고 지내면서 심리적 안정은 물론 수용생활의 안정으로 도모하고자 하는 것이다. 가족만남의 날은 일반적인 접견실 이외의 장소에서 다수의 수용자와 가족이 함께 음식물 등을 취식하며 차단시설 없이 자유로이 접견을 하도록 하는 특별한 날을 지정한 것이나. 2019년은 1,908명의 수형자가 가족만남의 집을 이용하였고 수형자 9,004명이 가족만남의 날에 참여하였으나, 2020년부터 코로나19 감염병 유입을 차단하기 위해 외부인이 교정기관으로 방문하는 가족관계 프로그램 실시가 중단되면서 급감하였다(법무연수원, 2024: 376).

(7) 심리치료

성폭력, 아동학대, 정신건강, 마약, 알코올 등 중독문제로 과학적 · 전문적 심리치료가 필요한 수용자를 위해 2011년 서울남부심리치료센터를 시작으로 포항 · 청주 · 군산심리치료센터('13), 밀양심리치료센터('14), 목포심리치료센터('18), 청주여자심리치료센터('19)를 개원 운영하고 있다. 또한 2020년 성폭력사범 및 정신질환 수용자, 중독사범에 대한 체계적 · 효과적 심리치료를 위해 안양 · 의정부 · 진주 · 천안 · 군산교도소에 심리치료과를 신설하여 심리치료 집중과정을 운영하고, 심리치료 및 전문상담 사례회의 개최 등 심리치료를 고도화하였다(법무연수원, 2024: 376-377).

(8) 처우불복제도

처우불복제도는 수용자가 처우에 불복이 있을 때 이를 해결, 개선하기 위한 제도적 장치를 마련한 것이다. 구체적인 방법으로는 법무부장관 또는 순회 점검공무원에게 청원하는 방법, 소장과의 면담 신청, 행정심판이나 국가인권위원회 진정 등이 있다. 2022년의 경우 청원 508건, 행정심판 382건, 행정소송 56건, 고소 · 고발 716건, 국가인권위원회 진정 4,187건, 헌법소원 49건이 신청되었다(법무연수원, 2024: 378).

(9) 가석방제도

가석방제도는 행형성적이 우수한 수형자를 형기만료 전에 석방하는 제도이다. 가석방이 되기 위한 자격과 절차는 수형자가 무기에서 10년, 유기에서는 형기의 1/3이 경과하고 행형성적이 우수하고 재범의 위험이 없다고 인정되는 때에 가석방 예비회의를 거쳐 법무부차관을 위원장으로 하는 '가석방심사위원회'에 가석방 신청을 해서 심사에서 통과가 되어야 한다. 다만 소년수형자의 경우 그 절차를 달리하여 '보호관찰심사위원회'의 결정에 의거하여 장관의 허가를 요한다(조흥식 · 이형섭, 2014: 289).

(10) 위생과 의료관리

교도소는 공동생활을 하는 곳이기 때문에 위생 및 건강관리에 특별히 신경을 써야 하는 곳이다. 이를 위한 구체적인 내용을 살펴보면 다음과 같다(오영근 외, 2013: 171).

① 위생 · 의료 조치의무

소장은 수용자의 건강, 계정 및 시설여건 등을 고려하여 보건 · 위생관리계획을 정기적으로 수립하여 시행하여야 한다. 또한 수용자가 건강한 생활을 하는 데 필요한 위생 및 의료상의 적절한 조치를 하여야 한다.

③ 운동 및 목욕

소장은 수용자가 매일 근무시간 내에서 1시간 이내의 실외운동을 할 수 있도록 한다. 매주 1회 이상 목욕을 하도록 한다. 단 여성은 신체적 특성을 고려해 목욕횟수를 정한다.

③ 건강검진

소장은 수용자에 대하여 1년에 1회 이상 건강검진을 하여야 한다. 단 19세 미만의 수용자와 계호상 독거수용자에 대하여는 6개월에 1회 이상(노인수용자 포함) 건강검진을 하여야 한다. 건강검진은 「건강검진기본법」에 따라 지정된 검진기관에 의뢰하여 할 수 있다.

(11) 수형자의 안전

교도소와 같이 집단생활을 하는 경우에는 수형자 개인뿐 아니라 공동생활을 하는 다른 수형자, 지역사회를 위해서라도 안전문제는 중요하게 다루어져야 한다.

① 보호실 및 진정실 수용

소장은 수용자가 자살 또는 자해의 우려가 있는 때, 신체적 · 정신적 질병으로 인하여 특별한 보호가 필요한 때 보호실에 15일 이내 수용할 수 있다. 또한 교정시설의 설비 또는 기구 등을 손괴하거나 소란행위를 계속하여 다른 수용자의 평온한 수용생활을 방해할 때 강제력을 동원한 진정실 수용을 할 수 있다(오영근 외, 2013: 220).

② 수용자 안전보호를 위한 보호장비의 사용

교도관은 이송 · 출정, 그 밖에 교정시설 밖의 장소로 수용자를 호송하는 때, 도주 · 자살 · 자해 또는 다른 사람에 대한 위해의 우려가 있을 때 수갑, 머리보호장비, 발목보호장비, 보호대, 보호복, 포승 등 보호장비를 사용할 수 있다. 단 교도관은 필요한 최소한의 범위에서 보호장비를 사용하여야 하며 그 사유가 소멸하면 사용을 지체 없이 중단하여야 한다(오영근 외, 2013: 221).

③ 규율과 상벌

수용자는 교정시설의 안전과 질서 유지를 위하여 법무부장관이 정하는 규율을 준수하여야 하며 소장이 정하는 일과시간표를 준수하여야 한다. 또한 교도관의 직무상 지시에 복종하여야 한다. 징벌은 경고에서부터 근로봉사, 공동행사 참가 정지, 신문열람 제한, 작업 정지 등이 있다. 징벌대상자의 징벌을 결정하기 위하여 교정시설에 징벌위원회를 두고 징벌의 집행은 소장이 한다(오영근 외, 2013: 224-225).

(12) 접견 · 서신수발 등

수용자는 교정시설의 외부에 있는 사람과 접견할 수 있다, 접견의 횟수 · 시간 · 장소 · 방법 및 접견내용의 청취 · 기록 · 녹음 · 녹화 등에 관하여 필요한 사랑은 대통령령으로 정한다. 수용자는 다른 사람과 서신을 주고받을 수 있다. 교정시설의 수용자 간에 서신을 주고받으려면 소장의 허가를 받아야 한다. 또한 소장의 허가를 받아 교정시설의 외부에 있는 사람과 전화 통화를 할 수 있으며 이는 다른 사람과 전화 통화 내용의 청취 또는 녹음을 조건으로 붙일 수 있다(오영근 외, 2013: 208-210).

2. 소년원

1) 목적 및 의의

소년원은 보호처분에 의하여 송치된 소년을 수용 · 보호하여 교정교육을 행하는 국가기관이다. 구체적으로는 법원 소년부에서 송치한 14세 이상 19세 미만의 범죄소년, 형벌법령에 저촉되는 행위를 한 10세 이상 14세 미만의 촉법소년과 성격 또는 환경에 비추어 장래 형벌법령에 저촉되는 행위를 할 우려가 있는 10세 이상 19세 미만의 우범소년이 해당된다(법무연수원, 2024: 609).

소년원은 다음과 같은 네 가지 기능적 성격을 가지고 있다(조흥식 · 이형섭, 2014: 317 재인용).

첫째, 소년원은 법원 처분에 의해 일정 기간 자유를 제한하는 수용기관이다. 법원처분에 의해 송치된 비행소년을 일정 기간 수용 · 보호하는 기관이다.

둘째, 소년원은 사법적 기능보다 교육적 기능을 중시하는 교육기관이다. 「소년법」은 반사회성이 있는 소년의 환경 조정과 품행 교정에 그 목적을 두고 있어 범죄에 대한 책임을 묻기보다 소년을 범죄 유발적 환경으로부터 보호한다는 국친사상에 입각하고 있다. 이에 따라 소년원은 국가가 보호자라는 입장에서 교정교육을 실시하고 있다.

셋째, 소년원은 심리치료, 상담 프로그램을 통해 사회재적응을 도와주는 치료기관이다. 사회적응에 실패한 비성숙한 소년을 보호, 교육, 치료하기 위해 집단지도, 집단상담, 심리치료 프로그램을 통하여 재비행을 방지하고 바람직한 인성 함양을 도모하는 기관이다.

넷째, 소년원은 비행소년의 자립지원 및 사회복귀를 지원하는 복지기관의 성격을 가지고 있다. 소년원은 소년원생의 학업연계, 취업·창업지원, 문신 제거시술, 무의탁자에 대한 생활안정자금 및 장학금 지원 등을 통해 안정된 사회복귀를 지원하고 있다.

〈표 8-5〉에서 보듯이 소년원은 소년범을 수용하고 처우하는 법무부 소속기관이라는 점에서 소년교도소와 유사점이 있지만 적용법률, 처분법원, 처분 종류, 신분 제한 등에서 차이가 있다(조흥식 · 이형섭, 2014: 313 재인용).

〈표 8-5〉 소년원과 소년교도소의 기능 비교

구분	소년원	소년교도소
적용 법률	• 「소년법」 • 「보호소년 등의 처우에 관한 법률」	• 「형법」 • 「형의 집행 및 수용자의 처우에 관한 법률」
처분 법원	• 가정법원 또는 지방법원소년부	• 형사법원
처분 종류	• 보호처분(7~10호 처분)	• 형사처분: 자유형(징역 · 금고)
시설	• 10개 소년원(2개 여자소년원)	• 1개 소년교도소(여자소년은 청주여자교도소)
수용 대상	• 범죄소년, 촉법소년, 우범소년	• 범죄소년
수용 기간	• 2년 미만	• 선고에 의한 자유형 집행기간(부정기형)
사회복귀	• 퇴원: 교정목적을 달하였다고 인정할 때 • 임시퇴원: 교정 성적이 양호하고 보호관찰의 필요성이 있다고 인정될 때	• 석방: 형기 종료 시 • 가석방: 행상이 양호하여 개전의 정이 현저할 때(행형성적 양호자에 대한 은전적 조치)
신분제한	• 장래 신상에 어떠한 영향도 미치지 않음(「소년법」 제32조 제6항)	• 법에서 정한 복권 기한이 지나야 허용: 범죄수사, 누범 여부, 자격제한 등을 위해 형이 확정되면 수형인명부 기재 · 관리(전과기록)

출처: 조흥식 · 이형섭(2014: 313).

2) 조직 및 인력

소년원은 청소년이라는 특성을 고려해서 사법기능과 교육기능 모두를 강조한다. 소년원은 교육기관이기도 하지만 일반학교 학생들과는 다른 특성을 가진 소년들의 다양한 교육과정을 마련하고자 교과교육소년원, 직업능력개발훈련소년원, 종합소년원 등으로 구분된다. 이 중 직업능력개발훈련소년원을 제외한 모든 기관에서 초·중·고등학교 교육과정 등을 운영한다.

우리나라 소년원은 1942년 경성소년원(현 서울소년원)의 개원을 효시로 2022년 현재 전국에 10개의 소년원이 운영되고 있다(법무연수원, 2024: 609). 2022년 소년원별 교육과정을 살펴보면, 서울·전주·안양소년원에서는 중·고등학교 교육과정을, 서울·부산·대구·광주·청주·안양·춘천·제주소년원에서는 제과제빵, 헤어디자인, 피부미용, 자동차정비 등의 직업능력개발 훈련과정을, 대구·광주·춘천·제주소년원에서는 인성교육 전문과정을 운영하는 한편, 전주·청주·제주소년원에서는 8호 처분자 전담교육을 실시하고 있다(법무연수원, 2024: 619).

〈표 8-6〉 소년원학교 교육 내용

구분	기관(학교명)	대상	교육과정	위치
수도권	서울소년원 (고봉중고등학교)	보호소년 (9·10호)	• 중·고등학교 교과교육 • 직업능력개발훈련(제과제빵·한식조리·헤어디자인) • 인성교육, 컴퓨터, 검정고시, 보호자교육	경기도 의왕시 고산로 87
	안양소년원 (정심여자중고등학교)	女보호소년 (9·10호)	• 중·고등학교 교과교육 • 직업능력개발훈련(피부미용·제과제빵) • 인성교육, 컴퓨터, 검정고시, 보호자교육	경기도 안양시 삼막로 96번길 11
	서울소년분류심사원	위탁소년	• 분류심사 • 인성교육, 컴퓨터	경기도 안양시 경수대로 500
중부권	대전소년원 (대신학교)	보호소년 (7·9·10호) 위탁소년	• 의료·재활교육 • 분류심사 • 인성교육, 컴퓨터, 검정고시, 보호자교육	대전시 동구 산내로 1398-41
	청주소년원 (미평여자학교)	女보호소년 (8·9·10호)	• 직업능력개발훈련(헤어디자인·제과제빵·예술분장·커피바리스타) • 8호 처분자 교육(女) • 인성교육, 컴퓨터, 검정고시, 보호자교육	청주시 홍덕구 남지로 41번길 23
호남권	광주소년원 (고룡정보산업학교)	보호소년 (9·10호) 위탁소년	• 직업능력개발훈련(자동차정비·에너지설비·소형건설기계조종사면허) • 분류심사 • 인성교육, 컴퓨터, 검정고시, 보호자교육	광주시 광산구 임곡로 273-3
	전주소년원 (송천중고등학교)	보호소년 (8·9·10호)	• 중·고등학교 교과교육 • 8호 처분자 교육(男) • 인성교육, 컴퓨터, 검정고시, 보호자교육	전주시 덕진구 과학로 45-25

구분	기관(학교명)	대상	교육과정	위치
영남권	부산소년원 (오륜정보산업학교)	보호소년 (10호) 위탁소년	• 직업능력개발훈련(용접 · 제과제빵 · 헤어디자인) • 분류심사 • 인성교육, 컴퓨터, 검정고시, 보호자교육	부산시 금정구 오륜대로 126번길 62
	대구소년원 (읍내정보통신학교)	보호소년 (9 · 10호) 위탁소년	• 직업능력개발훈련(제과제빵 · 그래픽디자인 · 케이크디자인) • 분류심사 • 인성교육, 컴퓨터, 검정고시, 보호자교육	대구시 북구 칠곡중앙대로 99길 12
강원권	춘천소년원 (신촌정보통신학교)	보호소년 (9 · 10호) 위탁소년	• 직업능력개발훈련(헤어디자인 · 그래픽디자인 · 디저트) • 분류심사 • 인성교육, 컴퓨터, 검정고시, 보호자교육	춘천시 동내면 장안길 51
제주권	제주소년원 (한길정보통신학교)	보호소년 (8 · 9 · 10호) 위탁소년 대안교육	• 직업능력개발훈련(제과제빵 · 골프매니지먼트) • 8호 처분자(제주지역 男) 교육 • 분류심사 • 인성교육, 컴퓨터, 검정고시, 보호자교육 • 비행예방교육(대안교육), 청소년심리상담, 상담조사	제주시 애월읍 장소로 515

출처: 법무부 범죄예방정책국 자료.

3) 수용 현황

(1) 수용인원

2022년 소년원의 신수용인원은 1,520명이다. 2013년 3,037명으로 정점을 씩은 후, 2014년부터 점차 감소 추세이다(〈표 8-7〉 참고). 성별을 보면 남성 1,232명(81.1%), 여성 288명(18.9%)으로 남성이 월등히 높다. 1일 평균 수용인원은 700명이었다(법무연수원, 2024: 611).

〈표 8-7〉 소년원의 연간 신수용인원 및 1일 평균 수용인원 현황

(단위: 명(%))

연도 \ 구분	신수용인원			1일 평균 수용인원
	계	남성	여성	
2022	1,520(100)	1,232(81.1)	288(18.9)	700

출처: 법무연수원(2024: 611).

(2) 보호소년의 특성

2022년 소년원 보호소년의 연령을 살펴보면 16~17세(48.6%), 14~15세(20.9%), 18세(20.0%), 19세 이상(7.9%), 14세 미만(2.6%) 순이었다. 16~17세가 절반가량을 차지하지만 15세 미만도 전체 보호소년의 1/5가량을 차지하여 높음을 알 수 있다. 2022년 소년원 보호소년의 학력을 살펴보면 고등학교가 전체의 71.5%로 가장 많았으며 그다음이 중학교 25.8%, 대학교 1.7%, 초등학교 0.9% 등의 순이었다.

〈표 8-8〉 소년원 보호소년의 연령별 현황

(단위: 명(%))

연도	계	14세 미만	14~15세	16~17세	18세	19세 이상
2022	1,520(100)	40(2.6)	317(20.9)	739(48.6)	304(20.0)	120(7.9)

출처: 법무연수원(2024: 613).

2022년의 소년원 보호소년의 연령별 비행유형을 살펴보면 대부분의 비행유형에서 16~17세가 가장 높았고 그다음이 14~15세 순이었다. 약물범죄를 제외한 모든 비행유형에서 16~17세가 가장 높은 비율을 차지하고 있다(〈표 8-9〉 참고).

〈표 8-9〉 소년원 보호소년의 연령별 비행유형 현황(2022년)

(단위: 명(%))

비행 \ 연령	계	10~13세	14~15세	16~17세	18세	19세 이상
계	1,520(100)	40(2.6)	317(20.9)	739(48.6)	304(20.0)	120(7.9)
재산범	351(100)	10(2.8)	55(15.7)	189(53.8)	81(23.1)	16(4.6)
강력범	292(100)	5(1.7)	59(20.2)	149(51.0)	62(21.2)	17(5.8)
약물남용범	4(100)	0	0	1(25.0)	3(75.0)	0
특별법범	184(100)	3(1.6)	36(19.6)	96(52.2)	40(21.7)	9(4.9)
기타	689(100)	22(3.2)	167(24.2)	304(44.1)	118(17.1)	78(11.3)

출처: 법무연수원(2024: 615).

4) 처우 및 주요 프로그램[4)]

(1) 처우절차

법원 소년부에서 소년원 수용처분을 받은 비행소년은 신입자교육, 기본교육, 사회복귀

4) 이 부분은 법무연수원(2021)에서 요약, 부분 발췌한 것이다.

교육을 받게 된다. 신입자교육은 소년원에 입소 이후 10일 이내에 행해지며 크게 소년원 생활에 대한 안내, 교육받게 될 학교 및 교육기간을 지정받는다. 기본교육은 최소 1개월에서 23개월 이내에 행해지며 크게 교과교육, 의료 · 재활교육, 직업능력개발훈련, 인성교육, 특별활동 등이 이루어진다. 또한 퇴원 10일 전부터는 사회복귀교육에서 진로지도, 사회적응지도, 취업알선 등이 행해진다(법무연수원, 2021: 617).

[그림 8-2] 소년원 처우절차

출처: 법무연수원(2021: 617).

(2) 분류조사 및 분류수용

소년원에서의 분류조사는 입원한 소년들을 위하여 교육과정 편성 등 개별처우에 필요한 각종 자료를 수집하기 위해 행해진다. 이 조사에는 소년의 가족관계, 성장환경, 교육력, 직업력 및 비행력 등 생활사를 중심으로 한 사회환경 조사를 비롯하여 지능, 성격, 적성 등 심리검사와 신체 및 정신상의 이상 유무를 밝히기 위한 의학적 검진과 행동관찰, 보호자상담 등이 이루어진다. 소년원의 분류수용은 초·중등교육, 직업능력개발훈련, 의료·재활교육, 인성교육 소년원으로 분류하고 같은 소년원 안에서도 학생들의 연령, 비행력, 입원횟수, 공범유무, 교육정도 등에 따라 분류수용하고 있다. 〈표 8-10〉에서 보듯이 보호처분의 기간은 「소년법」 제32조 제1항의 제7호, 제8호, 제9호, 제10호 처분에 따라 달리하고 있다(법무연수원, 2021: 623).

〈표 8-10〉 보호소년 수용·교육기간

처우과정	수용·교육기간
소년의료보호시설 위탁(제7호)	6개월(6개월 이내 1회 연장 가능)
1개월 이내의 소년원 송치(제8호)	1개월 이내
단기 소년원 송치(제9호)	6개월 미만
정기 소년원 송치(제10호)	2년 미만

출처: 법무연수원(2021: 624).

(3) 급여

보호소년에 대한 급식을 과학적이고 합리적으로 관리하기 위해 각 소년원에 급식관리위원회를 설치하여 소년들의 급식에 적정을 기하고 있다. 혼합식을 원칙으로 하고 있는데, 1명당 한 끼니에 급여하는 주식 및 부식의 열량은 900kcal(여성 667kcal) 이상으로 하고 있다. 그 외 교정교육 및 생활지도를 위하여 특별급식 또는 대용식을 급여하고 있다. 그 밖에도 피복, 침구, 기타 일상생활에 필요한 물품을 급여 또는 대여하고 있다(법무연수원, 2021: 625).

(4) 보건·위생

보호소년의 보건, 위생관리를 위하여 각 소년원에 의사(의무과장 등)와 간호사가 배치되어 있고, 의료에 필요한 시설과 각종 의료기구도 비치되어 있다. 소년이 소년원에 입원하게 되면 먼저 의무과장으로부터 건강진단, 신체검사, 체력검사, 신체특징검사를 받는다. 보호소년은 필요한 경우 언제든지 의사의 진료를 받을 수 있으며, 소년원 내에서 치료가 곤란한 경우에는 외부병원에서도 치료를 받을 수 있도록 하고 있다. 의료 취약계층인 보호소년의 체계적 건강관리를 위해 한국건강관리협회 종합건강검진(연 2회)과 대한결핵협회 결핵검진(월 1회)을 정기적으로 실시하고 있다(법무연수원, 2021: 625).

(5) 교육과정

소년원은 특별한 목적을 가진 교육기관이다. 소년원의 교육과정을 살펴보면 다음과 같다(법무연수원, 2024: 621-629). 첫째, 특성화교육이다. 교과교육 중심으로 운영되는 일반학교와는 달리 국어, 영어, 수학 등 교과목 이외에도 인성교육, 컴퓨터 교과목, 직업능력개발훈련, 의료·재활교육, 검정고시 등을 접목한 특성화교육을 실시하고 있다.

둘째, 직업능력개발훈련이다. 이것은 학생들에게 직업에 대한 올바른 인식, 퇴원 후 경제적으로 자립할 수 있는 토대 마련, 근로정신 함양을 통해 재비행 예방 등의 목적으로 행해진다. 2022년 직업능력개발훈련과정은 제과제빵, 한식조리, 자동차정비, 용접, 헤어디자인, 피부미용, 에너지설비, 골프매니지먼트, 커피 바리스타, 케이크디자인, 소형건설기계조종사면허, 예술분장, 그래픽디자인, 디저트 등을 운영하고 있다.

셋째, 인성교육이다. 대구·청주·춘천·제주소년원을 인성교육 전문기관으로 지정하여 기본교육과정 중 50% 이상을 인성교육 시간으로 편성·운영하였다. 주된 내용은 강·절도예방, 성비행 예방 및 치료프로그램 등 비행유형별 교육을 비롯하여 자기성장, 가족관계 회복, 대인관계능력 향상, 진로교육 등으로 구성되었다.

8호 처분자 교육과정은 비행별 유형에 따라 비행예방 전문교육, 체험활동, 집단상담 및 교양교육으로 편성·운영하고 있다. 7호 처분 기관인 대전소년원에서는 신체질환, 약물중독, 정신·발달장애 등 집중치료나 특수교육이 필요한 보호소년을 대상으로 의료·재활교육을 실시하고 있다(법무연수원, 2024: 624).

(6) 생활지도

소년원에서의 생활지도는 소년원 학생들이 지닌 왜곡된 성행과 생활습관을 교정하고 사회생활에 적응하지 못하는 제 요인을 제거하고 바람직한 습성과 건실한 생활태도를 익히는 데 초점을 둔다. 입원 초기부터 개별상담, 상벌점제도 운영 등을 통해 언어, 식사, 취침, 기상 등 일상생활에 필요한 기초적인 행동양식을 비롯하여 공중도덕, 기본예절, 사회규범, 민주적 질서의식 등을 익히도록 지도하고 있다. 이 밖에도 자치회 운영, 독서, 영화감상, 레크리에이션 등을 지도하고 있다(법무연수원, 2021: 631). 소년원 학생에 대한 교육효과가 출원 후에도 지속적으로 유지되어 성공적으로 사회에 복귀하는 것을 목표로 소년원 입원 시부터 출원 이후까지 민간 자원 봉사자와 지속적으로 연계 · 지원하는 '소년원 학생 멘토링 시스템'을 구축하고 있다.

(7) 사회정착 지원

소년원 교육의 궁극적인 목표는 보호소년들이 사회에 나가 잘 적응하고 재비행을 저지르지 않도록 하는 것이다. 사회정착 지원과 관련된 내용은 다음과 같다(법무연수원, 2021: 632-634).

① 개방처우 확대

소년원들의 사회적응력을 개선하고 성공적인 사회복귀를 지원하기 위해 모범학생을 대상으로 외출, 통학, 통근, 가정학습, 체험학습, 봉사활동, 시설개방 등 개방처우를 확대하고 있다.

② 가족관계 회복지원

가족관계 회복을 지원하기 위해 소년원 학생과 가족들이 2~3일간 참여하는 '가족사랑 캠프'를 비롯하여 '가족합숙제', '1일생활제', '가정관 면회제'를 운영하고 있다. 이외에도 '학생 전화사용', '보호자 1일 명예교사 및 자원봉사제', '가족과 함께하는 날', '보호자 상담' 등 가족관계 회복 프로그램을 운영하고 있다. 2022년 현재 가정관은 전국 10개 소년원에 13개 동 26세대가 설치되어 있다.

③ 취업 및 사회정착 지원

첫째, 취업지원 활동이다. 취업지원을 위해 전체 소년원 학생과 민간 자원봉사자와의 1:1 멘토링 시스템을 구축하고, 취업알선, 구인업체 방문 등 소년원 출원생에 대한 취업

연계 및 지속적인 사후지도를 하고 있다.

둘째, 청소년자립생활관을 운영하고 있다. 청소년자립생활관은 소년원과 일반사회를 연결하는 중간처우시설이라고 할 수 있다. 약 20명 정도 생활할 수 있는 기숙사 형태의 숙식시설로서 무의탁 및 원격지 거주 취업학생들이 6개월~1년간 사회에 적응하는 것을 돕기 위해 건립되었다. 현재 청소년자립생활관은 영남권(부산 · 대구), 호남권(광주 · 전북), 수도권(의왕 · 안양), 중부권(대전), 강원권(강원) 등 총 8개의 청소년자립생활관을 권역별로 설치하였고 민간단체인 (재)한국소년보호협회에서 관리 · 운영하고 있다(법무연수원, 2021: 633-634).

3. 보호관찰소

1) 목적 및 의의

(1) 목적 및 발전과정

보호관찰소는 법무부장관의 소속하에서 보호관찰대상자의 원활한 사회복귀와 재범방지를 위해 보호관찰의 실시, 사회봉사 · 수강명령의 집행, 판결 전(결정 전, 청구 전) 조사 및 범죄 예방 활동에 관한 사무를 관장하는 기관이다.

보호관찰제도는 범죄인을 교도소나 소년원과 같은 시설에 수용하지 않고 지역사회에서의 생활을 유지하게 하되 보호찰관의 지도감독 등 일정한 조건을 부과하여 범죄성을 개선하는 것으로 영미를 중심으로 발달해 왔다. 우리나라는 1989년부터 소년범과 가출소자를 대상으로 실시한 이후 1997년 성인범으로 확대되었고 2008년부터는 전자감독제도를 시행했다. 이 밖에도 「성폭력범죄의 처벌 및 피해자 보호 등에 관한 법률」의 시행에 따른 성폭력소년 및 성인범죄인에게의 보호관찰, 「가정폭력범죄의 처벌 등에 관한 법률」 제정으로 가정폭력범죄에 대한 형사처벌의 특례로서 보호관찰, 사회봉사 · 수강명령 등 보호처분을 부과할 근거 마련, 「청소년의 성보호에 관한 법률」 제정으로 청소년 대상 성범죄인에 대하여 수강명령 및 보호처분 부과, 「성매매알선 등 행위의 처벌에 관한 법률」 제정으로 성매매자에 대해 보호관찰 부과 등이 행해졌다(법무연수원, 2021: 413).

(2) 보호관찰제도의 유형

우리나라에서 보호관찰은 좁은 의미와 넓은 의미가 혼용된다. 좁은 의미의 보호관찰은 「보호관찰 등에 관한 법률」 제32조에 규정된 준수사항을 이행할 조건으로 일정 기간 동안 보호관찰관의 지도감독을 받는 것을 의미한다. 넓은 의미의 보호관찰은 협의의 개념에다 보호관찰소의 핵심 업무인 사회봉사명령 및 수강명령을 포함한 개념이다. 일반적으로 보호관찰제도 또는 보호관찰 서비스라고 할 때는 넓은 의미로, 보호관찰 지도감독이라고 할 때는 좁은 의미로 사용한다(이형섭, 2012: 20-21). 보호관찰은 감독방법에 따라 다양한 형태로 이루어진다. 보호관찰제도의 유형에는 크게 배상명령, 사회봉사명령, 수강명령, 집중보호관찰, 전자감독 등이 있다.

① 배상명령

배상명령(restitution)은 시설 내 처우 대안의 하나로 범죄인으로 하여금 자신의 범죄로 인한 피해를 범죄피해인에게 금전적으로 배상시키는 제도이다. 이 제도는 보호관찰과 같은 다른 형태의 처분과 병행해서 부과할 수 있다. 가해자가 피해자를 배상하는 과정에서 기존 형사사법체제에서 배제되었던 피해자를 형사사법절차의 과정에 참여시킬 수 있는 이점이 있는 반면, 배상능력이 없는 범죄인에게는 오히려 지나칠 정도로 무거운 처분이 될 수 있다(오영근 외, 2013: 237-238).

② 집중보호관찰

집중보호관찰(intensive probation)은 일반보호관찰보다는 감독의 강도가 높고 구금에 비해서는 낮다. 보호관찰대상자와의 접촉을 늘리고(최소 주당 3~4회 이상) 대상자에 대한 통행금지시간의 지정, 학교 출석이나 직장 출근 의무 등 강도 높은 밀착감시 방법을 활용한다. 이것은 보호관찰과 교정시설이라는 양극단의 중간에 위치한 중간제재 또는 중간처벌이라고 하기도 한다(오영근 외, 2013: 240-242).

③ 전자감독

전자감독 대상자에 대한 중단 없는 감독을 위해 법무부 산하에 위치추적중앙관제센터를 설치하여 24시간 365일 연중무휴 감독시스템을 구축·운영하고 있다. 전자감독 대상자가 착용하는 전자장치는 위성으로부터 수신한 위치정보를 이동통신망을 통해 법무부 위치추적 관제센터로 송신하고, 관제센터에서는 대상자의 이동경로를 24시간 기록·관리하며, 각종 준수사항 위반에 대해 1차 대응한 후, 보호관찰관의 현장출동 등 확인이 필요한 상황이 발생한 경우 그 내역을 즉시 보호관찰소에 통보하게 된다. 보호관찰소의 전담 보호관찰관은 전자장치 부착명령을 받은 피부착자에게 전자장치를 부착하고, 재범 예방과 특정 범죄로부터 국민을 보호하기 위한 지도감독 등 제반활동을 수행한다. 보호관찰관은 관제센터로부터 통보받은 사항에 대하여 현지출장 등을 통해 직접 확인하며, 이동경로 분석 등을 통해 대상자의 위치정보를 지도·감독에 활용하고 있다(법무연수원, 2021: 440). 실제 전자감독제도 시행 전과 비교 시 전자감독제도가 재범 억제에 효과가 있음이 입증되고 있다.

④ 충격보호관찰

충격보호관찰(shock probation/shock incarceration)은 범죄인이 짧은 기간 동안 구치소나 교도소에 구금되어 있다가 다른 보호관찰 프로그램으로 석방되는 형태의 보호관찰 프로그램이다. 이것은 수용의 경험을 통해 교도소 생활의 엄격함을 체감하도록 범죄인에게 충격을 주어 범죄를 저지르지 않게 하는 것이다(오영근 외, 2013: 246).

2) 조직 및 인력

(1) 조직체계

보호관찰소 행정조직은 중앙감독기관인 법무부 범죄예방정책국 산하에 보호관찰소 및 지소로 구성된다. 2022년 12월 현재 보호관찰소 18개소와 지소 40개소, 위치추적관제센터 2개소(중앙·대전)가 있다(법무연수원, 2024: 410). 보호관찰소는 각 지방검찰청 소재지에 설치되지만 조직은 보호관찰소마다 약간씩 다르다. 보호관찰소의 소장은 법무부장관의 명을 받아 소관사무를 처리하고 소속 공무원을 지휘한다. 초창기 소장은 검사가 겸직하였으나 지금은 보호관찰전담의 법무부 일반직 공무원이 소장직을 맡고 있다(조흥식·이형섭, 2014: 237).

서울보호관찰소의 조직과 기능은 다음과 같다(법무연수원, 2024: 411).

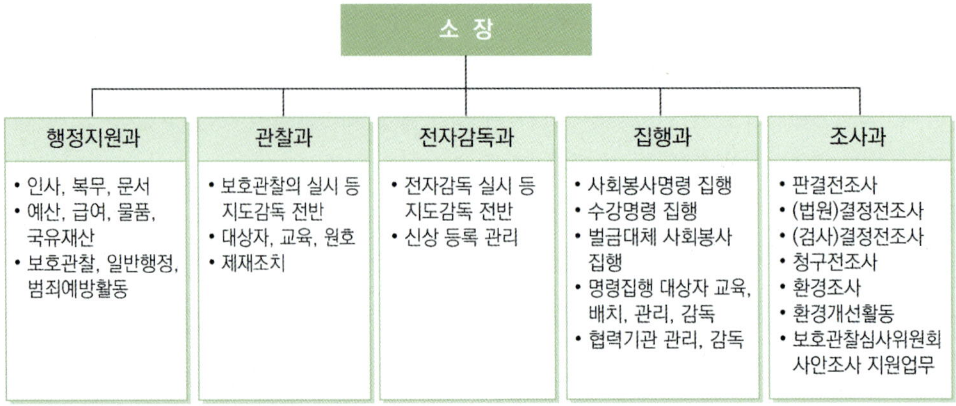

[그림 8-3] 보호관찰소의 직제(2022년 12월 31일)

주: 1. 법무부 범죄예방정책국 자료,
2. 전국 보호관찰기관 중 행정지원과 15개소, 관찰과 28개소, 전자감독과 5개소, 집행과 28개소, 조사과 10개소가 설치되어 있음.

출처: 법무연수원(2024: 410).

(2) 보호관찰소의 인력

보호관찰의 성패를 좌우하는 것은 보호관찰에 적합한 외적 환경의 구축과 보호관찰관의 역할이라고 할 수 있다. 보호관찰관은 보호관찰대상자와의 인간적 접촉을 통해 대인적 관계의 전문적 서비스를 제공하는 전문가이다(홍봉선 · 남미애, 2006: 1). 이들은 관료적 행정의 성격을 띠면서도 대상자의 변화 및 성장을 목적으로 하는 인간 중심의 대인적 서비스도 중시한다.

우리나라의 보호관찰은 형사정책학, 행형학, 범죄학, 사회사업학, 교육학, 심리학, 기타 보호관찰에 필요한 전문적 지식과 소양을 갖춘 5급 이상의 국가공무원인 보호관찰관과 이들을 도와 보호관찰대상자의 지도감독 및 명령집행의 실무를 수행하고 있는 6급 이하의 보호관찰 공무원이 담당하고 있다(법무연수원, 2024: 411). 법무부령인 「법무부 직제 시행규칙」에 따르면 우리나라 보호관찰관은 5급 이상의 일반직 공무원을 의미하지만 실제 이들은 과장 이상의 보직자로서 일부 예외적인 경우를 제외하고는 보호관찰대상자를 직접 관리하고 지도감독하지 않는다. 반면 실무상 '보호관찰담당자'라고 불리는 9급에서 6급까지의 보호직 공무원이 보호관찰대상자를 직접 접촉하며 지도감독한다(조흥식 · 이형섭, 2014: 237).

1990년 최초로 보호관찰관 5급, 7급, 9급을 공채한 이후 일부 해에는 경력경쟁채용으로 사회복지사를 특채로 채용한 적이 있지만 대체로 공채로 선발하고 있다. 2022년 보호관찰직원 대비 1인당 관리 사건 수는 102건이다(<표 8-11> 참고). 이는 2013년 114건보다는 많이 줄어들었지만 OECD 주요국가 1인당 관리 사건 수(27.3명)의 4배가 넘는 등 보호관찰직원 수는 여전히 부족한 상황이다(법무연수원, 2024: 411). 따라서 보호관찰인력의 확충과 전문성 제고가 필요하다. 이를 위해서는 보호관찰관의 채용에 있어 인간 행동이나 심리 혹은 교정정책 관련 학과 졸업생을 대상으로 하는 특별채용이 포함되어야 한다. 서구의 보호관찰 발전과정을 보면 사회복지의 이념과 접근방법 및 기법을 적극 활용하고 있거나 많은 부분을 공유하고 있다. 따라서 보호관찰부분에 사회복지의 활용 및 사회복지사의 채용이 보다 확대될 필요가 있다(홍봉선 · 남미애, 2006: 21).

<표 8-11> 보호관찰직원 대비 1인당 관리 사건 수(2022년)

(단위: 건, 명)

사건 수	보호관찰공무원 정원	직원 1인당 관리 사건 수
190,258	1,864	102

출처: 법무연수원(2024: 411).

3) 보호관찰 현황

(1) 보호관찰대상자 및 기간

현행 법령상 보호관찰대상자 및 기간은 다음과 같다(법무연수원, 2024: 412).

① 형사법원에서 보호관찰을 조건으로 선고유예를 받은 자는 1년
② 형사법원에서 보호관찰을 조건으로 집행유예를 받은 자는 집행유예기간 또는 유예기간 내에서 법원이 정한 기간
③ 가정법원 소년부(소년법원)에서 단기 보호관찰처분을 받은 소년은 1년
④ 가정법원 소년부(소년법원)에서 장기 보호관찰처분을 받은 소년은 2년(단, 1년에 한하여 연장 가능)
⑤ 가석방자는 잔형기간
⑥ 보호관찰심사위원회에서 임시퇴원 결정을 받은 소년은 6월 이상 2년 이하의 범위 안에서 심사위원회가 결정한 기간
⑦ (구)사회보호위원회에서 가출소 결정을 받은 자는 3년
⑧ 치료감호심의위원회에서 치료감호 가종료 또는 치료위탁 결정을 받은 자는 3년

⑨ 「가정폭력범죄의 처벌 등에 관한 특례법」상 보호관찰처분을 받은 자는 6월(1차에 한하여 6월 연장가능)
⑩ 「아동학대범죄의 처벌 등에 관한 특례법」상 보호관찰처분을 받은 자는 1년(1차에 한하여 1년 연장 가능)
⑪ 「성매매알선 등 행위의 처벌에 관한 법률」상 보호관찰처분을 받은 자는 6월(1차에 한하여 6월 연장 가능)
⑫ 보호관찰 선도조건부 기소유예처분을 받은 자는 6월 또는 1년
⑬ 「특정 범죄인에 대한 보호관찰 및 전자장치 부착 등에 관한 법률」에 따른 전자장치 부착명령 기간은 최장 30년, 형 집행종료 후 보호관찰을 받은 자는 2~5년
⑭ 기타 다른 법률에 의하여 보호관찰을 받는 자는 그 법률에서 정한 기간

(2) 보호관찰 개시와 종료

보호관찰은 법원의 판결 및 결정이 확정된 때 또는 가석방, 임시퇴원 된 때부터 개시된다. 이 경우 보호관찰대상자는 보호관찰 개시일로부터 10일 이내에 주거, 직업, 생활계획, 기타 필요한 사항을 관할 보호관찰소의 장에게 신고하여야 한다. 한편 보호관찰은 당해 보호관찰대상자의 보호관찰기간의 경과, 보호관찰 조건부 형의 선고유예의 실효, 집행유예의 실효 또는 취소, 가석방의 실효 또는 취소, 가출소 또는 가종료 결정의 취소가 있거나 보호관찰 기간 중 금고 이상의 형의 집행을 받게 된 때에 종료하게 된다(법무연수원, 2024: 414).

(3) 보호관찰 처분별 현황

① 보호관찰대상자의 일반적 현황

2022년의 보호관찰대상자 총인원은 265,792명이다. 보호관찰대상자 처분별 분포 비율을 살펴보면 집행유예자 61.4%, 「소년법」상 보호관찰 처분자 12.1%, 선도위탁 5.8%, 가석방 5.3%, 벌금형 이수명령 4.3%, 가정보호처분 4.3%, 벌금대체 사회봉사 2.9%, 형기종료자 1.6%, 성구매자에 대한 존스쿨 대상자 1.3%, 임시퇴원자 0.5%,가출소 · 가종료자 0.4%, 성매매보호처분 0.1% 등의 순이다. 〈표 8-12〉에서 보듯이 2022년의 소년 · 성인별 보호관찰 접수 현황을 살펴보면 성인이 85.6%를 차지하고 소년이 14.4%를 차지하였다. 또한 성별 보호관찰 접수는 소년과 성인 모두 남성이 여성에 비해 월등히 높았다(법무연수원, 2024: 421-422).

〈표 8-12〉 소년 · 성인별 보호관찰 접수 현황(2022년)

(단위: 건, %)

전체 접수사건	소년		성인	
	접수사건	비율	접수사건	비율
148,261	21,356	14.4	126,905	85.6

출처: 법무연수원(2024: 422).

2022년의 보호관찰 죄명별 현황을 살펴보면 교통사범 25.6%, 성폭력사범 18.1%, 폭력사범 16.5%, 사기 · 횡령 10.4%, 풍속사범 5.2% 순이었다(〈표 8-13〉 참고). 지난 5년간의 추세를 보면 보호관찰 처분을 받은 주요 범죄는 교통사범, 성폭력사범, 폭력사범으로 나타났다. 풍속사범은 2016년 성구매자 집중단속 강화 등으로 대폭 급증하였으나, 2017년부터 감소 추세이다(법무연수원, 2024: 423).

〈표 8-13〉 보호관찰대상자의 죄명별 현황(2022년)

(단위: 명(%))

합계	폭력사범	절도사범	성폭력사범	강력사범	마약사범	교통사범	사기 · 횡령	풍속사범	경제사범	기타
116,807	19,321 (16.5)	5,105 (4.4)	21,131 (18.1)	1,294 (1.1)	2,490 (2.1)	29,872 (25.6)	12,195 (10.4)	6,040 (5.2)	1,331 (1.1)	18,028 (15.4)

출처: 법무연수원(2024: 423).

② 사회봉사 · 수강명령 처분별 현황

사회봉사 · 수강명령은 대부분 집행유예에서 행해지며 장 · 단기보호관찰 처분 시에도 일부 행해진다. 2022년도의 사회봉사 · 수강명령 대상자 죄명별 접수 현황을 살펴보면 〈표 8-14〉와 같다. 사회봉사명령 대상자의 경우 전체 대상자 33,513명 중에 교통사범이 39.8%인 13,333명으로 가장 많고, 다음으로 폭력사범이 14.6%인 4,884명, 사기횡령사범이 13.7%인 4,592명 순이다. 한편 수강명령 대상자의 경우 전체 대상자 41,857명 중 교통사범이 22,330명으로 53.3%를 차지하고 있고, 다음으로 성폭력사범이 16.2%인 6,786명, 폭력사범이 14.8%인 6,210명 순으로 나타났다(법무연수원, 2024: 429-430).

〈표 8-14〉 사회봉사 · 수강명령대상자 죄명별 접수 현황(2022년)

(단위: 명(%))

구분	사회봉사명령	수강명령
계	33,513(100)	41,857(100)
폭력사범	4,884(14.6)	6,210(14.8)
절도사범	1,282(3.8)	869(2.1)
성폭력사범	2,448(7.3)	6,786(16.2)
강력사범	185(0.6)	98(0.2)
마약사범	402(1.2)	1,433(3.4)
교통사범	13,333(39.8)	22,330(53.3)
사기횡령	4,592(13.7)	310(0.7)
풍속사범	1,033(3.1)	798(1.9)
경제사범	681(2.0)	17(0.04)
기타	4,673(13.9)	3,006(7.2)

주: 1. 법무부 범죄예방정책국 통계, 접수인원 기준임. 2022년도
2. 전년도 이월인원 제외
출처: 법무연수원(2024: 429).

2022년 사회봉사 · 수강명령 부과 시간별 현황을 살펴보면 2022년도 사회봉사명령 전체 대상자 33,513명 중 부과시간이 51시간 이상 100시간 이하인 대상자가 40.2%인 13,472명으로 가장 많고, 수강명령의 경우에는 수강명령 대상자의 대다수인 96.9%가 50시간 이하의 명령시간을 부과 받고 있다(법무연수원, 2024: 430).

2022년도 사회봉사명령 대상자 중 집행을 완료한 39,638명의 26.4%인 10,453명은 보호관찰소가 직접집행 방식으로 집행하였고, 나머지 73.6%인 29,185명은 지역사회 내 협력기관의 조력을 받아 집행하였다. 협력집행의 경우 복지 분야에서 집행한 인원이 35.6%인 14,095명으로 가장 많았다.

③ 전자감독 현황

2022년 전자감독대상자 현재원은 4,421명으로 점진적으로 증가되고 있다. 2022년 처분유형별 분포를 보면 가석방이 87.2%로 가장 많고, 형기종료 276건(10.1%), 가종료 66건(2.4%), 가출소 4건(0.2%), 집행유예 2건(0.1%) 순이다. 사범별 접수 현황을 보면, 2022년에는 일반사범이 75.0%로 가장 많고, 성폭력사범 9.2%, 살인사범 10.4%, 강도사범 5.3%, 미성년자 유괴사범이 0.1%를 차지하고 있다(법무연수원, 2024: 436-437).

④ 보호관찰대상자 재범률

2022년 보호관찰대상자의 재범률을 살펴보면 전체는 6.0%이다. 이 중 소년의 재범률은 12.0%이고 성인의 재범률은 4.1%이다(법무연수원, 2024: 527). 2022년 성인 및 소년의 보호관찰기간 경과기준 재범 현황을 살펴보면 〈표 8-15〉와 같다. 성인 보호관찰대상자의 경우 보호관찰기간 경과시점별 재범을 보면 2년 이내가 27.7%로 가장 높았고 그다음은 1년 이내(22.0%), 6개월 이내(15.6%), 3개월 이내(13.8%), 1개월 이내(11.6%) 순이었다.

소년 보호관찰대상자의 경우 보호관찰기간 경과시점별 재범을 보면 1개월 이내 20.1%, 3개월 이내(1~3개월) 21.0%, 6개월 이내(3~6개월) 21.5%, 1년 이내(6개월~1년) 24.2%로 보호관찰 개시 이후 1년 이내가 총 86.8%나 되었다. 즉 전체 재범자 중 약 86.8%가량이 보호관찰 경과 1년 이내에 재범을 저지른 것으로 나타났다(법무연수원, 2024: 530).

〈표 8-15〉 성인 및 소년의 보호관찰기간 경과기준 재범 현황(2022년)

(단위: 건(%))

구분	계	1개월 이내	3개월 이내	6개월 이내	1년 이내	2년 이내	3년 이내	3년 초과
성인	2,894(100)	336(11.6)	398(13.8)	452(15.6)	636(22.0)	802(27.7)	136(4.7)	134(4.6)
소년	2,798(100)	563(20.1)	586(21.0)	601(21.5)	678(24.2)	362(12.9)	5(0.2)	3(0.1)

출처: 법무연수원(2024: 529-531).

(4) 보호관찰 조사

보호관찰 관련 조사는 조사 시점에 따라 판결 전 조사와 판결 후 조사로 크게 구분할 수 있다. 판결 전 조사는 범죄인 개개인에 상응하는 적절한 처우방법을 결정하기 위하여 법원의 요청으로 유죄가 인정된 피고인 등에 대하여 판결 선고 이전에 보호관찰관이 그 인격과 환경에 관한 상황 내지 범죄위험성의 양태와 정도를 객관적으로 조사하고 이를 양형의 기초자료로 이용하게 하는 제도를 말한다. 이는 보호관찰처분의 적합성 판별과 법원의 적정판결에 도움을 주고, 나아가 보호관찰의 효과성을 확보하는 데 그 목적이 있다. 넓은 의미의 판결 전 조사에는 법원 결정 전 조사, 검사 결정 전 조사, 청구 전 조사 등도 포함된다(조흥식 · 이형섭, 2014: 245).

결정 전 조사는 소년보호사건 및 가정보호사건 등 보호사건의 조사 · 심리를 위하여 사건의 동기 · 원인 · 실태 등의 조사를 실시하는 제도로서 보호사건의 결정 이전에 보호관찰소에서 실시하는 조사이다. 종류로는 법원의 결정 전 조사와 검사의 결정 전 조사가 있다. 후자의 경우 검사가 소년 피의사건에 대하여 소년부 송치, 공소제기, 기소유예 등의 처분을 결정하기 위하여 필요한 경우 피의자의 품행, 경력, 생활환경 등을 조사하는 것이다. 청구 전 조사는 검사가 특정 범죄인에 대한 위치추적 전자장치 부착명령을 청구하기 위하여 필요하다고 인정하는 때에는 범죄동기, 피해자와의 관계, 심리상태, 재범위험성 등에 관한 조사를 보호관찰소에 요청하는 제도이다.

판결 후 조사는 법률상 정립된 용어는 아니지만 판결 이후 사회 내 처우와 관련하여 행해지는 조사업무를 통칭하는 것으로 법령상 환경조사와 보호관찰 사안조사가 있다. 환경조사는 소년원이나 교도소 등 시설 수용자의 범행 동기, 수용 전의 직업, 생활환경, 교우관계, 가족상황, 피해회복 여부, 출소 후 생계대책 등을 조사하여 범죄유발요인 등 환경을 개선하고 수용자의 교정처우 자료, 가석방, 임시퇴원 등 심사 자료로 활용하는 제도이다. 보호관찰 사안조사는 가석방심사위원회에서 가석방이 신청된 성인 수형자에 대해 석방 후 재범위험성, 사회적응 가능성 등을 석방 전에 조사하여 가석방 적부 결정 및 보호관찰 필요 여부를 심사하는 자료로 활용하는 제도이다(법무연수원, 2021: 459).

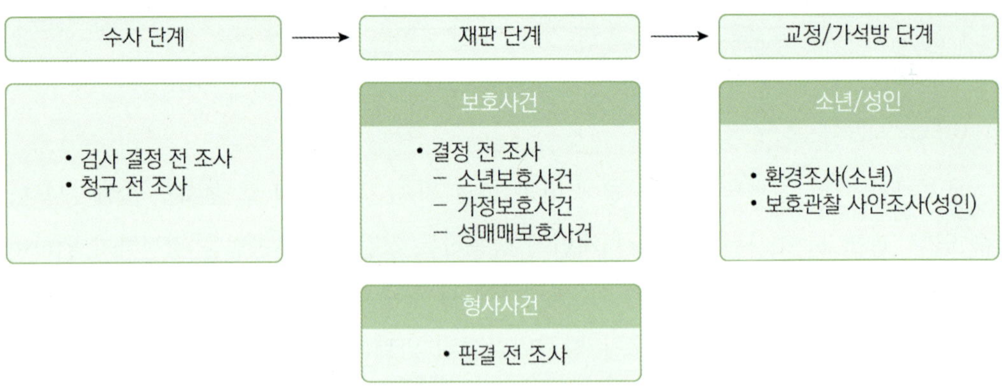

[그림 8-4] 형사절차의 단계별 보호관찰 관련 조사제도의 종류

(5) 보호관찰심사위원회

전국 고등검찰청 소재지에 설치된 보호관찰심사위원회에서는 소년수형자의 가석방과 그 취소, 성인가석방자의 보호관찰 부과 및 가석방 취소, 소년원에 수용된 보호소년의 임시퇴원과 그 취소 등을 심사·결정하는 업무를 수행하고 있다. 2022년의 경우 13,081건

의 심사사건을 접수하여 그중 90.0%인 11,780건에 대해 인용결정을 하였다(법무연수원, 2024: 456).

보호관찰심사위원회

1. 법적 근거: 「보호관찰 등에 관한 법률」
2. 설치: 법무부 소속으로 고등검찰청 소재지를 비롯한 대통령령이 정하는 지역에 설치. 현재는 서울, 부산, 대구, 광주, 대전에 설치
3. 관장하는 사항:
   - 가석방과 그 취소에 관한 사항
   - 임시퇴원, 임시퇴원의 취소 및 「보호관찰 등에 관한 법률」 제43조 제3항에 따른 보호소년의 퇴원에 관한 사항
   - 보호관찰의 임시해제와 그 취소에 관한 사항
   - 보호관찰의 정지와 그 취소에 관한 사항
   - 가석방 중인 자의 부정기형 종료에 관한 사항
   - 이 법 또는 다른 법령에 의하여 심사위원회의 관장사무로 규정된 사항
   - 제1회부터 제6호까지의 사항과 관련된 사항으로서 위원장이 회의에 부치는 사항
4. 구성:
   - 위원장: 고등검찰청의 검사장 또는 고등검찰청 소속 검사 중 법무부장관이 임명
   - 심사위원: 판사, 검사, 변호사, 보호관찰소장, 지방교정청장, 교도소장, 소년원장 및 보호관찰에 관한 지식과 경험이 있는 자 중에서 임명 또는 위촉
5. 임기: 2년. 위임 가능함

출처: 「보호관찰 등에 관한 법률」

4) 처우 및 주요 프로그램[5)]

보호관찰관은 보호관찰 업무를 수행하는 과정에서 다양한 역할을 수행한다. 법적 요구사항을 집행하고(법집행관 역할) 보호관찰대상자의 성공적인 사회적응을 원조하며(사회복지사 역할) 그리고 기관의 정책을 이행하는 행정관료의 역할을 수행하기도 한다(조흥식 · 이형섭, 2014: 267). 이를 다시 대별해보면 보호관찰관은 보호관찰대상자를 통제하는 역할(control-oriented)과 이들의 사회복귀와 적응을 돕는 돌봄의 역할(care-oriented)이라는 이중적 역할을 수행한다. 보호관찰대상자를 통제하는 역할은 크게 재범 방지와 공공보호를 보다 중시하는

5) 이 부분은 법무연수원(2021)에서 요약, 부분 발췌한 것이다.

정의모델 또는 공공보호 모델에 입각한 것으로 보호관찰관은 법 집행관처럼 주로 통제, 감시, 엄격한 제재조치 강조 등을 중점적으로 행한다. 사회복귀와 적응을 돕는 돌봄의 역할은 대상자의 사회복귀를 목적으로 하는 재활이념과 치료 모델에 입각한 것으로 보호관찰관은 사회복지사처럼 대상자를 위한 지지와 조언, 지원 등을 행한다. 이러한 역할은 고정된 것이 아니라 시대 상황이나 정책 변화에 따라 특정 역할 비중이 중시되면서 변화, 성장해 왔다. 보호관찰제도의 역사가 깊고 비구금제도가 발달한 나라에서는 사회복지학을 전공한 자가 거의 보호관찰관으로 활동함으로써 보호관찰이 교정복지의 꽃이라고 여겨지고 있다(최옥채, 2010). 보호관찰관은 지도 · 감독, 명령집행 및 감독, 성적에 따른 은전조치 및 제재조치, 원호, 성구매자 교육프로그램 존스쿨 운영 등을 행한다(법무연수원, 2021: 418-421).

(1) 지도 · 감독

보호관찰관의 지도 · 감독은 첫째, 보호관찰대상자와 긴밀한 접촉을 가지고 항상 그 행동과 환경을 관찰하는 것 둘째, 보호관찰대상자에게 준수사항을 이행함에 적절한 지시를 하는 것 셋째, 보호관찰대상자의 건전한 사회복귀를 위하여 필요한 조치를 하는 것 등이 해당된다.

보호관찰관이 보호관찰대상자의 준수사항 이행 여부를 확인하고 지도 · 감독하기 위하여 대상자를 대면 · 접촉하는 것은 필수적이다. 이를 위하여 보호관찰관이 지정한 일시에 대상자를 보호관찰소에 출석시키거나, 수시로 주거지나 직장 등 생활현장을 방문하기도 한다. 소년의 경우 야간외출 여부 확인, 학교교사와 연계해 교내 생활 파악, 복학지도 및 주선, 독서지도, 직업훈련, 기능교육, 장학금 지급, 상담자 결연 등의 활동을 실시한다. 성인의 경우 취업확인서, 봉급명세서, 운전면허 취득 여부, 차량등록 여부, 주거지 임대차 계약서 사본 확인 등을 통해 준수사항 이행을 확인, 독려하며 필요한 경우 기초생활 수급권자 지정이나 입원 주선, 직업훈련 알선 등을 한다. 그리고 소변검사를 통해 약물남용 여부를 조사하는 등 준수사항 이행 여부를 면밀히 확인하는 활동을 전개한다(법무연수원, 2021: 418).

보호관찰 준수사항

1. 일반준수사항(「보호관찰 등에 관한 법률」 제32조)
   - 주거지에 상주하고 생업에 종사할 것
   - 범죄로 이어지기 쉬운 나쁜 습관을 버리고 선행을 하며 범죄를 저지를 염려가 있는 사람들과 교제하거나 어울리지 말 것
   - 보호관찰관의 지도 · 감독에 따르고 방문하면 응대할 것
   - 주거를 이전하거나 1개월 이상 국내외 여행을 할 때에는 미리 보호관찰관에게 신고할 것
2. 특별준수사항(법원 및 보호관찰심사위원회가 판결의 선고 또는 결정의 고지를 할 때 일반준수사항 이외에 범죄의 내용과 종류 및 본인의 특성 등을 고려하여 필요하다고 판단하여 특별히 지켜야 할 사항으로 따로 부과한 것)
   - 야간 등 재범의 기회나 충동을 줄 수 있는 특정 시간대의 외출 제한
   - 재범의 기회나 충동을 줄 수 있는 특정
   - 피해자 등 재범의 대상이 될 우려가 있는 특정인에 대한 접근 금지
   - 범죄행위로 인한 손해를 회복하기 위하여 노력할 것
   - 일정한 주거가 없는 자에 대한 거주 장소 제한
   - 사행행위에 빠지지 아니할 것
   - 일정량 이상의 음주를 하지 말 것
   - 마약 등 중독성 있는 물질을 사용하지 아니할 것
   - 「마약류관리에 관한 법률」상의 마약류 투약, 흡연, 섭취 여부에 관한 검사에 따를 것
   - 그 밖에 보호관찰대상자의 재범 방지를 위하여 필요하다고 인정되어 대통령령으로 정하는 사람

지도감독에 관한 업무지침에 따라 대상자의 분류등급별로 매월 1회부터 수회의 출석기일이 정해지는데, 면담은 주로 이때에 이루어진다. 보호관찰관의 면담은 일반적인 사회복지실천의 면담과는 다른 통제적 의미를 가지고 있다. 초기 면섭에서 보호관찰관은 보호관찰대상자에게 보호관찰 준수사항을 알리고 여러 가지 약속을 하며 행동계약서를 작성한다. 이때 대상자에게 보호관찰이 엄격한 법 집행이라는 점과 위반할 경우 처벌받을 수 있음을 주지시킨다. 또한 보호관찰관이 보호관찰대상자와 관련해 법원에 제출하는 각종 신청서, 조사서에는 보호관찰관의 의견도 포함되어 있으며 이러한 의견은 법원 결정에 영향을 미칠 수 있다(조흥식 · 이형섭, 2014: 256). 이러한 접근들은 통제적 기능을 수행한다.

이 밖에도 보호관찰대상자의 범죄 동기 등 각종 특성을 고려하여 상담전문가 등과의 1:1 멘토링 프로그램, 문화예술 체험 프로그램, 미술치료 프로그램, 숲교육 프로그램,

심성순화 프로그램 등 다양한 전문처우 프로그램을 실시하여 보호관찰대상자가 재범에 이르지 않고 원활한 사회복귀를 이룰 수 있도록 지원한다(법무연수원, 2021: 419).

(2) 명령집행 및 감독

보호관찰관은 사회봉사명령 및 수강명령을 부과 받은 대상자에 대하여 명령의 집행을 지시하고 이를 엄정하고 투명하게 감독한다. 사회봉사명령의 집행은 무보수 강제근로활동으로서 보호관찰소에서 주도하는 직접집행이나 지역사회 내 공공시설 및 복지시설 등과 협력을 통한 방식으로 집행한다. 수강명령의 집행은 법원의 명령부과에 따라 준법운전 프로그램, 약물 오・남용 방지 프로그램, 심리치료 프로그램, 성폭력방지 프로그램, 가정폭력방지 프로그램 등 각종 교육 프로그램의 집행으로 이루어진다(법무연수원, 2021: 419).

(3) 성적에 따른 은전조치 및 제재조치

보호관찰관은 보호관찰대상자의 보호관찰 상태에 따라 은전이나 제재조치를 실시할 수 있다. 성적 양호자에 대하여 임시해제를 실시하고 준수사항 위반자에 대하여 제재조치를 실시한다. 제재조치로는 '경고', '구인', '유치', '보호처분변경 신청' 등이 있다(법무연수원, 2021: 419).[6] 제재조치를 받은 이후에는 보호관찰 취소와 함께 원처분이 집행되거나(집행유예) 보호관찰처분 자체가 변경(보호처분)되기도 하고 재구금될 수도 있다.[7]

---

6) '경고'는 준수사항을 위반하거나 위반할 위험성이 있으면 형의 집행 등 불리한 처분을 받을 수 있음을 고지하고 준수사항의 이행을 촉구하는 것이다. 경고에도 불구하고 준수사항을 위반하였거나 위반하였다고 의심할 상당한 이유가 있고, 일정한 주거가 없거나 소환불응, 도망한 때 또는 도망할 염려가 있는 때에는 보호관찰소장의 신청에 의하여 검사의 청구로 판사가 발부한 구인장을 받아 보호관찰대상자를 '구인'하여 준수사항 위반사실을 조사한다. 긴급을 요하여 구인장을 발부받을 시간적 여유가 없는 경우 보호관찰관이 영장 없이 대상자를 구인하고 12시간 이내에 검사의 승인을 받도록 하는 긴급구인이 있다. 구인된 대상자에 대하여 보호처분의 변경, 집행유예 취소 등을 취할 필요가 있을 때에는 검사의 청구로 판사의 유치허가를 받아 수용기관에 '유치'한다(법무연수원, 2021: 419).

7) 제재조치의 절차는 다음과 같다. 출석기일에 불출석한 대상자를 전화연락으로 호출하고 이에도 불응하는 경우에는 출석요구서라는 소환장이 발송된다. 출석요구에 불응하면 경고장이 발부되고 몇 회 이러한 일이 반복될 경우에는 체포영장과 유사한 구인장이 보호관찰소장의 신청으로 법원에서 발부된다. 구인된 대상자는 보호관찰 기간 중에 준수사항을 위반한 사실에 대하여 조사가 이루어진 후 법원에 구속영장과 유사한 유치허가장이 신청된다. 이러한 제재조치를 행하기 위해서는 대상자의 준수사항 위반사실을 발견하고 그 대상자의 소재를 확보하는 것이 필요하다. 그러나 제재조치가 필요한 대상자는 가출하거나 주거지 이전신고를 하지 않아 소재불명 상태에 있는 경우가 많다. 이

준수사항 위반자에 대한 제재조치는 대상자와 담당 보호관찰관의 관계를 상호 공격적이고 적대적 관계로 만들기도 한다. 이 때문에 보호관찰관은 구인 · 유치를 필요로 하기는 하지만 최후에 사용해야 하는 수단으로 생각한다. 다수의 보호관찰관들은 구인 · 유치의 재제조치를 '양날의 칼'로 생각하고 있으며 매우 신중하게 운영되어야 한다고 생각한다. 대상자를 구인 · 유치 단계에 이르기 전에는 이를 회피하기 위한 노력을 충분히 하여야 한다. 대상자를 구인하여 조사할 때는 제재조치의 불가피성을 납득하도록 잘 설명하고 오히려 자숙의 시간으로 활용할 수 있음을 설득하고 이 과정에서 그들의 정서적 불안을 완화하기 위해 노력할 필요가 있다(조흥식 · 이형섭, 2014: 262-263).

(4) 원호

보호관찰관은 보호관찰대상자가 자조의 노력을 할 때에는 그의 개선과 자립을 위하여 필요하다고 인정되는 적절한 원호를 한다. 원호의 방법으로는 숙소 및 취업의 알선, 직업훈련 기회의 제공, 환경의 개선, 보호관찰대상자의 건전한 사회복귀에 필요한 원조의 제공 등이 있다. 이 밖에도 보호관찰소의 장은 보호관찰대상자에게 부상, 질병 그 밖의 긴급한 사유가 발생한 경우에는 대통령령으로 정하는 바에 따라 필요한 응급구호를 할 수 있다.

(5) 성구매자 교육 프로그램 존스쿨

존스쿨(John School)은 성을 구매한 초범 남성들에 대한 처벌 형태로 벌금 또는 단순 기소유예 처분보다는 성구매 남성의 성의식 개선 등 전문적인 교육을 통해 재범을 방지하기 위한 제도이다. 이 용어는 미국에서 성을 구매한 혐의로 체포된 남성의 대부분이 자신의 이름을 '존(John)'이라고 밝힌 사실과 샌프란시스코의 시민단체 세이지(SAGE)가 1995년 성매매 재발 예방 프로그램을 만들어 이를 '존스쿨'로 명명한 사실에서 유래하였으며 미국, 스웨덴 등 세계 10여 개 국가에서 운영 중이다. 우리나라의 경우 검사가 성구매자로부터 성구매 교육의 이수를 조건으로 기소유예처분을 결정하고 만일 대상자가 성구매자 교육을 받지 아니할 경우 검사는 유예했던 기소를 하게 된다(법무연수원, 2021: 421).

런 경우 지명수배제도를 활용하여 경찰이 검거하기도 하지만 소재파악에 어려움이 많다(조흥식 · 이형섭, 2014: 262-263).

(6) 집중보호관찰

보호관찰대상자의 분류등급은 집중, 주요 및 일반으로 구분된다. 보다 개별화되고 효과적인 범죄인 처우를 위해서는 과학적인 재범위험성 평가도구를 사용하여 분류등급을 결정한다. 법무부에서 개발한 재범위험성 평가도구(K-PRAI)를 사용한다. 이것은 가족관계, 성격 및 정서, 생활행태 등 8개 요인, 42개 문항, 총 44점으로 구성된다. 이 중 집중보호관찰제도는 재범위험성이 높은 보호관찰대상자를 선별하여 지도감독 수준을 일반 대상자에 비하여 강화함으로써 재범 방지와 사회보호의 효율성을 높이기 위한 정책이다. 집중보호관찰대상자는 소년원 가퇴원자(현재의 임시퇴원자), 보호감호소 가출소자, 보호관찰 경력 3회 이상인 자, 보호처분 변경 및 집행유예취소신청이 기각된 자, 야간외출금지명령을 받은 자 등 여섯 가지 유형의 대상자가 포함되었다. 집중보호관찰대상자에게는 현지출장 위주로 월 4회 이상 접촉을 통하여 강도 높은 보호관찰을 실시하고 있다(조흥식 · 이형섭, 2014: 258).

4. 한국법무보호복지공단

1) 목적 및 의의

한국법무보호복지공단은 범죄인의 재범 방지 및 사회복귀를 위한 갱생보호를 행하는 특수법인이다. 갱생보호(after-care)란 갱생보호 대상자에 대하여 정신적 · 물질적 원조를 제공함은 물론, 건전한 사회인으로 복귀할 수 있는 기반을 조성시켜 재범을 방지하고 사회 재적응을 돕는 범죄 예방 활동을 말한다(「보호관찰 등에 관한 법률」 제1조, 제4조). 또한 갱생보호 대상자는 형사처분 또는 보호처분을 받은 자(이하 "보호대상자")로서 자립갱생을 위한 숙식제공, 주거지원, 창업지원, 직업훈련, 취업지원 등 보호의 필요성이 인정되는 자이다(법무연수원, 2021: 475). 국립법무보호복지공단은 1961년 「갱생보호법」 제정에 따라 법무부 산하에 공법인체인 갱생보호회가 설립되어 운영되어 오다가 1995년 「갱생보호법」과 「보호관찰법」의 통합으로 공단으로 변경되었고, 2009년에 갱생보호라는 명칭의 대외적 거부감을 해소하고자 한국법무보호복지공단으로 명칭을 변경하였다.

2) 조직 및 인력

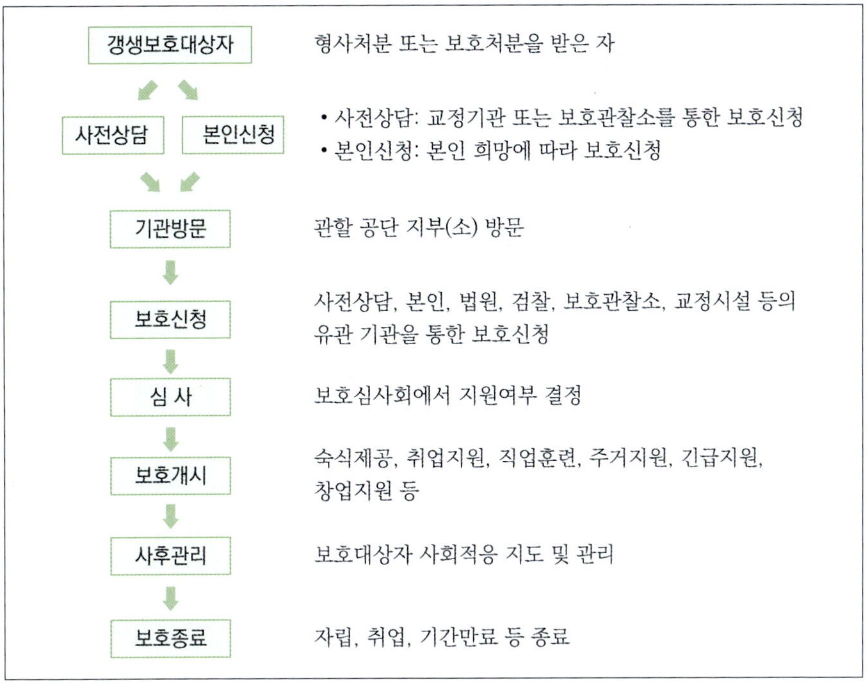

[그림 8-5] 갱생보호 절차도

출처: 법무연수원(2024: 472).

한국법무보호복지공단은 법무부 범죄예방정책국 산하기관으로 경북 김천혁신도시에 본부가 있으며 각 지방검찰청 소재지 단위로 18개 지부(서울, 서울동부, 인천, 경기, 경기남부, 경기북부, 강원, 대전, 충남, 충북, 대구, 경북, 부산, 울산, 경남, 광주전남, 전북, 제주), 7개 지소(서울서부, 서울북부, 경기동부, 경북서부, 경남서부, 전남동부, 광주남부)를 두고 있다. 지부와 지소는 갱생보호사업의 지역사회 일선기관으로서 직접적인 보호업무를 수행하고 있으며, 2011년부터는 출소자들의 전문적인 기술 취득을 통한 취업 및 자립을 위하여 7개 기술교육원을 설치하여 운영하고 있다. 공단의 직원은 사회복지, 직업상담, 심리상담, 전산직 등 갱생보호에 필요한 전문적 지식과 소양을 갖추고 있으며, 2022년 기준으로 일반직 282명, 무기계약직(취업전담) 88명 등이 총 370명 갱생보호 업무를 담당하고 있다(법무연수원, 2024: 474).

갱생보호는 법원, 검찰청, 보호관찰소, 교정시설 등 유관기관 및 보호대상자가 서면으로 보호를 신청하면 보호의 필요성 여부를 심사하여 적절한 보호방법을 결정한 후 보호서비스를 제공하는 방식으로 실시한다.

3) 수용 현황

「보호관찰 등에 관한 법률」에서 갱생보호의 대상자는 형사처분 또는 보호처분을 받은 자로서 자립갱생을 위한 숙식 제공, 여비 지급, 생업도구, 생업조성물품의 지급 또는 대여, 직업훈련 및 취업알선 등 보호의 필요성이 인정된 자이다. 이처럼 갱생보호 대상자는 제한이 없으나 우리나라는 본인의 동의나 신청이 있는 경우에 한해 지원하고 있어 제한된 사람들이 지원받을 수 있다. 공단은 2022년의 경우 보호 대상자에 대한 숙식제공, 직업훈련, 취업지원, 주거지원 등 사회복귀 지원 사업을 통해 2022년 총 128,072건의 보호서비스를 제공하였다(법무연수원, 2024: 474).

〈표 8-16〉 한국법무보호복지공단 분야별 사업실적(2022년)

(단위: 건)

계	숙식제공	직업훈련	주거지원	창업지원	취업지원	허그 일자리	가족희망	심리상담	학업지원	긴급지원	사전상담	사회성 향상	기타자립	사후관리
128,072	1,419	3,995	173	2	5,374	7,729	1,313	14,923	2,880	9,402	31,847	4,421	19,284	25,310

출처: 법무연수원(2024: 475).

4) 처우 및 주요 프로그램[8)]

(1) 생활지원사업

첫째, 숙식제공이다. 무의탁 갱생보호 대상자들에게 공단 24개 지부 · 지소 생활관에서 최대 2년 동안 숙소, 식사, 의복 등을 제공한다. 재가 대상자들에게는 출소 후 당면한 질병, 실직 등의 곤란함을 해결하도록 치료비, 교통비, 양곡 등의 필요한 사항을 지원한다.

둘째, 원호지원이다. 질병과 사고, 실직, 장애 등 경제적으로 취약한 갱생보호 대상자에 대한 생계비, 의료비, 주택 월임차료 등의 일시적 금품을 지원한다.

셋째, 기타 자립지원이다. 생활지도, 취업활동, 사회성 향상 교육은 물론 사회복지시설로의 의탁알선, 주민등록, 질병치료 등 갱생보호 대상자의 자립에 필요한 제반사항을 지원한다.

8) 이 부분은 법무연수원(2021)에서 요약, 부분 발췌한 것이다.

(2) 취업지원사업

취업지원사업으로는 갱생보호 대상자에게 진로탐색 및 직업훈련을 제공한다. 또한 허그일자리 지원을 행하고 있는데, 이것은 갱생보호 대상자(출소 예정자 포함)에 대하여 개인별 취업활동계획에 따라 1단계 취업설계 → 2단계 직업능력개발 → 3단계 취업성공 → 4단계 사후관리에 이르는 취업지원과 함께 각종 수당을 지급하는 통합 취업지원 프로그램이다. 이 밖에도 창업지원으로 갱생보호 대상자 중 자영업 경력자나 자격증 등 창업에 필요한 기능을 보유하고 있으나 자금이 없어 어려움을 겪고 있는 대상자에게 서민금융진흥원의 휴면예금을 활용하여 소자본 창업에 필요한 임차보증금을 저금리로 대출해 준다. 1인당 최대 5,000만 원 한도에서 2년간 지원한다.

(3) 가족지원사업

갱생보호 대상자의 가족 관계 회복 및 범죄 대물림 현상 예방 등을 위하여 다양한 지원활동을 펼치고 있다.

첫째, 주거지원이다. 국토교통부 및 한국토지주택공사와 연계, 부양가족이 있는 출소자를 대상으로 임대주택을 지원하였다.

둘째, 가족교육, 가족상담, 가족캠프 등을 통하여 갱생보호 대상자 및 그 가족구성원 간에 정서적 지지를 형성하여 약화된 가족 기능을 강화한다.

셋째, 학업지원이다. 갱생보호 대상자 미성년 자녀의 학습복지 개선을 위해 교재, 학용품 등의 금품을 지원하거나, 학업 멘토를 통해 학습 · 인성지도 등을 실시한다.

넷째, 결혼지원이다. 사실혼 관계에 있으나 경제적 어려움으로 결혼식을 올리지 못한 부부를 위해 결혼식을 거행하고 각종 후원금품을 지원한다.

(4) 상담지원사업

출소 1개월 교정기관을 방문하여 출소 예정자에게 출소 전 사회복귀를 준비하도록 하기 위한 상담, 사회성 향상 교육, 심리검사 및 상담치료, 고위험 대상자에 대한 정신보건 치료 등을 행한다. 또한 직원 또는 법무보호위원 등 자원봉사자를 활용하여 면접 · 통신 · 방문 등의 방법으로 보호 · 진로교육 · 상담 · 생활지도 등을 실시한다.

5. 소년분류심사원

1) 목적 및 의의

소년분류심사원은 소년보호사건에 있는 청소년에 대해 면접, 심리검사, 정신의학적 진단, 행동관찰, 생활사 및 환경자료 분석 등 전문적 방법을 활용해 비행원인 등 청소년에 대한 다각적인 내용을 조사해서 소년부판사의 심리 및 처분 시 참고하도록 돕거나 보호자 · 소년원 · 보호관찰소 등의 처우지침이나 자녀지도방법 등을 제시한다.

소년분류심사원의 근거법

- 소년부가 조사 또는 심리를 할 때에는 정신건강의학과 의사, 심리학자, 사회사업가, 교육자나 그 밖의 전문가의 진단, 소년분류심사원의 분류심사 결과와 의견, 보호관찰소의 조사결과와 의견 등을 고려하여야 한다(「소년법」 제12조).
- 소년부판사가 사건을 조사 또는 심리하는 데에 필요하다고 인정하면 소년의 감호에 관하여 소년분류심사원에 위탁하는 임시조치를 할 수 있다(「소년법」 제18조).
- 검사가 소년 피의사건에 대하여 소년부송치, 공소제기, 기소유예 등의 처분을 결정하기 위하여 필요하다고 인정하면 소년분류심사원장 또는 소년원장에게 피의자의 품행, 경력, 생활환경이나 그 밖에 필요한 사항에 관한 조사를 요구할 수 있다(「소년법」 제49조).
- 소년분류심사원은 「청소년기본법」 제3조 제1호에 따른 청소년이나 그 보호자 의뢰에 따른 적성검사 등 진로탐색을 위한 청소년심리검사 또는 상담을 실시한다(「보호소년 등의 처우에 관한 법률」 제26조).

소년분류심사원은 두 가지 주요 기능을 수행한다. 첫째, 분류심사의 기능이다. 분류심사는 소년의 신체, 성격, 소질, 환경, 학력 및 경력 등에 대한 조사를 통하여 비행 또는 범죄의 원인을 규명하고 심사대상인 소년의 처우에 관하여 최선의 지침을 제시하는 것이다. 이런 심사결과는 크게 두 가지로 활용된다. 법원에서 의뢰하는 경우에는 판사가 소년에게 적합한 처분을 내릴 수 있도록 참작할 자료로 제공된다. 소년원, 보호관찰소, 가정에서 의뢰한 경우에는 해당 기관이나 가정에서 소년을 지도하는 데 활용하도록 제공한다. 분류심사를 할 때에는 심리학, 교육학, 사회학, 사회복지학, 범죄학, 의학 등의 전문적인 지식과 기술을 근거하여 보호소년 등의 신체적 · 심리적 · 환경적 측면 등을 조사 · 판정하여야 한다(법무연수원, 2021: 606).

둘째, 보호의 기능이다. 소년부판사가 사건을 조사 · 심리하는 동안 최대 1개월 이내 비행소년의 신병을 수용·보호한다.

2) 조직 및 인력

소년분류심사원은 처음에는 소년감별소라는 명칭을 사용하다가 1995년부터 소년분류심사원으로 변경되었다. 2022년 12월 현재 서울소년분류심사원 1개만 운영되고 있고 소년분류심사원이 설치되어 있지 않은 부산, 대구, 광주, 대전, 춘천, 제주는 부산소년원 등 6개 소년원에서 그 기능을 대행하고 있다(법무연수원, 2024: 600).

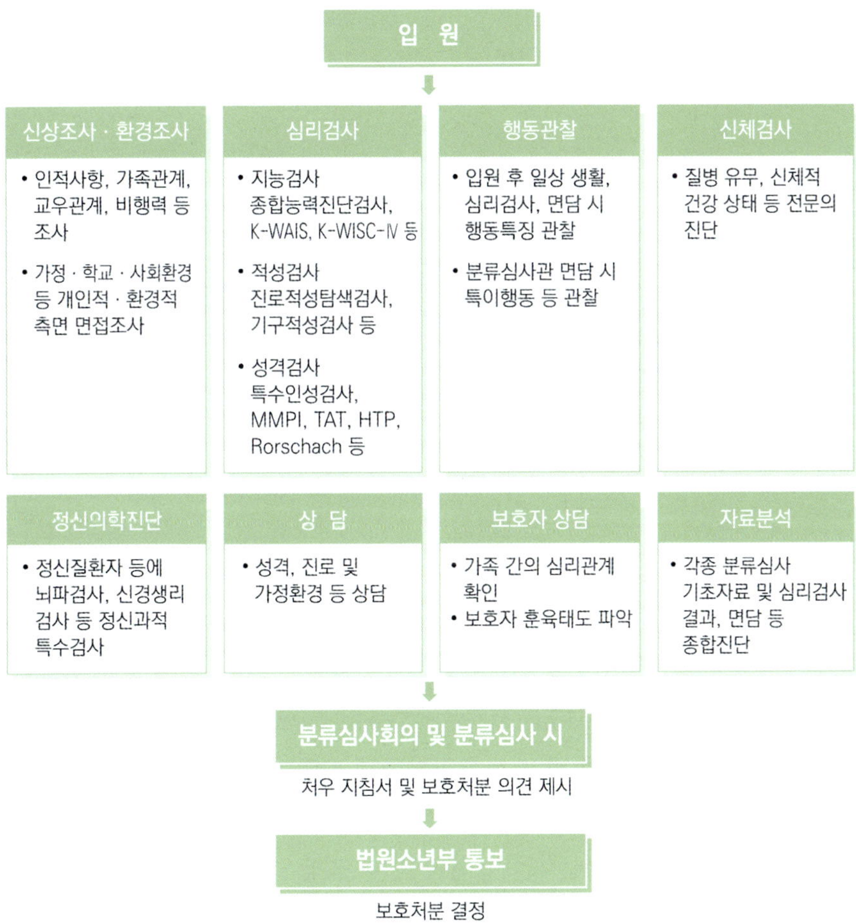

[그림 8-6] 분류심사 과정

출처: 법무연수원(2024: 602).

3) 소년분류심사 현황

(1) 분류심사 인원

분류심사 인원은 2017년까지 증감을 반복하며 10,000명 인근을 유지하고 있으나 감소 추세에 있다. 분류심사 유형별로 살펴보면, 상담조사를 받는 인원에 비해 분류심사인원이 더 많은 것으로 나타났다(<표 8-17> 참고).

〈표 8-17〉 분류심사 및 상담조사 현황

(단위: 명(%))

구분 / 연도	계	분류심사			상담조사 등
		소계	일반분류심사	특수분류심사	
2022	7,173(100)	3,661(51.0)	2,758(38.4)	903(12.6)	3,512(49.0)

출처: 법무연수원(2024: 606).

(2) 대상 소년의 특성

2022년 분류심사 대상 청소년을 비행별로 보면 전체 4,169명 중 기타 사범을 제외하고 재산범이 1,026명으로 가장 많고 그다음이 강력범 810명, 특별법범 557명, 약물남용범 6명 순이다. 연령별로는 16~17세가 1,615명으로서 전체의 38.7%로 가장 높은 비율을 차지하고 있으며, 다음이 14~15세 1,511명(36.2%), 18세 527명(12.6%), 10~13세 419명(10.1%), 19세 이상 97명(2.3%)의 순이다(법무연수원, 2024: 607). 또한 대상 청소년의 약 1/3 이상이 이전에 1번 이상 입원경험이 있는 것으로 나타났다(법무연수원, 2024: 609).

4) 처우 및 주요 프로그램[9]

(1) 수용 분류심사

수용 분류심사란 「소년법」 제18조 제1항 제3호에 의하여 법원 소년부판사가 소년분류심사원에 위탁한 소년을 수용하면서 분류심사하는 것이다. 소년분류심사원의 수용기간은 1개월을 초과하지 못하며 특별히 계속 조치할 필요가 있을 때에는 한 번에 한하여 결정으로 연장할 수 있다. 분류심사는 방법에 따라 크게 일반분류심사와 특수분류심사로 나누어진다. 일반분류심사는 문제 또는 비행원인이 비교적 단순한 소년을 대상으로 면접

9) 이 부분은 법무연수원(2021)에서 요약, 부분 발췌한 것이다.

조사와 의학적 진단, 표준화검사, 자기기록, 행동관찰 등을 실시하는 분류심사를 말한다. 특수분류심사는 상습비행자, 성격 · 행동이상자, 사회적 관심이 높은 사건의 가해자 등을 대상으로 보다 전문적인 심리검사와 정신의학적 진단, 현지조사를 실시하는 분류심사 방법이다(법무연수원, 2021: 607). 이와 같은 조사결과는 심리의 자료로 사용할 수 있도록 법원 소년부에 송부하거나 소년이 소년원 송치 처분을 받은 경우에 소년원에 송부한다.

(2) 상담조사

상담조사는 보호처분 대상자 중 불위탁 소년에 대하여 법원 소년부판사가 조사와 교육을 의뢰하면 3~5일간 주간에만 비행소년이 소년보호기관(소년원, 청소년비행예방센터)에 출석하여 각종 검사와 상담, 교육을 받도록 하는 제도이다. 소년의 자질, 성장환경, 재비행 가능성 등을 상담 · 조사한 후 의견서(상담조사서)를 작성하여 법원 심리 자료로 제출한다(법무연수원, 2021: 607).

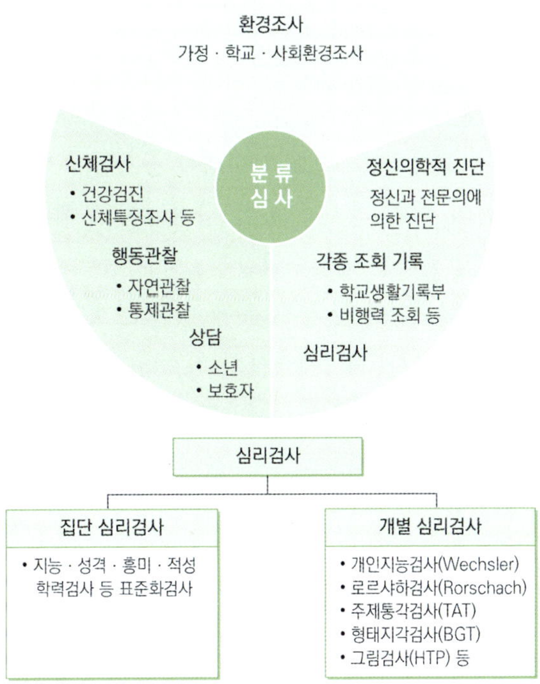

[그림 8-7] 분류심사 방법

출처: 법무연수원(2024: 603).

(3) 분류심사관 심리참여 제도

분류심사관 심리참여 제도는 분류심사의 전문성 제고를 위해 도입한 제도로서 소년사건 심리 중에 소년부판사가 분류심사 결과통지서에 의문이 있거나 그 보고서만으로는 소년이 처한 상황을 정확하게 파악할 수 없는 경우, 소년의 성행과 비행환경 등을 정확히 알고 있는 담당 분류심사관을 법정에 참여시켜 직접 의견을 듣는 것이다(법무연수원, 2021: 611).

소년보호기관 분류심사관 자격기준으로는 첫째, 분류심사 또는 상담을 목적으로 경력채용된 보호직 공무원 둘째, 「보호직 공무원의 조사관 자격 인정 및 절차에 관한 규정」에 따라 조사관 자격을 취득한 보호직 공무원 중 분류심사(조사서) 작성 업무를 3년 이상 수행한 자 셋째, 심리학, 교육학, 사회학, 사회복지학, 범죄학, 의학 분야의 학·석사학위 소지자로 분류심사서(조사서) 작성 경험이 있는 자 등을 정하고 있다.

6. 청소년비행예방센터

1) 목적 및 의의

청소년비행예방센터는 학교폭력 등 청소년 비행이 증가함에 따라 위기청소년 및 비행초기 단계에 있는 청소년의 재범 방지를 위한 장기적이고 체계적인 대책의 일환으로 설립되었다. 청소년비행예방센터는 법원·검찰청·학교 등에서 의뢰한 위기·비행청소년에 대한 비행예방전문교육(대안교육) 및 부모 등에 대한 보호자 특별교육, 법원 소년부판사가 의뢰한 비행청소년 상담조사(교육), 지역사회 청소년에 대한 각종 심리검사 및 상담, 일반학교 학생·교사 등에 대한 법교육을 실시하고 있으며 이외에 청소년 비행관련 연구 및 교육 프로그램 등을 개발하고 있다. 청소년비행예방센터는 수용시설이 아닌 이용시설로서 이용청소년에게 친근감과 낙인감을 해소하기 위해 대외적으로는 '청소년꿈키움센터'라는 명칭으로 사용한다.

2) 조직 및 인력

청소년비행예방센터는 2007년 7월에 부산, 창원 등 6개 지역에 설립된 이후 현재 전국 18개 기관을 운영하고 있다. 청소년비행예방센터가 설치되지 않은 제주지역에서는 제주소년원에서 청소년비행예방센터 기능을 대행하여 운영하고 있다(법무연수원, 2021: 643). 부산 및 대전청소년비행예방센터는 솔로몬파크라는 명칭을 사용하며 어린이, 청소년, 교사 등 일반 국민을 대상으로 선진 법문화 정착, 법적 사고력을 갖춘 민주시민 양성, 학교폭력 등 청소년비행을 예방하기 위해 모의국회, 과학수사, 모의재판 등 법체험 프로그램과 어린이 법탐험 캠프, 교사 직무연수 등 다양한 법연수 프로그램도 병행하고 있다(법무연수원, 2021: 643-645).

3) 이용 현황

청소년비행예방센터에서는 대안교육, 심리상담, 상담조사, 보호자교육, 법교육 등을 행하고 있는데 2022년도의 전국 실적을 보면 법교육이 가장 많았고 그다음이 대안교육, 심리상담, 보호자교육, 상담조사 순이었다(〈표 8-18〉 참고).

〈표 8-18〉 청소년비행예방센터 운영실적 현황(2022년)

(단위: 명)

계	대안교육	심리상담	상담조사	보호자교육	법교육
161,031	6,834	5,835	3,512	5,234	139,616

출처: 법무연수원(2024: 638).

청소년비행예방센터에서 실시한 학교폭력 예방 프로그램 운영을 살펴보면 찾아가는 예방교육이 97.7%로 대부분을 차지하였으며 그 외 가해학생 대안교육, 보호자의무교육이 실시되었다.

4) 주요 프로그램[10)]

(1) 학교폭력 가해학생 등 대안교육

지역사회 청소년들의 비행을 예방하기 위해 학교 부적응학생들에 대한 대안교육을 실시하고 있다. 전국 18개 청소년비행예방센터와 1개 소년원(제주)은 지역사회 각 시·도

10) 이 부분은 법무연수원(2021~2024)에서 요약, 부분 발췌한 것이다.

교육청으로부터 「초 · 중등교육법 시행령」 제31조에 의한 '중 · 고등학생 특별교육 이수기관'으로 지정되어 있다. 대안교육은 비행유형별 예방교육 프로그램과 체험 중심의 인성교육을 3~5일 과정으로 운영하고, 교육결과를 해당 학교에 보내어 학생 생활지도 자료로 활용할 수 있도록 하고 있다(법무연수원, 2021: 646). 2022년 대안교육 인원 총 6,834명 중 검찰 의뢰 교육조건부 기소유예 대상자가 44.4%로 가장 많았고 이어서 학교의뢰 교육생 27.6%, 법원의뢰 보호처분 대상자 23.3%, 기타 4.7% 순이었다(〈표 8-19〉 참고).

〈표 8-19〉 대안교육 실시현황(2022년)

(단위: 명(%))

계	학교 의뢰 대상자 (학교폭력 가해학생 등)	교육조건부 기소유예자	보호처분 대상자	기타
6,834(100)	1,888(27.6)	3,034(44.4)	1,594(23.3)	318(4.7)

출처: 법무연수원(2024: 639).

(2) 교육조건부 기소유예자 대안교육

각 관할 지방검찰청과 협의를 통해 교육조건부 기소유예자에 대한 비행예방 전문교육 및 체험 중심 인성교육을 실시함으로써 대상 소년의 비행성향 개선 및 재비행 방지에 기여하고 있다. 검찰청에서 의뢰한 기소유예 등의 대상자에 대한 대안교육은 3~5일 과정의 통학형 위탁교육으로 비행유형별 예방교육 및 법교육, 문화예술교육, 장애체험, 심리치료 등 다양한 체험 위주의 인성교육 위주로 운영되고 있으며, 재학생에 대하여서는 희망에 따라 교육기간을 출석으로 인정하고 있다. 최근에는 교육조건부 기소유예 다양화 방안의 일환으로 청소년비행예방센터에서 운영하는 소나기가족캠프 참여를 대안교육이나 보호자교육으로 대신하도록 하는 '가족캠프 참여조건부 기소유예' 등이 부산, 청주, 서울남부, 서울북부 청소년비행예방센터 등에서 실시되는 등 교육대상자 중심의 다양한 맞춤형 교육이 운영되고 있다(법무연수원, 2021: 647).

(3) 보호처분 대상자 상담조사

상담조사는 불구속 송치자 중 보호자 등에게 위탁되어 있는 소년을 대상으로 법원 소년부판사가 전문가의 진단이 필요하다고 인정되는 경우 대상 소년을 청소년비행예방센터 등에 주간에만 3~5일 출석하게 하여 상담과 조사를 받도록 하는 제도이다. 상담조사는 대상 소년의 성격과 행동특징, 능력과 욕구 등 개인이 지니고 있는 자질과 환경적 특성에 대한 조사와 비행원인 규명을 위한 종합적인 진단을 실시한 후, 그 결과를 담당 소년부 판사에게 심리자료로 송부하는 한편, 준법의식 및 자존감 향상 등을 위한 '대안교육'을 병행하고 있다. 이 제도는 시설에 수용하여 분류심사를 하는 것에 대한 부담을 없애면서도 소년사건 대상자에 대하여 개인별 특성에 맞는 다양한 교육·처우 방향을 제시함으로써 판사의 소년사건 심리 시 심층적·과학적 처분 결과 도출에 기여할 뿐만 아니라, 대상 소년에게는 집단상담 형태의 비행예방교육 및 체험교육 등으로 재비행 예방 등에 효과를 거두고 있다(법무연수원, 2021: 648).

(4) 청소년심리상담 및 보호자 교육

비행청소년 지도경험과 전문지식을 활용하여 지역사회 청소년, 부모 등을 대상으로 적성·지능·성격검사 및 개별상담, 가족상담 등을 실시한다. 각 기관에는 교육학, 심리학, 사회학, 정신의학 등을 전공하고 임상적 경험이 풍부한 전문직원이 검사 및 상담을 실시하고 있으며, 가정·학교·사회단체 등에서 의뢰한 청소년의 다양한 문제에 대한 원인을 분석하여 과학적이고 합리적인 지도지침을 제공하고 있다(법무연수원, 2021: 648-649). 법원이나 학교장으로부터 보호자 교육명령을 받은 보호자 또는 자원참가자를 대상으로 가족관계 회복 및 가정의 보호력 증진, 바람직한 부모-자녀 관계 형성을 위한 보호자 교육을 실시한다.

(5) 법교육

법교육은 부산·대전청소년비행예방센터(솔로몬로파크)에서 특화하여 운영하고 있으며, 그 외의 18개 청소년비행예방센터에서도 대전솔로몬로파크에서 운영하는 전문교육 과정을 이수한 직원을 중심으로 법교육, 헌법가치교육, 모의법정 등의 프로그램 및 위기·비행청소년을 대상으로 법교육을 활발히 추진하고 있다(법무연수원, 2024: 639).

7. 청소년회복지원시설

1) 목적 및 의의

청소년회복지원시설이란 「소년법」 처분(제1호 '보호자 감호위탁')을 받은 청소년을 감호위탁 기간 동안 보호하면서 상담 · 주거 · 학업 · 자립 등을 지원하는 시설을 말한다. 즉, 법원 소년부판사가 「소년법」 처분(제1호 '보호자 감호위탁') 청소년을 보호자를 대신하여 소년을 보호할 수 있는 자(신병인수 위탁보호위원)에게 감호위탁 기간 동안(6개월, 연장가능) 보호(5~10명)하면서 상담 · 주거 · 학업 · 자립 등을 지원하는 청소년복지시설을 의미한다.

법적 근거는 「청소년복지 지원법」 제31조, 「소년법」 제32조 등에 있다(여성가족부, 2023: 440). 일종의 사법형 그룹홈이라고 불리기도 하는 이곳은 초범이나 경미한 비행에 해당하는 청소년들 중 가정에서 제대로 보호를 받을 수 없는 청소년들에게 가정과 같은 환경을 제공해서 보호소년에게 정서적 안정 및 사회복귀를 준비, 지원하려고 한다.

청소년회복지원시설의 역할은 다음과 같다. 첫째, 위탁 청소년의 보호 및 생활을 지원한다. 법원 결정에 의해 보호 청소년들에게 부모를 대신하여 훈육 및 생활지원을 행한다. 청소년회복지원센터는 그룹홈의 형태로 운영되고 개별적이고 개방적인 인간관계를 통하여 교정교육을 도모하면서 시설운영자가 소년의 보호자가 되어 생활을 함께하는 형태이다. 이곳은 폐쇄적이지 않기 때문에 보호소년들이 자유로운 생활을 할 수 있다는 장점이 있다. 낮에는 학교에 가서 공부를 하고 직업훈련이 필요한 경우 직업훈련원 자격증 공부를 할 수도 있고 지역사회 자원을 활용하여 직업 체험을 할 수도 있다. 1호 처분은 대부분 수강명령과 사회봉사명령을 함께 받기 때문에 보호관찰소와 상담센터에 가서 교육을 받는 데도 용이하다. 저녁시간에는 센터의 가족들과 함께 식사를 하면서 하루 동안 있었던 일들에 대해서 의견을 교환한다. 이때 센터장은 부모의 입장이 되어 보호소년들과 한솥밥을 먹으면서 인성교육과 행동수정 등에 자연스럽게 개입한다. 주말에는 외출과 외박이 자유로워 친구들과 원가족과의 관계를 유지할 수 있다(홍봉선 외, 2019: 307-308).

둘째, 위탁 청소년에 대한 사회서비스를 지원한다. 보호 청소년의 신체 · 심리 · 정서적 치유와 회복, 보호 청소년의 상담 · 선도 · 건전 육성 활동, 학업, 진로 등 자립을 지원한다. 여성가족부, 법원, 법무부, 노동부 등 관련부처의 청소년 복지·활동 지원체계와 연계협력을 강화한다(여성가족부, 2023: 441).

청소년회복지원센터는 〈표 8-20〉에서 보듯이 소년의 비행성 정도, 규모, 학교출석 인정 여부, 낮 시간의 활동 등에서 6호 처분과 다른 특징들을 갖는다(천종호, 2017). 청소년회복지원센터 위탁보호소년들의 재범률은 다른 보호처분과 비교했을 때 낮게 나타나고 있으며 법원 행정과 민간 자원봉사자들, 사회복지시설이 함께 협력해서 비행청소년을 보호할 수 있는 있는 하나의 시스템으로 작동하고 있다는 점을 볼 때 소년보호에 있어서 미래발전적인 위탁시설의 모델이라고 할 수 있다(안윤숙·천종호, 2016).

〈표 8-20〉 청소년회복지원시설과 6호 시설의 차이

구분	청소년회복지원시설	6호 시설
소년의 비행성 정도	비행성 약함	비행성이 비교적 높음
규모의 크기	10인 이하	30인 이상
이탈방지시설의 유무	없음	있음
학교출석으로 인정 여부	별도로 학교에 다녀야 함	인정됨(커리큘럼 존재)
낮시간 등에 시설에 머물러야 하는지 여부	필요 없음	머물러야 함

출처: 천종호(2017).

2) 조직 및 인력

청소년회복센터의 전달체계는 중앙에 여성가족부가 있고, 지방에 시·도 및 시·군·구가 있으며 일선에 청소년회복센터가 있다. 여성가족부는 기본운영계획, 사업지침 수립 및 사업운영 평가계획 수립, 사업운영 평가계획 수립, 국고보조금 교부 및 관리를 행한다. 지방자치단체(시·도 및 시·군·구)는 관할 청소년회복지원시설 사업계획 수립·검토·조정, 현장지도·점검, 보조금 집행 및 지도점검을 행한다. 청소년회복지원시설은 위탁청소년 보호·자립 지원을 행한다. 법원(소년부)은 보호처분(1호 '보호자 감호위탁' 등)을 내리고 신병인수 위탁보호위원을 임명한다(여성가족부, 2023: 442).

청소년회복센터를 설치 신고를 할 수 있는 것은 국가 및 지방자치단체의 장, 비영리법인 및 개인 등이다. 국가 및 지방자치단체의 장은 청소년회복지원시설을 운영하기 위해 직영이나 위탁을 할 수 있다. 직영의 경우는 시설장을 임명하면 되지만 위탁을 할 경우는 위탁단체를 선정하고 시설장을 임명한다. 이를 위해 관할 법원에 '위탁보호위원'을 신청하고, 위촉받은 후 시설을 운영할 수 있다. 국가 또는 지방자치단체에서 설치하는 청소년복지시설은 신고대상이 아니다.

반면 비영리법인 및 개인 등은 신고해야 한다. 결격사유가 없고 「소년심판규칙」 제33조 제1항에 의거 위탁보호위원으로 위촉된 사람은 시설소재 지역 관할 특별자치시장 · 특별자치도지사 또는 시장 · 군수 · 구청장에게 신고하고 청소년회복지원시설을 설치 · 운영할 수 있다. 청소년회복지원시설의 민간위탁 운영 시에는 '2022년 청소년쉼터 운영 지침'을 준용한다(여성가족부, 2023: 444).

청소년회복센터의 인력은 시설장 1명과 보호 · 상담원 2명으로 구성된다. 청소년회복지원시설은 시설장과 보호 · 상담원을 겸임할 수 없다. 시설장은 상근이어야 하며 다른 기관의 업무를 겸임할 수 없다(여성가족부, 2023: 450). 종사자의 근무형태 및 근무시간은 보호소년들과 24시간 함께 생활해야 하는 청소년회복지원시설의 특성을 고려하여 탄력적으로 조정 · 시행할 수 있다(2교대, 3교대 등). 시설장 및 종사자의 자격기준은 〈표 8-21〉과 같다.

〈표 8-21〉 청소년회복센터 시설장 및 종사자 자격기준

구분	자격기준
시설장	1. 상담복지 또는 소년보호 분야에서 박사학위를 취득한 사람 2. 상담복지 또는 소년보호 분야에서 박사 과정을 이수한 사람으로서 청소년상담복지 또는 소년보호 관련 실무경력이 3년 이상인 사람 3. 상담복지 또는 소년보호 분야에서 석사학위를 취득한 사람으로서 청소년상담복지 또는 소년보호 관련 실무경력이 5년 이상인 사람 4. 청소년상담사, 청소년지도사, 사회복지사, 초등학교 교사, 중등학교 교사, 유치원교사, 보육교사 자격증 또는 가족상담 전문가 등 청소년 보호 및 지원을 위한 전문자격을 소지한 사람으로서 청소년상담복지 또는 소년보호관련 실무 경력이 5년 이상인 사람 5. 청소년상담복지 또는 소년보호 관련 실무경력이 5년 이상인 사람으로서 청소년 보호 및 지원에 대한 능력과 자질이 있다고 전문기관 또는 단체에서 추천하는 사람 중 특별자치시장 · 특별자치도지사 또는 시장 · 군수 · 구청장이 인정하는 사람
보호 · 상담원	1. 상담복지 또는 소년보호 분야의 4년제 이상의 대학을 졸업하거나 이와 같은 수준 이상의 학력이 있다고 다른 법령에서 인정받은 사람 2. 4년제 이상의 대학을 졸업하거나 이와 같은 수준 이상의 학력이 있다고 다른 법령에서 인정받은 사람으로서 청소년상담복지 또는 소년보호 관련 실무 경력이 2년 이상인 사람

구분	자격기준
	3. 상담복지 분야의 전문대학을 졸업하거나 이와 같은 수준 이상의 학력이 있다고 다른 법령에서 인정받은 사람으로서 청소년상담복지 관련 실무경력이 2년 이상인 사람 4. 청소년상담사, 청소년지도사, 사회복지사, 초등학교 교사, 중등학교 교사, 유치원교사, 보육교사 자격증, 가족상담 전문가 등 청소년보호 및 지원을 위한 전문자격을 소지한 사람 5. 그 밖에 1부터 4까지의 규정에 준하는 자격이 있다고 인정되는 사람

출처: 여성가족부(2023: 450-451).

3) 처우 및 프로그램[11)]

(1) 입소 및 관리

청소년회복지원시설 운영자는 심리기일 당일 법원에서 소년의 신병을 인수한다. 입소 시에는 개인정보수집 이용동의서를 요청하고, 보호 청소년이 입소 시에는 보호자에게 연락함을 원칙으로 한다. 입소 후에는 청소년상담복지센터의 지역사회 청소년통합지원체계 연계를 통하여 보호 청소년의 적절한 사례관리가 이루어지도록 노력하여야 한다. 또한 보호 청소년이 시설 입소 기간과 퇴소 후에도 청소년통합지원체계를 통해 지속적인 지원이 이루어질 수 있도록 「청소년복지 지원법」 제19조의 예방적 · 회복적 보호지원 절차를 활용하도록 한다. 보호기간은 6개월로 하되, 법원(소년부 판사)은 결정으로써 6개월의 범위에서 한 번에 한하여 그 기간을 연장할 수 있다. 운영시간은 24시간 청소년을 보호하며 남 · 여 분리 운영이 원칙이다(여성가족부, 2023: 470).

(2) 보호 청소년에 대한 감호

청소년회복지원시설 운영자는 위탁결정 기간 동안 24시간 함께 생활하여야 하며, 가정과 같은 공동체를 조성하도록 노력해야 한다. 소년에 대한 임시조치 및 감호 결과는 매 1개월마다 법원에 보고한다. 소년의 이탈, 소요, 난동, 폭행, 자해 기타 사고가 발생한 때에는 즉시 법원에 보고해야 한다. 또한 청소년회복지원시설 운영자는 처분 이후 시설에 적응하기까지 1개월 동안은 수강명령이나 사회봉사명령이 이루어지지 않도록 보호관찰소나 수강명령기관과 협조한다. 청소년 보호 등을 위해 24시간 상담 및 구조체계를

11) 이 부분은 여성가족부(2023: 470-474)의 일부 내용에서 요약, 일부 발췌한 것이다.

구축한다. 이를 위해 해당 법원 소년부 판사, 보호관찰소, 경찰, 청소년상담복지센터, 관련 지역사회 자원 등을 활용한다(여성가족부, 2023: 471).

(3) 청소년건강 지원

청소년회복지원시설 입소청소년 중 학교밖청소년의 경우 건강진단사업의 수혜를 받을 수 있도록 안내하고 지도한다. 또한 「어린이 식생활안전관리 특별법」 개정('21.12.30 시행)에 따라 어린이급식관리지원센터에 등록하여야 하는 급식소에 해당된다. 따라서 시설장은 관할 어린이급식관리지원센터의 장에게 「어린이 식생활안전관리 특별법 시행규칙」 별지 제16호의 서식에 따른 등록신청서를 제출하여야 한다.

(4) 청소년회복지원시설별 운영위원회 구성 · 운영(「사회복지사업법」 제36조)

청소년회복지원시설 운영의 민주성 · 투명성 제고 및 이용 청소년의 권익 향상 등을 위하여 청소년회복지원시설 운영위원회를 설치 · 운영한다.

(5) 보호 청소년 인권 보호

인권 침해 등 사건사고 발생 시 즉시 시 · 도를 경유, 여성가족부에 보고한다. 특별자치시 · 특별자치도지사, 시장 · 군수 · 구청장은 청소년회복지원시설 이용자에 대한 인권침해 등 불법행위가 확인된 경우 시설개선, 1개월 이내의 사업정지, 시설장 교체, 시설폐쇄를 명할 수 있다. 지방자치단체는 시설과 지역사회가 상호 협력체계를 구축하는 등 민주적이고 투명한 청소년회복지원시설 운영으로 인권 침해가 발생되지 않도록 지속적인 지도 · 감독을 실시해야 한다(여성가족부, 2023: 472-473).

또한 청소년회복지원시설 운영정책 수립 시 고객(수요자)과 집행현장의 의견을 수렴하여 환류될 수 있도록 운영, 관리한다. 또한 청소년 간 폭력 등으로 인한 인권 침해를 예방하기 위한 교육 및 지도를 정기적으로 실시한다. 시설 생활수칙에 인권 침해적 요소가 있을 경우 이를 제외하도록 지도한다(여성가족부, 2023: 472-473).

(6) 지역사회와의 연계, 협력

청소년상담복지센터, 청소년수련관, 학교밖청소년지원센터, 성폭력상담소, 해바라기센터 등 지역사회 청소년통합지원체계(청소년안전망), 청소년 관련기관, 복지시설, 의료시설, 학원, 경찰, 청소년꿈키움센터, 보호관찰소 등과의 실질적이고 유기적인 연계체계를 구축한다(여성가족부, 2023: 473).

(7) 퇴소 및 사후관리

퇴소가 이루어지기 위한 요건은 보호기간이 만료된 경우와 법원(소년부 판사)의 결정으로 위탁이 종료된 경우이다. 퇴소가 결정되면 가정으로 복귀하거나 자립할 수 있다. 가정으로 복귀하는 경우 부모 또는 조부모 등 가정으로 연계하고 지속적인 사후관리를 위한 거처, 연락처 등을 확보하고 청소년안전망을 연계한다. 청소년이 자립해야 할 경우 심층상담을 통해 향후 자립지원계획을 공유하고, 필요로 하는 서비스가 있을 경우 연계한다. 지속적인 사후관리를 위한 거처, 연락처 등을 확보하고 청소년안전망을 연계한다(여성가족부, 2023: 471).

PART

03

교정복지실천 과정 및 기술

CHAPTER 09 교정복지실천의 이론적 토대

1. 교정복지실천의 개념과 목표

교정복지실천은 사회복지사가 교정복지의 목적을 달성하기 위해 교정복지 대상자에게 교정복지현장을 중심으로 사회복지실천 지식과 기술을 적용하는 전문적 활동이다. 교정복지실천은 형사사법체계와 관련된 사람들의 복지 및 삶의 질 향상, 사회정의 및 인권 증진, 건강한 사회변화의 촉진을 목적으로 한다. 이를 실현하기 위한 구체적인 목표는 다음과 같다.

첫째, 비행청소년 및 범죄인은 물론 가족, 피해자, 지역사회 등 형사사법체계와 관련된 클라이언트체계들이 비행이나 범죄로 인해 야기된 고통을 완화하고 잘못을 바로잡고 피해를 회복시키고자 한다. 또한 이를 위해 각자의 책임을 질 수 있도록 돕는다.

둘째, 비행청소년과 범죄인의 사회복귀 및 재적응을 돕는다. 범죄인 및 피해자, 가족, 지역사회 등 형사사법체계와 관련된 클라이언트체계들이 욕구 충족은 물론 사회적 기능을 회복, 유지, 개선하도록 하고 문제 해결 능력의 향상과 더불어 잠재력을 최대한 발휘하여 만족스러운 삶을 살 수 있도록 돕는다.

셋째, 교정복지 대상자들의 불평등, 차별 등 사회적 불이익 및 사회문제를 개선하고 이들에 대한 사회정의와 인권을 증진시킨다. 비행이나 범죄로 사법체계에 노출된 사람들이 사법처리과정을 거치는 동안이나 퇴원 및 출소 이후 사법체계나 주변 환경으로부터 차별이나 불평등을 받아 불리한 입장에 놓이지 않도록 옹호하고, 사회복귀 및 재적응을 방해하는 사회 환경의 장애물을 제거, 개선하여 재통합이 용이한 환경을 구축한다.

넷째, 사회통합을 촉진할 수 있도록 지역사회의 역량을 강화한다. 지역사회나 공동체 구성원들이 비행청소년 및 범죄인을 함께 살아야 할 공동체 구성원으로 인식하고 사회적·경제적 또는 문화적 배경에 관계없이 자신의 잠재력을 최대한 발휘할 수 있는 기회를 제공하며 서로의 권리를 존중하고 보다 공정하고 포용적인 사회를 조성하도록 역량을 강화한다.

2. 교정복지실천의 주요 관점

교정사회복지사는 교정복지의 목적을 달성하기 위해 사회복지실천의 이론적 토대와 준거틀에 근거해서 교정현장에서 일한다. 이러한 이론적 틀은 상호 배타적이지 않으며 사회복지사가 클라이언트의 당면 문제나 욕구, 형사사법체계의 특성을 고려해 다양한 관점을 활용할 수 있다. 사회복지실천의 준거틀은 크게 실천 관점, 실천 이론 및 실천 모델로 구성된다. 이 장에서는 사회복지 관점 중 교정복지현장에서 활용성이 높고 유용하다고 판단되는 관점인 일반체계적 관점, 생태체계적 관점, 강점 관점을 중심으로 살펴보고자 한다.

1) 일반체계적 관점

(1) 주요 내용

일반체계적 관점은 생물학자 루드비히 폰 베르탈란피(Ludwig von Bertalanffy)에 의해 소개된 일반체계 이론(general system theory)에 근거한 것이다. 이 관점은 하나의 생활체는 여러 하위체계로 구성되어 있고 서로 영향을 주고받으며 상호 의존성을 가진다고 가정한다. 또한 생활체를 잘 이해하기 위해서는 특정 개별 요소의 기능뿐 아니라 이들 요소 간의 관계와 상호작용에 대해서도 주목하며 생활체의 원인과 결과는 직선적이지 않고 순환적으로 이루어짐을 강조한다.

(2) 교정복지실천에의 적용

이를 교정복지실천에 적용한다면 비행청소년 및 범죄인을 이해하기 위해서는 비행이나 범죄 행동에만 집중하기보다는 이들에게 영향을 미치는 다양한 요소(빈곤, 건강, 부모 및 친구와의 관계, 가정환경, 학교생활 등)들과의 관계 및 상호작용을 함께 살펴보아야 한다. 비행 및 범죄는 하나의 원인에 의해 생기는 것이 아니라 순환적으로 이루어지는 복잡한 과정이라는 것이다. 예를 들어 잦은 가출을 하며 절도를 하는 청소년의 경우, 어머니는 비행친구들의 유혹과 꼬임이 원인이라고 생각하고, 아버지는 어머니가 집에서 자녀를 잘 양육하지 못했기 때문이라고 생각하며, 청소년은 심한 부부갈등으로 이혼의 위기에 있는 부모 때문에 집에 들어가고 싶지 않다고 할 수 있다. 이처럼 청소년의 비행행동은 복합적인 원인과 결과들이 서로 작용한 것이다.

2) 생태체계적 관점

(1) 주요 내용

생태체계적 관점은 생태체계 또는 생태학 이론에 근거한 것이다. 이것은 1970년대에 발달 심리학자인 브론펜브레너(Bronfenbrenner)에 의해 개발된 것으로, 인간 발달은 다양한 수준의 환경이 서로 상호작용해서 형성된다고 주장한다. 예를 들어, 아동의 발달은 가족(미시체계), 학교(중간체계), 부모의 직장(외체계), 문화적 신념과 가치(거시체계), 시간(크로노체계)의 영향을 받을 수 있다. 따라서 개인은 개인을 둘러싼 환경과 상황 속에서 이해되어야 하며 이러한 시스템의 영향은 클라이언트가 성장하고 시간이 지남에 따라 변경될 수 있다고 본다. 또한 클라이언트의 역량은 클라이언트의 노력 이외에도 그들이 속한 환경이 얼마나 지지적이고 적합한가에 따라 긍정적으로 변화한다고 가정한다(남미애, 2018: 48).

(2) 교정복지실천에의 적용

첫째, 비행청소년이나 범죄인의 성장과 건강한 변화를 이끌기 위해서는 이들에 대한 심층적인 이해가 필요한데 이를 위해서는 개인의 내적 원인뿐 아니라 이들을 둘러싼 환경과 상황도 함께 고려해야 한다. 학교폭력을 일으킨 기해청소년의 경우 공격성이 높은 개인적 요인 이외에도 어린 시절 부모의 학대, 교사의 무관심, 학교적응의 어려움, 또래와의 관계기술 부족, 폭력적이고 자극적인 인터넷게임에의 잦은 노출, 폭력에 허용적인 지역사회문화 등이 복합적으로 영향을 미칠 수 있다.

둘째, 비행청소년의 적응 또는 비행행동에는 가족, 학교, 부모의 직장, 문화와 가치, 시간 등 다양한 환경이 영향을 미치므로 이들을 조사, 분석하는 것이 필요하다.

셋째, 비행청소년이나 범죄인의 재활이나 적응을 위해서는 비행행동에 영향을 미치는 위험 및 보호 요인 등을 파악해서 위험요소를 차단하고 보호요인을 강화하는 노력이 필요하다. 클라이언트를 둘러싼 환경에서 이용 가능한 공식적 · 비공식적 자원을 탐색하고 적극적으로 활용한다.

넷째, 범죄인이나 비행청소년이 환경에 대처하고 기능적으로 상호작용하기 위해서는 개인의 역량강화와 더불어 환경의 개선 및 변화, 전 생애에 걸쳐 건강한 발달을 지원하는 개입과 정책이 적극적으로 행해져야 한다.

다섯째, 생태체계적 관점에서 사정을 할 경우 "문제와 관련해 이전에 도움을 주신 주변 분들이 있나요?", "어려움이 생기면 상의하거나 도움을 준 사람이 있나요?", "현재 문제를 잘 해결하기 위해서 누구의 도움을 받고 싶나요?"와 같은 질문을 할 수 있다(남미애, 2018: 48).

3) 강점 관점

(1) 주요 내용

강점 관점은 클라이언트의 긍정적이고 지속적인 변화를 위해서는 클라이언트의 결점과 약점을 제거하려고 노력하기보다는 강점과 능력을 강화해야 한다고 본다. 이 관점은 학대, 억압, 차별, 역경을 겪었던 사회적 약자에게도 희망, 인내, 회복력, 긍정적 기대 등 강점이 있다고 전제한다. 또한 클라이언트가 자신의 삶의 전문가라고 본다(남미애, 2018: 49). 질병, 장애, 구금 등 부정적 삶의 경험들이 개인에게 고통과 좌절을 주기도 하지만 동시에 도전과 기회를 제공하기도 한다는 것이다. 또한 모든 이웃과 지역사회는 유용하고 동원 가능한 자원을 가지며, 클라이언트는 누구보다 자신의 문제와 욕구에 대해 잘 알고 있으며 어떤 것이 도움이 되는지, 도움이 되지 않는지에 대해 잘 알고 있다고 가정한다. 이에 사회복지사는 클라이언트의 긍정적인 변화를 촉진하고 어려운 상황을 관리하기 위해서 클라이언트가 이미 가지고 있는 강점과 자원에 초점을 두고 그것을 더 확장하도록 노력해야 한다고 주장한다. 여기서 강점(strengths)이란 클라이언트가 현재 하고 있고 할 수 있고 하기 원하는 중요하고 긍정적인 것이라고 할 수 있다.

(2) 교정복지실천에의 적용

첫째, 기존 보호 및 교정기관에서는 비행청소년 및 범죄인을 볼 때 재활 모델, 결핍 모델 관점에서 보는 경향이 크다. 재활 모델은 기본적으로 비행청소년과 범죄인을 아픈 환자라고 보고 병리적 측면에 주목한다. 결핍 모델(deficit model)에서는 비행청소년과 범죄인을 기본적으로 뭔가 부족한 사람, 결함이 있는 사람이라고 전제한다. 그러나 교정복지 실천은 강점 관점(strengths perspective)을 강조한다. 이 관점은 교정복지 대상자를 장점을 가진 사람인 동시에 교정사회복지사와 함께 일하는 협력자로 간주한다. 이런 차이점을 명확히 이해해야 업무수행에 있어 윤리적 딜레마와 갈등을 최소화할 수 있다.

둘째, 강점 관점은 사회복지 전 과정에 적용이 가능한데, 특히 초기 클라이언트와의 협력적인 관계 형성에 중요하다. 사법체계에 노출되어 여러 가지 어려움에 직면하는 클라이언트에게 희망과 가능성을 갖도록 하고 사회복지사와의 관계 형성 및 변화를 시작하도록 하는 데 매우 유용하다.

셋째, 사정 단계에서는 클라이언트의 강점인 대처능력, 회복력, 자긍심, 관심, 꿈 등을 검토할 수 있다(남미애, 2018: 49). 사정 시 교정복지 대상자의 강점을 알아보는 것은 교정사회복지사와 교정복지 대상자 모두에게 유용하다. 교정사회복지사는 강점을 사정함으로써 교정복지 대상자를 가능성이 있는 사람으로 인식하고 더 깊이 이해하게 된다. 교정복지 대상자 역시 사회복지사의 강점에 대한 질문과 피드백을 통해 자신에 대해 더 긍정적으로 인식하게 되고 자아존중감이 높아질 수 있다.

넷째, 서비스 계획 수립 및 실행에서도 유용하다. 낮은 자존감이나 부정적인 자아상을 가진 교정복지 대상자에게는 자신에 대한 긍정적인 인식과 자신감을 갖게 해서 변화에 대한 동기를 고취시킬 수 있고 교정사회복지사와의 협력에 보다 적극적일 수 있게 촉진할 수 있다.

다섯째, 강점 관점에서 입각한 질문으로는 생존질문, 예외질문, 자긍심질문들을 할 수 있다. "어떻게 힘든 역경 속에서도 지금까지 이렇게 버티어 올 수 있었나요?", "당신이 잘하는 것은 무엇입니까?", "당신의 삶에서 조금이라도 자랑스러운 부분은 무엇입니까?"라고 질문할 수 있다(남미애, 2018: 49).

3. 교정복지실천의 주요 모델[1)]

1) 심리사회 모델

(1) 주요 내용

심리사회 모델은 정신분석 이론, 대상관계 이론, 체계 이론, 생태체계 이론 등의 영향을 받은 사회복지실천 모델이다. 이 모델은 과거 경험, 무의식적 · 공격적 충동에 대한 통찰 등을 강조한다는 측면에서는 정신분석 이론과 유사하지만, 인간을 끊임없이 변화하고 성장하는 존재라고 보는 점, 무의식 이외 다른 것에도 영향을 받는다는 점에서는 차이가 있다. 상황 속의 인간을 강조하며, 인간에 대한 이해를 위해서는 심리적 측면과 환경적 측면, 두 체계 간의 상호작용 모두를 고려해야 한다.

이 모델의 개입목표는 클라이언트로 하여금 현재의 당면 문제나 어려움에 영향을 미치는 과거 경험을 탐색하고 과거 혹은 현재의 경험과 관련된 내적 갈등을 이해하고 통찰할 수 있도록 돕는 것이다. 주요 기술로는 직접적 개입(지지하기, 직접적 영향 주기, 탐색-묘사-환기, 인간-환경에 관한 반성적 고찰, 유형-역동성 고찰, 발달적 고찰)과 간접적 개입(환경개입)이 있다.

(2) 교정복지실천에의 적용

첫째, 비행청소년이나 범죄인의 문제는 우울, 불안, 무기력 등과 같은 개인의 심리 내적 문제만이 아니라 빈곤, 의료, 주거, 교육, 지역사회 등 환경적 문제, 개인과 환경 간 상호작용의 문제도 작용하는 복합적이며 다차원적인 것으로 이해한다.

둘째, 비행청소년이나 범죄인의 통찰을 증진시켜 스스로 문제를 해결하도록 한다. 교정복지 대상자로 하여금 어린 시절 부모 등 주요한 사람과의 관계, 과거 경험, 방어기제, 자아기능 등 심리 내적 역동, 자신을 둘러싼 환경이 미친 영향 등에 대해 성찰하고 스스로를 깊이 이해하도록 한다. 이를 통해 변화에 대한 동기를 높이고 자기조절능력을 향상시키고 알코올, 약물, 도박 등 문제들을 해결해 나갈 수 있도록 한다.

셋째, 교정복지 대상자를 스스로 변화하고 성장할 수 있는 존재이며 스스로 문제 해결을 할 수 있는 존재라고 생각한다. 따라서 개입과정에 비행청소년이나 범죄인을 있는

1) 이 부분은 남미애 · 윤숙자(2020: 76-217)에서 부분 발췌하거나 요약 정리한 것이다.

그대로 존중하고 지지하며 자기결정권을 존중하며 긍정적 변화를 위한 협력적 관계를 강조한다.

넷째, 교정복지 대상자를 둘러싼 환경의 변화를 중요하게 생각한다. 이를 위해 교정복지 대상자에게 중요하게 영향을 미치는 사람, 기관, 조직에 개입하거나 클라이언트에게 유용한 자원을 발굴, 개발, 연계 더 나아가 옹호 및 중재활동도 강조한다. 특히 복지관, 행정복지센터, 병원 등 공식적 지지체계 이외에도 가족, 친척, 친구, 주민, 자원봉사자 등 비공식적 지지체계의 강화, 지역의 우범환경을 친사회적 환경으로 조성 · 개선하는 일, 경찰 및 지역주민들과의 순찰활동 등 범죄 예방 활동 등도 포함된다.

2) 인지행동 모델

(1) 주요 내용

인지행동 모델(cognitive-behavioral model)은 인지 이론과 행동주의 이론을 통합해서 적용한 것으로, 사람의 생각이나 사고에 초점을 둔다. 이 모델은 사람의 생각이나 사고가 바뀌면 부적응적 행동도 변화할 수 있다고 가정하며 비합리적 신념, 왜곡된 생각을 수정하는 데 초점을 둔다. 이 모델의 개입목표는 클라이언트의 부적응에 영향을 미치는 역기능적 사고나 인지적 오류를 파악하여 인지 및 행동을 변화시키는 데 있다. 인간의 주관적 경험의 독특성을 강조하며, 교육적 접근, 구조화된 접근을 강조한다. 주요 기술로는 논박, 인지재구조화, 독서요법, 시범, 역할연습, 체계적 둔감화, 이완훈련 등이 있다.

(2) 교정복지실천에의 적용

첫째, 범죄를 예방하기 위해 잘못된 가치관을 교정하고 바람직한 사회규범을 배울 수 있도록 멘토링, 사회명사 특강, 자원봉사자와의 교류나 활동, 문화예술활동, 인성교육, 법 준수교육 등을 행한다.

둘째, 범죄에 영향을 미치는 교정복지 대상자의 부정적인 사고 및 행동 패턴을 파악하고 바꾸는 데 중점을 둔다. 중화 이론에서 제시된 것처럼 피해자의 부정, 가해의 부정 등 범죄에 대한 왜곡된 인식, 성이나 폭력에 대한 비합리적 생각 등이 비행 및 범죄에 영향을 미칠 수 있다. 이를 위해 긍정적인 인식구조를 위한 자기 지시의 사용, 자기파괴적·역기능적 사고에서 탈피하여 긍정적 사고로 전환할 수 있도록 하는 인지재구조화를 적용할 수 있다.

셋째, 긴장이나 스트레스를 완화할 수 있는 이완훈련, 어려운 상황에 대한 대처기술 개발, 어려운 상황을 관리하기 위한 전략개발 등을 행할 수 있다. 긴장 이론에서 강조했듯이 높은 긴장이나 스트레스로 인해 비행이나 범죄를 저지르는 사람에게는 긴장이나 스트레스의 완화기법, 분노조절훈련, 비폭력적 대화법, 사회적 기술훈련과 같이 새로운 대처기술을 학습하도록 과제부여, 시연, 역할연기 등을 활용할 수 있다.

넷째, 교정시설 및 프로그램을 통해 역할 연습, 처벌과 강화를 통한 행동수정 기법, 과제 수행을 통해 치료적 환경을 조성할 수 있다. 치료공동체 프로그램과 같이 행동변화를 위한 구조적 치료세팅 속에서 일상생활이 이루어지게 함으로써 자연스럽게 새로운 사고패턴과 행동패턴을 습득할 수 있도록 할 수 있다(배임호, 2020: 174).

3) 해결 중심 모델

(1) 주요 내용

해결 중심 모델은 인간이면 누구나 문제 해결 능력을 이미 가지고 있으며 클라이언트가 자기 삶의 전문가라고 가정한다. 따라서 문제가 아닌 해결에 초점을 두고 클라이언트에게 효과적인 해결책을 찾아보는 데 집중한다. 과거보다는 현재나 미래에 초점을 두며 문제가 발생되지 않았던 예외 상황에 초점을 둔다. 이 모델의 목표는 클라이언트로 하여금 문제 중심적 대화에서 해결 중심적 대화로 바꿀 수 있도록 한다. 주요 기술로는 예외질문, 척도질문, 기적질문, 보람질문, 관계성질문 등이 있다.

(2) 교정복지실천에의 적용

첫째, 교정사회복지사가 교정복지 대상자를 가해자나 범죄인으로서만 인식하지 않고 문제 해결 능력과 여러 가지 강점을 가진 사람, 자원으로 인식함으로써 대상자 중심의 실천을 하는 데 용이하고 교정복지 대상자와의 협력관계를 촉진한다.

둘째, 강점 중심의 개입을 통해 교정복지 대상자 스스로 자신에 대해 긍정적인 자기인식과 자신감을 회복하도록 한다.

셋째, 사정, 계획, 실행 전 과정에 교정복지 대상자의 참여를 촉진시킬 수 있다. 교정사회복지사가 중요하다고 생각하는 문제가 아닌 교정복지 대상자가 문제라고 인식하는 부분에 초점을 두고 그 부분을 최우선적으로 다루기 때문에 교정복지 대상자가 전 과정에 주도적일 수 있으며 문제 해결에 적극적이도록 한다.

넷째, 초점을 교정복지 대상자의 역기능적 행동이나 문제, 잘 되지 않는 것에 두지 않고 이미 잘하고 있는 것에 초점을 맞추고 실현 가능한 작은 목표를 중심으로 하기 때문에 긍정적인 변화가 용이하도록 한다. 또한 자신이 가지고 있는 능력이나 지금까지 발휘하지 않았던 능력이나 긍정적 행동을 확장시킬 수 있게 한다.

다섯째, 문제 중심의 대화에서 해결 중심적 대화로 바꾸도록 함으로써 교정복지 대상자가 자신의 행동을 통제할 능력이 있음을 자각하고 범죄 행동이 아닌 새로운 문제 해결 방법을 학습하고 이를 자신의 삶에 적용하도록 함으로써 사회기술 향상 및 역량강화를 돕는다.

4) 임파워먼트 모델

(1) 주요 내용

임파워먼트 모델은 클라이언트가 현재 생활에서 당면하는 어려움은 개인 내면의 문제가 아니라 개인이 속한 환경의 구조적 문제나 자원 부족에서 기인하는 것으로 가정한다(남미애, 2018: 51). 이 모델의 기본 가정은 다음과 같다. 첫째, 세상은 권력이 균등하게 분배되지 않고 일부 집단들은 불리하고 소외된다. 둘째, 모든 사람은 자신의 삶을 책임질 수 있는 능력이 있으며 그렇기 위해서는 필요한 도구와 자원이 제공되어야 한다. 셋째, 사람은 서비스나 지원을 수동적으로 받는 것이 아니라 스스로 자신에게 필요한 결정을 내리고 행동을 하는 능동적 행위자라고 간주한다.

임파워먼트 모델에서는 개인이나 지역사회에 권한을 부여하면 교육, 건강, 고용 및 지역사회 개발과 같은 다양한 영역에서 긍정적인 변화를 가져올 수 있다고 주장한다. 따라서 소외된 사람들에게 목소리를 주고 기존 권력 구조에 도전하는 데 필요한 자원과 기술을 제공함으로써 이러한 권력 불균형을 해결하는 것이 필요하다고 본다.

(2) 교정복지실천에의 적용

첫째, 교정복지 대상자를 변화의 주체로 보고 그들의 내면의 역량, 대인관계 역량, 지역사회에 영향력을 발휘할 수 있도록 강화한다. 교정복지 대상자와 대화할 때 적극적 경청(active listening)을 한다. 이것은 방해하거나 판단하지 않고 다른 사람의 관심사와 문제를 주의 깊게 경청하는 것이다. 이를 통해 교정복지 대상자는 자신의 의견과 관점이 소중히 여겨지고 존중받는다고 느끼게 된다. 교정복지 대상자의 긍정적인 행동을 인정하고 강화하기 위해 긍정적 강화(positive reinforcement)를 사용한다. 성취에 대한 격려와 인정은 아무리 작더라도 자신감과 자부심을 키우는 데 도움이 될 수 있다.

둘째, 사법체계과정 중 비행청소년이나 범죄인들이 자신의 의견을 밝히고 의사결정에 참여할 기회를 확대시킨다. 교정복지 대상자를 욕구 파악, 목표 설정, 계획 수립, 실행 및 평가 등 전 과정에 참여시킨다. 이를 통해 교정복지 대상자들은 자신들의 목소리를 드러낼 기회를 갖게 되고 자신들의 의견이 반영되는 것을 보면서 더 많이 참여할 수 있다.

셋째, 교정복지 대상자의 자기 옹호(self-advocacy)를 촉진한다. 교정복지 대상자가 자기 옹호 기술을 개발하도록 도와줌으로써 그들이 스스로 목소리를 내도록 격려하고 자신의 권리를 확인할 수 있다.

넷째, 비행청소년이나 범죄인의 사회복귀 및 재적응을 돕는 정보 및 자원에의 접근성을 향상시키고 이를 교정복지 대상자가 직접 활용할 수 있고 더 나아가 자신이 필요한 자원이나 도움을 요청하고 필요할 때 자신의 권리를 주장하고 영향력을 행사하는 자신의 삶에 통제권을 갖을 수 있도록 역량을 강화한다.

다섯째, 사법체계과정이나 지역사회 재적응 시 당면하게 되는 불평등한 시스템이나 유해한 지역사회 환경을 변화시키기 위해 교정복지 대상자는 물론 전문가, 지역사회기관 등과 함께 협력한다.

5) 위기개입 모델

(1) 주요 내용

위기개입 모델에서는 위기란 인간이면 누구나 경험하는 자연스러운 과정으로, 이 시기에 어떻게 대처하느냐가 중요하다고 본다. 위기개입의 목표는 위기상황을 신속히 파악하고 당면 문제를 해결하여 클라이언트가 최소한 위기 이전의 기능 수준으로 회복하도록 돕는 것이다. 즉 위기에 있는 사람들이 정서적 · 신체적 안전감을 되찾고 감정을 안정시키며 위기에 대처할 수 있도록 신속하고 즉각적인 대응을 하는 것이다. 이것은 빈곤, 중요한 사람의 사망, 정신건강, 약물남용, 범죄피해, 사법기관 체포 등 심리 · 사회적 어려움과 높은 스트레스를 유발할 수 있는 생활 사건과 관련된 위기에 노출된 사람에게 도움이 될 수 있다. 초점은 위기로 인한 스트레스를 완화하고 이전의 균형 상태를 회복하며 자살, 타살, 정신병 등 심각한 문제로 더 악화되지 않도록 하는 것이다.

(2) 교정복지실천에의 적용

첫째, 형사사법체계에 노출된 그 자체는 중요한 위기 사건이라고 할 수 있으므로 적절한 수준의 감정표현 및 스트레스를 완화할 수 있도록 돕는다. 초범자나 과실 또는 우발적인 사고로 인해 범죄인이 된 경우 경찰의 조사와 재판과정을 겪으면서 정서적 혼란과 극도의 불안감을 느낄 가능성이 크다. 이러한 위기상황에서 심리 · 사회적인 위기개입 서비스를 제공받지 못할 때 교정시설에서의 부적응과 출소 이후의 사회부적응으로 인하여 재범에 빠질 수 있다(배임호, 2020: 178). 교정사회복지사는 수용과 존중, 적극적 경청, 환기법 등을 적절히 사용하여 교정복지 대상자의 부정적 정서 및 감정을 표출, 완화할 수 있게 한다.

둘째, 신변의 안전과 심리 · 사회적 지지를 제공한다. 범죄피해인이든 범죄인이든 형사사법체계에 노출된 사람들은 심한 불안과 두려움, 공포감을 느낄 수 있고 평소 기능적이었던 감각, 지각, 의사결정, 문제 해결 능력이 잘 발휘되지 않을 수 있다. 교정사회복지사는 범죄에 노출된 사람들이 주변의 위험으로부터 안전하게 보호될 수 있도록 해야 하며 정서적 지지를 제공하고 위급할 때 적절한 도움을 받을 수 있도록 해당 기관의 전화번호나 의료, 법률, 사회복지 등 필요한 서비스를 직접 연결시켜 주는 등 지지적인 환경을 구축할 수 있다.

셋째, 교정복지 대상자의 출소 이후의 사회적응과정이 교정 대상자에게는 하나의 위기상황이라고 볼 수 있다. 범죄 발생과 교정시설 수감 과정에서 가족관계의 와해, 사회적 관계망의 단절 등으로 인해 출소 이후 사회 적응에 실패한다면 재범과 재수감이 반복될 수 있다. 따라서 교정사회복지사는 출소자를 대상으로 임시거처 제공 등 일시보호, 취업알선, 심리적 지지 등을 제공할 수 있다.

넷째, 교정복지 대상자의 고위험 및 잠재적 위험에의 노출 여부, 효과적인 대처방안을 사정, 활용할 수 있다. 범죄에 노출된 사람들은 범죄 이외에도 빈곤, 질병, 고립, 정신건강 문제, 자살 또는 타살 위험 등 다양한 위험에 노출될 수 있다. 교정사회복지사는 위기개입을 통해 위기의 본질과 심각도 이해, 고통 수준 평가, 잠재적 위험 또는 위험 식별을 함으로써 조기에 위기 여부를 파악하고 즉각적으로 개입할 수 있다.

다섯째, 형사사법체계에 노출되면 경찰 및 법원에의 출두 문제, 법률문제, 생계 문제, 피해자 보상 문제, 학교 및 직장문제, 중요한 사람과의 갈등 문제 등 여러 가지 현실적인 문제들이 생길 수 있다. 교정사회복지사는 교정복지 대상자와 협력하여 당면한 문제 해결을 위해 클라이언트를 지지하고 내 · 외적 자원을 동원하는 등 적극적인 개입을 할 수 있다.

6) 동기강화 모델

(1) 주요 내용

동기강화(motivational interviewing) 모델은 클라이언트의 동기와 행동변화에 초점을 두는 접근법이다. 이것은 변화의 동기가 낮은 중독 치료, 건강관리 및 형사사법 등 비자발적 클라이언트를 다루는 다양한 현장에서 사용되고 있다. 이 모델은 클라이언트에게 변화의 동기가 이미 있다고 전제하고 사람들이 변화에 대한 양가감정을 갖는 것은 지극히 자연스러운 과정이라고 본다. 이 모델의 목표는 클라이언트로 하여금 행동 변화를 일으키는 양가감정을 탐색하고 변화에 대한 동기를 끌어내고 강화시켜 행동 변화를 일으키는 데 있다. 동기강화 모델은 일반적으로 클라이언트와의 관계 구축, 변화에 대한 양가감정 탐색, 변화에 대한 동기 유발하기, 구체적 행동 계획하기 등의 과정을 거치면서 클라이언트가 자신의 동기를 탐색하고 변화를 위한 계획을 개발하도록 돕는다. 이를 위해 열린 질문, 반영, 인정, 요약하기, 정보 제공, 미래 예상하기 등 다양한 기술을 사용할 수 있다.

(2) 교정복지실천에의 적용

첫째, 교정사회복지사는 열린 질문, 반영 등을 통해 교정복지 대상자가 자신의 변화에 대한 동기와 열망을 탐구하고 자신의 목표를 확인하고, 변화에 대한 준비 상태를 사정하고, 목표 달성을 위한 전략을 개발하도록 도울 수 있다.

둘째, 교정사회복지사는 인정, 요약 등의 기술을 통해 교정복지 대상자의 노력과 강점을 지원함으로써 행동 변화의 중요한 요소인 자신감과 자기 효능감을 구축하도록 한다.

셋째, 교정사회복지사는 교정복지 대상자의 변화 동기를 유지하고 자신에게 맞는 구체적이고 달성 가능하며 의미 있는 행동 변화 계획을 수립하도록 돕고 이를 꾸준히 실천할 수 있도록 촉진한다. 특히 교정복지 대상자의 행동변화는 단시간에 이루어지는 것이 아니라는 것을 받아들이고 계속적인 관심과 지지를 행한다.

7) 사례관리

(1) 주요 내용

사례관리(case management)는 지속적 · 장기적 · 복합적 도움이 필요한 클라이언트를 발견, 발굴하고 지역사회 자원을 활용해 클라이언트의 욕구에 맞게 포괄적 · 통합적인 개별 맞춤 서비스를 제공하는 것이다. 이것은 만성적 질환, 정신건강, 알코올중독, 가정폭력, 성매매피해자와 같이 복잡한 욕구를 가진 사람들에게 유용하다. 사례관리의 목표는 클라이언트의 근본적인 문제 해결이 아니라 이전보다 나은 사회적 기능을 회복하고 자기 삶의 통제권을 가질 수 있도록 임파워먼트를 향상시켜 일상생활의 삶의 질이 향상되는 데 있다. 이를 위해 사전 준비, 인테이크, 사정, 개별서비스 계획 수립, 실행 및 모니터링, 종결 등의 과정을 거친다.

사례관리자는 클라이언트에게 상담, 교육, 정보, 물질적 지원과 같은 직접적 개입과 서비스 연계, 조정 및 중재, 옹호 등 간접적 개입을 할 수 있다. 특히 클라이언트가 적절하고 효과적인 서비스와 자원에 연결될 수 있도록 하기 위해서는 클라이언트, 가족, 지역주민, 다양한 지역사회기관 및 조직 등 여러 이해관계자와 협력체계를 구축하는 것이 중요하다.

(2) 교정복지실천에의 적용

첫째, 교정복지 대상자의 신체 및 정신건강, 경제, 주거, 교육, 일상생활, 관계 등에 대한 포괄적인 사정(comprehensive assessment)을 통해 대상자의 니즈, 장점, 활용 가능한 자원에 대해 더 깊이 이해하고 클라이언트가 이를 활용하여 역량강화를 하도록 도울 수 있다.

둘째, 교정복지 대상자와 함께 대상자가 원하고 시급히 다루어지길 바라는 문제를 중심으로 구체적인 목표를 수립하고 개별적인 서비스 계획(individualized service planning)을 수립한다. 목표 및 계획 수립에서는 대상자를 적극적으로 참여시키고 그들의 의견을 충분히 반영하여 맞춤형 계획을 수립함으로써 교정복지 대상자가 주체가 되어 계획을 실행하도록 하여 만족감 및 문제 해결 역량을 강화할 수 있다.

셋째, 법률, 노동, 복지, 의료, 교육, 주거와 같은 다양한 지역사회기관 및 단체들과의 협력을 통해 기관 간 서비스를 조정(coordination of services)하고 지속적 · 통합적인 서비스를 제공할 수 있도록 협력체계를 구축한다. 이는 지역사회기관 및 단체가 교정복지 대상자를 이해하고 대상자가 지역공동체 내에서 건강한 삶을 살아갈 수 있도록 환경을 조성하는 지역임파워먼트를 강화할 수 있다.

넷째, 교정사회복지사는 교정복지 대상자, 지역사회기관들과 함께 수립한 개별서비스 계획이 실제 계획대로 효과적으로 실행되고 있는지를 지속적 · 정기적으로 모니터링하고, 필요한 경우 서비스 조정, 의뢰, 새로운 서비스 개발 등 신속하게 개입한다.

8) 과제 중심 모델

(1) 주요 내용

과제 중심 모델은 단기개입으로, 클라이언트의 동기와 책임성을 최대한 고려하며 4개월 이내의 짧은 기간 동안 6회에서 12회 정도의 면접을 통해 문제 해결을 위한 과제를 수행하고 검토하는 적극적인 개입방법이다. 이것은 클라이언트의 문제를 정의하는 데서부터 과제수행까지 클라이언트의 참여를 적극 유도함으로써 클라이언트의 자존감을 높이는 것뿐만 아니라 문제 해결 기술과 능력을 강화시키는 데 목적을 갖는다(허남순, 1998: 399). 이것은 작고 달성하기 쉬운 세부 목표를 만들고 단계별로 실행하는 것으로서 즉각적인 지원이 필요하거나 위기상황과 같이 해결해야 할 특정 문제가 명확히 있는 경우 유용하다.

(2) 교정복지실천에의 적용

첫째, 교정사회복지사는 교정복지 대상자의 문제 행동 개선 및 재적응을 위해 클라이언트와 협력하여 우선적으로 다루어져야 할 표적문제 및 달성해야 할 목표를 구체화하고, 이를 위해 어떤 노력과 실천이 필요한지에 대한 구체적인 행동 계획을 개발한다. 목표 설정 및 계획 수립에 있어서는 클라이언트가 필요로 하고 문제라고 인식한 것, 수행하기로 동의하고 계약한 것을 중심으로 한다.

둘째, 교정복지 대상자의 근본적인 문제나 완전한 문제 해결에 초점을 두는 것이 아니라 2~3개월이라는 제한된 기간 안에 달성할 수 있는 작고 실현 가능하며 구체적인 문제에 초점을 둔다. 목표는 더 작고 달성 가능한 과업으로 세분화해서 가장 쉽고 실천하기 쉬운 것부터 단계별로 달성할 수 있도록 한다.

셋째, 단기간에 구체적인 문제 해결에 초점을 두기 때문에 할 수 있는 다양한 방법을 적극적으로 강구한다. 특히 교정사회복지사와 교정복지 대상자가 협력하여 문제 해결에 필요한 다양한 내·외적 자원을 탐색, 활용하고 클라이언트 환경에의 적극적인 개입을 강조한다.

넷째, 교정사회복지사는 교정복지 대상자와 단순히 문제에 대해 논의하는 것이 아니라 교정복지 대상자가 구체적인 행동 변화를 하거나 구체적인 목표 달성에 초점을 둔다. 따라서 클라이언트와 교정사회복지사가 협력하여 진전된 상황을 회기별로 모니터링하며 주기적·계속적인 평가를 한다.

9) 트라우마 모델

(1) 주요 내용

트라우마 모델(trauma-informed theory)은 트라우마가 개인, 가족 및 지역사회에 미치는 막대한 영향을 인식하고 지지적·공감적 임파워먼트를 해주는 환경을 조성하고 다양한 개입과 지원을 통해 치유와 회복력을 촉진하는 것을 추구한다. 교정사회복지사는 클라이언트와 협력하여 클라이언트의 행동을 유발할 수 있는 근본적인 트라우마를 해결하고 트라우마의 영향을 관리하기 위한 대처 기술과 전략을 개발한다.

(2) 교정복지실천에의 적용

첫째, 교정사회복지사는 형사사법과정에서 트라우마를 가진 사람들을 자주 만난다.

따라서 트라우마가 개인과 가족에게 미치는 영향과 트라우마 경험이 범죄에 미치는 방식을 이해하는 것이 필요하다. 특히 트라우마 경험을 형성하는 데 있어 문화적 · 역사적, 그리고 성별 문제의 중요성을 인식하고 다양한 배경과 경험에 대해 이해하고 존중한다.

둘째, 교정복지 대상자들이 살아오면서 여러 가지 역경 속에서 지냈음을 인식하고 현재의 비행이나 범죄 문제는 이런 부적응 대처의 증상으로 이해한다. 초기 트라우마가 어떻게 클라이언트로 하여금 세상을 바라보는 시각이나 신념을 형성하고, 평생에 걸쳐 신체적 · 정서적 인지 기능, 사회적 기능에 어떻게 영향을 미치고 있는지를 파악한다.

셋째, 교정사회복지사는 클라이언트를 위한 안전하고 지지적이며 임파워먼트를 강화하는 환경을 조성하고 재외상이나 피해가 일어나지 않도록 해야 한다.

넷째, 교정사회복지사는 클라이언트가 트라우마를 해결하고 트라우마의 영향을 관리하기 위한 대처 전략을 개발할 수 있도록 돕는다. 이를 위해 교정복지 대상자와 적극적으로 협력하고 강점 기반, 클라이언트 중심의 접근 방식을 강조한다. 임파워먼트를 강화하고 교정복지 대상자가 자신의 삶에 대한 선택 및 통제감을 강화할 수 있도록 한다. 치유와 회복력을 촉진하는 데 있어 동료 지원(peer support)과 지역사회와의 연계를 중요시한다.

10) 네트워크 이론

(1) 주요 내용

네트워크 이론은 사회 시스템과 개인, 그룹, 조직 간의 관계를 이해하기 위한 틀을 제공한다. 이 이론은 다음과 같은 원칙에 근거한다.

첫째, 사회적 관계는 사회문제를 이해하고 해결함에 있어 중요한 요소이다. 공동체나 사회 내에 존재하는 사회적 관계의 복잡성을 고려하지 않고는 사회문제를 완전히 이해하거나 해결할 수 없다.

둘째, 사회적 자본을 강조한다. 사회적 자본은 물적 자본이나 인적 자원과 구별되는 새로운 형태의 자본으로 여기에는 네트워크, 자원, 사회적 관계, 신뢰 등 일체의 사회적 자산을 포함한다. 이 중 사회적 네트워크는 자원, 기술, 사회관계, 지식, 신뢰 등을 서로 공유할 수 있는 사람 또는 단체의 공식적 · 비공식적 망을 의미한다. 이는 개인에게 자원, 지원 및 기회에 대한 접근을 제공할 수 있는 반면 갈등과 불평등, 사회문제의 원인이 되기도 한다. 따라서 사회 네트워크를 구축하고 강화하는 것은 개인과 지역사회를 위한 긍정적인 변화를 촉진하고 결과를 개선하는 효과적인 전략이 될 수 있다.

(2) 교정복지실천에의 적용

첫째, 교정사회복지사는 사정 단계에서 교정복지 대상자 및 가족을 둘러싼 사회 네트워크를 구체화하고 이들 네트워크 내의 관계와 상호작용의 패턴을 분석함으로써 교정복지 대상자의 변화와 성장을 위해 어떤 자원, 지역사회기관들과 연계, 협력할지를 모색할 수 있다.

둘째, 사회복귀와 재적응을 앞둔 교정복지 대상자의 경우 사회복지사는 사회네트워크를 통해 교정복지 대상자를 다양한 사회적 관계에 참여하고 상호작용하도록 도움으로써 그로 하여금 다른 사람들이 가지고 있는 자원을 동원할 수 있는 능력을 확장시켜 원활한 사회복귀와 재적응을 이끌 수 있다.

셋째, 교정복지 대상자 및 가족의 욕구 충족을 위해 다양한 인적·물적 지지망 구축, 정보, 인력, 설비 등 자원의 공유를 통해 공식적·비공식적 지지망을 개발, 구축할 수 있다. 지역사회 간의 네트워크를 강화함으로써 교정복지 대상자로 하여금 소속감과 공동체의식을 증진시킬 수 있다. 또한 지역사회 간의 네트워크를 강화함으로써 불평등한 사회구조의 한계를 보완하고 공적 사회보장을 보완해 기회와 자원을 강화할 수 있도록 돕는다.

넷째, 교정사회복지사는 지역사회 내 서비스의 중복과 단절을 최소화하고 서비스의 효과성과 효율성을 높일 수 있다. 또한 지역공동체의 발전과 역량강화를 위해 사회적 연결을 구축·강화하기 위해 노력할 수 있다.

4. 교정복지실천의 기술

교정사회복지사는 기본적으로 사회복지사가 갖추어야 할 실천기술을 겸비해야 한다. 그러나 경우에 따라 법원의 판결이나 행정기관의 처분에 따라 법적 강제력하에 있는 클라이언트에 대해 감시자·통제자로서의 역할을 수행하기도 한다. 이러한 이중적 역할 수행으로 인해 교정사회복지사의 자질과 태도, 기술 등에 있어서도 특별한 고려가 필요하다. 교정사회복지사는 사회통제와 보호라는 이중적 업무를 동시에 효과적으로 수행하기 위해 고도의 전문지식과 기술을 갖추어야 한다.

1) 기본 자세와 태도

(1) 인간 존엄성의 보장

모든 인간은 그 자체로 존엄과 가치를 가지고 있다. 이는 범죄인이나 비행청소년도 예외일 수 없다. 교정복지의 기본 정신은 범죄인이나 비행청소년이라고 하더라도 법적 책임 이외에 인권 침해적 요소를 최소화하고 교정 · 교화함으로써 궁극적으로 인간 존엄성을 보장하고자 한다. 따라서 교정사회복지사는 범죄인이나 비행청소년을 존엄한 인간으로 존중하고 교정사회복지실천 과정에서 존엄성이 보장될 수 있도록 해야 한다.

(2) 변화 가능성에 대한 믿음

모든 인간은 변화한다. 범죄인이나 비행청소년들도 마찬가지이다. 변화의 시작은 자신들의 의지와 노력에 의해서도 가능하고 외부환경의 변화에 의해서도 가능하다. 교정사회복지사는 교정복지 대상자의 변화에 대한 믿음을 갖고 그들의 역량을 강화할 수 있도록 긍정적 변화를 지지하는 노력을 해야 한다.

(3) 교정사회복지사의 자기 이해

교정복지실천에서는 교정사회복지사 자신이 중요한 도구이다. 클라이언트에 대한 사회복지사의 반응은 자신의 태도, 신념, 기대, 가치 그리고 편견 등에 영향을 받을 수 있다(최혜경, 2009: 234). 교정사회복지사는 특정 문제, 인종, 종교, 민족 배경, 성별, 성정체성, 사회계층, 기타 다양한 특성을 가진 교정복지 대상자에 대해 선입견을 가질 수 있다. 교정복지 대상자의 죄명이 강도, 강간과 같은 강력범죄인 경우, 팔이나 다리에 문신을 새겼을 때, 정신장애가 있다고 하는 경우, 외국인인 경우 부정적 생각이나 편견을 가질 수 있다. 이처럼 사회복지사가 자신에 대한 이해가 부족하면 교정복지 대상자와의 신뢰로운 관계 형성은 물론 클라이언트의 문제 해결을 촉진하거나 지원함에 있어 제약이

따를 수 있다.

교정사회복지사가 자기 이해가 있다면 자신과 클라이언트의 차이를 인식하며 자신의 욕구나 관심을 클라이언트의 그것과 구분할 수 있다. 또한 사회복지사는 자신이 할 수 있는 것과 할 수 없는 것에 대해 솔직히 클라이언트에게 말할 수 있어야 한다.

(4) 문화적 역량 갖추기

교정사회복지사는 다양한 문화적 배경을 가진 교정복지 대상자를 이해하고 효과적으로 상호작용할 수 있어야 한다. 교정복지 대상자의 주관적 경험의 독특성을 존중하고 그들의 경험과 생각을 통해 클라이언트의 삶과 적응방법을 배우고 이해하려고 노력해야 한다. 또한 범죄 발생, 범죄인의 사회복귀와 재적응에 문화적 규범, 관습, 신념 등이 어떤 영향을 미치는지 이해하는 것이 필요하다.

(5) 전문적 활동과 탄력성

교정사회복지사는 교정복지 대상자의 동기 고양, 능력 향상, 다양한 기회제공 등 전문적 활동과 서비스를 조화롭게 제공해야 한다. 첫째, 동기가 낮은 교정복지 대상자에 대해서는 동기를 높일 수 있는 개입을 행한다. 이를 위해서는 심리적 지지, 개별적 개입과 존중, 강점 중심의 개입, 임파워먼트 강화, 자아존중감 향상을 위한 노력이 강구되어야 한다.

둘째, 교정복지 대상자의 적응과 자립을 위해 능력 향상을 위한 개입을 행한다. 이를 위해서는 시간관리, 금전관리, 사회적 기술, 대인관계, 의사소통기술, 문제 해결 기술, 교육, 적응유연성 높이기 등을 행할 수 있다.

셋째, 교정복지 대상자를 위한 다양한 기회를 제공해야 한다. 기회란 변화를 유도하고 지지하는 환경상태를 의미한다. 교정복지 대상자들이 지역사회 서비스나 지원을 이용할 수 있도록 접근성을 높이거나 사회적 자원이나 서비스에의 연결, 발굴, 개발 등을 할 수 있다. 또한 차단되거나 불평등한 기회가 개선될 수 있도록 교정복지 대상자를 위해 옹호 및 대변자로 활동할 수 있다.

넷째, 교정사회복지사는 어렵고 힘든 업무로 인해 생기는 스트레스에 적절하게 대처하고 잘 관리함으로써 교정복지 대상자에 대한 긍정적인 태도, 지속적인 관심과 헌신이 유지될 수 있도록 해야 한다.

(6) 다양한 전문가 및 지역사회기관과의 협력

교정사회복지사는 교정복지의 목적을 달성하기 위해 다양한 전문가, 단체 및 조직, 지역사회기관, 지역주민들 등 다양한 주체 및 이해당사자들과 협력해야 한다. 이러한 노력을 통해 공동체가 범죄문제에 관심을 갖고 공동으로 대응하고 사회통합을 구축하는 토대를 마련할 수 있다.

(7) 사회복지윤리 준수

교정사회복지사는 교정복지 대상자에게 전문적이고 효과적인 서비스를 제공하기 위해 윤리적 원칙과 기준을 준수해야 한다. 또한 자신의 욕구 충족을 위해 범죄인을 이용해서는 안 된다. 범죄인과 신뢰로운 관계를 형성하고 약속을 지켜 신용을 얻을 수 있어야 한다.

교정사회복지사는 경우에 따라 사회복지와 통제라는 이중적 역할을 수행할 수 있다. 이로 인해 윤리적 딜레마를 경험하기도 하고 역할수행에 혼란과 어려움을 느끼기도 한다. 이에 교정사회복지사는 사회복지사로서의 가치와 윤리를 명확히 할 뿐 아니라 사회복지와 사법제도나 기관 등과의 차이점을 명확히 알아야 한다. 또한 사회복지실천 개입 철학의 차이도 이해해야 한다.

2) 관계 형성 기술[2)]

사회복지에서 사회복지사와 클라이언트와의 관계 형성은 매우 중요하다. 특히 교정복지에서는 더 특별하다. 보호관찰관과 같은 교정사회복지사는 비자발적 클라이언트에 대해 어느 정도의 공식적 법적 권한을 가지게 된다. 경우에 따라 교정사회복지사는 반항하며 거칠게 행동하는 클라이언트를 심리적으로 제압하고 자신의 통제력을 확인하기 위하여 이러한 법적 권한을 오용하거나 남용하고 싶은 유혹에 빠지기도 한다. 따라서 비자발적 클라이언트와 상대하는 교정사회복지사, 특히 법적 권한이 있는 사회복지사는 이러한 권한을 목적 있고 사려 깊게 사용하도록 노력하여야 한다(조흥식 · 이형섭, 2014: 360).

2) 이 부분은 남미애 · 윤숙자(2020: 39-42)의 내용을 부분 발췌, 수정하였다.

(1) 개별화

개별화는 각 클라이언트의 고유한 특성을 인정하고 이해하며 그에 따라 실천 원리와 방법을 차별적으로 사용하는 것을 의미한다. 예를 들어 똑같이 오토바이 절도를 한 청소년이라고 해도 청소년에 따라 각기 욕구가 다르고 대처 능력과 자원이 다를 수 있다. 따라서 사회복지사는 교정복지 대상자의 개별적 욕구 및 특성, 처한 환경, 지지체계 등을 고려해서 클라이언트에게 적합한 맞춤 서비스를 제공해야 한다.

(2) 의도적인 감정 표현

의도적인 감정 표현은 클라이언트의 감정, 특히 억압되거나 부정적인 감정을 표현하도록 돕는 것을 뜻한다. 있는 그대로의 감정을 표현하는 것은 억압이나 긴장에서 벗어나게 해 주기 때문에 그 자체로 치료적 효과가 있다. 뿐만 아니라 클라이언트의 감정에 주목하고 이해하려는 노력은 심리적 위안과 지지가 될 수 있고 신뢰로운 관계 형성에 도움이 된다. 비행청소년이나 범죄인들 중에는 자신의 감정에 대해 잘 인식하지 못하는 경우도 있고 자신의 감정과 다른 말과 행동을 하는 경우도 있다. 또한 불신감, 좌절감, 무기력감, 판단에 대한 두려움 등으로 자신의 감정을 솔직하게 드러내지 못하는 경우가 있다. 따라서 교정사회복지사는 교정복지 대상자가 있는 그대로 자신의 감정을 드러낼 수 있도록 편안하고 안전한 분위기를 조성하고 수용적 태도로 경청하고 지지해야 한다.

(3) 통제된 정서적 관여

통제된 정서적 관여란 클라이언트 상황과 교정사회복지사 자신의 개인적 감정을 분리하는 것을 말한다. 교정사회복지사는 교정복지 대상자와의 면담과정에서 자신이 하고 싶은 생각이나 감정을 마음대로 표현하는 것이 아니라 전문적 관계 및 면담 목적을 인식하고 교정복지 대상자에게 도움이 되도록 자신의 감정을 통제, 조절해서 반응해야 한다. 이를 위해서는 교정사회복지사 자신의 정서, 감정, 행동에 대한 민감성과 통찰이 선행되어야 한다.

(4) 수용

수용이란 클라이언트의 강점과 한계, 긍정적 감정과 부정적 감정, 건설적 혹은 파괴적 태도와 행동을 포함해 현재 존재하는 그대로의 클라이언트를 편견 없이 지각하고 대하는 것을 의미한다. 이는 교정사회복지사가 교정복지 대상자의 견해, 가치관, 현실 인식 등에 대해 전적으로 동의하거나 인정한다는 의미가 아니다. 교정복지 대상자의 언어와 사고 체계 즉 그의 인식세계에 기초해서 클라이언트의 말과 행동을 해석하는 것을 의미한다. 즉 클라이언트의 입장과 상황에서는 '저런 생각과 느낌을 가지고 있구나'라는 것을 이해하는 것이다. 특히 초기 관계 형성에 있어서는 교정사회복지사는 클라이언트의 방어적 태도에 대해 이해하고 수용적인 자세를 갖추는 것이 필요하다.

(5) 비심판적 태도

비심판적 태도는 면담과정에 문제에 대한 책임이 클라이언트에게 있다고 비난하거나 추궁하지 않는 것을 말한다. 섣부른 판단은 클라이언트에게 실망감과 좌절감을 느끼게 하고 심지어는 클라이언트와의 전문적 관계를 깨뜨리기 쉽다. 대체로 교정복지 대상자는 형사사법과정을 거치면서 위축되거나 적대적인 감정을 가지고 있는 경우가 많다. 특히 초기 관계형성에 있어서는 교정사회복지사가 비심판적 태도를 견지하면서 긍정적인 면담 분위기를 조성할 필요가 있다.

(6) 클라이언트의 자기결정

클라이언트의 자기결정이란 사회복지실천과정에서 클라이언트가 자신이 원하는 것을 스스로 선택하고 결정하도록 하는 것을 말한다. 누구나 자신이 원하는 것을 자신의 힘으로 이루어 냈을 때 가장 만족스럽다. 이를 통해 자존감과 역량도 강화되는 것이다. 교정사회복지사는 교정복지 대상자가 자신의 삶과 관련해서 스스로 선택할 권리를 존중해야 한다. 이것은 교정복지 대상자가 무슨 생각이나 선택을 하든 무조건 알아서 하게 내버려 두는 것이 아니다. 예를 들어 수강명령 대상자가 수강명령 이수를 거부한다면 그가 합리적인 선택을 할 수 있도록 수강명령을 이수했을 때의 이득과 불이득, 이수하지 않았을 때 예상되는 이득과 불이득 등을 함께 검토해서 합리적 선택을 할 수 있도록 돕는다.

그러나 교정복지 대상자의 능력, 법적 문제 등과 같이 특별한 상황이 있는 경우에는 교정복지 대상자의 자기결정권이 제한될 수 있음도 염두에 두어야 하며 이를 클라이언트에게 미리 고지하는 것이 필요하다.

(7) 비밀보장

비밀보장이란 사회복지실천과정에서 획득된 클라이언트에 대한 정보를 클라이언트의 동의 없이 타인에게 노출되지 않도록 하는 것이다. 대부분의 교정복지 대상자는 자신의 이야기가 자신의 동의 없이 다른 사람에게 알려지지 않을까 걱정스러운 마음을 갖는다. 따라서 교정사회복지사가 먼저 면담 초기에 비밀보장의 의무와 한계를 설명할 필요가 있다. 특히 타인의 권리와 충돌되거나 법적 요구, 기관의 방침에 따라 제한될 수 있음을 교정복지 대상자에게 미리 고지되어야 한다.

3) 의사소통기술

사회복지사가 교정복지실천에서 개인, 가족, 집단, 지역사회 등 어떤 클라이언트와 상호작용을 하든 간에 의사소통은 가장 기본적이며 필수적인 요소다. 의사소통기술에는 크게 언어적 의사소통, 비언어적 의사소통에 대한 이해, 나-전달법, 책임 있는 자기주장이 있다.

(1) 언어적 의사소통

교정사회복지사는 교정복지 대상자와의 모든 과정에서 언어적 의사소통을 한다. 교정복지 대상자와 언어적 의사소통을 하는 방법은 일반 클라이언트와 크게 다르지 않지만 몇 가지 부분에서 주의해야 할 점이 있다. 먼저 교정복지 대상자와 의사소통을 하기 전에 준비해야 할 것들이 있다. 즉 교정사회복지사는 의사소통을 하는 이유와 목적, 교정복지 대상자에 대한 기본적인 정보를 미리 파악하고 전달할 핵심내용, 오해의 소지가 있고 혼란스러운 부분의 유무, 효과적으로 메시지 내용을 전달하는 방법, 장소 등을 미리 검토한다.

교정복지 대상자와 의사소통을 할 때는 먼저 자신을 소개하고 의사소통의 목적을 간단히 설명하는 것이 필요하다. 명확하게 의사소통을 하기 위해서는 명확하고 간결한 방식으로 답변이 나올 수 있도록 초점화된 질문을 하는 것이 중요하다. 교정사회복지사 자신의 감정을 통제하고 상대방을 비난하거나 논쟁하지 않는다. 또한 대화 도중 자신의 이야기가 원래 자신이 생각한 대로 상대방에게 잘 전달되고 있는지를 검토해야 하며 더불어 상대방의 이야기도 자신이 정확하게 전달받고 잘 이해하고 있는지를 확인할 필요가 있다(남미애 · 윤숙자, 2020: 44-47). 이 외에도 상대방이 범죄를 저지른 사람이라는 점을 늘 명심하고 경계하면서도 유연하게 반응해야 하는 것, 면담과 조사, 심문은 다르다는 점, 따뜻하면서도 필요한 경우 분명하게, 단호하게 이야기해야 하는 점을 기억해야 한다.

비행청소년 및 범죄인과의 면담에서 고려해야 할 점

- 면담 전 충실히 준비함으로써 자신감을 갖는다.
- 범죄인의 자기노출에 어떻게 반응할지를 미리 준비한다.
- 신뢰로운 관계 형성을 위해 적극적 경청을 한다.
- 상대방이 범죄를 저지른 사람이라는 점을 기억한다.
- 경계하면서도 유연하게 반응한다.
- 질문하기와 조사(probing), 심문(interrogation)과는 차이가 있음을 안다.

(2) 비언어적 의사소통

교정사회복지사는 언어적 의사소통만큼이나 비언어적 의사소통에도 많은 관심을 두어야 한다. 즉 시선 접촉, 목소리 톤, 얼굴 표정, 팔과 손의 동작, 자세 및 태도, 옷차림 등이다. 이를 통해 클라이언트의 말과 감정, 행동이 서로 일치하는지를 알 수 있고 말로 표현하는 것이 어려운 사람은 행동관찰을 통해 그의 마음을 엿볼 수 있다. 또한 교정사회복지사는 자신의 비언어적 측면도 중요하게 검토해야 한다. 평소 클라이언트와의 의사소통 시 자신의 표정, 행동, 자세, 목소리, 언어습관 등이 어떠한지를 파악하고 교정복지 대상자와의 면담 중 효과적인 의사소통을 방해하는 자신의 요인들을 개선할 필요가 있다(남미애 · 윤숙자, 2020: 47-49).

(3) 나-전달법과 책임 있는 자기주장

교정사회복지사는 교정복지 대상자와 소통할 때 가식적이지 않고 솔직하고 진실되게 행동해야 한다. 이것은 교정복지 대상자에 대한 존중과 배려이다. 경우에 따라 교정복지 대상자의 태도나 행동이 교정복지 대상자의 문제 해결에 도움이 되지 않는다고 판단되는 경우 사회복지사는 이를 표현할 필요가 있다. 이럴 경우 유용한 의사소통 방법이 '나-전달법(I-Message)'이다. '나-전달법'은 나를 주어로 하면서 내 감정과 느낌을 중심으로 메시지를 전달하기 때문에 상대방을 비난하지 않는 방법으로 상대방의 행동의 영향을 표현할 수 있다(남미애 · 윤숙자, 2020: 50). 예를 들어, 교정복지 대상자가 면담시간을 자주 어길 경우 다음과 같이 나-전달법으로 표현할 수 있다.

사회복지사: "당신이 저와의 면담약속 시간을 지키지 않고 2시간이나 늦게 찾아왔을 때(구체적 행동) 나는 놀라고 당황했습니다(느낀 감정). 왜냐하면 저는 11시로 예정된 당신과의 면담이 끝나면 2시까지 법원에 가서 다른 분을 면담하기로 계획되어 있는데 뒤 일정에 차질이 생기게 되었거든요(분명한 영향)."

교정복지사회복지사는 교정복지 대상자에게 책임 있는 자기주장을 해야 할 경우가 있다. 예를 들어 자신의 불법행동에 책임이 없다고 주장하면서 교정사회복지사에게 동의를 구하거나 프로그램에 결석해 놓고 참여한 것으로 서류를 제출해 달라는 등의 부적절한 부탁을 해 오는 경우들이 있다. 이럴 경우 책임 있는 자기주장을 해야 한다. 자기주장은 자신이 갖고 있는 지식, 의견, 감정 등을 자신의 권리와 타인의 권리를 모두 존중하면서 표현하는 것을 말한다. 이것은 공격적인 것과는 구별되는데, 공격적인 것은 자신의 권리를 위해 타인의 권리를 침해하는 경우를 의미한다. 타인의 권리를 침해하지 않으면서 자신의 권리를 당당히 직접적으로 주장하는 것은 매우 중요하다(엄명용 외, 2005: 43-44). 자기주장의 요체는 남과 다를 수 있는 권리, 상대방과 다른 생각 및 관점을 표현하고 그것을 방어할 수 있는 권리, 자신의 이야기가 경청될 권리 등에 대한 인식이다.

교정복지 대상자: "부부가 살다보면 서로 다툴 수도 있고 화가 나면 때릴 수도 있고.. 다음 날 되면 또 풀고 그렇게 지내지, 우리처럼 안 사는 사람이 어디 있어요? 다른 남자들에게 물어보세요, 화 안 내고 어떻게 사나?"

교정사회복지사: "부부가 살면서 갈등이 있고 다툴 수 있다는 것은 충분히 이해합니다. 그러나 화가 난다고 해서 배우자를 때리는 것은 잘못된 행동이라고 생각합니다. 그 부분에 대해서는 저는 생각이 다릅니다."

4) 상담기술

교정사회복지사는 교정복지 대상자를 직접 만나 상담, 교육, 정보 제공, 활동 지원 등 구체적인 서비스를 제공하는 직접적 개입을 할 수 있다. 그중 사회복지사가 가장 많이 사용하는 개입방법 중 하나가 상담이다. 교정상담은 일반 상담에 비해 수직적 위치에서 이루어지고 관료적 성격이 강하고 수요자는 구금상태이므로 여러 욕구가 강하고 비자발적이기 때문에 저항 등의 방어기제를 많이 사용하는 등 어려움이 많다(천정환, 2020: 137). 교정사회복지사는 교정복지 대상자의 자기성찰 및 변화를 위해 개별, 집단, 가족상담 등을 행할 수 있다. 또한 효과적인 상담을 위해서는 질문하기, 반영, 명료화, 바꾸어 말하기, 요약, 공감, 자기노출, 직면, 저항 다루기, 해석, 지지기술, 재명명기술 등을 사용할 수 있다. 이와 관련해서는 남미애・윤숙자(2020)를 참고하기 바란다.

5) 간접적 개입기술[3)]

사회복지사는 클라이언트에게 직접 서비스를 제공하지 않고 클라이언트를 둘러싼 환경에 개입할 수 있는데 이를 간접적 개입이라고 한다. 이것은 환경이 클라이언트의 더 나은 삶을 위해 지원하거나 적합하게 변화할 수 있도록 하는데 초점을 둔다(남미애, 2018: 112).

〈표 9-1〉 간접적 개입기술

구분	기술	효과
클라이언트의 욕구 충족에 필요한 자원 획득과 관련된 기술	중개	공식적 서비스 제공, 지역사회 자원 획득
	의뢰	
환경이 클라이언트의 욕구에 잘 대응하고 더 적합하게 기능하도록 하는 기술	옹호	서비스 접근성 강화
	조정	서비스 중복 및 누락 방지
	점검	지속적인 서비스 제공
	새로운 자원 개발	클라이언트의 지지망 강화
	기존 지지망 지원	클라이언트의 지지망 유지

출처: 남미애(2018: 113).

3) 이것은 남미애(2018: 112-124)를 부분 발췌, 수정한 것이다.

(1) 중개

교정복지실천에서 중개(broker)는 교정복지 대상자의 욕구를 파악하고 적절한 자원과 연결시키는 것을 뜻한다. 즉 주택, 의료, 고용, 교육, 법률 지원 및 재정 지원과 같이 사회, 건강, 의료, 복지 욕구를 충족시키는 자원을 교정복지 대상자와 연결시키는 것이다. 이를 위해서는 먼저 교정복지 대상자의 욕구를 파악하고 지역사회에 이를 충족시킬 수 있는 적절한 자원이 있는지를 검토하는 것이 필요하다.

교정복지 대상자를 위한 중개에서 고려해야 할 점

- 교정복지 대상자가 이전에 다른 서비스에 접근함에 있어 경험하였던 정서적 · 신체적 · 재정적 장애물이 있었는지 살펴본다.
- 교정복지 대상자가 서비스에 접근에 있어 방해가 되는 문턱을 없애거나 낮추는 작업이 필요하다. 예를 들어 기관의 정보에 대해 알지 못하거나 기관에 대한 편견이나 두려움이 있었을 수도 있고 필요하지만 비용이 너무 비싸서 이용할 수 없었을 수도 있다. 서비스 이용의 애로점이나 장애요소를 정확히 알고 접근하는 것이 필요하다.
- 교정복지 대상자가 여러 기관의 서비스나 프로그램, 자원에 대해 충분히 알 수 있도록 쉽게 설명한다. 교정복지 대상자가 특정 서비스에의 참여를 희망한다면 해당기관의 실무자와 클라이언트를 연결한다.
- 자원 발굴을 위해 지역에 있는 자원 리스트를 미리 작성하고 정기적으로 관리한다.

(2) 의뢰

의뢰(referral)는 교정복지 대상자의 욕구를 충족하는 데 가장 적합한 특정 서비스나 자원을 그에게 추천하는 과정이다. 의뢰는 어떤 기관에서 클라이언트를 담당하거나 어렵거나 싫어서 다른 기관에 보내는 것이 아니라 클라이언트를 위해 지금보다 더 나은 기관에서 서비스를 받도록 하기 위해 행하는 것이다(남미애, 2018: 116). 예를 들어 심각한 게임중독으로 인해 전문적 치료와 재활이 필요한 비행청소년의 경우 적절한 기관 및 치료프로그램을 비행청소년에게 안내하고 참여 의향을 확인한다. 비행청소년과 의뢰할 치료기관이 모두 동의하면 의뢰할 기관에 공문을 보내 의뢰절차를 시작한다. 교정복지 대상자에게 지역 치료기관 방문시간, 장소, 준비사항 등을 알려주고 필요한 경우 기관방문 시 사회복지사가 동행할 수도 있다. 의뢰 이후에는 교정복지 대상자가 필요한 서비스를 받았는지, 불만족한 부분이 있는지를 확인하고 필요한 경우 후속 조치를 취한다.

(3) 옹호

옹호(advocacy)는 클라이언트를 대신해서 그들의 입장과 욕구를 알리고 클라이언트를 둘러싼 환경이 그들에게 필요한 지원을 해 주도록 하는 것이다(남미애, 2018: 116). 즉 소외되거나 억압당할 수 있는 개인이나 집단을 대신하여 목소리를 높이는 과정이다.

교정사회복지사가 행할 수 있는 옹호 역할은 다음과 같다. 첫째, 교정복지 대상자 개인에 대한 옹호이다. 교정사회복지사는 교정복지 대상자가 사법처리과정이나 기관, 지역사회에서 차별을 받거나 공정하지 않은 처우를 받을 경우 개인을 대신해서 그의 입장을 대변하고 업무 담당자에게 설득 또는 협상하여 필요한 서비스와 지원을 받을 수 있도록 옹호할 수 있다.

둘째, 지역사회 옹호이다. 교정사회복지사는 지역사회 내 학교폭력 예방이나 근절을 위해 학교, 경찰, 언론기관, 청소년기관, 지역사회기관 및 주민들과 협력하여 지역사회 내 학교폭력의 심각성에 대한 문제제기와 이를 개선하기 위해 지역자원을 동원하고 조직화하는 노력을 할 수 있다.

셋째, 정책 및 입법 옹호이다. 교정사회복지사는 교정복지와 관련된 기존 정책과 프로그램을 분석하여 교정복지 취약 계층과 관련된 부분에서 개선이 필요한 부분에 대해 보고서, 논문, 신문기사 등에 의견을 제시할 수 있다. 또한 교정복지 대상자 중 취약한 집단을 보호하는 법률을 개발하고 입법화하기 위해 시민단체와 시민운동 실시, 국회의원과의 협력 등을 할 수 있다.

(4) 조정

조정(coordination)은 사회문제를 해결하거나 특정 요구를 충족시키기 위해 사람, 조직 및 자원을 연결, 조정하는 것이다. 이것은 단지 서비스를 연결하는 것만을 뜻하는 것이 아니라 서비스의 중복, 누락, 단절이 생길 경우 이해관계자 간의 의사소통 및 협력을 통해 보다 원활하고 조화롭게 서비스를 제공하는 것까지 포함한다(남미애, 2018: 118). 따라서 사회복지사는 다양한 이해관계 집단 및 조직과 협력할 수 있도록 강력한 의사소통, 리더십, 파트너십, 유연성 등의 능력을 갖추어야 한다.

교정사회복지사가 행할 수 있는 조정 역할은 다음과 같다. 첫째, 교정복지 대상자의 욕구를 충족하고 적절한 수준의 보호가 이루어지기 위해 서비스와 자원을 검토하고 만약 중복, 누락, 결핍 등의 문제가 확인되면 이를 관련기관들과 협의해서 수정, 변경, 보충한다. 예를 들어 성매매피해여성이 성매매피해상담실과 해바라기센터 양쪽에서 상담서비스를 받고 있다면 두 기관 및 교정복지 대상자와 협의해서 한 기관에서 중점적으로 서비스가 이루어질 수 있도록 협의한다.

둘째, 교정복지 대상자의 지원을 위해 지역기관 간 협의 및 협력을 하고 역할을 분담한다. 어린 자녀를 학대한 부모가 장기간 구속되어야 할 경우 아동학대예방센터, 쉼터, 학교, 행정복지센터, 경찰, 교정기관, 자원봉사단체 등 다양한 기관 및 조직과 개입방법과 내용을 협의하고 역할분담을 해서 지속적인 서비스가 행해질 수 있도록 한다.

셋째, 범죄예방이나 교정복지 대상자를 지원하기 위해 지역 내 여러 기관들이 모여 공동사업이나 프로그램을 하던 중 당초 계획한 것이 잘 진행되지 않거나 기관 간 갈등이나 협력의 장애요인들이 생길 때 서비스 제공 기관들과 함께 협의하고 대안을 찾는다. 필요한 경우 부족한 서비스 인력이나 재원을 보충하거나 장소를 변경하거나 담당기관을 교체하는 등 다양한 방안을 강구하고 실행한다.

(5) 점검

점검(monitoring)은 클라이언트에게 제공되는 개입 및 서비스가 계획대로 잘 진행되고 있는지를 파악하고 그 결과를 정기적으로 평가하는 것을 뜻한다. 이는 서비스의 효과와 품질을 평가하는 것과 관련이 될 뿐 아니라 향후 서비스의 계속 유지, 변경, 종결 등의 의사결정에 영향을 미치는 중요한 요소이다.

교정복지에서 모니터링의 적용의 예는 다음과 같다. 첫째, 교정복지 대상자를 위한 서비스나 프로그램의 진행 상황, 교정복지 대상자의 참여나 행동변화 등을 점검하여 당초 계획한 목표가 잘 달성되고 있는지, 클라이언트가 이에 대해 만족하는지 여부 등을 확인한다. 만약 그렇지 않다면 적절한 조치를 취한다.

둘째, 교정복지 대상자를 위해 제공한 서비스, 프로그램 또는 개입의 최종 결과 평가를 할 수 있다. 개입 전과 비교해 개입 후 교정복지 대상자나 지역사회에 어떤 변화가 있었는지, 당초 계획한 목표가 어느 정도 달성되었는지를 검토하여 서비스 및 프로그램의 효과를 파악할 수 있다.

셋째, 교정복지 대상자에게 제공된 서비스나 프로그램에 대한 품질 보증을 할 수 있다. 예를 들어 수강명령이나 봉사명령처럼 판사의 처분이나 판결에 따라 위임된 사항을 교정복지 대상자에게 실시하는 경우 교정사회복지사는 기관이나 조직에서 제공하는 프로그램이나 서비스의 품질을 모니터링하고 이것이 당초 제시된 표준과 지침을 충족하고 적절하게 이행되었는지를 명확히 할 수 있다.

(6) 기존 지지망 지원 및 새로운 자원 개발

기존 지지망 지원이란 클라이언트가 아닌 클라이언트에게 서비스나 도움을 제공해오던 사람, 조직, 자원 등에 대해 지원하고 개입하는 것을 의미한다. 예를 들어 교정복지 대상자가 최근 교도소에 가기 전까지 관심을 가지고 도와주었던 사람이나 기관들 즉 가족이나 친척, 동네주민, 행정복지센터직원, 교사, 사회복지사 등이 교정복지 대상자를 위해 기존 해왔던 역할들이 잘 수행될 수 있도록 격려, 지지하는 것을 말한다. 더 나아가 기존 서비스로는 욕구를 충족시킬 수 없는 클라이언트를 위해 욕구에 맞는 새로운 자원을 발굴, 개발할 수도 있다.

5. 교정복지실천의 과정

교정복지실천은 사회복지실천과 마찬가지로 일련의 연속적인 과정으로 이루어진다. 일반적으로 사회복지실천에서는 인테이크, 사정, 개입, 평가 및 종결 단계로 구성되는데, 교정복지실천에서는 사전 준비 단계를 하나 더 추가하고자 한다.[4]

1) 사전 준비 단계

(1) 목표

교정복지실천에서 사전 준비 단계는 교정복지 및 현장의 특수성 때문에 더 중요하다. 특히 교정복지가 아직 제도화되어 있지 않아 교정복지에 대한 이해가 부족하기 때문에

4) 이 부분은 남미애 · 윤숙자(2020)에서 요약, 부분 발췌한 뒤 교정복지실천과정에 맞게 수정한 것이다.

보다 철저한 사전 준비와 노력이 필요하다.

① 비행청소년 및 범죄인의 사회복귀 및 재적응을 돕기 위한 내·외적 체계 구축

교정복지가 아직 제도화되어 있지 않은 우리나라의 경우 교정현장에서 일하는 사회복지사는 교정복지 향상을 부차적인 목적으로 하는 2차 현장이나 사회복지기관에서 교정복지 관련 업무를 겸직하는 경우가 대부분이다. 2차 현장의 경우는 물론 사회복지기관이라고 할지라도 범죄인, 교정복지나 교정사회복지사에 대한 이해가 부족하여 교정복지실천을 행하는 데 장애요인들이 많다. 따라서 교정사회복지사는 평소 기관장 및 조직 구성원들, 지역기관들에게 교정복지 및 교정사회복지사의 역할에 대해 알리고 협력할 수 있는 방법 등을 모색하는 내·외적 체계를 구축해야 한다.

② 교정복지 대상자를 위한 전반적 계획 수립 및 시스템 구축

비행청소년과 범죄인 등 교정복지 대상자의 사회복귀 및 재적응을 위해 필요한 전반적 계획을 수립하고 이에 필요한 서비스나 프로그램, 행·재정적 요소, 실무자, 자원봉사자 등의 인력 배치, 지역사회협력 및 연계 등의 구축이 필요하다.

(2) 과제

교정복지실천을 위한 준비 차원에서 교정사회복지사가 검토해야 할 부분은 크게 비행청소년 및 범죄인, 가족, 피해자, 지역사회 등 형사사법체계와 관련된 사람, 형사사법제도 및 관련기관, 사회복지사 자신 및 소속기관, 사회정치적 그리고 다문화적 범수 등 여섯 가지 영역으로 구분해 볼 수 있다.

① 비행청소년과 범죄인, 가족에 대한 이해

교정사회복지사는 비행청소년 및 범죄인들의 욕구와 당면 문제, 최근 비행 및 범죄 경향, 비행 및 범죄유형별 특징, 비행청소년 및 범죄인이 사회생활에서의 어려움과 장애, 탈비행 및 탈범죄로의 보호요인 등에 대한 기본적인 이해를 하는 것이 필요하다. 교정현장에서는 교정복지 대상자의 범죄행위에 대한 기본적인 이해를 바탕으로 해야 한다. 고소장, 수사기록, 기소의견서, 판결 내용 등에서 교정대상자에 대한 기초적인 자료를 얻고 범죄를 저지른 이유, 범행의 내용, 범죄인의 생활환경, 피해자와의 관계 등을 간접

적으로 파악할 수 있다(배임호, 2020: 180). 법원이나 보호관찰소 등 외부기관에서 의뢰한 경우에는 의뢰한 기관에서 받은 정보에 대해서도 잘 검토할 필요가 있다. 그리고 클라이언트에 대한 상담이나 지원이 법적 의무사항인지, 클라이언트와 협의 가능한 부분들이 어떤 부분들인지 미리 검토할 필요가 있다.

가해자의 문제와 욕구

범죄를 저지른 후에 가해자는 이전과는 주위 상황이 완전히 달라지며 극심한 심리정서적 · 사회적 · 환경적 변화를 겪게 된다. 시간의 흐름에 따라 예상되는 변화를 살펴보면 먼저 가해자는 범죄 직후 혼란과 후회감, 죄책감 등을 경험한다. 경찰에 적발될 것에 대해 두려움과 도망가고 싶은 마음이 들 수 있으며 이후의 처리 절차에 대해 막연함과 가족들에 대한 미안한 마음을 가진다.

경찰에서 검찰, 법원의 재판까지의 사법처리 단계에서는 절망감과 막막함, 재판 결과에 대한 두려운 마음으로 하루하루를 버틴다. 경미한 범죄의 경우는 집행유예 등으로 끝나게 되지만 심각한 범죄의 경우 교도소나 구치소 등에 수감되어 일정 기간을 보내게 된다. 특히 이러한 수용시설에 수감되는 것은 그동안 가해자가 지내왔던 모든 환경이 갑작스럽게 바뀌게 되는 것이며 가해자는 새로운 규칙과 질서에 적응해야 한다. 또한 가족뿐만 아니라 평소 관계하던 사람들과 단절되는 것을 의미한다. 남겨진 가족들에 대한 걱정과 미안함, 범죄에 대한 후회감 등을 느끼거나 또는 피해자에 대한 보복심이나 처분을 내린 판사, 사회에 대한 원망감을 느낄 수도 있다.

수용 기간이 끝나고 출소를 앞둔 경우에는 예전과 달라져 있을 사회에서 적응해야 할 막막함과 다시 가족에게 돌아갈 때의 긴장감을 느끼고 출소 후에 무슨 일을 하고 살아야 할지 걱정이 될 수밖에 없다.

출소 후 가해자에게 가장 중요한 것은 지역사회에 재적응하여 살아가는 것이라고 할 수 있다. 특히 가해자의 사회적응을 막는 주요한 요소는 주변 사람이나 사회의 낙인이다. 가해자 스스로도 범죄인이라는 이유로 무엇이든 제대로 해낼 수 없을 것이라는 비판적인 마음을 가질 수 있으며 실제로 취업 전선에서 범죄 경력으로 인해 범죄 이전의 직업으로 돌아가지 못하거나 새로운 일자리를 구할 때에도 어려움을 겪는다. 설사 새로운 일자리를 구한다고 하더라도 이전보다 더 낮은 급여나 처우를 받으며 일하게 되는 경우가 많다. 그러다가 자포자기의 심정으로 다시 범죄를 선택하는 경우도 있다. 또한 출소하여 가정에 돌아갔을 때 자신을 환영하지 않거나 거부하는 형편이라면 이들의 사회재적응은 더욱 어려워질 것이다 (배임호, 2020: 81-82).

② 비행청소년과 범죄인을 둘러싼 주요 환경체계에 대한 이해

첫째, 사법제도, 보호 및 교정기관에 관한 이해이다. 사법제도, 보호 및 교정기관들은 사회복지기관과 유사점도 있지만 상이한 목적, 조직 및 기능을 수행하고 있다. 사법제도 및 관련법, 보호 및 교정기관의 특징, 사법 및 교정조직, 관련 전문직, 교정사회복지사에게 기대한 바 등에 대해 이해하는 것이 필요하다.

둘째, 지역사회에 관한 이해이다. 지역사회는 비행 및 범죄가 발생하는 곳인 동시에

유용한 자원들이 잠재되어 있으며 비행 및 범죄 예방, 사회복귀를 위한 정책 및 서비스의 효과가 구체적으로 발생하는 곳이다. 교정사회복지사는 지역사회에 관한 기본적 이해(인구사회학적 특성, 경제, 문화, 재정자립도 등), 지역사회의 비행 및 범죄 발생률 및 경향, 비행 및 범죄에 대한 시민들의 생각과 태도, 비행 및 범죄 예방을 위해 활용 가능한 지역사회 자원 및 기관, 단체, 지역사회에서 공식적 · 비공식적 영향력을 가진 사람에 대한 정보를 아는 것도 필요하다.

셋째, 사회, 정치, 문화 전반에 대한 이해이다. 비행이나 범죄는 정치, 경제, 종교, 형사정책, 대중매체, 여론 등의 영향을 받는다. 특히 비행청소년과 범죄인의 사회복귀와 재적응에 영향을 미치는 이해당사자(stakeholder)인 보호관찰심의회, 학교위원회, 학부모집단, 범죄예방위원회, 지역 내 비행 및 범죄예방 단체 등에 대해서도 잘 파악해야 한다.

③ 기관 내 협력체계 구축

첫째, 보호 및 교정기관에서 일하는 교정사회복지사는 기관 책임자 및 직원들과 긴밀한 관계를 형성하는 것이 필요하다. 직원들은 보호 및 교정기관에서 지내는 비행청소년과 범죄인에 가장 밀접히 상호작용하는 사람이며 교정사회복지사의 활동에 지지를 해줄 수 있는 사람들이다. 교정복지에 대해 이해할 수 있도록 하고 계획 단계에 직원들을 참여시키고 차별화된 역할로 협력관계를 형성해야 한다.

둘째, 타 전문직과의 관계 형성 및 협력체계 구축이다. 교정사회복지사는 비행청소년과 범죄인의 사회복귀 및 재적응을 위해 사법처리과정에 있는 타 전문직 즉 경찰, 검사, 판사, 교정직 직원, 보호관찰관, 심리상담사, 임상심리가 등과 협력적 관계를 형성, 유지해야 한다. 이들 전문직이 교정복지에 대해 이해할 수 있도록 알리고 타 전문직에 대한 이해와 존중적 태도를 갖는 것이 필요하다.

④ 지역사회기관과의 연계 및 자원 발굴

교정복지 대상자의 다양한 욕구에 대응하고 바람직한 변화를 이끌어 내기 위해서는 교정사회복지사가 소속한 기관의 노력만으로는 힘들고 지역의 다양한 기관 및 자원이 함께 힘을 합치는 것이 필요하다. 교정사회복지사는 평상시에 관공서, 주민센터, 학교, 언론사, 자활기관, 병원, 정신보건센터, 법률상담소, 심리상담소, 각종 시민단체 등 지역사회기관과 적절한 협력관계를 유지하는 것이 필요하다. 특히 지역에 있는 자원봉사단체, 중소업체,

지역봉사활동에 관심을 가진 사람 등을 발굴하고 그들의 명단을 목록화할 필요가 있다.

⑤ 교정복지 대상자의 욕구 파악 및 경험적으로 지지된 프로그램 및 활동 검토

교정사회복지사는 주기적으로 교정복지 대상자의 욕구, 최근 비행 및 범죄 동향과 특징, 비행 및 범죄에 관한 지역사회의 욕구를 파악해서 어떤 지원과 변화가 필요한지를 살펴야 한다. 또한 경험적으로 지지된 프로그램 및 활동에 대한 선행연구 및 자료를 검토하고 이를 자신이 어떻게 자신의 업무에 적용할 수 있을지를 고민해야 한다.

⑥ 교정복지실천에 대한 계획 수립

교정사회복지사는 교정복지실천을 위한 계획 수립에 있어 일반 사회복지기관에서 고려해야 할 내용 이외에도 다음의 사항들을 검토해야 한다. 첫째, 비행청소년과 범죄인의 욕구 충족과 사회통제 기능과의 적절한 균형이 필요하다.

둘째, 교정사회복지사는 비행청소년과 범죄인의 변화와 더불어 이들을 둘러싼 환경의 변화 간에 적절한 균형을 유지해야 한다.

셋째, 교정사회복지사는 비행 및 범죄 예방과 치료적 개입 간에 적절한 균형을 유지할 필요가 있다.

2) 초기 단계

(1) 목표

초기 단계는 교정사회복지사가 클라이언트가 처음 만나 클라이언트의 호소문제나 도움 요청에 대한 사항을 파악하고 그것이 교정사회복지사가 소속된 기관에 적합한지를 결정하는 시간이다. 첫 만남은 작게는 두 번째 면담으로 이어질 수 있느냐를 결정할 뿐 아니라 크게는 교정복지실천 전 과정에 지대한 영향을 미친다.

① 인테이크 및 참여 유도

인테이크(intake)는 클라이언트와 교정사회복지사의 최초 만남이 이루어지는 시기이다.

일반적으로 교정사회복지사가 범죄인이나 비행청소년을 만나는 것은 법원의 명령이나 행정처분, 보호관찰소 등 교정기관에서의 강제 위탁 등에 의해서이다. 이처럼 자발적

인 이유에 의해서가 아니라 법에 의한 강제적 면담이고 신분적 불이익의 위험을 안고 있는 교정복지 대상자들은 교정사회복지사의 만남에 있어 두려움, 죄책감, 형 집행 과정에 따른 불안과 걱정 등으로 인해 심리적으로 불안정할 수 있다. 낯선 사람과 처음 만날 때 불안과 두려움이 생기는 것은 보편적인 감정이고 자신을 보호하고자 하는 건강한 감정이다. 따라서 인테이크 단계에서는 이러한 클라이언트의 심리에 대해 각별히 고려할 필요가 있다. 특히 초기 저항에 적절히 대응하며 참여동기를 고취시키는 것은 교정복지 대상자를 존중하는 일이며 그 자체로서 치료적 의미가 있다.

② 교정복지 대상자와 관련된 여러 가지 정보 및 자료 수집

이 시간은 직접 교정복지 대상자를 만나 그들의 감정, 생각과 의견을 듣고 여러 가지 정보 및 자료를 수집한다. 교정복지 대상자의 호소문제, 문제의 긴박성과 심각성 파악, 가족관계, 교정복지 대상자가 인식하는 문제의 정의 및 원인, 문제 지속기간, 지금까지 문제 해결을 위해 노력한 시도, 필요한 도움 등을 직접 듣고 구체적으로 알 수 있다.

(2) 과제

① 호소 문제 및 문제 확인

이것은 클라이언트 문제에 대한 심층적인 분석보다는 도움을 요청하는 사람의 호소 내용, 요청하는 도움 내용, 현재 명백하게 드러나는 문제를 확인하는 것이다. 사법처리 단계 중 어떤 단계에 있는지에 따라 욕구가 상이할 수 있다. 경찰이나 검찰의 수사나 기소 단계인 경우는 향후 사법처리과정에 대한 정보, 법적 조력을 받을 수 있는 방법, 일어날 불확실한 미래에 대한 두려움에 대한 것이 될 수 있다. 재판단계에서는 변호사 선임 문제, 치료비 및 피해자 보상 문제, 재판 후 처분 결정 등의 문제가 될 수 있다. 교도소에 수감된 경우에는 수감생활의 적응 문제, 가족들의 생활 문제, 수감과 관련된 심리적 문제, 출소 후 사회복귀 문제, 출소 이후의 경우에는 가족과의 관계 회복 문제, 일자리 및 취업, 주거, 지역사회에의 복귀 등과 관련된 욕구가 있을 수 있다.

② 교정복지 대상자와의 관계 형성 및 동기 고취

교정사회복지사는 면담과정에 클라이언트에 대한 지지적이고 존중적인 태도, 클라이

언트의 장점과 긍정적인 측면, 변화 가능성에 대한 희망적 자세를 가지면서도 확고하고도 분명한 자세를 취한다. 또한 클라이언트가 결정할 수 있는 사항, 비밀보장 및 비밀보장의 제한 등에 대해 잘 안내해야 한다. 보호관찰관과 같이 특수한 법적 책임을 가지고 있는 교정사회복지사는 보호관찰대상자의 법적 지위, 준수사항에 대해 명확하게 설명해야 한다.

③ 의뢰

의뢰란 도움을 요청한 비행청소년 및 범죄인을 자신의 기관이 아닌 더 적합한 기관으로 보내는 것을 뜻한다. 예를 들어 수형자가 정신건강상의 어려움을 가진다면 국립법무병원이나 교정기관과 연계된 국공립 병원에 의뢰할 수 있고 자살위험이 있는 사람의 경우 전문상담서비스를 받을 수 있는 방법을 강구한다.

④ 참여 동의서 작성

교정복지 대상자에게 면담 및 개인정보 보호에 대한 동의를 얻고 이에 대한 동의서를 작성한다. 이는 클라이언트가 자신의 삶과 관련된 내용에 대해 자신이 통제권을 갖는 것이며 자신의 뜻과 의지에 기초한 결정이라는 것과 그에 따른 의무와 책임을 진다는 의미를 갖는다.

3) 사정

(1) 목표

① 클라이언트의 당면문제와 환경에 대한 사정

사정이란 수집된 사실적 자료를 해석하고 의미를 부여하여 실천적 개입을 위한 합의를 도출해 내는 활동이다. 교정복지 대상자에 대한 자료 수집과 사정은 교정복지실천 전 과정에서 계속되는 활동이지만 특히 이 단계에 집중된다. 사정을 통해 교정사회복지사는 문제가 무엇이고 왜 발생되는지, 문제에 영향을 미치는 생태체계적 요인들은 무엇인지, 클라이언트와 그를 둘러싼 환경이 어떻게 상호작용하는지, 클라이언트와 그를 둘러싼 환경의 장, 단점은 무엇인지, 클라이언트 및 환경의 변화를 위해 유용한 자원은 무엇이고 변화를 위해 관여되어야 할 사람과 자원은 무엇인가 등을 파악한다.

② 개입을 위한 방향과 계획 수립

교정복지 대상자에 대한 자료 수집과 문제 및 환경에 대한 사정이 마무리되면 이를 바탕으로 개입을 위한 방향과 구체적인 개입 계획이 수립되어야 한다. 준비 단계에서의 계획은 교정복지 대상자와의 만남 전에 교정사회복지사가 중심이 되어 전체적인 틀과 방향을 기획하는 것이라면 사정 이후 계획수립은 교정사회복지사와 교정복지 대상자와 함께 목표 및 세부적인 실행 계획을 수립한다.

(2) 과제

① 자료 수집을 통한 문제의 규정 및 욕구 파악

초기 단계가 교정복지 대상자의 호소 문제나 희망하는 도움에 초점을 두었다면 사정 단계에서는 보다 심층적으로 문제의 성격과 원인, 욕구 파악을 한다. 여기에는 문제의 심각성, 지속기간, 변화의 가능성 정도, 표현되지 않은 교정복지 대상자 내면의 욕구, 성취하고자 하는 욕구 파악 등이 해당된다. 이를 위해서는 다양한 정보원(multiple information)과 방법을 활용해서 자료를 수집하는 것이 필요하다. 즉 비행청소년 및 범죄인 이외에도 부모나 가족, 친구, 직장동료, 교사, 타 전문가(예를 들면 의사, 보호관찰관, 경찰, 임상심리사 등)와의 면담이 가능하다. 또한 면담, 심리검사, 행동관찰, 가정방문, 현장방문, 타 전문가의 소견서, 신고단계에서 작성되는 신고서, 범죄경력조회, 판결문 등 재판 관련 자료, 기타 관련 자료 등 다양한 사정방법을 활용해야 한다.

범죄나 비행에 대한 정보

교정사회복지사가 범죄인이나 비행청소년의 범죄나 비행에 대한 정보를 수집하는 이유는 그들의 재활 및 사회복귀를 위함이다. 클라이언트의 범죄행동이 어떤 상황에서 어떤 패턴으로 얼마나 자주 발생하는가를 아는 것은 현재 생활에의 적응 및 미래의 범죄를 예방하는 데 도움이 된다. 범죄나 비행에 대해 수립되어야 할 구체적인 내용은 다음과 같다.

- 최초로 범죄나 비행이 일어난 시기
- 범죄나 비행의 발생 빈도, 발생 장소, 함께 있었던 사람
- 범죄나 비행을 저지른 이유
- 범죄나 비행 대상자
- 범죄나 비행 전 클라이언트의 채워지지 않는 욕구
- 문제행동 당시 범죄인이나 비행청소년의 심리, 정서적 상태, 대처방법

• 범죄나 비행 전후 상황
• 범죄나 비행 이후 클라이언트의 반응
• 재범 방지를 위해 클라이언트에게 필요한 것 등

② 교정복지 대상자 개인에 대한 사정

교정복지 대상자 개인의 기능과 자원에 대해 사정한다. 즉 개인력, 개인적 자질과 성격, 학력, 주거, 취업 경험, 재산이나 빚 등 금전적 문제, 신체 및 심리적 건강, 비행 및 범죄력, 문제 해결 능력과 의사결정 능력, 문제 해결에 대한 동기와 의지, 사회적 기술과 관계 등 비행청소년 및 범죄인의 삶 전체에 대해 사정한다. 또한 강점 관점에 따라 클라이언트의 장점과 능력, 단점 등을 파악한다. 예를 들어 동생을 잘 돌본다던지 친구들과의 약속을 잘 지킨다든지, 가족들과 완전히 연락을 두절하지 않고 가끔씩 만난다거나 1주일에 2~3번은 아르바이트를 하는 것 등이다.

범죄인의 주요 문제

첫째, 심리행동상의 문제이다. 교정복지 대상자는 분노조절문제, 중독문제, 충동성, 불안, 우울, 대인관계문제 등으로 정신건강상의 어려움을 가질 수 있다. 또한 사회성 및 사회적 기술 부족, 문제 해결 능력의 부족 등이 있을 수 있다.

둘째, 가족과의 갈등 및 불화이다. 범죄 전후로 가족과의 갈등이나 불화가 있어 가족기능이 약화되거나 해체되어 있을 수 있다. 이혼, 별거, 학대, 가족폭력 문제들에 노출되어 있을 수 있다.

셋째, 주요한 사람과의 관계 문제이다. 범죄인의 경우 가까운 사람들이 범죄로의 유혹하거나 위험한 일에 관여되어 있는 경우가 많다. 또한 주변사람과 원만한 관계를 형성, 유지하지 못하고 소외되거나 단절되거나 필요한 긍정적인 지지와 지원을 받지 못하는 경우가 있다.

넷째, 경제적 문제이다. 경제적 어려움은 범죄의 원인이 되기도 하고 결과가 되기도 한다. 범죄로 인해 피해자 치료비, 손해배상, 변호사 비용 등이 지출되고 구금으로 인해 일을 하지 못함으로써 경제적 어려움에 직면한다. 또한 교정시설에 수감되어 있는 경우 치과진료, 간식, 기타 개인용품 구입 비용들이 필요하다. 더욱이 가장이나 생계를 담당하던 사람이 수감이 되면 가족들의 경제적 어려움까지 가중된다.

다섯째, 교정시설 내 적응 문제이다. 교정시설에 수감되면 다른 수감자들과 공동생활을 하게 된다. 낯선 사람과 좁은 공간에서 외부와 단절된 채 24시간을 함께 보내야 하기 때문에 교정시설에 있다는 그것만으로도 스트레스가 높을 뿐 아니라 교정시설 규칙에의 적응, 단조로운 교정시설 생활로 인해 어려움을 경험한다. 또한 수감자들과 갈등이나 싸움, 폭력이 생기기도 하며 수감자를 통제하는 교도관과도 갈등이 생길 수도 있다.

여섯째, 자원의 결핍이나 부재이다. 교정복지 대상자가 사회복귀나 재적응을 하려고 해도 주변에 적절한 도움을 제공할 지지체계나 자원이 결핍되거나 빈약한 경우들이 있다. 설사 자원이 있다고 해도 교정복지 대상자가 잘 인식하지 못할 수도 있고 접근방법이나 수단이 잘 갖추어지지 않을 수 있다. 이전에 사회적 지지체계나 자원이 있었다고 해도 사법처리과정을 거치는 동안 이들과의 관계는 단절되고 배제되기 쉽다.

일곱째, 알코올 및 중독 문제이다. 대다수의 교정복지 대상자들은 약물이나 중독 문제를 가지고 있는 경우가 많다. 알코올이나 중독 문제는 그 자체로도 심각한 문제이지만, 범죄로 연결되는 요인이기도 하고 범죄 발생 이후 알코올이나 중독 문제가 더 가중되기도 한다.

여덟째, 역할수행 및 사회적 기술 부족 문제이다. 사법처리과정을 거치는 동안 피해 보상, 법률문제, 구금 등 여러 가지 스트레스 상황을 거치면서 기존에 행하던 역할이 제대로 되지 않을 수 있다. 특히 교정시설에 장기간 구금되는 경우 기존 역할 수행 능력 및 사회적 기술이 더욱 저하될 수 있다.

아홉째, 법률문제이다. 범죄에 연루되어 사법처리과정을 거치는 순간부터 법률문제는 교정복지 대상자에게 가장 큰 어려움 중 하나이다. 피해자, 가해자 간 각종 소송문제들이 여기저기서 제기되지만 법률지식의 부족, 변호사 선임에 따른 비용 문제, 잦은 사법기관 출두, 법률 상담을 받을 곳 부재, 오랜 시간 법정 다툼으로 인한 스트레스 증가 등 여러 가지 어려움을 경험한다.

열째, 출소 후 사회복귀 문제이다. 교정시설에서 잘 적응하였다고 해도 출소 후 지역사회복귀는 쉬운 문제가 아니다. 오랜 구금으로 인해 사회적응에 대한 불안과 심리적 압박감이 높을 수 있다. 또한 주변 사람들로 부터의 사회적 낙인은 좌절감과 더 큰 분노를 일으키고 기존 가족과의 관계회복, 구직, 새로운 환경에의 적응 등 복잡한 어려움이 예상된다.

열한째, 사회적 낙인이다. 누구라도 비행이나 범죄에 연루되어 사법처리과정을 거치게 되면 그 사실이 가족 또는 주변 지인들에게 알려지면서 낙인을 경험한다. 여러 가지 비난과 질타와 더불어 사회적 관계에서 소외, 단절되고 낙인으로 인하여 학교나 직장을 그만두거나 주거지를 옮겨야 한다. 그러나 새 주거지에서 일자리 구하기는 쉽지 않다.

교정사회복지사는 교정복지 대상자의 강점을 파악하기 위해 다음과 같은 질문을 할 수 있다.

- 자신의 장점에 대해 말씀해 주세요.
- 가족이나 친구, 주변 사람들은 당신의 어떤 점을 좋아하나요?
- 이렇게 힘든 상황에서 더 나빠지지 않는 것은 무엇 때문이라고 생각합니까?
- 지금보다 더 나빠지지 않기 위해 당신은 어떤 노력을 했나요?
- 당신이 삶에서 지키고 싶은 것은 무엇인가요?
- 당신의 삶에서 가장 중요하다고 생각하는 것은 무엇인가요?
- 힘들 때 당신을 견디게 한 것은 무엇인가요?
- 문제가 더 악화되지 않기 위해 당신은 애쓰고 있는 것은 무엇입니까?
- 당신이 살아가는 힘과 에너지는 어디에서 나오나요?

③ 환경에 대한 사정

환경에 대한 사정에서는 클라이언트를 둘러싼 주요한 환경에는 무엇이 있으며 이들이 적절하게 기능하는지, 이들과 클라이언트와의 상호작용 형태는 어떠한지, 이용 가능한 자원(공식적 및 비공식적)은 무엇인지, 주요한 환경이 갖는 장점과 단점 등을 파악한다. 생태체계적 관점에 따라 가족, 친척, 이웃, 이용했거나 하고 있는 공공 및 민간기관 등 다양한 환경이 고려되어야 한다. 만약 비행청소년 및 범죄인이 보호 및 교정시설에서 생활하고 있다면 시설의 일반자료(수용자 수, 직원 수, 조직 구조와 과정, 교육 및 일과생활 등), 시설 전체 및 생활공간의 문화와 분위기(규칙, 의사소통 양식, 시설 내 문제행동 등), 시설 내 인간관계, 담당직원에 대한 정보를 파악할 필요가 있다.

④ 교정복지 대상자 및 관련인과 협의해서 목표 및 계획 수립

교정복지 대상자 및 관련인과 협력해서 목표 및 세부과제 등 구체적인 실행 계획을 수립한다. 비행청소년, 범죄인 및 그 가족들은 누구보다 자신들에 대한 많은 이해와 정보를 가지고 있다. 목표를 정하고 계획을 수립하는 과정에 비행청소년 및 범죄인의 의견을 경청하고 그들이 원하는 것이 무엇인지를 알아가는 과정이 클라이언트에 대한 존중이며 수용이고 클라이언트의 자기결정권을 보장하는 것이다. 이는 클라이언트가 자신에 대해 알아가고 역량을 높여가는 지름길이 될 수 있다. 그러나 이 과정은 생각처럼 쉽지 않다. 왜냐하면 교정사회복지사와의 만남은 비자발적인 경우가 많아 문제인식이나 참여 동기가 낮을 뿐 아니라 비현실적인 목표와 기대를 요구할 수도 있고 심지어는 참여를 거부할 수도 있기 때문이다. 교정사회복지사가 무리하게 밀어붙이거나 교정사회복지사 중심의 목표를 강요하게 되면 이후 과정은 실패하기 쉽다.

목표 및 계획 수립에서 고려해야 할 점

- 교정사회복지사와 클라이언트가 이해할 수 있는 쉽고 분명하고 구체적인 용어로 목표 및 세부과제를 설정한다. 예를 들어 목표를 '자립능력 향상'이라고 하기보다는 '일자리 구하기'로 한다. 또한 이에 대한 세부과제로 '한 달 내 취업상담 신청하기', '이력서 작성하기', '운전면허 시험 응시하기' 등을 정할 수 있다.
- 비행청소년 및 범죄인이 스스로 인정한 문제를 중심으로 한다.
- 클라이언트가 달성할 의지가 있고 실제 달성 가능한 것이어야 한다. 왜냐하면 목표와 계획을 실행하는 사람은 클라이언트이기 때문이다.
- 목표 및 세부과제는 기관 및 교정사회복지사의 법적 권한 범위 내에 있는 것이어야 한다.
- 비행청소년과 범죄인이 현실적으로 해결 가능한 목표, 이룰 수 있는 목표이어야 하며 짧게는 3개월 길게는 6개월 이내에 달성할 수 있는 것이면 좋다.
- 다루어야 할 문제가 여러 개 있을 경우에는 우선순위를 정한다. 이때는 문제의 긴박성, 심각성, 비행청

소년 및 범죄인이 가장 시급히 해결되었으면 하고 바라는 문제, 한정된 시간 · 노력 · 자원으로 가장 효과적으로 해결될 문제 등으로 고려한다.
- 목표 달성도 중요하지만 이 과정을 통해 클라이언트의 임파워먼트가 향상될 수 있도록 하는 것이 중요하다. 즉 클라이언트의 자기결정권, 자율성, 성취감, 책임성을 증진시킬 수 있도록 하는 것이 중요하다.
- 목표 및 계획수립에 있어 도움을 줄 자원, 장애요인에 대해 클라이언트와 충분히 탐색하고 이를 실천 과정에 어떻게 활용할 수 있을지를 함께 의논한다.

⑤ 예상되는 위험상황에 대한 대처방안 모색

비행청소년과 범죄인의 경우 프로그램이나 서비스 실행에서 다양한 변수들이 발생할 수 있다. 중간에 참여를 거부하거나 갑자기 연락이 두절되기도 한다. 프로그램에 참여하는 사람들 간에 불화와 갈등이 생기기도 하고 다른 비행이나 범죄에 유혹당하기도 한다. 이와 같은 돌발사항, 위험요인을 예상하고 이에 대한 대안을 마련한다.

⑥ 평가 및 종결에 대해 계획 수립

향후 평가 시기와 방법, 내용, 평가에 참여할 사람, 종결 시기 등을 미리 정한다.

⑦ 공식 문서 작성 및 공유

계획의 실현 가능성을 높이기 위해 클라이언트는 물론 계획 달성에 참여할 협력기관과 충분히 협의하며 동의를 얻고 문서화하고 관련된 사람들이 서로 공유한다. 계획서에는 참여대상자, 시기, 내용, 방법, 재원, 장소, 참여인력 및 협력기관, 담당자, 역할분담 및 책임 등을 명확히 한다. 특히 법원의 명령이나 행정처분 등 법적 강제력하에 있는 클라이언트의 경우에는 계약을 위반했을 경우 수반될 수 있는 법적 책임이나 제재에 대해 분명히 제시할 필요가 있다.

4) 개입

(1) 목표

개입 단계는 사정을 통해 수립된 계획이 실제로 행해지는 것이다. 이 단계의 목표는 교정복지 대상자와 함께 합의한 목표와 계획대로 실제 행하고 그로 인해 비행청소년 및 범죄인, 환경 간에 긍정적 변화를 야기하고 계속 유지되도록 하는 것이다.

① 수립된 계획의 실행과 과정에 대한 모니터링

교정사회복지사는 수립된 계획이 실제 실행할 수 있도록 해야 하고 계획대로 행해지는지를 계속적으로 모니터링해야 한다. 사정 이후 서비스 계획에서 참여하겠다고 동의한 사람들 즉 비행청소년 및 범죄인, 가족, 자원봉사자, 기관 실무자, 연계 · 협력기관 실무자 등과 정기적으로 피드백을 주고받고 모니터링을 해서 약속한 역할과 책임이 차질 없이 계획대로 실행되는지 점검해야 한다. 이런 모니터링을 통해 개입의 수정 또는 지속 여부를 결정하게 된다.

② 변화의 유지

교정사회복지사는 개입을 통해 교정복지 대상자에게 긍정적 변화가 일어나고 더 나아가 긍정적 변화가 계속 유지될 수 있도록 지원한다.

(2) 과제

① 개입방법과 개입 모델의 선택

교정사회복지사는 효과적인 클라이언트의 문제 해결과 수립한 목표 달성을 하기 위한 적절한 개입방법을 선택해야 한다. 즉각적인 개입이 필요한 위기상황에서는 위기개입 모델을 적용하고, 클라이언트의 비합리적 생각이나 인지왜곡 등이 문제인 경우에는 인지행동 모델이 적용될 수 있다. 또한 복잡하고 어려운 만성적인 문제가 있는 경우 사례관리를 적용한다.

② 비행청소년과 범죄인에 대한 직접적 개입

비행청소년과 범죄인에 대한 직접적 개입의 실천방법으로는 비행청소년 및 범죄인에 대해 개별사회복지실천, 집단사회복지실천, 가족사회복지실천, 지역사회복지실천 등이 행해질 수 있다. 이때 개입 초점은 첫째, 스트레스 대처 능력, 문제 해결 능력, 사회기술 등 비행청소년 및 범죄인 개인의 능력을 개선시키는 데 있다. 둘째, 비행청소년 및 범죄인이 그들을 둘러싼 환경과 적절하게 상호작용할 수 있도록 한다.

구체적으로 교정사회복지사의 개입전략을 살펴보면 다음과 같다. 첫째, 교정사회복지사가 중요하다고 생각하는 문제보다는 교정복지 대상자가 시급히 해결했으면 하는 것이나 관심을 갖고 있는 사항을 더 우선적으로 다루는 것이 좋다.

둘째, 협력자인 교정복지 대상자와 함께 보조를 맞춘다. 교정사회복지사가 지나치게 앞서 속도를 내면 교정복지 대상자가 압박감을 느끼거나 존중받지 못한다고 느끼거나 교정사회복지사를 의존하게 될 수 있다. 반면 알아서 하겠지 하고 내버려두면 대상자가 지치거나 방향을 잃을 수 있다. 인내심을 갖고 교정복지 대상자의 속도에 맞춰 함께 가는 것이 중요하다. 그 과정에 교정복지 대상자의 임파워먼트가 향상된다.

셋째, 핵심 목표는 교정복지 대상자의 임파워먼트 향상에 있다. 교정사회복지사는 교정복지 대상자가 완벽한 삶을 살도록 문제 해결을 하는 사람이 아니라 교정복지 대상자가 사회질서를 지키면서 자신이 원하는 삶을 자신의 힘으로 살아갈 수 있도록 조력하고 안내해야 한다. 교정복지 대상자의 임파워먼트 향상에서 먹고 자고 일하는 것과 같은 일상생활 유지가 필수이다. 그 외에도 자기 보호능력을 유지하거나 향상시키는 것, 필요할 때 자원을 파악하고 접근하고 이용하는 것, 대인관계 및 사회적 기술을 개선하는 것 등 다양한 측면과 관련된다.

넷째, 희망적 자세를 갖는다. 교정복지 대상자는 이미 여러 가지 내면의 자산(어려운 상황에서 생존하기, 역경을 참고, 견디기, 버티어 내기 등)과 장점을 가지고 있는 사람이다. 특히 사법처리과정을 거치는 과정이나 출소 이후에는 어느 때보다 삶에 대한 열정과 간절함이 높을 수 있고 외부 도움에 대해서도 더 열린 자세를 갖기 쉽다. 교정복지 대상자는 지금까지 변화해 왔고 변화하고 있다. 희망을 갖고 긍정적 자세로 접근하는 것이 필요하다.

다섯째, 현재와 미래에 초점을 맞춘다. 과거 경험이나 지난날의 잘못에 대한 이야기도 필요하지만 면담의 초점은 교정복지 대상자가 현재 노력하는 것, 희망하는 것, 이루고자 하는 것에 더 집중하는 것이 좋다.

여섯째, 변화를 방해하는 저항을 다룬다. 면담 과정 중 교정복지 대상자가 교정사회복지사의 의견이나 요청을 거절하거나 머뭇거리는 것은 당연한 반응이다. 이것을 교정사회복지사에 대한 거부라고 생각하는 순간 교정사회복지사는 위축되거나 좌절감이 느껴지고 비협조적인 사람이라고 비난할 수 있다. 성급하게 이야기하기보다는 다음 적절한 시기에 다시 다룰 수 있다. 그러나 저항이 지나치게 길어지거나 변화를 방해하는 장애물이 된다고 판단할 때 그 점에 대해 교정복지 대상자와 진지하게 검토할 필요가 있다.

일곱째, 어려운 교정복지 대상자에 대한 적절한 개입이다. 거부적인 사람, 폭력적인 사람, 타인을 조정하는 사람 등은 교정사회복지사가 접근하기 어려운 사람이다. 이들에 대해서는 좀 더 세심하게 접근할 필요가 있다.

〈표 9-2〉 어려운 교정복지 대상자에 대한 개입

구분	대처기술
1. 거부적이고 반항적인 경우	• 면담에 소극적이거나 거부적인 클라이언트들은 내면에 다양한 이유(두려움, 불안, 부정, 이전 면담에서의 부정적 경험, 면담에 대한 낮은 기대)가 작용하기 때문이다. 이런 경우 차분하게 부정적 감정이나 생각을 표현할 수 있도록 해준다. • 면담에서 교정복지 대상자가 바라는 것이 무엇인지를 질문하고 이야기를 경청함으로써 자신이 존중받고 수용됨을 느끼게 한다. • 클라이언트가 인식하는 것 중 왜곡된 생각, 잘못된 기대가 있다면 정확하고 분명하게 이야기를 해 불안이나 두려움을 낮출 수 있게 한다.
2. 위협적이고 폭력적인 경우	• 교정복지 대상자를 만나기 전 미리 폭력 위험성을 파악하고 만일 사태에 대비해 어떻게 대응할지에 대한 계획을 미리 수립한다. • 법원이나 행정당국에 의해 의뢰된 클라이언트의 경우 폭언이나 공격적 행동을 보이는 것 자체가 법 위반이 될 수 있음을 미리 고지한다. • 분노의 전조증상에 유의한다. 술 냄새가 나거나 눈을 크게 뜨고 호흡이 빨라지거나 목소리가 커지는지 등에 주의를 기울인다. 분노가 일어나면 그때는 늦다. • 교정복지 대상자가 흥분하고 화난 상태에서는 대상자를 자극하기 쉬운 비난, 충고, 논쟁은 금물이다. 조금이라도 위협이 느껴진다면 면담을 종료하는 것이 좋다. • 클라이언트가 교정사회복지사의 말이나 태도에 대해 화가 났다면 즉각적으로 사과하는 것이 좋다.
3. 타인을 조정하는 경우	• 교정복지 대상자가 지나치게 사회복지사를 칭찬하거나 의존적 태도를 보이는 경우, 책임회피를 자주 하는 경우 조정의 가능성을 염두에 두어야 한다. 조정을 잘하는 사람은 자신이 원하는 것을 얻기 위해 교묘하게 다른 사람을 이용한다. • 조종적인 클라이언트에 대해 교정사회복지사는 따뜻하면서도 확고한 신념을 보여주어야 한다. 교정복지 대상자가 부탁하거나 요청하는 것을 다 들어주는 것이 아니라 전문가로서 할 수 있는 것과 없는 것을 명확히 말한다. 클라이언트를 존중하되 클라이언트의 거짓말이나 조정행동에 대해 일관성 있고 단호하며 분명하게 대응한다. • 클라이언트가 거짓말을 하는 경우 거짓말을 하지 않도록 단호히 말한다. "답하기 곤란한 질문에는 답하고 싶지 않다고 말씀하셔도 됩니다. 거짓말은 하지 마세요." • 클라이언트에게 바람직한 행동 요구하기, 클라이언트의 부적절한 요구에 단호히 거절하기, 명확한 한계 설정하기 등이 필요하다.

③ 피해인에 대한 지원

피해인은 범죄피해를 직접 당한 사람과 그 가족까지를 포함한다. 피해인은 범죄 사건으로 인해 매우 충격을 받고 가해자에 대한 분노, 걱정, 불안, 보복이나 재피해의 두려움을 느낀다. 불면증, 가족 및 주변 사람들 간의 갈등, 학교 및 직장생활 곤란, 우울증, 사회생활 회피, 심지어는 외상 후 스트레스 장애, 자살 시도를 하기도 한다. 경찰, 검찰에 불려 다니며 혼자서 피해 사실을 입증해야 하며 주변 사람들로부터 2차 피해를 입기도 한다. 또한 재산의 손실, 의료비 부담 등 경제적 손실은 물론 주거나 학교 등을 옮기거나 직장을 그만둠으로써 생계에 어려움을 겪기도 한다. 교정사회복지사는 피해인이 피해를 회복하고 건강하게 살아갈 수 있도록 상담, 교육, 보호, 심리적 지지, 지역사회 연계 등 다양한 지원을 행할 수 있다. 이에 대한 구체적인 내용은 12장을 참고하기 바란다.

④ 비행청소년과 범죄인을 둘러싼 환경에 대한 간접적 개입

교정사회복지사는 비행청소년과 범죄인을 둘러싼 환경의 역량강화를 위해 간접적 개입을 한다. 가족, 친구, 지역사회, 보호 및 교정기관, 사법체계, 자원봉사자, 학교, 기업, 시민단체, 언론매체 등과 같은 환경들이 제 역할을 하고 비행청소년 및 범죄인의 사회복귀 및 적응에 힘을 함께 모을 때 최고의 시너지 효과가 나올 수 있다.

가. 가족

일반적으로 비행청소년 및 범죄인은 열악한 가정에서 자란 경우가 많다. 이들은 어린 시절부터 가정에서 빈곤, 가정폭력, 학대, 주거 불안정, 알코올 및 약물남용 등에 노출되어 제대로 양육을 받지 못한 경우가 많다. 뿐만 아니라 이런 취약한 상태가 현재에도 계속되어 가족이 비행청소년 및 범죄인에게 오히려 부담이나 짐이 되는 경우도 있다. 또한 남겨진 가족들은 범죄인이 맡아 오던 역할을 대신해서 가족부양, 생계유지 등을 하거나 범죄로 인해 파생된 피해자 보상, 법률문제, 구금된 범죄인의 뒷바라지 등을 감당해야 한다.

이들의 관계는 상호의존적이다. 설사 비행청소년 및 범죄인이 어려움을 겪더라도 가족이 지지체계로서 기능을 하면 개입의 효과가 훨씬 더 향상될 수 있다. 교정사회복지사는 비행청소년 및 범죄인의 가족을 만나 그들이 건강하게 기능할 수 있도록 지지하고 안내

하고 더 나아가 협력자가 될 수 있도록 지원해야 한다. 교정사회복지사가 가족을 협력자로 이끌어 내기 위해서는 부모들을 대상으로 하는 모임이나 기관회의에 참석하도록 요청하는 것, 기관행사나 프로그램에 부모나 가족이 보조진행자로 참여하도록 하는 것, 정책결정에 참여하는 것 등을 할 수 있다. 또한 남겨진 가족들의 심리적 지지, 긴급생활비 지원, 주거 및 의료지원, 범죄인과의 가족만남 주선 및 관계 유지, 남겨진 가족들의 스트레스 완화 및 당면문제 해결을 위한 지원, 가족양육프로그램, 멘토 및 지역사회 지지망 연계 등을 지원할 수 있다.

나. 보호 및 교정기관의 직원

보호 및 교정기관의 분위기, 직원들의 수용자에 대한 철학 및 기대, 수용자와의 상호작용, 직원들의 인권의식, 다문화에 대한 민감성 등은 시설에서 생활하는 비행청소년 및 범죄인에게 지대한 영향을 미친다. 교정사회복지사가 보호 및 교정기관의 팀원으로 일할 경우에는 교정사회복지사의 관점에서 이해한 비행청소년 및 범죄인의 어려움과 욕구를 이들 직원에게 설명해주기도 하고, 사회복지기관, 지역사회기관 및 자원에 대한 정보를 제공하기도 하고 자문과 지지자의 역할을 수행한다.

다. 자원봉사자

자원봉사자들은 교정복지 대상자를 지원하는 데 중요한 역할을 한다. 자원봉사자들은 금전적 보상 없이 스스로 자신의 시간과 노력을 타인을 위해 내어주는 사람들이다. 특히 공공기관이 할 수 없는 일, 해서는 안 되는 일들을 행하고 기관의 실무자들과 함께 프로그램이나 서비스가 효과를 발휘할 수 있도록 여러 가지 역할을 수행한다. 그러나 경우에 따라 비행청소년 및 범죄인과 자원봉사자 간에 갈등이 생길 수도 있고, 직원과 자원봉사자 간에 갈등이 생길 수도 있고, 자원봉사자들에게 소진이 생길 수도 있다. 이럴 경우 두 집단 간의 소통이 잘 이루어질 수 있도록 도울 수 있다. 교정기관에서 일하는 자원봉사자에 대해서는 14장을 참고하기 바란다.

라. 언론매체

일반 시민들에게 비행청소년 및 범죄인의 심리·사회적 어려움, 지원의 필요성, 제도적 차원의 변화 등을 알리는 데 언론매체는 매우 유용하다. 언론을 통해 주요 이슈에 대해 문제를 제기하고 지역주민들의 관심을 이끌고 여론을 형성할 수 있다. 따라서 교정사회복지사는 언론매체에 대해 적절히 활용할 필요가 있다.

마. 지역사회와의 연계, 협력

지역사회는 범죄의 원인을 제공하기도 하지만 범죄피해를 회복하기도 하고 범죄인을 교정·교화시키는 곳이기도 하다. 교정사회복지사는 지역의 범죄 발생률, 주요 문제 파악, 범죄인 및 피해자를 지원하는 단체 및 지역사회기관의 협력, 지역사회자원과의 연계, 개발 등에 힘써야 한다.

⑤ 참여자 모두에 대한 계속적인 모니터링과 참여 동기의 유지

교정사회복지사는 실행이 차질 없이 행해질 수 있도록 계속 모니터링한다. 모니터링에서는 다음과 같은 점에 초점을 둔다. 첫째, 프로그램이나 서비스가 당초 계획한 대로 진행되고 있는지를 확인한다. 둘째, 실행과정에서 비효과적이거나 불필요한 부분을 수정, 보완, 조정하거나 새로 투입해야 할 것이 있는지 확인한다. 셋째, 실행과정에서 예상하지 못한 교정복지 대상자나 환경에 대한 부가적인 정보를 얻는다. 또한 비행청소년 및 범죄인과 그 외 참여자들이 처음 참여할 때 가졌던 동기를 더 고취시키거나 유지할 수 있도록 지지해야 한다.

⑥ 진행과정에 대한 기록 및 보고

교정사회복지사는 진행과정을 충실히 기록하고 이를 주기적으로 기관장에게 보고해야 한다. 기록의 안전한 유지와 비밀보장을 위해 특별히 주의해야 한다. 컴퓨터나 문서에 패스워드(password)를 설치하고 문서를 보관하는 책상이나 서류함에는 잠금장치를 해 둔다.

5) 평가 및 종결

(1) 목표

① 개입활동에 대한 최종 평가

프로그램이나 개입의 종료에 행해지는 평가에서는 교정복지 대상자와 합의해서 세운 목표의 달성 정도, 참여한 사람들의 만족도, 비행청소년 및 범죄인, 가족, 환경의 변화

정도, 현행 프로그램이나 사업의 문제점, 향후 개선점 등 다양한 측면을 검토한다.

프로그램 및 실천 평가는 교정복지실천에서 다음 같은 이유 때문에 중요하다. 첫째, 교정사회복지사가 비행청소년 및 범죄인의 사회복귀와 재적응을 위해 가장 효과적이고 적합한 지원을 했는가는 사회복지사의 윤리적 책임이다.

둘째, 교정사회복지사업이나 프로그램은 국가 및 지방정부, 재단 등 공적 자금으로 운영되는 경우가 많기 때문에 이를 효과적 · 효율적으로 달성하였는지를 증명할 책임이 있다.

셋째, 교정사회복지사는 자신의 전문성을 다른 사람에게 알리고 증명할 책임이 있다. 대 · 내외 회의, 사례회의, 간담회, 자문회의 등에 참석해서 교정복지실천의 진행과정 및 효과, 클라이언트 및 지역사회의 변화에 대해 알리고 이해시키는 것이 필요하다.

넷째, 평가 결과에 따라 프로그램이나 서비스의 유지, 확대, 축소 여부를 결정할 수 있다. 과학적인 평가방법을 활용해 교정복지실천의 효과를 증명하면 안정적으로 프로그램이나 사업을 유지하거나 추가 자금 확보에도 유리하다.

② 종결

종결은 실행을 마무리하고 교정복지 대상자와 교정사회복지사와의 원조관계를 종료하는 것이다. 교정사회복지사는 참여를 통해 교정복지 대상자가 이루어낸 것, 성취한 것, 긍정적 경험 등을 확인한다. 종결에 대한 교정복지 대상자의 반응을 긍정적으로 처리하고 지금까지 변화된 부분이 지속될 수 있도록 강화해야 한다. 또한 사후관리 시기와 방법 등을 교정복지 대상자와 상의하고 이에 대한 동의를 받아야 한다.

(2) 과제

① 적합한 평가유형 및 방법 설정

교정복지실천에 대한 평가는 적합한 평가유형, 평가방법 및 도구가 사용되어야 한다. 평가유형은 과정평가와 산출평가로 대별되는데 교정사회복지사는 좋은 실천을 위해 이 두 가지 유형을 모두 고려해야 한다. 먼저 형성평가(formative evaluation)로 불리기도 하는 과정평가(process evaluation)는 교정사회복지사가 실행하고자 한 것이 서비스 과정 속에서 제대로 잘 행해졌는지에 초점을 둔다. 이 과정을 통해 프로그램이나 서비스에서 수정, 보완되거나 추가되어야 할 것, 삭제되어야 할 것 등을 파악할 수 있다.

다음으로 산출평가(outcome evaluation)는 프로그램의 성공 또는 실패 여부, 목표 달성 정도 등을 파악하는 것이다. 산출평가에서는 의도된 산출의 정의가 구체화될수록 좋은 산출지표를 얻을 가능성이 높다. 예를 들어, 비행청소년에 대한 집단사회복지실천의 목표가 반사회적 행동을 줄이고 사회적 기술을 향상시킬 것이라고 가정하였다면 반사회적 행동은 약물사용, 인터넷 범죄, 폭력행동으로 조작화할 수 있고 사회적 기술은 사회성 기술척도를 활용해서 측정할 수 있다. 따라서 산출지표를 약물사용 정도, 인터넷범죄, 폭력횟수, 사회성 기술로 설정하고 이를 프로그램 실시 전과 후에 측정해서 비교한다면 프로그램의 변화를 알 수 있다.

평가방법은 크게 양적 방법과 질적 방법이 있다. 양적 방법은 서베이, 단일사례설계, 실험설계 등을 통해 측정하는 방법이고 질적 방법은 비행청소년 및 범죄인, 관련인들을 심층 면담해서 측정하는 것이다. 평가를 위한 자료수집 방법은 다음과 같다.

평가 자료 수집 방법

- 기존 자료: 프로그램 출석, 징계나 처벌 기록, 비행이나 범죄기록, 아동학대 기록 등 객관적 상황에 대한 기록
- 면접: 교정복지 대상자, 관련인들과 심층적인 대화를 통해 그들의 욕구나 특정 상황에 대한 주관적인 생각 등을 얻는 방법 비행
- 자기보고: 교정복지 대상자 자신의 감정, 생각, 행동을 스스로 기록한 것임. 감정 일지나 행동 일지, 일기 쓰기 등이 여기에 해당됨
- 관찰: 가정, 학교, 직장 등에서 체계적으로 관찰될 수 있는 행동에 대한 기록(예를 들어, 프로그램 참여태도, 중요한 사람과의 상호작용, 의시소통, 위기상황에서의 대처행동 등)
- 척도: 비행청소년 및 범죄인의 특정 행동, 태도, 감정의 강도를 측정하는 것임. 당사자가 스스로 기입하는 방법과 주변의 중요한 사람이 관찰이나 행동한 것을 대신 기입할 수 있음
- 설문지: 특정 주제에 대한 교정복지 대상자의 생각, 태도, 행동 등을 파악하기 위해 구조화 또는 비구조화 설문지 형태로 조사함. 예를 들어 비행 및 범죄 실태조사, 가출에 대한 인식과 경험에 대한 조사 등이 해당됨
- 시험이나 자격증 취득: 학생의 경우 학교 시험 성적, 성인의 경우 자격증 취득 등
- 시뮬레이션: 비행청소년 및 범죄인에게 가상적 문제상황을 주고 그런 경우 어떻게 행동할지를 질문하는 방법임. 예를 들어 사회적 기술을 파악하기 위해 타인이 자신에게 부당한 요청을 요구할 때 어떻게 행동하는지를 질문하고 그에 대한 대응행동을 파악할 수 있음

② 평가의 실시 및 윤리적 문제 고려

평가에서 고려해야 할 윤리적 문제는 다음과 같다. 첫째, 교정복지실천에서 조사나 평가는 1차적으로 교정복지 대상자를 위한다는 것을 명심해야 한다.

둘째, 자발적 참여와 동의를 얻는 것이 필요하다. 민감한 문제에 대한 청소년 조사의 경우에는 부모나 후견인에 대해 서면화된 동의가 필요할 수 있다.

셋째, 신체적 또는 정신적 위해로부터 조사대상자를 보호해야 한다. 조사 중 지문 내용에는 과거 경험 중 기억하기 싫은 일, 옛날 상처나 두려움 등을 재현시키거나 강요하는 듯한 질문, 민감한 개인정보 파악으로 심리, 정서적으로 해를 끼칠 수 있다. 교정사회복지사는 조사로 인해 받을 수 있는 이득과 위험에 대해서도 공지하고 만약 조사과정 중 정서적인 어려움이 생길 경우 어떤 도움을 줄 수 있는지에 대해 충분히 설명한다.

③ 종결 시기의 결정

종결은 당초 설정한 계획에 의한 종결 이외에도 교정복지 대상자의 요인(참여 거부, 이사, 입원, 사망 등)에 의한 종결, 사회복지사의 이직이나 기관의 사유 등에 의한 종결 등이 있다. 이에 따라 종결 시기가 좌우될 수 있는데 가장 원만한 종결 시기는 문제 해결 정도를 고려해 비행청소년 및 범죄인과 합의해서 결정하는 것이다.

④ 종결식 개최 및 정서적 반응의 상호 해결

교정사회복지사는 교정복지 대상자, 내부 직원, 외부 협력기관 실무자 등을 초대해서 종결식을 한다. 종결식에서는 종결에 대해 축하하고 서로 격려하며 참여한 사람들이 돌아가면서 지금까지의 소감과 느낌, 향후 다짐을 나누는 기회를 갖는다. 참여과정 중에 가졌던 부정적 감정을 해소하고 긍정적 감정으로 협력 관계를 끝내도록 한다.

⑤ 획득된 긍정적 변화와 성취의 강화

프로그램이나 서비스 과정에서 얻어진 교정복지 대상자의 변화나 성취를 인정하고 특히 자신들의 힘과 노력으로 이룬 결과라는 것을 재확인시킨다. 또한 종결 이후에도 그 효과가 유지될 수 있도록 지지·강화한다.

⑥ 필요한 경우에는 다른 기관에 교정복지 대상자를 의뢰

프로그램이나 서비스가 종료된다고 해도 새로운 욕구가 생기거나 추가적인 지원이 필요하다고 판단되면 다른 지원을 받을 수 있도록 교정복지 대상자에게 안내하고 동의를 얻어 의뢰할 수 있다.

⑦ 평가 및 종결보고서 작성

평가 및 종결이 이루어지면 이 모든 과정을 서면으로 작성해서 보고해야 한다. 보고의 대상은 기관장, 재정지원을 제공하는 기관, 타 협력기관, 주요 위원회 등이 될 수 있다. 보고서에는 프로그램 제목, 대상, 시기, 장소, 참여인원, 소요예산, 프로그램 목적 및 목표, 세부 프로그램 내용 및 일정, 주요 실적, 협력기관의 의견, 평가 방법 및 내용, 평가결과, 효과 및 성과, 차후 개선되어야 할 점 등을 포함한다.

CHAPTER 10 취약계층 범죄인 유형별 교정복지실천

1. 비행청소년

1) 청소년비행의 원인 및 특성

청소년비행은 가벼운 일탈에서부터 지위비행, 「형법」을 위반하는 범죄 행위까지를 포함하는 광범위한 용어이다. 규칙이나 규범을 어기는 가벼운 일탈은 행위의 고유한 특성에 의해 규정되는 것이기보다는 사회·문화적으로 규정된다. 따라서 일탈이라고 규정된 행위는 시간, 지역, 연령, 성별에 따라 달리 규정되기도 한다. 반면 지위비행은 음주, 흡연, 유흥장 출입, 귀가시간 어기기 등 성인의 경우에는 문제가 되지 않지만 청소년이기 때문에 문제가 되는 것이다(홍봉선·남미애, 2018: 206-208).

우리나라 법에서는 비행청소년을 크게 세 가지로 구분한다. 우리나라 「소년법」 제4조에 의하면 청소년비행이란 10세 이상 19세 미만의 청소년에 의한 범죄 행위, 촉법 행위 및 우범상태를 말하며, 이러한 행위를 하거나 상태에 놓인 청소년을 각각 범죄소년, 촉법소년, 우범소년이라고 한다. 범죄소년은 14세 이상 19세 미만의 소년으로서 「형법」에 위배되는 행위를 한 자로 형사책임이 있다. 촉법소년은 10세 이상 14세 미만의 소년으로서 「형법」에 위배되는 행위를 한 자이다. 그러나 범죄소년과 달리 형사책임이 없다. 마지막으로 우범소년은 10세 이상 19세 미만의 소년으로서 보호자의 정당한 감독에 복종하지 않는 성벽이 있거나 정당한 이유 없이 가정에서 이탈하거나 범죄성이 있는 부도덕한 자와 교제하거나 금전 낭비, 부녀 유혹, 불건전한 오락 등을 하는 자로서 본인의 성격 또는 환경에 비추어서 장래에 형벌법령을 범할 우려가 있는 자를 말한다. 결과적으로 우리나라의 「소년법」에서는 청소년비행을 「형법」을 위반한 행위뿐만 아니라 미래에 「형법」을 위반할 가능성이 있는 행위까지도 포괄하고 있음을 알 수 있다(홍봉선·남미애, 2018: 208).

그러나 우범소년의 규정은 인권을 침해하고 위기청소년의 낙인을 강화할 수 있으므로 폐지되어야 한다는 주장도 있다. 법무부 산하 소년보호혁신위원회에서는 죄를 범할 우려만으로 사법재판에 따른 처분을 부과하는 것은 연령을 이유로 하는 차별적 처우로서, 실제로 죄를 범한 촉법소년, 범죄소년과 동일한 보호처분을 적용하는 것은 평등원칙에 반하므로 폐지되어야 한다고 주장하였다.

교정복지가 발달한 선진국의 경우, 청소년이 설사 법에 저촉되는 행위를 했다고 하더라도 범죄인(criminal)으로 부르지 않고 비행청소년(juvenile delinquency or juvenile offender)이라고 부른다. 이는 청소년은 성인범죄인처럼 계획적이고 치밀한 범죄가 아니라 대다수가 충동적·유발적으로 비행을 저지르고 개선의 여지가 충분히 있기 때문에 범죄인이라는 낙인을 찍지 않고 보호하고 지원하는 대상으로 보고자 하기 때문이다. 이상의 내용들은 향후 우리나라 비행청소년을 위한 사법체계에서도 적극적으로 반영되어야 할 부분이라고 생각한다.

(1) 청소년비행의 원인

청소년비행은 개별 요인이 아닌 복잡하고 다양한 요인들이 상호작용하여 발생한다. 구체적으로 살펴보면 다음과 같다.

① 열악한 가정환경

청소년비행에 가장 영향을 미치는 것으로는 가정환경을 들 수 있다. 한부모가정, 조손가정 등 구조적 해체가정보다는 가정은 있지만 가정의 기능을 제대로 발휘할 수가 없는 기능적 해체가정이 더 부정적 영향을 미친다. 예를 들어 자녀양육에 대한 지식 부족, 잘못된 자녀양육 방식, 과잉보호, 무관심이나 방임, 학대 등의 가정환경은 비행과 관련이 깊다.

② 빈곤

비행이나 범죄는 빈곤과 관련성이 깊다. 특히 청소년의 경우 더욱 그렇다. 가난과 같은 경제적 어려움에 처한 청소년들은 용돈, 생활비, 유흥비 마련 등의 이유로 비행이나 불법적 행동을 저지르기 쉽다. 비행은 어떤 계층에서도 생길 수 있지만 중상류층 계층의 청소년들에 비해 변호사 선임이나 법률적 도움을 받기 어려운 빈곤계층의 자녀들은 사법처리과정에 더 오래 더 힘든 경험을 할 수 있다.

③ 학업 중단 및 낮은 교육 수준

학업 중단이나 낮은 교육 수준은 비행과 관련이 깊다. 청소년비행은 학생의 신분에서도 일어나지만 일반적으로 학생의 신분을 벗어난 이후 비행이나 범죄에 연루될 가능성이 더 크고 죄질도 더 나쁘다. 즉 학업중단이나 낮은 학력은 빈곤, 불안정한 일자리, 빈약한 사회지지 등 여러 가지 불안정한 환경으로 연결되고 급기야는 범죄와 연결될 수 있다.

④ 정신건강 문제

분노나 공격성, 충동조절의 어려움, 은둔형 외톨이, 망상, 환청 등 정신건강의 어려움을 겪는 청소년들은 비행과 연루되기 쉽다. 이런 정신건강 문제를 조기에 잘 다루어주지 못할 경우 사회적 고립과 배제로 인해 증상은 더 악화될 것이며 결국 공격적 행동이나 예기치 않은 위험한 행동을 저지를 가능성이 높다.

⑤ 약물남용

술, 필로폰, 마약 등 약물에 노출된 청소년들은 의존과 내성 문제가 생겨 약물에 더 의존하게 되면서 학업이나 관계 등 일상생활에 어려움을 갖는다. 특히 약물의 부작용으로 인해 판단력과 행동조절이 되지 않아 비행으로 연결될 수 있고 약물중독이 심한 경우 약물 구입을 위한 돈을 마련하기 위해 비행을 저지르기도 한다.

⑥ 비행친구와의 교제 및 압박

비행친구들과 자주 빈번히 만날수록 비행 가능성이 높다. 비행친구들과 어울리다 보면 비행을 학습하게 될 뿐 아니라 비행에 대해 친화적인 태도를 가질 수 있고 경우에 따라서는 비행친구들로부터 압박을 받아 비행에 동조하기도 한다.

⑦ 긍정적 사회적 지지 부족

어려운 환경에 있다 하더라도 가정, 친구, 학교 등 주변 사람들로부터 긍정적인 지지나 관심을 받는 청소년들은 사람들의 기대에 부응하기 위해 사회가 요구하는 규범을 지키려고 한다. 그러나 사회적 지지가 빈약하거나 비행친구와 같이 부정적인 지지를 받는 경우에는 오히려 비행에 동조하거나 가담할 가능성이 크다.

⑧ 사회적 차별이나 배제

청소년들이 일상생활 속에서 사회적 차별, 불공평, 사회적 배제를 받고 이로 인해 반발심, 분노 등을 느낀다면 공격적 행동이나 비행으로 표출될 가능성이 높다.

⑨ 유해한 지역사회환경과 대중매체

지역사회는 청소년이 직접 생활하는 공간이자 청소년의 인격 형성에 중요한 영향을 미치는 환경이다. 지역사회가 여러 가지 범죄에 노출되거나 유해한 환경이 많다면 지역사회에서 살아가는 청소년들은 그것을 자연스럽게 받아들이고 학습하고 행동화할 가능성이 높다. 폭력적이고 범죄적인 내용을 많이 접한 청소년일수록 비행을 저지를 가능성이 높다. 상업적이고 폭력에 허용적인 대중매체는 청소년에게 비행수단이나 기술을 학습할 기회를 제공하거나 비행화를 촉진할 수 있다.

(2) 비행청소년의 특성

비행청소년은 비행의 동기, 종류, 횟수 등에 따라 다양한 특성을 가진다. 비행청소년의 특성으로 자주 제기되는 것을 정리하면 다음과 같다.

① 우발적 · 충동적 행동

성인범죄인들이 사전에 치밀한 계획을 세워 범죄를 저지른다면 청소년들은 대부분 우발적 · 충동적으로 비행을 저지른다. 자신의 비행이 자신이나 주변에 미칠 영향, 체포 가능성, 비행으로 인한 결과 등을 충분히 고려하지 않고 순간적인 감정이나 자극에 반응하여 비행을 저지르는 경향이 있다.

② 또래친구의 압력 및 동조

청소년기는 또래들로부터 많은 영향을 받는 시기이다. 또래친구와의 교제를 통해 사회화를 배우기도 하고 자신과 타인을 보다 잘 이해하게 되고 소속감 및 사회적 지지를 통해 심리적 안정을 얻기도 한다. 따라서 친구들과의 관계, 친구들의 행동 양식, 기대 등에 따라 압력을 받거나 동조하면서 연루되기도 한다.

③ 낮은 자아존중감

비행청소년들의 상당수는 자아존중감이 낮다. 선행연구에 따르면 자아존중감이 낮아 비행을 저지르는지, 비행을 저지르면서 자아존중감이 낮아지는지는 명확치 않으나 비행과 자아존중감과의 관련성은 높은 것으로 보고된다.

④ 학교 부적응 및 학업 중단

일부 학자들의 경우 학교를 그만둔 이후 비행률이 줄어든다고 주장한 적이 있지만, 대부분의 경우 학교를 그만두는 것과 비행과는 관련이 높다고 보고한다. 청소년기에 학교를 그만두는 것은 직업선택의 기회 제안, 실업, 복지에의 의존, 비행 및 범죄에의 연결 등 부정적인 결과를 초래한다. 특히 학교를 그만둔 이후 많은 청소년들은 최소한의 보호울타리를 잃게 되면서 적절한 보호나 지원을 받지 못하고 방치되고 그 결과 유해환경에 노출되면서 비행은 물론 성인범죄인으로 발전될 가능성이 높다.

⑤ 빈곤, 학대 및 방임에의 노출 경험

비행청소년들은 부모가 낮은 소득, 높은 수준의 가족갈등이나 스트레스, 부모의 알코올중독, 방임이나 학대 등 다중의 어려움에 장기간 노출된 경우가 많다.

⑥ 심리적 어려움

비행청소년들은 종종 정서적 · 인지적 · 정신적 어려움을 가진다. 외로움, 불안감, 우울감, 소외감, 열등감, 분노, 공격성 등을 가지기도 하고 타인에 의존적이거나 남의 주목을 끌려고 하는 미성숙한 행동을 하기도 하고 쉽게 흥분하거나 이분법적 생각, 극단적인 생각 등을 하기도 한다. 또한 ADHD, 우울증 또는 품행 장애와 같은 정신건강 문제가 있을 수도 있다.

⑦ 피해 · 가해의 중첩성

청소년비행 연구결과를 살펴보면 가해와 피해의 경험이 중첩되는 경우가 다소 있다(윤민영 · 노성훈, 2023: 141-169 재인용). 김중곤(2020)의 연구에서는 집단괴롭힘을 당했던 학생들이 그렇지 않은 학생들에 비해 비행 확률이 높았으며, 이러한 경향은 비행친구와의 접촉과 범죄우호적 정의에 의해 더 증가하였다. 이고은과 정세훈(2014)의 연구에 따르면 사이버

폭력 피해경험이 사이버 언어폭력 가해경험에 영향을 준다는 가설이 지지되었고, 이러한 경향성에 사이버 폭력에 대한 우호적 태도가 가장 큰 설명력을 가졌다. 청소년 사이버범죄를 조사한 윤민영 · 노성훈(2023: 141-169)의 연구해서도 가해-피해경험 간의 중첩성이 확인되었다.

그러나 모든 비행청소년이 이런 특성을 갖는 것은 아니다. 각 개별사례마다 독특한 점이 있다는 점에 유의해야 한다. 비행청소년의 접근에 있어서는 청소년의 개별적 상황과 배경을 고려한 개별적인 접근이 필요하며, 예방과 교정 프로그램을 통해 소년들이 건전한 행동을 선택할 수 있는 환경을 조성하는 것이 중요하다.

2) 비행청소년의 실태[1]

(1) 발생 현황

우리나라에서 청소년비행에 대한 공식적 통계 중 하나는 『2023 범죄백서』에서 제시되는 소년범죄에 대한 통계이다. 이것은 우범소년을 제외한 범죄소년과 촉법소년에 대한 통계이다. 청소년비행의 현황을 알아보기 위해 2024년에 발행된 『2023 범죄백서』 중 소년범죄 통계의 일부를 제시하고자 한다.

① 전체 범죄인 중 소년범죄인이 차지하는 비율

2022년 소년범죄 인원, 소년범죄 발생비 및 전체 범죄인 중 소년범죄인이 차지하는 비율을 살펴보면 다음과 같다(법무연수원, 2024: 539). 전체 소년범은 61,026명으로 이것을 지난 10년간의 소년범 숫자와 비교해 보면 크게 감소하였다. 2022년 소년인구 10만 명당 범죄인 수를 나타내는 소년범죄 발생비는 2,614.6명으로 같은 시기 성인범죄발생비와 비교해 본다면 소년범죄발생비가 월등히 낮음을 알 수 있다. 또한 전체 범죄인 중 소년범죄인의 점유비율(소년비)은 4.6%이다. 2013년 소년비가 4.5%인 것을 감안해볼 때 소년비는 상대적으로 감소하였음을 알 수 있다(〈표 10-1〉 참고).

1) 이 부분은 범죄백서(2024: 569-591)의 내용을 요약, 부분 발췌한 것이다.

〈표 10-1〉 소년범죄 인원, 소년범죄 발생비 및 소년비 현황(2022년)

(단위: 명(%))

소년범죄	소년범죄발생비	성인범죄발생비	소년비
61,026	2,614.6(165.4)	2,910.3(64.4)	4.6

출처: 법무연수원(2024: 540).

② 소년범죄 인원 및 구성비

전체 소년범죄를 소년 형법범죄와 소년 특별법범죄로 구분하여 소년범죄 인원과 구성비 현황을 살펴보면 〈표 10-2〉와 같다. 2022년의 경우 전체 소년범죄 중 소년 형법범죄가 79.1%를 차지하였고 소년 특별법범죄가 20.9%를 차지하였다(법무연수원, 2024: 541). 소년 형법범죄의 경우 소년인구 10만 명당 소년 형법범죄 인원은 2,079.1명이었고 전체 형법범죄 중 소년이 차지하는 비율은 6.4%를 차지하였다(법무연수원, 2024: 542). 지난 10년간의 추세를 보면 소년 형범범죄 중 소년이 차지하는 비율은 다시 증가 추세이다. 소년 특별법범죄의 경우 소년인구 10만 명당 소년 특별법범죄 인원은 548.6명이었고 전체 특별법범죄 중 소년이 차지하는 비율은 2.2%를 차지하였다(법무연수원, 2024: 549). 지난 10년간의 추세를 보면 계속 감소하다가 2022년에 다시 증가한 것으로 나타났다.

〈표 10-2〉 소년 형법범죄와 소년 특별법범죄 인원 및 구성비 현황(2022년)

(단위: 명(%))

전체 소년범죄	소년 형법범죄			소년 특별법범죄		
	인원	범죄 발생비	소년비	인원	범죄 발생비	소년비
61,026(100)	48,286(79.1)	2,079.1(159.7)	6.4	12,740(20.9)	548.6(196.3)	2.2

출처: 법무연수원(2024: 542, 549).

③ 소년 형법범죄 범죄유형별 인원 및 구성비

소년 형법범죄를 크게 소년 강력범죄(흉악), 소년 강력범죄(폭력), 소년 재산범죄, 기타 소년 형법범죄로 구분하여 2022년 소년 형법범죄의 범죄유형별 인원과 구성비를 살펴본 결과는 〈표 10-3〉과 같다(법무연수원, 2024: 543). 재산범죄가 50.6%가 가장 높았고 그다음이 강력범죄-폭력(32.0%), 강력범죄-흉악(10.1%) 순이었다. 2022년 소년인구 10만 명당 소년 강력범죄인(흉악)의 수(범죄발생비)를 보면 210.7명이고 전체 강력범죄인(흉악) 중 소년범죄인이 차지하는 비율(소년비)은 11.9%를 차지하였다(법무연수원, 2024: 540). 2022년 소년인구 10만 명당 소년 강력범죄인(폭력)의 수(범죄발생비)를 보면 664.3명이고 전체 강력범죄인(폭력) 중

소년범죄인이 차지하는 비율(소년비)은 6.4%를 차지하였다(법무연수원, 2024: 558). 2022년 소년 인구 10만 명당 소년 재산범죄인의 수(범죄발생비)를 보면 1,051.2명이고 전체 재산범죄인 중 소년범죄인이 차지하는 비율(소년비)은 7.1%를 차지하였다(법무연수원, 2024: 563).

〈표 10-3〉 소년 형법범죄 범죄유형별 인원 및 구성비 현황(2022년)

(단위: 명(%))

형법 범죄계	강력범죄(흉악)			강력범죄(폭력)			재산범죄			기타 형법범죄		
	인원	범죄 발생비	소년비	인원	범죄 발생비	소년비	인원	범죄 발생비	소년비	인원	범죄 발생비	소년비
48,286 (100)	4,893 (10.1)	210.7 (339.3)	11.9	15,429 (32.0)	664.3 (170.7)	6.4	24,414 (50.6)	1,051.2 (135.0)	7.1	3,550 (7.4)	-	-

출처: 법무연수원(2024: 544, 555, 559, 563).

2022년 소년 형법범죄 연령층별 현황을 살펴보면 〈표 10-4〉와 같다. 16~17세의 범죄 발생비가 인구 10만 명당 2,113.4명으로 가장 높고, 그다음이 14~15세 2,106.1명, 18세 1,959.7명의 순이었다(법무연수원, 2024: 545). 연령층별 구성비의 추이를 보면 2022년에는 14~15세가 42.1%, 16~17세가 38.7%, 18세가 19.2%로 지난 10년간 14~15세의 비율은 증가한 반면에 16~17세와 18세의 비율은 감소하였다.

〈표 10-4〉 소년 형법범죄 연령층별 현황(2022년)*

(단위: 명(%))

계	14~15세		16~17세		18세	
	인원	범죄 발생비	인원	범죄 발생비	인원	범죄 발생비
48,286 (100.0)	20,319 (42.1)	2,106.1	18,705 (38.7)	2,113.4	9,262 (19.2)	1,959.7

* 2018년부터 소년범죄 집계 시 14세 미만 소년은 제외함.

출처: 법무연수원(2024: 546).

(2) 인구사회학적 특성

2022년 소년범죄인의 성별을 살펴보면 남자가 82.5%이고 여자가 17.5%로 남자가 월등히 높았다(〈표 10-5〉 참고). 교육 정도를 살펴보면 고등학교가 53.8%로 가장 높았고 그다음이 중학교(30.7%), 대학교(3.5%) 순이었다(법무연수원, 2024: 567-568).

〈표 10-5〉 소년범죄인의 성별 및 교육 정도(2022년)

(단위: 명(%))

계	성별		교육 정도					
	남자	여자	미취학	초등학교	중학교	고등학교	대학교	기타
61,024 (100)	50,327 (82.5)	10,697 (17.5)	19 (0.0)	178 (0.3)	18,725 (30.7)	32,839 (53.8)	2,127 (3.5)	7,138 (11.7)

출처: 법무연수원(2024: 567-568).

소년범죄인 중 기혼자를 제외한 사람들에 한해 보호자를 살펴보면 2022년의 경우 실부모가 85.4%로 가장 높았고 편부나 편모는 12.8%를 차지하였고 부모가 없는 경우도 1.7%가 있었다(〈표 10-6〉 참고). 지난 10년간의 추이를 보면 편부모나 부모가 없는 경우는 감소하는 경향이고 실부모가 증가하는 추세였다. 생활 정도를 살펴보면 중류가 52.6%로 가장 높았고 그다음이 하류(46.8%), 상류(0.7%) 순이었다(법무연수원, 2024: 570-571). 지난 10년간의 추이를 보면 중류는 상대적으로 증가하는 추세이고 하류는 감소하였다.

〈표 10-6〉 소년범죄인의 보호자 및 경제 정도(2022년)

(단위: 명(%))

계	보호자				계	생활 정도		
	실부모	편부	편모	부모 없음		하류	중류	상류
54,329 (100)	46,389 (85.4)	3,167 (5.8)	3,827 (7.0)	946 (1.7)	52,513 (100)	24,558 (46.8)	27,609 (52.6)	346 (0.7)

출처: 법무연수원(2024: 570-571).

(3) 처리 및 처우

소년범죄인의 처우는 크게 보호처분 대상자인 경우는 소년보호관찰, 소년분류심사원, 소년원에서 담당하고 형사처분 대상자인 경우는 소년교도소에서 담당한다. 여기서는 소년보호관찰 현황에 대해서만 살펴보고 나머지 소년범죄인에 대한 처우내용은 8장을 참고하기 바란다.

소년보호관찰 실시 현황은 〈표 10-7〉과 같다. 2022년의 경우 개시가 28,033명이고 종료가 13,813명이고 현원은 14,220명이다(법무연수원, 2024: 592). 지난 10년간 추이를 보면 소년보호관찰 실시인원은 감소하고 있다.

〈표 10-7〉 소년보호관찰 실시 현황(2022년)

(단위: 명)

개시	종료	현원
28,033	13,813	14,220

출처: 법무연수원(2024: 592).

소년 보호관찰대상자 성별을 살펴보면 2022년의 경우 남성이 79.4%이고 여성이 20.6%로 남성이 현격하게 높았다(〈표 10-8〉 참고). 이들이 하는 일을 살펴보면 학생이 64.1%로 가장 높았고 그다음이 무직(30.9%), 근로자(2.1%) 순이다(법무연수원, 2024: 595-596).

〈표 10-8〉 소년 보호관찰대상자 성별 및 하는 일(2022년)

(단위: 명(%))

계	성별		하는 일			
	남성	여성	학생	무직	근로자	기타
15,620(100)	12,403(79.4)	3,217(20.6)	10,014(64.1)	4,824(30.9)	332(2.1)	450(2.9)

출처: 법무연수원(2024: 595-596).

〈표 10-9〉에서 소년 보호관찰대상자 죄명별 현황을 살펴보면 폭력이 22.9%로 가장 높았고 그다음이 절도(17.8%), 성폭력(13.2%), 교통(11.6%), 사기횡령(7.3%) 순이었다(법무연수원, 2024: 597). 지난 10년간 추이를 보면 폭력과 절도는 소년 보호관찰대상자들의 대표적인 죄명이라는 점은 변함이 없었다. 절도, 마약, 사기횡령은 감소 추세이나 성폭력은 증가 추세이다.

〈표 10-9〉 소년 보호관찰대상자 죄명별 현황(2022년)

(단위: 명(%))

총계	폭력	교통	절도	사기횡령	강력	마약	풍속	성폭력	경제	기타
15,620 (100)	3,582 (22.9)	1,809 (11.6)	2,773 (17.8)	1,142 (7.3)	132 (0.9)	34 (0.2)	270 (1.7)	2,059 (13.2)	35 (0.2)	3,784 (24.2)

출처: 법무연수원(2024: 597).

소년 보호관찰대상자 보호관찰 경력별 현황을 보면 〈표 10-10〉에서 보듯이 2022년의 경우 보호관찰 경력이 없는 대상자가 52.9%로 가장 높았고 그다음으로는 1회의 보호관찰 경력이 있는 대상자(26.2%), 2회(12.2%), 3회(5.4%), 4회 이상(3.3%) 순으로 나타났다(법무연수원, 2024: 598).

〈표 10-10〉 소년 보호관찰대상자 보호관찰 경력별 현황(2022년)

(단위: 명(%))

계	없음	1회	2회	3회	4회 이상
15,620(100)	8,265(52.9)	4,095(26.2)	1,902(12.2)	837(5.4)	521(3.3)

출처: 법무연수원(2024: 598).

3) 교정사회복지사의 개입

교정사회복지사는 비행청소년의 예방 및 재사회화를 위해 다음과 같은 개입을 할 수 있다.

(1) 비행청소년에 대한 포괄적인 사정

교정사회복지사는 비행청소년의 욕구, 비행청소년 및 환경의 강점 및 위험, 가족관계, 친구관계, 신체 및 정신건강, 교육, 취업, 법률, 주거, 사회적 지원, 비행력 등 삶의 전반에 걸친 포괄적인 사정을 해서 청소년의 다양한 측면을 이해하는 것이 필요하다.

(2) 강점 기반의 접근

강점 기반의 접근(strengths-based approach)이란 청소년의 결점보다는 강점, 능력, 긍정적인 면에 초점을 맞추고 이러한 강점을 사용하여 목표를 달성하도록 돕는 것을 의미한다. 이것은 청소년의 자부심과 자신감을 키우고 향후 긍정적 변화와 성장을 위한 토대가 된다.

(3) 청소년의 역량강화

역량강화(empowerment)는 청소년이 자신의 삶을 통제하고 의사결정 과정에 적극적으로 참여하도록 장려하기 때문에 청소년과 함께 일하는 데 중요한 개념이다. 이를 위한 첫 걸음으로 교정사회복지사는 서비스나 프로그램의 계획 단계에서부터 청소년을 참여시켜 욕구나 의견을 경청하고 청소년이 현실적이고 실현 가능한 목표를 설정하도록 도와야 한다. 이를 통해 청소년은 목적의식과 동기부여를 하게 되고 자신의 문제 해결에 주도권을 갖고 자신의 삶에 주체가 될 수 있도록 하는 연습을 할 수 있다. 또한 청소년의 자기옹호(self-advocacy)를 촉진한다. 교정사회복지사는 청소년이 스스로 목소리를 내고 자신의 행동에 대해 주인의식을 갖도록 장려할 수 있다. 이를 위해서는 자신의 의사를 타인에게 전달하고 상호작용하는 의사소통 기술을 개발하도록 돕고 의사결정에 참여할 기회를 제공하는 것이 필요하다.

(4) 청소년의 독립성과 자율성 지지

독립성과 자율성이 발달하는 청소년 시기에는 누군가 청소년의 뜻에 반대하면 감정적으로 대응하거나 무작정 고집을 부리기도 한다. 이럴 경우 규범적이고, 설교적이고 권위적인 대화보다는 스스로 자신의 행동에 대해 생각해 볼 수 있는 질문을 하는 것이 좋다. 예를 들어 동기강화상담에서 주로 사용하는 결정저울을 통해 자신을 성찰해 볼 수 있다. 흡연을 하는 청소년에게 일방적으로 흡연은 건강에 해로우니 금연해야 한다고 말하면 청소년은 거부감을 갖거나 흡연할 수밖에 없는 이유를 설명하게 되고 급기야는 논쟁적으로 될 수 있다. 이런 경우 결정저울을 사용해서 청소년에게 흡연을 통해 얻는 이점과 단점을 먼저 적어보고 그다음 금연을 했을 때의 이점과 단점을 적어보도록 한다. 청소년이 작성한 뒤에는 열린 질문, 반영, 인정하기, 요약하기와 같은 기법을 사용하면서 그 내용에 대해 함께 이야기하는 것이다(홍봉선 · 남미애, 2020).

결정저울	
현재 행동의 좋은 점	현재 행동의 좋지 않은 점
목표로 삼는 새로운 행동: 이것을 했을 때 얻는 좋은 점은 무엇인가?	이것을 했을 때 예상되는 어려움은 무엇인가?

출처: 신성만 외(2015: 183).

(5) 청소년의 책임 강조

자율성이 강조되는 청소년 시기에는 책임성도 강조되어야 한다. 청소년으로 하여금 자신의 삶에 대한 중요한 결정을 신중하게 생각해서 스스로 결정하도록 하고 자신의 결정과 행동에 대해 책임을 지도록 하는 것이다. 예를 들어 "당신이 이 문제와 관련해서 어떤 행동을 할지 말지는 전적으로 당신에게 달려 있습니다."라고 말해 클라이언트의 책임성을 강조할 수 있다. 또한 청소년이 잘못을 저질렀을 때 회복적 반성문을 작성해 보도록 하는 것도 좋은 방법이 된다. 기존 반성문의 경우 학생이 잘못을 저질렀다고 단정하고 이에 대한 반성을 요구하는 경우가 많다. 그러나 회복적 반성문은 현재 처해 있는 상황에 대해 객관적으로 볼 수 있도록 질문한다. 특히 타인에 의해서 뭔가 잘못했다고 지적당하거나 단정 지어지는 것이 아니라 주변 사람들에게 자신의 행동이 어떤 영향을 끼쳤는지 청소년 스스로 성찰할 수 있는 질문과 기회를 주고 피해 회복을 위해 무엇을 할 수 있는지도 청소년 스스로 결정하도록 하는 것이다(홍봉선 · 남미애, 2020).

회복적 반성문의 예

1. 폭력이 있던 날 어떤 일이 있었나요? (언제, 누가, 먼저, 어디서, 무엇을, 어떻게, 왜 구체적으로 작성함)
2. 자신의 행동으로 가장 큰 피해 혹은 상처를 받은 사람은 누구(들)라고 생각하나요? 그 이유는?
3. 자신의 행동으로 생긴 피해를 회복하기 위해 자신이 직접 할 수 있는 일은 무엇인가요?
4. 이 일과 관련해서 부모님, 친구 등 주변 사람들이 해주었으면 좋겠다고 생각하는 것은 무엇입니까?
5. 이번 일을 통해 배운 점은 무엇인가요?

(6) 청소년 발달 촉진

청소년은 아직 성장과 발달 중에 있다. 교정사회복지사는 긍정적인 청소년 발달(youth development)을 촉진하기 위해 청소년에게 레크리에이션, 교육, 집단활동, 자원봉사활동, 문화활동 등 다양한 경험을 제공한다.

(7) 출발은 작은 변화에서부터

교정사회복지사는 심각하고 어려운 문제보다는 작고 쉬운 것부터 시작한다. 변화는 일상적이고 소소한 일에서 시작된다. 비행, 약물, 인터넷중독 등 심각하고 어려운 일을 먼저 다룰 필요가 없다. 청소년이 자신에게 가능성과 희망을 발견할 수 있도록 청소년의 수준에 맞춰 시작해야 한다.

청소년과 협력적인 관계에 도움이 되는 좋은 주제들

- 사회성 기술 향상시키기
- 자신의 감정과 생각 표현하고 공감하기
- 성공적인 학교생활을 위한 전략 익히기
- 자신 및 가족에 대한 장점 나누기
- 자신이 한 긍정적인 행동을 찾아보고 장려하기

- 일생생활 계획을 수립하고 지키는 연습하기
- 좋아하는 일이나 잘하는 일 더 해보도록 하기
- 위험하거나 부정적 행동에 대처하는 방법 찾기

출처: 홍봉선 · 남미애(2020).

(8) 청소년의 욕구중심 및 생활 전반에 걸친 다각적, 통합적 지원

비행청소년에 대한 지원은 시급히 행해져야 할 비행문제(예를 들어 인터넷중독, 학교폭력 등)에 대한 지원도 필요하지만 청소년의 생활 전반에 걸친 다각적, 통합적, 지속적 지원이 필요하다. 구체적인 지원내용을 살펴보면 다음과 같다.

첫째, 청소년 및 가족에 대한 심리적 지원이다. 사법처리과정에 있거나 종료한 청소년들은 청소년 시기에 경험하는 일반적 스트레스와 발달과업 이외에도 여러 가지 심리적 어려움에 노출될 수 있다. 따라서 개별 및 집단상담, 치료프로그램 등을 통해 비행청소년의 스트레스 완화, 심리적 지지 및 안정, 사회적 기술 향상, 문제행동의 변화를 이끌어내어야 한다. 알코올중독, 인터넷중독, 충동성 조절, 분노조절 등의 어려움을 가진 청소년에 대해서는 적절한 치료프로그램이 지원되어야 한다. 이를 위해 한국청소년상담복지개발원, 청소년상담복지센터, 국립중앙청소년디딤센터, 청소년인터넷드림마을, 정신건강복지센터 등과 연계할 수 있다.

둘째, 위기개입 및 보호이다. 비행청소년들은 범죄나 위험한 환경에 쉽게 노출되고 사고나 범죄의 피 · 가해자가 될 위험이 높다. 이런 위기상황에 처했을 때 즉각적으로 개입해서 위기에 대처하도록 돕는 위기개입이 필요하다. 또한 가정, 청소년 및 교정시설, 지역사회 내에서 학대나 방임, 폭력, 다양한 위험으로부터 보호해야 한다. 이를 위해 청소년1388, 해바라기센터, 여성전화 1366, 청소년쉼터, 아동보호전문기관, 가정위탁지원센터, 성폭력피해상담소, 성매매피해상담소 등과 연계할 수 있다.

셋째, 교육 및 훈련 제공이다. 비행청소년들은 비행 전 · 후로 학교를 다니지 않는 경우가 많고 학업에 어려움을 겪는 경우가 많다. 이런 학업의 단절은 성인범죄자로의 이어질 가능성을 높인다. 따라서 청소년기에 필요한 교육이 이루어지도록 적절한 학습지도, 방과후지도, 검정고시 지원, 대안교육 등을 제공하거나 연결할 수 있다. 이를 위해 청소년방과후아카데미, 학교밖청소년지원센터 꿈드림과 연계할 수 있다. 또한 생활기술(life skill),

성교육, 대인관계, 의사소통, 분노조절 등 심리 및 행동변화를 위한 교육 및 훈련, 진로준비를 위한 진로교육, 직업훈련 등 청소년의 성장과 발달을 위한 다양한 교육이나 훈련을 제공할 수 있다. 이를 위해 청소년성문화센터, 내일이룸학교, 한국직업훈련센터 등과 연계할 수 있다.

넷째, 일상생활 지원이다. 일부 비행청소년들의 경우 불규칙적인 식사, 청소 및 개인위생관리, 시간관리, 빚이나 무분별한 소비 등 돈관리와 같은 기본적인 생활유지에 어려움을 갖는다. 이런 경우 요리, 용돈관리, 개인위생관리, 방청소, 시간관리 등 일상생활에 필요한 지원 및 관리가 제공될 수 있다.

다섯째, 주거 지원이다. 보호시설에서 퇴소한 청소년이나 가정에서 보호를 받지 못하거나 돌아갈 가정이 없는 청소년의 경우 안정적인 주거제공이 필요하다. 이를 위해 청소년쉼터, 위탁가정, 그룹홈 등 일시보호를 할 수 있는 곳에 의뢰하거나 LH공사, 행정복지센터 등과 연계해 임대주택 제공, 임대료 지원 등의 주거지원을 할 수 있다.

여섯째, 건강 지원이다. 비행청소년의 건강 관리 및 지원을 위해 정기적인 건강검진, 술, 담배, 약물 등 중독상담 및 치료, 치과, 정신과, 심리적 외상치료, 성병치료 등을 위한 의료비 지원, 심리검사 실시, 응급의료 제공, 만성질환 관리가 이루어질 수 있도록 지원한다. 이를 위해 지역병원 및 보건소, 정신건강복지센터, 중독관리통합지원센터 등과 연계할 수 있다.

일곱째, 사회참여 및 여가생활 지원이다. 비행청소년의 건강한 성장과 발달을 위해 자원봉사, 동아리활동, 멘토링활동, 다양한 지역사회 여가 및 문화 프로그램을 제공한다. 이를 위해 청소년활동진흥센터, 청소년문화의 집, 청소년수련시설, 자원봉사센터, 시민단체 등과 연계할 수 있다.

여덟째, 법률 지원이다. 비행청소년들은 범죄의 피·가해자가 되는 과정에서 다양한 법률문제에 직면하게 된다. 피해자에 대한 보상이나 법적 절차 문제는 물론 명의도용문제, 타인의 범죄를 뒤집어쓰는 등 사회적으로 불리한 위치로 인해 자신도 모르는 사이 여러 범죄에 연루되어 복잡한 법률문제에 시달리는 경우가 있다. 법률지원은 청소년에게 성인과 마찬가지로 동일한 법적 권리와 절차를 보장받도록 하고 부당한 처벌을 받지 않도록 보장함으로써 청소년이 불리한 입장에 놓이지 않고 정의를 실현하도록 돕는다. 또한 법률지원을 받는 과정에서 혼자가 아님을 느껴 심리적 안정감을 가질 수 있고 더 심각한 문제로 악화되지 않도록 막을 수 있다. 따라서 법률 상담 및 정보제공, 법적 권리 교육, 무료변호사 지원, 법원 동행서비스, 다양한 다이버전프로그램의 제공 및 연결 등을 제공할 수 있다. 이를 위해 대한법률구조공단 콜센터, 한국가정법률상담소, 지역 마을변호사 무료상담 등과 연계할 수 있다.

아홉째, 일자리 지원이다. 학교를 다니지 않는 청소년의 경우 안정적 직업 마련뿐만 아니라 당장 필요한 용돈이나 생활비 마련 등을 위해 아르바이트나 일자리는 매우 절실히 필요하다. 그러나 청소년이라는 이유로 인해 선택할 수 있는 일자리도 매우 제한적일 뿐 아니라 비행청소년이라는 낙인으로 인해 일자리 구하기가 쉽지 않다. 청소년에게 일자리는 안정적인 생활을 유지하도록 도울 뿐 아니라 비행의 재발을 방지하고 더 나아가 사회구성원으로 인정받고 사람들과 통합해서 살아가는 데 긍정적으로 작용한다. 그러나 너무 성급하거나 무리한 아르바이트는 오히려 좌절감과 실패감을 줄 수 있다. 출근, 퇴근 등 시간에 맞춰 일하러 가고 취업한 곳과의 계약을 잘 지키기 위해서는 먼저 준비와 교육이 필요하다. 그리고 일자리에서 번 돈을 잘 사용할 수 있도록 하는 경제교육도 함께 병행되어야 한다. 또한 이력서 작성, 면접 준비, 면접기술, 직업탐방 프로그램, 인턴십 프로그램, 노동법률 교육, 직장 고충 처리와 관련된 상담 등을 제공할 수 있다. 이를 위해 노동청, 내일이룸학교, 청년취업사관학교 등과 연계해 다양한 지원을 받을 수 있도록 한다.

열째, 경제적, 물질적 지원이다. 기본적인 생활에 어려움이 있는 청소년에 대해서는 긴급지원, 용돈이나 생계비 지원, 통신비 및 교통비 지원, 도시락 및 반찬서비스 지원, 후원금 및 후원자 신징, 구칭이니 행정복지센터를 통한 위기청소년특별지원 신청, 청소나 식사 등 가사지원서비스 등을 제공할 수 있다. 이를 위해 구청이나 행정복지센터, 공동모금회, 지역자원봉사센터 및 자원봉사단체, 푸드뱅크 등과 연계할 수 있다.

열한째, 자립준비 지원이다. 청소년기의 특성상 자립준비는 청소년에게 매우 중요한 과제이다. 가정에서 보호를 받을 수 없거나 시설퇴소로 인해 자립준비가 필요한 청소년이나 자립을 준비하는 청소년에 대해서는 독립생활을 준비하기 위한 지원이 필요하다. 이를 위해서는 자립지원전담기관, 청소년자립지원관, 그룹홈 등과 연계할 수 있다.

(9) 가족과의 협력 구축

첫째, 부모 입장에서 생각해 본다. 비행청소년을 자녀로 둔 부모의 입장에서는 현재 어떤 생각과 욕구, 감정을 가질 수 있을지, 자녀나 교정사회복지사에게 기대하는 바가 무엇일지 등을 미리 생각해 본다. 어떻게 우호적으로 다가갈지, 어떻게 관계를 형성할지를 미리 고민해야 한다.

둘째, 첫 만남이 중요하다. 힘들게 부모와 전화나 면담이 이루어지면 교정사회복지사는 부모로 하여금 존중받고 지지받고 있다는 느낌을 갖게 하는 것이 중요하다. 자녀문제 해결을 위한 부모의 노력을 인정하고 교정사회복지사가 자신들의 중요한 협력자라는 인식이 들게 해야 한다.

셋째, 부모의 욕구 충족을 위한 다양한 지원책을 마련한다. 먼저 부모가 자녀문제와 관련해서 어떤 욕구를 갖는지를 명확히 파악한다. 예를 들어 "자녀에게 필요한 것이 무엇이라고 생각하시나요?", "기관에서 자녀를 위해 어떤 지원이 필요하다고 생각하시나요?"라고 질문할 수 있다. 남미애 · 윤숙자(2008: 51-53)에 따르면 자녀가 어떠한 사법처리 절차에 있느냐가 비행청소년 부모의 신체적 건강과 사회적 건강은 물론 전체 삶의 질에 영향을 미치는 중요한 요인인 것으로 나타났다. 특히 수사 및 재판 등 초기과정이 중요하게 영향을 미치는 것으로 나타났다.

수사 및 재판 단계에서 대부분의 비행청소년 부모들은 법적 지식이 부족하여 사법처리 과정이 어떻게 진행되고 부모들이 무엇을 해야 하는지 잘 모를 뿐 아니라 변호사 선임, 피해자보상과 관련된 경제적 문제 등 다양한 어려움을 겪는다. 따라서 부모가 당면한 어려운 문제 해결이나 욕구 충족을 위해 심리적 지지 및 교육, 필요한 정보 제공, 기관 의뢰, 경제 · 심리 · 사회적 지원 연결 등 실제적인 지원을 제공한다.

넷째, 부모의 효능감을 증대시킨다. 자녀를 위해 지금까지 해 온 부모의 노력과 헌신을 인정하고 부모가 최선을 다하고 있음을 지지한다. 부모가 자녀문제 해결에 매우 중요한 존재라는 것을 인식시키고 자녀, 부모, 기관이 함께 노력하면 자녀의 비행행동이 긍정적으로 변화할 수 있다는 희망적인 기대를 갖게 한다.

다섯째, 자녀를 위해 행한 노력, 관련 기관의 지원서비스 경험 등에 대해서 이야기하고 효과적이었던 점, 효과적이지 못하였던 점에 대해 알아본다. 향후 자녀를 위해 필요한 지원이나 서비스 등은 무엇인지, 자녀의 문제 해결을 위해 어떤 역할과 책임을 함께 할 것인지를 협의한다.

(10) 지속적 · 통합적 사례관리의 실시

만성적이고 복합적인 욕구와 어려움을 가지고 있는 비행청소년에 대해서는 사례관리를 적용하는 것이 유용하다. 개별 청소년의 특정 요구 사항, 강점 및 목표에 맞게 개별화된 맞춤서비스를 지속적 · 통합적 · 체계적으로 제공한다.

(11) 회복적 실천의 활용

교정사회복지사는 갈등관계에 있는 피해 · 가해 청소년, 주변 사람, 지역사회가 함께 피해를 이야기하고 책임을 나누고 피해를 회복할 방법을 찾도록 하기 위해 회복적 실천을 활용할 수 있다. 구체적인 내용은 14장을 참고하기 바란다.

(12) 교정사회복지사의 문화적 역량 증진

교정사회복지사는 청소년과 가족의 고유한 문화적 · 언어적 요구를 인식하고 해결하는 문화적 역량(cultural competence)을 갖추는 것이 필요하다. 또한 실천과정에 비행청소년에 대한 고정관념이나 편견은 없는지 주의 깊게 살펴보고 청소년이 차별 없이 공정하게 대우받도록 노력해야 한다.

(13) 공식적 및 비공식적 지지체계의 구축

비행청소년들은 사법처리과정을 거치는 동안 경찰, 검찰과 같은 사회통제기관, 가족, 주변 사람들로부터 공식적 및 비공식적 낙인을 경험한다. 낙인은 비행청소년의 교정에 부정적인 영향을 미칠 수 있을 뿐 아니라 재비행의 원인으로 작용하기도 한다. 소년사법처리과정에 있는 청소년들이 지각하는 비공식적 낙인을 조사한 남미애(2007: 223-225)에 따르면 부모보다는 주변인들의 낙인이 상대적으로 높다고 지각하였으며 스트레스와 첫 체포 나이가 비공식적 낙인과 상관관계가 높은 것으로 나타났다. 즉 스트레스가 높을수록, 첫 체포 나이가 어릴수록 비공식적 낙인감이 높았다.

초기 사법처리과정에서의 경험과 인식이 향후 교화개선에 영향을 미치는 중요한 변수임을 고려해 볼 때 사법처리과정 초기부터 공식적 및 비공식적 지지체계가 서로 연계, 협력하여 긍정적이고 지지적인 서비스를 제공하고 개입이 필요하다. 특히 가족과 더불어 친구, 교사, 주변 사람 등 사회적 지지망을 확대하여 사회적 편견과 낙인을 타파하고 사회에서 청소년이 가치 있는 존재로 인정받고 사회에 통합될 수 있도록 하는 것이 필요하다. 또한 다양한 낙인 제공자에 의한 지지유형의 개발 및 프로그램 개발이 필요하다.

특히 청소년의 경우 멘토링의 적극적 활용이 필요하다. 멘토링 프로그램은 아동 및 청소년에 해당하는 멘티(mentee)와 대학생 등 자원봉사자에 해당하는 멘토(mentor) 간의 친밀하고 상호적인 일대일 관계를 통해 사회복지서비스가 필요한 아동 및 청소년에게 정서적 · 사회적 지지를 제공하는 결연 프로그램이다. 이러한 결연관계는 멘토와 멘티 간의 정서적 유대와 상호만족을 통해 보다 폭넓은 지지체계를 형성할 수 있도록 돕는다. 멘토링 프로그램이 고위험 청소년에게 효과적이라는 연구는 이미 국내 · 외에서 보고되고 있다(김순규 · 이재경, 2007: 77-78).

(14) 비행청소년 예방 및 재사회화를 위한 정책적 개입

첫째, 소년사법체계의 개선이다. 비행청소년들이 동등한 사회구성원으로서의 자질과 능력을 갖추고 적극적으로 사회에 참여할 수 있도록 촉진하고 그들의 위험요소를 낮추고 건강한 요소를 증진, 강화시키는 방향으로 전환되어야 한다(남미애, 2005b: 176). 또한 소년사법제도의 단일화가 필요하다. 현행 우리나라 소년사법제도는 소년을 적극적으로 보호, 원호하겠다는 취지에서 형사처분과 보호처분으로 이원화시키고 있다. 그러나 실제 청소년의 경우 보호처분이나 형사처분 모두 처벌이라고 생각하고 있으며 그 적용에 있어 법의 취지를 잘 살리지 못하고 있다. 청소년의 경우 아무리 심각한 비행을 저질렀다고 해도 처벌보다는 보호가 강조될 필요가 있다. 경미한 비행을 저지른 비행청소년에 대한 신속한 조기개입 및 다이버전 프로그램의 활성화, 소년조사제도의 확대, 보호처분의 내실화가 필요하다(남미애, 2004b: 160-161).

둘째, 소년사법기관 및 지역사회기관의 협력강화이다. 우리나라 소년사법 관련 기관(사법기관, 교정기관, 지역사회기관)의 소년담당자를 조사한 남미애(2004a: 143)에 따르면 소년사법 관련 기관들은 소년사법처리과정에 있는 청소년을 지원, 보호함에 있어 다기관 간 연계의 필요성은 매우 높게 인지하는 반면에, 실제 행해지는 연계 횟수는 매우 적을 뿐 아니라 연계대상기관도 매우 제한적이며 연계내용은 단조롭고 단편적이어서 청소년의 다각적이고 통합적인 지원을 하기 어려운 상황이라고 하였다.

반면 소년사법 관련 다기관의 협력이 발달되어 있는 미국의 경우에는 비행청소년의 사회복귀 및 재비행 방지를 위해 사법, 복지, 노동, 교육, 지역사회 등 관련 기관들이 조직적·체계적으로 협력하는 것으로 나타났다(남미애, 2005c: 33-55). 특히 사법처리과정 초기 단계부터 교육, 사회적 능력, 고용 가능성, 시민의 능력, 생활기술 부분 개선에 초점을 두어야 하며 지역사회봉사프로젝트, 청소년참여, 리더십 개발 및 강화, 갈등 조정, 역량강화 등의 프로그램 개발이 필요하다(남미애, 2005c: 33-55).

셋째, 지역사회 내 사법처리과정에 있는 청소년을 지원하는 청소년교정센터 설치·운영이다. 사법처리과정에 있는 청소년, 부모, 지역사회전문가들에게 다양한 정보도 제공하고 경찰, 보호관찰관, 소년원과 연계해 비행청소년에 대한 사례관리 및 지역사회자원을 연결, 조정, 개발하는 전문기관이 마련되어야 한다. 이 센터는 지역사회교정의 중심축으로서 청소년과 다양한 사법기관, 교정기관, 지역사회기관을 연결해 주는 코디네이터의 역할을 해야 하며 특히 개별 청소년에 대한 지속적인 사례관리가 행해지기 위해서는 사례관리전문가를 배치해야 한다(남미애, 2004a: 143).

넷째, 지역사회교정의 활성화이다. 기존 시설 중심의 처우에서 벗어나 교정시설은 보다 전문화해서 특화하고 지역사회교정은 더욱 확대해야 한다. 비행의 예방은 물론 비행 발생 시 즉각적으로 개입하고 가벼운 비행이나 비행경험이 처음인 청소년에 대해서는 다이버전을 적극 활용하고 그룹홈, 출감 전 센터(prerelease center), 중간시설(halfway houses) 등 다양한 개입이 행해져야 한다(남미애, 2004a: 143).

2. 여성범죄인

1) 범죄의 원인 및 특성

(1) 범죄의 원인

여성범죄는 여성에 의해 발생되는 범죄를 의미한다. 종전까지 여성범죄인은 형사사법체계 내에서 보이지 않는 존재로 인식되어 왔다. 남성에 비해 수적으로 적고 난동, 도주, 폭력 등 심각한 문제를 일으키지 않는 비교적 다루기 쉬운 대상으로 간주되었다(조윤오, 2004: 2). 그러나 여성범죄가 증가하고 남성범죄인과 다른 특성과 어려움들이 알려지면서 여성범죄를 새롭게 이해, 접근해야 한다는 인식들이 많아졌다.

여성범죄의 원인을 탐구하는 연구들은 주로 남성 중심의 범죄원인을 여성에게 확대시켜 적용하거나 개인 수준의 위험요인에 집중해왔다. 그러나 여성은 남성과 다른 역사적, 사회적, 경제적 배경을 가지고 있고 남성과는 다른 심리적 · 사회적 · 정서적 특성을 가지고 있기 때문에 남성에 대한 연구를 여성에게 적용시키는 것은 한계점이 있을 수밖에 없다(서은경, 2015: 6). 이러한 대안으로 여성주의 범죄이론, 생애과정이론 등은 여성범죄의 원인을 설명하는 데 유용하다.

여성주의 범죄이론은 성차별, 불평등한 사회구조가 여성범죄를 발생시킨다고 가정한다. 즉 여성범죄는 가부장적인 사회제도, 여성에 대한 억압과 착취, 경제참여 기회의 부족 등 성차별적 사회구조에 기인한다고 본다. 또한 이 이론에서는 성폭력, 가정폭력, 성매매 등의 경우 여성범죄인이 가해자인 동시에 피해자인 점, 성편향적인 사법체계 등의 문제점을 제기한다.

생애과정이론 또는 경로이론은 범죄성이란 다양한 개인적 특성과 속성, 사회적 경험 등에 영향을 받는 하나의 동적인 과정으로 본다(서은경, 2015: 6). 이 이론에 따르면 여성범죄의 원인은 생애과정의 다양한 경험과 요인들에 의해 발생된다고 가정한다. 선행연구들에 따르면 여성범죄인들은 어린 시절 부모로부터 학대나 방임, 폭력에 노출되는 경우가 많다. 청소년기는 낮은 학업성취, 비행친구들과의 연결, 열악한 지역사회환경에 노출되면서 비행이나 구금되게 된다. 결과적으로 이런 경험들은 다시 사회유대, 직업, 결혼생활에 영향을 미치고 범죄와 일탈이 지속된다는 것이다(서은경, 2015: 16-17).

여성범죄는 여러 가지 요인들이 복잡하게 얽혀 발생된다. 선행연구에서 여성범죄의 원인으로 일반적으로 제시되는 것을 살펴보면 다음과 같다(김영희, 2004; 조윤오, 2004, 2005; 박영규, 2008; 이수정 · 양원석, 2011; 서은경, 2015).

① 경제적 어려움

경제적 어려움이나 빈곤은 여성범죄와 관련성이 높다. 일반적으로 여성들은 남성들보다 상대적으로 경제적으로 취약해서 생존을 위해 범죄를 저지르는 경우들이 있다. 여성들에 의한 강도, 절도, 사기 등이 여기에 해당된다.

② 가정문제

가정문제는 여성범죄의 대표적인 원인으로 꼽힌다. 가정폭력, 성폭행, 성학대, 부부싸움, 부모-자녀 간 충돌 등이 해당된다. 가정폭력 상황에서 여성들이 스스로를 방어할 수 없거나 가해자와의 접촉을 피할 수 없을 때 범죄로 연결될 수 있다. 여성수형자를 조사한 서은경(2015: 8)에 따르면 여성의 경우 남성과 비교했을 때 기혼보다 이혼이나 별거의 비율이 높아 가족유대가 여성에게는 중요함을 알 수 있다. 특히 여성폭력범죄인의 경우 원만하지 못한 가정환경에서 발생된 경우가 남성에 비해 많았으며, 피해자가 가해자에게 폭력적인 언행을 한 경우가 상대적으로 높았다.

③ 정신건강 문제

여성범죄인들은 상대적으로 남성범죄인들보다 더 많은 정신건강상 어려움을 겪는다. 여성들이 우울증, 불안, 알코올중독, 약물중독 등의 문제를 가질 때 범죄와 연결되기 쉽다.

④ 대인관계 문제

여성들이 주변 사람과의 관계 등 대인관계에 어려움을 겪는 경우 상대방을 공격하는 범죄를 저지를 수 있다. 이때 여성이 공격을 하는 대상은 주로 친구, 가족, 연인, 이웃 등 아는 사람인 경우가 많다.

⑤ 성차별, 폭력, 학대에의 노출

여성들이 성차별, 폭력, 학대에 노출될 경우 자신을 보호하는 수단으로 범죄를 저지를 수 있다.

⑥ 문화적 배경

여성들이 태어나고 자란 문화적 배경과 범죄 가능성은 관련성이 높다. 이민자 여성, 소수 인종 여성, 빈곤층 여성 등은 범죄의 피해자가 되기도 하고 여러 가지 이유로 인해 범죄에 연루되기 쉽다.

⑦ 사회차별 및 사회적 상황

일반적으로 사회생활에서 여성들은 남성들에 비해 상대적으로 취약하며 불리한 경우들이 많다. 경제적 · 정치적 · 사회적으로 차별받는 경우가 많다. 이처럼 여성들이 사회적으로 소외되고 차별받는 경우나 의식주 문제, 고용문제, 주거문제, 자녀양육문제 등 다중의 어려움에 노출되는 경우에 범죄에 연루될 가능성이 높다.

⑧ 성차별적인 사법제도의 의사결정

여성의 범죄자화 과정에는 사법제도의 성차별적 의사결정도 영향을 미친다고 한다. 일반적으로 여성범죄에 대한 양형의 추이는 크게 두 가지 방향으로 양극화된다. 우선 양형 결정에 있어 여성 피고인에 대한 양형은 남성 피고인에 대한 양형보다 전반적으로 더 관대하다. 일반적으로 여성에 대한 기사도 혹은 온정주의라고 해석될 수 있다. 그러나 이러한 온정주의에 입각한 관대한 처벌이 모든 여성범죄인에게 다 적용되는 것은 아니다. 만일 여성이 저지른 범죄의 내용이 전통적인 여성의 성역할 기준에 어긋난다면 훨씬 더 엄한 형벌을 받을 수 있다. 예를 들어 여자비행청소년들의 경우 초범자들은 남자청소년 초범자보다 더 관대한 처분을 받지만 심각한 범죄를 저지른 경우에는 이러한 관대한 처분은 사라지거나 오히려 더 징벌적인 처분을 내리는 경우가 있었다. 우리나라의 경우 남편을 죽인 여성범죄인에게 주어지는 형량과 부인을 죽인 남성범죄인에게 주어지는 형량은 차별적으로 적용된다는 것이 확인되었다. 이 밖에도 성매매피해청소년 등 여자비행청소년에 대한 보호처분이 이들의 결핍을 극복하는 데 도움을 주는 대신 오히려 성차별적인 경로를 통해 여자청소년들을 범죄자화시키는 통로역할을 한다는 주장도 있다(이수정 · 양원석, 2011: 911-913 재인용).

(2) 여성범죄인의 특성

일반적으로 범죄 통계에서 여성범죄인의 수는 남성범죄인보다 상대적으로 적다. 그렇다고 여성범죄가 중요하지 않은 것은 아니다. 여성범죄인은 남성과 차별화되는 특징들이 있다. 선행연구들에서 제시된 여성범죄인들의 일반적인 특징을 제시하면 다음과 같다(김영희, 2004; 조윤오, 2004, 2005; 박영규, 2008; 이수정 · 양원석, 2011; 서은경, 2015).

① 비폭력 범죄

여성범죄의 대부분은 비폭력 범죄(non-violent crimes)이다. 즉 폭력 범죄보다는 사기, 절도, 마약 범죄, 재산 범죄와 같은 비폭력 범죄가 상대적으로 높다.

② 약물남용 및 정신건강 문제

여성범죄인은 상대적으로 남성범죄인보다 약물남용 및 정신건강상 어려움에 노출될 가능성이 높다. 즉 우울증, 불안, 외상 후 스트레스 장애(PTSD) 및 경계선 성격 장애 등이 상대적으로 높다.

③ 불우한 어린시절에 대한 왜곡된 지각

일부 여성범죄인들은 어린 시절 사회화과정에서 가부장적인 이데올로기를 내재화하면서 사회화된 차별이나 방임을 받고 성장하기 때문에 차별이나 방임을 지각하지 못하고 그것을 당연한 것으로 받아들인다(서은경, 2015: 96-97). 설사 불만이나 분노를 느낀다고 해도 억압하거나 자기비난의 방식으로 내면화하여 범죄에 노출되더라도 인식하지 못한다.

④ 부정적인 원가족과의 관계

여성수형자를 조사한 서은경(2015: 97)에 따르면 비행청소년시절을 겪은 여성수형자의 경우 어린시절부터 부모와의 연대가 약했으며 청소년기에 들어서면서 부모와의 연대가 약화 내지는 단절되었다고 한다.

⑤ 사회적 유대의 중요

여성수형자를 조사한 서은경(2015: 98-100)에 따르면 범행동기로 가정불화가 많고 공범보다는 단독범의 형태이고 피해자는 주로 가족이나 주변사람인 경우가 많았다. 청소년기에는 비행친구의 영향을 많이 받았으며 성인이 되어서는 배우자, 동거남, 이성친구 등 남성에 의해 범죄동기화가 되는 경우가 많았다.

⑥ 범죄 피해 경험

여성의 범죄자화 과정에 주목한 연구들에 따르면 여성은 가족이나 공범들에 의하여 성적인 혹은 신체적 피해를 경험한다고 한다. 즉 여성범죄자들은 이미 아동, 청소년기부터 신체적이며 성적인 학대를 입고 그 결과 가출을 하게 되고 거리로 나온 여자청소년들은 생존을 위하여 매춘과 약물거래, 절도를 하게 되며 알코올 사용 등의 지위비행이나 마약복용, 마약거래, 절도와 성매매 등 경미한 범죄를 저질러 사법통제의 대상이 된다는 것이다(이수정 · 양원석, 2011: 910 재인용).

⑦ 부양해야 할 가족

여성범죄인은 남성범죄인보다 한부모가족이거나 부양할 자녀가 있는 경우가 더 많다. 이로 인해 취업이나 필요한 자원에의 접근이 상대적으로 더 어려울 수 있고 그 결과 범죄에 연루될 가능성이 크다.

⑧ 교육 및 직업 기술의 부족

여성범죄인은 남성범죄인보다 학력이 낮거나 취업에 필요한 기술을 갖추지 못할 가능성이 높다. 낮은 소득과 불안정한 일자리로 인해 생계의 어려움을 갖고 급기야는 범죄에 연루되기도 한다.

⑨ 성범죄나 아동학대와의 관련

여성범죄인이 상대적으로 자주 저지르는 범죄에는 포르노그래피, 성매매, 식품 및 약물 위생법 위반, 아동학대 등이 있다. 여성은 성매매나 아동학대의 피해자이면서도 가해자가 되기도 한다.

여성범죄인이라고 해도 어떤 가정 및 사회적 지위, 신체적 및 정신적 건강, 교육 수준, 문화적 배경을 가졌는지에 따라 범죄에 대한 대처 방식이 달라질 수 있다. 따라서 여성범죄인의 사회복귀 및 재사회화를 위해서는 여성범죄인의 욕구와 특성을 고려한 개별화된 지원이 필요하다.

2) 여성범죄인의 실태

우리나라 전체 범죄인 중 여성범죄인은 지난 10년간 17~21.1%대를 점유해 왔으며 전반적으로 증가 추세를 보인다. 범죄유형별로는 재산범죄, 죄명별로는 사기가 가장 높은 비율을 차지하고 있으며 연령별로는 51세 이상 60세 이하, 교육 정도는 고등학교 졸업 또는 중퇴자, 생활환경으로는 하류와 기혼자가 가장 많은 비율을 점하고 있다(법무연수원, 2024: 133).

(1) 발생 현황

2022년 여성범죄인의 수는 287,237명으로 전체 범죄인 중 여성범죄인이 차지하는 비율은 21.1%이다(<표 10-11> 참고). 이는 여성인구 10만 명당 1,111.0명으로서 2013년에 비해 14.4% 증가하였다(법무연수원, 2024: 133-134). 결과적으로 여성범죄는 전체 범죄비율에서 약 1/5을 차지하고 있지만 꾸준히 증가 추세임을 알 수 있다.

<표 10-11> 여성범죄인 현황(2022년)

(단위: 명, %)

전체	여성		
	인원	여성비	범죄발생비
1,359,389	287,237	21.1	1,111.0

출처: 법무연수원(2024: 134).

2022년 여성범죄의 주요 죄명별 발생 현황을 살펴보면 총 여성범죄인 287,237명 중 형법범이 56.8%이었고 특별법범이 43.2%를 차지하였다(<표 10-12> 참고). 형법범 중에는 사기가 14.1%로 가장 많았고 그다음으로 폭행(11.5%), 절도(9.8%), 상해(2.2%)의 순으로 나타나고 있다. 특별법범 중에는 교통사고처리 특례법 위반이 6.1%로 가장 많았고 그다음이 도로교통법 위반(4.2%), 식품위생법 위반(1.3%), 성매매법 위반(0.9%) 순이었다(법무연수원, 2024: 134).

<표 10-12> 여성범죄 주요 죄명별 발생현황(2022년)

(단위: 명(%))

합계	형법범죄	절도	사기	폭행	상해	폭력행위등 (손괴, 강요, 주거침입 등)	도박, 복표	기타	특별법 범죄	교특법	도로법 (음주 운전)	성매매법	식품 위생법	기타
287,237 (100)	163,027 (56.8)	28,084 (9.8)	40,594 (14.1)	33,016 (11.5)	6,577 (2.3)	984 (0.3)	1,740 (0.6)	52,032 (18.1)	124,210 (43.2)	17,491 (6.1)	11,938 (4.2)	2,539 (0.9)	3,871 (1.3)	88,371 (30.8)

출처: 법무연수원(2024: 135).

(2) 인구사회학적 특성

2022년 여성범죄인의 연령별 현황을 보면, <표 10-13>과 같다. 51세 이상 60세 이하가 61,802명으로 전체의 21.5%를 차지하여 가장 높은 비율이며, 그다음으로 41세 이상 50세 이하(20.5%), 19세 이상 30세 이하(18.4%), 31세 이상 40세 이하(16.9%), 61세 이상 70세 이하(13.2%) 순이었다(법무연수원, 2024: 136).

〈표 10-13〉 여성범죄인 연령별 현황(2022년)

(단위: 명(%))

구분	계	19세 미만	19~30세	31~40세	41~50세	51~60세	61~70세	71세 이상	미상
계	287,237 (100)	10,697 (3.7)	52,866 (18.4)	48,438 (16.9)	58,988 (20.5)	61,802 (21.5)	37,948 (13.2)	14,761 (5.1)	1,737 (0.6)
형법범죄	163,027 (100)	8,335 (5.1)	30,173 (18.5)	25,089 (15.4)	29,983 (18.4)	33,517 (20.6)	23,530 (14.4)	11,407 (7.0)	993 (0.6)
특별법범죄	124,210 (100)	2,362 (1.9)	22,693 (18.3)	23,349 (18.8)	29,005 (23.4)	28,285 (22.8)	14,418 (11.6)	3,354 (2.7)	744 (0.6)

출처: 법무연수원(2024: 137).

2022년 여성범죄인의 생활환경별 현황을 살펴보면 하류가 35.9%로 가장 높았고 그다음이 중류(30.8%), 상류(0.8%) 순이었다. 결혼관계를 보면 기혼자가 76.9%, 미혼자가 23.1%였다(법무연수원, 2024: 138).

(3) 처리 및 처우

2022년 여성범죄인에 대한 검찰처리 총 인원수 196,714명 중 여성범죄인에 대한 기소율은 48.9%, 불기소율은 39.2%를 차지하였다. 2022년 여성범죄인에 대한 기소율은 전체 범죄인에 대한 기소율 58.3%에 비해 다소 낮은 것으로 나타났다(법무연수원, 2024: 287). 여성이 저지른 범죄 중 기소율이 가장 높은 범죄는 도로교통법 위반(음주운전)으로 39.2%가 기소되었다(법무연수원, 2024: 289). 2022년 여성수형자는 전체 수형자의 약 7.5%를 차지하고 있다(법무연수원, 2024: 347). 〈표 10-14〉와 같이 2022년 여성수형자 죄명별 인원을 살펴보면 사기 · 횡령이 53.0%로 가장 높았고 그다음이 살인(10.1%), 마약류사범(8.4%), 절도(3.5%), 폭력 · 상해(5.8%), 과실범(2.6%) 순이었다(법무연수원, 2024: 380). 2022년 여성수형자의 전과횟수별 인원을 살펴보면 초범은 72.5%로 가장 높았고 그다음이 2범(15.6%), 4범 이상(6.5%), 3범(5.4%) 순이었다(법무연수원, 2024: 382).

〈표 10-14〉 여성수형자 죄명별 인원(2022년)

(단위: 명(%))

계	절도	사기 · 횡령	폭력 · 상해	강도 등	살인	마약류사범	과실범	기타
2,605(100)	92(3.5)	1,382(53.0)	151(5.8)	31(1.2)	262(10.1)	218(8.4)	69(2.6)	400(15.4)

출처: 법무연수원(2024: 380).

여성수형자는 교정시설에서 의료 및 모자보건 등 처우에 특별한 배려를 받는다. 특히 임신 중이거나 출산 후 60일 이내의 산모는 모성보호와 건강유지를 위하여 특별한 처우를 하고 있다. 여성수형자가 자신이 출산한 유아를 교정시설에서 양육할 것을 신청한 때에는 특별한 사유가 없으면 생후 18개월에 이르기까지 이를 허가하여야 한다(법무연수원, 2024: 383).

임산부인 수용자에 대해서 소장은 다음과 같은 조치를 해야 한다. 수용자가 임신 중이거나 출산한 경우에는 모성보호 및 건강유지를 위하여 정기적인 검진 등 적절한 조치를 하여야 한다. 수용자가 출산하려고 하는 경우에는 외부 의료시설에서 진료를 받게 하는 등 적절한 조치를 하여야 한다(오영근 외, 2013: 211). 소장은 유아의 양육을 허가한 경우에는 필요한 설비와 물품의 제공, 그 밖에 양육을 위하여 필요한 조치를 하여야 하며 교정시설에 육아거실을 지정 · 운영하여야 한다. 18개월이 지나면 수용자의 의사를 고려하여 유아 보호에 적당하다고 인정하는 법인 또는 개인에게 그 유아를 보낼 수 있다(오영근 외, 2013: 204).

청주여자교도소의 경우 여성수형자를 위한 학과교육, 생활지도교육, 교도작업, 직업훈련 등의 처우 프로그램을 실시하고 있다. 그 내용을 보면 초 · 중 · 고교 교육을 위한 학과교육, 분재 · 합창 · 악기 연주와 같은 레크리에이션 프로그램, 종교집회, 사회복지시설에의 봉사활동, 외부 기업체에 출퇴근 작업을 하는 외부통근제도, 화훼 · 리폼관리 · 제과제빵 · 미용 · 조리 등의 직업훈련, 지식정보화 사회에 대비한 컴퓨터교육 등이 있다(법무연수원, 2024: 388).

3) 교정사회복지사의 개입

여성범죄인의 요구를 효과적으로 해결하고 성공적인 사회복귀 및 재진입을 위해 교정사회복지사는 여성범죄인과 함께 협력하면서 다음과 같은 실천이 이루어지도록 노력해야 한다.

(1) 성인적 관점에 의한 사정 및 프로그램 개발

교정사회복지사는 성인적 관점(gender-responsive)에 기초해 여성의 욕구, 신체 및 정신건강, 트라우마, 성폭력이나 학대, 약물 사용, 기타 범죄 행위에 기여할 수 있는 요소 등에 대해 포괄적으로 사정해야 한다. 또한 여성범죄인의 적응 및 사회복귀를 위한 프로그램이나 지원에 있어 여성범죄인 특유의 욕구와 경험을 다루는 성인지적 프로그램을 옹호하고 개발해야 한다. 여성과 남성이 지닌 생물학적 · 사회문화적 경험의 차이에 따라 다른 이해나 요구가 있을 수 있음을 인지하고 범죄인과 관련된 특정 제도나 정책이 특정 성에 유리하거나 불리하지 않은지, 성역할 고정관념이 개입되어 있는 것은 아닌지를 파악하고 이를 반영할 필요가 있다.

(2) 여성의 욕구중심 및 생활 전반에 걸친 다각적, 통합적 지원

여성범죄인에 대한 지원은 범죄와 관련해 시급히 다루어져야 할 문제뿐 아니라 성인적 관점에 근거해서 생활 전반에 걸친 다각적, 통합적, 지속적 지원이 필요하다. 구체적인 지원내용을 살펴보면 다음과 같다.

첫째, 여성 및 가족에 대한 심리적 지원이다. 범죄와 연루되어 사법처리과정을 거치는 동안 높은 스트레스와 긴장상태, 미래에 대한 걱정, 분노 등 심리적으로 불안정한 상태를 경험하기 쉽다. 일부 여성의 경우 우울, 불안, 불면증, 트라우마, 자살충동 등을 경험하기도 하고 가족과의 갈등이 심화되거나 가족과 단절되어 살기도 한다. 따라서 개별 및 집단상담, 스트레스관리프로그램, 가족상담 및 치료 등을 통해 여성범죄인의 스트레스 완화, 심리적 지지 및 안정, 가족관계회복 등을 지원하는 것이 필요하다. 특히 학대나 성폭력 등으로 인해 트라우마를 경험하는 여성범죄인에 대해서는 이런 경험이 여성의 심리와 행동에 미치는 영향을 인식하고 정서적으로 회복하도록 돕는 트라우마 치유가 필요하다.

둘째, 위기개입 및 보호이다. 여성들은 범죄 전 · 후에 성폭력, 가정폭력, 데이트폭력, 성착취 등 범죄의 피해자가 되기도 한다. 이때 즉각적으로 개입해서 위기에 대처하도록 돕는 위기개입이 필요하다. 이를 위해 해바라기센터, 여성전화 1366, 아동보호전문기관, 가정위탁지원센터, 가정폭력상담소, 성폭력피해상담소, 성매매피해상담소 등과 연계할 수 있다.

셋째, 교육 및 훈련 제공이다. 상당수의 여성범죄인들은 낮은 학력이나 학업중단으로 인해 사회기회나 자원에의 접근 장애, 직업선택의 제한, 불안정한 일자리, 낮은 임금 등을 경험하고 이는 바로 빈곤으로 연결되기 쉽다. 따라서 학력을 인정받는 교육프로그램, 검정고시, 대안교육 등을 제공하거나 연결하는 것이 필요하다. 또한 자녀가 있는 경우 자녀양육을 위한 양육기술 및 부모교육, 대인관계, 의사소통, 분노조절 등 심리 및 행동변화를 위한 교육 및 훈련, 경제적 자립과 취업준비를 위한 직업훈련 등을 제공할 수 있다. 이 밖에도 생활기술훈련, 사회기술훈련, 대인관계 및 갈등해결 교육 등이 제공될 수 있다.

넷째, 일상생활 지원이다. 일부 여성의 경우 불규칙적인 식사, 청소 및 개인위생관리, 시간관리, 빚이나 무분별한 소비 등 돈관리와 같은 기본적인 생활유지에 어려움을 갖는다. 이런 경우 요리, 용돈관리, 개인위생관리, 방청소, 시간관리 등 일상생활에 필요한 지원 및 관리가 제공될 수 있다.

다섯째, 주거 지원이다. 안정된 주거를 확보하지 못한 여성에 대해서는 여성쉼터와 같은 임시주거지, 임대주택, 임대료 지원, 주거급여, 주택개량지원 등이 제공될 수 있도록 지원할 수 있다. 이를 위해 성폭력피해여성을 위한 긴급피난처, 성매매피해여성지원시설, 행정복지센터 및 구청, LH공사 등과 연계할 수 있다.

여섯째, 건강 지원이다. 여성의 건강 관리 및 지원을 위해 정기적인 건강검진, 약물중독 치료, 정신건강, 심리적 외상치료 등을 위한 의료비 지원, 심리검사 실시, 응급의료 제공, 만성질환 관리가 이루어질 수 있도록 지원한다. 자녀가 있는 경우 영유아 건강검진 및 건강관리를 지원할 수 있다. 이를 위해 지역병원 및 보건소, 정신건강복지센터, 중독관리통합지원센터 등과 연계할 수 있다.

일곱째, 사회참여 및 여가생활 지원이다. 여성들의 사회적 고립이나 배제를 완화하고 심리적 안녕과 사회통합을 위해 자원봉사, 지역사회문화행사 등 다양한 지역사회 참여프로그램, 예술 및 문화프로그램, 스포츠 및 여가활동프로그램 등을 제공한다. 이를 위해 지역문화센터, 자원봉사센터, 여성문화원, 시민단체 등과 연계할 수 있다.

여덟째, 법률 지원이다. 여성범죄인들은 사법처리과정에 성별에 따른 차별을 경험할 수도 있다. 특히 여성범죄인의 경우 가정폭력, 성폭력, 성착취 등과 연루되는 경우가 있는데 이런 경우 성인지적 관점에서 여성을 이해하고 접근하는 것이 필요하다. 또한 임신 중이거나 어린 자녀를 가진 여성범죄인에 대해서는 특별한 지원이 이루어질 수 있도록 보장하는 것이 필요하다. 이를 위해 대한법률구조공단 콜센터, 한국가정법률상담소, 지역 마을변호사 무료상담 등과 연계할 수 있다.

아홉째, 취업 및 구직활동 지원이다. 여성들의 범죄원인에는 생계유지나 빈곤과 관련된 것이 크다. 따라서 일자리 지원은 기본적인 생활을 할 수 있는 수입을 보장하고 더 나아가 범죄에 연루되지 않도록 막을 수 있다. 가정의 생계를 책임지는 여성범죄인의 경우 취업은 본인의 경제적 자립은 물론 건강한 가정 유지에도 필수적이다. 취업을 통해 규칙적인 생활을 통해 건강한 습관을 유지하고 사람들의 지지를 받고 심리적 안정을 취할 수 있고 더 나아가 더 안정적인 수입이 보장되는 직업을 가질 수 있는 계기가 된다. 취업을 희망하는 여성에게 일자리 정보제공, 일자리 알선, 구직활동 지원, 직업훈련 연결 등을 할 수 있다. 또한 노동법률 교육, 직장고충처리와 관련된 상담 등을 제공할 수 있다. 이를 위해 노동청, 여성새로일하기센터, 여성인력개발센터, 여성워크넷 등과 연계해 다양한 지원을 받을 수 있도록 한다.

열째, 경제적 · 물질적 지원이다. 기본적인 생활에 어려움이 있는 여성에 대해서는 긴급지원, 기초수급자 신청, 생계비 지원, 도시락 및 반찬서비스 지원, 자녀양육관련 지원, 후원금 및 후원자 선정, 가사지원서비스 등을 제공할 수 있다. 이를 위해 행정복지센터나 구청, 공동모금회, 지역자원봉사센터 및 자원봉사단체, 푸드뱅크 등과 연계할 수 있다.

(3) 가족관계 유지 및 회복

여성범죄인에게 가족은 범죄의 원인이 되기도 하지만 살아가는 원동력이 되기도 한다. 따라서 여성범죄인 및 가족의 욕구를 고려하여 범죄로 인해 약해지거나 소원해질 가능성이 있는 가족관계를 회복, 유지하는 데 의식적인 노력을 할 필요가 있다. 특히 부양해야 할 미성년 자녀나 부모가 있는 경우 건강하고 안전한 생활이 영위될 수 있도록 지역사회 자원을 연계, 협력하는 것이 필요하다. 더 나아가 가족, 친척 및 이웃, 자원봉사자, 지역사회 구성원을 여성범죄인의 사회복귀 및 재진입 과정에 참여시켜 여성을 위한 지지적이고 포용적인 환경을 조성할 필요가 있다.

(4) 역량강화

교정사회복지사는 여성범죄인이 자신의 삶에 대한 주체성과 통제력을 유지하도록 기술을 개발하고 사회적 연결을 구축하도록 역량강화(empowerment)를 돕는다.

(5) 옹호

교정사회복지사는 적절한 의료, 법률, 주거, 가족돌봄서비스 등 필요한 서비스에 대한 접근을 용이하도록 하는 등 여성의 권리를 옹호하고 형사사법제도에서 성편견과 차별을 없애기 위해 노력한다.

(6) 협력적인 사례관리

교정사회복지사는 보호관찰관, 경찰, 의사, 법조인 등 타 전문가와 협력하여 통합적으로 여성의 욕구를 해결하기 위해 협력적인 사례관리(collaborative case management)를 할 수 있다. 이때 여성범죄인의 다양한 문화배경과 경험에 민감해야 하며 인종, 민족, 성적 취향 및 기타 요인에 따른 편견과 차별을 없애기 위해 노력해야 한다.

(7) 정책적 개입

첫째, 여성 전용 교정시설의 확충이 필요하다. 또한 남성 중심의 시각에서 설계, 운영되고 있는 현재 교정시설에 성인지적 관점이 고려되어 개선되어야 한다.

둘째, 초범자나 경미한 여성범죄인에 대한 다이버전 및 사회 내 처우가 확대되어야 한다. 앞서 검토된 여성범죄인의 실태에서 보았듯이 상당수의 여성범죄인은 초범이거나 경미한 범죄에 연루되는 경우가 많다. 이 경우 사법처리 전 과정을 거치기보다는 다이버전이나 사회 내 처우가 적용되어 사회복귀에 더 비중이 주어질 수 있도록 하는 것이 필요하다. 다양한 조건부 가석방제도를 도입하고 가석방 위원회의 개선을 통해 수형사의 가석방 비율을 확대하는 등 여성범죄인에 대한 사회 내 처우를 활성화해야 한다(남재성, 2020: 58).

셋째, 여성친화적 교정처우제도의 개선 및 프로그램의 적용이 필요하다. 남성과 상이한 여성의 욕구와 강점, 생활양식, 범죄특성, 사회환경 등을 고려한 교정처우 제도를 개선하는 것이 필요하다. 이를 위해 교정본부 내 여성수용자를 전담하는 조직 설치 및 전문인력 확보가 필요하다. 여성의 약물범죄, 성범죄, 폭력범죄 등은 남성과 차별화된 여성친화적, 개별화된 프로그램의 적용이 필요하다. 여성수형자에 맞는 직업훈련의 내실화 및 취업지원이 확대되어야 한다(남재성, 2020: 61-62).

넷째, 임산부에 대한 처우 개선이 필요하다. 여성수용자가 유아를 대동한 경우나 임신한 경우는 보다 더 관심을 갖고 이의 적절한 지원을 위한 제도개선에 관심을 가져야 한다. 가령 현재는 유아가 생후 18개월이 될 때까지만 여성수용자가 대동할 수 있으나 이는 너무 획일적 규정이고 유아대동기간에도 문제가 있으므로 발달심리전문가 등에 의한 조언을 얻어 유아대동기간을 늘릴 필요가 있으며 또한 수용자나 유아의 특성에 따라 유아대동기간을 차별화하는 방안 등에 교정사회복지사는 관심을 가져야 한다(천정환 · 김주연, 2010: 210).

다섯째, 여성성매매자들과 같이 재범죄에 노출될 위험이 큰 여성범죄인에 대한 정부 차원의 의료, 법률, 일자리 창출 지원 등 사회적 안전망 구축이 필요하다. 육혜련 · 남미애(2016)에 따르면 여성성매매시설에 지내는 여성의 90%가 약물이나 알코올에 중독되어 자활과정이 원활하지 않고 성매매과정에서 발생한 채무관계 등으로 법률적인 문제에 계속 시달리며, 여러 번 탈성매매를 시도하지만 고용이 불안정한 임시직이나 아르바이트 취업 등으로 인해 경제적 어려움이 큰 것으로 나타났다. 이러한 의료, 법률, 주거, 일자리 등은 한 번의 지원으로 성공하는 것이 아니므로 개별 맞춤의 지속적 · 일관적 지원이 실질적으로 행해져야 한다.

3. 고령범죄인

1) 범죄의 원인 및 특성

(1) 범죄의 원인

고령자범죄는 고령자가 일으킨 형사법상의 범죄행위를 의미한다. 종래 사법처리과정에서 노인들의 범죄는 고령화에 따르는 이상행동으로 여기거나 피해가 경미하다는 이유로 관심의 대상이 아니었다. 그러나 최근 들어 노인인구가 증가되면서 노인들의 범죄도 증가할 뿐 아니라 질적으로도 강력화, 흉포화되는 추세이다(최준, 2013: 123; 양혜경, 2018: 53-54). 노인들이 범죄에 가담하거나 범죄를 저지르는 이유는 매우 다양하다. 특히 초고령 사회 진입을 앞둔 우리나라의 경우 노인들의 연령, 건강상태, 사회적 지위, 사회환경들에 따라 고령자범죄도 다양한 양상을 보인다. 따라서 고령자범죄의 원인을 단일한 요인으로 파악할 수는 없고 여러 가지 요인들이 복합적으로 작용할 수 있음을 고려해야 한다. 선행연구들에서 제시된 일반적으로 제시되는 원인을 살펴보면 다음과 같다(박숙완, 2013; 이동임 · 천정환, 2017; 변윤정, 2018; 양혜경, 2018; 강경래, 2021).

① 경제적 어려움

고령범죄인은 건강 문제, 퇴직, 의료비 증가, 소득감소, 취업의 어려움, 사회활동의 제약 등으로 인해 경제적인 어려움은 물론 빈곤문제에 직면하기 쉽다. 이는 절도, 사기 등의 범죄와 연결된다. 심지어는 이 과정에 범죄피해인이 되어 더 큰 어려움에 봉착하기도 한다.

② 신체 · 정신적 문제

노인들이 치매, 알코올중독, 우울증, 불안 등 신체 또는 정신적 어려움이 있는 경우, 범죄를 저지를 가능성이 높아진다. 치매, 우울증이 있다고 해서 모든 노인들이 범죄를 저지르는 것은 아니지만 이런 요인들로 인해 취약해지면 범죄에 노출되거나 범죄에 연루되기 쉽다.

③ 사회적 고립이나 배제

노인기는 자녀들의 성장과 결혼으로 부모의 역할상실, 은퇴나 퇴직으로 인한 직업상실, 대인관계 부족 등으로 인해 소외감과 고독감을 갖기 쉽다(양혜경, 2018: 56).

노인들이 사회적으로 고립될 경우 즉, 가족으로부터의 소외나 단절, 친구나 이웃과의 고립이나 배제, 사회적 활동이나 모임에서 차단되는 경우, 특히 노인에 대한 무시나 차별을 경험하는 경우 분노, 불만, 자기비하감 등을 느끼게 되고 이로 인해 범죄를 유발할 수 있다. 노인들에 의한 상해, 폭행, 사기, 살인 등은 이들의 기저에 있는 분노, 원한, 증오심 등에 의해 발생된다.

④ 가족갈등 및 불화

가장 편안하고 안전해야 할 가정에서 가족갈등 및 불화, 폭력 등에 노출되는 것은 노인의 건강 및 삶의 질에 치명적인 영향을 미칠 수 있다. 또한 범죄와 직결되는 중요한 원인이 된다.

⑤ 사회복지서비스 부족

노인들이 적절한 사회복지서비스를 받지 못할 경우 이는 빈곤, 건강, 주거, 교통 등 일상생활 유지에 어려움이 생길 위험이 높고 급기야는 범죄에 연루될 가능성이 있다.

(2) 범죄인의 특성

고령범죄인은 다른 범죄인과 구별되는 특징이 있다. 선행연구를 통해 고령범죄인의 일반적 특성을 살펴보면 다음과 같다(박숙완, 2013; 이동임 · 천정환, 2017; 변윤정, 2018; 양혜경, 2018; 강경래, 2021).

① 비폭력 범죄

고령범죄인은 사기, 횡령 및 기타 형태의 금전적 착취와 같은 비폭력 범죄가 상대적으로 높은 편이다. 이는 노인기의 특성상 힘을 사용하는 폭력적 범죄보다는 덜 위험하게 보이고 접근이 용이하고 타인에게 범죄인으로 의심받을 가능성이 낮기 때문이다. 반면 가정폭력이나 성범죄는 상대적으로 높다.

② 후발성 범죄

고령범죄인은 어느 정도 나이가 든 상태에서 범죄에 연루될 가능성이 높다. 즉 후발성 범죄(late onset offending)가 많다. 젊은 범죄인들은 상대적으로 어린 나이에 범죄를 시작하는 데 반해 고령범죄인들은 대체적으로 50세 이후에 처음으로 범죄를 저지르는 경우가 많다.

③ 건강문제

고령범죄인의 경우 노화과정에서 범죄와 연결될 수 있는 신체적 · 정신적 건강 문제가 있을 수 있다. 예를 들어 의사결정 및 충동 조절에 영향을 줄 수 있는 치매, 우울증 또는 만성 통증이 있는 경우이다.

④ 약물남용

고령범죄인 중 일부는 약물남용문제를 갖는다. 생애과정에서 약물남용의 경험이 있거나 잘 다루어지지 않은 만성적인 약물문제를 가지는 경우 약물의 부작용이나 약물을 취득하는 과정에서 불법적인 문제를 일으킬 가능성이 높다.

⑤ 사회자원에의 낮은 접근성

고령범죄인은 퇴직, 사별, 자녀 분가, 사회활동이나 사회관계의 감소 등으로 인해 소외, 사회적 고립, 외로움을 경험할 수 있다. 반면 급격히 변화하는 사회에의 적응능력은 떨어지고 사회적 기회나 자원, 정보에의 접근성이 낮거나 장애요인이 많아 적절한 지원을 받기 어렵다. 이처럼 심리사회적으로 취약한 상태에서 어떤 문제가 촉발되면 쉽게 범죄의 유혹에 빠지게 된다.

⑥ 빈곤 문제

고령범죄인은 퇴직, 소득 감소, 불안정한 일자리 등으로 재정적 어려움이나 빈곤에 직면할 수 있다. 이로 인해 돈벌이를 목적으로 범죄를 저지를 수 있다.

⑦ 상습범

고령범죄인 중 일부는 상습범(repeat offending)이다. 범죄 전과가 있는 고령범죄인은 처벌을 받을 줄 알면서도 반복해서 범죄를 저지르는 경우가 있다. 사회적응이 떨어진 일부 고령범죄인의 경우, 지역사회보다는 교도소 생활에 적응하여 교도소 입·퇴소를 반복하면서 지내기도 한다.

2) 고령범죄인의 실태

(1) 발생 현황

2022년 고령범죄인의 수는 136,676명으로 전체 범죄인 중 고령범죄인이 차지하는 비율은 10.1%이다(〈표 10-15〉 참고). 이것은 지난 5년간의 추이를 볼 때 전반적으로 증가 추세를 보이고 있다. 또한 2022년 고령범죄인 수는 고령자인구 10만 명당 1,651.2명으로서 지난 5년간 꾸준히 증가하고 있다(법무연수원, 2024: 144).

〈표 10-15〉 고령범죄인 현황(2022년)

(단위: 명, %)

전체	고령자		
	인원	고령자비	범죄발생비
1,359,389	136,676	10.1	1,651.2

출처: 법무연수원(2024: 144).

2022년 고령범죄 주요 죄명별 발생 현황을 살펴보면 형법범은 62.3%를 차지하였고, 특별법범은 37.7%를 차지하였다(<표 10-16> 참고). 형법범 중에는 절도가 15.9%로 가장 많고 그다음으로 폭행(11.5%), 사기(8.3%), 횡령(4.1%) 순으로 나타났다. 특별법범 중에는 교통사고처리 특례법 위반(9.5%), 도로교통법 위반(6.3%), 자동차관리법 위반(1.6%) 순으로 나타났다(법무연수원, 2024: 145).

〈표 10-16〉 고령범죄 주요 죄명별 발생 현황(2022년)

(단위: 명(%))

<table>
<tr><th>계</th><th>형법범죄</th><th>절도</th><th>사기</th><th>횡령</th><th>손괴</th><th>성폭력</th><th>폭행</th><th>상해</th><th>문서</th><th>도박과 복표</th><th>기타</th></tr>
<tr><td rowspan="4">136,676
(100)</td><td>85,176
(62.3)</td><td>21,696
(15.9)</td><td>11,409
(8.3)</td><td>5,595
(4.1)</td><td>4,221
(3.1)</td><td>2,249
(1.6)</td><td>15,663
(11.5)</td><td>3,600
(2.6)</td><td>1,618
(1.2)</td><td>1,813
(1.3)</td><td>17,312
(12.7)</td></tr>
<tr><td>특별법범죄</td><td>교특법</td><td>도교법</td><td>식품위생법</td><td>자관법</td><td>자손법</td><td>기타</td><td></td><td></td><td></td><td></td></tr>
<tr><td>51,500
(37.7)</td><td>12,941
(9.5)</td><td>8,641
(6.3)</td><td>946
(0.7)</td><td>2,228
(1.6)</td><td>1,195
(0.9)</td><td>25,549
(18.7)</td><td></td><td></td><td></td><td></td></tr>
</table>

출처: 법무연수원(2024: 145).

(2) 인구사회학적 특성

2022년 고령범죄인의 연령별 범죄를 보면 65세 이상 70세 이하가 57.1%를 차지하였고, 71세 이상은 42.9%를 차지하였다(<표 10-17> 참고). 형법범죄는 65세 이상 70세 이하가 54.2%를 차지하였고, 71세 이상은 45.8%를 차지하였다. 특별법범죄는 65세 이상 70세 이하가 61.9%를 차지하였고, 71세 이상은 38.1%를 차지하였다(법무연수원, 2024: 146).

〈표 10-17〉 고령범죄인 연령별 현황(2022년)

(단위: 명(%))

구분	계	65~70세	71세 이상
계	136,663(100)	78,061(57.1)	58,602(42.9)
형법범죄	85,174(100)	46,190(54.2)	38,984(45.8)
특별법범죄	51,489(100)	31,871(61.9)	19,618(38.1)

출처: 법무연수원(2024: 147).

2022년 고령범죄인의 생활환경별 현황을 살펴보면 하류가 41.4%로 가장 높았고 그다음이 중류(25.2%), 상류(1.3%) 순이었다. 결혼관계를 보면 기혼자가 64.8%이고 미혼자가 3.3%였다(법무연수원, 2024: 148).

(3) 처리 및 처우

① 고령범죄인의 기소율

2022년 고령범죄인의 검찰처리 총 인원수 95,904명 중 고령범죄인에 대한 기소율은 54.0%, 불기소율은 39.1%를 차지하였다. 고령자범죄에 대한 기소율은 전체 범죄인에 대한 기소율 58.3%에 비해 다소 낮은 것으로 나타났다(법무연수원, 2024: 294).

② 질병에 걸린 수용자에 준해서 처우되는 노인수용자

현재 우리나라의 「행형법」은 노인수용자에 대해 특별한 언급은 없으나 「행형법」에서 임산부와 노쇠자는 질병에 걸린 수용자에 준하여 처우한다고 하고 있다. 따라서 70세 이상의 수용자 노인에 대해서는 건강한 노인수용자이든 아니든 모두 질병에 걸린 수용자로 특별취급하고 있다(천정환 · 김주연, 2010: 212).

③ 노인수형자에 대한 특별처우

노인수형자에게는 합동접견, 고령자위로회, 동절기난방보조용품의 지급, 고령자거실 배정 등을 통해 특별처우하고 있다. 고령자위로회는 일부 기관에서 행하고 또한 일부 교도소에서는 동절기에 노인수형자에게 난방시설과 난방보조용품을 지급하고 있으며 각 교도소별로 거실사정이나 수용인원에 따라 고령자거실을 운영하고 있다(천정환 · 김주연, 2010: 212). 노인수용자는 6개월에 1회 이상 건강검진을 해야 한다.

3) 교정사회복지사의 개입

(1) 노화 및 사회통합에 영향을 미치는 다양한 요인에 대한 사정

교정사회복지사는 노인의 신체적 · 정신적 건강, 인지장애 등 노화와 관련된 문제, 가족관계 및 지지체계, 사회적 고립, 사회적 돌봄 필요 여부 등 사회적응 및 지역사회 통합에 영향을 미치는 다양한 측면에 대한 종합적인 사정을 수행하여 노인의 강점, 욕구 및 위험을 구체화해야 한다.

(2) 노인의 욕구중심 및 생활 전반에 걸친 다각적, 통합적 지원

고령범죄인에 대한 지원은 범죄와 관련해 시급히 다루어져야 할 문제뿐 아니라 생활 전반에 걸친 다각적, 통합적, 지속적 지원이 필요하다. 구체적인 지원내용을 살펴보면 다음과 같다.

첫째, 노인에 대한 심리적 지원이다. 고령범죄인은 범죄문제 이외에도 신체 건강 악화, 인지기능 저하, 사회적 역할변화, 사회적 관계 감소 등 노인기의 특성으로 인해 심리적인 어려움이 가중될 수 있다. 반면 자신의 삶의 과정을 되돌아보고 삶의 의미와 가치를 재평가해서 삶의 만족과 자아통합을 이룰 수 있도록 돕는 것이 필요하다. 일부 노인의 경우 우울, 불안, 불면증, 트라우마, 치매, 자살충동 등을 경험하기도 한다. 따라서 개별 및 집단상담, 스트레스관리프로그램 등을 통해 스트레스 완화, 심리적 지지 및 안정을 이룰 수 있도록 지원하는 것이 필요하다. 이를 위해 노인복지관, 한국노인복지중앙회, 중앙노인보호전문기관, 한국노인의 전화, 노인학대예방센터 등과 연계할 수 있다.

둘째, 사회적 지지망 구축이다. 노인기는 은퇴, 배우자 사별, 자녀독립 등으로 사회적 역할이 감소되고 친밀한 관계가 감소되는데 고령범죄인은 더 악화될 수 있다. 따라서 사회적 단절과 고립을 막기 위해 가족관계 회복을 돕거나 친척, 이웃, 세대 간 교류촉진 등 다양한 사회적 지지망을 구축하는 것이 필요하다.

셋째, 교육 및 훈련 제공이다. 고령범죄인은 낮은 학력, 교육기회의 단절, 평생교육에의 접근성 부족 등으로 최신 지식이나 기술을 습득하기 어려워 빠르게 변화하는 사회에 적응하는 것이 쉽지 않다. 이는 바로 사회적 단절, 소외, 고독사로 연결되기 쉽다. 따라서 디지털기술, 건강관리, 요리, 질병관리 등 실생활에 필요한 교육 및 훈련, 인지기능 유지 및 향상을 위한 훈련, 대인관계, 의사소통, 분노조절 등 심리 및 행동변화를 위한 교육 및 훈련, 구직을 위한 직업훈련, 투자나 사기예방을 위한 재정관리 교육 등을 제공할 수 있다.

넷째, 일상생활 지원이다. 일부 노인의 경우 불규칙적인 식사, 청소 및 개인위생관리, 시간관리, 빚이나 무분별한 소비 등 돈관리와 같은 기본적인 생활유지에 어려움을 갖는다. 이런 경우 요리, 용돈관리, 개인위생관리, 약물복용관리, 방청소, 시간관리 등 일상생활에 필요한 지원 및 관리, 노인맞춤돌봄서비스 등이 제공될 수 있다. 이를 위해 사회복지관, 노인복지관, 행정복지센터, 장기요양보험공단, 국민건강공단, 자원봉사단체 등과 연계할 수 있다.

다섯째, 주거 지원이다. 안정된 주거를 확보하지 못한 노인에 대해서는 쉼터와 같은 임시주거지, 임대주택, 임대료 지원, 주거급여, 주택개량지원, 주거환경개선 등이 제공될 수 있도록 지원할 수 있다. 이를 위해 법무보호복지공단, 행정복지센터 및 구청, LH공사, 장기요양보험공단 등과 연계할 수 있다.

여섯째, 건강 지원이다. 노인의 건강 관리 및 지원을 위해 당뇨병, 고혈압 등 만성질환 치료 및 관리, 치매나 알츠하이머 치료 및 관리, 약물중독 치료, 장기요양 및 재가서비스, 치과, 틀니나 인공관절지원, 의료비 지원, 응급의료 제공이 이루어질 수 있도록 지원한다. 이를 위해 지역병원 및 보건소, 국민건강보험공단, 장기요양보험공단, 정신건강복지센터, 중독관리통합지원센터, 치매안심센터, 치매상담콜센터 등과 연계할 수 있다.

일곱째, 사회참여 및 여가생활 지원이다. 노인들의 사회적 고립이나 배제를 완화하고 심리적 안녕과 사회통합을 위해 자원봉사, 지역사회문화행사 등 다양한 지역사회 참여프로그램, 예술 및 문화프로그램, 스포츠 및 여가활동프로그램 등을 제공한다. 이를 위해 지역노인복지관, 지역사회복지관, 지역문화센터, 자원봉사센터, 시민단체, 노인정 등과 연계할 수 있다. 일할 의지가 있는 노인들에게는 구직, 시니어인턴십 사업 등을 제공하기 위해 행정복지센터, 시니어클럽, 시니어인턴십, 한국노인인력개발원, 대한노인회 지회 등에 연계할 수 있다.

여덟째, 법률 지원이다. 노인범죄인들은 인지기능이 저하되거나 어려운 법률정보를 이해하지 못해 사법처리과정에서 자신의 입장이나 권리를 주장하는 데 취약할 수 있다. 또한 난청, 난시, 보행 등의 문제는 물론 신체적, 정신적 질환을 가질 수 있어 사법처리과정 중에 의료적 지원이나 법률적 필요하지만 이런 내용을 잘 몰라 법적 지원을 받지 못하는 경우가 많다. 이를 위해 법률 상담 및 정보제공, 법적 권리교육, 무료변호사 지원, 법원 동행서비스, 다양한 다이버전프로그램의 제공 및 연결, 개인채무조정 등을 제공할 수 있다. 이를 위해 대한법률구조공단, 한국가정법률상담소, 지역 마을변호사 무료상담, 신용회복위원회, 서민금융통합지원센터 등과 연계할 수 있다.

아홉째, 경제적, 물질적 지원이다. 기본적인 생활에 어려움이 있는 노인에 대해서는 긴급지원, 기초수급자 생계급여, 생계비 지원, 도시락 및 반찬서비스 지원, 후원금 및 후원자 선정, 냉난방비 지원, 기초연금, 가사지원서비스 등을 제공할 수 있다. 이를 위해 구청이나 행정복지센터, 노인복지관, 공동모금회, 지역자원봉사센터 및 자원봉사단체, 푸드뱅크, 국민연금공단 등과 연계할 수 있다. 또한 채무나 신용문제로 금융서비스를 제공받기 어려운 경우 서민금융지원센터와 연계할 수 있다.

(3) 회복적 정의의 적극적 활용

고령범죄인의 범죄는 주로 지인이나 주변인과 관련된 경우들이 많다. 따라서 교정사회복지사는 노인범죄의 특성을 고려해서 피해 회복, 관계 회복, 피해자와 가해자 모두의 치유 촉진을 강조하는 회복적 정의를 적용하는 것이 필요하다.

(4) 공식적 및 비공식적 지지체계의 활용

교정사회복지사는 노인범죄를 예방하고 이들의 성공적인 지역사회 재진입을 돕기 위해 보호관찰관, 의사, 간호사, 행정복지센터 전담공무원, 지역사회복지기관 실무자 등 여러 전문가들과 협력하여 통합적인 서비스를 제공할 수 있도록 해야 한다. 뿐만 아니라 가족, 친척, 이웃, 간병인 등 비공식적 지지체계들이 적극적으로 참여할 수 있도록 한다. 경제적으로 어려운 노인의 경우 의료와 치과치료의 문제가 크다. 치과협회와 협력해 무료로 보철혜택을 받을 수 있도록 하거나 치매나 중풍이 있는 노인에게는 말벗서비스, 요양서비스 등이 제공될 수 있는 방안을 강구해야 한다.

(5) 트라우마 치유를 위한 서비스 제공

교정사회복지사는 고령범죄인들 사이에 트라우마가 만연한 것을 잘 인식하고 이것이 현재 생활이나 행동에 어떻게 영향을 미치고 있는지를 잘 이해해야 한다. 따라서 노인범죄인에 대한 돌봄이나 서비스에 있어 이러한 내용을 잘 반영해서 계획 · 실행할 필요가 있다.

(6) 정책적 개입

첫째, 고령자범죄에 대한 과학적 연구 및 분석이 필요하다. 지금까지는 고령자범죄에 대해 개인의 일탈이나 노화과정 중 이상행동 등으로 단순화해서 미온적으로 다루어왔다는 비판이 크다(최준, 2013: 123; 양혜경, 2018: 53-54). 고령자범죄는 모두 동일한 것이 아니라 노인의 연령, 특성, 상황, 사회환경 등이 작용하여 다양한 특성을 가질 수 있다. 따라서 고령자범죄에 대한 과학적 연구 및 분석을 통해 다양한 특성을 가진 고령범죄인의 사회복귀 및 재사회화를 위한 토대를 마련하는 것이 필요하다.

둘째, 노인의 교정과 사회복귀에 적합한 프로그램의 개발이 필요하다. 노인수형자들은 젊은 수형자보다 민감하고 스트레스와 분노를 억압하고 부정하는 경향이 강하기 때문에 교도소생활이 주는 스트레스가 젊은 수형자들에 비해 크다. 반면 일반교정기관의 프로그램이나 사회복귀프로그램은 주로 성인에 맞춰 있기 때문에 노인에게 효과를 기대하기 어렵다(최준, 2013: 151). 따라서 노인의 욕구와 특성을 고려한 교정 및 사회복귀 프로그램 개발이 필요하다.

셋째, 고령범죄인의 예방 및 복지지향적인 사법제도의 개선이 필요하다. 기존 사법제도는 고령범죄인의 예방 및 사회복귀를 돕는 데 적합하지 않은 부분이 많다. 이동임과 천정환(2017: 178-179)은 고령범죄인을 위해 다음과 같은 사법제도의 개선을 주장하였다. 즉 수사단계에서 경미한 범죄는 다이버전을 적극적으로 활용할 필요가 있다. 사회복지기관이나 보호관찰소에서의 범죄예방교육, 가해자-피해자 화해제도 등을 활용할 필요가 있다. 재판단계에서는 집행유예의 요건 완화, 가택구금 제도 도입 등 사회 내 처우를 강화해야 한다. 형집행단계에서는 고령범죄인에 맞는 노인전담시설의 설치이다.

넷째, 수사에서부터 재사회화에 이르는 과정에 다기관 간, 통합적, 지속적 협력체계가 구축되어야 한다. 고령범죄인의 사회복귀 및 재범방지는 노인복지와 분리해서 생각할 수 없다. 수사단계에서부터 재판단계, 법집행단계 등에 이르는 과정에 노인복지가 우선적으로 고려되어야 한다. 특히 교정시설에서 출소하기 전부터 사회복귀 및 재적응을 돕는 지원이 제도적으로 구축되어야 한다. 고령출소자는 다른 출소자와 달리 출소 후 안정된 주거 확보가 어렵고, 직업훈련, 취업 등이 어렵고, 복합적인 건강상의 문제를 갖는 경우가 많아 자립이 쉽지 않다. 따라서 지속적인 사회복지 지원이 결합되지 않으면 사회복귀는 물론 재범 방지는 어렵다. 이를 위해서는 경찰, 법원, 사회복지기관, 한국법무보호복지공단, 보호관찰소, 노인요양시설 등 다각적인 협력체계 구축이 필요하다.

다섯째, 고령범죄인의 사회복귀를 돕는 특별한 복지센터가 도입되어야 한다. 일본의 특별조정제도와 같은 제도 도입과 센터 운영이 필요하다. 이것은 출소한 고령범죄인 중 고령 또는 장애로 인하여 스스로 자립이 곤란한 경우 복지기관 등에 연결하여 필요로 하는 보호, 의료, 연금, 기타 서비스 등을 제공하여 보다 원활한 사회복귀를 돕고자 한다(강경래, 2021: 16). 우리나라의 경우 한국법무보호복지공단에서 출소자의 갱생보호를 담당하고 있지만 혼자 거동이 어렵거나 건강상의 어려움이 있는 출소자의 지원에는 한계가 있다.

4. 장애인범죄인

1) 범죄의 원인 및 특성

(1) 범죄의 원인

장애인범죄인은 장애인이면서 범죄를 저지른 사람을 의미한다. 전체 범죄발생률에서 장애인이 범죄를 저지르는 경우는 매우 작다. 그럼에도 불구하고 장애인은 사회적으로 격리되어야 할 매우 위험한 사람으로 인식된다.

장애인범죄인의 원인은 여러 가지 요인이 복합적으로 작용할 수 있다. 따라서 쉽게 단정 짓기 어렵고 다각적인 차원에서 고려될 필요가 있다. 선행연구들에서 제시된 장애인 범죄의 일반적인 원인을 정리하면 다음과 같다.

① 사회적 차별

장애인들은 장애를 가졌다는 이유로 살면서 다양한 사회적 차별을 받을 수 있다. 경제적 · 교육적 · 사회적 장벽이 높고 사회서비스 접근에 여러 가지 제한을 받는다. 특히 장애인범죄인은 장애뿐만 아니라 범죄 전력을 가지고 있으므로 이중낙인(double stigma)의 가능성이 크다(박현용 · 정지형 · 손선주, 2023: 132-133).

② 신체 · 심리적 건강의 어려움

장애인들은 신체 · 심리적으로 건강상 어려움을 가질 수 있다. 이로 인해 학업이나 취업이 어렵고 사회적 관계나 참여, 문화생활 등 일상생활 유지가 쉽지 않다. 분노, 우울증, 불안, 낮은 자존감 등 심리적 문제를 가질 수 있다. 또한 안정적인 생활비 및 의료비 마련의 어려움, 취업이나 경제활동의 어려움, 가족관계 악화, 범죄피해 등 다양한 어려움에 놓인다. 이로 인해 범죄 위험에 쉽게 노출될 수 있다.

③ 학대 및 가정폭력

가정은 장애인범죄의 건강 및 삶의 질에 보호요인인 동시에 위험요인이 되기도 한다. 장애인들은 가장 안전한 환경이어야 할 가정에서도 위험에 노출되기도 한다. 장애인에 대한 이해 부족으로 인해 양육과정에 방임이나 학대를 당하기도 하고 가정폭력에도 쉽게 노출될 수 있다. 이런 피해 경험이 범죄를 유발하는 원인으로 작용하기도 한다. 이 밖에도 부모와의 유대감, 가족 결속력 등이 범죄와 관련이 된다.

④ 사회적 배제와 단절

장애인들은 성장과정에 사회적 관계에서 단절되거나 사회에서 배제될 수 있다. 특히 장애인에 대한 편견, 사회참여 기회의 부족 등 사회구조적 요인 등이 크게 작용한다. 이로 인해 발달과정에서 자연스러운 인간관계를 배우거나 상호작용하는 기술을 습득하지 못할 수 있다. 사람들에 대한 공감, 의사소통, 대인관계 기술이 떨어질 수 있고 급기야는 범죄와 연결될 수도 있다. 일부 정신장애인범죄인의 경우 스스로 자신의 증상을 온전히 이해하기 어렵고 병식(insight)과 치료의 필요성에 따른 적극적인 도움추구행동을 기대하기 어려운 부분이 많다(박현용 · 정지형 · 손선주, 2023: 132-133).

(2) 범죄인의 특성

장애는 복잡하고 다양한 경험이다. 장애인범죄인은 장애의 유형과 중증도에 따라 다양한 특성과 행동을 보일 수 있다. 따라서 장애인 모두를 범죄인으로 일반화하거나 고정관념을 갖는 것은 부적절하다. 특히 신체 · 정신건강상의 어려움이 반드시 범죄로 연결되는 것은 아니다. 신체 · 정신건강에 어려움을 가진 많은 사람들이 법을 준수하며 사회인으로서의 삶을 잘 영위하고 지낸다는 점을 명심할 필요가 있다. 선행연구에서 일부 장애인범죄인 특히 정신장애인의 특성으로 제시된 내용을 정리하면 다음과 같다.

① 예측하기 어려운 행동 및 통찰력 부족

일부 정신장애인들은 기분 변화, 편집증 및 망상 등으로 인해 타인들이 예측할 수 없는 불규칙한 행동을 보임으로써 사람들과의 상호작용이 어려울 수 있다. 또한 자신의 행동과 행동의 결과에 대한 통찰력이 부족할 수 있고 현실적인 판단을 내리지 못해 상황에 맞는 행동을 하지 못하거나 위험에서 벗어나지 못하는 등 적절한 결정을 내리지 못할 수 있다.

② 충동성

일부 정신장애인들 중에는 정신질환의 요인으로 인해 충동 조절에 어려움을 겪을 수 있다. 그 결과 폭력, 약물 사용, 다른 범죄로 쉽게 연결될 수 있다.

③ 알코올 및 약물중독

일부 정신장애인들은 약물이나 알코올 등의 중독문제의 어려움을 가지기도 한다. 이들의 경우 신체적 증상이나 고통에서 벗어나기 위해 술이나 약물을 부적절하게 사용하고 급기야는 중독에 빠진다.

④ 의사소통의 어려움

일부 장애인들은 자신의 의사를 타인에게 적절하게 표현하지 못하거나 타인의 생각이나 감정을 잘 인식하지 못해 타인과의 소통에 어려움을 겪는 경우가 있다. 이로 인해 타인의 행동을 왜곡되게 받아들이기도 하고 타인에게 오해를 일으키게 되고 그 결과 사람들과의 갈등 심화는 물론 고립이 되기도 한다.

⑤ 피해자 및 트라우마 이력

일부 장애인범죄인들은 생애과정에서 신체적 폭력, 성폭력, 학대 등 다수의 피해 경험을 가지기도 한다. 이로 인해 범죄 행위에 영향을 미칠 수 있는 트라우마도 더 많이 경험한다.

⑥ 동반질환

일부 장애인범죄인들은 특정 질환 이외에도 동반질환을 가진다. 예를 들어 우울증을 가진 사람들은 만성적인 신체건강 문제를 가질 수 있고 만성질환이 있는 사람은 우울증, 불안, 기타 정신건강의 어려움을 가지기도 한다. 이처럼 일부 장애인범죄인들은 우울증, 불안, 외상 후 스트레스 장애(PTSD) 등 한 가지 이상의 질병이 동시에 발생할 수 있다. 이런 경우 범죄 행위의 위험성을 증가시킬 수 있고 적절한 판단을 하거나 외부에 도움을 요청하는 것이 어려울 수 있다.

⑦ 사회서비스에의 접근성 부족

장애인은 취업, 주거, 교육, 의료, 문화, 사회참여 등 다양한 사회지원이나 서비스에의 접근에 어려움이 생길 수 있다. 이용 가능한 사회자원에 대한 접근성에 낮을수록 사회생활에 있어 장애가 클 수 있다. 그 결과 무기력감, 좌절감을 느끼거나 빈곤, 사회와의 단절, 범죄에의 노출 위험이 상대적으로 클 수 있다.

⑧ 잦은 치료중단 및 재발

정신장애인들은 지속적인 치료 및 증상관리가 필요하다. 그러나 일부 정신장애인범죄인들은 지속적인 치료나 약물복용 관리가 제대로 되지 않아 정신질환 증상 재발, 악화 및 재범의 가능성이 높다. 방치할 경우 각종 질병과 노숙, 사망으로 이어지기도 하고 시민안전을 위협하기도 한다(박현용 · 정지형 · 손선주, 2023: 130).

⑨ 높은 재범률

경찰청에서 발표한 범죄통계의 재범 관련 수치를 보면 매년 정신장애인범죄인의 재범률은 높다. 정신질환 범죄의 재범률이 높다는 점은 퇴소 후 지역사회로 돌아온 이후 꾸준한 치료 및 약물관리가 소홀하다는 것뿐만 아니라 이들이 사회안착을 안정적으로 하고 유지함에 있어 상당한 어려움을 경험하고 있다는 것을 의미한다(박현용 · 정지형 · 손선주, 2023: 130). 따라서 재범방지 및 재사회화를 위한 국가적, 제도적 대책이 적극적으로 강구되어야 한다.

2) 장애인범죄인의 실태[2)]

(1) 발생 현황

2022년 형법범죄의 경우 죄명별로는 절도가 2,437명으로 전체 인원의 24.5%를 차지하여 가장 많았고 그다음이 폭행(12.6%), 상해(4.5%) 등 순이었다(〈표 10-18〉 참고). 특별법범죄의 경우 죄명별로는 마약류관리법 위반이 전체 인원의 2.8%를 차지하여 가장 많았고

2) 우리나라 장애인범죄인 실태에 대한 자료는 매우 부족하여 본 절에서는 『2023 범죄백서』에 수록된 정신장애인범죄인에 대한 통계자료를 인용하였다.

그다음은 교통사고처리 특례법 위반(0.6%), 화학물질관리법 위반(0.2%) 순이었다(법무연수원, 2024: 141).

〈표 10-18〉 정신장애인범죄 주요 죄명별 발생 현황(2022년)

(단위: 명(%))

합계	형법범죄	살인	강도	방화	성폭력	폭행	상해	절도	사기	폭처법(손괴등)	기타	특별법범죄	도교법(음주운전)	교특법	마약류관리법	화학물질관리법	기타
9,929 (100)	8,334 (83.9)	44 (0.4)	28 (0.3)	142 (1.4)	495 (5.0)	1,252 (12.6)	451 (4.5)	2,437 (24.5)	385 (3.9)	3 (0.0)	3,097 (31.2)	1,595 (16.1)	16 (0.2)	55 (0.6)	282 (2.8)	22 (0.2)	1,220 (12.3)

출처: 법무연수원(2024: 141).

2022년 정신장애인범죄인의 생활환경별 현황을 살펴보면 하류가 72.3%로 가장 많았고 그다음이 중류(26.7%), 상류(0.6%) 순이었다(〈표 10-19〉 참고). 결혼관계를 보면 미혼자가 62.5%였고 배우자 있는 자가 19.8%로 미혼자가 훨씬 높음을 알 수 있다(법무연수원, 2024: 142).

〈표 10-19〉 정신장애인범죄인 생활환경별 현황(2022년)

(단위: 명(%))

계	생활 정도				결혼관계					
	하류	중류	상류	미상	유배우자	동거	이혼	사별	미혼	미상
9,929 (100)	7,181 (72.3)	2,648 (26.7)	62 (0.6)	38 (0.4)	1,968 (19.8)	153 (1.5)	1,137 (11.5)	444 (4.5)	6,203 (62.5)	24 (0.2)

출처: 법무연수원(2024: 142).

2022년 정신장애인범죄인 전과 현황을 살펴보면 전과가 없는 사람이 35.2%로 가장 많았고 그다음이 9범 이상(17.3%), 1범(14.9%), 2범(9.1%), 3범(6.3%) 순이었다(법무연수원, 2024: 143).

(2) 처리 및 처우

2022년 정신장애인범죄인의 검찰처리 총 인원수 9,451명 중 정신장애인범죄인에 대한 기소율은 54.3%, 불기소율은 35.9%를 차지하였다. 정신장애인범죄인에 대한 기소율은 전체 범죄인의 기소율(58.3%)보다 훨씬 더 높은 것으로 나타났다(법무연수원, 2024: 292). 정신장애인범죄인 중 기소유예 비율이 높은 범죄는 절도(46.9%), 성폭력(27.8%), 방화(26.6%) 순이었다(법무연수원, 2024: 293).

형벌만으로 교화 · 개선이 불가능한 상습법이나 정신질환 범죄인 등으로부터 사회를 보호하고 그들의 사회복귀를 촉진하기 위해 「사회보호법」을 제정하여 보호감호 및 치료감호 등 보완처분을 시행하고 있다(법무연수원, 2022: 396). 치료감호소는 치료감호를 행하는 기관이다.[3] 그중 정신질환자에게 행하는 피치료감호를 살펴보면 다음과 같다.

① 피치료감호자의 현황

2022년 피치료감호자의 죄명별 현황을 살펴보면 〈표 10-20〉과 같다. 살인죄(35.5%)가 가장 많고, 그다음은 폭력(17.1%), 성폭력(17.0%) 순이었다(법무연수원, 2024: 396).

〈표 10-20〉 피치료감호자의 죄명별 현황(2022년)

(단위: 명(%))

계	살인	상해(폭행)치사	폭력	절도	방화	강도	성폭력	기타
815(100)	290(35.5)	22(2.7)	139(17.1)	43(5.3)	45(5.5)	25(3.1)	138(17.0)	113(13.8)

출처: 법무연수원(2024: 397).

2022년 피치료감호자의 전과 횟수별 현황을 살펴보면 초범이 65.9%로 가장 높았고 그다음이 5범 이상(14.3%), 2범(10.3%), 3범(6.3%) 순이었다(법무연수원, 2024: 398).

〈표 10-21〉에서 2022년 피치료감호자의 병명별 현황을 살펴보면 조현병이 57.8%로 가장 높았고 그다음이 조울증(7.7%), 정신지체(8.3%), 약물중독(7.9%) 순이었다(법무연수원, 2024: 404).

〈표 10-21〉 피치료감호자의 병명별 현황(2022년)

(단위: 명(%))

계	조현병	정신지체	조울증	성격(인격)장애	간질	약물중독	기타
815(100)	471(57.8)	56(6.9)	63(7.7)	5(0.6)	4(0.5)	26(3.2)	190(23.3)

출처: 법무연수원(2024: 399).

② 피치료감호자의 처우

가. 치료재활교육 및 직업훈련

치료감호소에서는 피치료감호자의 효과적인 치료를 위하여 신규 입소자를 교육병동

3) 치료감호소는 「치료감호법」에 의하여 치료감호처분을 받은 자의 수용·감호와 치료 및 이에 관한 조사·연구를 하는 기관이다. 치료감호는 심신장애 상태, 약물 및 알코올 중독 상태, 정신이상 상태 등에서 범죄 행위를 한 사람이 재범 위험성이 있는 경우에 치료감호시설에 수용하여 적절한 보호와 치료를 함으로써 그들의 재범 방비와 사회복귀를 돕는 보안처분이다. 치료감호소는 그밖에 법원·검찰·경찰 등에서 의뢰한 자에 대한 정신감정을 실시하기도 한다. 치료감호소는 최근 국립법무병원으로 명칭이 변경되었다.

에 수용하여 정신의학적 진단과 검사를 실시한 후, 주치의와 수용병동을 지정 · 분류 · 수용하고 정신과적 치료와 함께 치료경과에 따라 단계적인 사회적응훈련과 예술요법, 작업요법, 심리극 같은 집단요법 등 치료재활 프로그램을 시행하고 있다. 또한 피치료감호자의 치료를 촉진하고 출소 후의 사회적응능력을 배양하기 위하여 치료감호소 내에 직업재활센터를 설치하여 2022년에는 1,790명에 대하여 정보화, PC정비, 제과제빵, 바리스타 4개 종목의 직업훈련을 실시하고 있다(법무연수원, 2024: 401).

나. 무상 외래진료제 운영

정신질환은 그 속성상 대부분이 만성질환으로 치료감호 종료 후에도 계속적인 통원치료가 필수적이나, 치료감호 종료 후 치료가 중단되는 경우에는 정신질환의 재발과 이에 따른 재범 가능성이 상존하게 되므로 이에 대한 대책으로 치료감호 종료 후에도 10년의 범위 내(1차 연장가능)에서 무료로 통원치료를 받을 수 있도록 무상 외래진료제를 시행하고 있다(법무연수원, 2024: 401).

다. 약물중독재활센터 운영

치료감호소에서는 약물중독재활센터를 운영하여 약물중독사범을 일반정신질환자와 분리, 체계적 · 전문적 치료와 재활교육을 실시하고 있다. 2022년 12월 31일 현재 약물중독자 23명이 전문의료진에 의해 집중치료를 받고 있다(법무연수원, 2024: 402).

라. 성폭력범죄인 치료감호제도 시행

성폭력범죄인은 정신건강의학과 전문의의 정신감정을 통해 정신성적 장애자로서 재범 위험성이 높다고 판단되면 최장 15년까지 치료감호시설에서 선 치료 후 잔여 형기를 집행하게 된다(법무연수원, 2024: 402).

3) 교정사회복지사의 개입

(1) 정신건강 치료 및 재활을 위한 지원

정신장애인범죄인이 사법처리를 거치는 과정이나 지역사회복귀 이후에도 정신건강 관련 요구사항을 해결하는 것은 매우 중요하다. 정신질환에 대한 치료를 제공하고 증상을 관리하고 미래의 범죄 활동을 피하기 위한 전략을 개발하도록 돕는 것이 필요하다.

교정사회복지사는 정신범죄인의 치료 및 재활을 위해 다학문적 치료팀의 일원으로 정신장애인범죄인과 협력할 수 있다. 또한 정신장애인범죄인에게 적합한 치료 프로그램이나 기관을 탐색해 정보를 제공하거나 이용할 수 있도록 한다.

〈표 10-22〉 정신장애인범죄인의 치료 및 재활에 관련된 제도

구분	치료감호제도	치료명령제도	치료위탁제도	성충동약물치료제도
대상자	심신장애인이나 일부 마약사범, 제한적으로 알코올중독이나 소아기호증 등의 성적 습벽이 있는 자	주취자, 심신장애인	치료감호선고를 받은 정신장애인범죄인	성폭력범죄를 저지를 성도착증 환자로서 성폭력범죄를 다시 범할 위험성이 인정되는 자
방법	시설내 처우	사회 내 처우(「의료법」에 따른 의사의 진단과 처방에 의한 약물투여, 「정신건강복지법」에 따른 정신보건전문가에 의한 인지행동치료 등 심리치료)	법정대리인, 배우자, 직계친족, 형제자매에게 치료감호시설 외에서의 치료를 위탁할 수 있도록 함 정신장애인범죄인이 거주하는 지역 내에서 치료 및 재활 가능	사회 내 처우(「의료법」에 따른 의사의 진단과 처방에 의한 약물투여, 「정신건강복지법」에 따른 정신보건전문가에 의한 인지행동치료 등 심리치료)
비용부담	국가부담	자비부담(예외적으로 국가부담)	자비부담	국가부담(성폭력 수형자는 자비부담)
관련법	치료감호 등에 관한 법률	치료감호 등에 관한 법률	치료감호 등에 관한 법률	치료감호 등에 관한 법률

출처: 안정훈 · 정진경(2016)의 표를 일부 수정, 추가하여 제시하였음

(2) 사법처리과정에 대한 교육 및 상담

교정사회복지사는 장애인범죄인이 사법제도 및 사법처리과정을 이해하고 자신에게 적절한 선택 및 행동을 할 수 있도록 관련된 내용에 대한 교육 및 상담을 행할 수 있다. 이 밖에도 교정시설에서의 적응이나 사회 재진입을 위해 분노 조절, 스트레스 관리, 알코올 및 약물남용에 대한 교육 및 상담을 행할 수 있다.

(3) 장애인의 욕구중심 및 생활 전반에 걸친 다각적, 통합적 지원

장애인범죄인에 대한 지원은 치료 및 재활 이외에도 정상화, 통합화의 관점에 기반하

여 생활 전반에 걸친 다각적, 통합적, 지속적 지원이 필요하다. 구체적인 지원내용을 살펴보면 다음과 같다.

첫째, 장애인범죄인에 대한 심리적 지원이다. 장애인들은 사법처리과정을 거치는 동안 낯선 환경에서 다양한 사람들과 상호작용해야 하기 때문에 심리적으로 불안정할 수 있다. 또한 의사소통 및 대인관계 기술부족, 낙인 및 고립, 자기조절 기술 부족 등으로 높은 스트레스, 좌절감, 무력감을 느끼기도 한다. 일부 장애인의 경우 우울, 불안, 불면증, 트라우마, 분노, 공격성, 자살충동 등을 경험하기도 한다. 따라서 개별 및 집단상담, 자조모임, 심리치료 등을 통해 심리적 지지 및 안정을 찾을 수 있도록 지원하는 것이 필요하다. 이를 위해 장애인복지관, 정신보건센터 등과 연계할 수 있다.

둘째, 사회적 지지망 강화이다. 장애인에 대한 낙인으로 생긴 사회적 단절과 고립을 막기 위해 가족관계 회복을 돕거나 주변 사람들이 장애인에 대해 깊이 이해하고 지지할 수 있도록 친척, 이웃, 자조모임 등 다양한 사회적 지지망을 구축하는 것이 필요하다.

셋째, 위기개입 및 보호이다. 일부 정신장애인들의 경우 환청, 환강, 망상, 신뢰문제 등으로 인해 위기개입 및 보호가 필요한 경우가 있다. 장애인의 경우 범죄 전·후에 성폭력, 가정폭력, 성착취, 사기, 학대 등 범죄의 피해자가 되기도 한다. 이때 즉각적으로 개입해서 위기에 대처하도록 돕는 위기개입이 필요하다. 이를 위해 중앙장애인권옹호기관, 한국장애인재활협회, 한국여성장애연합, 중앙장애아동발달장애인지원센터, 해바라기센터, 여성전화1366, 가정폭력상담소, 성폭력피해상담소, 성매매피해상담소 등과 연계할 수 있다.

넷째, 일상생활 지원이다. 기본적인 일상생활 기술이 부족한 장애인에 대해서는 요리, 용돈관리, 개인위생관리, 약물복용관리, 청소, 시간관리 등 일상생활지원이 필요하다. 이를 위해 사회복지관, 장애인복지관, 행정복지센터, 장기요양보험공단, 국민건강공단, 자원봉사단체 등과 연계할 수 있다.

다섯째, 주거 지원이다. 안정된 주거를 확보하지 못한 장애인에 대해서는 쉼터와 같은 임시주거지, 임대주택, 임대료 지원, 주거급여 등을 제공할 수 있다. 특히 장애 상태 및 장애인의 욕구를 고려하여 주택개량지원, 주거환경개선 등이 제공되어야 한다. 이를 위해 법무보호복지공단, 행정복지센터 및 구청, LH공사, 장기요양보험공단 등과 연계할 수 있다.

여섯째, 건강 지원이다. 장애인은 장애에 따른 치료와 재활 이외에도 다양한 건강상의 어려움을 가질 수 있다. 장애인의 건강 관리 및 지원을 위해 물리치료나 작업치료 등의 재활치료, 만성질환 치료 및 관리, 약물중독 치료, 장기요양 및 재가서비스, 의료비 지원, 응급의료 제공이 이루어질 수 있도록 지원한다. 이를 위해 지역병원 및 보건소, 국민건강보험공단, 장기요양보험공단, 정신건강복지센터, 중독관리통합지원센터 등과 연계할 수 있다.

일곱째, 사회참여 및 여가생활 지원이다. 장애인의 사회적 고립이나 배제를 완화하고 스트레스 완화 및 심리적 안정을 위해 자원봉사, 지역사회문화행사 등 다양한 지역사회 참여프로그램, 예술 및 문화프로그램, 스포츠 및 여가활동프로그램 등을 제공한다. 이를 위해 지역사회복지관, 장애인복지관, 지역문화센터, 자원봉사센터, 시민단체, 장애인단체 등과 연계할 수 있다.

여덟째, 법률 지원이다. 기존 어려운 법률내용은 시각. 청각, 발달장애인에게는 말할 수 없이 큰 장애물이다. 장애인들이 자신의 법적 권리 및 절차를 알고 법적 지원을 받을 수 있도록 법률 상담 및 정보제공, 법적 권리교육, 무료변호사 지원, 법원 동행서비스, 다양한 다이버전프로그램의 제공 및 연결, 개인채무조정 등을 제공할 수 있다. 이를 위해 대한법률구조공단, 한국가정법률상담소, 지역 마을변호사 무료상담, 신용회복위원회, 서민금융통합지원센터 등과 연계할 수 있다.

아홉째, 경제적, 물질적 지원이다. 기본적인 생활에 어려움이 있는 장애인에 대해서는 긴급지원, 기초수급자 생계급여, 생계비 지원, 도시락 및 반찬서비스 지원, 후원금 및 후원자 선정, 냉난방비 지원, 기초연금, 가사지원서비스 등을 제공할 수 있다. 또한 일상생활 유지를 위해 휠체어, 보청기, 시각보조기 등 장애인보조기기 구입 및 지원, 점자자료, 수화통역서비스, 동행서비스, 응급안전안심서비스 등을 지원할 수 있다. 이를 위해 구청이나 행정복지센터, 장애인복지관, 지역사회복지관, 공동모금회, 지역자원봉사센터 및 자원봉사단체, 푸드뱅크, 국민연금공단 등과 연계할 수 있다. 또한 채무나 신용문제로 금융서비스를 제공받기 어려운 경우 서민금융지원센터와 연계할 수 있다.

(4) 사례관리

교정사회복지사는 복합적이고 만성적인 어려움을 가진 장애인범죄인에 대해 사례관리(case management)를 행할 수 있다. 장애인범죄인의 욕구, 대처능력, 장점, 자산, 활용 가능한 지지체계 등 다양한 측면을 사정할 필요가 있다. 장애인범죄인과 협력하여 포괄적인 사정을 통해 개별서비스계획을 수립하고 다양한 지역사회자원을 연결해서 통합적인 서비스를 제공한다.

(5) 자살 위험에 대한 사정 및 개입[4]

정신건강상의 어려움을 가지고 있는 클라이언트들은 자살위험에 취약하다. 따라서 교정사회복지사는 보다 특별한 주의와 개입이 필요하다. 정신병적인 문제를 가진 사람들은 병의 진행단계에 따라 특정한 이유로 자살위기에 처할 수 있다. 교정사회복지사는 조금 더 민감하고 주의 깊게 회복과정에 따라 자살위기에 대해 평가해야 한다. 정신병 증상이 출현하기 직전인 전구기는 혼란스러움과 뭔가 변한 것 같은 느낌을 우울감으로 인지하는 경우가 많으며 이는 자살사고로 이어진다. 급성기에는 환청이나 혼란스러운 증상으로 인한 자·타해 문제가 발생할 가능성이 있다. 회복기에는 정신질환자라는 낙인과 수치심, 수행능력의 저하로 인한 직장과 학업 곤란, 가족이나 친구관계 상실 등으로 이차 이환의 발생과 함께 자살의 위험성이 증가할 수 있다. 이차 이환(Secondary morbidity)이란 정신병적 삽화의 직접적인 결과로 추가적인 문제가 일어날 경우를 말한다(Edward & McGorry, 2002). 정신병에서 회복되는 과정에 있는 사람들은 외상 후 스트레스 장애, 우울증, 불면증, 물질오용, 공황장애 등과 같은 동반 이환 증후군을 보일 수 있다.

정신장애인의 이차 이환을 최소화하거나 개선하도록 하기 위해서는 다음과 같은 사항들이 고려되어야 한다.

- 가능한 한 입원보다는 외래치료를 유지하여 발달과제를 수행할 수 있게 한다.
- 입원이 필요할 경우 입원으로 인한 이득, 입원과정에서 발생할 수 있는 문제, 향후 치료계획 및 방향 등에 대해 충분히 설명할 수 있도록 한다.
- 비자의적인 입원으로 협조가 불가능한 경우라 하더라도 위협적인 상황은 최소화한다.
- 주치의와 유기적이고 협력적인 관계를 유지한다.
- 증상 변화에 따라 적절한 약물치료가 이루어지도록 한다.
- 자살 위험성 및 이차 이환에 대해 보고함으로써 필요한 약물 처방이 이루어지도록 한다.
- 부작용에 대한 세심한 관찰과 보고를 통해 부작용을 최소화한다.

4) 이 부분은 남미애 · 윤숙자(2020: 222-225)의 내용과 정신보건센터(2013)의 내용을 제시한 것이다.

(6) 자살예방 교육

정신건강상의 어려움이 있는 교정복지 대상자 및 가족, 관련인에 대해 자살예방 교육을 실시한다. 이를 위해 교정사회복지사는 자살예방을 위한 기본적인 지식을 습득해야 하며 클라이언트와 가족에게 적절한 교육을 제공할 수 있도록 준비해야 한다(정신보건센터, 2013). 정신건강상의 어려움이 있는 클라이언트 및 관련인에 대한 자살예방교육 내용은 다음과 같다(〈표 10-23〉 참고).

〈표 10-23〉 정신건강상의 어려움이 있는 클라이언트 및 관련인에 대한 자살예방 교육 내용

대상	중점적인 교육내용
초발 정신질환자	• 회복 단계에 따른 위기상황 • 회복기에 나타날 수 있는 이차 이환과 자살의 위험성 • 자살위기 대처방법 • 자살위기에 연락할 수 있는 지지체계 마련 - 도움 요청을 위한 자원리스트 만들기 - 응급 시 24시간 이용 가능한 상담전화 활용방법
가족 및 친구	• 대상자에게 제공한 교육내용을 동일하게 제공 • 자살위기에 따른 징후 파악하기 • 일차적으로 자살 위험성을 평가할 수 있는 의사소통 방법 • 가족 및 친구에 대한 정서적 지지

출처: 정신보건센터(2013)의 내용을 일부 수정하여 제시하였음.

(7) 옹호

어떤 사람이라도 사법처리과정에서 인정되어야 하는 권리가 있다. 장애인범죄인이라도 예외일 수 없다. 교정사회복지사는 사법처리과정에서 장애인범죄인에게 필요한 지원서비스, 편의 제공, 치료 등이 적절히 제공될 수 있도록 장애인범죄인의 권리를 옹호할 수 있다. 또한 장애인이 자신의 권리를 주장할 수 있도록 자기옹호기술을 교육하고 장애인을 위한 법률 및 정책 개선, 공공 및 민간서비스에의 접근성 향상, 다른 장애인기관 및 옹호조직과 연대, 협력을 해야 한다.

(8) 장애인범죄인 가족에 대한 지원

장애인범죄인의 예방 및 재사회화를 위해서는 가족의 협력이 절대적으로 중요하다.

따라서 장애인범죄인 가족에 대한 지원이나 프로그램이 함께 고려되어야 한다. 장애인범죄인의 가족관계 개선 및 가족생활 만족도를 증진시킬 수 있는 프로그램이 수감 중에 운영될 필요가 있다(박창진, 2013: 25). 출소 이후에도 지역사회기관들과 연계해서 가족기능 강화를 위한 지속적, 통합적 지원이 이루어져야 한다.

(9) 정책적 개입

첫째, 치료감호소의 과밀수용 문제 해결 및 지역사회 의료기관 활용을 위한 노력이 강구되어야 한다. 정신장애인범죄인은 범죄행위의 원인이 정신장애에 근거하고 있기 때문에 이들은 범죄인이기 이전에 치료를 받아야 할 환자라는 점에서 형사사법과 더불어 정신건강의료의 처우대상이다. 현재 형사사법체계 내에서 행해지는 치료감호, 치료명령, 치료위탁제도, 사후관리제도만이 아니라 지역사회 내의 정신건강의료체계를 통한 치료 및 재활과 사회재통합을 위한 지원이 이루어져야 한다(임정선, 2019: 100).

둘째, 정신장애인에 대한 인식 개선을 위한 교육 및 캠페인을 실시한다. 장애는 범죄행위에 영향을 미칠 수 있는 많은 요인 중 하나일 뿐이며 많은 장애인이 지역사회에 긍정적으로 기여하는 법을 준수하는 시민이라는 점을 인식하는 것이 중요하다. 장애 및 범죄 행위에 대한 모든 논의는 장애인에 대한 민감성과 존중이 바탕이 되어야 하며 장애 경험의 고유한 독특성과 복잡성에 대한 인식을 가지고 접근해야 한다.

셋째, 지역사회 내에서의 적응 및 통합을 위한 제도적 개선이 필요하다. 장애인들이 안전하고 건강한 삶을 살 수 있도록, 지역사회에서 사회적 연결성을 높이는 등의 방안이 필요하다. 장애인들이 범죄를 저지르는 것을 예방하기 위해서는 가정이나 지역사회에서 범죄 예방 교육이 이루어지는 것이 중요하다. 또한, 장애인들의 권리를 보장하고 차별을 없애는 사회적 환경을 조성하는 것이 필요하다.

넷째, 장애인범죄인의 사회복귀 지원을 확대해야 한다. 장애인범죄인의 사회복귀 지원에는 경제, 의료, 법률, 취업, 주거, 문화, 사회적 지지 등 다양하고 지속적인 지원이 강구되어야 한다. 이것은 정부의 일관성 있는 정책 및 제도 개선은 물론 민간 및 지역사회의 지속적인 관심과 협력을 통해서만 확고하게 구축될 수 있다. 교정기관 및 지역기관과의 적극적인 네트워킹을 통해 다양한 협력체계가 구축되어야 한다. 특히 교정사회복지사는 장애인범죄인이 자원 이용 및 활용 능력 여부, 접근 가능성, 자원의 충분성 등을 잘 탐색하고 이들에 대해 지역사회자원 및 인력이 지원될 수 있도록 기관 간 네트워킹을 적극 활용해야 할 것이다.

다섯째, 치료감호 가종료 대상자에 대한 집중적인 사례관리와 지원이 강화되어야 한다. 치료감호 등에 관한 법률에서는 정신장애로 인하여 범죄행위를 한 자 중 재범의 위험성이 높고 치료가 필요하다고 판단한 경우 치료명령제도를 내리고 국립법무병원을 통하여 보호와 치료를 제공하고 있다. 이러한 치료감호가 가종료된 자는 3년간 보호관찰을 조건으로 처분의 집행을 가종료하는 형식으로 퇴소하게 된다. 문제는 치료감호 가종료 기간 중 지속적인 치료의무는 대상자의 자발성에 의존하고 있는 상황이다. 따라서 사회복귀 과정인 보호관찰기간 동안 사법체계 내 정신장애인범죄인 지원을 위해 법무부와 지역사회기관과의 연계를 통한 통합사례관리 제도 도입, 보호관찰소를 비롯한 기타 자원체계와의 연계방안 등 탄탄한 지원체계가 마련되어야 한다(박현용 · 정지형 · 손선주, 2023: 130-131).

여섯째, 수사 · 공판단계에서 복지 연계에 의한 다이버전의 실현이다. 수사단계에서 불기소 처분이 전망되거나 공판에서 집행유예 판결이 예상되는 발달장애를 가진 피의자 · 피고인에 대해서 장애로 인해 사회복귀에 어려움이 있을 것으로 판단한 경우 필요한 복지서비스를 적합하게 조정함으로써 원활한 사회복귀를 도모할 수 있다. 이와 관련해서는 부산지방검찰청과 부산광역시 발달장애인지원센터 간의 사례를 참고할 수 있다. 두 기관은 협약을 체결하고 발달장애 피의자 조사 시 전담변호사나 전문가 동석, 맞춤형 교육이수를 조건으로 한 기소유예처분, 발달장애 피해자에 대한 피해회복뿐만 아니라 장기간 지원을 받을 수 있도록 개인별지원계획을 수립하였다(성숙희, 2022: 187).

5. 외국인범죄인

1) 범죄의 원인 및 특성

국제화 시대를 맞이하여 국가 간 인적 교류가 활발해지고 있고 그동안 우리 정부가 지속적으로 추진하고 있는 외국인 관광객 유치 정책, 외국인 유학생 및 우수 전문인력 유치 등을 위한 비자 발급절차 개선 및 한류 열풍 등의 영향을 받아 해마다 우리나라를 찾는 외국인 방문객 수도 지속적으로 증가하고 있다. 국내 체류외국인 수는 증가 추세를 보이며, 2022년에는 우리나라에서 외국인등록을 한 외국인이 1,189,585명에 이르렀다. 이러한 외국인 유입의 증가는 부족한 노동력 문제를 해소하고, 다양한 외국 문화를 경험하게 하는 등의 순기능적인 측면이 있지만, 다른 한편 외국인 관련 범죄가 증가하고, 정주 외국인들의 사회 부적응 사례가 나타나는 등 사회의 불안 요인도 함께 증가하고 있다. 특히 외국인범죄인은 우리나라 영역 내에서만 발생하는 것이 아니라 마약범죄 등과 같이 제3국과 연계되어 발생하는 등 그 수법도 날로 다양해지고 지능화되어 가고 있다(법무연수원, 2024: 148-149).

(1) 범죄의 원인

외국인범죄인의 원인은 매우 복잡하고 다양하다. 범죄의 종류, 지역, 문화적 배경 등에 따라 달라질 수 있다. 우리나라의 경우 외국인범죄인에서 가장 높은 비중을 차지하는 것이 이민자나 외국인근로자들에 의한 범죄이다. 따라서 여기서는 이민자나 외국인근로자들의 범죄의 원인을 중심으로 살펴보고자 한다.

① 경제적 어려움

이민자나 외국인근로자들의 상당수는 경제적 어려움에 처해 있다. 이들은 안정적이고 합법적인 취업이 어렵고 설사 취업하더라도 임시직이나 임금이 낮은 불안정한 고용상태에 있기 쉽다.

② 사회적 차별 및 불리한 위치

이민자나 외국인근로자들이 한국 사회에 적응해서 사는 일은 만만치 않다. 이들은 상이한 언어, 문화, 제도, 규범, 풍습 등으로 인해 적응에 어려움이 있다. 뿐만 아니라 외국인이라는 신분으로 인해 교육, 고용, 임금, 승진, 사회참여 등에서 차별을 받기도 하고 사회적으로 불이익을 겪을 수 있다. 그 결과 합법적인 수단을 통해 사회에서 안정적인 삶을 영위하는 것이 쉽지 않다. 또한 자신들의 권리를 침해받았다는 분노와 불안을 느끼게 된다. 이런 영향 등이 복합적으로 작용해 범죄 행위를 저지를 가능성이 있다.

③ 법률문제

일부 이민자나 외국인근로자는 합법적인 체류권을 가지고 있지 않거나 입국할 당시 합법적으로 들어왔다고 해도 거주기간을 어기거나 갱신해야 하는 과정에 조건을 충족시키지 못해 불법체류 상태에 놓이는 경우도 있다. 이들은 체류나 취업 등 자신들이 희망하는 바를 취할 수 있는 합법적인 수단이 없을 때 불법적인 방법을 사용하기도 한다.

④ 문화적 충돌

이민자나 외국인근로자가 살던 나라의 문화와 가치관이 우리나라와 상이할 때 문화적 충돌이 일어날 수 있다. 대다수는 우리나라에 적응하기 위해 우리나라의 문화와 가치관을 이해하고 받아들이려고 노력하지만 일부 외국인의 경우 특성 부분과 관련된 내용이나 특정 상황에서 극심한 반감이나 분노를 느껴 범죄를 저지를 수 있다.

(2) 범죄인의 특성

선행연구에 제시된 외국인범죄인의 일반적인 특성을 정리하면 다음과 같다.

① 재산이나 마약 등 특정 범죄에 집중

외국인범죄인들이 많이 저지르는 범죄는 주로 재산범죄, 마약범죄, 성범죄 등이다. 이는 그들이 처해있는 경제적·사회적·문화적 불균형 상태와 관련이 깊다.

② 상이한 언어 및 문화, 법률에 대한 무지로 인한 범죄

외국인범죄인들은 언어나 문화적 차이로 인해 사람들과의 소통 및 적응에 어려움이 있거나 그 나라의 법규를 몰라 예기치 않게 법을 어길 수 있다.

③ 낮은 교육 수준

모든 외국인범죄인들의 교육 수준이 낮은 것은 아니지만 일부는 교육 수준이 상대적으로 낮다. 이들은 자국에서부터 적절한 교육을 받지 못하였거나 한국에 온 이후 교육이 단절되기도 한다.

④ 불안정한 체류지위

일부 외국인범죄인들은 합법적으로 체류권을 가지지 않거나 비자기간을 초과하여 불법적으로 체류하는 경우가 있다. 이런 경우 취업은 물론 사회적 서비스에의 접근이 어렵

기 때문에 경제적 · 사회적 · 문화적으로 불균형한 상황에 쉽게 놓이고 그 결과 범죄에 연루될 가능성이 있다.

2) 외국인범죄인의 실태

(1) 발생 현황

2022년 외국인범죄인의 주요 죄명별 발생 현황을 살펴보면 총 외국인범죄인 수는 38,155명이었다(<표 10-24> 참고). 이 중 형법범죄는 49.1%이고, 특별법범죄는 50.9%를 차지하였다(법무연수원, 2024: 158).

〈표 10-24〉 외국인범죄인 주요 죄명별 발생 현황(2022년)

(단위: 명(%))

계	형법범죄	절도	사기	횡령	강도	성폭력	폭행	상해	도박과 복표	기타 형법
38,367 (100)	16,394 (49.1)	2,358 (7.1)	3,313 (9.9)	643 (1.9)	82 (0.2)	919 (2.8)	3,969 (11.9)	1,215 (3.6)	344 (1.0)	3,551 (10.6)
	특별법범죄	관세법	도교법	외국환거래법	교특법	기타 특별법				
	16,973 (50.9)	20 (0.1)	4,621 (13.8)	198 (0.6)	1,507 (4.5)	10,627 (31.8)				

출처: 법무연수원(2024: 158).

(2) 인구사회학적 특성

2022년 외국인범죄인의 연령별 현황을 분석해 보면, 〈표 10-25〉와 같다. 31세 이상 40세 이하가 32.4%로 가장 높았으며 그다음으로 19세 이상 30세 이하(27.5%), 41세 이상 50세 이하(18.5%), 51세 이상 60세 이하(12.3%), 61세 이상 70세 이하(4.9%), 19세 미만(1.5%) 순이었다(법무연수원, 2024: 159).

〈표 10-25〉 외국범죄인 연령별 현황(2022년)

(단위: 명(%))

	계	19세 미만	19~30세	31~40세	41~50세	51~60세	61~70세	71세 이상	미상
계	33,367 (100)	494 (1.5)	9,168 (27.5)	10,814 (32.4)	6,161 (18.5)	4,099 (12.3)	1,642 (4.9)	347 (1.0)	642 (1.9)

	계	19세 미만	19~30세	31~40세	41~50세	51~60세	61~70세	71세 이상	미상
형법 범죄	16,394 (100)	394 (2.4)	4,121 (25.1)	5,036 (30.7)	3,048 (18.6)	2,243 (13.7)	1,133 (6.9)	277 (1.7)	142 (0.9)
특별법 범죄	16,973 (100)	100 (0.6)	5,047 (29.7)	5,778 (34.0)	3,113 (18.3)	1,856 (10.9)	509 (3.0)	70 (0.4)	500 (2.9)

출처: 법무연수원(2024: 160).

〈표 10-26〉에서 2022년 외국인범죄인의 직업 현황을 살펴보면 피고용자가 36.4%로 가장 높았고 그다음은 자영업자(9.3%), 전문직(2.2%) 순이었다(법무연수원, 2024: 160).

〈표 10-26〉 외국인범죄인 직업별 현황(2022년)

(단위: 명(%))

계	자영업자	피고용자	전문직	공무원	기타
33,367 (100)	3,110 (9.3)	12,155 (36.4)	744 (2.2)	19 (0.1)	17,339 (52.0)

출처: 법무연수원(2024: 160).

2022년 외국인범죄인 전과 현황을 살펴보면 전과가 없는 사람이 60.3%로 가장 많았고 그다음이 1범(8.0%), 2범(3.0%), 3범(1.5%) 순이었다(법무연수원, 2024: 161).

(3) 처리 및 처우

2022년 외국인범죄인의 검찰처리 총 인원수 26,559명 중 외국인범죄인에 대한 기소율은 50.6%, 불기소율은 37.5%를 차지하였다. 외국인범죄인에 대한 기소율은 전체 범죄인의 기소율(58.3%)보다 약간 낮은 수준인 것으로 나타났다. 외국인이 저지른 범죄 중 기소율이 가장 높은 범죄는 교통사고처리특례법위반(75.6%), 사기(70.7%), 성폭력(68.1%), 마약류관리법위반(58.4%)의 순이었다(법무연수원, 2024: 296).

현재 외국인 수용을 전담하는 교도소로는 형이 확정된 외국인 남자 수형자를 수용하는 대전교도소, 천안교도소와 외국인 여자 수형자를 수용하는 청주여자교도소가 있다. 2022년 외국인수용자 국적별 인원을 살펴보면 총 2,644명 중 중국인이 44.2%로 가장 높았고 그 밖에는 미국, 일본, 대만, 러시아, 베트남, 몽골 등 다양한 국적을 가졌다(법무연수원, 2024: 387-388).

외국인 수용자의 성별을 살펴보면 남자가 87.4%를 차지하고 여자는 12.6%였다. 〈표 10-27〉에서 보듯이 형기는 1년 이상이 585명으로 가장 높았고 그다음이 3년 이상(363명), 5년 이상(323명) 순이었다(법무연수원, 2024: 388-389).

〈표 10-27〉 외국인 수형자(가결) 형기별 현황(2022년)

(단위: 명)

계	1년 미만	1년 이상	3년 이상	5년 이상	10년 이상	20년 이상	무기	사형
1,657	129	585	363	323	158	46	51	2

출처: 법무연수원(2024: 389).

외국인 수용자의 범죄유형별 현황을 살펴보면 마약류가 35.9%로 가장 높았고 그다음이 사기 · 횡령(19.8%), 기타(15.2%), 살인(9.3%), 폭행 · 상해(4.5%), 절도(3.3%) 순이었다(〈표 10-28〉 참고).

〈표 10-28〉 외국인 수용자 범죄유형별 현황(2022년)

(단위: 명(%))

계	절도	사기 · 횡령	강도	살인	폭행 · 상해	강간	마약류	기타
2,644(100)	86(3.3)	527(19.8)	108(4.1)	247(9.3)	118(4.5)	209(7.9)	948(35.9)	401(15.2)

출처: 법무연수원(2024: 389).

3) 교정사회복지사의 개입

(1) 사정 및 조사

외국인범죄인(foreign offenders)은 다양한 이유로 범죄 전후, 사법처리과정 중 경제 · 심리 · 사회 · 문화적 차원에서 여러 가지 어려움을 겪을 수 있다. 교정사회복지사는 외국인범죄인의 욕구 및 당면 문제, 범죄와 관련된 요인, 장점 및 위험요소, 지지체계를 사정하고 재활 및 사회 재통합을 위한 포괄적인 개별서비스 계획을 개발한다. 이러한 사정 및 조사 자료는 사회복지실천에서의 활용은 물론 경찰, 검찰, 법원, 보호관찰소에서 의뢰한 조사 결과로도 사용될 수 있다.

(2) 사법절차과정에서의 범죄인 지원

외국인범죄인은 범죄로 인해 징역형이나 추방 등의 처벌을 받을 수 있다. 교정사회복지사는 외국인이며 타국에서 범죄를 저질렀다고 해도 인권이 존중되면서 사법과정을 마무리할 수 있도록 다각적인 지원을 행하는 것이 필요하다. 사법과정 중 통역이나 동행서비스, 남겨진 가족의 보호 및 거주지 마련, 법률서비스, 의식주와 관련된 문화적 고려 등이 반영될 수 있도록 한다.

(3) 사회복귀 지원

처벌을 받은 대부분의 외국인범죄인은 지역사회로 복귀한다. 체류하는 동안 사회에 재진입하고 안정적으로 생활할 수 있도록 취업, 직업훈련 및 코칭, 주거지, 정신건강, 의료, 법률, 가족관계 개선, 재정문제 개선, 지지체계 구축 등 다양한 측면의 심리·사회적 지원이 필요하다.

(4) 문화적응 및 귀국지원

외국인이 우리나라 문화를 이해하고 적응할 수 있도록 우리나라 문화에 대한 안내 및 교육이 필요하다. 그들 나라와의 문화 차이를 고려하고, 사법처리과정 중이나 출소 후 지역사회생활에서 그들 나라의 문화와 관습, 외국인의 문화적 욕구가 고려될 수 있도록 교정기관, 사회복지기관, 관련전문가들 간의 다리역할을 한다.

또한 본국으로 귀국하고자 하는 경우에는 신속하고 안전한 귀국을 위한 행정절차지원 및 귀국 관련 상담을 제공하는 것이 필요하다.

(5) 사례관리

교정사회복지사는 다중의 복합적인 문제를 가진 외국인범죄인에 대해 통합적·지속적 지원을 위해 사례관리를 행할 수 있다. 외국인범죄인의 사회적응 및 사회 재진입을 위해 외국인의 개별적인 욕구와 당면 문제에 초점을 두고 그들 및 가족과 협력해서 자신들이 원하는 삶을 자신이 중심이 되어 살아가고 그를 위해 도움이 되는 지역사회 자원 및 서비스에 접근할 수 있도록 지원한다.

(6) 협력 네트워크 구축

외국인범죄인은 범죄 이외에도 언어, 체류문제, 임금체불, 피해보상, 경제적 어려움,

의료, 주거, 가족문제 등 다양한 어려움에 처할 수 있다. 다양한 지역사회 자원을 연결하고 통합적 지원을 행하기 위해서는 다문화센터, 외국인복지관, 외국인복지센터 등을 비롯해 다양한 지역사회기관들과 연계, 협력해서 공동으로 대처할 수 있도록 협력네트워크를 구축한다.

(7) 문화 감수성 및 역량

외국인과 함께 일하는 교정사회복지사는 문화 감수성(cultural sensitivity) 및 문화 역량(cultural competency)을 갖추어야 한다. 교정사회복지사는 외국인의 경험, 언어, 문화, 관습, 타국 생활의 스트레스, 고립 등을 이해해야 하며 다양한 문화적 배경을 가진 클라이언트와 효과적이고 세심하게 의사소통할 수 있는 문화적 역량을 갖추어야 한다.

(8) 정책적 개입

첫째, 외국인 전담 교도소가 확충되어 과밀수용 문제를 개선해야 한다. 또한 경미한 범죄의 경우 사회 내 처우 프로그램을 확대할 필요가 있다.

둘째, 외국인에 맞는 맞춤형 교정 프로그램이 운영되어야 한다. 특히 통역서비스, 한국어교육, 한국문화이해, 자기개발 프로그램 등의 적극적 지원이 필요하다.

셋째, 외국인을 위한 사회복귀 지원이 확대되어야 한다. 국내에 계속해서 거주하고자 하는 사람에 대해서는 그들이 직면한 문제를 극복하고 사회에 성공적으로 재통합할 수 있도록 문화적으로 민감하고 다양한 지역사회자원과 연계한 지원이 강화되어야 한다.

CHAPTER 11

범죄유형별 교정복지실천

1. 학교폭력[1)]

1) 학교폭력의 원인 및 특성

학교폭력은 우리나라 청소년비행에서 오랫동안 지속되고 있는 비행이다. 원만한 또래관계 형성 및 유지가 중요한 발달과업인 청소년기에 있어서 지속적이고 반복적인 학교폭력에의 노출은 외로움, 억울함, 분노, 우울 등과 같은 다양한 부정적 정서는 물론 공격적 행동, 등교거부, 자살충동 등 외현화 문제행동을 비롯하여 심한 경우 자살시도, 정신장애 등을 초래하기도 한다(권재기, 2011; 김혜원, 2011; 박종효, 2007). 또한 학교폭력이나 따돌림을 목격한 청소년들은 자신도 학교폭력의 피해를 당하지 않을까 두려워하기도 하고 학교폭력을 묵인한 것에 대해 양심의 가책을 느낀다. 이처럼 학교폭력은 개인의 인권을 침해하고 청소년들의 도덕성 발달과 가치관 형성에 부정적인 영향을 미치고 건강한 공동체 형성을 저해한다. 따라서 학교폭력문제는 가해청소년, 피해청소년, 주변인 모두에게 적절한 지원과 개입이 행해지지 않으면 안 된다.

(1) 학교폭력의 원인

학교폭력의 원인은 크게 청소년기의 요인, 개별적 요인, 환경적 요인으로 대별해 볼 수 있다.

① 청소년기의 요인

청소년의 폭력행동은 청소년기의 일반적 특성과 관련이 깊다.

첫째, 청소년기의 신체적 특성 중 뇌발달 및 구조의 변화와 관련이 깊다. 청소년의

1) 이 부분은 홍봉선 · 남미애(2018: 355-398)의 내용 중 부분 발췌, 재인용한 것이다.

뇌활동을 연구한 학자들에 따르면 청소년들은 성인과는 달리 정서가 개입된 의사결정을 할 때 전두엽이 낮게 활성화되고 편도체가 높게 활성화된다고 한다. 전두엽은 정서와 충동을 통제하고 옳고 그름을 판단하는 처리과정이 일어나는 곳이다. 반면 편도체는 동물적 감각에 따른 본능적 반응과 관련된 곳이다. 따라서 청소년의 공격적, 충동적 행동은 뇌발달과 관련 있다는 것이다. 그러나 청소년의 뇌는 완성된 것이 아니라 계속 리모델링 중에 있다는 점을 고려한다면 현재 문제 행동을 하는 청소년들이라 할지라도 교육과 환경적 지원을 통해 변화할 가능성이 높다는 것을 짐작할 수 있다.

둘째, 호르몬 및 성적 성숙과의 관련성이다. 안나 프로이트(Anna Freud)는 청소년기에 일어나는 성적(性的) 성숙, 즉 생식기의 발달과 그로부터 발생되는 성적 욕구에 따르는 내적인 갈등과 심리적 불안정 등이 공격적 행동을 유발한다고 본다(함종한, 1992 재인용). 전성일(1996)에 따르면 청소년기는 신체적으로 공격성에 중요한 역할을 하는 호르몬인 테스토스테론이라는 남성 성호르몬이 왕성하게 분비되는 시기라고 한다.

이를 정리하면 청소년기의 이러한 신체적 혹은 생리적 특성으로 인하여 우발적이고 즉흥적인 행동을 할 개연성이 높으며 이는 학교폭력과 무관하지 않을 수 있다. 그러나 모든 청소년이 폭력을 행사하는 것은 아니다. 학교폭력을 이해하기 위해서는 이러한 청소년기의 일반적인 특성 이외에도 폭력을 가하는 청소년 개개인의 특성 그리고 그러한 폭력을 조장하는 환경과의 결합도 중요하게 고려해야 한다.

② 개별적 요인

학교폭력을 야기하는 청소년의 개별적인 요인으로 가장 많이 언급되는 요소 혹은 이론은 열등의식, 무력감과 단절의식, 누적된 공격성, 자기통제력 결여 그리고 욕구좌절-공격 이론이며 정신적 장애도 언급되기도 한다.

먼저, 일상적으로 폭력 행위를 하는 학생들은 일종의 열등의식을 가지고 있다는 것이다. 청소년기는 다른 사람에게서 자신의 능력을 인정받으려 하고, 자신의 정체감을 세워가는 시기이므로 열등의식을 가지고 있는 청소년은 매우 사소한 일로도 자존심을 침해받는다. 열등의식을 가지고 있는 청소년들은 폭력을 행사함으로써 자신의 자존심을 회복하려 한다는 것이다(한국청소년연구원, 1990). 이러한 열등의식의 대부분은 입시경쟁의 부산물일 경우가 많다.

또한 학교폭력 청소년들이 일반 청소년에 비해 무력감과 단절의식, 누적된 공격성 그리고 자기통제력의 결여 등의 특성을 갖는다(송명자, 1996). 무력감과 단절의식은 열등감의 또 다른 표현으로서, 오늘날 청소년들의 생애전망은 대학입시와 성적에 지나치게 의존하고 있고 성적이 낮은 학생들은 무력감에 빠져들고, 이로 인해 급우들과 교사로부터 받는 사회적 단절감을 벗어나고자 폭력이라는 수단을 사용한다는 것이다. 누적된 공격성에 의해 발생하는 학교폭력이란 공격적 성향이 누적적으로 보상받아 온 소수의 일정한 공격적 청소년들에 의해 주도된다는 것이다.

자기통제력 결여에 의한 학교폭력이란 자신의 행동의 의미와 그 결과에 대한 충분한 생각 없이 충동적으로 저질러지는 경향성이 높은 행동으로서, 이러한 사태는 대체로 자신의 충동적 욕구를 억제하는 능력인 자기통제력의 결핍에 기인하는 것으로 본다. 인간의 공격 행동을 설명하는 대표적인 심리학적 이론인 욕구좌절-공격 이론에 따르면 사람들은 자신이 성취하고자 원하는 목표의 달성이 좌절되거나 그 목표에 도달하는 길이 차단되었을 때 공격충동을 갖게 되고, 이 공격충동은 다시 욕구좌절을 일으키게 만든 대상을 향한 공격 행동으로 표현한다는 것이다(김정희 외, 1993). 이 밖에도 반사회적 성격장애, 경계선 성격장애, 자기애적 성격장애 등 정신건강상의 원인이 작용할 수 있다.

③ 환경적 요인

청소년의 학교폭력을 유발하는 환경적 요인으로는 크게 가정환경, 학교환경 그리고 사회환경으로 대별할 수 있다. 첫째, 가정환경이다. 학교폭력을 일으키는 가정적 요인으로는 가정 내에서 공공연히 자행되는 가정폭력과 결손가정문제를 들 수 있다. 가정에서의 폭력경험은 폭력을 정당화해 주는 규범을 내면화하는 데 기여하게 되므로 공격적 행동으로 쉽게 표출된다. 폭력이 행해지고 폭력 행사를 용인하는 가정 분위기에서 자란 청소년은 폭력의 희생자인 동시에 가해자가 된다. 양친의 불화, 갈등, 방임 및 가정의 부도덕 등으로 인하여 가정의 본질적인 기능인 적절한 보호와 정서적 안정이 결여되어 있는 기능적 결손가정이나 지나친 과보호는 청소년 주체성의 약화를 가져오고 이는 또 다른 학교폭력의 원인으로 작용한다.

둘째, 학교환경이다. 학교폭력이 발생하는 장소와 시간을 감안하면 학교폭력을 촉발하는 요인은 학교환경과 연계되어 있을 개연성이 높다. 학교폭력과 관련된 학교적 요인으로는 입시 위주의 교육과 비민주적이고 평화적이지 않은 학교 분위기 및 풍토 등을 들 수 있다.

셋째, 사회적 환경이다. 학교폭력을 유발하는 사회·문화적 요인으로는 폭력을 묵인하거나 조장하는 사회인식, 유해환경의 영향 등을 들 수 있다. 산업화·정보화 시대를 맞이하여 유해인쇄매체, 유해영상매체, 유해업소, 유해물품과 같은 청소년 유해환경의 악영향으로 인한 청소년문제가 증가하고 있다. 특히 선정적이고 폭력적인 대중매체는 청소년의 정신을 오염하고 폭력을 조장하는 주범의 역할을 하고 있다. 매스미디어 속의 범죄적·폭력적 내용들은 감수성이 예민한 청소년들에게 이른바 '범죄학교(a school for delinquency)'일 수 있고 '방아쇠 효과(triggering effect)'를 가져올 수 있다는 것이며, 특히 주목할 만한 점은 폭력적이고 범죄적인 내용에 많이 접촉하는 청소년일수록 비행을 많이 일으키고 있다는 사실이다(표갑수, 1995).

(2) 학교폭력 가해자의 특성

학교폭력 가해청소년은 폭력을 행한다는 점에서 성인 폭력과 같지만 그 외 여러 가지 측면에서 다른 특징들을 갖는다. 첫째, 폭력행위에 대한 책임의 부정이다. 록우드(Lockwood, 1997)에 따르면 또래폭력 가해청소년들은 대부분 자신의 폭력적 행동에 대한 책임은 인정하지만 그 행위의 잘못에 대해서는 인정하지 않는다고 한다. 즉, 피해학생이 폭력을 사용하게끔 원인을 제공하였다는 식으로 자신을 정당화한다는 것이다(이상균, 2000: 793-796 재인용). 이러한 부인행동은 크게 두 가지 이유에서 기인된다. 하나는 청소년들의 폭력은 사소한 시비에서 시작되는 경우가 많아 폭력의 책임이 모호한 경우가 많은데, 이 경우 가해청소년의 경우 그 책임을 타인에게 돌리는 경향이 있는 것으로 나타나고 있다. 특히 폭력에 대한 판단을 내림에 있어 폭력을 행사한 사람이 아니라 그 원인을 제공한 사람의 부도덕성에 초점을 두는 경향이 높다는 점이다. 또 다른 이유로는 교사나 부모와 같은 권위를 가진 성인들이 상대 청소년을 처벌하지 않을 것이라고 믿기 때문에 자신이 스스로 상대 청소년에게 폭력을 가함으로써 처벌을 한다는 것이다. 이러한 생각 이면에는 '어른들은 공정하지 않다', '도덕성의 위반에 대해 아무런 조치를 하지 않는다'는 불신과 더불어 자신들 또한 희생자라는 억울함이 내재되어 있다고 하겠다.

둘째, 폭력가해청소년의 상당수가 폭력피해 경험을 가지고 있다. 즉, 피해청소년이 가해청소년이 되기도 하고, 가해청소년이 피해청소년이 되기도 한다는 것이다.

셋째, 가정이나 학교에서 폭력적 훈육을 받은 경험이 많을 뿐 아니라 그를 통해 폭력을 학습하게 된다. 가해청소년의 경우 어린 시절부터 부모나 교사로부터 학대받은 경험이 많기 때문에 대인공감성이 결핍되어 폭력이라는 방법에 대한 저항이 적을 수 있으며 학교에서나 가정에서의 폭력경험을 통해 폭력을 학습하게 된다.

넷째, 공격적 성향이 크다. 학교폭력을 행사하는 학생은 대부분 공격적 성향을 갖고 있으며 이러한 공격적 성향이 폭력행동을 주기적으로 개발한다는 것이다. 힘이 센 청소년은 초기부터 주위에서 폭력소년으로서 주시되고 대우된다. 즉, 설사 그를 '폭력청소년'이라고 감히 부르지는 않더라도 그를 무시, 회피, 차별하거나 반대로 특별히 정중히 취급하는 등의 행동으로 나타나는 것이다. 이러한 주변의 상황에 의하여 폭력을 행사하도록 암묵적으로 기대된 소년은 주위의 예언적 기대에 따라 실제로 폭력을 실현해간다고 한다 (강동욱, 1999: 266).

다섯째, 현실에 대한 부적응이다. 청소년들의 폭력행위는 개인이 생활환경에 적응하지 못한 상태로부터 탈출하는 행동이기도 하다. 부모나 교사의 기대만큼 공부를 잘하지 못하거나 가정과 학교생활에 잘 적응하지 못하는 경우 자신을 이해해 줄 지지그룹이 필요하다. 이들은 미래에 대한 희망이 좌절된 상태에서 끼리끼리 모여 자기들을 과시하기 위해서나 유흥비를 마련하기 위해 금품을 갈취하는 과정에서 쉽게 폭력을 행사하게 된다. 또한 동료부터 승인을 얻으려고 하거나 동료에의 충성심을 높이려고 하고 나아가 폭력에 대한 저항감이나 죄책감을 극복하기 위해 또 폭력을 사용한다. 청소년에게 있어 폭력은 그 자체보다 폭력이 동료와 함께하는 행동이라는 점에 더 많은 의미를 부여하고 있다.

2) 학교폭력의 실태

학교폭력과 관련된 실태조사, 선행연구 등을 통해 우리나라 학교폭력의 실태를 정리하면 다음과 같다.

첫째, 학교폭력이 소수 특정 학생들 사이에서 발생되는 것이 아니라 일반 학생까지 범위가 확대되고 있다. 특히 행위자, 가족, 교사, 친구 등 주변인까지 포함하면 실제 학교폭력으로부터 영향을 받은 사람은 훨씬 많음을 짐작할 수 있다. 이들 중 상당수는 학교폭력 전후 처리과정에서 피해자화 되기도 한다.

둘째, 학교폭력 최초 발생연령이 낮아지는 추세이다. 피해학생과 가해학생의 과반수는 초등학교 때 최초 피해 또는 가해 경험이 있는 것으로 나타났다. 특히 집단따돌림 발생은 중학생에서 초등학생으로 점차 옮겨지고 있다.

셋째, 단순한 신체적 폭력이 아니라 강제적 심부름, 사이버 폭력, 성적 모독 등 언어적 · 정신적 폭력이 증가하고 있다. 또한 중학생의 학교폭력 발생비율이 가장 높고 이후 연령이 증가할수록 감소하는 경향이 보인다.

넷째, 가해자와 피해자 구분이 불분명하고 학교폭력 피해 경험이 있는 학생들은 다시 폭력을 당하지 않기 위하여 다른 학생에게 폭력을 행사하는 악순환이 발생한다. 학교폭력은 주로 피해 경험과 가해 경험이 독립적인 것이 아니라 가해자와 피해자가 동일한 집단일 가능성이 높고, 가해 · 피해를 동시에 경험하는 중복경험을 갖는다(신혜섭, 2005). 또한 폭력에 지속적으로 노출될 경우 우울, 불안, 또래 스트레스와 같은 내재화 문제행동은 물론 분노, 신체적 공격성, 자살충동 등 외현화 문제 행동도 갖기 쉽다. 이런 영향으로 인해 가해자에서 피해자, 피해자에서 가해자로 쉽게 위치 전환이 일어날 수 있다(이상균 · 정현주, 2012: 34-40).

다섯째, 학교폭력을 사소한 장난으로 인식하거나 위장하고 학교폭력을 목격하는 경우에도 방관하는 경향이 높다는 것이다. 특히 집단따돌림은 비가시적인 행동을 많이 포함하고 있어 피해자 파악이 상대적으로 어려워 학교현장에서 조기개입이 어렵다. 따라서 피해학생이 느끼는 불안감은 커지는 반면, 가해학생은 별다른 죄의식을 느끼지 않고 지속적으로 폭력을 행사하고, 학생이나 학교에서는 학교폭력 문제를 인식하기 어렵다(서양숙, 2011).

여섯째, 학교폭력에 직 · 간접적으로 관련되는 사람은 많지만 외부에 도움을 요청하지 않거나 방관하는 청소년이 많다는 것이다. 학교폭력 문제가 등교거부, 자살시도와 같은 심각한 문제로 확대되기 전까지는 외부로 잘 노출이 되지 않으며 학교폭력 피해를 당한 많은 청소년들은 외부에 도움을 요청하지 않는다는 것이다. 부산지역 초, 중학생을 대상으로 학교폭력에 대한 도움요청 의도를 조사한 남미애(2015: 95-127)에 따르면 조사대상자 중 학교폭력 피해 경험이 있는 청소년의 약 1/3은 다른 사람에게 도움을 요청한 경험이 없었다. 또한 학교폭력 문제 발생 시 외부 사람에 도움을 요청하고자 할 때는 문제의 심각성이나 폭력에 대한 태도나 가치보다는 안전하게 도움요청을 할 수 있는 시스템에 대한 접근성이 구축되어 있는지, 비밀보장이 될 수 있는지, 친구들과의 폭력문제를 혼자서 해결할지 못하면 안 된다는 생각 등이 커 크게 영향을 미치는 것으로 나타났다.

일곱째, 어린 시절 폭력에의 노출 경험은 청소년기는 물론 그 이후까지 연속될 가능성이 크다는 것이다. 한국청소년 패널조사자료를 사용한 이상균과 정현주(2012: 34-38)에 따르면 초등학교 때부터 피해나 가해행동에 노출된 청소년들은 중학교에 진학한 이후에도 계속 피해·가해 행동이 유지될 가능성이 높다고 하였다. 이는 학교폭력에의 차단은 혼자만의 노력으로 어렵고 조기개입의 필요성이 중요하다는 것을 뒷받침하는 결과라고 하겠다.

3) 학교폭력에 대한 교정복지실천

(1) 학교폭력 가해청소년에 대한 개별사회복지실천

교정사회복지사는 학교폭력 가해청소년의 난폭하거나 공격적 행동 등 부정적 행동을 완화하고 자신의 심리·행동을 성찰할 수 있도록 교정사회복지사와의 관계를 통해 도울 수 있다. 이때 활용할 수 있는 기법이나 기술을 살펴보면 다음과 같다.

① 모래주머니 때리기

이것은 공격적 욕구를 모래주머니나 인형 등 사회적으로 용납된 것에 발산하도록 하는 것이다. 이것은 공격적 행동의 지도를 위해 사용하는 가장 일반적 기법 중 하나이다. 먼저 공격적 욕구를 표현하는 대상을 사회에서 용납하는 것으로 바꾸고 공격적 욕구를 지속적으로 표현하게 하여 기진할 때까지 계속하면 공격적 욕구가 충족되어 마침내 공격적 행동을 중단하게 되기도 한다(박성수, 1992: 139-140).

② 주장훈련

학교폭력 가해청소년들은 자신의 생각이나 느낌을 적절하게 표현하는 것이 서툴고 바로 공격적 행동으로 표현하는 경우가 많다. 주장훈련(assertion training)은 청소년들이 다른 사람과 이야기를 시작하고, 도움을 요청하고, 다른 사람과 놀이를 시작하고, 협동놀이에 참여하며, 가족토의에 참여하는 주장행동의 능력을 행동시연(behavioral rehearsal)이나 모델링 같은 기법을 활용하여 강화하는 것이다(한국청소년개발원, 1993: 27).

③ 역할연습

학교폭력 가해청소년들 중 일부는 사회적 기술이 부족한 경우가 있다. 욕하지 않고 화내지 않고 사람과 상호작용하는 방법, 의사소통기술들을 배우는 것이 필요하다. 역할연습(role play)이란 자기가 위치한 장면에서 어떤 역할을 선택하여 그것을 연기하는 것을 말하는 것으로서, 개인의 행동능력을 발전시키기 위한 이야기 장면으로서 사용된다. 그 목적은 조사, 실험, 역할의 변화, 개선, 훈련 등이다(이근후 · 임계원, 1988: 188).

④ 심리극

심리극(psychodrama)이란 어떤 개인이 단순히 자신의 갈등상황에 대해 스스로 말하기보다는 그 상황을 연기(演技)함으로써 자신이 가지고 있는 문제의 심리적 차원을 탐구하도록 돕는 방법이다. 정서적 갈등을 명료화시킬 뿐 아니라 인간의 잠재력을 개발하려는 목적으로도 사용되는 기법이다(이근후 · 임계원, 1988: 11).

⑤ 이완훈련

학교폭력 가해청소년 중에는 여러 가지 어려움으로 인해 불안과 긴장, 스트레스를 많이 경험하기도 한다. 이완훈련(relax training)은 자기통제기술을 습득할 수 있는 등 일상생활 속에서 경험하게 되는 긴장과 압력을 일시적으로 제거할 수 있는 기법으로서 눈을 감고 이마에 주름이 질 정도로 힘껏 긴장을 하다가 숨을 들이쉬면서 몸 전체를 이완하는 것으로서, 머리에서 발끝까지 모든 주요한 근육들이 차례차례 긴장되고 이완될 때까지 긴장과 이완은 계속된다(한국청소년개발원, 1993: 24). 이는 청소년들이 학교폭력의 긴장과 압력이 제기되는 순간에 이러한 긴장이완의 동작을 하게 되면 능히 그 상황을 스스로 통제할 수 있게 된다. 따라서 필요한 상황에서는 언제든지 이러한 동작을 할 수 있도록 평소에 체득화되어 있어야 한다.

⑥ 인지적 재구조화

학교폭력 가해청소년 중에는 비합리적이거나 왜곡된 생각을 통해 자신의 폭력적 행동을 합리화시키거나 정당화해서 계속 행동화하는 경우가 있다. 예를 들어 자신의 행동은 폭력이 아니라고 생각하거나 맞아야만 상대가 자신의 부탁을 들어줄 것이라고 믿는 경우이다. 인지행동적 모델을 적용하여 청소년의 공격적 행동의 이면에 작용하고 있는 비합리적 사고의 체계, 가치, 사적(私的) 신념을 현실적이고 합리적인 것이 되도록 재교육을 하는 것이다.

⑦ 스트레스 관리

스트레스란 심리 또는 신체적으로 감당하기 어려운 상황에 처했을 때 느끼는 불안과 위협 상태라고 할 수 있다. 우리 몸은 과도한 불안이나 긴장 등에 의해 스트레스를 받게 되면 외부 위협을 물리치고 스스로를 보호하기 위해 자율신경계의 교감부가 활성화되고, 응급상황에 대처하기 위해 몸속의 여러 에너지를 동원하게 된다. 이런 긴장상태가 오래 갈수록 건강에 미치는 부정적 영향은 크다. 학교폭력 가해청소년들 중에는 스트레스를 크게 지각하는 청소년들이 있다. 스트레스를 받지 않고 살 수는 없지만 중요한 것은 스트레스를 어떻게 관리하는가 하는 점이다. 사람에 따라 스트레스를 유발하는 요인이 다양하듯 스트레스의 관리방법도 다양할 수 있다. 각자에게 적합한 스트레스 해소방법을 찾고 필요할 때 적절히 사용할 수 있어야 한다. 일반적인 스트레스 관리를 소개하면 다음과 같다.

〈표 11-1〉 스트레스 관리방법

핵심요소	내용
NO술, NO담배	• 술, 담배, 카페인이 들어 있는 커피, 차, 초콜릿 등은 스트레스를 더 가중시킬 수 있다.
규칙적인 운동	• 스트레스 상황에서 자신을 보호하기 위해 고에너지 상태에 있기 때문에 규칙적인 운동을 통해 에너지를 적절하게 발산한다.
적절한 수면	• 적절한 수면은 스트레스 완화 및 건강에 도움이 된다. • 정해진 시간에 규칙적으로 잠자리에 들고 수면을 방해하는 과도한 핸드폰 사용, 인터넷 이용, 술 등을 차단한다.
균형 잡힌 식사 및 영양 섭취	• 정해진 시간에 균형 잡힌 식사를 한다. • 너무 맵거나 짠 자극적인 음식, 인스턴트는 피하고 신선한 채소나 과일을 섭취한다.
적절한 휴식과 여가생활	• 열심히 일한 다음에는 반드시 쉰다. • 1주일에 1시간이라도 즐거운 시간을 만든다. • 좋아하는 사람들과 이야기하거나 함께 시간을 보낸다. • 스트레스 상황에서 벗어날 수 없다면 더 행복한 일에 집중한다. • 자신에게 의미가 있고 행복해지는 뭔가를 계획한다.
마음 챙김	• 자신의 마음을 잘 들여다보고 살핀다. • 스트레스는 혼자 담아두지 않고 그때그때 적절히 푼다. • 자신이 할 수 없는 일도 있다는 것을 자연스럽게 받아들인다.

핵심요소	내용
	• 최선을 다했지만 결과가 좋지 않다면 자신이 완벽할 수 없음을 담담하게 받아들인다. • 삶은 마라톤이다. 이 모든 것은 아직 과정이다. 최종 결과가 아니다. 쉽게 단정 짓고 포기하지 않는다.

(2) 학교폭력 가해청소년에 대한 집단사회복지실천

청소년들은 또래집단 지향성이 있고 자신의 어려운 문제를 동질성이 많은 또래와 의논하기를 바라며 또래와의 상호작용을 가장 활발하게 하기 때문에 청소년은 또래집단의 역동성을 활용하는 프로그램을 적용하는 것이 효율적이다(홍봉선, 1997: 64). 학교폭력 청소년집단에서 할 수 있는 프로그램으로는 분노조절 프로그램이 있다. 이것은 크게 분노조절에 대한 교육, 분노조절 능력 강화, 분노조절을 위한 자기진술로 구성될 수 있다.

첫째, 분노조절에 대한 이해 및 교육이다. 먼저 자신의 분노 및 대처반응에 대한 경험 나누기이다. 최근 분노의 감정을 느꼈을 때를 생각하고 자주 분노를 느끼는 상황, 그때의 대처반응, 대처반응의 결과에 대해서 함께 이야기한다. 클라이언트의 분노와 공격성을 사정하기 위해서는 공격성 척도를 활용할 수 있다(조흥식 · 이형섭, 2014: 421). 다음으로 분노에 대한 편견을 바꾸는 교육이다. 청소년들이 분노에 대해 어떻게 생각하고 있는지를 함께 검토하고 만약 분노에 대해 부정적인 생각을 가지고 있다면 분노에 대한 생각을 바꾸는 교육이 필요하다.

분노에 대한 바른 이해

- 분노는 자연스러운 감정반응이다. 분노는 기쁨, 즐거움, 슬픔과 같은 인간이 느끼는 자연스러운 감정이다. 우리는 생명이나 안전에 위협을 느낄 때, 타인으로부터 부당한 대우를 받을 때, 억울한 일이 생겼을 때, 바라던 욕구나 기대가 충족되지 않았을 때 분노를 느낄 수 있다. 따라서 분노 그 자체가 문제가 되는 것은 아니다.
- 분노는 공격성, 적개심과는 다르다. 분노는 느낌이나 감정이고 공격성은 폭력적인 행동이고 적개심은 타인을 싫어하는 태도라고 할 수 있다. 이들은 서로 연결되고 있기는 하지만 모든 분노가 반드시 공격성으로 나타나는 것은 아니다.
- 분노와 관련된 자신의 느낌이나 생각을 적절하게 표출하는 것이 필요하다. 분노는 에너지이기 때문에 억제한다고 없어지지 않는다. 오히려 폭력적 행동으로 잘못 표출될 수도 있다. 적절하게 표현하는 것이 필요하다. 상대방에게 솔직하게 자신의 현재 감정과 생각을 표현하는 것이 필요하다. 이로 인해 상대방과의 거리가 멀어지는 등 의도하지 않는 일들이 벌어질 위험도 있지만 효과적으로 분노를 표현

하는 것은 자기보호의 기능인 동시에 자존감을 높게 한다. 뿐만 아니라 상대방으로 하여금 문제에 대해 명료하게 이해할 수 있도록 함으로써 건전한 관계를 유지하도록 한다.

- 분노 표출 방법에 따라 긍정적 또는 부정적 영향으로 미칠 수 있다. 분노를 자주 강하게 느끼지만 억제만 한다면 건강에 부정적 영향을 미칠 수 있다. 반면 분노를 폭발하거나 폭력적 행동으로 표출하면 당장은 후련하고 상대방을 굴복시킨 것 같아 이득이 있는 것처럼 느껴지지만 장기적으로 보면 문제가 해결되는 것이 아니라 더 악화되는 경우가 많다. 상대방의 입장에서는 매우 억울한 일이 될 수도 있고 언제든 내가 분노의 대상이 될 수도 있다. 또한 신체적 상해, 구속, 법적 문제 등의 심각한 문제를 초래할 수 있다.

둘째, 분노조절 능력을 강화한다. 분노조절 능력을 강화하기 위해서는 분노를 일으키는 생각에서 탈피하고(분노를 일으키는 생각에서 벗어나기) 분노조절을 위해 자신의 마음속에서 스스로 분노에 대해 이야기하도록 하고(분노조절에 대한 자기진술) 최종으로는 상대방에게 화를 내지 않고 직접 자신의 생각과 마음을 표현하도록 하는(I-message 연습) 과정으로 이루어진다. 먼저 분노를 일으키는 생각에서 벗어나기이다. 분노는 왜곡된 생각에서 기인되는 경우가 많다. 교정사회복지사는 클라이언트가 화를 낼 때 어떤 인지적 오류가 있는지를 파악하고 합리적 생각으로 전환할 수 있도록 교육할 수 있다(〈표 11-2〉 참고).

〈표 11-2〉 분노에 대한 인지오류와 합리적 생각

구분	정의	인지적 오류	합리적 생각
명명하기	상대방을 전적으로 부정적으로 분류하는 것	특정 사항과 관련해 자신의 생각과 선택을 한 사람에 대해 바보, 배신자, 미친놈과 같은 부정적인 명명을 해서 그 사람 인격 전체에 대해 부정적인 판단을 하는 경우	사람마다 생각이 다를 수 있다. 그런 생각과 행동에는 이유가 있을 것이다 특정 행동만으로 그 사람 인격 전체를 부정적으로 보는 것은 타당하지 않다.
상대방의 마음 읽기	상대방의 마음을 자기 마음대로 해석하는 것	"네가 나에게 그런 행동을 하는 것은 나를 미워하기 때문이야." "너는 내가 잘되는 것이 싫지. 내가 고통 받기를 원하지."	상대방의 마음을 내 마음대로 읽는 것은 잘못될 수가 있다. 내가 그렇게 생각하는 합리적 근거가 있나? 그런 생각은 타당한가를 생각한다. 상대방에게 왜 그런 행동을 했는지 직접 설명을 들어 보는 것이 필요하다.
점치기	과거에 일어난 일이 미래에도 일어날 것이라고 예측하고 단정 짓는 것	"사람들은 나를 무시해. 내가 강하게 하지 않으면 저 사람도 마찬가지일 거야." "그 사람은 절대 변하지 않아. 변할 사람이 아니야."	앞으로 어떤 일이 일어날지는 아무도 모른다. 특히 미리 부정적 예상을 하는 것은 문제 해결에 도움이 되지 않는다.

구분	정의	인지적 오류	합리적 생각
과장하기	부정적인 일의 결과 또는 그 일의 중요성을 확대하는 것	"모두 나를 좋아하지 않아." "절대 나에게 이런 취급을 하면 안 되지." "항상 세상은 내 생각과 다른 방향으로 가."	모두, 절대, 항상과 같은 용어들은 비합리적인 용어들이다. 이런 용어들은 결과를 과장하거나 극단적으로 인식하게끔 하기 때문에 합리적이지 않다.

출처: 조흥식 · 이형섭(2014. 424).

다음으로는 분노조절을 위한 자기진술 훈련이다. 분노가 일어날 때 적절하게 조절하기 위해서는 자기에게 스스로 다음과 같은 진술을 하도록 반복해서 훈련한다(〈표 11-3〉 참고).

〈표 11-3〉 분노조절을 위한 자기 진술 훈련

상대방의 말과 태도로 인해 화가 나려고 할 때	• 잠시 생각을 멈추고 숨을 깊게 쉬기 10번만 해보자. 그러면 좀 나아질 거야. • 성급하게 화를 내면 무조건 지는 거야. 냉정하자. • 아무도 나를 화나게 할 수가 없어. 화를 낼지 말지는 내가 선택하는 거야. • 나는 분노를 조절할 수 있어. 이 정도는 아직 화낼 일이 아니야. • 중요한 건 문제 해결이야. 화를 낸다고 문제가 해결되는 게 아니야.
화가 치밀 때	• 잠깐만! 일단 물 한잔 먹고 오겠다고 하고 자리를 떠났다 오자. • 이 일이 정말 크게 화낼 일인지 다시 생각하자. • 상대방이 나에게 진짜 원하는 게 뭘까? 상대방의 입장에서 다시 생각해 보자. • 지금 당장 결론내지 않아도 괜찮아. 조금 생각해보자고 하고 다시 생각해서 정리해서 말하자.

마지막으로는 나-전달법(I-message) 연습이다. 나-전달법은 나를 주어로 하면서 내 감정과 느낌을 중심으로 메시지를 전달하기 때문에 상대방을 비난하지 않는 방법으로 상대방 행동의 영향을 표현할 수 있다. 일반적으로 이것은 크게 어떤 행동에 대한 간결한 묘사, 그 행동으로 인해 느낀 감정, 그 행동으로 인해 받은 분명한 영향에 대한 설명의 세 가지 영역으로 구성된다(남미애 · 윤숙자, 2020: 50).

나-전달법의 예

"네가 나와의 약속장소에 나오지 않고 다른 친구들과 축구를 했다는 것을 알았을 때(구체적 행동 묘사) 나는 엄청 속상하고 화가 났어(느낀 감정). 나는 너와의 약속을 위해 아르바이트시간도 미리 바꾸고 늦을까 봐 점심도 못 먹고 택시까지 타고 약속장소에 왔는데. 그날 오전 계획은 물거품이 되고... 나는 솔직히 너에게 나란 존재란 그 정도밖에 되지 않는가 싶어 나 자신이 한심스럽게 느껴졌어(분명한 영향)."

(3) 학교폭력에 대한 바른 이해 및 도움 요청을 위한 교육

청소년들에게 폭력은 어떠한 이유에서든 잘못된 행동이며 학교폭력은 범죄 행동이라는 것을 명확히 할 필요가 있다. 학교폭력을 친구들끼리의 사소한 갈등문제로 가볍게 다루거나, 혼자서 스스로 감당해야 할 문제로 인식하거나 학교폭력으로 인한 도움 요청을 창피한 일이거나 무가치한 일로 인식하지 않도록 청소년은 물론 교사, 학부모에게 교육을 통해 인식할 필요가 있다(남미애, 2015: 121).

(4) 학교폭력 주변인에 대한 개입

학교폭력은 가해자, 피해자 이외에도 주변인과도 관련이 깊다. 학교폭력 주변인은 크게 학교폭력 피해자를 방어하는 방어자, 가해자에 동의하는 동조자, 폭력행동에 아무런 입장을 취하지 않는 방관자로 구분될 수 있다. 부산지역 초, 중학생을 대상으로 학교폭력 주변인을 연구한 남미애 · 홍봉선(2015: 26-27)에 따르면 방어자는 자기효능감, 공감, 인권감수성, 친인권적 학교문화와 같이 긍정적 요인에 상대적으로 영향을 받는 데 반해 동조자는 학교폭력에 대한 허용적 태도, 주변의 학교폭력 심각성, 학교폭력 도움요청 장애요인 등 학교폭력 관련 부정적 경험에 상대적으로 영향을 받는 것으로 나타났다. 따라서 학교폭력 주변인들로 하여금 방관자 및 동조자 역할에서 방어자 역할로 전환하거나 방어자 역할을 강화하기 위해서는 학교폭력 방어행동에 대한 자기효능감, 학교폭력 피해자에 대한 공감, 인권감수성, 친인권적 학교문화와 같은 긍정적 요인을 강화하는 동시에 학교폭력에 대한 허용적 태도, 주변의 학교폭력 심각성, 학교폭력 도움요청 장애요인 등 부정적 요인을 없애는 노력이 강화되어야 하겠다.

(5) 친인권적 학교 및 지역사회 문화 증진을 위한 지원 및 실천

학교폭력 주변인의 경우 학교가 폭력에 어떤 입장과 분위기를 조성하는지에 따라 크게 영향을 받는 것으로 나타났다. 남미애 · 홍봉선(2015: 26-27)에 따르면 친인권적 학교문화라고 인식할수록 방어자 역할이 높고 친인권적 학교문화가 아니라고 인식할수록 방관자와 동조자 역할이 높았다. 따라서 학교 내 친인권적, 비폭력 문화를 형성하도록 학교 정책 및 규정을 개선, 학생 · 교직원 · 학부모 등 학교구성원을 대상으로 한 비폭력, 친인권적 교육강화는 물론 학교 내 학생인권을 강화하는 다양한 노력이 강화되어야 한다. 또한 지역사회에서도 마찬가지이다.

(6) 학교폭력 당사자들을 위한 회복적 실천의 적용

이미 오래 전부터 학교폭력 문제로 고심해 왔던 선진국에서는 행위자만을 처벌하는 기존의 응보적 관점에서 탈피하여 학생, 가정, 학교, 지역사회 등 공동체가 함께 대응하는 회복적 정의를 학교현장에 적용해 오고 있다(Hopkins, 2004; Amstutz & Mullet, 2005; Thorsborne & Vinegard, 2009; Hamilton & Hope, 2011). 학교토대의 회복적 정의는 유형에 따라 다소 차이는 있지만 기본적으로는 학교폭력 피해 · 가해학생은 물론 가족, 친구, 교사, 학교 당국 등 관련된 사람이 서로 직접 만나 중립적 제3자의 도움으로 쌍방의 입장과 경험을 이야기하고 대안을 찾는 것이다. 구체적인 내용은 14장을 참고하기 바란다.

2. 아동학대

1) 아동학대의 원인 및 특성

(1) 아동학대의 원인[2)]

아동학대는 신체적, 정서적, 성적 학대나 방임 등을 통해 아동의 건강과 생명을 위협하는 심각한 문제이다. 아동학대는 아동에게 신체적인 손상뿐만 아니라 심리 · 사회적 적응에 어려움을 초래한다. 주요한 타자인 부모나 교사, 친척들로부터 학대받은 아동은 자신을 부정적으로 생각할 뿐 아니라 또래와의 관계나 주변 사람과의 상호작용에서 위축되기 쉽다. 또한 낮은 학위성취를 보이며 우울한 성향을 나타내며 자아존중감 저하와 자기효능감이 떨어진다(나은숙 · 정익중, 2007: 36). Surgeon General(1999)에 따르면, 신체와 성적 학대는 불안정한 애착(insecure attachment), 외상 후 스트레스 장애(posttraumatic stress disorder, PTSD), 품행장애(conduct disorder), 주의력결핍 과잉행동 장애(attachment deficit disorder, ADHD), 우울, 동료와의 손상된 사회적 기능 등 정신건강문제와 관련된다고 하였다. 또한 이런 부정적

2) 이 부분은 홍봉선 · 남미애(2020: 370-371)에서 재인용한 것이다.

영향은 성인기에까지 지속될 수 있다.

아동학대의 유발요인은 부모요인 이외에도 아동요인, 가족요인, 스트레스 요인, 사회·문화적 요인 등이 복합적으로 작용해서 발생한다(〈표 11-4〉 참고). 교정복지 사정에서는 누구의 책임인가를 파악하는 것보다는 아동학대를 예방하기 위해 가족 전체에 어떤 노력과 지원이 강구되면 효과적일지를 모색하는 방향으로 초점을 맞추는 것이 필요하다.

〈표 11-4〉 아동학대 유발요인

구분	내용		
부모요인	• 정신질환 • 사회기술 부족 • 자기이해 부족 • 아동기 애착의 결여 • 부적절한 가족 및 아동관리 기술 • 아동발달에 대한 지식 부족	• 공격적 충동을 다루기 어려움 • 우울증 • 아동기 학대경험 • 미혼 부모 • 부모역할 기술 부족 • 부모역할과 책임의 과중한 부담	• 엄격하고 지배적인 성향 • 약물남용 • 아동기 신체적 폭력의 목격 • 사회적 소외 • 비일관적 훈육 • 분노 통제력의 부족
아동요인	• 문제행동, 과잉행동 • 신체적 · 발달적 장애 • 부모가 혐오하는 성인과의 유사성	• 원치 않는 임신 • 질병	• 조산 • 부모 성격과의 불일치
가족요인	• 빈곤 • 연년생	• 혼합가족 • 혼란한 가족	• 과다한 아동 수 • 주거의 혼잡성
스트레스 요인	• 신생아 출생 • 가까운 친구, 가족원의 사망	• 실직 • 급사, 만성질병	• 이혼, 별거 • 갑작스러운 재정적 곤란
사회 문화적 요인	• 빈곤문화 • 체벌의 허용성 • 가족의 사생활이나 개인권리에 대한 극단적 가치	• 지역사회에서의 고립 • 아동양육에 있어서 성역할의 전형화	• 매스미디어의 폭력성

출처: 강점숙 · 정유석(2006: 150)에서 재인용하였음.

(2) 아동학대 범죄인의 특성

아동학대 범죄인에는 부모, 가족, 친척, 교사, 돌봄제공자 등이 포함된다. 이 중 가장 많은 빈도를 차지하는 것은 부모이다. 그러나 교사, 어린이집교사, 사회복지사 등 돌봄을 제공하는 사람들도 포함되어 있다는 것은 아동에게 보호나 돌봄을 제공하는 학교, 지역사회기관, 사법기관도 완전히 안전하지는 않다는 것을 시사한다. 아동학대자는 다양한 배경을 가지고 있으며 학대 행위에 기여하는 다양한 특성을 나타낼 수 있다. 따라서 어떤 특정 특성이 일부 아동학대자의 행동을 설명할 수 있지만 모든 사례에 적용되는 것은 아니라는 점에 유의할 필요가 있다. 선행연구에 따르면 일부 아동학대자는 다음과 같은 특징을 보인다.

① 양육 지식 및 기술 부족

아동발달과 양육, 아동돌봄에 대한 지식과 기술이 부족하여 보호자역할 수행에 어려움이 있거나 비일관적인 훈육을 한다. 학대를 정상적인 양육과정이나 돌봄이라고 왜곡되게 인식한다. 경우에 따라 자존감이 낮거나 자녀나 타인을 통제하려는 욕구가 높은 사람들은 자녀나 타인의 생각이나 행동이 자신을 무시하거나 자신의 권위에 도전하는 것으로 여겨 힘으로 통제해야 한다고 생각하고 폭력적인 행동을 한다.

② 높은 스트레스와 불안

아동학대 범죄인은 빈곤이나 저임금, 실직이나 이직, 가정불화, 가족해체, 과중한 역할 및 책임 부담, 정서적 문제, 사회적 소외 등 복잡한 요인들로 인해 스트레스와 불안이 높을 수 있다.

③ 아동 정서에 대한 공감 부족 및 적대감

일부 학대자는 아동의 정서에 대한 공감이 부족하거나 아동에 대해 부정적인 감정을 느낀다. 그 결과 아동의 감정이나 욕구를 무시하거나 학대하기도 한다.

④ 알코올 또는 약물 남용

알코올이나 약물문제를 가진 학대자는 알코올이나 약물의 부작용으로 인해 폭력행동을 할 가능성이 높다.

⑤ 어린 시절 가족 폭력에의 노출 경험

아동학대자가 어린 시절 가족이나 돌봄제공자로부터 학대를 받은 경험이 있거나 학대를 목격한 경험이 있는 경우 학습에 의해 폭력을 자연스러운 행동으로 인식할 수 있다. 또한 아동의 욕구나 반응에 다른 적절한 대응방법을 모르는 경우 폭력을 행할 수 있다.

⑥ 정서적 또는 정신건강 문제

아동학대자가 우울, 공격성, 충동성 등 정서 또는 정신건강상의 문제가 있는 경우 방임이나 폭력 행동을 할 수 있다.

⑦ 사회적 고립

아동학대자가 사회적으로 고립되거나 서비스 접근에 어려움이 있으면 적절한 도움을 받지 못하게 되고 스트레스에의 대처가 어렵게 되고 그 결과 학대로 연결될 수 있다.

2) 아동학대의 실태

아동학대 범죄인을 이해하기 위해 법무연수원(2024)에서 제시한 아동피해자 및 범죄인과의 관계를 보면 약취, 유인범죄의 경우 13세 미만이 65.4%나 되었고 성별은 60.7%가 여자이지만 남자도 39.3%를 차지하였다(〈표 11-5〉 참고). 아동피해자와 범죄인과의 관계는 타인이 67.5%를 차지하였고 기타 친족(10.8%), 동거친족(8.4%) 순이었다. 반면 성폭력범죄의 경우 아동피해자가 13세 이상인 경우가 96.5%를 차지하였고 86.1%는 여자이지만 남자도 13.9%나 차지하였다. 아동피해자와 범죄인과의 관계는 타인이 63.4%로 가장 높았고 그다음이 지인(이웃, 친구) 14.8%, 동거친족 8.0%, 기타 친족 5.3% 순이었다. 이상을 정리해 보면 아동학대 범죄인은 상대적으로 타인이 높지만 동거가족, 기타 친족, 지인 등 아는 사람의 비중도 상당히 높음을 알 수 있다.

〈표 11-5〉 아동피해자의 성별 및 범죄인과의 관계

(단위: 명(%))

구분	계	연령		13세 미만 아동피해자의 성별			13세 미만 아동피해자와의 관계					
		13세 미만	13세 이상	계	남	여	계	동거 친족	기타 친족	지인 (이웃, 친구)	타인	기타
약취, 유인범죄	272 (100)	178 (65.4)	94 (34.6)	178 (100)	70 (39.3)	108 (60.7)	83 (100)	7 (8.4)	9 (10.8)	6 (7.2)	56 (67.5)	5 (6.0)
성폭력 범죄	38,625 (100)	1,342 (3.5)	37,283 (96.5)	1,342 (100)	186 (13.9)	1,156 (86.1)	1,001 (100)	80 (8.0)	53 (5.3)	148 (14.8)	635 (63.4)	85 (8.5)

출처: 법무연수원(2024: 189-192).

3) 아동학대에 대한 교정복지실천[3)]

교정사회복지사는 아동학대문제와 관련해 다양한 실천을 행할 수 있다. 본 절에서는 아동학대 범죄인에 집중하여 교정사회복지사들이 어떤 실천을 행할 수 있는지를 살펴보고자 한다.

(1) 스트레스 예방훈련

아동학대자와 스트레스는 상호작용하며 아동 및 아동학대자의 건강 및 복지에 영향을 미칠 수 있다. 스트레스 예방훈련(stress inoculation training)은 일종의 예방훈련처럼 스트레스에 일부러 노출시켜 클라이언트가 스트레스 상황에 대처할 기술을 강화하고 그것에 놀라지 않고 오히려 대처기술을 키우는 충분한 힘을 갖게 하는 것이다. 이것은 크게 교육, 예행연습, 적용이라는 3단계를 거친다. 교육단계에서는 분노의 개념, 분노와 스트레스의 관계를 설명하고 클라이언트에게 화를 유발하는 상황, 화가 났을 때 자신의 반응(인지적 · 감정적 · 행동적 측면)을 점검하도록 한다. 예행연습 단계에서는 이완훈련과 더불어 분노를 통제하기 위한 자기진술 4단계를 통해 인지적 재구성을 하도록 한다. 마지막 적용단계에서는 지금까지 습득한 대처기술을 실제 삶의 상활이나 다른 가상의 스트레스 상황에 적용해 보는 것이다(허남순 외, 2004: 337-341).

〈표 11-6〉 분노를 통제하기 위한 자기진술의 4단계

단계	자기진술 내용
〈1단계〉 자극에 준비하기	"이건 분명 화가 날 일이지만 난 참을 수 있어." "기억해. 깊게 심호흡하고 느긋하게 있는 거야. 그러면 영향을 미치지 못할 거야."
〈2단계〉 충격과 직면	"화가 나서 득이 되는 건 아무 것도 없어. 더 나빠질 뿐이지." "계속 침착함을 유지하면서 이 상황을 이겨낼 거야."
〈3단계〉 끓어오름에 대처하기	"점점 더 긴장되는 나 자신을 느낄 수가 있어. 심호흡하고 행동을 천천히 해야겠어." "사람들이 내게 짜증낼 수도 있지만 난 냉정함을 유지해야만 해."
〈4단계〉 화낸 것에 대한 반성	〈대처가 성공적이었고 갈등이 해소되었을 때〉 "결국 난 내 체면을 망치지 않고 그걸 해냈어. 정말로 기분이 좋군." "생각했던 것보다 난 더 잘해냈어. 난 정말이지 이젠 내 분노를 통제할 수 있어."

3) 이 부분은 남미애 · 윤숙자(2020: 237-246)의 내용을 발췌한 것이다.

단계	자기진술 내용
	〈갈등을 해소하지 못했을 때〉 "비록 대성공은 아니었지만 그렇다고 실패한 것도 아니야. 이렇게 힘든 문제는 원래 해결하는 데 시간이 많이 걸리지." "너무 집착할 필요는 없어. 더 악화시킬 뿐이야. 지금보다 훨씬 나빴을 수도 있는 일이야."

출처: 허남순 외(2004: 340).

(2) 인지재구조화

아동학대자는 아동이나 학대에 대한 왜곡된 생각을 갖는 경우가 많다. 이들은 자녀나 주변 사람들이 자신을 화내도록 하기 위해, 또는 자신의 권위에 도전하기 위해 일부러 잘못된 행동을 한다고 생각하거나 맞아야 정신 차린다는 등 왜곡된 생각을 하기도 한다. 낮은 자존감으로 인해 대인관계에서 잘못된 생각, 비현실적인 기대감을 갖기도 한다, 교정사회복지사는 이와 같은 자기파괴적 생각이나 역기능적 사고를 교정복지 대상자가 인식하도록 돕고 현실적이고 기능적인 생각과 행동으로 대체할 수 있도록 인지재구조화를 행할 수 있다.

(3) 자기주장훈련

자기주장훈련은 타인의 권리와 감정을 존중하는 바탕에서 자신의 생각, 감정, 바람 등을 표현하도록 훈련하는 것이다. 자아존중감이 낮거나 대인관계에 어려움이 있는 사람은 자기주장을 하기 어렵다. 특히 학대를 받아온 클라이언트는 더욱 그러하다. 이들은 어린 시절부터 자기표현을 제대로 해온 경험이 없거나 자기 생각을 드러내는 것에 왜곡된 생각을 갖는다. 예를 들어 '내가 솔직하게 이야기하면 다른 사람이 나를 싫어할 거야', '내 욕구만 이야기하면 남들이 나를 너무 이기적이라고 생각하겠지'라는 생각을 갖기도 한다. 즉 자기표현에 대해 죄책감을 갖기도 하고 보복이나 학대, 상처를 받지 않을까 하는 두려운 마음이 크다. 따라서 교정사회복지사는 자신의 생각을 적절하게 언어적으로 표현하는 것은 자기이나 타인이 자신의 생각이나 의사를 무시하도록 내버려두는 것이 아니라 자신을 존중하는 자연스러운 권리라는 점, 타인의 권리를 짓밟거나 방해하거나 공격하는 것이 아니라는 점을 명확히 할 필요가 있다.

(4) 문제 해결 기술

부모가 아동학대자인 경우 이들은 자녀양육과 관련된 문제 해결 기술이 빈약하고 폭력적 행동으로 문제를 다루는 경우가 많다. 문제 해결 기술은 부모들의 스트레스를 완화하고 대처능력을 향상시키기 위한 여러 가지 문제 해결 기술을 가르치는 것이다. 교정사회복지사는 이를 위해서는 첫째, 가족이 겪는 어려움은 특정 개인에게 원인이 있는 것이 아니라 가족 전체에 있다는 점, 가족의 협조와 참여가 전제되어야 한다는 점을 명확히 한다.

둘째, 가족구성원이 인식하는 문제가 무엇인지를 나누고 욕구를 파악한다. 이때 모든 구성원들이 자신의 의견을 안전하고 편안하게 표현할 수 있도록 수용적이고 적극적인 경청이 필요하다. 과거보다는 현재의 문제에 초점을 맞추고 타인에 대한 비난이나 질책보다는 자신의 바람과 욕구를 나타내도록 하는 것이 좋다. 이를 위해 나-전달법(I-message) 기술을 알려주기도 하고 반영, 공감, 요약 등의 기법을 사용해 클라이언트의 부정적인 메시지를 재구성할 수 있다.

셋째, 해결책을 찾기 위해 브레인스토밍을 이용한다. 자유롭고 개방적인 분위기 속에서 각자 생각하는 해결방안을 제안하도록 하고 제시된 의견을 평가하지 않는다. 종이나 칠판에 각자의 해결책을 적는다.

넷째, 가족이 제시한 해결책 중 가족 전체가 동의한 바람직한 해결책을 선택하고 이를 실행, 평가한다. 각 구성원들이 제안된 여러 가지 해결책에 대해 각자 찬성과 반대 의견을 내도록 하고 그에 대해 서로의 생각을 자유롭게 나눈다. 이런 과정을 통해 가족구성원들의 욕구와 기대에 부합하는 해결책을 결정한다. 예를 들어 아들의 인터넷 과다 사용 때문에 가족갈등이 많은 경우 다음과 같은 해결책들이 나올 수 있다.

〈표 11-7〉 아들의 인터넷 과다 사용문제에 대한 문제 해결 기술 적용의 예

가능한 해결책들	평가			
	아버지	어머니	아들	딸
1. 컴퓨터는 매일 1시간만 사용한다.	○	○	×	×
2. 매주 주말 2시간은 자녀와 놀아준다.	○	○	○	○
3. 혼자 있는 시간을 줄이기 위해 태권도학원을 보낸다.	×	○	×	×

가능한 해결책들	평가			
	아버지	어머니	아들	딸
4. 컴퓨터에 타이머를 설치하여 일정 시간이 지나면 자동으로 전원이 끊기게 한다.	○	○	×	×
5. 주중에 컴퓨터 이용 시간을 잘 지키면 주말에는 2시간 사용하도록 허락한다.	○	○	○	○
6. 복지관에서 하는 상담 프로그램에 참여한다.	×	○	×	×

(5) 사회성 기술훈련

학대가해자나 피해자는 일관성 있는 양육의 부족, 높은 스트레스, 대처능력의 부족 등으로 인해 사회성 기술이 빈약할 수 있다. 이로 인해 주변 사람들과 관계형성이나 적절한 대응이 잘되지 못할 경우가 있다. 사회성 기술훈련은 빈약한 사회기술을 계획된 훈련을 통해 향상시키도록 하는 것이다. 일반적으로 사회성 기술에는 다른 사람에게 부탁하기, 부당한 요청에 대해 거절하기, 친구들 압력에 견뎌내기, 친구관계 사귀기, 타인의 말을 경청하고 자신의 생각을 명확히 전달하기, 은행에서 돈을 찾고 보내는 것, 관공서에서 서류하기 등이 해당된다.

교정사회복지사는 교정복지 대상자에게 부족한 기술이 무엇인지를 파악하고, 교정복지 실천과정을 통해 함께 변화하고 싶은 행동이 무엇인지를 나누면서 특정한 사회성 기술 향상을 목표로 정할 수 있다. 이것은 개인 또는 집단적 방법을 통해 계획된 훈련을 진행할 수 있다.

(6) 아동학대 예방을 위한 교육

아동학대자는 물론 가족, 주민 등 주변 관련된 사람들에게 아동학대 예방을 위한 교육을 해야 한다. 아동학대가 무엇이며 이런 행동이 아동 및 본인에게 어떤 부정적 영향을 미치는지를 지속적 · 반복적으로 교육할 필요가 있다. 또한 주변 사람들의 인식 개선을 통해 아동학대자의 학대행동을 일상생활 속에서 감시, 통제할 수 있는 여건을 조성하는 것이 중요하다.

(7) 다양한 지역사회 자원 및 서비스 지원

학대가정의 경우 경제적 어려움, 주거, 건강문제, 가족불화, 자녀양육문제, 법률문제 등 다중의 어려움을 가질 수 있다. 학대를 예방하기 위해서는 무엇보다도 이러한 기본적 욕구가 충족될 수 있도록 사회복지서비스를 제공해야 한다.

3. 성범죄

1) 성범죄의 원인 및 특성

(1) 성범죄의 원인

성범죄는 사람들의 성과 관련된 범죄행위이다. 이것은 성적 동기 유무, 성범죄의 피해 대상 등 어떤 기준을 따를 것인가에 따라서 다르게 정의될 수 있다. 협의로는 특정한 성행위 등을 금지 또는 처벌하는 법률에 위반 저촉되었을 경우를 말하며, 광의로는 그 사회의 성도덕(sex morals)에 위반되는 일체의 성행위를 말한다(김태곤, 2016: 14).

우리나라 법에서 성범죄란 크게 「형법」에서의 규정과 「형법」 이외의 특별법상 규정된 성관련 범죄를 포함한다. 먼저 「형법」에서는 성범죄를 크게 강간과 추행의 죄와 성풍속에 관한 죄로 구분한다. 강간과 추행의 죄는 개인의 성적 자기결정의 자유를 보호하기 위한 것, 즉 개인적 법익을 위한 것이며, 성풍속에 관한 죄는 사회 일반의 건전한 성도덕 내지 성풍속을 보호하기 위한 것 즉 사회적 법익을 위한 것으로 구분할 수 있다. 이외에도 「형법」이 아닌 각종 특별법에서 규정된 성관련 범죄(예를 들어 「여성 폭력범죄의 처벌 및 피해자보호 등에 관한 법률」, 「아동복지법」, 「풍속영업의 규제에 관한 법률」, 「윤락행위 등 방지법」 등)도 포함된다.

개인의 성적 자기결정권을 침해하는 성범죄는 피해자에게 육체적 · 정신적 피해까지 입혀 심한 경우에는 평생 동안 트라우마에 시달릴 수 있다. 더욱이 최근 성범죄는 그 대상이 성인을 넘어서 미성년자, 아동 및 유아까지 확대되는 등 심각성이 더해 가고 있다(김희정 · 박광민, 2020: 238). 이에 정부에서는 강간 등 성범죄를 수사하면서 피해자에게 수치심을 주는 일체의 행위를 금지하는 '성범죄피해자 보호지침'을 마련하는 한편, 청소년 대상 성범죄인에 대한 신상을 인터넷 홈페이지에 공개하는 등 성범죄인에 대한 처벌이 강화되고 있는 추세이다(김태곤, 2016: 14).

성범죄의 원인은 크게 개인적 원인과 사회·환경적 원인으로 나눌 수 있다. 이를 좀 더 세분화해서 살펴보면 생물학적 원인, 심리학적 원인, 사회학적 원인, 종합적 요인론 등을 들 수 있다(Ellis & Gullo, 1971: 74; 김태곤, 2016: 14-34 재인용).

① 생물학적 원인

생물학적 원인으로는 생화학적 기능장애, 뇌 장애, 성염색체 장애 등 생물학적 이상이 여러 단계에 걸쳐 인간의 공격적 행동에 영향을 준다는 것이다. 즉 뇌의 이상이 인간의 공격적 행동에 영향을 주거나 호르몬의 이상 및 염색체의 이상이 성욕과 깊은 관계가 있다고 보는 것이다. 실제 여성호르몬인 에스트로겐과 프로게스테론은 상습강간범을 대상으로 한 치료제로 쓰이고 있다. 또한 뇌에 대한 직접적인 외과수술을 통해 성적 충동을 억제 또는 감소시키는 방법도 사용하고 있다(김태곤, 2016: 14-34 재인용).

② 심리학적 원인

첫째, 정신분석 이론(psychoanalytic theory)에서는 어린 시절 부모나 주위 환경에 영향을 받아 나타나는 본능적 욕구의 왜곡, 성문제에 대한 억압이나 고착, 학대경험 등이 성범죄와 관련이 있다고 본다.

둘째, 사회학습 이론(social learning theory)은 성범죄를 학습의 산물이라고 본다. 우연한 성적 행동이 성적 흥분 또는 만족을 가져오는 경험을 한 경우 반복적으로 같은 행동을 하게 되거나 타인의 어떤 성행동을 관찰한 뒤 보상이나 처벌을 보고 모방을 통해 성범죄를 학습하게 된다는 것이다. 그러나 이 이론은 왜 남성이 여성보다 비정상적 성행위로 나가는지에 대해서는 명확히 설명하지 못하고 있다.

셋째, 애착 이론(attachment theory)은 성범죄의 원인을 어린 시절 부모 등 가족들과 적절한 유대감을 형성하지 못해 이후 주변인들과의 관계가 어렵고 사회화에도 어려움이 있어 그 결과 성범죄를 일으킨다고 본다.

③ 사회학적 원인

사회학적 원인에는 친구 집단, 음란비디오 등 외설적인 필름과 간행물, 사회적으로 만연된 강간에 대한 왜곡된 통념, 범죄의 포악화 경향 등이 해당된다. 그 밖에도 사회문화이론에서는 사회문화 수준이 낮을수록 성범죄가 높아진다고 주장한다(김태곤, 2016: 14-34).

④ 종합적 요인론

종합적 요인론은 성범죄가 앞서 언급한 특정한 원인에 의하여 발생할 수도 있지만 대부분의 성범죄는 한 유형의 원인에 의해서 발생하는 것이 아니라 다양한 원인이 상호작용하고 또한 행위 당시의 상황과 맞물려 발생한다고 본다.

(2) 성범죄의 유형 및 특성

① 성범죄의 유형

가. 강간

강간(rape)은 강력범죄의 하나로서, 상대방의 동의 없이 행하는 성교라고 할 수 있다. 자신의 성적 만족을 위하여 강간이나 물건을 성기에 삽입하는 것이 여기에 해당한다. 강간이란 범죄는 범죄의 특성상 신고되지 않는 경우가 많고 강력범죄이지만 살인과 같은 다른 강력범죄와 동일하게 취급되지 않는 면이 있다. 강간의 또 다른 유형으로는 집단적 성폭행인 윤간(multiple rape), 연쇄강간, 부부강간 및 데이트 강간(date rape) 등이 있다(김태곤, 2016: 14-34 재인용).

나. 성폭행

성폭행(sexual assault)은 합의되지 않은 다양한 성행위를 포함하는 더 넓은 의미의 용어이다. 성폭행에는 원치 않는 접촉, 더듬기, 동의 없는 기타 형태의 성적 접촉 등이 해당된다.

다. 성희롱

성희롱(sexual harassment)은 일반적으로 직장이나 교육 환경에서 적대적이거나 위협적인 환경을 조성하는 원치 않는 성적 접근, 발언 또는 행동이다.

라. 아동 성적 학대

아동 성적 학대는 아동 성추행, 착취 또는 법정 강간(동의 연령 미만의 사람과 성행위 가담) 등 미성년자와의 성행위와 관련된다. 이 밖에도 미성년자와 관련된 노골적인 성적 이미지를 제작, 배포 또는 보유하는 등 아동 포르노(pornography)도 해당된다.

마. 성착취

성착취(sexual exploitation)는 승진, 성적 만족 또는 이익을 얻기 위하여 다른 사람을 희생시키는 범죄로서 성매매에 이용하거나 포르노를 제작하거나 거래하는 것이 여기에 해당한다(김태곤, 2016: 14-34 재인용). 대표적인 성적 착취로는 크게 상업적 성착취와 온라인 성착취가 있다. 전자는 집창촌의 성매매 업자(포주), 기업형 성매매 등 상업적 성적 착취를 목적으로 강제, 사기 또는 강압을 통해 개인을 모집, 이동 또는 은닉하는 행위를 말한다. 온라인 성착취는 디지털 성착취로도 불리는 것으로 최근에 특히 사회적 문제로까지 대두되고 있는 범죄이다. 여기에는 온라인 괴롭힘, 성적 그루밍(sexual grooming), 동의 없는 노골적인 자료 공유 등 인터넷을 사용하여 저지르는 다양한 범죄가 포함된다. 성적 그루밍은 피해자에게 호감을 얻어 심리적 지배를 한 뒤 성범죄를 저지르는 경우를 말하는 것으로 주로 아동학대에서 일어난다. 범죄 이전에 가해자는 피해자에게 신뢰나 호감을 얻고 난 이후이므로 이후 피해자는 가해자의 부적절한 행동을 식별하거나 거부하기가 어려워진다.[4)] 가스라이팅(gaslighting)은 심리학적 개념으로 가해자가 피해자의 현실 인식과 정신적 안정을 깨뜨리는 것을 말한다. 가해자가 피해자를 지속적으로 조정하여 피해자로 하여금 자신의 경험이 왜곡되었다고 느끼며 현실감을 상실하고 그 결과 우울, 불안 등 정신적 문제를 유발하게 하는 것이다.

바. 성도착증으로 인한 범죄

성도착증(paraphilia, sexual perversion)은 인간의 기본적 욕구의 하나인 성욕 면에서 특이한 편의성(偏倚性)을 지닌 경우를 말한다. 성도착증 그 자체만으로는 범죄라고 할 수 없으나 타인의 동의가 없거나 아동대상, 법으로 금지된 상황에서 행해지는 경우 범죄라고 할 수 있다. 성범죄와 관련이 있는 성도착증으로는 소아기호증, 근친상간, 노출증, 접촉도착

4) '디지털 그루밍'은 온라인 채팅 · 모바일 메신저 · SNS를 통해 아동 · 청소년에게 접근하여 피해자를 유인하고 길들여, 성착취 행위를 용이하게 하고 피해 폭로를 막는 행위를 뜻한다. 디지털 그루밍 가해자들은 우선 피해자를 물색하고 접근하여 대화를 나누며 친밀한 관계를 형성한 뒤 얼굴 사진과 같은 사소한 것부터 시작하여 점차 오프라인 만남 성적 촬영물 등을 요구하기 시작한다. 이후 함께 나눴던 대화 내용과 전송했던 파일 등의 유포를 빌미로 자신의 말에 순응할 것을 요구하는 협박을 가하고, 이를 통해 추가적인 피해 촬영물을 얻어내거나 성관계 등을 요구하기도 한다(김희정 · 박광민, 2020: 244).

증이 있다. 소아기호증(pedophilia)은 아동을 성대상으로 하는 도착증으로 사춘기 이전의 아동에게 강한 성적 끌림이 있는 것을 말한다. 근친상간(incest)은 가족구성원 및 가까운 친족 간의 성교를 의미한다. 근친상간은 은밀성과 사생활자유 때문에 그 발생 정도를 산정하기가 쉽지 않고 겉으로 드러나지 않으므로 암수범죄가 많다. 연구자들의 보고에 따르면 성학대자의 70% 이상이 직계가족이거나 가족과 가까운 사람이다. 노출증(exhibitionism, adamism)은 통상적으로 쉽게 외부에 노출이 되지 않는 신체 부위인 가슴, 성기 또는 엉덩이를 공개적 또는 반공개적으로 노출하는 성적 행위이다. 이 행동은 자신의 즐거움 또는 성적 만족을 위해 또는 구경꾼에게 충격을 주기 위해 아는 사람 또는 낯선 사람들의 집단에게 자신의 엄밀한 신체 부위를 노출하는 욕망에서 생겨난다. 접촉도착증(마찰도착증, frotteurism, frottage)은 신체적 접촉이나 마찰을 통해 성적 만족을 느끼는 성적 일탈 행위이다(김태곤, 2016: 14-34 재인용).

사. 디지털 성범죄

디지털 성범죄(digital sexual crime)는 디지털 기기 및 정보통신기술을 매개로 온·오프라인 상에서 발생하는 젠더 기반 폭력을 폭넓게 지칭하며, 그중에서도 불법촬영, 비동의 유포, 유포협박, 불법합성 등이 현행법상 디지털 성범죄로 인정되고 있다(한국여성인권진흥원 홈페이지). 이전에는 불법촬영·리벤지포르노·비동의 영상 유포 등 여러 이름으로 일컬어지다가 정부가 2017년 9월 「디지털 성범죄(몰래카메라등) 피해방지 종합대책」을 발표하면서 디지털 성범죄로 불린 신조어이다. 우리나라의 경우 디지털 기술이 발전되면서 지하철·공공화장실 등 공공장소에서의 불법촬영 행위, 헤어진 연인과의 성관계를 촬영하여 유포하는 리벤지 포르노, 수십여 명의 피해자를 협박하여 성착취 영상물을 제작한 후 텔레그램을 통해 유포한 N번방 사건, 집단강간 및 강제추행과 같은 범죄 현장을 촬영한 후 그 영상을 카카오톡 단체방에 유포하는 등 다양한 디지털 성범죄 사건이 발생되어 사회문제가 되고 있다(최소윤 · 한민경, 2020: 145-168).

디지털 성범죄는 사이버공간에서 타인의 성적 자기결정권과 인격권을 심대하게 침해하는 행위이다. 성범죄물이 한번 온라인상에 유출되면 불특정 다수에게 급속도로 전파되고 영상이 한번 유포되면 완벽한 삭제가 거의 불가능하여 사회적·인격적 살인이라고 할 만하다. 이들은 피해자임에도 불구하고 사회적 비난이 쏟아지거나 편견이 생길 여지가 높다는 점이다. 특히 피해자가 동의해서 촬영된 촬영물이 불법으로 유포되었을 경우 피해자를 비난하는 잘못된 인식이 형성되기 쉽다. 즉 자발적인 또는 동의에 의한 촬영물이기 때문에 가해자에게 일방적으로 당했다고 보기도 어렵고, 피해자에게 책임이 전혀 없는 것도 아니라는 시각이 우리 사회의 저변에 깔려 있는 것이 현실이다. 이렇게 피해자를 비난할 수 있는 잠재적인 가능성은 피해자의 신고나 조치를 지연시키고 회복되기 곤란한 피해 상황까지 진전되게 하는 원인이 될 수 있다. 또한 여성혐오(misogyny)를 유발하여 젠더 폭력과 왜곡된 성 인식의 재생산을 야기시킬 수 있다(김혜진, 2020: 85-95).

② 성범죄의 특성

성범죄는 다양한 특성을 가진다. 일부 논문에서 제시된 내용을 정리해 보면 다음과 같다(김태곤, 2016: 14-34). 첫째, 종래까지 성범죄의 피해자들 대부분이 여성이었다. 그러나 최근 들어 남성들도 성범죄의 피해자로 등장하고 있고 특히 아동, 노인 등 사회적 약자를 대상으로 한 성범죄의 발생건수가 증가하고 있다.

둘째, 성범죄는 성적 자극을 위하여 다른 사람을 대상으로 또는 이용하는 성적 대인범죄이다. 주체에는 제한이 없으므로 남녀노소 누구라도 주체가 될 수 있다.

셋째, 성범죄는 성적 자극을 위하여 다른 사람을 대상으로 또는 이용하는 성적 학대의 일종이다. 성적 학대(sexual abuse)는 속이거나 완력에 의해 성적 욕구를 충족하도록 강요되는 모든 성적 행위를 포함한다. 크게 가족 내부 성적 학대(가족 친인척간 성적 학대)와 가족 외부 성적 학대(아동과 안면이 있는 또는 낯선 사람 간 성적 학대)로 나눌 수 있다.

넷째, 성범죄는 성적 자극을 위하여 다른 사람을 대상으로 또는 이용하는 범죄로서 상대적 범죄이다. 절대적 범죄개념은 시간과 공간을 초월해서 일정한 국가의 법질서와 무관한 자연적 범죄개념인 반면 상대적 범죄개념은 시간과 장소에 따라 범죄성립의 여부가 달라질 수도 있다.

다섯째, 성범죄 중 성매매는 피해자, 가해자 구분이 모호하여 관계범죄로 분류되거나 자기피해자로 분류되기도 한다. 자기피해자(self-victim)는 마약, 매춘, 도박, 알코올중독, 자해행위, 장기매매와 같이 자신이 피해자가 되는 경우로서 이 경우 모든 책임이 피해자 자신에게 있다고 보는 경향이 있다. 관계범죄는 동의낙태, 뇌물죄, 성매매 등과 같이 피해자가 범죄행동에 어느 정도 동의 · 기여했다고 보는 범죄이다. 성매매를 불법으로 간주하고 있는 우리나라의 경우 성매매를 한 청소년에 대해 범죄인이 아닌 피해자, 보호와 지원의 대상으로 인식하기 시작한 것이 최근에 들어와서부터이다.

(3) 성범죄인의 유형 및 특성

① 성범죄인의 유형

성범죄인의 유형은 크게 남성성 확인형, 사이코패스형, 권력형, 분노치환형, 강간충동형, 음락살인형으로 분류할 수 있다(오영근 외, 2013: 107-110).

가. 남성성 확인형

남성성 확인형은 여성에게 자신이 남성임을 과시하기 위해 강간하는 자들이다. 실제 이들은 외모나 체격에서 남성다움을 찾아보기 어렵다. 여성을 지배하는 통제력을 느끼고 싶어 하지만 여성과의 사귐이나 성행위에 자신이 없기 때문에 성에 대한 환상에 지배되어 있다. 이들 중에는 심각한 자위행위, 노출증, 음란전화, 복장도착증, 페티시즘 등을 포함한 다양한 성적 일탈의 경험을 갖고 있다. 강간을 한 후에 환상을 재현하기 위한 방편으로 피해자의 속옷이나 사진 등 개인적인 의미가 있는 물품을 범죄의 기념품으로 가지고 가는 경우가 많다.

나. 사이코패스형

사이코패스는 반사회적 성격을 실제로 표출하는 자로 자기중심적이고 냉담하며 가차 없는 사람으로 양심의 제지를 받지 않고 타인의 배려나 동정심이 심각히 훼손된 자들이다.

다. 권력형

권력형은 자신의 우월성, 우세, 통제를 매개로 하여 성적인 범죄를 저지르는 자를 말한다. 성폭력 사건 중에서 많은 부분이 권력형 성폭력이다. 이들은 자신의 힘, 남성다움, 정복, 우월, 지배, 성적인 매력을 과시하기 위한 목적으로 성행위를 한다. 범인들은 상대방이 처음에는 반항하다가 뒤에 가면 굴복하여 기쁘게 응할 것으로 기대한다. 이들은 상대방을 납치하고 또 묶기도 한다.

라. 분노치환형

분노치환형은 대체로 범죄인이 증오하는 사람과 비슷한 외모나 분위기가 있는 사람을 선택하여 강간을 하는 자들이다. 주로 신체적 학대를 목적으로 피해자를 공격한다. 이들은 본인이 중요하게 여기는 어떤 여성에 대한 분노를 느끼고 공격 후에 분노가 감소하면서 긴장감이 점차 사라진다. 그러나 분노가 생기면 극도의 긴장감을 해소하기 위해 연쇄적으로 범행을 한다.

마. 강간충동형

강간충동형은 충동조절장애를 갖고 있는 사람들에 해당한다. 이들은 물질의존이나 이상성욕을 가지거나 다양한 성적 일탈을 경험한 전력이 있다. 이들의 모든 생각과 관심의 초점은 변태성욕적인 환상 속에서 강제적인 성행위를 통한 자신의 성욕충족에 맞추어져 있다.

바. 음락살인형

이들은 피해자에 대한 완벽한 통제를 바탕으로 가학적인 쾌락을 즐기는 자들이다. 강간, 계간을 하면서 성기에 대한 훼손이 극심할 정도로 지나치다. 피해자를 목 조르고 찌르면서 쾌감을 느낀다. 시체와 성행위를 하기도 한다. 성적 살인이 과격하고 가학적인 성적 행위를 통한 살인을 한다.

② 성범죄인의 특징

성범죄인들은 매우 이질적인 집단이다. 따라서 모든 성범죄인들을 포함하는 특성을 파악하는 것은 어렵다. 선행연구에서 일부 성범죄인들의 특성을 살펴보면 인지적 왜곡, 피해자에 대한 공감능력의 결여, 대인관계 능력의 부족, 성적 일탈 등의 경향을 보인다. 구체적으로 살펴보면 다음과 같다.

가. 성학대 피해 경험

일부 성범죄인들은 과거에 성학대를 당하거나 성과 관련된 피해 경험이 있다.

나. 심리적 문제

성범죄인은 낮은 자존감, 불안, 우울증 또는 충동 조절 문제와 같은 심리적 문제가 있을 수 있다. 성범죄인은 피해자에 대한 공감이 부족하거나 타인에 대한 배려나 존중없이 자신의 욕구 충족에만 관심을 갖는다. 뿐만 아니라 자신이 좋아하면 당연히 타인도 좋아할 것이라고 왜곡해서 생각한다.

다. 성에 대한 왜곡된 생각

많은 성범죄인들은 성(sex)과 성행동(sexuality)에 대해 왜곡되거나 비합리적인 생각을 가지고 있다. 이로 인해 자신의 행동을 합리화하거나 죄책감을 느끼지 못하기도 한다.

라. 사회적 고립

일부 성범죄인은 건강한 인간관계를 형성, 유지하는 데 어려움이 있거나 사회적 자원에의 접근성이 낮아 사회적으로 고립되기도 한다.

마. 약물남용

성범죄와 약물중독은 서로 별개의 문제이지만 밀접히 관련이 있기도 하다. 일부 성범죄인은 약물남용 문제가 있다. 약물남용의 부작용으로 판단력이나 억제력에 문제가 생겨 성범죄를 저지르기도 하고 범죄 시 약물을 사용하기도 한다.

바. 권력 불균형의 상황에서 왜곡된 성적 권리 인식

성범죄는 성인과 아동, 고용주와 피고용인과 같이 권력 불균형(power imbalances) 관계에서 자주 발생한다. 성범죄인은 다른 사람의 의사와 관계없이 성행동을 할 권리가 자신에게 있다고 생각하고 그 결과 타인에게 성범죄를 저지르기도 한다.

사. 범죄의 흉폭화

일부 성범죄인은 시간이 갈수록 더 폭력적이고 공격적인 행동으로 흉폭화되기도 한다. 경미한 범죄에서 점점 심각한 범죄로 발전한다.

아. 폭력, 강압 또는 조종의 사용

성범죄인은 피해자를 통제하거나 범죄를 은폐하기 위해 피해자에게 폭력, 강압(coercion), 조종(manipulation)을 하기도 한다.

2) 성범죄의 실태

우리나라 성범죄에 대한 공식적 자료는 매우 부족하다. 2024년에 발행된 『2023 범죄백서』에서 제시된 내용을 통해 부분적으로 성범죄의 실태를 살펴보면 다음과 같다.

첫째, 성폭력은 계속 증가 추세이다. 강력범죄(흉악) 중 성폭력은 2013년 29,090건으로 다소의 증감 변동을 하면서 꾸준히 증가 추세를 보여 2022년에는 41,433건이 발생하였다(법무연수원, 2024: 73).

둘째, 성폭력 범죄 발생 지역과 시간대이다. 성폭력의 발생 지역은 대도시가 상대적으로 높았고 발생 시간대는 18시부터 24시 사이에 29.2%가 발생하였다(법무연수원, 2024: 75-76).

셋째, 성폭력 범죄인의 연령 및 교육 정도이다. 성폭력 범죄인의 연령은 40세 이하가 과반수 이상을 차지하였고 그중에서도 19세 이상 25세 이하가 20.3%로 적지 않은 비중을 차지하였다. 성폭력범죄인의 교육 정도는 대학교 이상의 학력자의 비율이 고등학교 학력자 비율보다 상대적으로 높았다(법무연수원, 2024: 78). 이것은 고등학교 학력자 비율이 높은 다른 강력범죄인(흉악)과는 차이가 나는 결과이다.

넷째, 성폭력범죄인의 전과 횟수이다. 성폭력범죄인의 전과 횟수는 전과가 없는 경우가 40.3%로 다른 강력범죄인들에 비해 상대적으로 높았다(법무연수원, 2024: 79). 반면 성범죄인의 재범에 관한 연구들에서는 일부 상습적인 성범죄인들의 동종 재범률이 매우 높다는 주장도 있다(조흥식 · 이형섭, 2014: 380). 따라서 성범죄인에 대해서는 좀 더 차별화된 접근이 필요함을 알 수 있다.

다섯째, 과학기술이 변화시킨 대표적인 범죄가 성범죄이다. 물리적 공간에서 발생하던 성범죄는 사이버공간으로 이동하였고, 물리적 공간과 사이버공간의 경계가 사라지면서 디지털 성범죄로 진화하였다. 과학기술이 범죄에 영향을 미치고, 과학기술 중에서도 디지털 기술은 성범죄의 패러다임을 변화시켰다(김예정 · 송봉규, 2022: 21-36).

여섯째, 디지털 성범죄가 증가하고 있다. 한국여성인권진흥원(2019, 2020, 2021, 2022)에서 발간한 「디지털 성범죄피해자 지원보고서」에 따르면 디지털성범죄피해자지원센터에서 상담된 디지털 성범죄피해가 증가하고 있으며 여자뿐 아니라 남성 피해자도 증가하고 있다. 상대적으로 디지털 기기나 온라인 플랫폼에 친숙한 10대, 20대 등 저연령층에서 피해가 많이 발생하고 있다(김예정 · 송봉규, 2022: 21-36 재인용). 과거에는 가해자가 개인에 의한 불법촬영물 유포가 위주였던 개인 범죄였지만 최근에는 다수가 역할을 나누어 조직화하고 유료회원가입, 가상화폐 등을 활용하여 대규모 범죄수익을 창출하여 규모 또한 날로 대형화되고 있다(김희정 · 박광민, 2020: 237-276).

일곱째, 종래의 성범죄와 달리 폭행 · 협박 등과 같은 물리력과 유형력을 수반하지 않고 사이버상에서 각종 SNS, 미디어 등을 이용한 비신체적인 새로운 유형으로 발전하고 있다. 이러한 새로운 유형의 디지털 성범죄는 디지털 기기를 이용한 불법촬영물의 제작, 유포, 소비, 참여를 통해 불법촬영에서 끝나지 않고 사이버상에서 유포, 재유포가 끊임없이 이루어져 불법촬영물 또는 영상물이 어디에 유포가 되었는지 알 수 없고 나아가 완전한 삭제가 어려운 문제 등으로 인하여 2차적 정신적 고통과 트라우마가 매우 크다는 점에서 그 심각성이 더해 가고 있다(김희정 · 박광민, 2020: 237).

3) 성범죄에 대한 교정복지실천

(1) 성범죄에 대한 정책 및 접근에 대한 이해

성범죄에 대한 정책 및 접근에 대한 이해가 선행되어야 한다. 모든 성범죄인이 동일한 특성을 갖는 것은 아니며 범죄인과 함께 일할 때 만병통치약이 없다는 점에 유의하는 것이 중요하다. 성범죄인과 함께 일하는 사회복지사는 증거 기반 개입에 대한 교육을 받아야 하며 성범죄에 영향을 미치는 복잡한 요인들을 이해해야 한다. 또한 사회에 재통합하려는 범죄인을 지원해야 할 필요성과 공공 안전을 보호하고 범죄인이 자신의 행동에 대해 책임을 지도록 해야 할 필요성 사이에서 균형을 맞춰야 한다.

성범죄인에 대한 치료는 초기에는 행동주의 이론에 근거해 약물이나 전기쇼크 등의 혐오자극을 통해 일탈적 성적 환상이나 행동을 감소시키는 접근을 했다. 그러다가 실효성과 윤리적 문제 등이 제기되면서 행동주의 이론과 인지이론을 접목한 인지행동치료가 대세를 이루고 있다. 2000년대에 들어와서는 긍정심리학의 영향을 받아 강점기반 재활과 성범죄인의 좋은 삶에 초점을 맞추는 치료 모델 등이 도입되었다(조흥식 · 이형섭, 2014: 384).

성범죄를 억제하기 위해 형벌의 강화와 함께 성범죄인에 대한 치료적 개입과 관련한 정책도 지속적으로 확대되었다. 2008년에는 「치료감호법」의 개정에 따라 심신장애인과 약물 또는 알코올중독자에 더하여 정신성적 장애인을 치료감호대상자로 새로 지정하였다. 2010년에는 「아동 · 청소년의 성보호에 관한 법률」 개정에 따라 아동청소년 대상 성범죄인에게 수강명령 또는 성폭력 치료 프로그램 이수명령을 반드시 병과하게 하였다. 또한 같은 해 「성폭력범죄인의 성충동약물치료에 관한 법률」 제정으로 16세 미만의 사람에 대하여 성폭력범죄를 저지른 성도착증 환자에게 성충동 약물치료를 실시할 수 있도록 하였다(조흥식 · 이형섭, 2014: 383).

(2) 성범죄인 대상 프로그램 및 서비스의 목표

성범죄인의 재범 방지 및 사회 재통합을 위한 지원을 하고 더 나아가 범죄 원인의 근본적인 문제를 해결하도록 돕기 위해 다양한 개입을 할 수 있다. 이와 관련해서는 법무부(2012)에서 발간한 『성범죄인을 위한 수강명령프로그램 매뉴얼』을 참고하면 된다. 교정사회복지사가 성범죄인을 위한 교육이나 프로그램 개발 시 다음 예와 같은 내용으로 목표를 설정할 수 있다.

성범죄인 대상 프로그램의 목표 예

- 성과 관련된 인지적 왜곡을 수정하고 건전한 성가치관을 형성한다.
- 성범죄 관련 법령을 이해하고 범법 행위를 하지 않는다.
- 피해자에게 끼친 피해를 인식하고 고통을 공감할 수 있다.
- 충동적인 행동패턴에서 벗어나 사고-감정-행동-환경을 조절할 수 있다.
- 긍정적인 방식으로 대인관계를 형성, 유지할 수 있는 능력을 함양한다.
- 재범위험요인들을 확인하고 스스로 관리할 수 있다.
- 이와 같은 변화를 통해 궁극적으로 안전한 사회를 구축한다.

출처: 법무부(2012: 16).

(3) 성과 관련된 왜곡된 생각의 수정

성범죄인들은 왜곡된 성적 환상에 사로잡혀 사실을 왜곡하고 자신의 행동을 합리화한다. 〈표 11-8〉과 같이 성범죄인들은 일반적인 경우와 달리 왜곡된 생각을 하기도 한다(조흥식 · 이형섭, 2014: 390). 성매매에 대해 청소년을 질적 연구한 홍봉선 · 남미애(2010)에 따르면 청소년성매매에 관련된 사람들은 성매매란 단어보다는 조건만남, 만남 등의 용어를 사용하면서 자신의 행동은 성매매와 같이 불법적 · 폭력적 행위가 아닌 술이나 음식, 필요한 것을 받고 노는 놀이라고 생각하기도 하였다. 또한 청소년의 인터넷음란물 접촉과 일탈적 성행동과의 관계를 연구한 남미애 · 홍봉선(2012: 114-116)에 따르면 인터넷음란물 접촉이 성폭력과 성매매에 미친 영향에 성관련 인지적 요인(폭력에 대한 허용성이 높을수록, 성매매에 대한 기대가 클수록, 성매매 자기조절이 낮을수록)은 각각 유의미한 부분매개효과를 보였다. 즉 인터넷 음란물 접촉은 청소년의 성폭력과 성매매에도 직접적 영향을 미치지만 인지적 요인을 통해 간접적인 영향을 미치는 것으로 보고하였다. 한마디로 성에 대해 어떤 생각과 사고를 갖는지가 일탈적 성행동과 관련이 깊음을 알 수 있다. 따라서 교정사회복지사는 범죄인의 성에 대한 왜곡된 사고를 파악하고 건강한 성가치관을 확립하고 자기조절능력을 증진시킬 수 있도록 지원해야 한다.

〈표 11-8〉 성범죄인의 인지왜곡

일반적인 경우	성범죄인의 인지왜곡
상대방의 동의 없는 성행동은 잘못된 행동이야.	상대방도 원할 거야. 내가 적극적으로 해야 상대방도 좋아할 거야.
미성년자와 성관계를 하는 것은 불법이야.	상대방이 먼저 나에게 유혹했어. 강제적으로 한 것이 아니므로 문제될 것이 없어.
술에 취해 제정신이 아닌 상태에서 이래서는 안돼.	아니야. 괜찮아. 나랑 술을 먹을 때부터 이미 그녀는 나를 좋아한 거야. 나랑 함께 잠자고 싶었던 거야.
내가 이래선 안 되지. 이건 범죄야. 남들에게 쉽게 들킬 거야.	들키지 않으면 괜찮아. 아무도 모를 거야.
상대가 싫다고 말했는데 하는 것은 범죄야.	싫다고 말하지만 실제는 좋다는 이야기야. 저 봐. 웃으면서 이야기하잖아. 정말 싫다면 완강히 거부해야지.

출처: 조흥식 · 이형섭(2014: 390).

(4) 자존감 증진

울프(Wolf)의 순환 모델에 따르면 성폭력의 원인에는 부정적인 자아상이 중요하다. 성폭력범죄인의 낮은 자존감은 우울감, 외로움 및 분노 등의 부정적 감정을 초래한다. 부정적 감정을 해소하기 위해 왜곡된 성적 환상으로 현실을 도피하는 경향이 있으며 이는 포르노 등의 음란물을 통해 강화 · 형성된다. 왜곡된 성적 환상은 급기야 성폭력 행동으로 연결된다. 그러나 발생한 성폭력 행위에 대한 죄책감이나 수치심은 기존의 낮은 자존감을 더욱 저하시키고 이는 다시 성폭력을 일으키는 악순환을 반복한다(조흥식 · 이형섭, 2014: 388).

성폭력 가해자의 자존감을 높여 주기 위한 전략은 다음과 같다.

첫째, 가해자를 존중하고 그들의 행동과 분명하게 분리해서 대할 뿐 아니라 집단의 다른 사람들에게도 동일한 태도를 취하게 해야 한다.

둘째, 가해자의 학력을 높이거나 직업기술을 갖게 한다. 지적 능력을 개발하고 사회활동을 늘려주며 즐거운 경험을 자주 가질 수 있도록 돕는다.

셋째, 외모를 가꾸거나 자기 제시를 효율적으로 하여 자신을 매력적으로 보이도록 도와준다. 외모나 매력은 긍정적인 사회적 피드백을 얻게 하고 자존감의 향상에 도움이 된다(조흥식 · 이형섭, 2014: 391).

(5) 대인관계 능력 증진

모든 성범죄인이 대인관계나 의사소통에 문제가 있는 것은 아니지만 아동성범죄인의 상당수는 소극적이고 내성적인 성격으로 인하여 성인 여성과의 정상적인 이성관계를 맺지 못하기 때문에 성범죄로 나아가는 경우가 있다(조흥식 · 이형섭, 2014: 389). 대인관계나 의사소통 능력을 증진시키기 위해서는 클라이언트가 건강한 대인관계와 그렇지 못한 관계에 대해서 인지할 수 있도록 교육하고 연습할 필요가 있다. 또한 관심과 인정을 해 줄 수 있는 사회적 지지망을 구축, 강화할 필요가 있다.

(6) 폭력 피해에 대한 트라우마 치유

성폭력범죄인은 교도소에서 또 다른 어려움을 경험하기도 한다. 수형자문화와 사회체계에서 대부분의 강간범은 수형자 사회체계의 가장 밑바닥이다. 따라서 강간범은 수감 중 수형자폭력의 표적이 될 확률이 높다(오영근 외, 2013: 110). 뿐만 아니라 성범죄 이전 또는 이후 여러 가지 폭력 피해에 노출되어 트라우마를 경험할 수 있다. 이런 트라우마가 성범죄 또는 재적응을 방해하는 원인으로 작용할 수 있다. 교정사회복지사는 팀의 일원으로 트라우마 치료(trauma-focused therapy)에 참여할 수 있다. 우리나라에서는 트라우마로 고통 받은 사람들을 위해 국가트라우마센터를 설치, 운영하고 있다. 이 센터는 「정신건강복지법」 제15조에 근거한 것으로 재난이나 그 밖의 사고로 정신적 피해를 입은 사람의 심리적 안정과 사회 적응을 돕기 위해 국립정신건강센터에 설치하였다. 이 센터는 재난정신건강컨트롤타워로서 재난 및 정신건강 위기대응, 트라우마 치료 프로그램, 재난 트라우마 치료 및 연구 등을 행하고 있다.

(7) 모니터링 및 슈퍼비전 제공

교정사회복지사는 보호관찰소나 법원과 협력하여 성범죄인이 치료나 교육프로그램에 참여, 알코올 또는 약물사용의 자제, 정기적 면담 등 보호관찰 준수조건을 잘 지키고 있는지를 모니터링하고 감독할 수 있다.

(8) 재통합을 위한 다각적인 사회서비스 연계 및 지원

교정사회복지사는 성범죄인이 성공적으로 지역사회에 재통합(reintegration)할 수 있도록 고용, 교육, 의료, 주거, 법률 지원과 같은 지원서비스에 접근하도록 돕는다. 이를 위해 법 집행 기관, 의료진, 사회복지전담공무원, 변호사, 피해자지원 담당자, 지역사회복지기관 실무자 등 여러 전문가와 협력하여 성범죄인에 대한 통합적 지원이 행해질 수 있도록 한다.

(9) 정책적 개입

첫째, 최근 사회문제가 되고 있는 디지털 성범죄, 온라인 성착취 등 성범죄 예방 및 대응을 위해 법, 제도적 기반 및 예산 확충이 필요하며 관련 부처 및 기관 간 조정 · 연계 책임기관의 책임이 강화되어 되어야 한다. 특히 성범죄는 재범률이 높다는 점을 고려해서 가해자 관리 및 감독을 강화하고 피해자보호지원을 담당할 전문인력과 프로그램의 확대가 필요하다.

둘째, 성범죄 중 성매매, 디지털 성범죄, 온라인 성착취 등은 인터넷을 기반으로 국경을 초월한 범죄들이 발생하고 있으므로 국제 공조수사가 확대, 강화되어야 한다.

셋째, 성범죄는 개인의 책임도 있지만 사회환경 및 문화도 중요하게 작용한다. 지역사회의 왜곡된 성의식, 성차별을 개선하고 성인지감수성 및 성평등의식을 강화해야 한다.

넷째, 우리나라 디지털 성범죄는 피라미드형 범죄구조가 고착되어 있다. 즉 범죄계층구조의 가장 아래에는 주로 청소년인 1차 가해 · 피해자가 위치하고, 중간에 성범죄물을 착취 · 악용하는 남성 가해자가 있으며, 최상층에는 성범죄물 유통으로 범죄수익을 취하는 조직과 가해자법률서비스 제공업자들이 드러나지 않게 자리 잡고 있다(김한균, 2023: 196). 따라서 디지털 성범죄의 핵심적인 역할을 하고 있는 성인사이트와 불법도박사이트, 성인사이트의 주요 수익원인 불법 콘텐츠 광고를 우선적으로 차단해야 한다. 불법도박사이트 운영에는 조직범죄인이 가담되어 있으므로 범죄조직에 대한 수사를 강화해야 한다(김예정 · 송봉규, 2022: 21-36).

다섯째, 디지털 성범죄에 노출된 아동 · 청소년의 보호 및 지원을 강화해야 한다. 최근 늘어나고 있는 디지털 성범죄나 온라인 그루밍에 노출되고 있는 가해자, 피해자 모두 청소년이 차지하는 비율이 크다. 이들 청소년들은 성인과 다른 특성을 갖는다. 청소년

대상 온라인 그루밍에 대해 조사한 전수아 외(2021: 97-138)에 따르면 청소년 그루밍의 시작은 성적 측면이 아니라 정서적 측면에 있다는 것이다. 아동 · 청소년들에게는 정서적 공허함을 채워주는 말 상대가 필요했고, 그 자리를 성범죄인들이 고민을 경청하는 '상담자'로 먼저 다가갔다는 것이다. 온라인 그루밍 성범죄 가해자들은 개인정보 공개와 유포, 그리고 관계 중단을 무기로 피해 아동 · 청소년을 협박하고 그들의 두려움을 이용하여 통제한다. 피해 아동 · 청소년들은 자신의 피해 사실을 인지하기 어렵고 자신을 '보호받아야 하는 존재'로 인식하지 못하게 된다. 이는 지원체계로 진입조차 못하게 하는 요인이 된다. 따라서 아동 · 청소년들에게는 아무런 잘못이 없으며, 언제든지 도움을 줄 수 있다는 사회적 메시지를 전달할 방법에 대해 더욱 고민할 필요가 있다(전수아 외, 2021: 97-138).

온라인 그루밍 성범죄는 이전 세대가 경험하거나 상상해 보지 못한 일이기 때문에 성인들조차 대체로 위험 인지도가 낮으며 대처방안을 알지 못한다. 따라서 아동 · 청소년들이 누구나 보편적으로 성착취 위험에 노출되어 있음을 알리는 것이 중요하다. 뿐만 아니라 부모 및 양육자, 교사 등에게 아동 · 청소년들의 그루밍 피해를 어떻게 발견할 수 있는지, 발견한 뒤에 어떻게 해야 하는지에 대한 매뉴얼을 제공할 필요가 있다(전수아 외, 2021: 97-138). 또한, 성매매, 성착취 등 위험에 노출될 수 있는 온라인 환경 개선, 또래상담 등 모니터링과 조기 개입을 통한 피해 예방을 적극 추진하고 채팅앱에 대한 규제를 강화할 필요가 있다. 빠르게 확산 유통되고 있는 아동 · 청소년 대상 범죄와 성착취물 범죄에 대응하기 위한 24시간 동안 인터넷, 플랫폼 등에서 운영되는 상시적인 감시 · 신고체계가 확충되어야 한다(김희성 · 박광민, 2020: 237-276).

4. 약물범죄

1) 약물의 분류 및 특성[5)]

(1) 약물 및 약물남용의 정의

약물(藥物, drug)이란 넓은 의미로 보면 생체에 영향을 미치는 물질을 뜻하지만 일반적으

5) 이 부분은 홍봉선 · 남미애(2018: 435-444)의 내용을 발췌, 일부 수정한 것이다.

로는 의약품과 의약품이 아니면서 실질적으로 정신(중추신경)에 영향을 미치는 환각제 등을 포함한다.

약물남용은 한 개인이 어떤 약물을 계속해서 약물의 원래 의도된 목적과는 다른 용도로 사용하거나 혹은 그 개인이 약물사용에 대해서 통제할 수 없을 때, 예를 들면 그 사람의 생활양식이 특정 약물의 획득이나 사용욕구에 의해 지배받을 때 혹은 약물복용이 개인의 가족, 직업 및 기타 사회적 기능수행에 장애를 가져올 때를 말한다. 즉, 약물남용은 의학적 상식, 법규, 사회적 관습으로부터 일탈하여 쾌락추구를 목적으로 약물을 사용하거나 용법보다 과잉으로 약물을 섭취하는 행위를 말한다(윤명숙, 1998: 231).

(2) 약물의 유형 및 특성

우리나라에서 흔하게 남용되는 약물의 종류와 독성을 살펴보면 다음과 같다.

① 흡입제

흡입제(inhalants)란 각종 휘발성 물질을 말하며 코나 입을 통해서 흡입한다. 남용되고 있는 유기용제(organic solvent)에는 각종 공업용 접착제(본드), 신나, 부탄가스, 가솔린, 라이터 기름, 스프레이 페인트, 헤어스프레이, 아세톤, 아교 등 다양한 종류가 있다. 흡입제가 신체에 미치는 영향으로는 호전적이고 폭력적인 행동, 근육조절 곤란, 오심, 구토, 불분명한 발음, 이중시야, 이명, 경련, 혼수 등이며, 정신에 미치는 영향으로는 어지러움, 흥분, 판단곤란, 혼돈, 환각, 기억상실 등이 나타난다. 흡입제는 장기간 사용할 경우에는 뇌손상, 간장장애, 심장장애, 신장장애, 시력장애, 기억력 상실, 근육마비, 체중감소, 갑작스러운 사망을 일으킨다. 만성적 본드 흡입자는 숨 쉴 때 악취가 나고, 흡입된 증기로 인하여 비강점막이나 구강점막에 염증이 생기기 때문에 자주 가래를 뱉는다.

② 대마초(마리화나)

마리화나(marihuana)는 대마 암그루의 말린 잎과 꽃이 피는 꼭대기 부위를 잘게 썰어 담배처럼 말아서 피운다. 일반적으로 알려진 마리화나의 가장 큰 부작용은 돌발적인 공포와 불안반응이며 이러한 증상은 마리화나 효력이 소실되는 몇 시간 후에는 사라진다. 마리화나 흡연자는 심박동 수 증가, 눈의 충혈, 입과 목이 마르는 갈증 등을 경험하며 장기간 사용하면 간장장애, 뇌기능의 손실, 상기도 질환, 유전적 결손 등을 일으킬 수 있다. 마리화나가 정신에 미치는 영향으로는 술 취한 느낌, 행복감, 억제력 감소, 충동적 행동, 집중력 감소, 감지능력의 변화, 떠 있는 느낌, 지연된 듯한 시간감, 안녕감 또는 두려움, 근심, 자신과 신체가 분리된 느낌, 환각증상 등이다.

③ **필로폰**(암페타민류)

암페타민류(amphetamine類)는 중추신경계에 자극을 주어 신체 및 기분에 변화를 일으키는 흥분제(각성제)이며, 암페타민, 덱스트로 암페타민, 메스암페타민(필로폰)이 주요 암페타민류 약물이다. 우리나라에서는 히로뽕으로 더 많이 불린다. 암페타민이 신체에 미치는 영향으로는 심박동 증가, 혈압 상승, 식욕 저하, 호흡률 증가, 불면, 발한, 갈증, 근육 연축, 경련, 발열, 흉통, 불규칙한 심박동 등이며, 정신에 미치는 영향으로는 피로감 감소, 자신감 증가, 주의력 증가, 활동 증가, 민감성 증가, 불안, 걱정, 불신감, 환각 등이다. 암페타민류를 다량, 빈번하게 사용하면 언어장애, 생각을 어휘로 나타내는 데 어려움을 유발하는 뇌손상이 일어날 수 있으며, 체내에서 암페타민 축적이 증가하여 암페타민 정신병이라 불리는 중독증을 나타내어 폭력적이고 괴상한 행동을 하게 된다. 암페타민 과용으로 죽음을 초래할 수도 있다. 만성 남용자의 특징에는 홍역의 발진과 유사한 좌창, 치아손상, 잇몸손상, 손톱손상 등이 나타난다.

④ **마약**(아편)

마약(narcotics)에는 아편과 아편에서 얻어진 모르핀, 코데인, 헤로인, 펜타닐 등이 있다. 헤로인(heroin)은 불법약물로 오늘날 가장 널리 남용되는 마약이다. 코데인(codeine)은 모르핀의 1/4 정도의 진통작용이 있으며, 기침을 진정시키는 진해제(코푸시럽)로 시판되고 있어 구입이 수월, 남용되기 쉬운 약물이다. 펜타닐은 수술한 환자나 암 환자의 통증 경감을 위해 널리 사용되는 진통제의 하나로 고농도에서는 근육 경직, 호흡 곤란, 혼수상태 등의 증상을 일으킨다. 마약이 신체에 미치는 영향은 동공 축소, 통증 감소, 변비, 가려움, 졸음, 근육 조절력 상실, 수면, 혈압 저하, 호흡 억제, 혼수 등이며, 정신에 미치는 영향으로는 행복감, 불안, 공포, 몽롱, 집중력 상실, 복잡한 추리력 상실, 무관심 등이다. 마약은 상습적으로 남용하면 뇌와 간에 심한 손상을 일으킬 수도 있으며 과량사용 시에는 사망하게 된다.

⑤ 알코올

알코올 성분은 중추신경계억제효과를 가진 약물이다. 알코올의 양에 따라 자제력이 없어지고 사고력, 주의력, 판단력 등이 없어지며 뇌의 기능을 둔화시키고, 잠을 오게 하며, 마취효과가 있다(호흡중추 마비). 그리고 무엇보다 알코올은 중독성이 강한 습관성 물질이다. 알코올은 뇌조직 괴사, 소뇌작용 억제(방향감 상실 - 걷고, 뛰고, 말하기가 어려움), 감각의 둔화(위험감지와 반응이 느림), 기억상실, 치매, 인격의 황폐화 등으로 뇌조직에 영향을 미치기도 한다.

(3) 약물범죄인의 특성

약물범죄는 불법 약물의 소지, 배포 및 사용과 관련된 광범위한 범죄 행위를 말한다. 따라서 약물범죄인의 특성은 매우 다양하다고 하겠다. 그중 본 절에서는 약물중독의 문제를 가진 범죄인을 중심으로 살펴보고자 한다. 약물중독의 문제를 겪는 일부 범죄인의 특성은 다음과 같다.

① 강박적인 약물사용

약물중독 문제를 갖는 범죄인들은 약물에 문제가 있음을 알지만 사용을 중단할 수 없어 강박적으로 약물을 사용한다. 시작할 때는 사용량을 조절하려고 노력하지만 억제하지 못하고 과다하게 사용한다.

② 내성과 금단 증상

내성이란 약물복용 횟수가 증가할수록 약물에 의한 신체적 반응이 점차 약해져 똑같은 만족을 얻기 위해서는 양을 점차 늘리게 되는 것을 뜻한다. 이전에는 한 잔만 마셔도 기분이 좋았는데 복용횟수가 늘어갈수록 두 병, 세 병으로 양이 늘어나게 된다. 약물을 하다가 갑자기 그만두거나 양을 줄이면 신체적·정신적으로 어려움이 생긴다. 이를 금단 증상이라고 하는데 일반적으로 손떨림, 불안, 짜증, 우울감 등의 증상이 나타난다. 이와 같은 내성이나 금단 증상은 약물에 따라 차이가 있다.

③ 정신건강 및 건강상의 문제

약물중독 문제를 겪는 범죄인은 약물범죄 이전 또는 이후에 우울증, 불안 또는 외상 후 스트레스 장애와 같은 정신건강상의 어려움, 감염성 질병 등 심각한 건강문제를 가질 수 있다. 또한 과거 폭력이나 학대 등에 노출되어 트라우마를 경험한 적이 있다.

④ 사회적 지지 부족 및 단절

일부 약물범죄인은 약물범죄 이전 또는 이후에 사회적 지지체계가 빈약하거나 단절되기도 한다. 특히 약물범죄가 심화되면 자원과 기회를 이용할 능력도 저하 될 뿐 아니라 낙인, 사회적 배제 등으로 인해 다시 사회통합이 되는 것이 상대적으로 어렵다.

⑤ 경제적 어려움

약물범죄와 경제적 어려움은 관련성이 깊다. 약물범죄인은 빈곤, 실업, 건강악화로 인해 경제적으로 어려움에 놓일 수 있다. 약물범죄로 인해 경제적 어려움이 가중될 수도 있고 경제적 어려움으로 인해 약물범죄를 저지르기도 한다.

⑥ 다중의 범죄 경력

약물범죄인은 약물범죄 이외에도 다른 범죄를 저지를 가능성이 높다. 약물중독이 되면 약물 구입을 위해 절도, 사기, 폭력 등 여러 범죄에 가담할 가능성이 크다. 또한 약물범죄를 저지르는 과정에 또 다른 범죄에 연루될 가능성도 크다.

⑦ 교육 또는 고용 기회 부족

일부 약물범죄인은 약물사용이나 중독문제로 인해 학교나 직장생활이 어려워 정상적인 생활을 영위하기 어렵다.

⑧ 높은 재범 가능성

약물범죄인 중 중독문제를 가지고 있는 사람들이 적절한 치료를 받지 못하면 반복해서 약물범죄를 저지를 가능성이 높다.

2) 약물범죄의 실태

2024년에 발행된 『2023 범죄백서』를 통해 마약류범죄의 실태를 살펴보면 다음과 같다. 마약류범죄란 마약, 대마 및 향정신성의약품과 관련된 법규를 위반한 범죄를 총칭한다(법무연수원, 2024: 107). 마약류사범은 2013년 9,764명에서 꾸준히 증가하여 2022년에는 18,395명을 기록하였다. 이 중 향정사범 65.4%, 대마사범 20.7%, 마약사범이 13.9%를 차지하였다(법무연수원, 2024: 108-109).

2022년 마약류사범의 직업별 현황을 보면 무직이 31.5%로 가장 높았고 그다음 회사원(6.2%), 노동(4.3%), 학생(3.0%), 농업(2.5%) 순이었다. 그 밖에도 의료, 가사, 서비스업 등 다양한 직업군에서 마약류사범이 발생된다는 점을 주목할 필요가 있다. 2022년의 경우 연령별 현황을 보면 20대가 31.6%로 가장 높았고 그다음이 30대(25.6%), 40대(15.3%), 50대(10.7%) 순이었다. 지난 5년간 현황을 보면 10대와 20대는 증가하는 추세이다(법무연수원, 2024: 111-112). 마약류범죄의 기소율은 50.4%를 차지하였고 불기소는 42.2%를 차지하였다. 불기소 중 기소유예는 38.5%를 차지하였다(법무연수원, 2024: 271).

3) 약물범죄에 대한 교정복지실천[6]

(1) 약물범죄인과의 초기 관계 형성

교정사회복지사가 만나는 대상자 중에는 의외로 약물 문제를 가진 경우가 많다. 이때 약물 문제가 1차 표적문제일 수도 있고 2차 표적문제일 수도 있다. 전자에 해당되는 것은 알코올 및 약물 의존적인 클라이언트이다. 이들은 의존 대상이 알코올이나 약물(담배, 코카인, 환각제, 흡입제 등)이다. 후자에 해당되는 것은 가정불화, 가정폭력 및 아동학대, 자살, 범죄 등이 주요 문제이고 부차적으로 약물 문제를 수반하는 경우이다.

그러나 교정복지 대상자가 어떤 상황이라고 해도 그들이 먼저 약물 문제를 꺼내놓기란 쉽지 않다. 특히 빈곤이나 장애, 범죄 등 다른 문제가 심각하게 부각되어 약물 문제는 다루어지지 못하고 넘어가기가 쉽다. 따라서 교정사회복지사는 인테이크 단계부터 과거나 현재 교정복지 대상자의 약물사용 여부에 대해 알아보아야 한다. 특히 임산부, 여성들

6) 이 부분은 남미애 · 윤숙자(2020: 227-233)에서 일부 발췌, 수정한 것이다.

의 알코올 및 약물 섭취에 대해서도 주의해서 검토해야 한다. 교정복지 대상자와의 면담에서는 가장 먼저 면담이 가능한 상태인지를 파악하는 것이 필요하다. 술이나 약물을 복용한 상태에서의 면담은 바람직하지 않다. 부드러우면서도 단호하게 면담을 할 수 없음을 알리고 다음 면담 일정을 잡는 것이 좋다. 약물남용의 문제가 있는 교정복지 대상자와의 관계 형성을 위해서는 마약 등 약물사용과 관련하여 그들이 사용하고 있는 은어에 대하여 익숙할 필요가 있다(조흥식 · 이형섭, 2014: 402).

(2) 재범 위험성에 대한 사정

첫째, 알코올 및 약물사용은 사용하는 약물의 종류, 사용량, 클라이언트의 심리 · 사회적 특성, 환경 등에 의해 영향을 받을 수 있다. 따라서 개인 및 환경적 요인을 고려한 통합적인 관점에서 사정, 접근하는 것이 필요하다.

둘째, 알코올이나 약물을 사용한 경험이 있는지, 있다면 언제, 어떤 약물을 어느 수준으로 사용했는지, 현재도 사용하고 있는지를 파악한다. 약물남용자의 특성상 약물 경력 및 약물의 사용 빈도가 재범 가능성의 중요한 잣대이므로, 약물 경력 및 사용 빈도에 관하여 사정하는 것이 중요하다. 약물범죄 경력 2회 이상, 약물투여 횟수 3회 이상인 경우에는 약물남용의 문제가 비교적 심각한 것으로 보아야 한다. 유흥업소 종사자 등 직업의 종류가 약물남용 가능성과 깊은 연관이 있거나, 장기간 무직상태가 지속되고 있고 향후에도 건전한 직업 및 구직 가능성이 낮은 경우 알코올중독, 정신병력 등으로 정신과적 치료가 시급하지만 본인이 치료를 거부하는 경우 등은 각별한 주의집중이 필요한 클라이언트다(조흥식 · 이형섭, 2014: 401-402). 알코올중독의 사정을 위해서는 월미어 척도(Walmyr Scales), 미시간 알코올중독증 측정테스트, 알코올 사용표 등을 사용할 수 있다.

셋째, 알코올이나 약물로 인해 심리 · 사회적 기능이 어느 정도 손상되었는지를 파악한다. 약물의존의 폐해를 인식하고 있는지, 부인하거나 합리화하지 않는지도 검토한다. 의존 정도가 늘어날수록 일상생활에 많은 변화가 온다. 알코올의 경우, 숙취 해소를 위해 술을 마시거나 아침에도 술을 마신다. 술 몇 잔으로 멈출 수 없고 술 먹고 한 행위를 기억하지 못한다. 운전면허 취소, 싸움이나 폭행 등 법적 문제를 갖거나 잦은 이직이나 실직, 손 떨림, 영양실조, 기억상실과 같은 건강상의 문제가 생긴다. 따라서 교정사회복지사는 클라이언트의 일상생활 즉 식사나 수면, 위생 등과 관련된 자기보호나 가족, 친구, 주변 주요한 사람들과 의미 있는 관계를 유지하고 있는지를 사정해야 한다. 또한 학업이나 직업 등 자신에게 주어진 역할이나 책임을 수행하고 있는지, 동아리활동이나 취미활동 등 사회적 참여나 활동에 참여하고 있는지를 파악한다. 이 밖에도 클라이언트들은 약물 부작용으로 인해 다양한 건강상의 문제를 가질 수 있다. 따라서 약물로 인해 어떤 건강상의 어려움이 있는지 파악할 필요가 있다.

넷째, 단약의지의 확인이다. 단약에 대한 의지와 자신감은 향후 전문적 원조관계에서 약물남용 문제를 효과적으로 다루는 데 가장 핵심적 사항 중 하나이기 때문이다(조흥식 · 이형섭, 2014: 402).

(3) 약물범죄인에 대한 개입

① 동기부여

약물 문제를 가지고 있는 사람들은 약물을 끊고 싶은 마음도 있지만 약물을 중단하는 것에 대한 아쉬움도 동시에 있다. 대부분의 경우 자발적인 의지보다는 외부의 압력에 의해 약물치료를 받는 경우가 많아 치료에 대한 부정적인 생각이 강하다. 따라서 약물을 끊는 것에 대한 동기부여가 매우 중요하다.

교정사회복지사는 교정복지 대상자가 처음 약물을 하게 된 시기와 동기, 그때의 상황에 대해 어떻게 인식하고 있는지 파악하는 것이 필요가 있다. 약물남용의 원인에는 스트레스, 우울과 분노 등 정서적 문제, 사랑받고 인정받고 싶은 욕구 등 다양하다. 교정복지 대상자가 이야기하는 표면적인 동기 이외 심층적인 내면의 욕구를 파악해서 자신에 대해 통찰할 수 있도록 하는 것이 필요하다. 이를 통해 자신이 어떤 상황에서 약물을 사용하는지를 알게 되고 이런 상황을 회피할 수 있는 대응방법을 찾는다면 보다 효과적으로 재발을 막을 수 있다.

또한 약물남용이 클라이언트에게 미친 영향에 대해 클라이언트가 인식하는 것을 파악한다. 이것은 단약의 실천과도 관련이 깊다. 약물로 인해 클라이언트의 경제적 상황, 신체적 건강, 가족 및 지인과의 관계, 직장생활 등 모든 것이 파괴될 수 있으며 그러한 손해를 회복하기 위해 얼마나 많은 시간과 비용, 노력이 필요한지 함께 점검해 보는 것이 좋다(조흥식 · 이형섭, 2014: 405). 이처럼 비자발적 동기를 가진 교정복지 대상자를 치료과정에 참여시키고 변화에 대한 동기를 높이며 자기 효능감을 구축하는 데는 동기강화

면담(motivational interviewing)이 유용하다. 이 접근 방식에는 관계 구축, 클라이언트의 가치와 목표 탐색, 클라이언트가 변화를 원하는 자신의 이유를 식별하도록 돕는 것이 포함된다.

② 약물치료 및 약물에 대한 교육

약물을 끊기 위해서는 약물치료도 병행되어야 한다. 약물은 각기 고유한 특성을 가지고 있으므로 약물의 특성을 고려한 전문적 약물치료가 필요하다. 약물 중단으로 이후 고통스러운 감정은 재발의 중요한 원인이 될 수 있는데 의료적 조치를 통해 이런 고통을 보다 효과적으로 완화할 수 있다. 따라서 필요한 경우 신속한 치료가 이루어질 수 있도록 협의해야 한다.

또한 약물에 대해 잘못 알고 있는 내용들에 대해 제대로 교육을 시키는 것이 필요하다 (조흥식 · 이형섭, 2014: 407-408). 이런 과정에 클라이언트가 약물 중독 및 범죄를 일으키는 생각과 행동을 식별하고 왜곡된 생각을 변화시키도록 돕기 위해서는 인지행동 치료(cognitive-behavioral therapy, CBT)의 적용이 유용하다.

〈표 11-9〉 약물에 대한 오해와 진실

약물에 대한 오해	약물에 대한 진실
1. 마약류 및 약물을 사용한다면 단지 나 자신에게 해가 될 뿐 타인에게는 해가 되지 않는다.	마약류 및 약물 사용은 작업장과 길거리에서 사고를 불러일으켜 타인에게 해를 입힌다. 예: 배우자와 아동학대, 이혼, 폭력범죄
2. 약물은 한 번으로 중독되지 않는다.	그렇지 않다. 처음 한 번으로도 환각이나 쾌감을 느끼는 경험을 하게 되면 급격한 의존에 빠지게 된다.
3. 나는 착실한 사람이므로 마약류 및 약물 사용은 안전하다.	마약류 및 약물을 남용하는 경우 일반적으로 발생한 문제에 대해 통제력을 상실하게 된다.
4. 본드 등의 환각물질은 마약에 비해서는 안전하며 단순히 오락적인 것이다.	본드를 포함한 각종 흡입제는 톨루엔이나 크실렌 등 여러 가지 유해화학물질이 포함되어 있어 이 물질들이 뇌세포에 치명적인 손상을 입힌다. 이러한 환각물질은 매우 중독성이 높으며 육체적으로도 위험하기 때문에 남용하면 혼수상태와 죽음에 이를 수 있다.
5. 약물을 사용해도 나는 잡히지 않을 것이다.	확신할 수 없으며 처벌은 혹독하다. 법적으로 금하고 있는 약물사용은 그 자체가 범죄이며 범죄임을 알면서도 사용한다는 것은 끊을 수가 없기 때문이다. 자신은 조절해서 사용한다고 하나 냉철히 생각해보면 법망에 걸릴 위험을 무릅쓰고 사용하는 것 자체가 중독이다.

약물에 대한 오해	약물에 대한 진실
6. 대마는 담배와 비슷한 것이며 오히려 중독성이 담배보다 약하다.	대마는 담배보다 훨씬 중독성이 강하다. 담배보다 많은 자극제와 2배나 많은 타르를 함유하고 있기 때문이다. 대마는 환각제로 분류되는데 비현실적인 환각을 야기하고 감각을 비틀어놓는다. 또한 수치심과 도덕감을 상실하게 되어 여러 가지 비도덕적이고 불법적인 행위들이 일어난다. 중단을 하게 되면 무의욕 증후군으로 아무런 의욕이 안 생기고 흥미가 없어지게 된다.
7. 필로폰을 하면 살이 빠진다.	필로폰은 일종의 각성제로서 피로감을 줄여주고 배고픔을 느끼지 못하게 하여 집중력을 강화시키고 안도감을 유도하는 작용이 있다. 그러나 이러한 작용들은 일시적이며 효과가 사라지면 평소보다 기분이 더욱 침체되고 의욕도 없어지고 피로감이 심해지며 식탐이 생기기도 한다.
8. 필로폰을 하면 성기능이 좋아진다.	아니다. 오히려 성기능이 저항되며 나중에는 성적 불구가 될 수 있다. 많은 마약 중독자들이 성적 관계를 위해 필로폰을 사용하는데 이는 일시적인 쾌감과 시간관념의 변화로 무의미한 행동을 반복하는 것뿐이다.
9. 약물을 남용하는 것은 병이 아니다.	병이다. 그것도 아주 무서운 만성적인 질병이다. 더구나 자신도 모르는 사이에 깊게 빠져들기 때문에 조기에 치료하기가 어려우며 나중에 후회를 하게 될 때에는 치료가 매우 어려워진다. 약물남용은 질병이기 때문에 자신의 의지만으로 해결하기는 쉽지 않다. 당뇨병이나 고혈압과 같은 만성적 질병으로 꾸준한 치료가 필요하다. 물론 조기에 전문가의 도움으로 치료를 받는다면 쉽게 빠져 나올 수 있기 때문에 하루 빨리 치료를 받는 것이 무엇보다 중요하다.

출처: 조흥식 · 이형섭(2014: 407-408).

③ 효과적인 거절방법 익히기

약물중독에서 벗어나기 위해서는 현명하게 거절하는 방법을 습득하는 것이 중요하다. 클라이언트가 일상생활에서 얼마나 자기표현이나 거절을 잘하는지를 파악하는 것이 필요하다(조흥식 · 이형섭, 2014: 408-409).

- 클라이언트가 착한 사람으로 보이기 위해 너무 애쓰지 않도록 한다. 클라이언트가 착하다는 말을 듣고 싶어 하는 이유는 어떻게든 다른 사람에게 칭찬과 호감을 얻으려는 욕구가 있기 때문이다. 자신을 주장하게 되면 다른 사람이 자신을 비난하거나 외면할지도 모른다는 생각에 필요 이상으로 헌신한다면 사람들은 계속해서 클라이언트에게 헌신을 요구하게 될 것이고 결국 그는 불행해질 것임을 알려 준다.
- 클라이언트의 삶의 목표가 분명해야 거절할 수 있는 에너지가 생긴다는 점을 강조한다. 자신이 어떤 삶을 살고 싶은지에 대한 확고한 생각이 없으면 거절해야 하는 상황에 마주칠 때마다 감정적인 동요를 겪게 되고 거절을 해야 할지 말아야 할지 고민하게 된다. 원하는 삶의 목표가 분명할 때 거절의 기준도

분명해지고 거절할 수 있는 에너지도 생긴다.

- 클라이언트로 하여금 갈등 없는 대인관계란 불가능하다는 것을 인정하도록 한다. 관계에서 갈등과 고통이 생겼다는 것은 행동방식을 바꿔야 한다는 것을 의미한다. 갈등은 상호 간에 건드리지 말아야 할 부분과 존중해야 할 부분이 무엇인지 가르쳐주고 해서는 안 되는 행동과 말들을 가르쳐 준다. 클라이언트가 고통을 외면하지 않고 갈등이 대인관계를 살찌우기 위한 통과의례라는 점을 인식하도록 돕는다.
- 요청받은 내용 그 자체만 클라이언트가 직접 거절하도록 한다. 다른 사람이 아닌 클라이언트가 직접 거절하는 것이 기본적이라는 사실을 강조한다. 요청받은 구체적인 내용은 거절하고 사람이 아닌 요청 그 자체만 거절해야 한다는 점을 인식시킬 필요가 있다. 누군가 돈을 빌려 달라고 요청해 왔을 경우 바른 거절은 "나는 남에게 돈을 안 빌려준다"도 아니고 "나도 돈이 없다"도 아닌 "나는 너에게 논늘 빌려 줄 수 없다"다.
- 거절당한 상대방이 클라이언트와 어떤 관계인지 파악하도록 한다. 거절에서 가장 중요한 관계 파악의 기준이 바로 관계의 지속성이다. 클라이언트에게 부탁을 한 사람이 그에게 어떤 의미를 갖는지 잘 평가해 볼 필요가 있다. 그리고 그리 중요하지 않은 사람에게 드는 에너지를 절약해 정말 그에게 의미 있는 사람이 부탁을 해 올 때 사용하도록 돕는다.
- 클라이언트가 거절한 후의 불편한 마음을 죄의식으로 키우지 않도록 한다. 거절 후 생기는 불편한 마음을 죄의식으로 발전시키거나 이후 벌어진 상황에 대해 자책해선 안 된다. 때로는 적절한 거절이 오히려 상대방에게 득이 된다. 무조건적으로 허락일변도로 나가는 것은 클라이언트 자신을 위해서도, 다른 사람을 위해서도 좋지 않는 습관이 될 수 있다는 점을 분명히 인식시킨다.

④ 약물관리의 지원

교정사회복지사는 교정복지 대상자의 약물관리를 지원할 수 있다. 어떤 클라이언트는 약물 부작용으로 인해 병원에서 정기적으로 약을 복용해야 할 경우도 있고 어떤 클라이언트는 정신건강상의 문제로 병원에서 치료를 받았거나 받고 있을 수 있다. 이런 경우 교정사회복지사는 교정복지 대상자가 정기적으로 치료를 받고 있는지, 약물을 규칙적으로 잘 복용하고 있는지를 점검해야 한다. 혹시 부작용이 생기지는 않았는지 점검하고 정기적으로 건강상태를 확인하는 것이 필요하다. 교정복지 대상자가 질병이나 약물복용과 관련된 어려움을 호소할 때는 최대한 관심과 지지를 해줄 필요가 있다. 예를 들어 '입이 마른다', '하루 종일 기분이 처지고 멍한 것 같다', '체중이 자꾸 늘어난다' 등을 호소할 수 있다. 이때 정신과 약 때문에 어쩔 수 없다고 대수롭지 않게 여기거나 참아야 한다는 식으로 대응한다면 클라이언트는 자신이 존중받지 못하다는 느낌을 가질 수 있다. 언제부터 그랬는지, 어떤 증상인지, 어떨 때 심하고 덜한지 등도 물어보고 고통스러운 사항에 관심을 가져야 한다(정신보건센터, 2013).

⑤ 재발 방지에 대한 계획 및 전략 수립

알코올 및 약물사용은 언제든 재발이 가능하다. 알코올 및 약물중독에서 재발은 실패가 아니라 탈중독으로의 과정일 수 있다. 실제 소수의 사람들을 제외하고 대다수 중독의 어려움을 가진 사람은 한 번 만에 중독에서 벗어나는 것이 아니라 수많은 재발과 약물 중단을 반복하는 과정을 거친다. 따라서 교정사회복지사는 교정복지 대상자의 재발에 대해 지나치게 비관적으로 인식하지 않는 것이 필요하다. 오히려 약물 중단 및 재발의 경험을 통해 교정복지 대상자가 새롭게 알게 된 자신에 대한 이해나 능력이 무엇인지, 향후 재발 방지를 위해 어떤 전략이 효과적일 수 있는지를 알아나가는 것이 중요하다. 즉 교정사회복지사는 교정복지 대상자와 함께 재발 방지(relapse prevention) 전략을 개발하는 것이 필요하다.

갑자기 술을 끊게 되면 식은땀, 구토, 수면장애, 두통 등의 금단증상이 생길 수 있다. 심한 경우 망상, 불안, 벌레가 몸에 기어다니는 것과 같은 섬망, 환청 등을 경험한다. 최근 알코올 치료와 관련된 경향으로는 완전한 금주보다는 알코올 양을 조절하는 것을 목표로 삼기도 한다. 재발은 실패가 아니라 치료 중 자연스러운 과정으로 생각하고 알코올 양을 조절해 정신사회적 기능이 향상될 수 있도록 초점을 두는 것이다. 이들을 위해 외래치료, 입원, 거주시설 입소, 낮병동, 단주모임, 집단치료 등을 활용할 수 있다. 특히 집단치료(group therapy)는 교정복지 대상자가 경험을 공유하고 서로에게서 배울 수 있는 안전하고 지지적인 환경을 제공하기 때문에 유용하다. 이 밖에도 대처 기술, 스트레스 관리 기술 및 건강한 대처 방법을 가르치는 것도 필요하다. 사회적 환경에 적절하게 대응하는 기술을 습득함으로써 스트레스를 낮춰 약물에 의존하고자 하는 생각을 다른 것으로 대체하도록 도울 수 있다.

⑥ 지역사회 알코올 및 약물치료센터와의 협력

교정사회복지사가 다루기 어려운 약물 문제가 있는 교정복지 대상자는 지역사회에 있는 알코올 및 약물치료센터에 의뢰한다. 대표적으로 단주친목(alcoholics anonymous), 12단계 12전통, 마약중독자모임(narcotics anonymous)이 있다. 이들 기관에서 치료받는 것을 두려워하거나 부정하는 교정복지 대상자를 위해서는 미리 알코올 및 약물치료센터 담당자와 충분히 상의해 기관으로 연결될 수 있는 효과적인 전략을 수립한다. 필요한 경우 교정복지 대상자의 병원치료에 동행하고 의료진과 관련 정보를 공유한다.

⑦ 가족에 대한 교육 및 개입

가족들에게 알코올중독자 가족을 위한 프로그램(al-anon, alateen 등)을 안내하고 이용하도록 촉진한다. 알코올중독자 가족들 역시 약물 문제나 다른 어려움을 가질 수 있다. 알코올 및 약물의존에 대해 잘못된 정보나 왜곡된 생각, 걱정, 두려움을 갖기도 한다. 또한 약물의존자와 배우자 및 가족들은 상호의존(codependency)적 관계에 있을 가능성이 높다. 상호의존에 있는 배우자는 자신의 욕구나 행농에는 무관심하고 타인을 위해 자신을 희생한다. 자신의 의사를 솔직히 표현하기보다는 알코올의존자의 행동을 지배하고 조정한다. 이러한 상호작용들은 교정복지 대상자의 회복 및 적응에 방해가 되기 쉽다. 따라서 가족에 대한 교육 및 개입이 필요하다.

⑧ 지역사회기관과의 연계, 활용

알코올 및 약물의존자들은 낮은 자아존중감, 외로움, 관계의 단절 등과 관련이 깊다. 사회적인 관계를 통해 사람들과 소통하는 법을 배우고 약물 이외의 즐거움을 발견하고 행복을 느끼는 것이 중요하다. 따라서 의료적 조치와 더불어 자아존중감을 향상시키고 지지적 관계를 구축할 수 있도록 노력하는 것도 필요하다. 특히 마약류사범의 치료 및 재활에서는 지역사회자원을 활용하는 것은 매우 중요하다. 왜냐하면 약물남용자의 재활치료는 오랫동안 지속되어야 하기 때문이다. 우리나라의 대표적인 약물남용 치료 및 재활기관은 국가에서 지정한 마약류 치료보호기관과 시민단체인 '한국마약퇴치운동본부' 등이 있다.

⑨ 사례관리

교정사회복지사는 모든 약물범죄인들이 동일한 특성을 가지고 있는 것은 아니며 각 개인의 욕구와 상황에 따라 개별적으로 상이할 수 있다는 점에 유의해야 한다. 복합적이고 다중의 어려움에 있는 약물중독범죄인에 대해 지속적, 일관적, 통합적 지원을 위해 개별화된 개입계획(individualized treatment plans)을 개발한다. 주택, 의료 및 고용 서비스에 연결하고 사법과정에서 클라이언트를 옹호하는 등 사례관리를 행한다.

5. 사이버범죄

1) 사이버범죄의 유형 및 특성

(1) 사이버범죄의 개념 및 특징

사이버범죄는 인터넷 범죄, 컴퓨터 범죄, computer-related crime, e-crime, digital technology crime 등으로 혼용되고 있다. 컴퓨터 범죄가 컴퓨터 등 정보통신시스템을 범행 대상으로 제한하는 반면, 사이버범죄는 사이버공간에 발생하는 모든 범죄를 의미하므로 사이버범죄가 더 포괄적이라고 하겠다(신영웅, 2022: 147). 사이버범죄(cyber crime)의 개념은 국가, 학자, 단체 등에 따라 다양하게 정의되고 있지만 일반적으로 사이버범죄는 사이버공간에서 행해지는 모든 범죄적 현상 내지 사이버공간에서 범해지는 일체의 범죄 행위라고 할 수 있다. 사이버범죄는 범죄의 전체가 사이버공간에서 완료되는 경우도 있고 일부만이 사이버공간에서 행해지는 범죄도 있다. 전자는 사이버공간에서 성립요건이 완료되는 범죄로서, 예컨대 통상 해킹범죄로 일컬어지는 각종 범죄, 즉 정보통신망 침해죄, 비밀침해죄, 악성프로그램 유포죄, 각종 사이버공격을 통한 정보통신망 장애 발생죄 등을 들 수 있고, 아울러 사이버음란물 유포행위, 사이버 모욕죄, 사이버성희롱, 사이버 명예훼손, 사이버 도박죄, 인터넷 사기죄, 몰래카메라 촬영 및 유포죄 등 대부분의 익숙한 사이버범죄유형들이 모두 이에 해당된다. 반면 후자는 강도나 절도의 모의를 사이버공간에서 비밀채팅이나 카카오톡 등을 이용하여 행하고 실제의 현실 범죄로 이어지는 경우를 말한다. 상당히 많은 범죄에서 인터넷공간이 활용되고 있어 후자의 범죄영역도 대단히 넓다(정완, 2016: 369).

초기 사이버범죄 유형과 피해는 인터넷을 사용하는 일부 사람들에 국한되었다. 그러나 인공지능, 사물인터넷, 빅데이터 등과 같이 새로운 IT 기술이 발전하고, 스마트폰과 같은 정보통신기기의 보급이 늘어나면서 사이버공간과 현실 공간이 융합되고 있다. 그로 인해 사이버범죄는 그 대상과 범위에 제한받지 않게 되었고, 사이버공간과 현실 공간을 넘나들게 되었다(이원상, 2023: 96). 사이버범죄는 개인정보나 사생활 침해 등 인격권 외에 다수의 피해자들의 재산권을 침해할 뿐만 아니라 국가나 기업의 정보통신망 시스템을 공격함으로써 회복하기 어려운 손해를 가져온다.

우리나라는 사이버범죄의 대두 및 증가에 대응하여 1995년 「형법」을 개정하고, 2001년 「정보통신망 이용촉진 및 정보보호 등에 관한 법률」을 제정하는 등 법제적 대응을 해 왔을 뿐만 아니라 2014년 경찰청 산하에 사이버안전국이라는 별도의 사이버범죄 예방·수사 조직을 운영하는 등의 노력을 경주해 오고 있다. 그러나 사이버범죄는 정부와 수사기관의 노력에도 새로운 형태로 변화·진화하기도 하며 여전히 사회적·경제적 피해를 가져오고 있는 것이 현실이다(조기영, 2020: 442). 사이버공간은 언제든 범죄가 상존하여 누구든지 사이버범죄피해인이 될 수 있다는 것이다. 법무연수원의 『2021 범죄백서』에 따르면 사이버범죄 발생은 2019년 이후부터 계속해서 증가하는 추세를 보인다. 향후 메타버스, ChatGTP 등 새로운 정보통신기술이 상용화될수록 이와 관련된 범죄는 더 증가할 수 있음을 예측할 수 있다.

사이버범죄의 주요 특징을 살펴보면 다음과 같다.

① 급속한 진화

사이버범죄는 범죄인들이 새로운 기술을 개발하고 악용함에 따라 빠른 속도로 끊임없이 진화하고 있다. 그 결과 경찰 등 사법기관들이 범인을 발견하고 검거하는 데에는 많은 어려움이 있다.

② 은밀성 및 복잡성

사이버범죄는 복잡하고 은밀하기 때문에 쉽게 노출되지 않고 전자 정보의 증거 인멸 및 수정이 간단하여 진짜 범인이 누구인지 수사하기가 어렵다.

③ 다양한 범죄형태

사이버범죄는 신원 도용, 사이버 괴롭힘, 사기, 해킹, 마약이나 아동 포르노와 같은 불법 콘텐츠 배포 등 다양한 형태로 광범위한 영역에서 일어나기 때문에 조기에 대응하기 어렵다.

④ 탈공간적 구속성

사이버범죄는 국내·외에 동시에 발생할 수도 있고 피해자가 특정 개인이 아니라 집단, 기업, 국가는 물론 전 세계가 될 수 있으며 경제·사회적으로 엄청난 피해를 초래할 수 있다.

(2) 사이버범죄의 유형

사이버범죄는 인터넷 및 컴퓨터 기술의 발전으로 끊임없이 진화하고 있다. 사이버범죄의 종류가 매우 다양할 뿐 아니라 새로운 방법과 기술로 다변화되고 있다. 경찰청에서는 사이버범죄 분류를 2014년부터는 새로이 정보통신망 침해 범죄, 정보통신망 이용 범죄, 불법콘텐츠 범죄 등 3유형으로 분류하고 있다. 사이버범죄 유형을 보다 구체적으로 살펴보면 다음과 같다.

① 정보통신망 침해 범죄

정보통신망 침해 범죄는 정당한 접근 권한 없이 또는 허용된 접근 권한을 넘어 컴퓨터 또는 정보통신망(컴퓨터 시스템)에 침입하거나 시스템, 데이터 프로그램을 훼손·멸실·변경하거나 정보통신망에 성능저하 및 사용불능 등 장애를 발생하게 하는 범죄를 말한다. 컴퓨터나 정보통신망을 직접적인 공격의 대상으로 하는 범죄라고 할 수 있다. 정보통신망 침해 범죄에는 해킹, 서비스 거부 공격(DDoS 등), 악성 프로그램 전달·유포, 기타 정보통신망 침해형 범죄가 있다(조기영, 2020: 441-466).

가. 해킹

해킹이란 정당한 접근권한 없이 또는 허용된 접근권한을 초과하여 정보통신망에 침입하는 행위를 말한다. 해킹은 「정보통신망법」 제48조 제1항에 의해 금지되는 행위에 해당하는 협의의 해킹과 계정도용을 포함한다. 해킹에는 계정도용, 단순침입, 자료유출, 자료훼손이 있다.

나. 서비스 거부 공격

서비스 거부 공격은 정보통신망에 대량의 신호·데이터를 보내거나 부정한 명령을 처리하도록 하여 정보통신망의 사용 불능 또는 성능 저하와 같은 정보통신망에 장애를 야기한 경우를 말한다(「정보통신망법」 제48조 제3항). 일반적으로 디도스 공격(Distributed Denial of Service Attack, DDoS)으로 알려져 있다. 통상 악성 프로그램의 유포를 통해 좀비 PC를 만들고 악성 프로그램에 감염된 적게는 수천 대에서 많게는 수만 대에 이르는 좀비 PC들을 동시에 작동하도록 하여 특정 사이트나 서버를 공격하는 방법이다.

다. 악성 프로그램 전달·유포

악성 프로그램 전달·유포는 정당한 사유 없이 정보통신시스템, 데이터 또는 프로그램 등을 훼손·멸실·변경·위조하거나 그 운용을 방해할 수 있는 프로그램인 악성 프로그램을 전달 또는 유포하는 경우를 말한다(「정보통신망법」 제48조 제2항). 컴퓨터바이러스, 웜(worm), 논리폭탄(logic bomb) 등이 있다.

라. 기타 정보통신망 침해형 범죄

이 밖에도 정보통신망(컴퓨터 네트워크)을 통하여 컴퓨터 등 정보처리장치에 허위의 정보 또는 부정한 명령을 입력하는 경우(「형법」 제314조 제2항), 정보통신망을 통하여 타인의 명의로 공인인증서를 발급받거나 발급받을 수 있도록 한 경우(「전자서명법」 제31조 제3호) 등 신종수법이 있다.

② 정보통신망 이용 범죄

정보통신망 이용 범죄는 정보통신망을 범죄의 본질적 구성요건에 해당하는 행위를 행하는 주요 수단으로 이용하는 경우를 말한다. 즉 전통적인 범죄를 범하기 위하여 컴퓨터 시스템을 이용하는 범죄라고 할 수 있다. 이 범죄는 인터넷 사용자 간에 이루어지는 유형의 범죄이다. 경찰청 사이버안전국은 정보통신망 이용 범죄를 인터넷사기, 사이버금융범죄, 개인·위치정보 침해, 사이버 저작권 침해, 스팸 메일, 기타 정보통신망 이용형 범죄로 분류하고 있다(조기영, 2020: 441-466).

가. 인터넷 사기

인터넷 사기는 정보통신망(컴퓨터 시스템)을 통하여 이용자들에게 물품이나 용역을 제공할 것처럼 기망하여 피해자로부터 금품을 편취(교부행위)한 경우를 말한다. 인터넷 사기의 하부 유형으로는 직거래 사기, 쇼핑몰 사기, 게임 사기, 기타 인터넷 사기가 있다.

나. 사이버 금융범죄

사이버 금융범죄는 정보통신망을 이용하여 피해자의 계좌로부터 자금을 이체 받거나 소액결제가 되게 하는 신종 범죄를 말한다. 여기에는 피싱(phishing)[7], 파밍(pharming), 스미

7) 피싱(phishing)은 사람들에게 금융기관을 사칭한 이메일을 보내서 이름, 계좌번호, 카드번호 등 개인정보를 불법적으로 취득해서 자신들에게 송금하도록 하는 것이다. 음성을 이용한 보이스 피싱이

싱(smishing), 메모리해킹, 몸캠피싱, 기타 전기통신금융 사기가 있다.

다. 개인 · 위치정보 침해

개인 · 위치정보 침해는 정보통신망을 통하여 디지털 자료화되어 저장된 타인의 개인정보를 침해, 도용, 누설하는 범죄로서, 정보통신망을 통하여 이용자의 동의를 받지 않거나 속이는 행위 등으로 다른 사람의 개인정보와 위치정보를 불법적으로 수집 · 이용 · 제공한 경우(사기의 실행의 착수에 나아가지 않은 경우)를 포함한다.

라. 사이버 저작권 침해

사이버 저작권 침해는 정보통신망을 통하여 디지털 자료화된 저작물 또는 컴퓨터 프로그램 저작물에 대한 권리를 침해한 경우를 말한다.

③ 불법 콘텐츠 범죄

불법 콘텐츠 범죄는 정보통신망을 통하여 법률에서 금지하는 재화 · 서비스 또는 정보를 배포 · 판매 · 임대 · 전시하는 경우를 말한다. 정보통신망을 통하여 유통되는 콘텐츠 자체가 불법적인 경우를 의미한다(「정보통신망법」 제44조의7). 여기에는 사이버 음란물, 사이버 도박, 사이버 명예훼손 · 모욕, 사이버 스토킹, 기타 불법 콘텐츠 범죄가 있다.

가. 사이버 음란물

정보통신망을 통하여 음란한 부호 · 문언 · 음향 · 화상 또는 영상을 배포 · 판매 · 임대하거나 공공연하게 전시하는 경우를 말한다. 사이버 음란물 범죄는 일반 음란물 범죄와 아동 음란물 범죄로 나눌 수 있다. 그중 아동 음란물 범죄는 정보통신망을 통하여 아동 · 청소년 또는 아동 · 청소년으로 명백하게 인식될 수 있는 사람이나 표현물이 등장하여 성교 행위, 유사 성교 행위, 일반인의 성적 수치심이나 혐오감을 일으키는 행위, 자위행위를 하거나 그 밖의 성적 행위를 하는 내용의 표현물을 배포 · 판매 · 임대 · 전시하는 경우를 말한다(「아동 · 청소년의 성보호에 관한 법률」 제2조).

나 무료쿠폰, 모바일 청첩장 등을 보내 인터넷주소를 클릭하도록 해서 개인정보를 유출하도록 하는 것이다.

나. 사이버 도박

사이버 도박은 정보통신망을 통하여 도박사이트를 개설하거나 도박행위(또는 사행행위)를 한 경우를 말한다. 「정보통신망법」상 금지 규정만 있고 처벌 규정은 없으나 심각한 사회적 문제가 되는 현실을 고려하여 사이버범죄에 포함시키고 있다. 사이버 도박에는 스포츠토토, 경마, 경륜, 경정, 기타 인터넷 도박이 있다.

다. 사이버 명예훼손 · 모욕, 사이버 스토킹

정보동신망을 통하여 다른 사림의 명예를 훼손하거니(「정보통신망법」 제44조의7 제1항 제2호), 정보통신망을 통하여 공연히 사람을 모욕하는 경우, 정보통신망을 통하여 공포심이나 불안감을 유발하는 부호 · 문언 · 음향 · 화상 또는 영상을 반복적으로 상대방에게 도달하도록 하는 경우(「정보통신망법」 제44조의7 제1항 제3호)를 말한다.

라. 온라인 괴롭힘 및 사이버 괴롭힘

온라인 괴롭힘 및 사이버 괴롭힘(online harassment and cyberbullying)과 인터넷을 활용한 아동 성착취 등이 있다. 온라인 괴롭힘 및 사이버 괴롭힘은 온라인에서 개인 정보나 사진 등을 악용하여 피해자를 협박하거나 괴롭히는 행위이다. 돈을 요구하면서 민감한 정보를 공개하겠다고 하거나 지속적으로 사이버스토킹해서 괴롭히는 경우이다.

마. 인터넷을 활용한 아동 성착취

인터넷은 청소년들이 휴식, 놀이, 학업을 하는 중요한 도구이다. 반면 인터넷 공간에서 여과 없이 쏟아지는 각종 음란물은 성에 대한 올바른 지식과 가치관이 확립되지 못한 청소년에게 잘못된 성 가치관을 심어주거가 더 나아가 청소년의 일탈적 성행동을 자극, 유발할 수 있다(홍봉선 · 남미애, 2012: 2). 인터넷을 활용한 아동 성착취에는 인터넷 음란물 접속, 음란채팅, 사이버 성폭력, 아동 포르노물 배포, 인터넷을 매개로 한 성매매 등이 해당된다.

(3) 사이버범죄인의 특성

사이버범죄인은 전통적인 범죄인과 다른 특성을 가지며 대응하기가 까다롭고 어려운 집단이다. 일부 사이버범죄인들이 갖는 특성을 제시하면 다음과 같다.

PART 03 교정복지실천 과정 및 기술

① 높은 수준의 디지털 기술

사이버범죄인은 일반적으로 컴퓨터 프로그래밍, 해킹, 피싱, 멀웨어 공격(malware attacks)[8] 및 기타 디지털 기술에 대한 전문 지식 등 디지털 관련 높은 수준의 지식과 기술을 보유하고 있다.

② 익명성

사이버범죄인은 인터넷상에서 가명이나 익명의 온라인 ID를 사용하기 때문에 경찰의 추적이 어렵다. 특히 정교한 기술을 사용하여 IP 주소나 위치가 드러나지 않을 수 있도록 할 수 있어 포착이 어렵다.

③ 경제적 이익 추구

사이버범죄인은 거액의 돈을 마련하고자 개인 또는 금융 정보를 훔치거나 사기를 하거나 돈을 갈취한다.

④ 비인격성

사이버범죄는 일반적으로 개인적 친분이 없는 사람이나 집단을 대상으로 행해지기 때문에 사이버범죄인은 상대적으로 감정적 동요를 덜 받고 죄책감을 덜 느낄 수 있다. 즉 피해자를 사람이 아닌 자신의 목적달성을 위한 수단이나 대상으로 보기 쉽다.

⑤ 시공간을 초월하는 활동

사이버범죄인은 인터넷이 가능하다면 국내뿐 아니라 어느 나라에서든 전 세계를 대상으로 공격할 수 있다. 즉 전 세계 사람들을 표적으로 해서 다양한 국가에서 활동할 수 있다.

⑥ 다양한 형태의 공조

사이버범죄인은 단독 또는 여러 사람들과 다양한 형태의 공조를 통해 범죄를 저지를 수 있다. 이로 인해 범죄인을 식별하기가 쉽지 않고 사법처리에도 어려움이 크다.

8) 이것은 컴퓨터 시스템에 몰래 침투하거나 피해를 입히도록 설계된 소프트웨어를 의미하는 것으로 컴퓨터 바이러스, 트로이목마, 스파이웨어 등이 해당된다.

2) 사이버범죄의 실태

법무연수원의 『2023 범죄백서』에 제시된 사이버범죄 관련 통계를 살펴보면 다음과 같다(법무연수원, 2024: 122-124). 2022년의 사이버범죄 발생건수는 28,318건이었다. 이 중 컴퓨터사용사기는 8,797건으로 31.1%를 점유하여 가장 비중이 높았고, 정보통신망법위반(명예훼손)이 8,022건으로 28.3%, 기타 정보통신망법위반 등이 3,249건으로 11.5%를 각각 차지하였다. 좀 더 세부적으로 2022년도 사이버범죄(형법 범죄) 사범의 죄명별 구성비를 알아보면 전체 11,776건 중 컴퓨터 사용 사기가 8,797건(74.7%)으로 가장 높았고 그다음이 전자문서 관련 죄(23.2%), 전산업무방해(1.0%) 순이었다.

2022년도 사이버범죄(「정보통신망법」)사범의 죄명별 구성비를 살펴보면 전체 13,598건 중 명예훼손사범이 8,022건(59.0%)으로 가장 높았고 그다음이 기타(23.9%), 음란물 유포 등(8.7%), 정보통신망 침해 등(8.3%) 순이었다. 이를 통해 보면 악성 댓글의 게시 등 정보통신망에서의 명예훼손 사례가 만연하고 있음을 알 수 있다.

또한 2018년부터 2022년까지 5년간 사이버범죄인에 대한 검찰처리 현황을 보면 사이버범죄 처리인원은 2018년부터 2020년까지 증가하다 이후 2년 연속 감소하였다. 2022년 사이버범죄 처리인원은 35,607명이었고 이 중 기소율 28.5%, 불기소율 31.5%를 차지하였다(법무연수원, 2024: 278-279). 이 밖에도 사이버범죄 실태는 사이버범죄피해인 자료를 통해서도 이해할 수 있다.

(1) 사이버폭력 피해

사이버폭력은 그 개념 범위가 매우 넓어서 개념 정의도 다양하다. 그중 관련 통계를 산출하고 있는 기관인 방송통신위원회는 사이버폭력을 사이버공간(인터넷, 휴대전화 등)에서 언어, 영상 등을 통해 타인에게 피해 혹은 불쾌감을 주는 행위라고 정의하고 있다. 방송통신위원회의 2021년 「사이버폭력실태조사 보고서」에 따르면 최근 1년간 성인의 사이버폭력 가해 경험률은 7%로 나타나고 있으며, 유형은 사이버 언어폭력이 5.9%로 가장 높았다. 반면 같은 기간 성인의 사이버폭력 피해 경험률은 12.9%이며, 사이버 언어폭력이 8.7%로 가장 높았다. 사이버폭력 가해 경험자 가운데 25.8%는 친한 친구를 대상으로 하였고 그다음은 선후배(14.1%), 전혀 모르는 사람(13.5%), 누구나 알고 있는 유명인(13.2%) 순이었다.

이상의 결과를 통해 보면 아동·청소년뿐 아니라 성인의 사이버폭력 수치가 계속해서 증가하고 있는 추세를 보이고 있다. 또한 사이버폭력 가해자는 모르는 사람이기보다는 아는 사람이거나 친밀한 사람인 경우가 많으므로 경찰에 신고를 하지 않아서 수사로 이어지지 않는 경우도 많다. 따라서 대응방안에서는 이런 점들을 참작해야 한다(이원상, 2023: 95-127).

(2) 사이버 성범죄피해

사이버범죄 중에는 성범죄도 포함된다. 그러나 사이버 성범죄에 대한 합의된 개념은 찾기 어려우며, 정확한 실태를 파악하는 것이 쉽지 않다. 한국여성인권진흥원의 「2021 디지털 성범죄피해자 지원보고서」에서는 디지털 성범죄피해인 통계를 제공하고 있다. 디지털 성범죄피해인 현황을 살펴보면 2021년에는 전체 사건 수가 10,353건으로 상당히 증가하였으며 여성이 73.5%(5,109건), 남성이 26.5%(1,843건)이었다. 남성의 디지털 성범죄피해도 몸캠피싱 피해 신고가 증가하면서 전년도에 비해 피해자 수가 증가하였다. 디지털 성범죄피해 유형으로는 유포 불안이 25.7%로 가장 높았고 그다음이 불법 촬영(21.5%), 유포 협박(18.7%), 유포(20.3%), 편집 및 합성(1.7%), 사이버 괴롭힘(5.1%) 등 순이었다. 특히 협박이나 추가 촬영물, 금전 등을 취득하는 가해 양상이 증가하는 것으로 나타났다(이원상, 2023: 95-127).

(3) 사이버 사기범죄

사이버 사기는 사이버공간에서 타인의 재물이나 재산상의 이익을 침해하는 범죄로 2019년부터는 10만 건 이상이 발생하고 있다. 2021년 피해 현황 분석에 따르면 계좌이체형 보이스피싱 피해는 다소 감소하고 메신저피싱 피해가 급증하고 있다. 이는 코로나19 이후 비대면 활동이 증가하면서 메신저를 사용하는 비중이 높아지게 되었고, 그로 인해 대출을 빙자한 보이스피싱 사기에서 메신저피싱으로 사기범들의 수법이 전환되었기 때문이다. 사이버사기 피해의 가장 큰 문제점은 범인이 잡히더라도 피해금액을 환수하여 피해자의 피해를 회복하는 것이 어렵다는 것이다. 최근 5년간 보이스피싱피해 금액이 1조 7천억 원에 달하였지만 피해자들에게 환수된 금액은 30% 정도에 불과하다고 한다(이원상, 2023: 95-127).

3) 사이버범죄에 대한 교정복지실천

(1) 사이버범죄에 대한 예방교육 강화

사이버범죄에 대해서는 상당수의 사람들이 잘 이해하지 못하거나 무지한 경우가 많다. 사이버폭력, 사이버 성범죄와 같은 사이버범죄는 가해·피해 경험이 서로 연관되어 있거나 아는 사람들과의 관계에서 발생되는 경우가 많아 피해가 있다 하더라도 실제 신고가 되지 못해 암수범죄가 되기 쉽다. 피해자들에는 아동, 청소년, 노인 등뿐만 아니라 시공을 초월해서 언제나 일어날 수 있고 누구나 대상이 될 수 있으므로 대상자의 특성을 고려해서 보다 적극적이고 집중적인 예방교육이 필요하다. 특히 유아기부터 컴퓨터 등 디지털을 친근하게 이용하고 있는 유아들에게 사이버상의 윤리와 예절, 범죄 위험에 대해 잘 지도할 필요가 있다. 교정사회복지사는 정부, 법 집행기관, 지역사회와 협력하여 교정복지 대상자, 청소년, 시민들을 대상으로 한 안전한 온라인 사용, 사이버범죄의 폐해, 대처능력 향상을 위한 예방 및 교육 프로그램을 개발하고 실행할 필요가 있다.

(2) 사이버범죄피해인 지원 및 가해자 재범을 막기 위한 다각적인 지원

사이버범죄에 대한 강력한 법 집행은 물론 수사기관 및 사법부의 인식개선, 국내는 물론 해외와의 적극적인 공조가 필요하다. 범죄피해인이 사이버폭력에 대해 적극적으로 대응할 수 있도록 노력해야 한다. 연구에 따르면 범죄피해인의 신고에 대한 형사사법기관의 태도와 형사사법기관에 대한 신뢰도와 같은 주관적 인식 차이가 신고에 영향을 미치는 것으로 나타나고 있다. 무엇보다 가해자 처벌의 확실성이 신고 의향과 밀접하게 관련을 맺고 있다고 한다(이원상, 2023: 95-127). 형사절차에서 2차 가해가 생기지 않도록 피해자를 적극적으로 보호하며 가해자는 반드시 잘못에 대해 엄중한 책임지도록 해야 한다. 또한 사이버범죄인을 대상으로 하는 개입도 강화되어야 한다.

(3) 인터넷음란물 폐해에 대한 교육 및 자기조절능력 강화

인터넷음란물 접촉과 일탈적 성행동과는 관련이 깊다. 특히 청소년의 인터넷음란물 접촉은 청소년성폭력 및 성매매에 직접적 영향을 미칠 뿐 아니라 인지적 요인(성폭력 허용성, 성매매 기대 등)에 의해 간접적으로 영향을 미친다(남미애 · 홍봉선, 2012: 115-117). 즉 인터넷음란물 접촉 그 자체가 일탈적 성행동에 영향을 미치기도 하지만 설사 인터넷 음란물을 접촉하더라도 성매매자기조절이 높고 성폭력 허용성 및 성매매기대가 낮으면 성폭력과 성매매와 같은 일탈적 성행동은 억제할 수 있다는 것이다. 따라서 인터넷음란물 폐해에 대한 교육 및 홍보를 강화하고 불가피하게 접촉한다고 하더라도 폭력 및 성상품화의 허용성, 인간의 도구화에 대한 관대한 생각이나 태도를 바꿀 수 있도록 바르게 교육하고 인터넷음란물에 대한 자기조절 능력을 향상시킬 수 있는 프로그램들이 개발, 안전한 인터넷환경 조성을 위한 제도적 장치가 마련되어야 한다(남미애 · 홍봉선, 2012: 115-117).

(4) 위기개입

교정사회복지사는 위기상황을 신속하게 파악하고 사이버범죄의 영향을 받는 개인과 가족에게 신변의 안전, 정서적 지원, 안전 계획 및 필요한 심리 · 사회적 지원, 법적 조언 등 위기개입 서비스를 제공한다.

(5) 상담 및 치료

교정사회복지사는 사이버범죄에 노출된 사람들 중 트라우마, 불안, 우울증 및 외상 후 스트레스 장애(PTSD)로 고통을 받는 사람들을 위해 개인 및 집단상담을 제공한다. 또한 인터넷 음란물에 노출된 교정복지 대상자들의 조기개입을 위해 인터넷아웃리치를 강화할 필요가 있다.

(6) 법 집행기관 및 관련 기관과의 협력

교정사회복지사는 법 집행기관 및 관련 기관과 협력하여 안전하고 건강한 인터넷 환경 조성을 위한 사이버범죄 및 유해매체 차단을 강화하는 관련 법 제 · 개정, 제도 및 정책 개발, 사이버 안전망 강화를 위한 정부부처, 인터넷사업체, 민간단체 등과의 협의체 구성, 사이버범죄 예방을 위한 홍보 및 교육 등에 앞장서야 한다.

CHAPTER 12 범죄피해인에 대한 교정복지실천

1. 범죄피해에 대한 이해

1) 범죄피해의 특성

미국 전국범죄피해조사(NCVS)에 따르면, 미국 시민의 75% 이상이 일생 동안 적어도 한 번은 범죄피해를 당하고 피해자의 25%가 외상 후 스트레스 증후군을 보이며 그러한 증상이 10년 이상 지속된다고 한다. 아동 피해자의 경우 장기간에 걸쳐서 생애과정 전체에 영향을 미치고 있다. 특히 성적 피해가 초래하는 장기적 피해에는 수년에 걸친 문제 회피, 사회적 활동의 제한, 자기비판 등이 포함된다(이민식 외, 2020: 99).

범죄피해는 범죄인 특성 이외에도 범죄가 일어나는 시간, 장소, 지역 특성 등 여러 가지 요인들이 복합적으로 작용한다. 따라서 범죄피해를 이해하기 위해서는 범죄인 요인, 피해자 요인, 환경적 요인 등 사회생태학 측면에서의 다각적인 성찰이 필요하다. 범죄유형에 따라 범죄가 일어나는 시간과 장소가 상이하다(이민식 외, 2020: 87-88). 폭력범죄는 아침이나 늦은 밤의 가정에서보다는 낮 시간이나 초저녁에 거리, 공원, 광장 등 공개된 장소나 학교 건물, 술집과 같은 상업시설에서 더 많이 발생한다. 강간과 폭행 등 더 심각한 폭력범죄는 일반적으로 오후 6시 이후에 발생한다. 지역의 특성도 피해의 기회에 영향을 미친다. 도심에 사는 사람은 도심 근교에 사는 사람에 비해 높은 절도와 폭력 피해율을 보인다. 남녀 모두 살해당할 위험은 갱단이 많이 활동하고 마약 거래가 빈번하게 이루어지는 도심에서 더 크다. 범죄피해가 일어나는 장소로는 학교도 중요하게 차지한다. 학교는 피해가 가장 빈발하는 장소이며 학생들은 피해에 취약한 집단이다. 미국 조사에 따르면 미국 내에서 대규모, 흑인, 서부, 도시의 가정이 범죄에 취약하다고 한다. 대조적으로 농촌, 북동부 백인 가정은 범죄피해인이 있거나 침입 절도, 경절도 등 절도 범죄의 표적이 될 가능성이 가장 적다. 자기 집을 소유한 사람은 세입자보다 덜 취약하다(이민식 외, 2020: 87-88).

2) 범죄피해가 미치는 부정적 영향

범죄피해는 여러 가지 부정적 영향을 초래하는데, 구체적으로 살펴보면 다음과 같다.

(1) 신체 · 심리 · 사회적 손상

범죄피해로 인해 개인은 신체적 손상, 불안, 분노, 두려움, 장기간의 스트레스 노출이나 외상 후 스트레스 장애, 소득과 직업상의 손실 등 신체적 · 심리적 · 사회적인 어려움을 경험하게 된다. 특히 아동기의 피해나 배우자나 가족의 학대로 인한 피해는 더 치명적이다. 직접 피해를 당하지 않았다 하더라도 범죄를 목격하거나 피해 소식을 듣거나 피해 지역에 사는 경우에도 두려움을 느끼고 스트레스를 받는다.

(2) 경제적 비용

범죄는 많은 경제적 손실을 초래한다. 범죄유형에 따라 경제적 비용은 상이할 수 있으나 치료비, 소득 및 재산 손실, 생산성 손실비용 등 직접적 피해 비용은 물론 범죄피해인들이 겪는 상처와 고통, 삶의 질 저하 등 간접적 피해, 형사사법제도 비용(경찰 수사, 기소, 국선변호사, 재판 비용, 교도소 비용 등), 범죄로 인해 야기된 사회적 비용(부모의 수감 후 범죄인 가족에 대한 지원 등)까지 포함한다면 많은 경제적 비용이 발생된다.

(3) 범죄의 순환

범죄피해는 복수를 유발시키고 더 나아가 반사회적 행동에 연루될 가능성을 크게 한다. 폭력의 순환(cycle of violence)에 따르면 청소년기 폭력과 학대의 피해자였던 사람들은 커서 폭력적인 행동에 연루될 가능성이 더 크고 성학대 피해자들은 이후 성범죄인이 되기도 한다. 또한 학대당한 경험이 없는 사람보다 흡연, 음주, 마약을 할 가능성이 더 크다. 이러한 범죄의 순환은 성인도 마찬가지이다. 구금된 범죄인들은 과거의 경험한 피해의 결과로 외상 후 스트레스 장애를 보고하는데 그러한 과거의 피해가 그들의 폭력과 범죄행위를 부분적으로 설명해 줄 수 있다(이민식 외, 2020: 86).

(4) 다양한 사회문제 유발

범죄피해는 다양한 사회적 문제를 발생시킨다. 범죄피해인 및 피해인 가족은 물론 가해자 및 가해자 가족, 이들과 관련된 친구, 동료, 지역사회까지 범죄로 인해 부정적인 영향을 받는다. 그 결과 실업, 빈곤, 주거, 건강, 비행 및 범죄, 가족 및 공동체 해체 등 다양한 사회문제들이 생기고 국가 및 사회의 부담이 커진다.

3) 범죄피해 이론

지금까지 사람들은 주로 범죄인의 행위에 초점을 두었기 때문에 피해자에 대해서는 간과해 왔다. 범죄피해와 관련된 이론적 관점은 범죄 및 범죄피해에 영향을 미치는 복합적인 요인들을 이해하는 데 유용하다.

(1) 피해촉발 이론

피해촉발 이론(victim precipitation theory)은 피해인의 행동이 가해자로 하여금 범죄를 촉발시킨다고 본다. 이는 크게 능동적 촉발과 수동적 촉발로 대별할 수 있다. 능동적 촉발은 피해인이 도발적으로 행동하고 협박하거나 자극하는 말을 사용하거나 선제공격을 하는 경우에 해당된다. 수동적 촉발이란 피해자가 무의식적으로 공격자를 위협하거나 자극하는 어떤 개인적 특성을 보일 때 발생한다고 본다. 비록 피해인이 공격자를 한 번도 만나지 못했거나 심지어 그 존재조차 모를 수도 있지만 공격자는 협박을 받은 것으로 느끼고 그에 따라 공격할 수 있다. 단순히 피해자의 출현만으로도 공격자의 명성이나 지위, 경제적 복지를 위협할 수 있는 어떤 집단에 속한 경우에 발생할 수 있다. 신체장애인들도 이런 이유로 위험에 처하기도 한다(이민식 외, 2020: 92-93).

(2) 생활양식 이론

생활양식 이론(lifestyle theory)은 범죄가 무작위로 발생하는 것이 아니라 위험한 생활방식을 갖고 있는 경우 범죄인에 대한 노출이 증가되어 피해자가 될 수 있다고 보는 관점이다. 즉, 젊은 남성과 교제하고 늦은 밤 공공장소를 돌아다니거나 도시에서 사는 경우 범죄피해 위험이 증가한다. 노숙자, 가출, 마약 사용자, 범죄인, 갱단 청소년과 같이 고위험성 생활양식을 가진 사람도 피해율이 높다(이민식 외, 2020: 93).

(3) 일탈장소 이론

일탈장소 이론(deviant place theory)은 위험한 장소에의 노출이 많을수록, 범죄와 폭력의 피해자가 될 가능성이 커진다고 보는 것이다. 예를 들어 잠재적 범죄인과 접촉하게 될 위험성이 높은 해체지역이나 범죄율이 높은 지역에 거주하는 경우 피해인이 되는 경향이 있다는 것이다(이민식 외, 2020: 95-96).

(4) 일상활동 이론

일상활동 이론(routine activities theory)은 범죄피해는 다음 세 가지 요소들의 상호작용에 의해 이루어진다고 본다. 첫째, 적당한 표적이다. 비싼 자동차, 스마트폰, 노트북과 같이 값비싸고 처분이 쉬운 물건을 가진 대상이다. 둘째, 가용한 보호력의 부재이다. 경찰관, 이웃, 집주인, 친구, 보완체계 등 범죄를 억제할 수 있는 사람이나 장치 등이 없는 경우이다. 셋째, 동기화된 범죄인의 존재이다. 청소년, 실직자, 약물남용자 등 잠재적 범죄인이 있는 경우이다(이민식 외, 2020: 96).

2. 범죄피해인에 대한 이해

1) 범죄피해인의 특성

(1) 범죄피해인의 일반적 특성

우리나라의 「범죄피해자보호법」에 따르면 "범죄피해자"란 타인의 범죄행위로 피해를 당한 사람과 그 배우자(사실상의 혼인관계를 포함), 직계친족 및 형제자매를 뜻한다. 범죄피해인과 범죄비피해인을 구분하는 인구사회학적 특성으로 성별, 연령, 사회적 지위와 인종이 있다.

첫째, 성별이 피해의 위험에 영향을 미친다. 남성은 강간과 성폭행을 제외한 폭력 범죄에서 여성보다 피해자가 될 가능성이 높다. 반면 여성은 남성보다 강간, 가정폭력, 성폭력 피해자가 될 가능성이 6배나 크다. 남성이 여성보다 범죄피해를 당할 확률이 더 크나 폭력 피해율에서 성별 차이는 점차 좁혀지고 있다. 성별에서 뚜렷한 차이점은 여성들의 경우는 지인 혹은 동거자에 의해 범죄피해를 입을 가능성이 훨씬 크다는 것이다(이민식 외, 2020: 88).

둘째, 나이에 따라 범죄피해도 달라진다. 미국 피해자데이터에 따르면 젊은 사람이 노인에 비해 훨씬 큰 피해의 위험에 직면해 있음을 보여준다. 그러나 노인은 젊은 사람보다 범죄피해인이 될 가능성이 적지만 젊은이가 잘 당하지 않는 협소한 범죄행위의 피해자가 되는 경우가 많다. 사기와 편취, 소매치기, 우편물의 수표 탈취, 장기보호시설에서 발생하는 범죄는 피해자가 노인일 경우가 훨씬 많다. 노인은 특히 사기 음모에 당하기 쉽다. 왜냐하면 노인들이 가진 보험, 연금, 집 매각대금, 저축계좌 등은 매력적인 범행표적이 되게 하기 때문이다. 노인은 혼자 사는 경우가 많기 때문에 전화와 우편 사기에 더 취약하다. 불행하게도 한번 범죄피해를 당한 노인은 잃은 돈을 회복하거나 다시 벌 기회가 거의 없다. 노인 대상 범죄 중 최근 증가하고 있는 경우 노인학대이다(이민식 외, 2020: 89).

셋째, 사회적 상태이다. 가장 가난한 사람이 폭력범죄와 재산범죄의 피해인이 될 가능성도 가장 크다. 예를 들어 집 없는 사람들의 폭력 피해율은 매우 높다. 가난한 사람은 폭력범죄로 고생할 가능성이 더 크지만 부유한 사람은 소매치기 등 대인절도의 표적이 될 가능성이 더 크다. 부자는 비싼 옷을 입고 더 좋은 차를 타기 때문에 도둑의 관심을 끈다(이민식 외, 2020: 89).

넷째, 혼인상태이다. 미국 데이터에 따르면 미혼 남녀가 기혼자들보다 더 많은 피해를 당한다고 보고한다. 결혼하기에 너무 어린 청소년과 십대는 피해 위험이 가장 크고 젊은 미혼자는 공공장소에 자주 나가며 때때로 불량한 또래와 교류함으로써 피해위험에 대한 노출을 증가시킨다. 반면 혼자된 중년들은 주로 나이든 사람과 교류하며 밤에는 집에 있고 공공장소에 잘 가지 않아서 훨씬 낮은 피해율을 보인다. 젊은 나이에 결혼하는 사람들이 배우자 폭력의 피해인이 될 가능성이 훨씬 크다. 한 가지 이유는 이른 결혼은 이혼과 관련성이 높고 이혼을 유발하는 문제들 또한 피해와 밀접한 상관관계가 있을 수 있기 때문이다(이민식 외, 2020: 90).

다섯째, 인종과 민족이다. 흑인들과 소수 민족들은 백인들보다 폭력범죄의 피해인이 될 가능성이 더 크다. 이처럼 범죄피해에서 인종별 차이가 나타나는 이유로는 소득불평등이 크게 작용한다. 즉 소수 인종은 흔히 알코올과 약물남용, 빈곤, 인종차별, 폭력 등이 만연한 황폐화된 도시지역에서 살 수밖에 없고 그 결과 가장 큰 위험에 처한 인구집단이 된다는 것이다(이민식 외, 2020: 90).

(2) 만성적 범죄피해에 영향을 미치는 요인

모든 피해인들이 반복적인 피해인이 되는 것은 아니다. 그러나 범죄피해를 경험하는 사람은 그렇지 않은 사람에 비해 미래의 피해 가능성이 유의하게 크다고 한다. 이처럼 반복적 피해를 당하는 데 있어서는 다음과 같은 요인이 작용한다(이민식 외, 2020: 91).

첫째, 표적의 취약성이다. 피해자의 육체적 허약함이나 심리적 고통으로 인해 스스로 범죄에 저항하거나 억제하지 못하게 되어 쉽게 범행 표적이 될 수 있다.

둘째, 표적의 매력성이다. 일부 피해인들은 가해자가 획득하고 사용하고 접근하고 조작하려는 어떤 특성이나 소유물 혹은 기술을 갖고 있다. 가죽 코트, 값비싼 핸드폰 등 고가의 물건을 소유한 사람은 약탈적 범죄에 노출될 가능성이 크다.

셋째, 표적에 대한 적개심이다. 피해인의 어떤 특성이 잠재적 범죄인의 노여움, 질투, 파괴적 충동을 불러일으켜 위험을 증가시킨다. 예를 들어 동성애자거나 사내답지 못하다는 이유로 부당하게 공격받을 수 있다. 논쟁적인 사람이나 알코올 의존자는 술집에서 난투극을 유발할 수 있다.

넷째, 피해인이 방어적 행동을 하지 않을 것이라고 예상되는 경우, 예를 들어 아내를 학대하더라도 경찰을 부르지 않을 것이라고 믿는 학대남편의 경우 계속해서 아내를 학대할 수 있다. 또한 증오범죄가 발생했지만 경찰이 신고에 반응하지 않는다면 범인은 법을 두려워하지 않을 것이다. 성희롱 사건이 발생했을 때 반격하거나 자기방어적인 행동을 하는 여성들은 반복되는 피해인이 될 가능성이 상대적으로 적다.

2) 우리나라 범죄피해인의 실태

범죄유형별로 피해인의 성별 및 연령을 살펴보면 〈표 12-1〉과 같다. 형법범죄의 경우 피해인의 성별은 남자는 60.3%이고 여자는 39.7%로 남자가 단연 높았다. 피해인의 연령은 30세 이하(21.0%), 50세 이하(18.9%), 60세 이하(18.8%), 40세 이하(18.0%)가 비슷하게 높았다. 반면 강력범죄(흉악)의 경우 성별은 여자가 78.8%로 단연 높았고 연령은 15세 이하가

89.0%로 가장 높았으며 그다음은 50세 이하(83.0%), 20세 이하(81.5%), 60세 이하(80.0%), 40세 이하(77.5%), 61세 이상(73.5%) 순이었다.

강력범죄(폭력)의 경우 피해인의 성별은 남자가 61.1%이고 여자가 38.9%로 남자가 2배 정도 높았다. 피해인의 연령을 보면 30세 이하가 21.3%로 가장 높았고 그다음이 50세 이하(18.4%), 40세 이하(17.6%), 60세 이하(17.5%), 61세 이상(15.0%), 20세 이하(6.8%) 순이었다. 재산범죄의 경우 피해자의 성별을 살펴보면 남자가 62.6%이고 여자가 37.4%를 차지하였다. 피해인의 연령을 살펴보면 60세 이하(19.5%), 50세 이하(19.7%), 30세 이하(20.2%), 40세 이하(18.2%)가 근소한 차이로 높았다(법무연수원, 2024: 164-188).

〈표 12-1〉 범죄피해인의 성별 및 연령별 현황

(단위: 명(%))

구분	계	성별		연령						
		남	여	15세 이하	20세 이하	30세 이하	40세 이하	50세 이하	60세 이하	61세 이상
형법범죄	902,310 (100)	543,680 (60.3)	358,630 (39.7)	17,354 (1.9)	50,699 (5.6)	189,667 (21.0)	162,696 (18.0)	170,213 (18.9)	169,392 (18.8)	142,289 (15.8)
강력범죄(흉악)	40,810 (100)	8,651 (21.2)	32,159 (78.8)	3,737 (9.2)	6,376 (15.6)	17,595 (43.1)	5,876 (14.4)	3,333 (8.2)	2,338 (5.7)	1,555 (3.8)
강력범죄(폭력)	166,578 (100)	101,859 (61.1)	64,719 (38.9)	5,699 (3.4)	11,381 (6.8)	35,520 (21.3)	29,236 (17.6)	30,636 (18.4)	29,088 (17.5)	25,018 (15.0)
재산범죄	591,221 (100)	370,033 (62.6)	221,188 (37.4)	6,756 (1.1)	30,772 (5.2)	119,364 (20.2)	107,579 (18.2)	116,401 (19.7)	115,447 (19.5)	94,902 (16.1)

출처: 법무연수원(2024: 164-188).

범죄유형별 범죄피해인과 범죄인의 관계별 현황을 살펴보면 〈표 12-2〉와 같다(법무연수원, 2024: 168-192). 형법범죄의 경우 피해인과 범죄인의 관계가 타인인 경우가 58.2%로 단연 높았고 그다음은 이웃/지인(8.8%), 친족(8.6%), 업무관계인(7.6%), 국가/공무원(3.1%) 순이었다. 강력범죄(흉악)의 경우 피해인과 범죄인의 관계가 타인인 경우가 63.6%로 단연 높았고 그다음은 이웃/지인(12.1%), 업무관계인(5.4%), 애인(4.8%), 친구(3.9%), 친족(3.5%), 순이었다. 강력범죄(폭력)의 경우 피해인과 범죄인의 관계가 타인인 경우가 49.7%로 단연 높았고 그다음은 친족(21.5%), 이웃/지인(11.5%), 업무관계인(4.5%), 친구(3.5%) 순이었다.

〈표 12-2〉 범죄유형별 범죄피해인과 범죄인의 관계별 현황

(단위: 명(%))

구분	계	국가/공무원	업무 관계인	친구	애인	친족	이웃/지인	타인	기타
형법 범죄	525,957 (100)	16,094 (3.1)	39,914 (7.6)	10,238 (1.9)	13,352 (2.5)	45,076 (8.6)	46,191 (8.8)	306,220 (58.2)	48,872 (9.3)
강력 범죄 (흉악)	32,186 (100)	78 (0.2)	1,752 (5.4)	1,252 (3.9)	1,532 (4.8)	1,125 (3.5)	3,905 (12.1)	20,463 (63.6)	2,079 (6.5)
강력 범죄 (폭력)	170,995 (100)	249 (0.1)	7,653 (4.5)	6,060 (3.5)	7,641 (4.5)	36,787 (21.5)	19,652 (11.5)	84,995 (49.7)	7,958 (4.7)

출처: 법무연수원(2024: 169-181).

3. 범죄피해인 보호 및 지원제도

범죄피해를 입은 사람에 대한 보호와 지원은 국가의 가장 중요한 의무 중 하나라고 할 수 있다. 범죄피해인 보호의 기본 근거는 1985년 11월 29일 채택된 「UN 범죄피해자 인권선언」, 「범죄피해자 인권 보호를 위한 국제협약」에서 찾을 수 있다. 이 선언에는 피해자 개념 및 인권선언 차별적 적용 금지, 사법제도에 대한 접근보장 및 공정한 취급, 피해배상, 피해보상, 피해자 원조, 권력남용 피해자 등에 대한 내용을 규정하고 있다. 국제협약은 범죄피해자 인권선언의 국가적 구속력을 강화하기 위해 만들어졌다.

우리나라의 법적 근거는 대한민국 「헌법」과 「범죄피해자보호법」에서도 찾을 수 있다.[1)]「범죄피해자보호법」은 2005년 12월에 제정되어 범죄피해인의 보호지원을 위한 법률적인 기반이 마련되었으며, 2010년 10월 「범죄피해자보호기금법」의 제정으로 범죄피해인의 보호지원을 위한 물적 기반이 마련되었다. 「범죄피해자보호법」은 범죄피해인

1) 우리나라에서 범죄피해인 보호 관련 규정은 크게 두 가지 집단으로 대별된다. 한 부류는 한국 역사의 특정된 시기에 피해를 입은 사람들을 지원하고 보호하기 위한 법으로 대표적으로 「6·25전쟁 납북피해 진상규명 및 납북피해자 명예회복에 관한 법률」, 「일제하 일본군위안부 피해자에 대한 보호·지원 및 기념사업 등에 관한 법률」 등이 있다. 다른 부류는 범죄피해를 본 사람들을 보호하고 지원하기 위한 것으로 대표적으로 「범죄피해자보호법」, 「성매매방지 및 피해자보호 등에 관한 법률」, 「성폭력방지 및 피해자보호 등에 관한 법률」, 「인신매매등방지 및 피해자보호 등에 관한 법률」, 「가정폭력방지 및 피해자보호 등에 관한 법률」 등이 있다.

보호 · 지원의 기본 정책 등을 정하고 타인의 범죄 행위로 인하여 생명 · 신체에 피해를 받은 사람을 구조(救助)함으로써 범죄피해인의 복지 증진에 기여함을 목적으로 한다. 이 법은 첫째, 범죄피해인은 범죄피해 상황에서 빨리 벗어나 인간의 존엄성을 보장받을 권리가 있고 둘째, 범죄피해인의 명예와 사생활의 평온은 보호되어야 하며 셋째, 범죄피해인은 해당 사건과 관련하여 각종 법적 절차에 참여할 권리가 있다는 이념에 근거한다. 이 법에 의하면 국가 및 지방자치단체는 범죄피해인의 피해 정도, 보호 · 지원의 필요성 등에 따라 상담 · 의료 제공 · 구조금 지급 · 법률 구조 · 취업 관련 지원 · 주거 지원 그 밖에 범죄피해자의 보호에 필요한 대책을 마련하여야 한다(제7조)(법무연수원, 2024: 208).

「헌법」 제21조 제4항 2문에서는 "언론 · 출판이 타인의 명예나 권리를 침해한 때에는 피해자는 이에 대한 피해의 배상을 청구할 수 있다"라고 배상청구권을, 제27조 제5항에서는 "형사피해자는 법률이 정하는 바에 의하여 당해 사건의 재판절차에서 진술할 수 있다"라고 재판절차진술권을, 제30조에서는 "타인의 범죄 행위로 인하여 생명 · 신체에 대한 피해를 받은 국민은 법률이 정하는 바에 의하여 국가로부터 구조를 받을 수 있다"라고 범죄피해자구조청구권을 규정하고 있다. 이로부터 국가는 법률을 통해 범죄피해인의 기본권을 보장하고, 보호하는 것을 구체화해야 할 의무를 지게 된다(이원상, 2023: 95-127).

우리나라 「범죄피해자보호법」에서 범죄피해인의 개념은 타인의 범죄행위로 피해를 당한 사람과 사실상 혼인관계를 포함한 그 배우자, 직계친족 및 형제자매라고 개념 정의하여 직접 범죄피해를 당한 당사자와 그와 밀접한 관련이 있는 가족으로 범위를 제한하고 있다. 또한 범죄피해를 입더라도 법적으로 바로 확정적인 범죄피해인의 지위를 얻게 되는 것은 아니다. 피의자 및 피고인이 형사절차에서 무죄추정을 받고, 형사소송이 끝났을 때 최종 범죄인이 되는 것처럼, 범죄피해인도 형사절차가 종료되어야 비로소 최종적으로 범죄피해인의 지위가 확정된다. 그렇게 되면 범죄 발생 후 형사절차가 유죄로 종료될 때까지 범죄피해인은 확정적 범죄피해인의 지위를 누리는 것이 아니라 법률에서 규정하고 있는 범위 내에서 제한된 지위를 갖게 되는 것이다(이원상, 2023: 95-127).

범죄피해인 보호 · 지원은 범죄피해인의 손실 복구, 정당한 권리 행사 및 복지 증진에 기여하는 행위를 의미하는 것으로 본 절에서는 대표적인 범죄피해인 보호 · 지원정책인 형사절차상 권리보호, 손실복구지원, 형사조정제도, 민간에 의한 범죄피해인 지원 등에 대해 알아보고자 한다.

1) 형사절차상 권리 보호

피해인의 형사절차상 여러 가지 권리를 보호하기 위한 대표적인 제도로는 불기소처분에 대한 불복제도, 배상명령제도, 피해자 국선변호사제도가 있다.

(1) 불기소처분에 대한 불복제도

검사의 불기소처분에 불복하는 피해자는 검찰조직의 상급기관에 그 시정을 구하는 항고제도(「검찰청법」 제10조 이하), 법원에 그 시정을 구하는 재정신청제도(「형사소송법」 제260조), 헌법재판소에 그 시정을 구하는 헌법소원제도(「헌법재판소법」 제68조 이하)를 활용할 수 있다(법무연수원, 2024: 193).

(2) 배상명령제도

「형법」, 「성폭력범죄의 처벌 등에 관한 특례법」 및 「아동 · 청소년의 성보호에 관한 법률」 위반죄 중법에서 정하는 범죄에 관하여 유죄의 판결을 선고할 경우에 법원은 직권 또는 피해자의 신청에 의하여 피고사건의 범죄 행위로 인하여 발생한 직접적인 물적 피해 및 치료비 손해의 배상을 명할 수 있고, 그 외의 범죄에서도 피고인과 피해자 사이에 합의된 손해배상액에 관해서는 배상을 명할 수 있다. 배상 신청은 민사소송에 있어서의 소제기와 동일한 효력이 있고, 제1심 또는 제2심 공판의 변론종결 시까지 사건이 계속된 법원에 소정 양식의 신청서를 제출하는 방법으로 신청함이 원칙이나, 피해자가 증인으로 법정에 출석한 때에는 구술로도 가능하다(법무연수원, 2024: 197).

(3) 피해자 국선변호사제도

피해자 국선변호사제도는 범죄피해인으로서 사회적 약자인 여성이나 형사절차상 독자적인 권리실현이 불가능한 아동 및 청소년에 대해서 국선변호사를 선정, 지원하도록 하는 제도이다. 우리나라의 경우 아동 · 청소년대상 성범죄피해인, 성폭력피해자, 아동학대범죄사건의 피해아동, 성매매 피해아동 · 청소년에 대해 적용 가능하다. 2022년 피해자 국선변호사 접수 및 지정건수 현황을 보면 총 접수건수 중 99.5%가 국선변호사가 지정되었다. 신청기관은 해바라기센터가 가장 많았고 그다음은 경찰, 검사 순이었다(법무연수원, 2024: 199).

〈표 12-3〉 피해자 국선변호사 접수 및 지정건수 현황(2022년)

(단위: 건(%))

합계		신청기관										
		경찰			해바라기센터			상담소 등			검사	
접수	지정	접수	가	부	접수	가	부	접수	가	부	접수	지정
39,422	39,161 (99.3)	33,188	32,932	256	4,286	4,281	5	18	18	-	1,930	1,930

출처: 법무연수원(2024: 199).

2) 손실복구지원

(1) 범죄피해 구조금 지급

일반적으로 범죄피해인 또는 그 가족에 대한 손해배상은 민사소송을 통해 가해자로부터 받는 것이다. 그러나 피해자가 피해의 전부 또는 일부를 배상받지 못하는 경우이거나 자기 또는 타인의 형사사건의 수사 또는 재판에서 고소·고발 등 수사의 단서를 제공하거나 진술, 증언 또는 자료 제출을 하다가 피해자가 된 경우 등에는 피해자에 대한 실질적인 구조를 위하여 국가의 적극적인 관여가 필요하다.

범죄피해구조금제도는 국가에 의한 범죄피해인 구조의 대표적인 것이다. 「범죄피해자보호법」은 사람의 생명, 신체를 해하는 고의의 범죄행위(「형법」 제9조, 제10조 제1항, 제12조, 제22조 제1항에 따라 처벌되지 아니하는 행위를 포함)로 인하여 사망한 자의 유족이나 장해 및 중상해를 당한 자를 구조하기 위하여 "구조피해자가 피해의 전부 또는 일부를 배상받지 못하는 경우이거나 자기 또는 타인의 형사사건의 수사 또는 재판에서 고소·고발 등 수사단서의 제공, 진술, 증언 또는 자료제출을 하다가 구조피해자가 된 경우 구조피해자 또는 유족에게 범죄피해 구조금을 지급한다"고 규정하고 있다(법무연수원, 2024: 199-200). 2022년 범죄피해 구조금 지급신청건수는 205건 9,823,071천 원이었고 지급결정건수는 189건 9,502,935천 원으로 지급결정률은 34.5%였다(법무연수원, 2024: 200-201).

(2) 자동차손해배상 보장법에 의한 보상

「자동차손해배상 보장법」은 자동차 보유자를 알 수 없는 자동차의 운행으로 인하여 사망하거나 부상한 경우 또는 책임보험에 가입하지 아니한 자가 자동차의 운행으로 인하여 다른 사람을 사망하게 하거나 부상하게 한 경우, 정부는 피해자의 청구에 따라 책임보험의 보험금 한도 안에서 그가 입은 피해를 보상한다고 규정하고 있다(법무연수원, 2024: 202).

(3) 스마일센터의 운영

법무부는 범죄피해인의 심리적 안정 및 일상생활 복귀를 전문적인 지원하기 위해 스마일센터를 운영하고 있다. 스마일센터는 강력범죄에 따른 정신적인 충격으로 심리적 안정을 요하는 범죄피해인과 그 가족·보호자를 대상으로 상담, 심리치유 프로그램을 실시하고, 필요한 경우 임시거처를 제공하며, 아울러 법률상담 등을 수행하고 있다. 2010년 서울동부스마일센터를 시작으로 2022년 현재까지 총 16개의 스마일센터를 설립, 운영하고 있다(법무연수원, 2024: 203). 2022년 스마일센터에서 서비스 지원건수는 90,992건이며 이 중 심리지원이 76.9%로 가장 높았고 그다음이 임시주거(10.5%), 법률지원(7.1%), 사회지원(5.5%) 순이었다(법무연수원, 2024: 204).

(4) 치료비 지원

「범죄피해자보호법」 제7조에 따라 2011년부터 살인, 강도, 강간, 상해, 방화 등으로 인해 정신적·신체적 치료를 받은 피해자에게 의료비를 지원하고 있다. 치료비 지급대상은 범죄피해를 당한 사람 본인 및 그 배우자(사실상의 혼인관계 포함), 직계친족, 형제자매가 치료를 받은 경우이며, 범죄의 발생 및 범죄피해의 확대에 피해자 자신의 중대한 귀책사유가 없고, 합의금, 손해배상금, 가해자가 가입한 보험금 등 어떠한 명목으로든 가해자로부터 치료비의 전부 또는 일부를 보전 받지 못하고, 타 법령·제도에 의한 치료비 보전 성격의 지원금 등도 받지 못하는 경우이거나 기타 피해자가 치료비를 부담할 경제적 능력이 부족하다고 인정할 수 있는 경우이다(법무연수원, 2024: 205). 2022년 치료비 지급건수는 487건이며 1인당 평균 지급액은 371만 원이었다(법무연수원, 2024: 205).

3) 형사조정제도

형사조정제도는 지역사회가 사회적 갈등과 분쟁해결에 적극 나서는 지역사회 분쟁조정 프로그램의 하나이다. 이것은 「범죄피해자보호법」에 근거하는 것으로 검찰수사 단계에서 고소사건 및 일반형사사건의 피해인과 피의자 등 당사자들이 원만하게 화해에 이를 수 있도록 법률전문가와 지역사회 인사들로 구성된 형사조정위원회에서 조정하는 절차를 말한다. 형사조정제도는 2007년 8월부터 전국 모든 검찰청에서 실시하고 있다. 이것은 고소인, 피의자 등 당사자의 동의를 받아 의뢰하고 있고, 각 지검장(지청장)이 위촉한 형사조정위원회 소속 위원들이 형사조정을 담당하고 있다(법무연수원, 2024: 206). 2022년 형사조정 의뢰건수는 70,878건이며 전체 사건 수 중 형사조정 의뢰율은 5.2%이다. 형사조정에 회부된 사건 중 형사조정이 성립된 건수는 36,719건으로 61.2%의 성립률을 보였다. 형사조정위원으로 활동하는 위원 수는 2,628명이다(법무연수원, 2024: 206-207).

〈표 12-4〉 형사조정 의뢰건수 및 조정실적(2022년)

(단위: 건, %, 명)

전체 사건수	형사조정 의뢰건수	형사조정 의뢰율	진행완료		성립률	진행중	소환불능	형사조정 위원 수
			성립	불성립				
1,170,810	70,878	5.2	36,719	22,070	61.2	10,923	1,180	2,628

출처: 법무연수원(2024: 206-207).

4) 민간에 의한 범죄피해인 지원

범죄피해인 지원은 민간단체에 의해서도 행해지고 있다. 2005년 10월부터 시행되던 '범죄피해자 보호 및 지원에 관한 지침'에 따라 2005년 12월 지방검찰청(지청)별로 범죄피해자 지원센터가 설립되어 활발한 활동을 하고 있었다. 「범죄피해자보호법」에 따라 등록된 범죄피해자지원법인에 보조금을 교부할 수 있으며(제34조 제1항), 위 보조금은 범죄피해인을 보호 · 지원하는 용도로만 사용할 수 있다(제35조 제1항)고 규정하여 범죄피해자지원법인을 통하여 지원을 받을 수 있는 길도 열어 놓았다(법무연수원, 2024: 208). 2022년 범죄피해자지원법인은 총 62개소이다. 2022년 범죄피해자지원센터는 총 120,335건이며 이 중에는 상담이 72.3%로 가장 높았고 그다음이 경제 · 의료지원(13.2%), 신변보호(0.4%) 순이었다(법무연수원, 2024: 209).

〈표 12-5〉 범죄피해자지원센터 현황(2022년)

(단위: 건(%))

계	상담	경제 · 의료 지원	신변보호	기타	범죄피해자지원 법인수(개소)
120,335(100)	86,322(72.3)	16,467(13.2)	435(0.4)	17,111(14.1)	62

출처: 법무연수원(2024: 209).

4. 범죄피해인을 위한 교정복지실천

범죄피해인은 범죄피해로 인해 여러 가지 복잡한 심리적 · 신체적 · 재정적 피해를 경험한다. 교정사회복지사는 범죄피해인의 치유 및 회복을 돕기 위해 사회복지서비스 및 지원 등 다양한 개입을 행할 수 있다.

1) 트라우마 치유

교정사회복지사는 트라우마로 고통을 겪는 범죄피해인에게는 트라우마 치유(trauma-informed care)를 제공한다. 트라우마 치유는 트라우마가 개인의 안녕과 행동에 미치는 영향을 고려하여 사회서비스 및 지원하는 것을 의미한다. 트라우마는 개인의 정신적 · 정서적 · 신체적 건강에 장기적인 영향을 미칠 수 있다. 교정사회복지사는 먼저 트라우마와 그 영향에 대한 심층적인 이해를 위해 소정의 교육 및 훈련을 받아야 하며 트라우마의 고통에 있는 피해자에게 지지적이고 안전한 환경을 제공하고 피해자 중심의 지원을 통해 치유 및 회복력을 촉진할 수 있도록 해야 한다.

트라우마 치유에서 교정사회복지사의 역할

1. 피해자가 신체적 · 정서적으로 안전하다고 느낄 수 있는 환경을 조성한다. 트라우마를 유발하는 요인을 파악하고 재외상의 위험이 최소화되도록 안전한 공간을 제공한다.
2. 사회복지서비스나 지원의 과정에 피해자의 자율성과 의사를 존중한다. 피해자에게 서비스나 지원에 대한 여러 가지 정보를 제공하고 자신에게 맞는 것을 선택할 수 있도록 하게 함으로써 피해자로 하여금 통제력을 회복할 수 있도록 돕는다.
3. 트라우마가 개인의 정신적 · 정서적 · 신체적 안녕에 영향을 미칠 수 있다는 점을 인식한다. 교정복지실천과정에 예상하지 못한 피해자의 도전적 행동이나 정서적 반응에 대해 부정적으로 대응할 것이 아니라 트라우마로 인해 유발된 과정 중 하나로 인식할 필요가 있다.
4. 보호과정에 피해자가 트라우마를 재경험하지 않도록 신중하고 사려 깊게 행동한다. 공감적이고 지지적 태도, 피해자의 자율적 선택권의 보장, 피해자의 방어적 태도에 대해 자연스러운 과정으로 인식하고 기다려주는 태도 등이 필요하다.
5. 교정사회복지사는 피해자의 경험, 성별, 정체성, 문화와 관련해 민감성을 가져야 한다. 피해자는 이럴 것이라는 고정관념이나 편견에서 벗어나야 하며 일률적인 지원이 아니라 피해자의 생각과 욕구, 상황에 민감하고 개별적 지원을 행해야 한다.
6. 교정사회복지사는 범죄피해인과 협력적 파트너십을 구축하기 위해 노력한다. 피해자의 개별적 욕구, 장점, 우선순위를 중요하게 고려해서 서비스를 행한다.

2) 위기개입

교정사회복지사는 범죄피해로 인해 고통 받는 피해인을 위해 즉각적인 위기개입(crisis intervention) 서비스를 제공한다. 예를 들어 숙식이나 피난처 제공, 식사나 의복 지원 등 긴급지원, 의료지원, 방문서비스, 피해를 입은 집 수리, 정서적 지지 및 안전 계획, 법률 지원, 법원 동행서비스 등과 같은 위기개입 서비스를 제공할 수 있다.

3) 사법처리과정 중 피해인 보호 및 지원

교정사회복지사는 사법처리과정에 있는 피해인을 위해 수사 및 사법처리과정에 대한 정보 제공 및 안내, 가해자와 면담 지원, 수사 및 사법처리과정 중 피해인의 진술이나 증언을 준비하는 것을 도울 수 있다. 특히 아동학대 피해자들을 위한 다양한 지원을 할 수 있다. 피해아동들은 수사 과정이나 법원 진술에서 증언을 반복하는 과정에 혼란스러워하기도 하고 진술을 바꾸기도 하는 등 어려움이 많다. 이런 문제점을 개선하기 위해 현재는 비디오테이프, CCTV를 통한 아동진술, 성적 학대의 경우 인형의 사용 등을 허용하는데, 이와 관련해 지원할 수 있다(이민식 외, 2020: 103).

4) 상담 및 정보 제공

교정사회복지사는 범죄피해인에게 상담 서비스를 제공하여 트라우마를 처리하고 대처전략을 개발하도록 돕는다. 또한 가족들이 피해자를 지지하고 잘 극복할 수 있도록 가족들을 상담, 교육할 수 있다. 범죄와 관련된 법적 정보를 안내하고 법률 지원을 위한 법률 서비스 연계를 제공한다.

5) 지지집단 구성 및 촉진

교정사회복지사는 범죄피해인의 심리적 안정 및 지지를 위해 비슷한 트라우마를 경험한 사람들로 구성된 지지집단(support groups)을 운영하고 촉진할 수 있다.

6) 금전, 물건 등 실제적 지원

교정사회복지사는 위기개입 이외에도 범죄피해인이 금전 및 주거지원, 긴급생계비 지원, 자녀돌봄지원, 일자리 알선 등과 같은 실질적인 지원을 받을 수 있도록 지원한다.

7) 장례 준비 및 애도를 위한 지원

교정사회복지사는 범죄가 일어난 현장이 가정인 경우 범죄현장의 정리를 돕거나 가족에게 부검결과를 알려주기도 한다. 또한 범죄로 인해 가족구성원이 사망하는 경우 장례준비를 위한 실질적 도움이나 애도를 위한 심리적 지지를 행할 수 있다.

8) 피해자의 사생활 보호 및 비밀보장

교정사회복지사는 언론매체나 미디어에 범죄피해에 대한 보도가 행해질 때 피해인 및 가족의 사생활 침해나 2차 피해가 일어나지 않도록 뉴스 보도나 미디어 부분에 피해자를 대신해서 개입할 수 있다. 교정사회복지실천과정 중 비밀보장 및 의무 보고 등 피해인 지원서비스에 있어 필요한 법적 및 윤리적 고려 사항을 숙지해야 한다.

9) 옹호

교정사회복지사는 피해인이 형사사법체계나 제도를 이해하고 범죄와 관련해 필요한 정보에 접근하고 자신에게 적합한 서비스 및 자원을 이용할 수 있도록 범죄피해와 관련된 사람들을 옹호한다.

10) 범죄 예방을 위한 지역사회조직화 및 교육

교정사회복지사는 범죄 발생을 줄이고 지역주민들을 범죄 위험으로부터 예방하기 위해 범죄 예방 활동 및 교육들을 행할 수 있다. 학교나 청소년기관을 방문해서 청소년비행이나 범죄에 대한 교육, 가정폭력 및 아동학대에 대한 교육을 행할 수 있다. 또한 교정사회복지사는 경찰, 시민단체, 지역주민들과 협력하여 지역 청소년의 비행이나 불법적 행동, 위험한 지역들을 감시, 조사, 문제제기를 하고 안전한 지역사회환경을 만들기 위해 지역사회 조직화 활동을 할 수 있다.

피해인 지원기관 및 센터

- 범죄피해자지원센터: 범죄피해인을 보호 · 지원하는 것을 목적으로 설립된 비영리민간단체로서 전국 범죄피해자지원연합회와 59개 범죄피해자지원센터가 설립 · 운영 중에 있으며, 상담, 5주 미만 상해피해자 치료비 지원, 간병비 및 취업지원비 지원, 수사기관 · 법정 동행 등 다양한 지원 활동을 하고 있다.
- 여성긴급전화 1366: 가정폭력, 성폭력, 성매매, 데이트폭력, 디지털 성범죄, 스토킹 등 위기상황에 처한 여성들에게 긴급전화상담, 긴급보호를 실시한다.
- 해바라기센터: 성폭력, 가정폭력, 성매매피해자 등에 대하여 365일 24시간 원스톱으로 상담, 의료, 수사, 법률, 심리, 사회적 지원 등 보호 및 지원을 행함, 특히 증거채취, 의료지원을 하기 위해 지역별 주요 거점 병원에 설치한다.
- 성착취피해아동 · 청소년지원센터: 2020년 「아동 · 청소년의 성보호에 관한 법률」 개정으로 성착취(성매매 등) 대상이 된 아동 · 청소년을 처벌과 보호처분 대상이 아닌 피해자로 보호 · 지원을 받을 수 있도록 하였고 이를 지원하기 위해 전국에 지원센터가 생김. 긴급구조, 의료, 심리, 상담, 학업, 자립자활, 법률, 진로취업 등을 통합지원한다.
- 디지털성범죄피해자지원센터: 디지털 성범죄피해에 대한 접수 등 상담, 삭제지원 및 유포 현황 모니터링, 수사, 법률, 의료 연계지원을 제공하는 기관임. 365일 24시간 상담 가능하다.
- 성희롱 · 성폭력근절종합지원센터: 성희롱 · 성폭력 피해자 지원(상담, 자문 및 정보제공, 법률, 의료 등 서비스 연계), 사건대응지원(성희롱 방지 조직문화 진단), 고충처리상담부서 담당자 지원(사건처리 절차에 대한 단계별 정보제공 등)을 행한다.

CHAPTER 13 교정자원봉사활동

1. 교정복지와 자원봉사자

1) 교정자원봉사자의 의의 및 필요성

현대 자원봉사활동의 개념은 전통적으로 강조해 온 무급성, 자발성, 사회복지 영역 위주의 개념에서 벗어나 개인, 민간기관뿐 아니라 공공기관, 자조집단 등을 포함해 광범위한 영역까지 확대되고 있다(류기형 외, 2018: 424). 형사사법체계 및 교정사회복지 분야도 그중 한 분야이다. 자원봉사활동은 복지사회를 향한 시민참여의 한 형태로서, 활동의 과정을 통하여 공동체 의식을 높이고 각계각층의 폭넓은 참여를 통한 사회적 통합을 높일 수 있다. 더욱이 민주화와 복지사회라는 목적을 실현하기 위해서는 무엇보다도 자발적이고 능동적인 시민참여가 선행되어야 하는데 전문적이고 조직적인 자원봉사활동은 민주시민으로서의 소양을 터득하는 민주주의 교육의 현장이 되어 연대의식과 책임의식을 참여시민에게 심어 주는 것이다(류기형 외, 2018: 47).

교정사회복지 영역에서 활동하는 자원봉사자는 교정사회복지기관의 주요한 인적 자원으로 사회복지사와 협력해서 여러 가지 중요한 역할을 수행한다. 교정 영역에서의 자원봉사활동이 갖는 의의 및 필요성을 구체적으로 살펴보면 다음과 같다.

첫째, 자원봉사자는 교정사회복지사와 협력하면서 사법처리과정에 있는 사람들의 재활 및 재적응을 지원한다. 교정시설에 있는 수감자, 보호관찰대상자는 물론 출소한 사람에 이르기까지 다양한 대상을 위해 심리적 지지, 교육, 개별 및 집단상담, 직업 및 구직활동 지원 등을 행한다. 특히 과밀한 교도소나 구치소의 경우 자원봉사자들이 제공하는 레크리에이션 등 다양한 활동들은 교정시설이 주는 중압감을 완화하고 스트레스를 완화하는 데 도움을 줄 수 있다.

둘째, 자원봉사자는 비행청소년 및 범죄인을 위한 멘토나 심리적 지지자, 건강한 롤모델의 역할을 한다. 자원봉사자는 비행청소년 및 범죄인의 가까이서 전문가가 아닌 친근한 형이나 멘토로서 의미 있고 긍정적인 관계를 맺을 수 있다. 이를 통해 친밀감, 소속감, 정서적 안정을 갖게 되고 사회적 자산을 형성하기도 하고 사회재적응에 도움을 받는다.

셋째, 자원봉사자는 피해자를 지원할 수 있다. 피해자를 위한 위기개입에 교정사회복지사와 팀원으로 피해자를 지원할 수 있고 피해자를 위한 상담, 법률정보 제공, 여가활동, 법원동행서비스 등을 지원할 수 있다.

넷째, 자원봉사자는 레크리에이션 활동, 종교 서비스 및 문화 행사를 조직하여 수감자의 전반적인 복지 향상에 기여할 수 있다. 이러한 활동은 교도소 환경 내에서 정상성과 인간성을 유지하는 데 도움이 되며, 이는 수감자의 정신적·정서적 건강에 긍정적인 영향을 미칠 수 있다.

넷째, 자원봉사자는 비행청소년 및 범죄인의 지역사회 참여를 촉진하고 지역사회통합을 돕는다. 사법처리과정에 있는 사람들은 사회와 단절되거나 소외되기 쉬운 상황이며 심지어는 편견이나 선입견으로 인해 사회로부터 배제를 당하기도 한다. 이때 자원봉사자들은 친근한 시민이자 이웃이기 때문에 이들과의 관계 형성은 지역사회와의 격차를 줄이도록 돕고 지역사회로 한 발짝 더 다가갈 수 있도록 하고 다른 지역주민과의 교류나 활동, 지역사회 참여를 촉진할 수 있다. 뿐만 아니라 자원봉사자들은 비행청소년이나 범죄인과의 교류를 통해 더 깊은 이해를 하게 되고 낙인을 줄일 수 있다.

다섯째, 자원봉사자들은 다양한 경험과 경력, 생각을 가진 사람들이다. 이들의 생각과 경험, 제안, 활동들은 비행청소년이나 범죄인뿐만 아니라 교정기관이나 사법처리과정에 있는 실무자들에게 신선하고 창의적인 자극을 제공할 수 있고 조직이나 정책, 프로그램이 보다 혁신적일 수 있도록 촉진할 수 있다. 또한 자원봉사자는 교정 환경에 다양한 기술과 전문 지식을 제공할 수 있다. 외국어, 법률, 예술 및 문화, 역사 등 다양한 분야의 기술을 활용해 사법처리과정에 있는 사람들의 다양한 욕구와 관심을 충족시킬 수 있는 프로그램과 서비스가 확대될 수 있다.

여섯째, 회복적 정의에의 참여이다. 자원봉사자들은 피해자와 가해자가 만나 피해를 회복하고 각자의 책임을 이야기하는 회복적 정의에 조정자나 진행자가 될 수도 있고 지역주민이나 지인 등 참여자로서 활동할 수 있다.

일곱째, 교정사회복지 영역에서 일하는 자원봉사자들은 사법제도나 체계의 개혁을 위한 옹호자가 될 수 있다. 사법처리과정에 있는 사람들을 위한 활동을 하면서 개선이 필요한 법률 및 정책, 인권문제, 제도개선 등에 관심을 갖고 이에 대한 문제의식이 높아지면서 개혁의 필요성을 주장할 수 있다. 이처럼 사회 문제에 대한 인식, 형사사법 개혁에 대한 헌신을 높여 보다 인도적이고 효과적인 교정 정책을 위한 지역사회의 참여와 옹호를 더욱 확대시킬 수 있다.

여덟째, 사법처리과정이나 교정기관에의 자원봉사자 참여는 형사사법제도에 대한 국민들의 신뢰를 높일 수 있게 한다. 자원봉사자들은 지역사회를 대표하는 감시자 또는 외부자가 될 수 있다. 형사사법체계가 공정하고 투명하고 정의롭게 운용되고 있는지를 감시, 감독하고 지역사회공동체가 범죄로부터 안전하고 평화로운 삶이 영위되고 있는지를 더 잘 파악함으로써 형사사법체계에 대한 신뢰감을 줄 수 있다.

아홉째, 자원봉사자의 활용을 통해 교정기관 및 사법체계 내의 비용 절감에 도움이 된다. 이러한 비용 효율성을 통해 기관은 형사사법 시스템 내에서 다른 중요한 요구사항에 자원을 할당할 수 있다.

결과적으로 교정사회복지 영역에서 자원봉사를 하는 것은 보람 있는 경험이 될 수 있다. 그러나 잠재적인 위험과 도전도 있다. 특히 정해진 형사사법 및 체계 내에서 제한된 역할을 수행한다는 점, 다른 영역의 봉사보다 더 엄격한 법적·윤리적 고려사항들을 준수해야 함을 이해할 필요가 있다. 따라서 자원봉사활동을 하기 전 관련된 법 및 기관, 대상자에 대한 충분한 교육 및 훈련이 필요하다.

2) 교정복지 분야에서의 자원봉사

교정복지 분야에서 자원봉사자로 참여할 수 있는 활동형태는 다음과 같다.

(1) 멘토링

자원봉사자는 사법처리과정에 있는 사람들이나 범죄인의 멘토가 될 수 있다. 이들은 정서적 지지, 지도(guidance) 및 조언 등을 행한다.

(2) 개별 학습지도

구금 중이거나 보호관찰 중인 사람에게 개별적으로 학습지도를 행할 수 있다. 학업성취를 위해 학습내용의 설명, 코칭, 시연 등을 행한다.

(3) 약물남용 상담 및 교육

약물남용 상담 교육을 받은 자원봉사자는 중독으로 어려움을 겪고 있는 범죄인에게 상담 및 교육 서비스를 제공할 수 있다.

(4) 회복적 정의

회복적 정의(restorative justice) 교육 및 훈련과정을 이수한 자원봉사자는 피해자와 가해자가 피해를 회복하고 깨어진 관계를 바로잡을 수 있도록 하는 회복적 정의(restorative justice) 프로그램에 조정자, 진행자 또는 참여자로 활동할 수 있다.

(5) 법률 지원

사법처리과정에 있는 사람들이 가장 도움을 받고자 하는 것 중 하나가 법률상담 및 지원이다. 자원봉사자는 법원이나 사법기관 등의 동행 서비스, 법률 서류 작성, 법률 지식 제공 및 안내 등 법률지원을 할 수 있다.

(6) 사회복귀 지원

자원봉사자는 범죄인이 출소 후 지역사회에 복귀해서 잘 적응할 수 있도록 돕기 위해 일자리 및 주거 마련, 주거 이전 및 지역사회 정착과 관련된 행정서류 제출 등 여러 가지 사회복귀 지원서비스를 제공할 수 있다.

(7) 범죄인 가족에 대한 지원

자원봉사자들은 비행청소년이나 범죄인 이외에도 이들의 가족을 위한 지원을 행할 수 있다. 사법처리과정에 대한 안내 및 정보 제공, 부모교육 및 상담, 부모 자녀관계 개선을 위한 지원, 출소 후 범죄인과 가족과의 재결합이 용이할 수 있도록 돕는다.

2. 교정자원봉사활동의 유형[1)]

현재 우리나라 교정자원봉사활동은 크게 두 가지 형태가 있다. 하나는 법적 근거에 따른 교정자원봉사활동이고 또 다른 형태는 지역사회 시설이나 기관의 지침에 의한 활동이다(최옥채, 2006: 280-281). 그중 대표적인 것을 중심으로 살펴보면 다음과 같다.

1) 보호관찰위원

보호관찰위원은 보호관찰분야에서 활동하는 자원봉사자이다. 이들은 1989년 보호관찰제도가 시행되면서 보호관찰의 주요 대상자인 비행청소년의 재활을 위해 자원봉사활동을 해 왔고 지금은 성인까지 확대하였다. 이들의 직무는 보호관찰대상자를 지정받아 지도하거나 사회봉사명령 집행감독을 보조하는 업무, 수강명령 등 대상자 교육치료 프로그램 참가, 환경조사 보조 등의 업무를 수행한다(오영근 외, 2013: 76).

보호관찰위원은 법무부장관이 위촉한다. 보호관찰위원은 명예직으로 하되, 예산의 범위에서 직무수행에 필요한 비용의 전부 또는 일부를 지급할 수 있다. 보호관찰위원은 보호관찰소에서 실시하는 기본교육 및 전문화교육에 참석하여 일정 시간 교육을 이수하여야 한다. 전문화교육은 보호관찰 관련 법령, 청소년 비행의 이해, 보호관찰대상자 지도요령, 보호관찰 경과통보서 작성요령 등의 내용으로 구성된다(법무연수원, 2022: 491-494).

보호관찰관으로부터 보호관찰대상자를 지정받은 보호관찰위원은 최소 월 1회 이상 대상자와 면접하게 되며 가정을 방문하여 보호자와 접촉하는 등 다양한 방법으로 대상자의 재범을 방지하기 위한 활동을 한다. 보호관찰위원은 대상자를 지도한 내용을 정리하여 월 1회 이상 담당 보호관찰관에게 보호관찰 경과통보서를 제출하여야 한다(오영근 외, 2013: 76).

보호관찰위원은 2022년 전국 3,420명이 위촉되어 범죄예방지원활동을 전개하고 있다. 2022년에는 코로나19 영향으로 3,420명의 보호관찰 위원 중 보호관찰대상자를 지정받아 지도하고 있는 인원은 26.6%(910명)로 이전 연도에 비해 상대적으로 낮았다.

1) 이 부분은 법무연수원(2024: 416-419)을 부분 발췌하여 인용하였다.

2) 교정위원

교정위원은 법무부장관의 위촉을 받아 수용자 교화활동에 참여하는 민간 자원봉사자이다. 이들은 수용자 정신교육, 불우수용자 및 그 가족의 생활지원, 취업알선 등의 각종 교화활동을 전개함으로써 수용자들의 재사회화를 촉진하고 있다(법무연수원, 2024: 489). 교정위원은 크게 교화분야, 종교분야, 교육분야, 의료분야 등에서 활동한다(법무연수원, 2024: 489-492). 교화분야는 교육자, 사회복지사 등 교정교육에 뜻을 가진 지역인사들을 교화위원으로 위촉하여 교노소와 시역사회와의 융화에 기여힘은 물론 수형지의 상담, 생활계획 지도, 취업알선 등의 지원받고 있다. 종교분야는 목사, 승려 등 종교인을 종교위원으로 위촉하여 수형자에게 신앙생활을 지도하고 그 심성 순화를 돕고 있다. 교육분야는 법무부에 의해 수용자 교육 및 직업훈련을 지도하는 위원으로 위촉된 교육자, 학원강사, 직업훈련강사 등이 활동하고 있다. 의료분야는 2004년 이후로 수용자의 부족한 의료처우를 개선하기 위해 전문의료 인력을 중심으로 의료위원을 구성하고 있다.

법무부장관의 위촉을 받아 수용자 교화활동에 참여하는 교정위원은 2022년 말 기준으로 총 4,410명이었다. 이 중 종교분야가 1,778명으로 가장 많았고 그다음이 교화분야 1,628명, 교육분야 319명, 의료분야 68명 순이었다. 교화분야의 경우 교화위원의 직업은 실업가가 70.0%로 가장 많았고 그다음이 기타(18.7%), 사회복지사(4.4%), 교육자(3.8%) 순이었다. 활동내용으로는 학과교육, 교화도서 기증, 자매결연 등을 행하였다. 종교분야의 경우 종교위원의 종교는 기독교가 47.9%로 가장 높았고 그다음이 불교(32.4%), 천주교(17.8%) 순이었다. 활동내용으로는 종교교회, 자매결연이 많았다. 교육분야의 경우 교육위원의 직업은 일반강사가 64.9%로 가장 높았고 그다음이 교수(18.8%), 학원강사(8.1%), 직업훈련강사(4.4%) 순이었다. 활동내용으로는 집중인성교육, 학과교육지도가 대부분을 차지하였다. 나머지 활동에 참여가 없는 것은 코로나19의 영향인 것으로 추측된다. 의료분야의 경우 의료위원의 직업은 의사가 86.8%로 가장 높았고 그다음이 기타(8.8%), 약사(2.9%), 한의사(1.5%) 순이었다. 활동내용으로는 의료지원이 9,741명에게 행해졌고 수용생활지원은 592명에게 행해졌다.

3) 소년보호위원

소년보호위원은 법무부장관의 위촉을 받아 보호·위탁소년 등의 교육활동, 사회정착 지원에 참여하는 민간 자원봉사자이다. 소년보호위원으로 활동하기 위해서는 소년보호위원 기본규정, 자원봉사자의 임무와 자세, 소년보호기관 및 소년보호 정책의 이해, 형사소송 및 소년사건 처리 절차의 이해, 비행청소년 상담·지도기법, 관련 법률 등으로 구성된 기본교육과 심화교육, 임원전문교육을 이수해야 한다.

소년보호위원으로서 활동 대상은 소년원 및 소년분류심사원의 보호·위탁·유치소년과 청소년비행예방센터의 교육생이 주가 된다. 활동 내용은 강연, 상담, 심리치료, 종교지도, 의료봉사 등의 선도·보호 활동과 외국어·컴퓨터 교육, 직업능력개발훈련, 예·체능 교육 등 보호소년 등에 대한 교육활동 지원, 특별활동 및 교내·외 각종 행사 지원, 멘토링 결연, 취업알선, 장학금 지원, 출원생 희망도우미 등 보호소년 등에 대한 사회정착지원, 그 밖의 보호소년 등의 건전한 육성을 위한 다양한 지원활동을 포함한다(법무연수원, 2024: 495).

소년보호위원은 크게 교육위원, 종교위원, 어머니위원, 사회정착지원위원으로 구성된다. 어머니위원들은 형편이 어려운 원생을 면회하거나 상담에 응하고 있으며 일일명예담임선생님으로 원생지도에 참여하기도 한다(오영근 외, 2013: 75). 2022년 12월 기준 1,190명이 소년보호기관에서 활동하고 있다(법무연수원, 2024: 495).

4) 법무보호위원

법무보호위원은 교도소나 소년원 등 교정시설의 출소자를 위한 갱생보호사업을 지원하는 자원봉사자들이다. 이전에는 갱생보호위원이라는 명칭으로 활동하였으며 구 「갱생보호법」(1995년 「보호관찰 등에 관한 법률」로 통합)에 따라 출소자와 퇴원생들의 사후관리와 경제적 지원을 하는 갱생보호에 참여해 왔다(최옥채, 2006: 280-281).

법무보호위원은 「법무보호위원 운영규정」에 따라 법무부장관이 위촉한다. 2019년 2월 「법무보호위원 운영규정」을 제정하여 법무보호위원 중심으로 자원봉사자 조직이 개편되었다. 법무보호위원은 보호대상자에 대한 취업알선, 재정지원, 상담 등 지원활동을 펼치며 각종 월례회, 총회 등 위원 상호 간 정보교류를 위한 회의에 참석한다. 또한 갱생보호사업에 대한 범국민적 이해와 협력을 얻기 위한 홍보활동을 전개하며, 기타 지역사회에서 필요한 범죄예방활동 및 봉사활동을 수행한다(법무연수원, 2024: 479). 2022년 12월 기준 법무보호위원 7,211명이 위촉되어 활동 중이다. 법무보호위원은 보호대상자에 대한 취업알선, 재정지원, 상담 등 지원활동을 펼치며 각종 월례회, 총회 등 위원 상호 간 정보교류를 위한 회의에 참석한다. 또한 갱생보호사업에 대한 범국민적 이해와 협력을 얻기 위한 홍보활동을 전개하며, 기타 지역사회에서 필요한 범죄예방활동 및 봉사활동을 수행한다(법무연수원, 2024: 479).

5) 경찰서, 소년부지원, 민간기관 등에서의 자원봉사

경찰서에는 청소년지도위원이 있다. 이들은 전국의 경찰서를 중심으로 활동하고 있고 경찰서장의 지도, 감독을 받는다. 청소년지도위원은 경찰서가 인접한 지역사회의 유지들로 구성되어 있고 청소년의 비행과 범죄의 예방에 초점을 둔다. 소년부지원에는 소년자원보호자가 있다. 이들은 전국의 지방법원 소년부지원과 서울가정법원을 센터로 활동하고 있다. 소년자원보호자로는 정신과의자, 청소년관련 전문가, 교사, 기업인 등이 주류를 이루고 있다(오영근 외, 2013: 75). 이 밖에도 민간시설의 교정자원봉사자는 주로 비행청소년을 수용하고 있는 시설이나 비행청소년을 위한 프로그램을 실시하고 있는 지역사회복지관을 센터로 활동하고 있다.

〈표 13-1〉 교정자원봉사활동 현황(2020년)

(단위: 명(%))

구분		위원수	직업	주요 활동 내용
보호 관찰위원		6,418	회사원: 3,070(47.8) 상담사: 2,179(34.0) 학생: 290(4.5) 기타: 879(13.7)	대상자를 지정받은 보호관찰위원: 1,485(23.1%)
교정위원	교화분야	1,647	교육자: 61(3.7) 법조인: 37(2.2) 실업가:1,108(67.3) 사회복지사: 74(4.5) 공무원: 19(1.2) 기타: 348(21.1)	교화강연: 대상수형자 0 학과교육: 대상수형자 938 자매결연: 대상수형자 411 교화도서기증: 대상수형자 498 특별활동지도: 대상수형자 37

구분		위원수	직업	주요 활동 내용
	종교 분야	1,835	기독교: 862(47.0) 불교: 614(33.5) 천주교: 327(17.8) 기타: 32(1.7)	종교교회: 대상수형자 4,367 교리지도: 대상수형자 99 자매결연: 대상수형자 3,413 교화도서기증: 대상수형자 151
	교육 분야	335	교수: 75(22.4) 교사: 13(3.9) 학원강사: 27(8.0) 직업훈련강사: 12(3.6) 일반강사: 208(62.1)	집중인성교육: 대상수형자 2,665 학과교육지도: 대상수형자 323 특별활동지도: 대상수형자 0 직업훈련지도: 대상수형자 0 자매결연: 대상수형자 0 도서기증: 대상수형자 400
	의료 분야	77	의사: 67(87.0) 한의사: 2(2.6) 약사: 2(2.6) 기타: 6(7.8)	의료지원: 대상수형자 10,288 자매결연: 대상수형자 0 수용생활지원: 대상수형자 676
소년보호 위원		1,237 교육위원: 655 종교위원: 309 어머니위원: 128 사회정착위원: 145		멘토링, 상담: 472 • 생활편의 지원(주거, 급식 등) • 전문재능(법률, 의료, 예·체능, 복지 등) • 학업(학습지도, 진학지도 등) • 취업(취업처 알선 등) • 경제(장학금, 후원금, 의료비 지원 등)
법무보호 위원		6,616 취업알선: 747 직업훈련: 192 주거지원: 543 재정지원: 700		운영회 운영(회의 및 교육참석 등): 14,684건 보호사업 참여(취업, 결연 등): 6,698건 경제적 지원(의료, 기부 등): 7,135건 외부자원 유치(자금 유치 등): 774건 기타(수상실적 등): 925건

출처: 법무연수원(2022: 484-502)에 제시된 표를 부분 발췌하여 재편집하였음.

3. 교정자원봉사활동의 개선방안

1) 교정 영역에서의 자원봉사활동 확대

자원봉사자는 교정복지 대상자에게 중요한 사회적 지지체계가 될 수 있다. 선행연구에 따르면 사회적 지지는 우울을 감소시키고, 스트레스를 완화시키며, 생활 만족 및 적응을 돕고, 특히 위험에 처해 있는 집단에게 유용하다(남미애 · 윤숙자, 2020: 389-390 재인용). 이러한 사회적 지지를 제공하는 사회지지체계 중 자원봉사자는 비행청소년 및 범죄인 지원에서 중요한 역할을 한다. 자원봉사자들은 공적 지지체계와 달리 낙인이 덜 하기 때문에 친구나 이웃이 될 수도 있고 다양한 경험과 문화적 배경을 가지고 있어 전문가가 할 수 없는 다양한 역할을 수행할 수 있다. 따라서 현재 교정복지 현장에서의 자원봉사활동을 점진적으로 확대에 나가는 것이 필요하다.

2) 체계적 전문적인 자원봉사 관리

자원봉사활동은 금전적 보상이 아닌 심리적 동기에 크게 영향을 받기 때문에 자원봉사자에 대한 관리는 활동의 지속성과 서비스의 효과에 영향을 미치는 매우 중요한 변수다. 자원봉사자 관리가 잘되기 위해서는 기본적으로 자원봉사활동 관리체계가 잘 구축되어야 한다. 자원봉사활동 관리체계란 자원봉사자를 효과적으로 활용하기 위해 시설이나 기관이 행하는 활동 중 모집, 홍보, 교육, 배치, 평가, 인정과 승인 등의 관리과정과 이런 과정을 다루는 인력 등을 모두 포함한다. 즉, 자원봉사 관리체계가 잘 구축되기 위해서는 자원봉사 관리인력의 전문성이 확보되어야 하고 전문적이고 체계적인 자원봉사 관리과정이 이루어져야 한다(류기형 외, 2009: 49).

자원봉사 관리과정은 계획 및 업무설계, 모집, 교육 및 훈련, 배치, 평가, 인정과 승인 등의 연속된 과정으로 구성된다. 이러한 관리과정이 제대로 행해지지 못할 경우, 시간과 노력을 들여 확보해 놓은 자원봉사자를 효과적으로 활용할 수 없을뿐더러 자원봉사자의 기대도 충족시킬 수 없다. 자원봉사자의 관리가 어떻게 행해지느냐 하는 것은 자원봉사자의 소속기관에 대한 만족도 및 지속성에 결정적인 역할을 할 뿐 아니라 지역주민들에게 제공하는 서비스의 질과 효율성을 결정하는 중요한 부분이다(류기형 외, 2009: 50-51). 따라서 교정사회복지 영역에서도 자원봉사 관리과정이 단순한 임시방편으로 운영되어서는 곤란하며 자원봉사활동의 이념과 중요성을 인식하여 보다 체계적이고 과학적인 관리과정을 도입하여 자원봉사자의 효과적 활용방안이 강구되어야 한다.

CHAPTER 14 회복적 정의에 대한 이해

1. 회복적 정의의 개념 및 원칙

회복적 정의(restorative justice)는 범죄로 영향받은 사람들을 자발적으로 참여시켜 잘못을 바로잡기 위해 관련된 사람들의 욕구 및 책임을 협력적으로 구체화하고 드러내는 과정이다(Zehr, 2002: 36). 이것은 피해자와 가해자가 피해를 복구하고 관계를 바로잡기 위해 함께 대화하고 책임을 지는 것을 강조하는 철학이자 대안적 접근 방식이다.

이것은 20세기 후반 이래 기존 사법제도에 대한 비판, 형사사법 영역에서 분쟁 해결을 위한 비공식적 절차의 유용성 대두, 범죄피해인의 권리 강조 등의 영향으로 인해 사법체계에 있어 새로운 대안적 대응 방식으로 대두되었다(한국형사정책연구원 연구보고서, 2004: 6). 응보적 정의(retributive justice)에 입각한 전통적 사법에서는 범죄를 국가 및 법규에 대한 침해로 간주하며 권한을 가진 제3자인 사법체계가 범죄 유무를 확인하고 잘못에 대해 처벌을 함으로써 정의가 이루어진다고 가정한다. 그러나 사법체계 과정에서는 절차와 방법이 너무 복잡하며 정착 범죄피해 당사자인 개인, 집단, 지역사회는 소외되어 적절한 욕구 충족이나 피해회복이 어려울 뿐 아니라 범죄인 역시 낙인으로 인해 재통합되기 어렵다(Zehr, 1990; 김성돈, 2001: 164-165).

회복적 정의는 지금까지 사법체계에서 소외되었던 피해자, 가해자, 지역사회 등 범죄로 인해 영향을 받은 사람들을 정의를 바로잡는 주체로써 참여시켜 각자의 욕구와 범죄피해로 인한 영향을 서로 이야기하고 일을 옳게 만드는 방법들을 찾아가는 것이다(Zehr, 1990). 이러한 과정을 통해 피해자, 가해자는 타인의 경험을 공감하고 종합적으로 이해하게 되며 이를 통해 자신의 이야기와 경험을 새롭게 성찰하며 사건의 해결을 위한 실제적인 필요와 욕구를 발견하게 된다(서정기, 2011: 81). 그 결과 가해자는 자발적으로 적절한 책임을 지고 피해자 및 지역사회는 범죄피해를 회복할 뿐 아니라 장차 재발을 막음으로써 안전한 공동체를 형성하도록 하게 한다는 것이다(〈표 14-1〉 참고).

회복적 정의는 다음과 같은 가정에 근거한다. 첫째, 사회구성원인 개인들은 서로 연관되어 상호의존성이 있으며 서로에 대한 사회적 책임이 있다는 것이다(Umbreit & Armour, 2011). 비행이나 범죄가 발생되면 피해자만 영향을 받는 것이 아니라 가해자, 지역사회도 함께 영향을 받으며 이에 대한 책임도 함께 공유한다는 것이다.

둘째, 처벌보다는 재발방지가 더 중요하며 이를 위해서는 범죄나 비행에 따른 수치심을 어떻게 다루느냐가 사회적 재통합에 중요한 영향을 미친다는 것이다(Zehr, 2002: 30-32). 강한 처벌로 인해 가해자가 낙인적 수치심을 느끼는 경우 죄에 대한 반성보다는 오히려 분노나 적개심을 갖게 하여 재통합에 방해가 되기 쉽다. 반면 잘못을 한 사람이 가족, 학교, 지역사회 등 공동체에서 적절하게 수용되면서 가해자가 자신의 잘못을 직면하고 감당할 수 있는 적절한 책임을 자발적으로 질 때 사회적 재통합에 긍정적이라는 것이다.

셋째, 잘못된 행동은 성급하게 없애야만 하는 부정적인 사건이 아니라 그 접근과정을 통해 개인과 주변에 긍정적이고 교육적인 결과를 도출할 수 있는 생산적 기회일 수도 있다는 것이다(한국평화교육훈련원, 2014).

회복적 정의는 크게 다섯 가지 주요한 원칙에 근거한다(Zehr, 2002: 32-33). 첫째, 피해자뿐만 아니라 가해자, 공동체의 피해와 그에 따른 요구에 초점을 둔다. 회복적 정의에서는 피해자, 가해자, 지역사회 모두가 회복의 대상이며 이들의 요구와 필요를 충족시킬 때 화해와 책임이 이루어진다고 본다.

둘째, 피해로 인해 야기된 책임을 강조한다. 책임이란 잘못된 것을 바로잡기 위해 필요한 합당한 의무를 자발적으로 감당하는 것을 의미하는 것으로 여기에는 가해자의 책임 이외에도 가족, 지역사회 등 공동체의 책임도 함께 고려된다.

셋째, 포괄적·협력적인 절차를 사용한다. 사법체계 중심의 획일적 절차와 방법에서 벗어나 피해 회복 및 재발 방지를 위해 필요한 다각적인 절차와 방법을 활용하며 다양한 인적 자원과 함께 협력한다.

넷째, 당사자 이외에도 피해로 영향받은 사람들(가족, 교사, 이웃주민, 사법체계 등)이 직접 참여할 수 있게 한다.

다섯째, 잘못을 바로잡고자 노력한다. 처벌보다는 잘못으로 야기된 피해를 바로잡는 회복을 강조한다.

회복적 정의의 주요 관점 및 질문을 응보적 정의와 비교해서 제시하면 〈표 14-1〉과 같다.

〈표 14-1〉 응보적 정의와 회복적 정의의 주요 관점 및 질문 비교

	응보적 정의	회복적 정의
주요 관점	범죄는 국가와 법에 대한 위반이다.	범죄는 사람과 관계성에 대한 위반이다.
	위반행동은 유죄(법에 의한)를 초래한다.	위반행동은 의무를 초래한다.
	정의는 국가가 잘못에 대한 비난과 고통(처벌)을 부과함으로써 바로 세워진다.	정의는 피해자, 가해자 그리고 공동체 성원들이 잘못을 바로잡기 위한 노력에 의해 바로 세워진다.
	초점: 가해자에게 합당한 처벌을 내리는 것이 중요하다.	초점: 피해를 회복하기 위한 피해자의 요구와 가해자의 책임이 중요하다.
주요 질문	• 어떤 법이 위반되었나? • 누가 범인인가? • 합당한 처벌은 무엇인가?	• 누가 피해를 입었나? • 그들의 요구는 무엇인가? • 이들에게 어떤 책임이 있나?

출처: Zehr(2002: 21).

사회복지사는 학교, 지역사회 및 형사사법체계 등 다양한 환경에서 회복적 정의를 구현하는 데 중요한 역할을 할 수 있다. 일반적으로 회복적 정의는 회복적 사법, 회복적 실천이라는 용어로 혼용되고 있다. 본 글에서는 회복적 정의라는 용어를 사용하되 인용이나 문맥상 불가피한 경우에는 회복적 사법, 회복적 실천을 혼용하고자 한다.

〈표 14-2〉 관련 체계와의 관계 차원에서 본 응보적 정의와 회복적 정의의 비교

응보적 정의	회복적 정의
피해자, 지역사회 (배제됨) ――――――――― 가해자 ↔ 사법기관	피해자 ↔ 가해자 ↘ ↙ 지역사회

2. 회복적 정의의 발전과정

회복적 정의는 처벌 위주의 전통적 사법체계에 대한 대안으로 등장하여 피해 회복, 관계, 책임, 공동체 구축 등을 중요한 가치로 하여 최근에는 형사사법 체체는 물론 교정기관, 학교, 종교, 피해자보호, 지역사회, 심지어는 남아프리카공화국의 '진실과 화해위원회'처럼 국가적 문제 등 다양하게 적용되고 있다(평화를 만드는 여성회 갈등해결센터, 2014: 26).

우리나라의 경우 청소년비행 및 범죄가 증가하면서 주요한 사회문제로 인식되고 외국

의 회복적 정의 실천 경험과 효과들이 알려지면서 우리나라의 법원, 학교, 지역사회, NGO 등을 중심으로 해서 회복적 정의가 적용되는 움직임들이 급속히 일어나고 있다. 먼저 2006년부터 형사정책연구원과 평화를 만드는 여성회의 갈등해결센터가 조정 모델과 협의 모델을 적절하게 적용해서 피해자가해자대화모임을 개발, 경찰이나 법원단계에서 실험연구가 실시되었다. 이후 서울, 부산 가정법원, 인천, 의정부 지방법원 등 가정법원 또는 지방법원 소년부에서는 화해권고제도를 운영하였다. 이광우(2012)에 따르면 화해권고에 참여한 참여자들은 화해권고를 통해 사과의 기회를 갖게 된 것, 자신의 감정과 입장을 표현할 수 있었던 것, 피해자와 직접 대화가 있으며 만족도를 높이는 요소라 평가하고 있으며 피해자의 경우는 피해자로서의 감정과 입장 표현의 기회가 된 것, 보호소년의 진심어린 사과와 안전에 대한 약속을 한 것, 피해 회복을 위한 직접 대화를 할 수 있었다는 점을 만족스러운 요소로 꼽았다.

최근에는 회복적 정의가 「소년법」, 「청소년복지 지원법」의 주요 개정 방향에 포함되었고 학교나 지역교육청을 중심으로 학교폭력 및 따돌림문제 등 학교 내 문제를 다루기 위한 시도로서도 회복적 정의가 확대되고 있다. 경기도교육청에서는 회복적 교육을 중요한 정책의 하나로 기획하고 혁신학교나 기타 학교들에게 보급, 적용되기 위해 교사, 교장선생님 교육 및 예산 지원들을 행하고 있다. 뒤이어 부산 교육청에서도 2014년 2월 학생부장, 상담교사대상으로 피해가해대화모임 진행자 훈련과정을 실시하였다(한국평화훈련원, 2014: 14-15). 또한 지역 차원에서도 민간단체 및 사람, 지방자치단체 등을 중심으로 회복적 정의를 적용하려는 시도들이 행해지고 있다. 2012년에는 남양주시 청소년상담복지센터에서 전국 최초 회복적 정의에 기초한 학교폭력예방 및 갈등조정센터를 개소하였고 2014년에는 부산시 청소년화해조정센터가 설치, 운영되었다. 그 밖에도 일선학교에서는 한국평화교육훈련원, 평화를 만드는 여성회 갈등해결센터 등 조정전문기관인 NGO의 도움을 받아 또래조정, 피해자-가해자 대화모임, 회복적 생활교육 시범학교의 실시, 회복적 반성문 및 회복적 학생생활교육부의 작성, 학교공동체 회복위원회 운영, 학교폭력 예방교육 등을 실시하였다(한국평화훈련원, 2014: 14-15; 평화를 만드는 여성회 갈등해결센터, 2014: 34-35).

3. 회복적 정의의 유형

1974년 캐나다에서 피해자-가해자 화해(victim-offender reconciliation)프로그램이 선을 보인 후 호주, 캐나다, 영국과 웨일즈, 뉴질랜드, 미국 등 전 세계적으로 파급되면서 다양하게 발전하고 있다(한국형사정책연구원 연구보고서, 2004). 회복적 정의는 적용분야에 따라 회복적 사법, 회복적 실천, 회복적 훈육 등의 용어로 혼용되며 그 형태도 피해자-가해자 조정(victim-offender mediation) 모델, 협의(conferencing) 모델, 서클(circle) 모델 등으로 세분화되어 발전하고 있다. 회복적 정의의 초기 단계인 1970년대에는 주류의 주변적인 것이나 대안으로 간주되었다면 지금은 하나의 철학(Hopkins, 2004), 새로운 생활방식(Thorsborne & Vinegard, 2009), 새로운 패러다임으로서 다양한 영역으로 확대되고 있다.

1) 피해자-가해자 조정 모델

피해자-가해자 조정 모델(victim-offender mediation)은 제3자인 훈련받은 조정자의 진행 아래 피해자와 가해자가 직접 만나 대화를 통해 피해 및 피해 회복을 다루는 것이다. 이것은 1974년 캐나다 온타리오의 작은 도시 엘미라(Elmira)에서 2명의 청소년이 22명의 피해자에게 절도, 공공시설 파손을 일으킨 사건과 관련해서 담당 보호관찰관이 재판관에게 형 선고 이전에 피해자를 만나게 해줄 것을 요청하면서 시작되었다. 두 청소년들은 보호관찰관과 함께 피해자 집을 방문하여 사과하고 피해 회복을 위해 어떻게 책임을 지는 것이 필요한지를 물어보았고 그 결과 이사 간 두 집을 제외한 모든 피해자와 합의를 하고 6개월간 봉사활동, 손해배상 등을 통해 책임을 지고 그 후 다시 지역사회의 일원으로 통합되어 살아갈 수 있었다.

이 모델은 피해자, 가해자와 조정자로 구성된다. 조정자는 중립적인 제3자이면서 조정과정에 대해 훈련받은 사람이어야 하며 조정과정에 중립성을 유지하면서도 당사자 간 대화를 촉진한다. 사법체계에서 적용되는 피해자-가해자 조정은 피해자와 가해자가 명확한 사안이며 가해자가 자신의 책임을 인정하는 경우에 적합하다. 이것은 피해자가 만나 범죄피해에 대해 이야기하고 가해자가 피해를 보상하거나 합의하는 것에 초점을 둔다. 이러한 조정은 검사나 판사에 의해 판결 전후에 제의되는 경우가 많고 합의한 내용이 판결에 긍정적인 영향을 미칠 수도 있다(Hopkins, 2004). 참여대상과 방식에 따라 피해자-가해자 화해 프로그램, 피해자-가해자 조정 등이 있다. 피해자-가해자 조정 모델의 경우 프로그램의 수가 미국의 293개, 뉴질랜드 모든 사법구, 독일의 348개 등으로 매우 활발하게 활용되고 있다(Umbreit, Bradshaw, & Greenwood, 1998). 이러한 회복적 모델들을 실시한 결과 피해자와 범죄인 측의 높은 만족(Coates & Gehm, 1989; Umbreit, 1994, 1995; Umbreit, Coates & Vos, 2002), 높은 배상률(Umbreit, 1994), 범죄 및 재범률 감소(Umbreit, 1994; Umbreit, Coates & Vos, 2002) 등의 효과가 보고되고 있다.

2) 협의 모델

협의 모델(conferencing model)은 범죄나 비행 당사자 이외에도 가족 및 지지자, 관련인들이 피해를 바로잡기 위해 서로 만나 피해 및 잘못의 이유를 밝히고 재발을 막고 더 나은 결과를 얻기 위해 상호 수용 가능한 합의를 하는 과정이다(Hopkins, 2004). 이 모델은 1989년 뉴질랜드에서 처음 시행된 것으로 현재는 호주, 미국과 유럽까지 확산되고 있으며 크게 뉴질랜드의 범법행동을 한 청소년과 가족을 위한 가족집단협의 프로그램(family and group conference), 호주의 경찰협의 프로그램(wagga wagga 모델) 등이 있다. 뉴질랜드의 경우 1989년 이후부터 소년범죄사건에 대해서는 원칙적으로 가족협의(family group conferencing)를 하도록 규정하고 있으며 미국의 경우 사법체계분야에서 약 500개 이상의 프로그램이 실시되고 있다. 사법체계에서 적용되는 협의 모델의 경우 사례가 의뢰되면 협의 모델이 적용되는 것이 적합한지를 스크린 한 후 협의에 참여할 참석자를 결정짓고 그 이후 회의가 진행된다(Amstutz & Mullet, 2005). 우리나라에서 많이 행해지고 있는 피해자-가해자 대화모임은 협의 모델을 응용한 것이라고 할 수 있다.

협의 모델의 목적은 기본적으로 조정 모델과 매우 유사하지만 몇 가지 점에서 차별화된다. 첫째, 참석자의 범위이다. 조정 모델에서는 가해자와 피해자가 참여하는 데 반해 협의 모델에서는 당사자의 가족, 지지자, 교사, 경찰관, 사회복지사 등 협의과정에 긍정적으로 기여할 수 있는 사람들이 참여될 수 있다(Hopkins, 2004).

둘째, 진행자의 역할이다. 조정모델에서는 중립적인 제3자인 조정자가 피해자와 가해자의 대화를 관리한다면 협의 모델에서는 촉진자(facilitator) 또는 코디네이터가 대화를 촉진한다.

셋째, 당사자 간 힘의 불균형을 완화할 수 있다. 조정 모델에서는 피해자 1명과 가해자 1명으로 구성되기 때문에 가정폭력과 같이 한쪽에 힘이 상대적으로 큰 경우 대등하게 참여하는 것에 부담을 느끼는 데 반해 협의 모델에서는 지지자들을 초대해서 함께 참여할 수 있기 때문에 당사자 간에 힘의 불균형이 있는 경우 이를 완화시킬 수 있다.

넷째, 집단규범의 활용이다. 조정 모델은 당사자 간의 상호작용의 관리가 조정자에 의해 상대적으로 이루어지는 데 반해 협의 모델에서는 모임 전 집단규칙을 설정하고 그것에 의해 참여한 모든 사람에게 공정한 발언 기회를 제공하고 참여한 사람들이 존중받을 수 있도록 촉진자가 배려한다.

3) 서클 모델

서클모델(circle model)은 범죄피해인 및 가족, 범죄인 및 가족뿐 아니라 피해로 인해 영향받은 공동체 구성원들이 함께 모여 사건과 관련된 이야기를 나누면서 서로를 이해하고 수용 가능한 합의에 도달할 수 있도록 하는 일련의 과정이다. 서클 모델은 마을 주민들이 지역의 당면 문제를 의논하던 원으로 둘러앉아 의논하던 전통적 문제 해결 방식을 활용한 것으로, 청소년 비행행동뿐 아니라 피해자 및 가족, 지역사회의 욕구를 고려하도록 계획된 전체적(holistic) 재통합적 전략이다. 이 모델은 뉴질랜드의 마오리, 미국의 원주민들의 평화 만들기 서클(peacemaking circle) 등에서 영감을 얻어 시작된 것으로, 1991년 유컨(Yukon) 지역의 판사, 지역사법위원회, 다른 북캐나디언 지역사회에서 부활되었으며 미국의 경우 1996년 미네소타에서 시범사업으로 시작되었다. 이것은 단지 비행뿐 아니라 어려운 이슈에 대한 대화 또는 지역사회 문제 해결을 위한 방법으로까지 확대되어 사용되고 있어 회복적 정의 분야에서 가장 대중화되었다(Amstutz & Mullet, 2005). 서클과정은 지역의 문화와 욕구를 고려해서 다양한 유형이 있는데, 피해자 및 가해자의 치유를 위한 힐링서클(healing circle), 갈등 해결을 위한 평화 만들기 서클(peacemaking circle), 선고계획의 요소에 합의를 개발하기 위한 양형서클(sentencing circle), 커뮤니티 서클(community circle), 대화를 촉진하는 대화 서클(talking circle) 등이 있다(Amstutz & Mullet, 2005).

서클 모델은 한두 명의 촉진자(facilitator) 또는 진행자(keeper)가 모임을 이끈다. 진행자는 모임에서 구성원이 동의하는 규칙(토킹스틱을 가진 사람만이 발언하고 나머지 사람은 경청해야 한다는 것)을 정하고 규칙에 의해 원활하게 대화가 이어질 수 있도록 한다. 발언권은 토킹스틱(talking stick)이라는 상징적 도구를 통해 옆 사람에게 건네지고, 토킹스틱을 가진 사람만이 이야기할 수 있다. 만약 말하고 싶지 않으면 토킨스틱을 옆으로 넘기면 된다. 한 번에 한 사람만 이야기할 수 있다(Amstutz & Mullet, 2005). 둥근 원 속에서 한 번에 한 사람만 이야기할 수 있고 참여자는 다른 사람의 이야기를 반영할 기회를 갖고 그들이 무엇을 이야기할지 생각할 수 있도록 하기 때문에 이를 통해 서로 연결되어 있으며 상호의존해서 살아가고 있음을 확인함으로써 공동체의식과 연대감을 강화할 수 있으며 지지받음을 확인할 수 있다(Amstutz & Mullet, 2005).

이상의 내용을 정리해 보면 대부분의 회복적 정의 모델에서는 중립적 제3자의 관여, 자발적 참여, 책임의 강조, 합의에 바탕을 둔 의사결정을 강조하고 있지만 참석자의 범위, 제3자의 역할 등 각기 다양한 형태와 특성을 가짐을 알 수 있다(〈표 14-3〉 참고).

〈표 14-3〉 회복적 정의 모델의 비교

	조정모델	협의모델	서클모델
시작년도	1970년대 중반부터	뉴질랜드(1989) 오스트레일리아(1991)	1992년경
사용한 곳	북미와 유럽	오스트레일리아, 뉴질랜드, 몬타나, 미네소타, 펜실베이니아	유컨, 캐나다의 일부 지역
자격과 표적집단	재산범죄와 같이 피해자와 가해자가 명확한 사례. 일부 지역의 경우 심각한, 난폭한 범죄인도 적용됨	살인, 살인협의자를 제외한 모든 청소년범죄인	죄를 인정하고 변화를 기꺼이 하겠다고 표현한 범죄인
대화의 관리	• 조정자(mediator)가 관리한다. • 적극적 개입	• 코디네이터(coordinator)가 대화를 관리함.	• 진행자(keeper)가 세션을 시작한 후에 참여자에게 토킹스틱(talking stick)이 그들에게 주어질 때 이야기할 수 있음 • 소극적 개입
참여대상	• 조정자, 피해자, 가해자 • 종종 청소년의 부모나 다른 사람이 참여하지만 발언은 하지 않음	• 코디네이터(coordinator)가 주요 참석자를 구체화함 • 피해자, 가해자, 가족, 교사, 경찰, 사회복지서비스, 지지자 등	• 피해자, 범죄인, 서비스제공자, 지지집단, 사법관계자, 지역주민

	조정모델	협의모델	서클모델
피해자의 역할	• 피해자는 비행과 그 영향에 대한 감정을 표현함 • 피해자는 의사결정에 중요한 역할을 함 • 범죄인의 책임과 배상계획에 대해 의견 제시	• 피해자는 범죄에 대한 감정을 표현하고 배상계획에 의견 제시 • 참여할 지지집단을 선택함	• 피해자는 범죄에 대한 감정을 표현하고 배상계획에 의견 제시 • 참여할 지지집단을 선택함
준비	• 피해자 사전모임 • 가해자 사전모임 • 모임에 대한 사전기획	• 피해자 사전모임 • 가해자 사전모임 • 모임에 대한 사전기획	• 사건에 영향받은 사람의 사전모임 • 모임에 대한 사전기획
과정	• 피해자가 처음 이야기함 • 조정자는 피해자와 가해자가 이야기하도록 격려함 • 각본을 고수하지 않는다.	• Wagga Wagga 모델에서는 coordinator가 각본에 따라 범죄인이 처음 이야기하고 그 다음에 피해자, 다른 사람들이 이야기함 • 뉴질랜드의 경우 각본은 없고 합의를 이끌다.	• 진행자(keeper)가 세션을 시작하고 판사, 검사, 변호사가 코멘트를 한 후에 각 참여자는 깃털이나 토킹스틱(talking stick)이 그들에게 주어질 때 이야기할 수 있음 • 합의
시행과 모니터링	교사, 자원봉사자, 사회복지사 등 매우 다양함	교사, 자원봉사자, 사회복지사 등 매우 다양함	교사, 자원봉사자, 사회복지사 등 매우 다양함
1차적 성과	• 피해자에게 범죄로 인한 영향과 감정과 욕구 표현하게 함 • 피해자가 과정에 만족함 • 범죄인으로 하여금 자신이 유발한 피해에 대한 자각 증대 • 감정이입 및 배상계획에 대한 합의	• 가족의 영향과 책임강조 • 피해자에게 범죄로 인한 영향과 감정과 욕구 표현하게 함 • 피해자의 손실 회복 • 범죄인의 재통합 촉진	• 공동체적 접근 강조 • 지역 장점과 분쟁을 해결하고 범죄예방을 위한 능력 증대 • 피해자의 관심과 공공의 안정 문제를 드러냄 • 피해자와 범죄인 지지집단의 책임을 정하고 자원을 구체시함

출처: Bazemore & Umbreit(1999: 6)에서 일부 수정 · 보완하였음.

회복적 정의의 유형에 따라 사회복지사의 역할은 다소 차이가 있지만 일반적으로 회복적 정의에서 사회복지사가 수행해야 할 역할과 기술을 살펴보면 〈표 14-4〉와 같다.

〈표 14-4〉 회복적 정의에 있어 사회복지사의 주요 역할과 기술

주요 기술 및 역할	주요 내용
1. 참여자의 자발성 촉진	• 참여자의 자발적 선택에 의한 참여이어야 한다. • 당사자들을 조정에 참여하도록 유도하기 위해 사람들을 조정해서는 안 된다.
2. 비심판적 태도	• 조정자는 바람직한 대화과정을 위한 모델이며 토론을 촉진하는 사람이지 강의자나 교사가 아니다. • 설교, 훈계, 판단 등의 방법은 금물이다.

주요 기술 및 역할	주요 내용
3. 피해자, 가해자 간의 정서적 연결점 찾기	• 조정은 추궁, 심문, 사실 발견이 목적이 아니라 대화 그 자체에 목적이 있다. • 범죄로 인한 고통과 욕구를 이야기함으로써 서로 간에 일치점을 발견하는 것이 중요하다.
4. 비지시적 태도	• 대화는 주로 피해자와 가해자 간에 행해져야 하며 조정자는 대화를 방해해서는 안 된다. • 성급한 충고나 제안, 해결방법을 제시하는 것도 바람직하지 않다.
5. 공정성과 중립성	• 조정과정은 피해자나 가해자 모두 공정하다고 인식되어야 한다. • 조정과정에서 쌍방 간의 힘의 균형을 유지하는 것이 필요하다.
6. 일관성 있는 태도	• 피해자와 가해자가 시로 만나기 위해서는 당시지외 조정지외의 관계 형성이 최우선되어야 한다. • 진솔되며 일관성 있는 태도를 견지한다.
7. 당사자들과 단호하게 관계 맺기	• 대화과정 중 안전보장이 중요하다. • 조정단계에서 좌석 배치, 대화 과정 중 불필요한 내용들을 차단하고 내용의 초점유지, 역기능적인 대화방식의 중단 등에 단호하게 관계를 맺어야 한다.
8. 조정 단계 중 초기 pening의 중요성	• 모임의 목적, 규칙에 대해 설명한다. • 안전한 대화의 공간 보장, 참여한 모든 사람에 대한 관심을 제공한다.
9. 참여자 간의 대화 촉진	• 서로의 이야기를 하고 들을 수 있도록 한다. • 요약기술, 질문기술, 명료화 기술, 재명명 기술, 경청기술
10. 침묵의 허용	• 침묵은 참가자들이 지나온 것을 되돌아보거나 새로운 탐색을 위한 시간이다. 성급하게 침묵을 깨뜨리지 않도록 한다.
11. 지지자원의 활용	• 모임 전, 중, 후에 당사자들의 지지자원을 활용해서 참여시킨다. • 심각한 문제 시 외부 전문가에 대한 요청을 활용한다.
12. 의사소통의 코칭	• 부정적이고 경쟁적이고 파괴적인 상호작용 방식을 발견하게 되면 격앙되는 감정을 잘 다스리며 자신의 욕구나 생각을 표현할 수 있도록 코칭하는 것이 필요하다.
13. 강점 및 역량강화에 초점	• 당사자들이 자신의 잠재된 역량을 개발하고 힘을 발휘하여 필요한 자원을 획득하고 충분하게 자신의 삶을 통제할 수 있도록 원조한다.
14. 안전한 조정 분위기 조성	• 약속한 기본 규칙을 지키도록 한다. • 특정 당사자 및 다른 참여자가 시간을 독점하는 것을 조절한다.
15. 반복되는 이야기에 대한 인내	• 반복된 질문도 대화의 일부이므로 인내를 가지고 들어야 한다.
16. 용서나 치유는 부차적인 것	• 치유는 대화의 결과일 수 있지만 목표는 아니다. • 대화하고 합의하는 것과 용서를 하는 것은 별개의 문제이므로 성급하게 용서를 이야기하지 않는 것이 필요하다.
17. 비밀보장	• 조정이나 서클에서 다루어진 내용에 대해서는 비밀보장을 한다.

출처: 남미애(2015b: 33-34)

4. 회복적 정의의 적용 사례

본 절에서는 사회복지사가 회복적 정의를 어떻게 적용하는지에 대한 사례를 제시하고자 한다. 이미 기존 문헌에서도 일부 사례들이 제시되기도 하고 부산광역시 학교폭력예방회복조정센터 등 일부 기관에서도 활동 및 보고서 발간 등이 이루어지고 있으나 본 교과서에서 중점적으로 하고 있는 사회복지사가 중심이 된 회복적 정의의 전체 과정을 구체적으로 제시한 사례를 찾기는 쉽지 않았다. 따라서 본 절에서는 가장 일반적 형태의 학교폭력사건을 토대로 가상의 사례를 만들었고 이에 대해 사회복지사가 회복적 정의의 한 유형인 문제해결서클로 진행하는 과정을 사례형식으로 소개하고자 한다. 이를 위해 문제해결서클 진행과 관련해서는 홍봉선·남미애·아영아(2017)의 문제해결서클 매뉴얼의 내용을 그대로 인용하고 일부의 내용에 대해서는 본 책에 맞게 부분 수정, 보완하여 제시하였다.

1) 사건개요

2024년 5월 9일 청소시간에 교실에서 손연아와 이지민 사이에 다툼이 일어났다. 이지민이 책으로 손연아의 머리를 때렸고, 손연아는 이지민을 밀치는 과정에 이지민이 잡은 책상에 필통이 튕겨지면서 손연아의 눈 근처 부위가 찢어져 피가 났다. 손연아가 상처부위를 감싸고 울고 있을 때 교실로 들어온 교사는 이지민에게 빨리 사과하라고 했고 이지민은 손연아가 먼저 자신을 때렸다며 억울하다고 울었다. 이 일로 학교에서는 지역회복조정센터에 문제해결서클을 신청하였다.

2) 사전준비

(1) 전체 기획

사건을 접수한 지역회복조정센터에서는 서클을 진행할 적합한 진행자를 배치하였다. 진행자는 학교와 협의해서 피해자, 행위자와 관련된 자료를 확보하고 서클을 언제, 어떻게, 누가 참여해서 진행할 것인지에 대한 기본 기획을 수립하였다. 또한 본 모임에 앞서 실시되는 사전모임에서 누구와 면담할 것인지, 진행각본을 어떻게 할지를 기획하였다.

(2) 사전모임

곧바로 사전모임이 이루어졌고 사전모임에는 손연아, 이지민, 교사, 반장을 각기 초대해서 개별면담을 하였다. 사전모임은 갈등과 관련된 사람들과의 면담을 통해 사건과 관련된 피해 및 기본 상황, 욕구와 향후 기대, 문제해결서클에 대한 안내, 본 모임에 대한 동의 여부 등을 파악하는 시간이다. 사전모임에서는 다음과 같은 내용들이 다루어졌다.

- **인사 및 문제해결서클에 대한 기본 안내**
  진행자는 자신을 소개한 뒤 날씨나 간단한 안부를 묻고 긴장을 풀 수 있도록 하였다. 그리고 오늘 면담은 2024년 5월 9일 일어난 학교폭력의 문제를 다루기 위해 학교측에서 의뢰되어 행해졌다는 점, 문제해결서클은 갈등이 있는 당사자들과 관련된 사람들이 문제와 관련된 것을 함께 이야기하고 책임을 지고 관계를 회복하기 위한 대화모임이며 양측의 자발적인 참여와 중립적인 제 3자의 진행자에 의해 진행된다는 것을 설명하였다.
- **사건에 대한 정확한 상황 및 당사자들의 생각, 느낌에 대해 이야기 나눔**
  개별면담에서는 각자가 느끼고 생각하는 사건의 개요, 그날의 상황, 사건에 대한 느낌과 경험, 피해상황, 상대방에 대한 생각, 향후 바람과 기대, 문제해결을 위한 책임 등에 대해 이야기를 나누었다.
- **문제해결서클에 대한 걱정 및 기대, 궁금한 상황에 대한 질문**
  문제해결서클 참여에 대한 생각, 예상되는 걱정(비밀보장이나 불이득 등), 문제해결서클을 통해 얻고자 하는 것, 기타 궁금한 점에 대해 질문을 받고 답변을 했다.
- **관계회복을 위한 방안 및 책임에 대한 질문**
  각자의 입장에서 현재의 문제해결 및 관계회복을 위해 필요하다고 생각되는 점, 합의내용에서 포함되어야 할 내용 등을 자유롭게 이야기하도록 하였다.
- **문제해결서클 참여에 대한 동의 확인**
  향후 문제해결서클에 참여할 생각이 있는지에 대한 동의 여부와 향후 있을 문제해결서클 일시, 장소, 참석자 등에 대한 의견을 나누었다.

3) 사정

진행자는 사전면담 이후 관련인들의 욕구와 생각을 보다 깊이 이해하고 주요 쟁점 파악, 책임 및 피해회복을 위한 방안 등을 파악하기 위해 수차례의 전화 및 면담, 학부모 상담 등을 실시하였다. 이러한 사정을 통해 손연아, 이지민, 교사, 반장이 인식하는 문제와 욕구를 알아본 결과는 다음과 같았다.

(1) 손연아가 인식하는 문제와 욕구

중2인 나는 성격이 활발하고 노래와 춤을 좋아한다. 공부는 그렇게 잘하지 못하지만 대학은 꼭 가고 싶다. 남동생은 공부를 잘하고 모범생인데 가끔 엄마, 아버지가 나보다 남동생을 더 좋아하는 것 같아 속상할 때도 있다. 사실 엄마와 아버지가 이혼한 후 새엄마와 아버지와 함께 산다. 새엄마는 나에게 잘해준다고 하고 하지만 가끔 엄마가 보고 싶고 새엄마 편을 드는 아버지가 미울 때가 있다. 내가 가족들 때문에 기분이 나쁘고 우울할 때 지민이는 내 이야기를 잘 들어준다. 지민이는 할머니랑 사는데 할머니에게도 잘하고 어른스럽다. 지민이랑 어릴 때부터 같은 아파트에서 살았고 같은 초등학교를 나왔다. 친구들이 지민이에게 할머니 냄새도 나고 이상한 사투리를 쓰고 유행에 뒤떨어지는 옷도 입고 다닌다고 해도 내가 아이들에게 그러지 말라고 말했다. 사실 나도 다른 친구들과 같은 생각이 들기도 하지만 그래도 내 부탁을 잘 들어주는 지민이가 영 싫은 것은 아니다.

그런데 지난번 시험기간에 같이 공부하자고 했는데 약속한 시간에 띵 못 온다고 문자가 왔다. 이런! 아무런 해명도 없이. 정말 속상했다. 그날따라 비도 오고 날씨도 추웠는데 1시간이나 기다렸다. 나중에 안 일이지만 동아리 선배 언니들에게 이전 기출문제를 받고서는 나에게는 알려주지 않았던 일도 있었다. 그런 일 때문에 예민해져 있는데 친구들이 지민이가 내 흉을 보고 다닌다고 한다. 엄마가 새엄마라고.. 나는 너무 기분이 나빠 등굣길에서 인사하는 지민이를 모르는 체하고 갔다. 화장실에서 만난 지민이가 이야기 좀 하자고 했는데 나는 화가 나서 이중인격자라고 큰 소리쳤다. 급기야 지민이가 울고 나갔다. 그렇게 며칠이 지난 뒤 청소 시간에 갑자기 지민이가 와서 책으로 내 머리를 때렸고 나는 너무 황당해서 지민이를 밀쳤고 넘어지지 않으려고 지민이가 잡은 책상의 필통이 튕겨져 내 눈 위에 부딪혔다. 눈 위에서 피가 났다.

(2) 이지민이 인식하는 문제와 욕구

나는 할머니랑 함께 산다. 엄마와 아버지는 다른 지방에서 일하고 계시고 가끔 얼굴을 본다. 다른 친구들이 부모와 함께 지내는 것을 보면 너무 부럽다. 할머니는 잘 챙겨주시고 나를 사랑하지만 가끔 할머니와는 말도 잘 안 통하고 잔소리가 많아 답답하기만 하다. 부모님은 열심히 공부해서 나처럼 고생하지 말고 공무원이 되라고 한다. 부모님을 걱정시키지 않으려면 성적을 잘 받아야 한다.

연아랑은 초등학교 때는 서로 얼굴만 아는 정도였는데 중2 같은 반이 되면서 부쩍 친해졌다. 연아는 친구들에게 인기가 많고 예쁜 옷이랑 화장품도 많다. 돈 걱정 없이 사는 연아가 부럽다. 연아가 늦게 집에 가도 부모님들이 야단치지 않는다. 연아가 동생과 차별하는 부모 때문에 속상하거나 부모가 자신에게 관심이 없다고 울 때 나는 솔직히 연아가 부러웠다. 연아는 가끔 생각없이 말할 땐 나를 무시한다는 느낌이 들지만 몇 시간 지나면 아무 일 없이 다가와서 말을 걸어주는 연아가 어떨 땐 귀엽기도 하다.

연아는 내가 한 숙제를 그냥 베껴 제출하기도 하고 시험공부한다고 내가 정리한 노트를 다른 친구에게 나의 허락도 없이 보여주기도 했다. 내가 동아리 선배 언니들에게 부탁해서 힘들게 구한 기출문제를 연아에게는 알려주고 싶지만 연아에게 주면 바로 다른 사람들에게 다 유포될 것이다.

이번 시험에도 연아는 자기 마음대로 약속시간을 잡고 만나자고 했다. 정말 나를 무시하는 것 같아

나가기 싫었지만 거절하기 어려워 고민하다 할머니가 심부름을 시키는 바람에 30분 늦게 문자를 보냈다. 그러던 중 연아가 나에게 인사도 하지 않고 생까고 간다. 나는 다른 친구들이 연아의 부모님 이야기로 쑥덕거릴 때 친구에게 그러지 말라고 이야기까지 했는데. 허 참, 기가 찬다. 화장실에서 내가 왜 그러냐고 묻자 여러 친구들 있는 데서 나에게 이중인격자라고 크게 소리쳤다. 나는 자초지종을 묻고 싶었지만 화가 난 연아의 모습이 너무 무서웠다. 다리에 힘이 빠지고 너무 겁이 나서 눈물밖에 안 나왔다. 다른 친구들이 모두 나를 비난하는 것 같다. 그렇게 며칠이 지나고 매점을 갔다오니 시험정리한 노트가 책상 위에 펼쳐져 있었다. 또 연아가 한 짓이다. 나는 너무 화가 나서 책상에 앉아 있는 연아의 머리를 책으로 때렸다. 그러자 연아가 일어나 나에게 욕을 하며 나를 넘어뜨렸다. 나는 아찔했고 비명을 질렀다. 정신이 들어 위를 보니 연아의 눈 위에서 피가 났다.

(3) 교사가 인식하는 문제와 욕구

나는 교사가 된 지 5년이 되었다. 이 학교는 올 초에 새로 부임한 학교이고 이제 새로 적응하는 것이 쉽지 않다. 교장 선생님은 말이 없으시고 근엄하셔서 내가 가장 어려운 사람이다. 교장 선생님은 학교가 공부를 잘 가르치는 것도 중요하지만 학생지도를 잘하는 것이 매우 중요하다고 하시면서 이번 달부터는 학생들 지도에 문제가 생기면 평가에 반영하겠다고 하였다. 그래서 긴장도 되고 신경도 쓰인다.

그런데 점심시간에 교무실에 앉아 있는데 손연아 엄마가 전화 와서 연아가 어제 지민에게 맞았고 그래서 학교폭력위원회에 지민을 신고하겠다고 하였다. 연아 엄마는 학교에서 학생이 학교폭력 문제가 발생했는데 선생은 그것도 모르냐, 선생이 학교에서 뭐하느냐? 교장 선생님에게 전화하겠다고 고함을 지르며 화를 냈다. 나는 영문도 모르는 채 너무 황당해서 아무 소리도 못 했다. 전화를 끊고 나니 너무 속상하고 선생으로서 체면이 손상당했다고 생각되었다. 학생들에게 학교폭력은 절대 용서할 수 없고 우리 반에서 학교폭력이 발생하면 바로 정학이라고 했는데 이런 일이 우리 반에서 일어났다고 생각하니 너무 속상하다. 곧 교장 선생님이 나를 부를 텐데 뭐라고 해야 하는지 걱정된다. 교장 선생님은 이번 일로 나를 무능한 교사로 생각할 것이며, 아이들도 나를 무시할 것 같다

(4) 반장이 인식하는 문제와 욕구

나는 반장선거에서 반장이 되었다. 반장선거에 공부 잘하는 친구들이 몇 명 나왔지만 나는 우리 학급을 폭력없는 학급으로 만들겠다고 이야기했고 의외로 투표율이 높아 반장이 되었다. 그러나 선생님이 우리 반이 전체 반에서 몇 등이라고 하면 왠지 나 때문에 우리반 성적이 안 좋은 것 같아 미안하고 신경이 많이 쓰인다. 나는 친구들과는 사이가 좋지만 담임 선생님과는 왠지 거리감이 느껴진다. 평소 나에게는 수고한다는 말도 잘 안 한다. 그래도 나는 선생님께 인정받고 싶고 좋은 반장이 되기 위해 나는 우리 반이 다른 반보다 문제가 없고 친구들끼리 잘 지내도록 신경을 많이 쓰고 있다. 그러던 중 며칠째 짝꿍처럼 다니던 연아와 지민이 서먹서먹하게 지내고 말도 잘 안 한다. 그제는 지민이 화장실에서 울고 나오는 것을 보았다. 연아와 지민은 등굣길에도 따로따로 집에 가는 것 같았다. 평소 우리 반의 분위기 메이커인

연아도 화난 얼굴이고 그래서인지 반 분위기도 안 좋은 것 같고 나는 두 사람과 다 친한데 중간에서 어떻게 해야 할지 모르겠다. 나는 두 사람이 예전처럼 사이좋게 지냈으면 좋겠지만 왜 사이가 멀어졌는지 모르겠고 그 사이에서 매우 신경이 쓰인다. 어제는 지민이 연아의 머리를 때렸고 연아도 지민에게 욕을 퍼부었다. 담임선생님이 아시면 화를 내실 것 같고 반장이 뭐하냐고 야단치실 것 같다. 왜 하필이면 이런 문제가 우리 반에 생겼는지 모르겠다. 화가 나고 속상하다.

4) 실행(본 모임)

사전모임 및 사정을 마친 후 문제해결서클의 본 모임이 5월 17일에 개최되었다. 본 모임에는 갈등 당사자인 손연아, 이지민과 그들의 부모님, 친구, 교사, 반장이 참여하였다. 진행자는 원활한 진행을 위해 다음과 같이 인사하였다.

〈본 모임에서의 인사〉

사회복지사: "안녕하십니까? 바쁘신데 이렇게 시간을 내어 주셔서 감사합니다. 저는 오늘 문제해결서클을 진행할 배미정 사회복지사입니다. 이 자리에는 손연아, 손연아의 부모님과 친구, 이지민, 이지민의 부모님과 친구, 교사, 반장이 참석했습니다.
오늘 모임은 5월 9일 일어난 손연아와 이지민의 다툼으로 학교 측에서 문제해결서클을 의뢰해서 만들어진 자리입니다. 문제해결서클은 갈등과 관련된 사람들이 직접 만나 각자의 입장과 상황에 대해 이야기를 나누고 관계를 회복하기 위한 다양한 방안을 강구하기 위한 대화모임입니다. 이 모임은 처벌이나 제재보다는 당사자 간의 자발적인 문제해결을 원칙으로 합니다. 저는 여러분에게 누구의 잘잘못을 따지거나 해결책을 제시하기 위해 여기 있는 것은 아니며 여러분들이 자신의 이야기를 충분히 하고 다른 사람의 이야기를 듣고 피해를 회복하도록 돕는 역할을 합니다.
지금부터 이 서클은 다음과 같이 진행합니다.
첫째, 토킹스틱을 가진 사람만 발언권을 가집니다. 나머지 사람들은 상대가 이야기하는데 끼어들지 말고 자신의 발언시간을 기다려 이야기하시기 바랍니다.
둘째, 상대를 비방하거나 언성을 높이는 행위를 삼가고 진행자의 진행을 따라 주시기 바랍니다.
셋째, 서클은 함께 시작하고 함께 마치는 것을 원칙으로 합니다.
넷째, 여기서 다루어진 내용은 비밀보장되어야 합니다.
다섯째, 서클은 서로가 만족할 수 있는 원만한 해결책을 찾기 위해 노력해 주시기 바랍니다. 대화 후 서로 수용 가능한 합의가 되면 서로 합의문을 작성하고 문제해결서클을 마칠 예정입니다.
이 규칙에 대해 동의하십니까? 만약 이런 규칙이 지켜지지 않을 경우 문제해결서클이 중단될 수도 있습니다. 혹시 중간에 휴식시간이 필요하거나 진행자에게 하시고 싶은 이야기가 있으시면 개별적으로 말씀해 주십시오. 지금까지 말씀드린 내용 중 질문하시고 싶은 것이 있으세요?"

CHAPTER 14

회복적 정의에 대한 이해

이후 이어지는 본격적인 대화는 크게 피해자측 입장 말하기, 행위자측 입장 말하기, 쟁점 파악하기, 책임 나누기, 닫는 의식의 순으로 진행되었다. 구체적인 질문은 다음과 같다. 입장 나누기에서 진행자는 의식적으로 피해자에게 먼저 발언권을 주어 피해자가 자신의 생각이나 의사를 표현할 수 있도록 지지하였다. 진행자는 모든 참여자들이 발언 시간에 방해받지 않고 안전하게 이야기할 수 있도록 분위기를 조성하기 위해 노력하였다.

〈본 모임의 진행 및 주요 질문〉

사회복지사: "그러면 지금부터 서클을 시작하겠습니다. 크게 5가지 질문을 모든 분에게 동일하게 드리고자 합니다. 먼저 첫 번째 질문을 드리겠습니다.

첫 번째 질문은 5월 9일 어떤 일이 있었습니까? 사건이 일어난 것은 무엇때문이라고 생각합니까? 입니다. 손연아양부터 말씀해 주세요(이후 나머지 모든 구성원에게 질문함).

두 번째 질문은 이 일로 누가 가장 피해를 입었다고 생각합니까? 또 자신은 어떤 피해를 입었는가 하는 것입니다. 손연아양부터 말씀해 주세요(이후 나머지 모든 구성원에게 질문함).

세 번째 질문은 어떻게 하면 피해가 회복될 수 있을까? 하는 것입니다. 손연아양부터 말씀해 주세요(이후 나머지 모든 구성원에게 질문함).

네 번째 질문은 앞으로 이런 일이 생기지 않도록 하기 위해서 자신은 무엇을 하면 좋을까요. 손연아양부터 말씀해 주세요(이후 나머지 모든 구성원에게 질문함).

마지막으로 오늘 모임을 통해 갖게 된 생각이나 느낌을 말씀해 주세요. 손연아양부터 말씀해 주세요(이후 나머지 모든 구성원에게 질문함)."

쟁점 파악에서 진행자는 지금까지 나온 이야기를 정리하면서 공통적으로 이야기되는 점은 무엇이고 서로 다른 생각은 무엇인지를 정리하고, 확인해서 앞으로 문제해결서클에서 다루어야 할 쟁점이 무엇인지를 구체화하였다. 쟁점파악이 잘 안되는 부분은 각자 입장 나누기로 다시 돌아가 자신들이 하고 싶은 생각과 의견을 더하도록 촉진하였다.

〈쟁점 파악하기〉

사회복지사: "지금까지 각자의 입장과 의견을 듣는 시간을 가졌습니다. 특히 손연아와 이지민의 이야기를 정리해보면 두 사람은 이 사건이 일어나기 전까지 서로 마음을 나누는 친구였으며 사소한 오해가 학교폭력문제로까지 확대된 것에 대해 미안하고 속상한 마음이 있습니다. 그러나 손연아는 지민이가 지난 시험기간에 아무 해명없이 갑자기 약속을 취소한 점, 지민이가 자신의 흉을 보고 다닌다는 친구들의 이야기, 갑자기 청소시간에 책으로 자신의 머리를 때린 점에 대해 사과받고 싶다고 합니다.

반면 이지민은 연아가 자신의 의사와 관계없이 수업노트를 친구들에게 보여주거나 부모님에 대한 이야기를 친구들에게 말한 것, 친구들 앞에서 자신을 이중인격자로 욕한 것으로 인해 상처를 많이 받았고 이에 대해 사과받고 싶어 합니다. 더불어 자신이 화가 나서 책으로 연아 머리를 때린 것은 잘못했지만 연아도 그 순간에 자신에게 욕하고 넘어뜨리기도 했기 때문에 자신이 일방적으로 가해자라는 것이 너무 억울하다고 생각하고 있습니다."

책임 나누기에는 지금까지 발견된 쟁점을 해결하기 위해 다양한 해결방안을 모색하고 합의서를 작성하였다. 진행자는 참여자들로 하여금 지금까지 나온 내용을 토대로 지금보다 상황이 더 나아지고 관계를 회복하기 위해 할 수 있는 다양한 대안을 찾을 수 있도록 대화를 촉진하고 각자가 어떤 책임을 지고 어떻게 실천할지에 대한 계획을 이야기하도록 하였다. 이를 통해 몇 가지의 대안이 결정되었고 이에 대해 실현가능성이 있는지, 수정되어야 할 부분은 없는지를 확인하도록 하였다. 또 합의가 잘 이행되고 있는지를 누가 어떤 방법으로 모니터링할 것인지, 만약 합의내용이 잘 이행되지 않으면 어떻게 할지에 대해서도 합의문에 포함될 수 있도록 하였다. 최종 합의문이 완성된 후에는 각자에게 합의문을 복사해서 나눠 주었다.

〈책임 나누기〉

사회복지사: "지금까지 참석한 모든 분의 이야기와 입장을 들었습니다. 그러면 지금까지 나온 내용을 바탕으로 지금부터는 피해를 회복하고 관계가 회복되기 위한 다양한 대안을 찾아보고자 합니다. 앞서 대화에서 여러 가지 대안들이 제시되었습니다.

먼저 손연아측의 의견입니다. 이지민에게 진심 어린 사과를 하고 싶고 친구들 앞에 지민을 욕하고 잘못 이야기한 내용을 바로잡겠다고 하였습니다. 친구들과 선생님에게 걱정을 끼치고 학급분위기를 좋지 않게 한 점을 사과하고 싶다고 했습니다. 또한 당분간 교실에서 지민과 떨어져 앉고 자신이 넘어지면서 망가뜨린 친구의 물건을 변상하겠다고 하였습니다.

다음으로 이지민측의 의견입니다. 책으로 연아의 머리를 때린 것에 대해 진심으로 사과하고 연아와 연아 부모님에게 사과의 편지를 쓰겠다고 합니다. 그리고 연아의 치료비를 변상하겠으며 연아의 치료가 끝날 때까지 수업시간에 배운 내용을 정리해서 연아에게 주겠다고 하였습니다. 또 친구들과 선생님에게 걱정을 끼치고 속상하게 한 점을 사과하고 싶다고 했습니다.

그 외 담임교사와 반장의 생각입니다. 선생님은 반에서 이런 문제가 다시 일어나지 않도록 학급학생 전체가 참여하는 서클을 진행하겠다고 합니다. 반장은 학급회의를 열어 학급에서 친구들 사이에 지켜야 할 예의나 태도에 대해 이야기하겠다고 말했습니다.

손연아측은 이지민측의 의견과 선생님, 반장의 제안에 대해서 어떻게 생각합니까? 이지민측은 손연아측의 의견과 선생님, 반장의 제안에 대해 어떻게 생각합니까? 이 제안 중 더 추가되거나 수정되었으면 하는 것은 있나요? 이에 대해 모두가 합의하면 서로 합의한 내용에 대해 합의문을 작성하도록 하겠습니다."

〈합의문〉

- 개최일시: 2024. 5. 17
- 진행자: 배미정사회복지사
- 참여자: 손연아, 손연아부모, 손연아 친구, 이지민, 이지민부모, 이지민 친구, 담임교사, 반장
- 장소: 학교상담실

우리는 지난 5월 9일 일어난 손연아와 이지민의 다툼과 관련해서 2시간 30분 동안 문제해결서클을 진행하였고 다음과 같은 내용에 대해 합의하였다.

1. 손연아와 이지민은 서로에게 진심어린 사과를 한다.
2. 손연아와 이지민은 선생님과 학급친구들에게 다툼과 관련된 일을 바르게 알리고 친구와 선생님께 피해를 끼친 점에 대해 사과한다(5월 18일까지).
3. 손연아와 이지민은 한 달 동안 서로 떨어져 앉는다(6월 17일까지).
4. 손연아는 망가뜨린 친구의 물건을 변상한다(5월 20일까지).
5. 이지민은 연아와 연아 부모님에게 사과의 편지를 쓴다(5월 18일까지).
6. 이지민은 연아의 치료비를 변상한다(한 달 이내).
7. 이지민은 연아의 치료가 끝날 때까지 수업시간에 배운 내용을 정리해서 연아에게 제공한다(치료가 끝날 때까지).
8. 담임교사는 센터와 협의해서 학급학생 전체가 참여하는 서클을 진행한다(2주 이내)..
9. 담임교사는 손연아와 이지민이 학급친구들에게 사과하는 자리를 만든다(5월 18일).
10. 반장은 학급회의를 열어 학급에서 친구들 사이에 지켜야 할 할 예의나 태도에 대해 회의한다(다음 달까지).

이상의 합의한 내용은 2024년 6월말까지 모두 이행되어야 한다. 만약 합의한 내용이 잘 지켜지지 않을 경우에는 문제해결서클을 다시 개최한다. 합의한 내용이 잘 지켜지는지를 알아보기 위해 2024년 6월 3일에 후속서클을 개최한다.

손연아 (서명)	이지민 (서명)
손연아 부모 (서명)	이지민 부모 (서명)
손연아 친구 (서명)	이지만 친구 (서명)
담임교사 (서명)	반장 (서명)
진행자 (서명)	

5. 회복적 정의의 적용을 위한 교정복지의 과제

1) 한국형 회복적 정의 기반의 교정사회복지실천 모형의 개발

우리나라에 적합한 회복적 정의 기반의 교정복지실천 모형이 개발되어야 한다. 외국의 경우 다양한 분야에서 회복적 모델과 프로그램이 개발, 실시되고 있지만 우리나라의 경우 아직 일부 교정현장, 학교 등에서 학교폭력, 가정폭력 등의 문제를 다루기 위해 적용되고 있고 교정복지 분야에서는 이제 시작 단계이다. 교정복지의 큰 흐름은 응보적 처벌에서 벗어나 다이버전, 지역사회 중심, 인권 중심을 지향하고 있다. 회복적 정의는 이런 교정복지의 지향점과 잘 맞다. 이러한 접근은 피해자의 만족 및 임파워먼트 향상, 가해학생의 비행교정성 향상, 재비행 방지 및 청소년복지 증진에 기여할 수 있다.

2) 회복적 실천 전문가 양성

최근 우리나라에서도 회복적 정의에 관한 이론적 연구가 꽤 활발히 행해지고 있고 이를 현장에 적용하려는 노력들이 행해지고 있다. 회복적 정의가 적극적으로 도입, 적용되기 위해서는 먼저 전문가 양성이 시급히 필요하다. 특히 교정사회복지현장에서 직접 범죄인과 피해자를 만나고 개입하는 교정사회복지사의 전문성을 향상시키고 이들이 회복적 정의를 적용한 프로그램이나 활동에서 전문가로서 역할을 수 있도록 훈련시키는 것이 필요하다.

3) 교정사회복지현장에서의 회복적 정의 적용을 위한 기술 개발

우리나라 교정복지현장에서 적용 가능한 회복적 기술과 기법을 개발하는 것이 필요하다. 현재 소개되고 있는 일부 회복적 정의 관련 기술 및 역할은 외국의 사례를 그대로 소개한 것이므로 우리나라에 맞는 적용 기술 및 기법을 개발하는 것이 필요하다. 이를 위해서는 회복적 정의 관련 교육 및 훈련은 물론 참여관찰, 워크숍 참여, 사례회의, 연구모임 등을 통해 적용 경험을 나누고 학습하는 기회를 늘리고 교정사회복지사 및 회복적 정의 전문가들이 함께 협력하는 것이 필요하다.

4) 교정사회복지 차원에서의 회복적 정의의 효과검증

우리나라에 맞는 교정사회복지 차원의 회복적 정의 모델 및 프로그램 개발은 물론 이를 실제 적용해서 어떤 효과가 있는지를 검증해야 한다. 이를 위해서는 교정복지현장에서 회복적 정의를 적용한 다양한 프로그램들을 적용하고 이들의 효과를 검증하고 이를 통해 나타난 문제점을 수정, 보완하여 효과를 높일 수 있도록 해야 하겠다.

참고문헌

강경래(2021). 노인범죄자의 재범방지에 관한 연구-일본의 특별조정제도의 시사점을 중심으로-. **한국범죄정보연구**, 7(1): 1-27.

강동욱(1999). 학교폭력의 원인에 관한 고찰. **형사정책, 제11호**. 한국형사정책학회.

강점숙 · 정유석(2006). 부천지역 아동학내 실태 및 교사의 아동학대에 대한 인시도 연구. **사회복지리뷰** 7: 145-166.

권재기(2011). 집단따돌림 피해경험의 발달양상과 내면화 · 외현화 문제행동의 변화-잠재계층성장분석(LCGA) · 다집단 성장혼합모형(GMM)을 이용한 종단연구-. **한국아동복지학, 34**: 95-126.

김성돈(2001). 형사절차상 피해자-가해자 조정제도의 도입방안. **피해자학 연구** 9(1): 153-184.

김순규 · 이재경(2007). 빈곤청소년의 심리 · 사회적 적응을 위한 멘토링 프로그램의 효과성 연구. **청소년학연구** 14(5): 75-98.

김영희(2004). 여성 범죄자의 특성, 범죄이유, 그리고 재활가능성: 치료적 사법이념(therapeutic jurisprudence)의 현실적 구현 방안을 위한 심층면담 연구. 법무부.

김예정 · 송봉규(2022). 성인사이트에서 디지털 성범죄 실태와 대책. **한국범죄심리연구** 18(2): 21-36.

김정희 외(1993). **심리학의 이해**. 서울: 학지사.

김준호 · 박정선 · 김은경(1997). **학교주변 폭력의 실태와 대책**. 한국형사정책연구원.

김태곤(2016). 성범죄 후 2차 강력범죄화요인에 관한 사례연구. 광운대학교 대학원 박사학위논문.

김한균(2023). 디지털성범죄 대책에 대한 형사정책적 평가-n번방 사건 이후 5년, 무엇이 달라지고, 달라지지 않았는가?, **이화젠더법학** 15(2): 193-221.

김혜원(2011). 집단따돌림과 집단괴롭힘에 따른 남녀 청소년들의 심리적 건강, 학교인식 및 학교적응에 대한 구조분석. **청소년복지연구** 13(2): 173-198.

김혜진(2020). 해외 주요국 디지털 성범죄 정책 실태 조사를 통해선 본 국내 디지털 성범죄 대응방안의 한계점과 개선과제 고찰: 미국, 호주, 일본, 독일 사례를 중심으로. **디지털융복합연구** 18(8): 85-95.

김희정 · 박광민(2020). 디지털 성범죄의 개념 · 유형 · 실태 및 개선방안. **성균관법학** 32(4): 237-276.

나은숙 · 정익중(2007). 아동학대 유형별 우울성향, 자기효능감, 학업성취간의 관계. **아동학회지** 28(4): 35-49.

남미애(2004a). 소년사법처리과정 청소년 교정복지 증진을 위한 지역사회협력방안에 관한 연구. **청소년학연구** 11(3): 151-180.

남미애(2004b). 청소년비행의 경향과 교정복지의 방향. **사회과학논문집, 22**(2): 133-171.

남미애(2005a). 상업적 청소년 성착취 실태 및 사회적 지원방안. **사회과학논문집** 23(2): 311-342.

남미애(2005b). 비행청소년이 인식하는 사법처리단계별 인권침해 문제와 개선사항. **아동과 권리** 9(2): 153-180.

남미애(2005c). 소년사법처리과정 청소년을 위한 미국 소년사법관련 다기관간 협력에 대한 연구. **교정연구** 26: 33-55.

남미애(2006). 사법처리과정 청소년의 삶의 질에 영향을 미치는 요인. **한국사회복지학** 58(1): 265-290.

남미애(2007). 사법처리과정 청소년의 비공식적 낙인지각에 영향을 미치는 요인. **청소년학연구** 14(4): 201-232.

남미애(2015a). 학교폭력에 대한 도움요청 의도에 영향을 미치는 예측요인: 부산지역 초·중학생을 중심으로. **청소년학연구** 22(7): 95-127.

남미애(2015b). 평화로운 학교공동체형성을 위한 회복적 실천의 이해와 적용. 2015학년도 학교폭력 회복조정 전문성 향상을 위한 워크숍. 부산광역시.

남미애(2017). 6호처분 아동보호치료시설 청소년의 인권의식에 영향을 미치는 생태체계 요인. **교정복지연구** 49: 31-58.

남미애(2018). **아동·청소년을 위한 사례관리론**. 경기: 양서원.

남미애·윤숙자(2008). 비행청소년 부모의 삶의 질에 영향을 미치는 요인. **가족과 문화** 20(3): 29-61.

남미애·윤숙자(2020). **사회복지실천기술론**. 서울: 학지사.

남미애·홍봉선(2009). 성매매청소년 교육수강제에 참여하는 청소년의 현황 및 사회적 피해경험에 관한 연구. **청소년학연구** 16(2): 63-94.

남미애·홍봉선(2012). 청소년의 인터넷음란물 접촉과 일탈적 성행동과의 관계: 인지적 요인의 매개효과를 중심으로. **청소년학연구** 19(9): 93-124.

남미애·홍봉선(2015). 학교폭력 주변인 역할에 영향을 미치는 요인. **한국아동복지학,** 50: 109-144.

남미애·홍봉선·남승규(2002). 소년사법처리과정 청소년의 스트레스 반응과 교정성에 검·경찰 및 일반인의 사회적 지지가 미치는 영향에 관한 연구. **교정복지** 14: 113-146

남재성(2020). 캐나다의 여성 범죄자 교정처우 동향과 정책적 함의. **한국범죄심리연구** 16(2): 43-68.

류기형·남미애·박경일·홍봉선·강대선·배의식(2018). **자원봉사론**. 경기: 양서원.

문선화(1988). 비행청소년의 선도와 치료에 있어서 지역사회 내 거주제의 도입방안에 관한 일고. **청소년범죄연구** 6: 241-266.

민수홍·박기석·박강우·기광도·전영실·최병각 역(2011). **범죄학이론**. 서울: 나남.

박경숙·손희권·송혜정(1998). **학생의 왕따(집단 따돌림 및 괴롭힘) 현상에 대한 연구**. 서울: 한국

교육개발원.

박숙완(2013). 노인범죄 원인분석 및 대책에 관한 연구. 경상대학교 대학원 박사학위논문.

박영규(2008). 여성범죄자처우의 문제점과 과제. **교정연구** 39: 81-103.

박종효(2007). 집단따돌림(왕따)에 대한 이해: 발달경향과 정신건강의 관련성. **한국청소년연구** 18(1): 247-272.

박창진(2013). 장애인 범죄에 영향을 미치는 심리사회적 요인에 관한 연구: 교정복지 관점에 입각하여. **교정복지연구** 31: 1-30.

박현용 · 정지형 · 손선주(2023). 치료감호 가종료 대상 정신장애범죄인의 사회자원 연계방안에 관한 연구. **보호관찰** 23(2): 129-154.

배임호(2020). **교정복지론**. 경기: 공동체.

법무부(2012). **성범죄자 치료 수강명령프로그램 매뉴얼**. 법무부 범죄예방정책국.

법무연수원(2021). **2020 범죄백서**.

법무연수원(2022). **2021 범죄백서**.

법무연수원(2023). **2022 범죄백서**.

법무연수원(2024). **2023 범죄백서**.

변윤정(2018). 노인범죄 유발요인 분석을 통한 추세예측에 관한 연구. 숭실대학교 대학원 박사학위논문.

서은경(2015). 한국 여성범죄자의 생애단계별 경험에 대한 연구. 경기대학교 대학원 박사학위논문.

서정기(2011). 학교폭력에 따른 갈등경험과 해결과정에 대한 질적 사례연구-회복적 정의에 입각한 피해자-가해자 대화모임을 중심으로-. 연세대학교 대학원 박사학위논문.

소년경찰업무편람(1997).

송명자(1996). 학원폭력을 유발하는 청소년의 의식과 행동. 부산광역시 아동청소년회관. **아동과 청소년 제12집**: 30-31. 경남: 현대문화사.

신성만 · 김동일 · 정여주 · 신정미 공역(2015). **학교에서의 동기강화상담**. 서울: 박학사.

신연희(2023). **교정복지론-범죄문제와 사회복지실천**. 서울: 학지사.

신혜섭(2005). 중학생의 학교폭력 유형에 영향을 미치는 변인 - 가해경험, 피해경험, 가해 · 피해 중복경험에 대한 분석. **청소년학연구** 12(4): 123-149.

안윤숙 · 천종호(2016). 비행청소년의 재범방지를 위한 청소년회복센터의 제도화 과정에 관한 연구. **인문사회과학연구** 17(4): 165-190.

안정훈 · 정진경(2018). 정신질환자 범죄의 예방 및 감소를 위한 지역사회 내 관리방안. 형사정책연구원.

양혜경(2018). 노인범죄요인과 대책에 관한 연구. **교정복지연구** 58: 51-72.

여성가족부(2023). 2023년 청소년사업안내(II).

오영근 · 조미숙 · 신석환 · 문상식(2013). **교정복지론**. 경기: 양서원.

오영근 · 최병각(1995). **소년사법처리 절차의 개선방안에 관한 연구**. 서울: 한국형사정책연구원. 23-92.

원혜욱(1999). 적정한 소년사건처리 절차의 보장. **형사정책** 11: 357-370.

유주영(2021). 평생교육기관으로서 교도소의 기능 변천에 관한 연구. 서울대학교 대학원 박사학위논문.

육혜련 · 남미애(2016). 성매매방지기관 실무자의 사례관리 경험에 대한 연구. **사회복지연구** 47(1): 233-259.

윤명숙(1998). 청소년과 약물남용. 미8군 마약 및 알콜중독 치료센터 인터넷자료.

윤민영 · 노성훈(2023). 청소년 사이버범죄의 가해-피해 중첩성 영향요인. **경찰학연구** 23(1): 141-169.

이광우(2012). 2012년 수도권 화해권고위원 워크숍 자료집.

이근후 · 임계원(1988). **사이코드라마**. 서울: 하나의학사.

이동임 · 천정환(2017). 노인범죄자를 위한 사법적 처우방안. **교정연구** 58: 159-183.

이민식 · 김상원 · 박미랑 · 박정선 · 신동준 · 윤옥경 · 이창배 · 황성현 역(2020). **범죄학 이론과 유형**. 서울: 센게이지러닝코리아.

이민희 · 이명숙 · 정회욱 · 이춘화(1998). **청소년폭력 대책 모델 개발**. 서울: 한국청소년개발원.

이상균(2000). 청소년의 도움요청행위와 그 장애요인에 대한 연구. **한국아동복지학** 9(1): 153-175.

이상균 · 정현주(2012). 학교폭력 예방 및 개입을 위한 부모교육프로그램의 필요성. 2012년도 한국학교사회복지학회 춘계정기 학술대회. **한국학교사회복지학회** 21: 247-272.

이상현(1997). **소년비행학**. 경기: 박영사.

이수정 · 양원석(2011). 여성의 범죄자화 과정에 대한 소고. **한국심리학회지 일반** 30(3): 909-932.

이순래 · 박철현 · 장안식 공역(2017). **범죄학 이론-사회적 배경과 결과물**. 경기: 박영사.

이원상(2023). 사이버공간에서의 범죄피해인 보호 방안-사이버폭력, 사이버성범죄, 사이버사기를 중심으로-. **비교형사법연구** 24(4): 95-127.

이윤호(2007). **피해자학**. 경기: 박영사.

이윤호(2021). **범죄학**. 경기: 박영사.

이형섭(2012). 보호관찰관의 역할정체성 형성과정에 관한 연구: 사회복지사 자격을 소지한 보호관찰관의 사례를 중심으로. 서울대학교 대학원 박사학위논문.

임정선(2019). 정신장애범죄인의 치료와 재활에 대한 연구. **입법정책** 13(2): 87-105.

전성일(1996). 청소년의 정신적 장애와 폭력의 현상. **청소년육성 어떻게 할 것인가 제12집**. 한국청소년단체협의회.
전수아 · 권하늬 · 정한나 · 김수영(2021). 아동 · 청소년 대상 온라인 그루밍 성범죄에 관한 연구. **사회복지연구** 52(1): 97-138.
정숙희(2022). 일본의 지적장애범죄자 등에 대한 형사사법과 복지 협업에 관한 고찰. **강원법학**, **66호**: 163-194.
조기영(2020). 사이버범죄의 현황과 대책. **동북아법연구** 13(3): 441-466.
조윤오(2004). 여성범죄자에 대한 성-적합 교정프로그램 개발에 관한 연구. **한국교정학회소식, 24호.**
조윤오(2005). 여성범죄자의 사회 내 처우에 관한 연구: 사회봉사명령을 중심으로. 동국대학교 대학원 박사학위논문.
조흥식 · 이형섭(2014a). **교정복지론**. 서울: 학지사.
조흥식 · 이형섭(2014b). **신규자과정 교육교재**. 용인: 법무연수원.
천정환(2020). 한국의 교정상담사역(선교)의 개선방안. **교정복지연구 제65호**: 129-165.
천정환 · 김주연(2010). **교정복지학**. 서울: 창지사.
천종호(2017). 소년범죄에 있어 회복적 정의와 청소년회복센터, 청소년 범죄 회복적 사법에서 길을 찾다. 국회의원 이춘석.
천주교인권위원회(2019). **수용자를 위한 감옥법령집-개정판.**
최소윤 · 한민경(2020). 사이버 음란물에서 기술매개 젠더기반 폭력까지: 디지털 성범죄 관련 국내 연구동향 분석. **한국범죄학** 14(2): 145-168.
최옥채(2006). **교정복지론**. 서울: 학지사.
최인섭(1992). 소년보호처분의 효과분석, 청소년범죄의 원인과 대책. **한국형사정책연구원**. 227-228.
최준(2013). 노인범죄의 동향과 교정대책에 관한 연구. **교정연구** 58: 123-158.
평화를 만드는 여성회 갈등해결센터(2014). 회복적 정의 피해 · 가해 대화모임 조정자 훈련 자료집.
표갑수(1995). **아동 · 청소년복지론**. 충북: 청주대학교출판부.
한국교육개발원(1998). 학생의 왕따(집단 따돌림 및 괴롭힘) 현상에 관한 연구.
한국청소년개발원(1993). **청소년복지론**.
한국평화교육훈련원(2014). 회복적 교실, 회복적 학교-회복적 생활교육 워크숍 자료집.
한국형사정책연구원(2004). 형사사법 회복적 사업의 가능성과 과제.
함종한(1992). **청소년학원론**. 서울: 대한교과서주식회사.
허남순(1998). 과제중심모델의 적용에 관한 연구: 재가노인을 위한 사례관리. **한국사회복지학** 35: 399-426.
홍봉선(1997). 청소년비행과 자아개념의 관련성에 관한 연구. **아동과 청소년 제13집**. 부산광역시 아동청소년회관.

홍봉선 · 남미애(2000). 소년사법 절차상의 처우와 정서적 반응 및 비행교정성과의 관계에 관한 조사연구 -검 · 경찰에서의 초기 사법처리 경험을 중심으로. **청소년학연구** 7(1): 195-219.

홍봉선 · 남미애(2006). 보호관찰관의 직무만족에 영향을 미치는 요인. **형사정책연구** 67: 209-242.

홍봉선 · 남미애(2010). 성매수피해청소년의 욕구와 사회적 지원방안. **청소년복지연구** 12(1): 1-33.

홍봉선 · 남미애(2012). 청소년의 인터넷음란물 접촉정도가 성폭력과 성매매에 미치는 영향. **한국아동복지학** 40: 9-39.

홍봉선 · 남미애(2014). 학교폭력문제 해결을 위한 학교 차원의 회복적 사법의 적용. **형사정책** 26(2): 45-79.

홍봉선 · 남미애(2016). 학교폭력 예방을 위한 회복적 정의 실천모형 적용에서의 학교사회복지사의 실행연구. **학교사회복지** 35: 303-337.

홍봉선 · 남미애(2018). **청소년복지론**. 경기: 공동체.

홍봉선 · 남미애(2020). **학교사회복지론**. 경기: 공동체.

홍봉선 · 남미애 · 아영아(2017). **학교폭력의 회복조정실천론**. 공동체.

홍봉선 · 남승규 · 남미애(2002a). 사법처리경험과 소속이 청소년의 스트레스 반응, 사회적지지 및 교정성 반응에 미치는 영향. **청소년학연구** 9(2): 45-70.

홍봉선 · 남승규 · 남미애(2002b). 소년사법처리과정에 있는 청소년이 지각한 사회적 지지와 교정성에 관한 연구. **한국사회복지학** 51: 183-210.

홍봉선 · 아영아 · 이조경(2019). **교정복지론**. 경기: 공동체.

Amstutz, L. S., & Mullet, J. H. (2005). *The Little Book of Restorative Discipline for Schools, Teaching Responsibility; Creating Caring Climates*. PA: Good Books.

Bazemore, G. & Umbreit, M. S. (1999). *Conferences, Circles, Boards, and Mediations: Restorative Justice and Citizen Involvement in the Response to Youth Crime*. The Office of Juvenile Justice and Delinquency Prevention.

Bazemore, G. (1999). The Fork in the Road to Juvenile Court Reform. *Journal of American Academy of Political & Social Science, 564*, Jul. 81-109.

Coates, R. & Gehm, J. (1989). An Empirical Assessment in M. Wright and B. Galaway (eds.), *Mediation and Criminal Justice*. London: Sage, 251-263.

Empey, L. T. (1978). American Delinquency; If Meaning and Construction Illinois. *The Dorsey Press, 573.*

Federle, K. H. (1999). Is There a Jurisprudential Future for the Juveni Court?, *Journal of American Academy of Political & Social Science, 564,* Jul., 28-38.

Griffin, Brenda S. & Griffin, C. T. (1981). *Juvenile Delinquency in Perspective.* New York: Harper & Row, 277.

Hamilton, M. V. & Hope, L. N. (2011). Social Work and Restorative Justice: Implication for School System Practice. Beck, E., Kropf, N. P., & Leonard, P. B. *Social Work and Restorative Justice.* Oxford University Press.

Hamilton, M. V. & Hope, L. N. (2011). Social Work and Restorative Justice: Implication for School System Practice. Beck, E., Kropf, N. P., & Leonard, P. B. *Social Work and Restorative Justice.* Oxford University Press.

Hopkins, B. (2004). *Just Schools: A Whole School Approach to Restorative Justice.* London & Philadelphia: Jessica Kingsley Publishers. http://www.dsgonline.com/mpg2.5//TitleV_MPG_Table_Ind_Rec.asp?id=14

Ichikawa, D. P. (1997). An Argument on Behalf of Children. *Child Maltreatment, Vol. 2,* Issue 3, 202-219.

Kadish, T. E., Glaser, B. A., Calhoun, G. B. & Risler, E. A. (1999). Counseling Juvenile Offenders: A Program Evaluation, *Journal af Addictions & Offender Counseling, 19,* Issue 2, 88-95.

Kratcoski, P. C. & Kratcoski, L. D. (1986). *Juvenile Delinquency.* Englewood Cliffs, New Jersey: Prentice-Hall, 78-230.

Mears, D. P. (1998). Evaluation Issues Confronting Juvenile Justice Sentencing Reforms: A Case Study of Texas. *Crime & Delinquency, 44,* Issue 3, Jul., 443-461.

Morgan, K. (2016). *Probation, Parole, and Community Corrections Work in Theory and Practice.* Carolina Academic Press.

Morrison, B. (2006). School Bullying and Restorative Justice: Toward a Theoretical Understanding of the Role of Respect, Pride and Shame. *Journal of Social Issues,* 371-392.

Thorsborne, M., & Vinegard, D. (2009). *Restorative Justice Pocketbook.* Teacher's Pocketbooks.

Umbreit, M. (1994). *Victim Meets Offender: The Impact of Restorative Justice and Mediation, Monsey.* New York: Willow Tree Press, Inc.

Umbreit, M. (1995). *Mediation of Criminal Conflict: An assessment of programs in four Canadian Provinces.* Univ. of Minnesota: Center for Restorative Justice and Peacemaking.

Umbreit, M. S., Bradshaw, W., & Greenwood, J. (1998). *Victim Offender Mediation Training Manual.* Center for Restorative Justice & Mediation, University of Minnesota.

Umbreit, M. S., Coates, R. B. & Vos, B. (2002). The Impact of Restorative Justice Conferencing. *A Review of 63 Empirical Studies in 5 Countries.* Center for Restorative Justice & Peacemaking.

Umbreit, M., & Armour, M. P. (2011). *Restorative Justice Dialogue-An Essential Guide for Research and Practice.* New York: Springer Publishing Company.

Zehr, H. (2002). The Little Book of Restorative Justice. PA: Good Books.

[기 타]

경찰청 사이버안전국 https://cyberbureau.police.go.kr/

대검찰청 https://www.spo.go.kr/site/spo/02/10211010000002018100812.jsp(2023.03.29 인출)

소년경찰직무규칙

유엔 피구금자 처우에 관한 최저기준규칙(넬슨만델라규칙)

형의 집행 및 수용자의 처우에 관한 법률 시행규칙

찾아보기

인명

내용

기타

저·자·약·력

남 미 애

부산대학교 사회복지학과, 부산대학교 대학원 사회복지학과(행정학 박사)

대전대학교 사회과학대학 사회복지학과 교수

부산광역시청소년종합상담실 부장

주 전공: 청소년복지, 사회복지실천

교정복지론

1판 1쇄 인쇄 2024년 8월 15일
1판 1쇄 발행 2024년 8월 20일

저 자 | 남미애
발 행 인 | 박철용
발 행 처 | 양서원
주 소 | 경기도 파주시 직지길 522
전 화 | 031-955-8000(代)
팩 스 | 031-955-8005
홈페이지 | www.yswpub.co.kr
이 메 일 | yswgroup@naver.com
출판등록 | 1987년 11월 24일 제 406-2003-037 호

ISBN 978-89-994-1483-1

정가 24,000원